U0944225

基于动态信息的逻辑研究

Logic Research Based on Dynamic Information

董英东 著

中国人民大学出版社
· 北京 ·

国家社科基金后期资助项目
出版说明

后期资助项目是国家社科基金项目主要类别之一，旨在鼓励广大人文社会科学工作者潜心治学，扎实研究，多出优秀成果，进一步发挥国家社科基金在繁荣发展哲学社会科学中的示范引导作用。后期资助项目主要资助已基本完成且尚未出版的人文社会科学基础研究的优秀学术成果，以资助学术专著为主，也资助少量学术价值较高的资料汇编和学术含量较高的工具书。为扩大后期资助项目的学术影响，促进成果转化，全国哲学社会科学规划办公室按照“统一设计、统一标识、统一版式、形成系列”的总体要求，组织出版国家社科基金后期资助项目成果。

全国哲学社会科学规划办公室

2014 年 7 月

目　　录

第1章 导 言

一、研究的目的和意义

（一）研究的目的

认知逻辑存在的一些问题，如知识的全知问题、现代模态逻辑的研究现状等，制约了认知逻辑在形式系统方面的进一步发展。虽然认知逻辑从静态发展到动态，由单主体发展到多主体，由单一的认知逻辑同其他的如时间逻辑、概率逻辑、动态逻辑等进行组合，从而构造新的逻辑系统，但这些都无法完全回避认知逻辑所面临的研究困境。阿姆斯特丹大学的范·本特姆等为了回避知识的全知问题，将对知识的研究转向对信息的研究，并且与信息科学以及计算机科学中的动态逻辑相结合研究博弈论、动态信息以及言语行为等理论。

哲学逻辑的发展对研究信息科学和博弈论的相关理论至关重要，逻辑学界、信息科学界和博弈论领域在研究重点上有所不同。逻辑学家注重理论研究，信息科学家和博弈论家注重逻辑的实际应用研究。这些领域往往各自独立地研究同一个问题，却较少交流沟通，在我国，这种情况尤为突出。自 20 世纪中期以来，我国主要借鉴了苏联的学科划分体系，致使学科之间的交叉渗透相对较难，重复研究、壁垒森严的现象时有发生。目前我国的逻辑学界、信息科学界和博弈论领域同样面临着这种局面。显然，从信息科学和博弈论、人工智能、认知科学角度研究逻辑，在研究视角和研究内容上具有一定的开拓性。组合模态逻辑则可以拓展逻辑的研究范围，将不同的逻辑系统按照组合原则进行组合，比如将概率逻辑、动态逻辑、时间逻辑、认知逻辑、信念逻辑等组合起来，从而解决相应的实践问题。特别地，概率逻辑可以从定量的方面刻画知识和信息的变化，而其他几种逻辑则可以从定性的方面刻画知识和信息的变化，二者组合起来，就可以从定量和定性两方面刻画知识和信息的变化，从而拓展了研究的范围。现代归纳逻辑的研究主要表现为对归纳逻辑的认知基础的研究，以及将概率逻辑与认知逻辑、动态逻辑、时间逻辑进行组合，并解决自然科学和社会科学发展中出现的一些问题，同时这类系统已经成为研究自然科学和社会科学的重要工具。

在概率论中也可以融入涉及新信息的概率，在概率论中采用的方法是用后验概率代替先验概率，给出新信息的条件概率，即贝叶斯更新。后验概率可以根据科尔莫哥洛夫的定义进行计算。例如，$\boldsymbol{P}(X, Y)$ 指已知信息 Y 的概率后，希望得到 X 的概率，所以过去常常利用后验概率建立刻画信息变化的模型。动态认知概率逻辑主要是以认知概率逻辑为基础，在认知概率逻辑中也可以对高阶信息概率进行推理，并且可通过构造动态认知概率逻辑对高阶信息的概率变化进行推理，在动态认知逻辑和概率论中，如何结合新的信息进行推理是有价值的，但是至于如何恰当地去做，却出现了不同的理论。

此外，借鉴组合模态逻辑的方法，可以将概率逻辑和公开宣告逻辑相组合，动态认知逻辑在刻画过去和将来的时间时，其表达力将会受到一定的限制，需要引入时间算子，把时间逻辑、动态认知逻辑与概率进行组合，从而实现对动态认知概率逻辑的扩充，并探索动态认知时间概率逻辑的完全性。

所以，有必要从逻辑学、信息科学和博弈论的交叉点进行研究，从理论和应用两个方面，将哲学、计算机科学和方法论等综合起来研究信息科学和博弈论及其与逻辑的交叉融合，使对这一领域的研究具有更大的应用价值。从信息的角度对逻辑科学和认知科学中的一些问题进行新的解读，并探讨其新的应用价值是目前研究的趋势。

（二）研究的意义

1. 从逻辑学的角度刻画动态信息，具有重要的理论价值。信息是一个不确定的概念，在不同的领域具有不同的表达方法。由于人们的知识和能力的有限性、信息的海量性和不确定性，有必要引入逻辑学中的概率理论、不确定性理论、动态理论以及多主体系统处理智能科学领域中的一些重要技术，并为准确地研究和刻画分布计算、决策论、博弈论提供合理的概念模式，从而在人文社会科学中实现对知识表示、学习、交流、观察、问题和探究等的刻画，故本研究具有重要的应用价值。

2. 对知识和博弈应用的研究，具备一定的应用价值。探讨博弈算法的分布实施，并从逻辑学的角度提供技术支持，根据认知逻辑中的公共知识理论探讨博弈中的同步、公共安保、分布计算、同步通信、对等和网络、连续通信进程等理论。认知逻辑和博弈论的框架，可以作为研究的理论基础。定义了互动结构、网络交流中的具体的实例，研究了源于交流的知识，这些性质可以用于对知识进行简单的推理以及研究在互动结构中的博弈理论。在对知识和博弈的研究中，对计算机博弈的研究更甚于对严格意义上的博弈论的研究。讨论了交互知识推理和互动结构中的知识，并给出了基于信息的逻辑程序系统。

3. 对信息、知识悖论、逻辑全知和演绎封闭等进行哲学的思考，具有一定的理论价值。从逻辑学的角度对信息进行研究，并对信息科学和认知科学中存在的一些问题进行哲学思考是科学哲学研究的重要内容。归纳逻辑本质上是一种哲学逻辑，是逻辑学界、哲学界、心理学界、经济学界以及计算机科学界共同关心的研究领域。探讨归纳逻辑中有关概率的认知基础以及哲学问题非常必要。归纳逻辑同时也是逻辑学家应该重点关注的一门学科，现代归纳逻辑的发展，主要基于对概率逻辑的发展。概率事实上是普遍存在的，并且发挥着重要的作用。如支撑了大量的社会科学，例如统计测试、置信区间、回归法等就是一些比较流行的应用。另外，也渗透到了哲学的许多领域中。比如在认识论、心灵哲学、认知科学等领域，都可以看到用主观概率函数来模型这些概念，并且知识也可以通过更新函数进行模型。概率论也是决策论和博弈论的核心内容，也可作为伦理学和政治哲学的分支。概率也经常应用于科学哲学中以分析理论的确证，例如量子力学、统计力学、遗传学等。在逻辑哲学中，概率甚至也占据着重要的位置。因而，在概率的基础理论中存在的问题至少间接地承担着有时甚至是直接地涉及自然科学、社会科学和哲学等领域。对概率的认知基础以及认知悖论的研究是这些基础问题中最重要的问题之一。

在认知悖论的研究方面，关于蒙提霍尔疑难的讨论还在继续。蒙提霍尔疑难的提出也给出了某些重要的哲学启示。首先，蒙提霍尔疑难实际上是关于决策论和博弈论的认知问题。其次，作为“认知错觉”或“心理隧道”的最富有表现力的例子，蒙提霍尔疑难提醒人们必须重视归纳逻辑的认知方面的研究。从归纳逻辑的视角研究蒙提霍尔疑难的认知过程、分析蒙提霍尔疑难的形成原因、探讨问题解决的推理过程等，有助于深化归纳逻辑的研究。运用动态认知概率逻辑系统，可以对该认知悖论做语法和语义方面的分析。不难看出，对这种逻辑哲学问题的研究具有重要的意义。我们所研究的动态认知概率逻辑是当前比较前沿的研究领域，在研究的过程中，以现代模态逻辑为主要工具，将概率逻辑、动态逻辑、时间逻辑、认知逻辑这些分支进行组合，并将它们和信息及信息变化相结合，用以研究信息、高阶信息及信息的变化，同时也对该领域中所涉及的一系列的哲学问题进行了一些思考，探讨了概率的认知基础。人类认知和认识过程是不断变化的过程，其中涉及知识更新和信念的修正，这些知识也包括更广意义下的概率和信息。而概率逻辑、动态逻辑、时间逻辑、认知逻辑相组合的一些新的研究成果，正好可以用来对知识更新和信念修正等进行研究，同时也可以对悖论、涉及悖论的一些哲学问题进行分析和探讨。

在忽略基础概率现象的研究过程之中，还存在着不少的争论和分歧，其原因表现在，只是注重心理实验研究，没有充分引进现代逻辑，尤其是现代归纳逻辑的研究方法，也没有注意到逻辑学界对哲学逻辑及非经典逻辑研究的最新成果，例如，认知逻辑、博弈逻辑以及哲学逻辑分支的组合。在此利用这些研究成果，并结合其他学科的研究成果，将现代认知逻辑和动态逻辑、时间逻辑、概率逻辑等相组合来进行研究。同时，由于对组合模态逻辑方法研究的不断深入，更容易将多种逻辑分支进行组合，由此而获得的逻辑系统就可以从质和量两个方面来处理认知（信念）包括信息和高阶信息，也可以处理信息变化。

在研究认知科学的过程中，将会涉及信念问题，如果主体的知识是建立在对统计信息的归纳概括的基础之上的，那么其主观概率将会受到某些信息的影响，需要研究统计信息如何影响认知（信念）的问题。在对概率的认知基础的研究过程中，如果增加新的信息给认知主体，那么该信息就会影响主体的信念度，这时就会涉及概率更新和信念修正。这是动态的认知过程，同时其中也会涉及时间的因素。利用现代逻辑，将认知逻辑、动态逻辑、时间逻辑和概率逻辑等逻辑分支进行组合，具有广阔的发展前景，是现代国际上比较前沿的研究领域，并且广泛地应用于社会科学和自然科学之中，为哲学、计算机科学、人工智能、心理学、经济学等各学科的研究提供了重要的工具。可见，对这种分支融合的研究具有重要的理论意义和实用价值。

下面分述国内外研究的现状及趋势。

二、国内外的研究现状

(一) 国外的研究现状

最早涉及信息的科学是信息论。最初是由香农的《通信的数学理论》(Shannon，1948) 发展起来的，主要处理信息的量化问题。例如一个思想究竟包含了多少信息，多大的信息量才可以进行交流，信息怎样才能进行有效的交流等。信息论是由科尔莫哥洛夫 (Kolmogorov) 等人创立的，现在称为科尔莫哥洛夫复杂度。现代信息论或者科尔莫哥洛夫复杂度在《信息论基础》(Cover，Thomas，1991) 以及《科尔莫哥洛夫复杂度及其应用导论》(Li，Vitanyi，1993) 中有详细的阐述。信念修正是从《理论变化逻辑：收缩和修正的偏满足函数》(Alchourron，Gardenfors，Makinson，1985) 一文开始的，之后出现了很多论文试图对信念修正进行更新和扩展。信念修正主要研究如何模型新的信息，如何处理非单调推理，以及如何处理和系统已有的信息不一致的信息。可以参看《信念修正》(Gardenfors，Rott，1995) 中对此所做的介绍。

哈尔彭的《不确定性推理》(Halpern，2003)，对与不确定性相关的问题进行了详细的讨论，并采用不同的方法对不确定性进行推理，这些方法包括可能世界、概率测度、下确界和上确界概率、Dempster-Shafer 的信念函数、可能性测度、秩函数、可能性关系、可接受的测度等，同时也从信念更新、独立和贝叶斯网络、期望、统计学等方面对不确定性进行了系统的论述，并通过构建模型的方法研究不确定性推理。

认知逻辑属于广义模态逻辑，最初是由辛迪卡的《知识和信念》(Hintikka，1962) 发展起来的，并首次利用可能世界刻画知识，称之为认知逻辑，使“认知”一词的含义也变得更加宽泛，主体的知识也包含信息。在此，仅给出了认知逻辑的一些概貌，如果希望获得更多的关于认知方面的理论，可以参看《知识推理》(Fagin，Halpern，Moses，1995) 和《基于人工智能和计算科学的认知逻辑》(Meyer，van der Hoek，1995) 等文献。前者主要介绍了知识模型、完全性和复杂度，多主体系统中的知识、协议和程序，公共知识和一致性，建立在程序基础上的知识，知识的发展，逻辑的全知，知识和计算，公共知识修正等相关的认知逻辑问题，对认知逻辑做了详细而全面的论述。

动态逻辑是研究行动推理的逻辑，也可以从哲学的角度进行定义。在一阶逻辑理论的基础上通过增加行动、事件和博弈等算子，从而丰富了一般意义上的逻辑动态的研究方法。20 世纪末，开始将逻辑和哲学相结合进行研究，而范·本特姆的《逻辑博弈，从工具到互动模型》(Johan van Benthem，2007) 中不仅介绍了涉及逻辑的一些子规则，且更多地涉及了一些在哲学、逻辑学、语言学、计算机科学和其他领域之中都适用的一些规则，在本书中主要运用认知科学的逻辑方法对信息科学进行研究，从而回避了关于逻辑全知者的假定的一些哲学问题，将认知逻辑从静态转向了动态，从"动态视角"考察信息以及高阶信息的变化。

动态逻辑是发展计算机所处理的程序的模态逻辑。该逻辑分支从普拉特的《基于弗洛伊德-霍尔逻辑的语义考量》(Pratt，1976) 开始研究命题动态逻辑系统 (PDL)。赛格勃格的《模态程序逻辑中的完全性定理》(Segerberg，1977) 给出了一些公理系统，其中大部分系统至今仍在使用，但却没能给出其完全性的证明。后来由科曾和帕里克的《命题动态逻辑系统完全性的初等证明》(Kozen，Parikh，1981) 给出的证明可谓是最精致的证明系统之一。在《逻辑哲学手册Ⅱ》中哈雷尔的《动态逻辑》(Harel，1984) 引入了计算机程序处理的一些方法，从而建立了命题动态逻辑系统 PDL，给出命题动态逻辑的语形、语义、过滤和可判定性以及演绎的完全性、PDL 的复杂度，并给出了标准的 PDL，最后又给出了一阶动态逻辑 (DL) 及其公理系统，对动态逻辑进行了全面系统的研究，但存在的问题是采用典范模型的方法所给出的完全性的证明在应用领域并未起到应有的作用。布莱克本等的《模态逻辑》(Blackburn，de Rijke，Venema，2001) 指出一个典范模型是使得每一个不可证的公式在该模型中都可找到反例的模型。赛格勃格所提出的公理系统为弱完全系统，因为 PDL 不是紧致性的。库尔在《知识、机遇和变化》(Kooi，2003) 中为命题动态逻辑提供了一个强完全性的证明系统。完全性的证明采用的是典范模型方法，主要来自《分布系统，面向形式的方法》(Gerard Renarel，Kooi，Rineke Verbrugge，2002) 的相关成果。我们所构造的无穷的证明系统 PDL_{ω}，以及一些证明的推演规则，主要是证明 PDL_{ω} 是强完全的；同时为不可数的公理化的模态逻辑提供了强完全性的证明方法，特别适用于证明带有公共知识算子的认知逻辑。PDL_{ω}的典范模型并不满足程序协调性，并且还存在许多需要进一步研究的问题。

库尔在《知识、机遇和变化》（Kooi，2003）中对认知逻辑、动态认知逻辑进行了介绍，并且给出了强完全性和不协调性的证明系统，同时也讨论了信息变化理论，以及动态认知概率逻辑系统，并利用这些系统对悖论进行分析。我们利用动态认知概率逻辑可以处理信息、高阶信息以及信息变化。此书给出了单主体动态认知概率逻辑系统，并提出了和该系统相关的一些哲学问题。迪特马尔切等人的《动态认知逻辑》（van Ditmarsch，van der Hoek，Kooi，2007）对认知逻辑、动态认知逻辑、信念修正、公开宣告逻辑、认知行动、行动模型、完全性、复杂度等问题进行了系统的讨论和研究。

范·本特姆在2008年的论著《信息和互动的逻辑动态》中讨论了信息动态、理性主体和智能互动、基于值域的认知逻辑和信息、公开发现的动态逻辑、推理和发现的动态逻辑、博弈中的理性动态、概率等涉及信息变化的认知逻辑、概率逻辑、决策逻辑和博弈逻辑等领域的知识。

认知概率逻辑已经发展为表达量化和量化信念之间的相互作用的逻辑。该逻辑可以用形式的方法表达形如“方明相信 φ 的概率至少为1/2”或者“董宇认为 ψ 的概率将为1/4”的陈述。同时由于经常会遇到信念和概率如何随着时间而变化的问题，于是出现了将概率、信念和时间相组合进行研究的文献，例如哈尔彭等的《知识、概率和对手》（Halpern，Tuttle，1993）以及费金等的《知识和概率推理》（Fagin，Halpern，1994）等文献。库尔的《知识、机遇和变化》（Kooi，2003）则将概率逻辑和公开宣告逻辑组合起来，该概率系统虽然考虑到了时间，包括过去时和将来时，但却是建立在条件基础上的动态认知概率逻辑。随着公开宣告逻辑和更一般的动态认知逻辑（DEL）的发展，提供了技术方面的程序可以处理基于接受公开信息的信念变化，并刻画给定的信息对概率产生什么样的影响。但是，动态认知逻辑却不能够刻画带有过去时和将来时的时间特征的逻辑。在非概率的语境中采用的方法是通过在动态认知逻辑中增加时间算子来实现，在萨克的《关于认知程序的时态语言》（Sack，2008）中所刻画的执行系统采用的是随机时间，用类似的技术手段将时间逻辑和动态认知逻辑进行组合而构造新的逻辑系统，在动态认知逻辑中引入了先验的时间算子，并且对其完全性进行了有益的探索。

在《普通像基上的概率动态认知逻辑导论》（Satoru Suzuki，2006）中，提供了一个新的建立在普通像基之上的动态认知概率逻辑系统，并粗略地证明了其可靠性和完全性。

概率更新是最近一些年比较新的研究领域，通过构造动态认知逻辑，从而对信息变化进行推理，采用的方法为用概率刻画信息，同时可以引入与多主体相关的理论对信息进行推理。范·本特姆等人（Johan van Benthem，Jelle Gerbrandy and Barteld Kooi）在 2006 年发表了《带有概率的动态更新》，提出了静态认知概率逻辑、非概率的信息更新的动态认知逻辑以及将认知和概率相组合的概率更新系统，并为概率信息变化提供了模型，构建了动态认知概率更新逻辑系统。

萨克的《动态认知概率逻辑的扩展》（Sack，2009）从两个方向对库尔的《知识、机遇和变化》（Kooi，2003）中的动态认知概率逻辑系统进行了扩充。库尔的动态认知概率逻辑借助认知概率逻辑语句表达公开宣告的推理，而萨克所提供的第一种扩充是通过增加过去时间算子到类似于库尔的动态认知概率逻辑中；另一种扩充方法为动态认知概率逻辑语境下的行动模型和积更新，这样就允许使用形如私人宣告等更多种类型的行动。

2009 年至 2013 年，国外的几篇博士论文如 2009 年 S. A. Witzel 的《知识和博弈：定理和实施》，将认知逻辑和博弈论结合起来进行研究，探讨了互动结构中的知识表达及其在博弈论中的应用。数学中的许多领域，特别是数理逻辑和计算机科学领域中都用到了博弈。波兰的数理学家将分析、拓扑的方法和无穷博弈理论相结合，产生了大量的重要的成果。在此，给出了在集合论和逻辑中运用博弈论的若干成果，或者说是通过运用博弈所获得的一些成果。

2009 年 T. Hoshi 的《认知动态和协议信息》将动态认知逻辑和计算机科学中的通讯协议等结合起来，探讨了时间动态认知逻辑的量化处理及其相关的扩充，并探讨了与悖论有关的哲学问题；给出了动态认知逻辑系统和认知时间逻辑系统，讨论了如何利用这两个系统刻画智能互动，并对这两个系统进行了组合，以期获得能够处理认知动态和协议信息的框架，以及对动态认知逻辑和认知时间逻辑进行了比较，最后构造了时间公开宣告逻辑及其扩充，并证明了相关的定理。

2011 年 S. A. Minica 的《问题和探究的动态认知逻辑》探讨了关于问题的动态认知逻辑，问题动态的实施、策略和概率等相关问题。

2012 年 F. A. G. Sietsma 的《沟通和知识的逻辑》探讨了动态认知逻

辑中的消息、建立在通信通道上的信息流逻辑、在E-mail通信中的公共知识以及说谎的逻辑等相关问题。

2013年V. Fiutek的《把玩知识和信念》探讨了动态认知逻辑、动态信念逻辑、辩论模型以及对话语境中的信念修正逻辑等相关问题。

这些博士论文都是基于动态信息而进行的研究，如果引入概率逻辑且利用组合模态逻辑将多种逻辑进行组合，就既可以从定性的方面，也可以从定量的方面刻画信息、高阶信息及信息变化等，具有一定的研究价值。

在认知悖论的研究方面，包括蒙提霍尔疑难、睡美人问题、两个信封问题等涉及动态认知方面的问题的研究，利用动态认知逻辑和概率的相关知识，对这些悖论进行语形和语义的分析，以期达到更好的解决效果。

从国际上来看，动态逻辑、时间逻辑、认知逻辑及集合论的研究与信息科学的研究相结合，产生了大量的成果。动态逻辑和时间逻辑就是在解决命题逻辑和谓词逻辑所不能解决的问题的基础上发展起来的。20世纪70年代一些科学家提出用模态逻辑的方法来描述和验证程序，这些工作推动了程序逻辑的研究。实际上，早在柯里和霍华德共同提出的Curry-Howard对应原理时，计算机理论家就给出了“证明”和“程序”的等价性。

总之，以上是国外将认知逻辑和概率逻辑、动态逻辑、时间逻辑以及信息科学相组合以处理心理学、哲学、信息科学、计算机科学、经济学等相关领域里的一些问题，这种处理方法是分支组合的方法，预示着现代逻辑发展的新方向。

（二）国内的研究现状

国内对动态认知逻辑研究的主要有何向东、李小五、刘奋荣、郭美云、崔建英等，但他们对信息和认知逻辑的应用研究的课题并不多，同时探讨与认知、信息、形式化相关的哲学问题的更少。研究概率逻辑的有武汉大学的江天骥、南开大学的任晓明等。任晓明的新近之作《决策、博弈与认知》中涉及对概率动态认知逻辑系统的研究。张学立、董英东主编的《哲学逻辑引论》中，也涉及对认知逻辑的研究。郭美云的博士论文《带有群体知识的动态认知逻辑》在认知逻辑的基础上引入公开宣告算子，并且引入了公共知识和普遍知识算子，给出了带有群体知识的动态认知逻辑的可靠性和完全性的不同的证明方法。李小五的《动态认知逻辑专题研究》也对动态认知逻辑进行了详细的研究，其中主要涉及认知逻辑、动态逻辑PDL、无穷命题逻辑系统、动态认知逻辑、做行动、知道行动、认识行动、认识概念、知道个体和知道关系、动态否定、动态条件逻辑、认知系统和条件系统的更新语义等内容。刘奋荣的《动态偏好逻辑研究》,讨论了动态的偏好逻辑,该逻辑广泛应用于博弈论及决策论等相关领域。这些学者分别从动态的角度,对认知逻辑、偏好逻辑进行了深入的研究,很好地实现了动态逻辑和认知逻辑的组合,然而,并没有将概率组合到这些领域,我们试图将概率、动态、时间和认知逻辑相组合,来处理信息变化、认知悖论等方面的哲学问题。

综上所述,与国外的研究相比,国内学界关于概率逻辑、认知逻辑等互相融合的研究方兴未艾,还需要做很多工作。

三、研究成果的主要内容、重要观点

(一)本课题研究成果的主要内容

1. 动态信息研究。信息哲学是科学哲学研究的重要内容之一,而从逻辑学的角度研究信息及信息哲学,是较新的研究领域。在此研究了信息的语形刻画的方法,给出了信息的结构、动态信息、显性知识和隐性知识以及自然语言中的动态逻辑、提问的动态认知逻辑。

2. 认知动态和协议信息研究。首先给出了动态认知逻辑系统和认知时间逻辑系统,讨论了如何利用这两个系统刻画智能互动,并对这两个系统进行了组合,以期获得能够处理认知动态和协议信息的框架,而且对动态认知逻辑和认知时间逻辑进行了比较,最后构造了时间公开宣告逻辑及其扩充,并证明了相关的定理。

3. 知识和博弈的应用研究。主要研究了博弈算法的分布实施,并提供支持分布计算的技术基础。知识问题是博弈论领域中比较重要的问题,并与公共知识和参与人之间的对称性相关,涉及公共知识和同步、对称和对等网络、连续通信进程等。探讨了互动结构中的知识、互动结构中的策略、计算机博弈中的认知推理、一般的结盟方法、混合拍卖中的时间限制等问题。研究了通信和基于主体群内的知识、通信的推理,博弈论是建立在涉及参与人的知识和信念的应用基础之上的,通过在互动结构中的框架中增加策略博弈可以重新构造新的框架。研究了高阶知识,即关于主体

（或其他人）的知识的知识，在社会互动中，特别是对逻辑和博弈论中的良认知具有重要的作用。结盟作为合作博弈理论研究的主题之一，可以从多个方面进行分析，以研究静态情境下的联盟博弈，给出了联盟博弈的结构，并给出了混合拍卖中的四种类型的时间限制，即时间点、绝对时间点、间隔和具有绝对区间的间隔等。

4. 动态认知概率逻辑研究。给出了概率逻辑及其语义解释，并在此基础上构造了认知概率逻辑。分析了内涵概率逻辑和统计概率逻辑及其之间的关系。运用组合模态逻辑的方法对动态认知概率逻辑系统进行了必要的扩充。将概率逻辑和动态认知逻辑相组合进行研究，可以克服经典逻辑和哲学逻辑只从定性方面对知识和信息进行刻画的缺点，使逻辑系统不仅可以从定性的角度而且也可以从定量的角度对信息和高阶信息进行刻画。同时很难给信息下一个令人信服的定义，而从逻辑学的角度对信息进行刻画，给出了信息的形式表达。将动态信息理论应用于计算机科学、社会学之中，探讨了认知动态和协议信息，逻辑与计算机科学、信息科学之间的相互融合以及逻辑在其中的应用。

5. 面向认知和信息的哲学思考。在认知科学研究的广阔背景下，借鉴归纳概率逻辑的研究方法，探讨涉及归纳逻辑的认知问题、逻辑全知和认知封闭，例如蒙提霍尔疑难等哲学问题，并利用动态认知概率逻辑系统及其扩充对该悖论进行分析，以期获得更好的解决办法。

（二）本课题研究成果的重要观点

1. 对信息哲学及信息的逻辑表达进行了研究。信息是一个使用非常宽泛的词项，在不同的领域中有许多不同的定义和表达方法，涵盖了自然科学、社会科学等领域。在此主要是从逻辑学领域对信息进行表达，给出了信息的结构、语义和语形，以及动态的语义和语形表达，并给出了显性知识和隐性知识、自然语言中的动态逻辑、提问的动态认知逻辑等。

2. 认知动态和协议信息研究。在认知逻辑的基础上，可以将动态认知逻辑和认知时间逻辑进行组合，从而刻画智能互动，以获得能够处理认知动态和协议信息的逻辑框架，并以此为基础，构造了时间公开宣告逻辑，以刻画随着时间变化而变化的主体的信息状态。最后对时间公开宣告逻辑进行了必要的扩充。

3. 知识和博弈的应用研究。给出了公共知识安保的实例，研究了互动结构中的知识和策略，计算机博弈中的认知推理、结盟的一般方法及混合拍卖中的时间限制等。

4. 将动态信息、概率逻辑与哲学逻辑相结合进行研究。概率逻辑是研究信息科学的重要的理论工具，运用组合模态逻辑的方法，引入动态算子，将认知逻辑、动态逻辑、时间逻辑以及概率逻辑相组合，构造新的逻辑系统。对组合模态逻辑的方法进行了研究，建立了在普通像基上的动态认知概率逻辑，同时粗略地给出了其相应的可靠性和完全性的证明。对动态认知概率逻辑进行了形式的扩充，主要通过引入先验的时间算子来实现。

5. 基于动态信息的认知、信念的哲学思考。信息哲学是科学哲学中重要的研究内容之一，由于信息概念本身的不确定性，信息在不同的学科中具有不同的表达方式，具有不同的哲学思考。在此主要从逻辑学的角度对其进行研究，涉及意义和真等的哲学思考。同时也对认知悖论、逻辑全知和演绎封闭、蒙提霍尔疑难的认知分析等哲学问题进行了思考。

四、研究的突出特色

1. 从逻辑学的角度探讨了动态信息理论，主要涉及觉知逻辑、显性知识和隐性知识的研究以及与动态信息相关的自然语言中的动态逻辑、提问的动态认知逻辑。

2. 研究了认知动态和协议信息，给出了动态认知逻辑与认知时间逻辑的组合框架，探讨了时间公开宣告逻辑及其扩充以及与此相关的一些哲学思考。

3. 研究了知识和博弈在计算机科学中的应用，给出了互动结构中的知识和策略的处理程序，计算机博弈中的认知推理机制，构造了结盟的一般方法，以及博弈论中混合拍卖中的时间限制。

4. 运用组合模态逻辑的方法，构造了动态认知概率逻辑系统及其扩充，同时探讨了其可靠性和完全性的一些理论。

5. 探讨了认知悖论、逻辑全知和认知封闭等哲学问题以及信息哲学，同时提出一些解悖方案及哲学思考。

第 2 章　动态信息

在秋天的早晨，当阵阵凉风扑面而来，便会觉得有些寒意。夏天，天气会渐渐地变热，于是你不得不脱下厚厚的衣服。在清晨当你跑步五分钟后，突然天空乌云密布，可能要下雨，于是你需要返回家中带上雨伞。

当你走进办公室时，看到黑板上写了一条通知，便想起今天共有五项工作需要完成，其中两项已经完成了，而你的同事正在做余下三项中的两项，你意识到你应该完成最后一项任务，于是便开始了自己的工作。

大约在下午五点半钟的时候，你回到了家里。在你到银行取款的出口处，碰到一个同事告诉你可以通过银行卡进行转账。你觉得此办法可行，于是这件事情很快就办妥了。

当你回家的时候，发现卧室的窗户开着。由于今天下过雨，你书架下面的地面是湿的。晚上，用过晚餐，定好闹钟，然后就睡了，希望能够有一个好梦，准备迎接新一天的到来。

人们每天都在做着这样的一些简单的琐事，往往因为这些行为改变了我们原有的信息，从而产生了一系列未曾预料到的行为。通过观察，你会发现，设计一些计划，随后慢慢地就会意识到可能发生一些新的事情，并获得一些可能知道或者不知道的知识，同时也会忘记一些事情，或者想起了其他的一些事情。所有这些行为都是通过一定的途径而改变了我们的知识、信念、观点、期望、意图以及其他的命题态度。但这些恰恰是我们所要关注的内容，即希望提供一个逻辑框架，不仅能够表达动态信息，而且能够对这样的动态信息进行推理。如果希望对动态信息进行推理，就需要提供一个能够刻画信息动态并对信息动态进行推理的框架。

认知逻辑可以对主体的信息进行推理，甚至也可以对其他主体的信息进行推理。认知逻辑系统的语言、语义模型和可能世界语义理论相对比较简洁，可处理各种像知识、安保、条件和信念等命题态度。认知逻辑广泛地应用于许多领域，例如计算机科学中的安保和分布式系统就是运用认知逻辑刻画信息的；哲学领域中的认识论、经济学领域中的博弈论以及其他一些领域也都用到了认知逻辑，这些领域都研究了信息动态。

然而，基于语义模型的可能世界语义理论也存在一定的缺陷。在框架中所刻画的主体是逻辑全知的：其信息在逻辑后承下是封闭的。多数人都认为对人类主体而言，全知只是理想化的；但数学和计算机科学则认为不需要考虑关于信息的逻辑推理，所以在刻画动态信息时，无须考虑全知问题，认为这和所研究的行为无关，因此，这一点受到了许多人的批评。

如果用到了认知逻辑，就应该注意全知问题。为了解决这一问题，出现了很多方法，其中绝大部分都是尽力去弱化它，这种弱化主体的信息的方法，主要有信息的语形刻画、不可能世界、各种邻域语义模型以及非标准的逻辑方法等。下面，我们将研究信息的语形刻画的方法。

2.1　信息结构

信息是一个内涵非常宽泛的词项，有许多不同的定义。在不同的领域中都有关于它的理论，几乎涵盖了自然科学、社会科学等各个领域。就逻辑领域而言，也存在许多不同的定义。

2.1.1　语义表达

语义的方法主要将主体的信息和其所认为可能的情境（状态、世界）集结合起来研究。换言之，语义的方法主要依靠可能性的值域对信息进行处理：现实中不同的情境是由主体决定的。

事实上，语义方法不仅关注主体的信息，也关注信息的不确定性，通常不直接对主体已有的信息进行刻画，而是通过刻画主体无法回避的情境来对信息进行处理。采用足够大的信息量的值域来表示不确定性，但并未剔除现实情境的信息。另外，如果缩小信息量的值域就需要减少不确定性，也就需要占有更多的信息。

语义方法提供了用以表达信息的简洁的方法。主体通常只考虑两种可能性，一种可能性是 p 和 q 都成立，另一种可能性是 p 成立而 q 不成立，其实就是对 p 进行非形式的处理。具有两个可能值的情况比只考虑 p 的情况要复杂，但所含的信息量则更大。具有这样的可能值的主体也可以对下面的几种情况进行非形式的处理：“p 并且 q”“q 或者非 q”“p 或者 q”“q 或者 p”“p 或者并非 q”。这些处理遵循二值原则，无须列出主体知道的所有的现实情况，只列出主体认为可能的情况，也即给出主体当前所拥有的信息。

用来表达信息的方法最著名的是带有可能世界语义模型的认知逻辑，下面就对该逻辑进行探讨。

认知逻辑（EL）最初由辛迪卡的《知识和信念》（Hintikka，1962）引入，该逻辑在许多学科中都得到了不同程度的发展，其语义模型为认知模型（或可能世界模型），通常可以形式地定义如下：

定义 2.1（认知模型）　已知 $\mathcal{P}$ 为可数的命题变元集，$\mathcal{A}$ 为有穷主体集。$\mathcal{L}_{PA}$的认知模型（克里普克模型）是三元组 $\mathcal{M}=(W, R^A, V^P)$，其中：

（1）$W\neq\varnothing$；W 表示非空的可能世界集或者状态集，有时也称 $\mathcal{M}$ 的定义域为 $D(\mathcal{M})$；

（2）R^A表示函数，对每一 $a\in\mathcal{A}$，可及关系 $R^A(a)\subseteq W\times W$，即给每一个主体指派一个可及关系；

（3）V^P：$\mathcal{P}\rightarrow 2^W$；表示赋值函数，对 $p\in\mathcal{P}$ 可以生成一个集合 $V^P(p)\subseteq W$，其中 p 是真的。即给每一个命题变元指派一个可能世界集（或状态集）。

有时经常将其直接记为 $\mathcal{M}=(W, R, V)$，在该种情况下，对任一命题变元 p 和任一赋值 V，有时用 V_p来表示 $V(p)$。

如果 $\mathcal{M}$ 中所有的关系 R_a为等价关系，则称 $\mathcal{M}$ 为认知模型。此时，可将 R_a记为$\sim_a$，则此时的模型为 $\mathcal{M}=(W, \sim, V)$。

同时 $\mathcal{M}=(W, R, V)$ 表示赋值模型。称序对 $(\mathcal{M}, w)$ 为点模型，其中 $w\in W$。称 $\mathcal{F}=(W, R)$ 为框架并且称 $(\mathcal{F}, w)$ 为点框架，其中 $w\in W$。也可用序对 $(\mathcal{F}, V)$ 表示模型。

可能世界模型 $\mathcal{M}=(W, R, V)$，其中 (W) 表示情境集，每一个 w 都和命题变元的赋值相关，表示 (V) 中为真的原子命题。模型 $\mathcal{M}$ 表示主体认为和每一世界 w 具有可及关系 (R) 的信息。更严格地，根据每一 $w\in W$，从主体认为可能的所有的情境 u 到 w 具有 R-通道，也就是说，主体认为可能的这些情境 $R[w]:=\{u\in W\mid wRu\}$。主体的信息域不是全局的，而是局部的，因为主体认为可能的世界在从一个世界过渡到另一个世界的过程中可能会发生变化。

认知逻辑不仅可用语义模型表达信息，往往也借助于语言，可以讨论现实的情境和主体所关注的信息之间的关系，因此可以对主体的信息进行推理。该语言可以扩充为带有模态算子的命题语言。利用该语言可以建立形如$\Box\varphi$的公式，读作“主体知道φ”。其形式定义如下：

定义 2.2（认知逻辑语言）　令$\mathcal{P}$表示原子命题集（或称为命题变元集）。认知逻辑的语言包含下面的一些公式，可以通过如下的规则建立：

（1）在该语言中，原子命题$p\in\mathcal{P}$是公式；

（2）如果φ和ψ是公式，那么$\neg\varphi$、$\varphi\vee\psi$、$\Box\varphi$是公式；

（3）只有根据（1），（2）所形成的才是公式，其他的都不是公式。

该定义可简化表述如下：

认知逻辑（EL）语言中的公式φ、ψ可以通过如下的规则建立，其中$p\in\mathcal{P}$：$\varphi::=p\mid\neg\varphi\mid\varphi\vee\psi\mid\Box\varphi$。

其他的联结词合取（$\wedge$）、蕴涵（$\rightarrow$）、等值（$\leftrightarrow$），可根据$\neg$和$\vee$采用逻辑的标准方法构造如下：$\varphi\wedge\psi:=\neg(\neg\varphi\vee\neg\psi)$；$\varphi\rightarrow\psi:=\neg\varphi\vee\psi$；$\varphi\leftrightarrow\psi:=(\varphi\rightarrow\psi)\wedge(\psi\rightarrow\varphi)$。

类似地，常元$\top$和$\bot$分别定义为$p\vee\neg p$和$p\wedge\neg p$。而可能模态算子（$\Diamond$）可通过其对偶算子“BOX”算子（$\Box$）定义：$\Diamond\varphi:=\neg\Box\neg\varphi$。

$\Diamond\varphi$可读作：“主体认为φ是可能的”或“并非主体知道$\neg\varphi$”。

如前，主体域被定义为局部的，认知逻辑语言的公式可在可能世界点模型上进行赋值，点模型和公式之间的真值关系可形式定义如下：

定义 2.3（语义解释）　令序对（$\mathcal{M}$，w）表示点模型，且$\mathcal{M}=(W,R,V)$，那么，

$(\mathcal{M},w)\nvDash\bot$

$(\mathcal{M},w)\vDash p$　当且仅当　$p\in V(w)$

$(\mathcal{M},w)\vDash\neg\varphi$　当且仅当　$(\mathcal{M},w)\nvDash\varphi$

$(\mathcal{M},w)\vDash\varphi\vee\psi$　当且仅当　$(\mathcal{M},w)\vDash\varphi$或者$(\mathcal{M},w)\vDash\psi$

$(\mathcal{M},w)\vDash\Box\varphi$　当且仅当　对所有的$u\in W$，如果wRu，那么$(\mathcal{M},u)\vDash\varphi$

当$(\mathcal{M},w)\vDash\varphi$，称在$\mathcal{M}$中，在点w上$\varphi$是真的。

原子命题的语义解释可以直接通过对原子命题进行赋值，否定、析取属于经典逻辑，而$\Box\varphi$则是模态逻辑部分：主体在模型$\mathcal{M}$上，在状态w上知道φ，$(\mathcal{M},w)\vDash\varphi$，当且仅当，$\varphi$在主体认为所有和w具有$R$关系的世界里是真的。换言之，主体知道$\varphi$，当且仅当，$\varphi$在主体认为可能的

所有世界里为真。

可以用该语义对所设定的初始联结词和模态算子¬、∨和□算子给出解释，也可以给出根据基本的联结词所定义的其他的联结词和模态算子的解释。特别地，□算子可以看作来自赋值点的基于主体认为可能的世界的全称量词，而◇则可根据语义解释为严格的存在量词：

$(\mathcal{M}, w) \vDash \Diamond\varphi$　当且仅当　存在 $u \in W$，如果 wRu，那么 $(\mathcal{M}, u) \vDash \varphi$

下面举例说明如何用可能世界模型刻画信息。

例 2.1　考虑下面的可能世界模型 $\mathcal{M}$。其中有两个可能世界 w_1 和 w_2，它们的值可分别表示为：在 w_1 上，p 和 q 为真；在 w_2 上 p 真，q 假。w_1 是赋值点，该模型刻画的情况是 w_1 为现实世界，而主体认为 w_1 和 w_2 都是可能的，那么（1）主体知道 p，但（2）主体不知道 q，也不知道¬q。

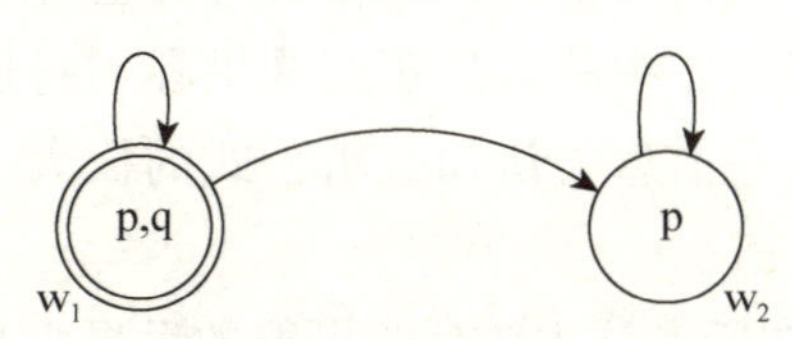

(1) $(M, w_1) \vDash \Box p$

(2) $(M, w_1) \vDash \neg\Box q \wedge \neg\Box\neg q$

但该模型只刻画了不同主体关于 p 的信息，而缺少关于 q 的信息。主体知道 $p \vee q$，故$\Box(p \vee q)$在 w_1 上是真的；主体知道 $q \to p$，故$\Box(q \to p)$在 w_1 上是真的。同样还可能知道其他的命题公式。该模型也可表达高阶信息，即主体知道他们自己的信息的信息。例如，$\Box\Box p$ 表示主体知道自己知道 p，$\Box\neg\Box q$ 表示主体知道自己缺少关于 q 的信息，$\neg\Box\Box q$ 表示主体不知道自己知道 q。

语义解释的作用　语义方法可以对情境中的信息进行识别，但主体却无法对同一情境中为真的等值公式做出区分：主体知道公式中的一个真公式，当且仅当，主体知道与其等值的其他的公式。例如，在例 2.1 中的点模型 $(\mathcal{M}, w_1)$ 中，主体知道 $p \vee q$，但也知道其局部的等值公式 $\neg(\neg p \wedge \neg q)$、$\neg p \to q$、$\neg q \to p$ 等等。

特别地，根据情境中的公式是真的可推出所有的重言式都是信息等价的，因为所有的重言式在每一个可能情境下都是真的。显然可以推出重言式 $p \to p$，从主体的视角看，等于重言式 $(p \wedge (p \to q)) \to q$。

将逻辑等值公式所包含的信息看作相同的并作为所有语义方法共同采用的一种方式，将认知逻辑语言和可能世界模型相组合则可能具有更强的表达效果：全知性使得主体的信息在逻辑后承下是封闭的。导致这种结果的原因在于每一可能世界都是在认知公式的无穷集中恰好为真的那个可能世界。当基于亨金《类型论中的完全性》（Henkin，1950）中的一般的模型，即典范的可能世界模型时，情况会更加明显。典范可能世界模型中的世界为所有认知公式的极大一致集，即每一可能世界都定义为具有两种情况的认知公式集：一致性（矛盾$\perp$不能被有穷地推出）和极大性（在一致的集合中不能再增加新的公式），该模型称为典范的，主要因为它是“全称的（universal）”模型：任意可满足的认知公式集在该模型中都可以得到满足。

真值引理（Truth Lemma）：在典范模型中的每一个世界里认知公式都是真的（即在每一个极大一致集中，认知公式都是真的），等价于这些认知公式属于极大一致集。换言之，对于认知语言，典范的可能世界模型是一种语形构造，使得在每一个可能世界中的信息正好为世界本身所提供的所有关于认知逻辑的信息。且这些信息为认知逻辑公式的极大一致集。

主体在 w 上知道 φ，当且仅当，φ 在所有该主体认为可能的世界中是真的。正如典范可能世界模型所表明的，每一个可能世界都代表一个认知逻辑公式的极大一致集，且极大一致集在逻辑后承下是封闭的：如果 $\varphi\rightarrow\psi$ 且 φ 属于该集合，那么根据一致性和极大性，ψ 也应该为该集合中的公式。然而，每一可能世界所提供的信息在逻辑后承下是封闭的，因此这也是主体的信息：如果在 w 上，主体知道 $\varphi\rightarrow\psi$ 且 φ（或者如果$\Box$（$\varphi\rightarrow\psi$））且$\Box\varphi$ 在 w 上真的，那么 $\varphi\rightarrow\psi$ 且 φ 在所有与 w 有 R 可及关系的世界中是真的。但 ψ 在每一个这样的世界中同样成立，且主体在 w 上（或者$\Box\psi$ 在 w 上是真的）知道 ψ。

全知如何影响推理　正如前面所提及的，全知性的影响对我们来说是重要的：真值保持推理可确保根据前提的真可以推出结论的真，由于全知性使得前提和结论变得不相干了。且这并不能由任意新的信息提供，因此根据主体的信息逻辑地推出任意事件都是其中的一部分。换言之，可能世界方法无法解释真值保持推理中的非形式的性质。信息可表示为主体的可能性的值，因此，真值保持推理扩充了主体关于每一种可能性的信息，但却无法提供任何新的信息。

对于人类而言这是一个非常严重的缺陷，真值保持推理显然是有意义的。真值保持推理可能无法构造新的信息，我们所指的是在某些隐性形式下的推导，但在推理之前，真值保持推理的确也给我们提供了一些原本没有的新的信息，例如定理的证明。

所以，纯语义的方法存在一定的局限性，下面将提供表达信息的择代系统。

2.1.2 语形表达

除了可用语义表达信息外，还可以采用语形的方法。语形的方法是表达信息最自然的方法。人类的信息可以通过书面语言和口语进行表达，应用形式语言则可在一定程度上避免语言表达中的含糊不清和晦暗性。

信息可用给定的形式语言公式集表达。例如，如果某主体知道某一事实 p 为真，那么可简单地将 p 增加到所对应的公式集中。另一方面，如果主体不知道 p 是否反映了这种情况的信息，就不能增加任何公式到该集合中。该理论可用来表达主体关于客观世界的显性的、清楚的、详尽的主体信息。

在语形表达中，每一信息模块都可通过公式确定，那么，两个信息模块具有同样的意义当且仅当它们可以通过同样的符号序列表达。在某些情况下，由于合取支的顺序不同则会产生不同的信息（例如“她不但聪明，而且还漂亮”和“他不但漂亮而且聪明”）。但在形式表达方面，有时很难发现两个不同的公式 p 和 $p \wedge q$ 之间具有不同的意义。只要语形上不同，就可理解为不同的信息模块。

由于语形方法过于精细，而遭到了某些非议。语形方法采用经典公式语言表达信息，主体可能会推出并不是主体所拥有的信息。为了表达主体知道 p，可以将该公式增加到相应的公式集中，但通常没有公式可以表达主体知道 p 的事实。在这样的情况下，关于主体的性质的推理就会涉及元语言，通常也很难找到这样的逻辑公式。语形方法也可以表示主体的高阶信息，即关于主体自己的信息的信息。

2.1.3 中间点

信息应该是个体所具有的，类似于自然语言但却无法通过自然语言表达，更像是“语义的”对象。

卡尔纳普在《归纳法的连续统》（Carnap，1952）中研究了可能情境的语形描述，如状态描述（state descriptions）是关于情境的初始值的合取的描述。

刘易斯提出了意义（meaning）理论。讨论了内涵（intension），即将语句的真值转换为建立在类似于可能世界、时间、空间、说话者、听众和其他的论证序列上，但并未提供关于语句意义的函数。具有相同内涵的语句可能会有不同的意义，例如"称所有的重言式都具有相同的意义是荒谬的，但它们却可能具有相同的内涵；常元函数（对每一个论证）具有真值（真）"[《普遍语义》(Lewis，1970)]。对原子语句，可看作有意义的内涵语句，但组合语句的意义应该通过其组成部分的内涵确定。根据这一思想，重言式"雪是白的或者不是白的"在意义上和其类似的结构"草是绿色的或者不是绿色的"不同，因为它们各自的组成部分不同，"雪是白的"和"草是绿的"具有不同的内涵。

摩尔在《命题态度和罗素派的命题》（Moore，1989）中提出的方法类似于"罗素学派"的观点，但却不同于"弗雷格学派"（Fregean）的观点。弗雷格认为命题是由关系和关系对象组成的。罗素的《数学原理》(Russell，1903）定义了基于关系的命题和关系对象。摩尔指出，因为它们是由对象构成的，为了区别同样情境下的命题的真假，罗素学派认为对命题可以进行语形刻画。然而，由于它们是根据对象和关系定义的，故都不是语言的实体。

以上所涉及的方法，主要基于哲学上关于命题的意义，以及命题究竟传达了什么样的信息的理论，并对意义理论进行了全方位的抨击。同时根据现有的观点，还存在中间点的方法。如果采用语形的方法，则需要处理的是抽象的存在；如果采用语义的方法，则需要做进一步的处理。后者主要采用邻域语义模型，可能世界模型分别由斯科特的《高阶模态逻辑》(Scott，1970）和蒙塔古的《普遍语法》（Montague，1970）发展起来。类似于语形的方法，邻域模型采用列出所有主体知道的公式的方法刻画主体的信息；类似于语义的方法，每一公式可以用基于真的情境所组成的集合表示。

邻域模型 $\mathcal{M}=\langle W, N, V\rangle$，可以通过用邻域语义函数 $N: W\rightarrow\wp(\wp(W))$ 替换可及关系，即指派给每一可能世界一个世界集的方法表达。主体在世界 w 上知道某一公式 φ 当且仅当 $\mathcal{M}$ 中的那些世界集中的 φ 为真的（可表示为 $[[\varphi]]^{M}$）且属于 N（w）。刻画的主体的信息在逻辑后承下不是封闭的，因为 N（w）不需要具有特殊的封闭性，因此，由 $[[\varphi]]^{M}$

和 $[[\varphi\rightarrow\psi]]^M$推不出 $[[\psi]]^M$。

邻域语义模型仍不足以刻画意义之间的区别。只借助情境集中为真的信息刻画信息，主体无法将同一情境集中的真的公式区分开来，即，主体不能区分同一情境集中逻辑等价的公式。这就使得重言式 $p\rightarrow p$ 和 $(p\wedge(p\rightarrow q))\rightarrow q$ 对于同一主体来说具有相同的信息。

2.1.4 组合

语义方法是建立在全称量词的基础上的：主体知道一条信息当且仅当该信息在所有主体认为可能的情境下是真的。另一方面，语形方法是建立在存在量词的基础上的：主体知道一条信息当且仅当在主体的信息集合中存在一个公式可以表示它。这两个观点并不矛盾，例如，完全性是建立在基于每一模型都是真的语义有效性和基于推理或者证明的存在的语形有效性之间的对应关系。正如范·本特姆等在《构建动态时间信念逻辑的桥梁》(van Benthem，Martinez，2008) 中认为语义和语形方法可以看作对偶的 (dual) 或者互补的，可将二者结合在一起，从而找到一种表达语义和语形之间的关系的方法是可能的。

2.1.5 信息结构的逻辑

可以从以下几个方面研究信息。信息研究的核心问题应该是信息结构和信息处理。信息结构可以看作模型论的范畴，而信息处理则可以看作证明论的范畴。现在的研究主要是基于逻辑层面，基于克里普克的《直觉逻辑的语义分析》(S. Kripke，1965) 是建立在模型上的以前序信息状态为基础的直觉主义逻辑解释的 S 系统。主要涉及命题逻辑，而命题序列演算可以通过增加全称量词和存在量词的规则而扩充谓词逻辑，即一阶逻辑。增加∀和∃量词为元语言，元逻辑则采用经典逻辑，并把经典逻辑的反证法作为一个规则。

A. 直觉主义命题逻辑 (IPL)

首先给出 IPL 的一个非正统语言 (unorthodox language)。

定义 2.4 命题语言 $\mathcal{L}$ 的字母表由可数的命题变元集 *PROP* 组成：

两个真常元：t，⊤；

一个假常元：⊥；

二元联结词：/(右-检索蕴涵)，\(左-检索蕴涵)，∘(内涵合取)，∧(外延合取)，∨(析取)；

辅助符号：(,)。

定义 2.5 $\mathcal{L}$-公式集为最小的 Γ 集，使得

$PROP \subseteq \Gamma$

t，$\top$，$\bot \in \Gamma$

如果 A，$B \in \Gamma$，那么 (A/B)，$(A \setminus B)$，$(A \circ B)$，$(A \wedge B)$，$(A \vee B) \in \Gamma$

也可用 p，p_1，p_2，…表示命题变元，A，B，C，A_1，A_2，…表示 $\mathcal{L}$-公式，且用 X，Y，Z，X_1，X_2，…表示有穷且可为空的 $\mathcal{L}$-公式中出现的序列；用<>表示空序列。公式最外面的括号常常可以省略。

定义 2.6 A 的子公式可归纳定义如下：

(1) 每一 $\mathcal{L}$-公式 A 是其本身的子公式。

(2) A 的子公式和 B 的子公式是 (B/A)、$(A \setminus B)$、$(A \circ B)$、$(A \wedge B)$、$(A \vee B)$ 的子公式。

(3) 表达式 $X \rightarrow A$ 是连续的；X 称为前件，A 称为它的后件。当 n=0 时，$A_1 \cdots A_n \rightarrow A$ 可表示为 $\rightarrow A$。IPL 中的否定可定义为 $\neg^r A = (\bot/A)$，$\neg^l A = (A \setminus \bot)$。$A \leftrightarrow^+ B$ 常用于表示 $(A \setminus B) \wedge (B \setminus A) \wedge (B/A) \wedge (A/B)$。

下面提供 IPL 系统序列演算，包括逻辑规则、运算规则、结构推理规则。

(i) 逻辑规则；

(ii) 引入联结词的左手边（lhs）和右手边（rhs）的连续箭头→的运算规则；

(iii) 一些结构推理规则。

定义 2.7 构成 IPL 的规则为：

逻辑规则：

等值（id）	$\vdash A \rightarrow A$
分割（Cut）	$Y \rightarrow A \quad XAZ \rightarrow B \vdash XYZ \rightarrow B$

运算规则：

$(\bot\rightarrow)$	$\vdash X \bot Y \rightarrow A$
$(\rightarrow t)$	$\vdash X \rightarrow t$
$(\rightarrow \top)$	$\vdash \rightarrow \top$
$(\top \rightarrow)$	$XY \rightarrow A \vdash X \top Y \rightarrow A$
$(\rightarrow/)$	$XA \rightarrow B \vdash X \rightarrow (B/A)$

$(/\to)$	$Y\to A \quad XBZ\to C\vdash X\ (B/A)\ YZ\to C$
$(\to\backslash)$	$AX\to B\vdash X\to\ (A\backslash B)$
$(\backslash\to)$	$Y\to A \quad XBZ\to C\vdash XY\ (A\backslash B)\ Z\to C$
$(\to\circ)$	$X\to A \quad Y\to B\vdash XY\to\ (A\circ B)$
$(\circ\to)$	$XABY\to C\vdash X\ (A\circ B)Y\to C$
$(\to\wedge)$	$X\to A \quad X\to B\vdash X\to\ (A\wedge B)$
$(\wedge\to)$	$XAY\to C\vdash X\ (A\wedge B)\ Y\to C$
	$XBY\to C\vdash X\ (A\wedge B)\ Y\to C$
$(\to\vee)$	$X\to A\vdash X\to\ (A\vee B)$
	$X\to B\vdash X\to\ (A\vee B)$
$(\vee\to)$	$XAY\to C \quad XBY\to C\vdash X\ (A\vee B)\ Y\to C$

结构推理规则：

置换规则（P）	$XABY\to C\vdash XBAY\to C$
收缩规则（C）	$XAAY\to B\vdash XAY\to B$
单调性（M）	$XY\to B\vdash XAY\to B$
膨胀规则（E）	$XAY\to B\vdash XAAY\to B$

B. 克里普克的 IPL 解释

下面首先讨论克里普克关于 IPL 的语义解释，然后根据信息状态重新生成基于克里普克语义的解释。

定义 2.8　克里普克框架是结构 $\mathcal{F}=<I, \preceq>$，其中 I 为非空集，且 $\preceq$ 为建立在 I 上的前序（或者准序），即 $\preceq$ 是建立在 I 上自返和传递的二元关系。

定义 2.9　一个最小的克里普克模型是建立在克里普克框架 $\mathcal{F}$ 上的结构 $\mathcal{M}=<\mathcal{F}, v_0>$，其中 v_0 为从 $PROP\cup\{\perp\}$ 到 2^I 上的赋值函数，使得对每一 $p\in PROP\cup\{\perp\}$，且每一 a，$b\in I$：

如果 $a\preceq b$，那么 $a\in v_0$ (p) 可推出 $b\in v_0$ (p)

定义 2.10　建立在克里普克框架 $\mathcal{F}$ 上的直觉的克里普克框架为最小的克里普克模型 $\mathcal{M}=<\mathcal{F}, v_0>$，其中 $v_0(\perp)=\varnothing$。

定义 2.11　已知克里普克模型（最小的或直觉主义的）$\mathcal{M}=<I, \preceq, v_0>$，$v_0$ 可以归纳扩充为从所有的 $\mathcal{L}$-公式集到 2^I 上的赋值函数如下：

$v(p)=v_0(p)$，　　$p\in PROP\cup\{\perp\}$

$v(A\wedge B)=v(A\circ B)=v(A)\cap v(B)$

$v(A\vee B)=v(A)\cup v(B)$

v $(A\backslash B)$ =v (B/A) = {a∈I| (∀b∈v (A)) a⊒b 可推出 b∈v (B)},

v (⊤) =v (t) =I

通过施归纳于 A 的复杂度，可证明对每一克里普克模型 $\mathcal{M}=<I, \sqsupseteq, v_0>$，每一 $\mathcal{L}$-公式 A 和每一 a，b∈I：

（遗传性） 如果 a⊒b，那么 a∈v (A) 可推出 b∈v (A)

定义 2.12（语义后承） 令 $\mathcal{M}=<I, \sqsupseteq, v_0>$为克里普克模型，序列 s=$A_1 \cdots A_n \rightarrow A$ 在 a∈I 时成立（或者是有效的）。

$$\text{当且仅当}\begin{cases} a \in v(A_1 \circ \cdots \circ A_n) \text{ 蕴涵 } a \in v(A), \text{如果 } n > 0; \\ a \in v(A), \text{否则} \end{cases}$$

在 $\mathcal{M}$ 中的序列 s 成立，当且仅当 s 在每一 a∈I 中的 s 成立。如果→A 在 a∈$\mathcal{M}$ 成立，在 $\mathcal{M}$ 中有效，那么在 A 上有效指的是 a∈$\mathcal{M}$ 且在 $\mathcal{M}$ 中有效。序列 s 在 IPL 中成立（或者是有效的）当且仅当在每一直觉主义的克里普克模型上成立。如果→A 在 IPL 上是有效的，A 的有效性指在 IPL 中有效。

如果 $A_1 \cdots A_n \rightarrow A$ 在 IPL 中是有效的，那么对每一直觉主义克里普克模型 $\mathcal{M}=<I, \sqsupseteq, v_0>$，v $(A_1 \circ \cdots \circ A_n)$ ⊆v (A)。有效性也可以看作弱条件，即如果 $A_1 \cdots A_n$ 在 IPL 上是有效的，那么 A 在 IPL 中是有效的。

定理 2.1 IPL 可以通过所有的直觉主义克里普克模型类进行刻画，即 $\vdash_{IPL} A_1 \cdots A_n \rightarrow A$ 当且仅当 $A_1 \cdots A_n \rightarrow A$ 在 IPL 中是有效的。

证 可靠性 通过施归纳于 IPL 的证明的长度。(规则 $\mathcal{M}$，因为∘是保有效性的，常用于定义克里普克模型中的赋值序列，用同样的方法也可以证明对∧同样适用。）利用语义表，克里普克证明了每一 IPL 的定义在每一直觉主义克里普克模型中是有效的。

现在就粗略地证明完全性。根据典范的克里普克模型的定义，$\mathcal{M}_{IPL}=<I, \sqsupseteq, v_0>$，即 IPL 刻画的模型。令 Γ 为 $\mathcal{L}$-公式集，Γ 在 IPL 中是演绎封闭的当且仅当 $\Gamma=\Gamma \cup \{A|\ \vdash_{IPL} A_1 \cdots A_n \rightarrow A$ 且 $A_i \in \Gamma$ $(1 \leqslant i \leqslant n)\}$。$\Gamma$ 是 IPL 一致的，当且仅当不存在序列 $A_1 \cdots A_n$，$A_i \in \Gamma$，$A_1 \cdots A_n \rightarrow \bot$ 在 IPL 中是可证的。Γ 是前提当且仅当对所有 $\mathcal{L}$-公式 A，B：$(A \vee B) \in \Gamma$ 可推出 $A \in \Gamma$ 或者 $B \in \Gamma$。典范模型 $\mathcal{M}_{IPL}$ 可定义如下：

I ={a| a 是质数，$\mathcal{L}$-公式的 IPL 一致集在 IPL 下是演绎封闭的}

⊒ 为关系⊆的子集关系

$v_0(p) = \{a \in I \mid p \in a\}$

$v_0(\bot) = \varnothing$

显然，$\mathcal{M}_{IPL}$事实上是直觉的克里普克模型。如果$\nvdash_{IPL} A_1 \cdots A_n \to A$，那么$A_1 \cdots A_n$属于质数，IPL 一致集在 IPL 下是演绎封闭的，不包含 A。利用该事实，可以证明，对于$\mathcal{M}_{IPL} = \langle I, \sqsupseteq, v_0 \rangle$，对每一$\mathcal{L}$公式$A$和每一$a \in I$，下面成立：

（典范性）　$a \in v(A)$　当且仅当　$A \in a$

根据典范性，完全性可以很容易地推演出来。如果$A_1 \cdots A_n \to A$在每一直觉克里普克模型中是有效的，特别地在$\mathcal{M}_{IPL}$中是有效的，那么在$\mathcal{M}_{IPL}$中，如果$n>0$且$v(A) = I$，那么$v(A_1 \circ \cdots \circ A_n) \subseteq v(A)$；否则，根据典范性，根据（$\to\circ$）和（分割），$\vdash_{IPL} A_1 \circ \cdots \circ A_n \to A$且$\vdash_{IPL} A_1 \cdots A_n \to A$。

与直觉克里普克模型的情境相对应，$\bot$在最小克里普克模型中的信息模块中成立。基于$\bot$的解释，序列$X \bot Y \to A$在每一最小克里普克模型中无效。该逻辑是通过所有的最小克里普克模型类进行刻画的最小的直觉主义命题逻辑 MPL。

定义 2.13　MPL 的规则是由不包括（$\bot\to$）的 IPL 构成的。

定理 2.2　$\vdash_{MPL}$　$A_1 \cdots A_n \to A$当且仅当$A_1 \cdots A_n \to A$在每一最小克里普克模型中是有效的。

下面给出 MPL 关于所有的最小克里普克模型类的完全性证明。为此，需要定义关于 MPL 的典范模型$\mathcal{M}'_{MPL}$。

定义 2.14　典范模型$\mathcal{M}'_{MPL} = \langle I, \sqsupseteq, v_0 \rangle$定义如下：

$I = \{a \mid \exists X = A_1 \cdots A_n\ (n \geqslant 0)\ 且\ a = \{A \mid \vdash_{MPL} X \to A\}\}$

$\sqsupseteq\ = \subseteq$

$v_0(p) = \{a \in I \mid p \in a\}$，对每一在$PROP \cup \{\bot\}$中的 p

$\mathcal{M}'_{MPL}$为最小克里普克模型，通过施归纳于A的复杂度，可以证明（典范性）关于$\mathcal{M}'_{MPL}$成立。（根据 MPL 满足◇）

定理 2.3　$\vdash_{MPL}$　$A_1 \cdots A_n \to A$当且仅当$A_1 \cdots A_n \to A$在每一最小克里普克模型中有效。

为了证明完全性，假设$A_1 \cdots A_n \to A$在每一克里普克模型中是有效的。那么$A_1 \cdots A_n \to A$在$\mathcal{M}'_{MPL}$中是有效的。根据（典范性），对每一$a \in I$，$A_1 \circ \cdots \circ A_n \in a$，可推出$A \in a$，否则，如果$n>0$，且$A \in a$。根据$I$的定义，对每一$\mathcal{L}$公式$X$，如果$X \to A_1 \circ \cdots \circ A_n$在 MPL 中是可证的，那么$X \to A$在 MPL 中是可证的。特别地$A_1 \circ \cdots \circ A_n \to A$在 MPL 中是可证的。

在 $\mathcal{M}'_{MPL}$ 中，每一信息模块都是有穷可表达的。

C. IPL 的 Grzegorczyk 解释

根据信息模块，IPL 语义是由 Grzegorczyk 提出的。根据《直觉逻辑的哲学的或然的形式解释》(Grzegorkzyk，1964) 中所提出的“直觉主义逻辑可以理解为科学研究的逻辑”，包括“根据调查方法所获得的新的确定的事实所组成的数据库的科学研究（例如经验调查)”。根据建立在树形上的直觉主义的克里普克模型，Grzegorczyk 的方法为直觉主义逻辑构成了一个 IPL 刻画的具体方法。Grzegorczyk 的方法在下面的情况下是具体的：(1) 给出了具体的可能世界或者以此为前提的信息模块。(2) 针对特殊的信息模块，在信息模块的基础上建立了特殊的二元关系。(3) 指定了特殊的赋值函数 v_0：$PROP\cup\{\bot\}\rightarrow 2^I$。在 Grzegorczyk 的情况下有：每一有穷命题变元集为可能世界集，可解释为信息模块。

令 I 为信息模块的非空信息集。令 P 为从 I 到 I 的非空子集，使得：

(∗) 如果 $a=\{p_1,\cdots,p_n\}\in I$，那么 $P(a)=\{a\}$，或者对每一 $b\in P(a)$，存在 $p_{n+1},\cdots,p_{n+k+1}$ ($k\geqslant 0$) 使得 $b=\{p_1,\cdots,p_n;p_{n+1},\cdots,p_{n+1+k+1}\}$

P 可解释为在 I 中的“信息可延展的函数”。建立在 I 上的二元关系（“信息外延”）根据 P 定义如下：对每一 $a,b\in I$，

$a\trianglelefteq^0 b$ 当且仅当 $a=b$

$a\trianglelefteq^{n+1} b$ 当且仅当存在 $c\in I$ 使得 $a\trianglelefteq^n c$ 且 $b\in P(c)$

$a\trianglelefteq b$ 当且仅当存在 $n\in\omega$ 使得 $a\trianglelefteq^n b$

因此，如果 $a\trianglelefteq b$，那么 a 为 b 的子集。Grzegorczyk 定义的结构为 $\mathcal{R}=\langle I,P,\ell\rangle$，其中 I 为信息模块集（即，有穷命题变元集），P 为从 I 到 $2^I-\{\varnothing\}$ 的一一映射且满足 (∗)，且每一信息模块都为内部信息模块 $\ell\in I$ 的扩充：如果 $a\in I$，那么 $\ell\trianglelefteq I$（其中 $\trianglelefteq$ 的定义如上)。$\ell=\varnothing$ 时，是理想化的状态，$\langle I,\trianglelefteq,\ell\rangle$ 为树。对于已知的 $\mathcal{R}=\langle I,P,\ell\rangle$，Grzegorcyk 定义了基础的赋值函数 v_0：$PROP\cup\{\bot\}\rightarrow 2^I$：

$v_0(p)=\{a\in I\mid p\in a\}$；$v_0(\bot)=\varnothing$

基础赋值 v_0 可以归纳扩充为从所有的 $\mathcal{L}$ 公式集到 2^I 上的一一对应的函数 v，其方法完全类似于克里普克模型。每一 $\langle I,P,\ell\rangle$ 都可以看作建立在树基础上的直觉主义的克里普克模型 $\langle I,\trianglelefteq_P,\ell,v_0\rangle$。在结构 $\mathcal{R}=\langle I,P,\ell\rangle$ 上序列 $s=A_1\cdots A_n\rightarrow A$ 的有效性可定义为在 $\langle I,\trianglelefteq_P,\ell,v_0\rangle$ 上的有效性。Grzegorcyk 证明了下面的定理：

定理 2.4 A 为 IPL 的定理，当且仅当 A 在每一结构上有效。

Grzegorczyk 采用间接的方法证明了完全性。他证明每一有穷的树 $\mathcal{T}$ 可归纳为一个结构 $\mathcal{R}$ 到 $\mathcal{T}$ 上的同构使得对每一 $\mathcal{L}$ 公式 A，根据直觉主义命题逻辑的拓扑解释，A 在 $\mathcal{T}$ 上是有效的，当且仅当 A 在 $\mathcal{R}$ 上有效。如果 A 在每一结构上都有效，那么根据 IPL 的拓扑解释 A 就在每一有穷树上有效。因此是 IPL 的定理。

Grzegorcyk 并未定义 IPL 的典范结构，因为这样的结构并不存在。假设 $\mathcal{R}$ 是关于 IPL 的典范结构，带有信息模块 I 的集合。集合 $\Gamma=\bigcup\{a \mid a\in I\}$ 是有穷的。取任意 $q\in PROP$ 使得 $q\notin\Gamma$。那么即使 $\nvdash IPL\rightarrow q\setminus p$，则 $q\setminus p$ 在 $\mathcal{R}$ 中关于任意 p 是有效的。因此 $\mathcal{R}$ 不是典范的。

D. IPL 的 BHK 解释

根据前面对证明的解释，可对 IPL 进行评价，例如，根据直觉主义的联结词∧、∨、⊃和假常元⊥的所谓的 Brouwer-Heyting-Kolmogorov 解释（即 BHK 解释）。根据吉拉德（Girard）的观点，BHK 的解释取决于如何解释例如“结构”“转换”等概念。与其相关的特鲁尔斯特拉《数学的建构主义》（Troelstra，van Dalen，1988）指出“在每一经典的结构和映射的解释上…… ［判断的解释］二值（经典）逻辑的规则”，下面给出 IPL 的 BHK 解释。

（H1）$A\wedge B$ 的证明可以通过 A 的证明和 B 的证明给出。

（H2）$A\vee B$ 的证明可以通过 A 的证明或者 B 的证明给出。

（H3）$A\supset B$ 的证明是满足将任意的证明 A 转换为证明 B 的结构。

（H4）荒谬⊥（矛盾）没有证明，$\neg A$ 的证明是将任意假设 A 的证明转换成矛盾的证明。

通常，BHK 的解释可以看作关于 IPL 的最“自然的语义”。根据吉拉德的《证明和类型论》（Girard，1989），“Heyting 的语义证明”是“逻辑学界最伟大的思想之一”。

E. 在序列演算中的推演

序列演算为“元演算”。一个简单的推论序列演算为序列 $X\rightarrow A$，即，公式 A 是出现在 X 中的公式的有穷序列的语形后承。在元-层面上，在有穷序列 S 和单个序列之间有语形后承关系⊢。如果 $\mathcal{L}$ 是一个基于序列演算的逻辑表达，那么 $\mathcal{D}_{L}$（Π，$X\rightarrow A$，S），“Π 为在 $\mathcal{L}$ 中从 S 开始的 $X\rightarrow A$ 的推演”可定义为根据 $\mathcal{L}$ 规则的归纳。在此给出了 IPL 的完全的定义：

$$\mathcal{D}_{IPL}\ (A\rightarrow A,\ A\rightarrow A,\ \langle\rangle)$$

如果 $\mathcal{D}_{IPL}$（Π_1，$Y \to A$，S_1），并且 $\mathcal{D}_{IPL}$（Π_2，$XAZ \to B$，S_2），那么 $\mathcal{D}_{IPL}$（$\Pi_1\Pi_2/$（$XYZ \to B$），$XYZ \to B$，S_1S_2）

$\mathcal{D}_{IPL}$（$X \perp Y \to A$，$X \perp Y \to A$，$\langle\rangle$）

$\mathcal{D}_{IPL}$（$X \to \mathrm{t}$，$X \to \mathrm{t}$，$\langle\rangle$）

$\mathcal{D}_{IPL}$（$\to \top$，$\to \top$，$\langle\rangle$）

如果 $\mathcal{D}_{IPL}$（Π，$XY \to A$，S），那么 $\mathcal{D}_{IPL}$（$\Pi/$（$XTY \to A$），$XTY \to A$，S）

如果 $\mathcal{D}_{IPL}$（Π，$XA \to B$，S），那么 $\mathcal{D}_{IPL}$（$\Pi/$（$X \to (B/A)$），$X \to (B/A)$，S）

如果 $\mathcal{D}_{IPL}$（Π_1，$Y \to A$，S_1），并且 $\mathcal{D}_{IPL}$（Π_2，$XBZ \to C$，S_2），那么 $\mathcal{D}_{IPL}$（$\Pi_1\Pi_2/$（$X(B/A)YZ \to C$），$X(B/A)YZ \to C$，S_1S_2）

如果 $\mathcal{D}_{IPL}$（Π，$AX \to B$，S），那么 $\mathcal{D}_{IPL}$（$\Pi/$（$X \to (A \backslash B)$），$X \to (A \backslash B)$，S）

如果 $\mathcal{D}_{IPL}$（Π，$AX \to B$，S），那么 $\mathcal{D}_{IPL}$（$\Pi/$（$X \to (A \backslash B)$），$X \to (A \backslash B)$，S）

如果 $\mathcal{D}_{IPL}$（Π_1，$Y \to A$，S_1），并且 $\mathcal{D}_{IPL}$（Π_2，$XBZ \to C$，S_2），那么 $\mathcal{D}_{IPL}$（$\Pi_1\Pi_2/$（$XY \to (A \circ B)$），$XY \to (A \circ B)$，S_1S_2）

如果 $\mathcal{D}_{IPL}$（Π，$XABY \to C$，S），那么 $\mathcal{D}_{IPL}$（$\Pi/$（$X(A \circ B)Y \to C$），$X(A \circ B)Y \to C$，S）

如果 $\mathcal{D}_{IPL}$（Π_1，$X \to A$，S_1），并且 $\mathcal{D}_{IPL}$（Π_2，$X \to B$，S_2），那么 $\mathcal{D}_{IPL}$（$\Pi_1\Pi_2/$（$X \to (A \wedge B)$），$X \to (A \wedge B)$，S_1S_2）

如果 $\mathcal{D}_{IPL}$（Π，$XAY \to C$，S），那么 $\mathcal{D}_{IPL}$（$\Pi/$（$X(A \wedge B)Y \to C$），$X(A \wedge B)Y \to C$，S）

如果 $\mathcal{D}_{IPL}$（Π，$XBY \to C$，S），那么 $\mathcal{D}_{IPL}$（$\Pi/$（$X(A \wedge B)Y \to C$），$X(A \wedge B)Y \to C$，S）

如果 $\mathcal{D}_{IPL}$（Π，$X \to A$，S），那么 $\mathcal{D}_{IPL}$（$\Pi/$（$X \to (A \vee B)$），$X \to (A \vee B)$，S）

如果 $\mathcal{D}_{IPL}$（Π，$X \to B$，S），那么 $\mathcal{D}_{IPL}$（$\Pi/$（$X \to (A \vee B)$），$X \to (A \vee B)$，S）

如果 $\mathcal{D}_{IPL}$（Π_1，$XAY \to C$，S_1），并且 $\mathcal{D}_{IPL}$（Π_2，$XBY \to C$，S_2），那么 $\mathcal{D}_{IPL}$（$\Pi_1\Pi_2/$（$X(A \vee B)Y \to C$），$X(A \vee B)Y \to C$，S_1S_2）

如果 $\mathcal{D}_{IPL}$（Π，$XABY \to C$，S），那么 $\mathcal{D}_{IPL}$（$\Pi/$（$XBAY \to C$），

$XBAY \to C$, S)

如果 $\mathcal{D}_{IPL}$ (Π, $XAAY \to B$, S)，那么 $\mathcal{D}_{IPL}$ ($\Pi /$ ($XAY \to B$), $XAY \to B$, S)

如果 $\mathcal{D}_{IPL}$ (Π, $XY \to B$, S)，那么 $\mathcal{D}_{IPL}$ ($\Pi /$ ($XAY \to B$), $XAY \to B$, S)

2.2 动　态

当讨论什么是信息，如何表达信息时，信息显然不是静态的。同时知识、信念、愿望、意向和其他的命题态度可以改变信息的范围，不仅包括通过和外界的环境之间的互动（读报纸、会话、提问），也包括主体自身的内部推理（推理、在觉知上的改变、内省行为、记忆和遗忘）。信息状态是一个动态进程，该行为所引起的变化说明什么时候如何来表达主体的信息。

许多领域都研究结构和行为转换。事实上，行为在计算机科学中具有重要的作用。在该领域中对算法程序系统的研究比较普遍，包括建立、描述和转换信息。许多逻辑学家和哲学家研究的重点在于行为是如何转换成信息的，强调行动是继动态认知逻辑之后研究的主要方向：应该将信息行动和行动对信息所产生的作用结合起来研究。

下面就从动态的语义和语形两个方面进行讨论。

2.2.1　动态语义

语义方法主要用概率表达信息，与此相关的信息行动可以改变概率值。该算子就是对概率所做的刻画，具有代表性的有观察行为，还有许多其他的一些方法，类似于引入新的概率，或者对内部结构可能具有的概率做进一步的修正。

总而言之，主体通过观察或者交流活动而导致信息发生了变化，语义刻画的行为具有“外部互动”的特点。由于主体的语义信息具有强封闭性，根据主体已经掌握的一定的信息，可从主体所考虑的概率中获得这些信息。根据现实情境，利用互动、环境（观察），或者通过与其他主体进行交流而获得信息，不包括“自省”行为而产生的新信息。

认知逻辑是建立在信息语义基础上的最著名的范例，即“动态认知逻辑”。

观察逻辑（Observation Logic）

观察是由单主体完成的“外部”行为。为此，在认知逻辑语言中通过增加存在模态算子$<\chi!>$进行扩充，观察模态算子中的 χ 为语言公式。可定义如下：

定义 2.15（观察逻辑语言） 令 $\mathcal{P}$ 为原子命题集，观察逻辑的语言公式 φ、ψ，χ 可以通过下面的方式给出：

$$\varphi ::= p \mid \neg\varphi \mid \varphi \vee \psi \mid \Box\varphi \mid <\chi!> \varphi$$

用 p 表示 $\mathcal{P}$ 中的原子命题。公式$<\chi!>\varphi$ 读作“可能观察到 χ 之后，将出现 φ 这种情况”。和$<\chi!>$对应的对偶算子，即全称模态算子可定义如下：

$$[\chi!]\varphi := \neg<\chi!>\neg\varphi$$

该公式可读作“经过任意地观察到 χ 之后，φ 是这种情况”。

主体除了可以实施“外部”行动之外，对观察行为的解释也显得非常自然，可通过减少算子的方法改变主体所拥有的信息的可能的范围。根据观察确定 χ，主体认识到 χ 是真的之后，他可以放弃通过 χ 观察之后发现不成立的那些可能性，从而确保 χ 是真的。建立在可能世界模型上的算子的形式定义如下：

定义 2.16（观察算子） 令 $\mathcal{M}=<W, R, V>$为可能世界模型，令 χ 为观察逻辑语言中的公式。可能世界模型 $\mathcal{M}_{\chi!}=<W', R', V'>$可以通过下面的方式给出：

(1) $W' := \{w \in W \mid (\mathcal{M}, w) \vDash \chi\}$

(2) $R' := R \cap (W' \times W')$

(3) 对每一 $w \in W'$，$V'(w) := V(w)$

换言之，观察算子可以通过只保持观察到 χ 成立的可能世界而对模型进行限制，并将可及关系限制为新的定义域上，且保留可保持世界的原子赋值。

观察公式和观察算子可以通过其语义给出解释。

定义 2.17（语义解释） 令序对（$\mathcal{M}$，w）为可能世界点模型，且 χ 为观察语言的公式。

$(\mathcal{M}, w) \vDash <\chi!>\varphi$ 当且仅当 $(\mathcal{M}, w) \vDash \chi$ 并且 $(\mathcal{M}_{\chi!}, w) \vDash \varphi$

全称观察算子模态词的语义解释如下：

$(\mathcal{M}, w) \vDash [\chi!]\varphi$　当且仅当　$(\mathcal{M}, w) \vDash \chi$ 可推出 $(\mathcal{M}_{\chi!}, w) \vDash \varphi$

模态算子是如何根据前提推出的呢？事实上，观察到 χ 之后，φ 是这种情况，$(\mathcal{M}, w) \vDash \langle\chi!\rangle\varphi$，当且仅当观察到 χ 之后 $(\mathcal{M}, w) \vDash \chi$，$\varphi$ 为这种情况，则 $(\mathcal{M}_{\chi!}, w) \vDash \varphi$。这也是符合直觉且比较自然的推理：为了表示 χ 被观察到，则要求 χ 必须是真的。

例 2.2　在例 2.1 中的可能世界模型 $\mathcal{M}$，其中主体被告知了 p，但并没有告知是否是 q。假设事实上她发现 q 是真的。最终的模型 $\mathcal{M}_{q!}$ 和表示观察的公式将出现如下的情况（公式仍然采用通常的点模型 $(\mathcal{M}, w_1)$ 进行赋值）。

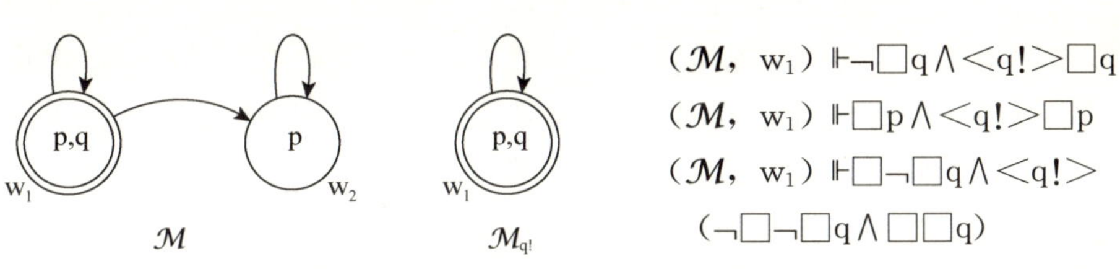

$$(\mathcal{M}, w_1) \Vdash \neg\Box q \wedge \langle q!\rangle\Box q$$
$$(\mathcal{M}, w_1) \Vdash \Box p \wedge \langle q!\rangle\Box p$$
$$(\mathcal{M}, w_1) \Vdash \Box\neg\Box q \wedge \langle q!\rangle(\neg\Box\neg\Box q \wedge \Box\Box q)$$

第一个公式表示通过增加 q，并通过观察改变了主体的信息，第二个公式表示保留了主体关于 p 的信息。但是并非所有主体先前的信息都可以得到保留。第三个公式表示在观察之前，主体被告知他缺少关于 q 的信息，但观察之后该信息就消失了！更多地，现在他被告知他知道 q。

观察算子涉及事实：一是获得的新信息减少了主体所考虑的可能性；信息量越大，则可能性的范围越小。二是通过观察 q，主体将会获得更多的信息量，而不只是 q。例如，在观察之后，他将知道 $p \wedge q$ 和 $\Box q$；在第一种情况下，他将拥有信息 p，第二种情况则可通过有意识的观察推出。

2.2.2　动态语形

语形方法采用公式集或符号表达信息，将动态看作算子。在通常情况下，从某些已知的假设（前提）推出一个结论的过程称为推理。逻辑和推理的关系在传统上是一致的，可以借助证明论（proof theory）（Troelstra，Schwichtenberg，2000）、计算机理论（theory of computation）［包括 lambda 演算、递归函数（recursive functions）和图灵机（Turing machines）］等相关的子学科完成。推理也是传统的，逻辑研究的重点在于利用机械装置表示真值保持（truth-preserving）推理（也称为演绎）：推理中前提的真实性保证了结论的真实性。和语形表达相关，表示真值保持推理的逻辑系统是多样的。证明论是建立在 Hilbert-style 的证明系统和自然演绎的基础之上的，同时还有其他很多良构造方法，像逻辑程序、归结原理证明（resolution theorem proving）、一致性机制（unification-based）等。

真值保持推理采用的主要是叠加、公共项和单调性等。这意味着真值保持推理具有真的前提，除此之外还需要将主体认为真的推出结论增加到集合中，在没有其他的信息可以影响"真的"状态时，保证这些真的事实集无须进行修正。20 世纪 80 年代，发展了许多非单调推理理论（即非真值保持理论），其中有些接受了在获得新的信息时真的可能会变成假的，换言之，这些结论可以看作假的，即使前提是真的。事实上，非单调推理相对于普通的推理是封闭的。例如，如果我们被告知 Chilly Willy 是一只鸟，那我们就有可能会认为它会飞。然而，通过更多的关于 Chilly Willy 的信息（可能是受伤的，可能是企鹅等），我们会重新考虑它会飞的能力。非单调推理的最重要的工作，可能涉及缺省逻辑（Default Logic）等。

推理可以看作建立在公式集上的运算，也可以看作信息状态之间的转换。近期，大多用状态表示公式集，用模态语言描述这些结构；这有利于表达主体当前状态下所拥有的信息。

推理不仅是语形的动态方法。推理事实上对应于在运算中增加具有确定真值度的公式：在超值保持推理中的确定的真值，在非单调的情况下可能并未定义为真。但却可以将运算看作将公式从主体的信息集合中剔除的过程，可用这种方法表达遗忘或者放弃某些确定的信息。

在主体认为可能会发生变化的情况下，语形的方法也可以表达觉知过程中的变化。例如，公式 $r \vee \neg r$ 并未给主体提供任何真实的信息，但却可以将其看作引入了主题 r 到会话中，因此使主体觉知到了这样的可能性。

语形动态也可以表达觉知：通过行动以使主体认识到他是否拥有某些信息。如果公式 Ap 读作"主体被告知了 p"，那么在信息集中，就可以通过运算将公式告知给主体信息 p 转换为告知的行为。

经典的认知逻辑主要刻画主体关于事件的隐性知识以及建立在信息上的其他主体的知识。其他主体的知识可以通过观察或者交流的方式获得。

但是却不能够刻画如何通过推理行为而产生的有效的信息，原因在于该系统公理假定了“演绎封闭性”。由于所有的信息都可以通过行为产生，因此需要利用动态逻辑推理证明主体获得显性知识时需要如何处理。通过强化主体的全知性的静态系统方法并非是最理想的方法。这样将会出现两个问题：(a) 如何定义恰当的和主体的显性知识相匹配的信息状态；(b) 如何定义建立在这些状态上的自然进程从而产生新的显性知识。下面根据现有的静态理论，将静态系统扩充为动态系统，包括传统的观察行为，同时给出该系统的完全性定理，并证明如何动态地更新显性知识。最后将该系统扩充为多主体的情况，使其可以处理私人之间产生的觉知变化，并且在此基础上构造了动态的觉知逻辑。

2.3　显性知识和隐性知识

由分布公理 $K(\varphi\rightarrow\psi)\rightarrow(K\varphi\rightarrow K\psi)$ 引起的全知问题是认知逻辑中经常讨论的话题。在进行逻辑推理时，知识是封闭的吗？如果是，那么主体所知道的知识过于理想化了。

该理论存在错误的解释，即利用一般认知逻辑的语义，K 算子只刻画了主体的隐性语义信息，在未考虑到封闭性之前就已经给出了明确的定义。例如，显性“觉知”知识 $\mathrm{Ex}\varphi$，可在某些语义层面上进行恰当的定义。事实上并不需要对“认知逻辑进行抨击”，只需要丰富主体的解释态度。下面首先要解决的问题是如何定义显性知识。

显性知识是否是演绎封闭的？更甚者：“主体必须把他的隐性知识变成显性知识吗？”前提 $\mathrm{Ex}(\varphi\rightarrow\psi)$，根据分布公理，其结论为主体显性地知道 $\varphi\rightarrow\psi$ 和 φ。通常显性 $\mathrm{Ex}(\varphi\rightarrow\psi)\rightarrow(\mathrm{Ex}\varphi\rightarrow\mathrm{Ex}\psi)$ 存在间隙 gap [ ]：

$$\mathrm{Ex}(\varphi\rightarrow\psi)\rightarrow(\mathrm{Ex}\varphi\rightarrow \mathrm{gap}\,[\ ]\ \mathrm{Ex}\psi)$$

在间隙中，主体就需要完成一个动作，这样主体不再是全知的，也并不完美：行为右边的公式是有效的，并可以根据需要提升自己的觉知。

下面就对显性知识和隐性知识进行界定。

觉知逻辑为认知逻辑的扩充，即在认知逻辑中增加算子 $A\varphi$ 构成。

定义 2.18（$\mathcal{L}$语言）　令 P 为原子命题集，认知觉知语言 $\mathcal{L}$ 的公式 φ 可以通过下面的形式给出：

$$\varphi ::= p \mid \neg\varphi \mid \varphi\wedge\psi \mid \Box\varphi \mid A\varphi$$

且 p∈P。其他的布尔联结词（∨，→，↔）和扩充的模态算子（◇）的定义如常。

形如 $A\varphi$ 的公式可读作“主体觉知到 φ”，公式□φ 读作“主体隐性地知道 φ”。该语言可以通过可能世界模型加以解释，在每一个可能世界中给主体指派一个公式集，用这种方法表示主体所觉知到的信息。

定义 2.19（语义模型） 认知觉知模型是多元组 $\mathcal{M}=(W, R, A, V)$，其中：

(W, R, V) 为标准认知模型：可能世界集 W，可及关系 $R\subseteq(W\times W)$，赋值 V：$P\rightarrow\wp(W)$；

A：$W\rightarrow\wp(\mathcal{L})$ 为觉知函数，给主体已经想到的信息指派一个公式。A（w）是 w 中的觉知集。

如常，点模型（$\mathcal{M}$，w）也具有不可区分的世界 w。

定义 2.20 令（$\mathcal{M}$，w）为点语义模型且 $\mathcal{M}=(W, R, A, V)$。原子命题和布尔联结词的解释如常；对于 $A\varphi$ 和 $K\varphi$ 有：

$(\mathcal{M}, w)\vDash A\varphi$，当且仅当，$\varphi\in A(w)$

$(\mathcal{M}, w)\vDash K\varphi$，当且仅当，对所有 u∈$W$，w$R$u 可推出 $(\mathcal{M}, u)\vDash\varphi$

由此就很容易构造出混合模型了。

在“弱内省”的情况下，还需要增加下面的公理：

$A\varphi\rightarrow K_a\varphi$

可以通过标准的方法证明其可靠性和完全性。

2.3.1 显性知识

将隐性和觉知信息相组合就可以形成若干不同的显性信息知识。Fagin and Halpern（1988）用 $K\varphi\wedge A\varphi$ 来定义，认为 φ 是隐性地知道并且显性地意识。采用下面一种定义可能更恰当：Exφ：$=K(\varphi\wedge A\varphi)$，其等价于 $K\varphi\wedge K_a\varphi$。两个定义都满足了显性知识的条件，显性知识蕴涵隐性知识。另外，当可及关系为传递的和欧性的时，可以得到下面的正的和负的隐性内省：

$\mathrm{Ex}\varphi\rightarrow K\mathrm{Ex}\varphi$ （正隐性内省）

$\neg\mathrm{Ex}\varphi\rightarrow K\neg\mathrm{Ex}\varphi$ （负隐性内省）

在此，定义 Exφ：$=K(\varphi\wedge A\varphi)$ 表示显性知识（“觉知到”）。

基于初始概念的显性知识。假设显性知识为初始概念，可看作给每一世界指派一个公式集的映射，正如 A 函数一样。为了恰当地表达显性知识，需要假设这些集合中所有的公式集都是隐性地知道，特别地，要求显性知识都是真的。该性质无法利用标准的更新算子进行真值保持，原因在于在给定的点模型中的认知公式是真的，但在宣告之后并不一定是真的：一个否定陈述可能是真的，而其他的行为可能改变所有 A 公式的真值。

主体如何“修正”当前的知识呢？这时就涉及动态行为：一个主体能够对什么样的隐性知识进行更新？这需要引入显性行为进行处理。

2.3.2　认知觉知模型算子

定义基本的行动。用记忆（consider）算子表示“觉知提高”行为。

定义 2.21（记忆算子）　令模型 $\mathcal{M}=(W, R, A, V)$，χ 为 $\mathcal{L}$ 中任意的公式。模型 $\mathcal{M}_{+\chi}=(W, R, A', V)$ 是通过增加 χ 以实现对模型 $\mathcal{M}$ 和觉知集的扩充，即：

对于每一 $w \in W$，$A'(w) := A(w) \cup \{\chi\}$

“记忆”是主体觉知到的命题，遗忘算子则具有相反的作用：减少觉知集。

定义 2.22（遗忘算子）　令模型为四元组 $\mathcal{M}=(W, R, A, V)$，χ 为 $\mathcal{L}$ 中的公式。模型 $\mathcal{M}_{-\chi}=(W, R, A', V)$ 通过减少 χ 而减少 $\mathcal{M}$ 的觉知集，即：

对于每一 $w \in W$，$A'(w) := A(w) \setminus \{\chi\}$

该算子可以看作“遗忘”，该行为不是动态认知逻辑算子。

记忆和遗忘行为都可以影响主体的觉知。根据动态认知逻辑，通过对隐性知识的修正以及观察行为，可剔除可能世界中某些假的公式 χ。

定义 2.23（隐性观察）　令模型为四元组 $\mathcal{M}=(W, R, A, V)$，χ 为 $\mathcal{L}$ 中的公式。模型 $\mathcal{M}_{!\chi}=(W', R', A', V')$，有：

—$W' := \{w \in W \mid (\mathcal{M}, w) \Vdash \chi\}$

—$R' := R \cap (W' \times W')$

—$A'(w) := A(w)$，对每一 $w \in W'$

—$V'(w) := V(w)$，对每一 $w \in W'$

复杂行动可以通过组合的方法来构建。

“显性发现”算子可以用下面的框架定义：

$\mathcal{M}_{ES(\chi)} := (\mathcal{M}_{!\chi})_{+\chi}$

保持静态约束。尽管不包括静态约束模型，但却符合静态的推理要求，类似于弱内省和等价的可及关系，主要通过算子进行保持。

命题 2.1　记忆算子保持了弱内省和等价关系。

证　因为 R 并没有发生变化，故 R 的等价性显然是可保持的。

对于弱内省，在 $\mathcal{M}_{+\chi}$ 中取世界 w 和任意 $\varphi\in A'$（w）。假设 wRu，$\mathcal{M}$ 满足公理，如果 $\varphi\in A$（w），那么 $\varphi\in A$（u）。根据 A' 的定义，$\varphi\in A'$（u）。如果 $\varphi\notin A$（w），那么 $\varphi=\chi$，根据定义 $\varphi\in A'$（u）。

类似地，遗忘算子，也保持这两个性质。

命题 2.2　遗忘保持了等价关系和弱内省。

命题 2.3　隐性观察保持了弱内省和等价关系。

证　根据子模型，等价关系是自动保持的。

对于弱内省，基于模型 $\mathcal{M}$，运用事实子模型 $\mathcal{M}_{!\chi}$，其可能世界也具有同样的觉知集，然而，其认知可及关系则为基于模型 $\mathcal{M}$ 的子关系。

2.3.3　行动中的行为

参看下面的模型：在最左边的世界里，主体不能隐性地知道 q，但却可以隐性地知道 p。

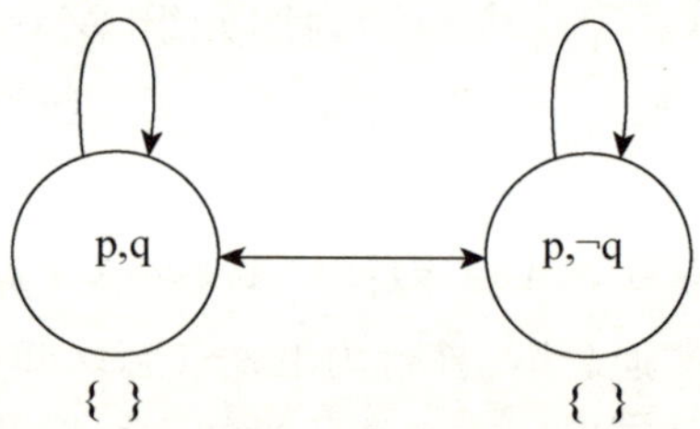

在主体记住 p 之后，可以得到右边的模型；在这两个世界里，主体现在就显性地知道 p。

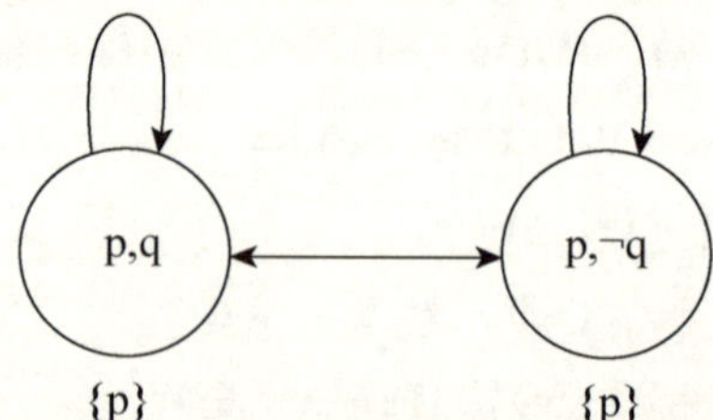

当主体记住了 Exp，可以得到上边的模型。主体显性地知道自己具有显性知识 p，根据该行为，主体可以成功地进行正内省。

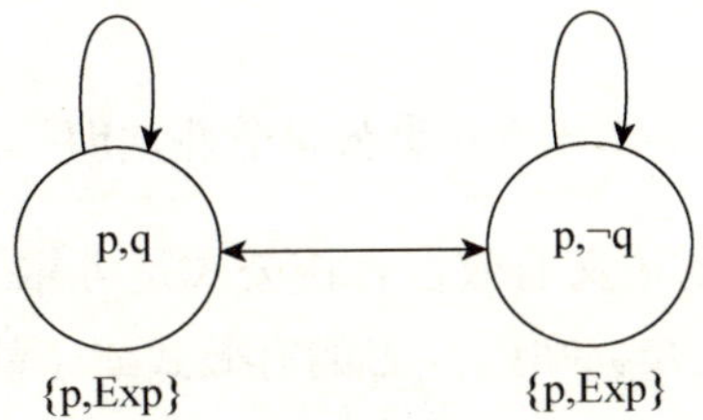

上面的显性发现 q：隐性观察行为可以通过记住 q 获得。右边的模型表明，主体通过（Exq）可以显性地知道 q。

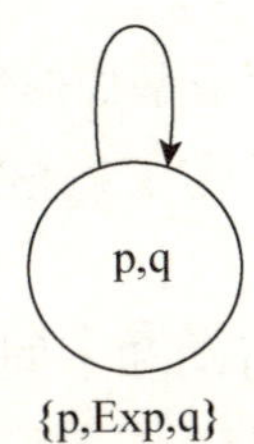

遗忘 p 使主体失去前期的显性知识（可以得到¬Exp）。另外，根据显性知识的定义，主体不具有显性知识 Exp，因为后面的公式不是真的，主体不是隐性地知道。

2.3.4　完全动态逻辑

为了刻画动态算子如何影响隐性知识、觉知和显性知识，可运用模态逻辑的方法将静态认知觉知语言扩充为动态认知觉知语言。如果 χ 和 φ 是扩充语言中的公式（仍然称 $\mathcal{L}$），那么，下面的公式也是扩充语言中的公式：

$[+\chi]\varphi$　　主体记住 χ 之后，φ 为真的

$[-\chi]\varphi$　　主体遗忘 χ 之后，φ 为真的

$[!\chi]\varphi$　　主体隐性地观察到 χ 之后，φ 为真的

定义 2.24　令（$\mathcal{M}$，w）为点语义模型，$\mathcal{M}=(W, R, A, V)$，χ，φ 为语言 $\mathcal{L}$ 的扩充公式：

$(\mathcal{M}, w)\vDash[+\chi]\varphi$，当且仅当，　$(\mathcal{M}_{+\chi}, w)\vDash\varphi$

$(\mathcal{M}, w)\vDash[-\chi]\varphi$，当且仅当，　$(\mathcal{M}_{-\chi}, w)\vDash\varphi$

$(\mathcal{M}, w)\vDash[!\chi]\varphi$，当且仅当，　$(\mathcal{M}, w)\vDash\chi$ 可推出 $(\mathcal{M}_{!\chi}, w)\vDash\varphi$

新模型和前面的条件的主要区别在于主体可以记住或遗忘掉公式 χ，而不需要任何其他的条件，但对于主体隐性地观察到 χ 时，则 χ 必须是

真的。

2.3.5 动态完全性定理

基于扩充语言 $\mathcal{L}$ 的语义有效性，该公式是可靠的和完全的。

定理 2.5 动态认知觉知语言 $\mathcal{L}$ 的有效式属于静态基础语言，为通过增加上面的归约公理和模态推理规则而形成的可证式。

2.3.6 存在的问题

该逻辑语言的每一个基本算子是如何通过三个行动而发挥作用的？根据组合效用和展开（unfolding）定义，该逻辑也可解释在这些行动中的显性知识所派生的概念。

显性知识 对于记忆 χ 的行动和不同公式 φ 的显性知识，利用归约公理就可以得到以下有效的规则：

$$[+\chi]\,\mathrm{Ex}\varphi \leftrightarrow K\,([+\chi]\,\varphi \wedge A\varphi) \qquad (\text{对于 } \varphi\neq\chi)$$

但是归约规则 $[+\chi]\,\mathrm{Ex}\varphi \leftrightarrow \mathrm{Ex}\varphi$ 不是有效的，因为记忆行动对于子公式 φ 可能会使真值发生改变。

可靠的和完全的动态认知觉知逻辑

$\vdash [+\chi]\,p \leftrightarrow p$

$\vdash [+\chi]\,Ap \leftrightarrow A\varphi$，对于 $\varphi\neq\chi$

$\vdash [+\chi]\,A\chi \leftrightarrow \top$

$\vdash [+\chi]\,\neg\varphi \leftrightarrow \neg[+\chi]\,\varphi$

$\vdash [+\chi]\,(\varphi\wedge\psi) \leftrightarrow [+\chi]\,\varphi \wedge [+\chi]\,\psi$

$\vdash [+\chi]\,K\varphi \leftrightarrow K\,[+\chi]\,\varphi$

从$\vdash \varphi$，可推出$\vdash [+\chi]\,\varphi$

$\vdash [-\chi] \leftrightarrow p$

$\vdash [-\chi]\,A\varphi \leftrightarrow A\varphi$，对于 $\varphi\neq\chi$

$\vdash [-\chi]\,A\chi \leftrightarrow \bot$

$\vdash [-\chi]\,\neg\varphi \leftrightarrow \neg[-\chi]\,\varphi$

$\vdash [-\chi]\,(\varphi\wedge\psi) \leftrightarrow [-\chi]\,\varphi \wedge [-\chi]\,\psi$

$\vdash [-\chi]\,K\varphi \leftrightarrow K\,[-\chi]\,\varphi$

从$\vdash \varphi$，可推出$\vdash [-\chi]\,\varphi$

$\vdash [!\chi]\,p \leftrightarrow p$

$\vdash [!\chi]\,A\varphi \leftrightarrow \chi \rightarrow A\varphi$

$\vdash [!\chi]\,\neg\varphi \leftrightarrow \chi \rightarrow \neg[!\chi]\,\varphi$

$\vdash [!\chi]\,(\varphi\wedge\psi) \leftrightarrow [!\chi]\,\varphi \wedge [!\chi]\,\psi$

$\vdash [!\chi]\,K\varphi \leftrightarrow \chi \rightarrow K\,[!\chi]\,\varphi$

从$\vdash \varphi$，可推出$\vdash [!\chi]\,\varphi$

显性知识 χ 在特殊情况下可得到下面的事实：

事实 公式 $[+\chi]\,\mathrm{Ex}\chi \leftrightarrow K\chi$ 是有效的。

证 运用归约公理，可得：

$$[+\chi]\,\mathrm{Ex}\chi \leftrightarrow [+\chi]\,K\,(\chi\wedge A\chi)$$

$$\leftrightarrow K\,[+\chi]\,\chi \wedge K\,[+\chi]\,A\chi$$

$\leftrightarrow K\ [+\chi]\ \chi$

后者等价于$K\chi$，因为可生成下面的公式：

公式$\chi \leftrightarrow [+\chi]\ \chi$是有效的

在已知的语义中，记忆到χ仅改变了$A\chi$的真值和包含它的公式，但是公式χ本身不受影响。

这就证明了记忆行动是如何将隐性知识转变为显性知识的。

分布公理、公式：

$\mathrm{Ex}\ (\varphi \rightarrow \psi) \rightarrow (\mathrm{Ex}\varphi \rightarrow K\psi)$

是有效的，记忆是“填补了空隙”的行动。

$\mathrm{Ex}\ (\varphi \rightarrow \psi) \rightarrow (\mathrm{Ex}\varphi \rightarrow [+\psi]\ \mathrm{Ex}\psi)$是有效的

右边可由现实行动推出。

在遗忘运算下的显性知识行为，不同于遗忘χ：

$[-\chi]\ \mathrm{Ex}\varphi \leftrightarrow K\ ([-\chi]\ \varphi \wedge A\varphi)$

关于显性知识χ，可得下面的结论：

事实 公式$[-\chi]\ \mathrm{Ex}\chi \leftrightarrow [-\chi]\ K\ (\chi \wedge A\chi)$

$\leftrightarrow K\ [-\chi]\ \chi \wedge [-\chi]\ A\chi$

$\leftrightarrow K\ ([-\chi]\ \chi \wedge \bot)$

$\leftrightarrow K\bot$

基于知识连续性的需要，该有效性转变为：

$\neg[-\chi]\ \mathrm{Ex}\chi$

读作“某人在遗忘掉某些情况之后，从来没有觉知到χ”。

当然，即使遗忘之后，主体确实保证χ为隐性知识，下面的规则是有效的：

事实 公式$\mathrm{Ex}\chi \rightarrow [-\chi]\ K\chi$是有效的。

证 $\mathrm{Ex}\chi \rightarrow K\chi \wedge K_a\chi$

$\rightarrow K\chi$

$\rightarrow K\ [-\chi]\ \chi$

$\rightarrow [-\chi]\ K\chi$

证明依靠下式的有效性，

$\chi \leftrightarrow [-\chi]\ \chi$

其证明类似于对公式$\chi \leftrightarrow [+\chi]\ \chi$的证明。

对于任意的φ和χ，根据显性知识定义，通过公理可得：

$[!\chi]\ \mathrm{Ex}\varphi \leftrightarrow (\chi \rightarrow K\ ([!\chi]\ \varphi \wedge (\chi \rightarrow A\varphi)))$

2.3.7 从单主体到多主体的情况

下面，研究单主体的行为，包括观察和推理。推理行为是私人的。

例 2.3 考虑下面的模型 $\mathcal{M}$，直接将单主体模型构造为多主体的情况。

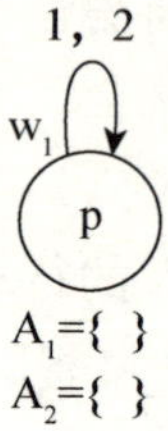

1，2

w_1

p

$A_1=\{\ \}$

$A_2=\{\ \}$

在只有一个世界的模型中，每一主体都隐性地知道 p，但没有主体觉知到 p（$\neg A_1 p \wedge \neg A_2 p$）。另外，主体可隐性地觉知到相互之间的高阶知识。例如，主体 2 隐性地知道主体 1 并没有觉知到 p（$K_2 \neg A_1 p$）。

设出现了某一事件：主体 1 考虑到 p：$\mathcal{M}_{(1,+p)}$ 可通过下面的情况给出：

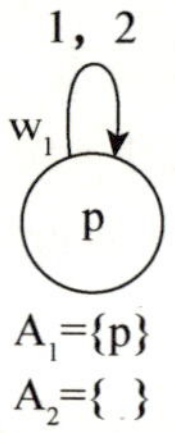

1，2

w_1

p

$A_1=\{p\}$

$A_2=\{\ \}$

在新情况下，主体 1 觉知到了 p（$A_1 p$），并显性地知道它。主体 2 隐性地知道主体 1 觉知到了 p（$K_2 A_1 p$），但并不是显性地知道。

2.3.8 多主体静态框架

将静态认知觉知框架扩充为多主体的情况，可以用群算子 Ag 给出。在多主体语言 $\mathcal{L}$ 中，只需在 A 算子和模态算子 K（分别是 A_i 和 K_i）上增加主体标号。在语义模型中，R 是从 Ag 到 $\wp(W \times W)$ 的函数，对于每一主体 i∈Ag，增加可及关系 R_i，并且 A 为从 Ag$\times W$ 到 $\wp(\mathcal{L})$ 的函数，其中每一主体 i 在每一可能世界 w 上都有一个觉知集 A_i（w）。该公式的语义解释如前。运用 A_i 和 R_i 来解释形如 $A_i\varphi$ 和 $K_i\varphi$ 这样的公式。

2.3.9 多主体行动：通常情况

定义 2.25（多主体行动模型） 令 P 为原子命题集，**Ag** 为有穷主体集，多主体行动模型为多元组 $\mathcal{E}=(S, R, Pre, Pos)$，其中：

(S, R, Pre) 为行动模型且 S 为有穷非空主体集，R：$Ag \to \wp(W \times W)$ 为函数，可及关系 R_i 表示每一主体 $i \in Ag$，并且 Pre：$S \to \mathcal{L}$ 为函数的前提，表示每一个主体都可以执行。

Pos：$(Ag \times S \times \wp(\mathcal{L})) \to \wp(\mathcal{L})$ 为函数的后件，指派一个新 $\mathcal{L}$ 中的公式集到多元组中的每一个主体、事件和 $\mathcal{L}$ 中旧的公式集。

点行动模型 $(\mathcal{E}, s)$ 包括不可区分的事件 s。

定义 2.26（积更新）　令 $\mathcal{M}=(W, R, A, V)$ 为多主体语义模型，并且令 $\mathcal{E}=(S, R, Pre, Pos)$ 为多主体行动模型。积更新 $\mathcal{M} \otimes \mathcal{E}=(W', R', A', V')$ 可以通过下面的公式给出：

$W' := \{(w, s) \mid (\mathcal{M}, w) \models Pre(s)\}$

$(w, s) R_i' (w', s')$，当且仅当，$wR_i w' \wedge sR_i s'$

$V'(w, s) := V(w)$

$A_i'(w, s) := Pos_i(s, A_i(w))$

Pos 函数：对每一主体 i 和每一事件 s，Pos 为 $\mathcal{M}$ 中的 w 中的主体 i 的觉知集，并且也为 $\mathcal{M} \otimes \mathcal{E}$ 中 (w, s) 的觉知集，用严格定义的语形公式表示函数的后件。

为了表示积更新是如何影响主体的信息的，故在多主体的语言 $\mathcal{L}$ 中增加模态算子：

如果 $(\mathcal{E}, s)$ 是点行动模型，φ 为扩充的多主体 $\mathcal{L}$ 中的公式，那么 $[(\mathcal{E}, s)]\varphi$ 也是其公式。

这些新公式的语义可解释如下：

定义 2.27　令 $(\mathcal{M}, w)$ 为多主体点语义模型，$(\mathcal{E}, s)$ 为点行动模型，$\mathcal{E}=(S, R, Pre, Pos)$。

$(\mathcal{M}, w) \models [(\mathcal{E}, s)]\varphi$，当且仅当，$(\mathcal{M}, s) \models Pre(s)$ 可推出 $(\mathcal{M} \otimes \mathcal{E}, (w, s)) \models \varphi$

以上即为刻画这些情况的系统。

总之，根据隐性的语义知识和觉知的语形，用“递归方法”来表示显性知识是可行的和有用的。

当然，也存在大量的开放的问题。多主体情况可以刻画主体的许多行动，在此只做了一些粗浅的探讨。另外，还有许多技术性的问题仍然无法解决。该方法存在一些缺陷，在此仍然只使用递归的方法；在处理复杂公式时，也存在缺陷。

2.4 自然语言中的动态逻辑

2.4.1 自然语言中的动态观点

真值条件语义 标准的一阶逻辑可以通过三种模式定义真值：语言、可及关系和算子组成的 $\mathcal{D}$ 结构，以及从语言到结构的映射所导出的语义值（即赋值）。特别地，“解释函数” I 将谓词字母映射到实谓词，而变元指派 s 将个体变元映射到个体的函数上。逻辑学家经常将 $\mathcal{D}$ 和 I 共同组合到“模型” $\mathcal{M}$ 上，然后对公式进行解释：

公式 φ 在模型 $\mathcal{M}$ 上，在指派 s 下是真的，记为 $\mathcal{M}$，s⊨φ

将递归定义和语形的构造相结合，用语义算子表示联结词和量词。在 1974 年蒙塔古将这种模式应用到了自然语言中，刻画在何种条件下是真的语句。在将语形结构中的组合解释运用于逻辑和自然语言之前，就已经有了基于程序的设计原理以及在代数和范畴论中可以用数学表达的一些范例。

从积到动态 前面的语义仅描述了语句和世界之间的静态关系。真值只是自然语言的一方面，甚至不是其关键的部分。近年来，行动逐渐被引入到逻辑理论中，例如从解释到言语行为和会话理论。在数学和计算机科学中有句名言：“从来不研究未经转换的表达”。所以需要在积和进程之间建立一种对偶关系，例如“论证”是人们追求的活动，也是逻辑学家们所研究的内容。

动态系统 自然语言的动态语义很多。如坎普、海姆（Kamp，Heim）等关于代词的复指解释，主要基于会话表达结构以对言语行为进行修正。现存逻辑的“动态修正”中，存在静态真值条件下的一阶逻辑，也可以做赋值程序的模型，同时涉及变元和个体之间的转换关系。

存在量词的真值条件：

$\mathcal{M}$，s⊨∃xφ，当且仅当，在 $\mathcal{M}$ 中存在个体 d，使得 $\mathcal{M}$，s［x：=d］⊨φ

直觉上，这可看作通过在 $\mathcal{M}$ 中有效的个体 d 表示变元 x，直到遇到第一个 d 表示 φ 成立为止。随后的个体可以给出更进一步的有效指称，如“∃xPx. Qx”（“一个人进来了，他吹着口哨”）。

由于动态的含义比较宽泛，最常用的是通过时态来表达。基于语句层面的处理，语句可以通过从当前集合中削减不满足公式的所有的模型而改变听话者的信息。这种消除值域的思想是会话解释的基础，塔尔纳克的《语形和语义》（Stalnaker，1978）曾给出了这样的处理方式，维特曼的《更新语义中的缺省》（Veltman，1996）的"更新语义"也做了同样的处理，其意义是隐性地（potentially）改变了信息状态。因此，来自逻辑领域的动态言语行为理论可以满足过去常用的组合分析的方法，并符合真值条件的思想。

社会动态和博弈　由于经典语义的局限性，使其无法刻画社会动态和博弈，故可采用单主体的会话结构计算的动态语义，或者以此改变个体的内心世界。但语言是关于说话者和听话者之间所建立的公共知识，通过这一途径，合作者或者竞争者通过有意义的行为参与进来。这就要求对多主体之间交流的信息流进行研究，其中"社会的"知识主要是其他主体知道的知识以及其他主体之间的期望。在研究单主体的言语行为之前，人们长期专注于研究策略，而对基于时间的行为的研究主要基于对理想主体的博弈论的研究。

2.4.2　计算机语言和计算

语言单位　哲学很难在形式和自然语言方法之间做出区分，罗素的"误导形式"理论认为自然语言遮掩了语句的逻辑形式。蒙塔古则认为形式和自然语言在设计原则和理论上是一致的。后来人们也证实了蒙塔古的程序语言的思想：形式设计是人和机器之间的真正的交流方式，范畴结构和内涵性悖论都和自然语言相关。

程序语义：计算变化　逻辑演算所面临的挑战就是如何给程序一个语义解释。这不是为了说明命题是真的或者是假的，而是为了说明计算的状态变化，或者任意的程序。一阶指派语义可以给出基于程序执行和指派间的连续转换关系的组合定义：

S_1 $[[\pi]]^M S_2$：存在从 S_1 开始到 S_2 结束的连续执行程序 π。初始的辅助装置指派为 s，类似于计算机的记忆状态。最典型的情况为原子程序 x：=t，其中指派 S_1 转换为用赋值表示相同的变元，除非 x 设为 $[[t]]^M S_1$，在原指派 S_1 下的 $\mathcal{M}$ 中的词项 t 的值，可通过两个状态之间的转换箭头表示（见下页图）：

$$S_1 \xrightarrow{\pi} S_2$$

因此，行动可通过有序对＜输入状态，输出状态＞标识。在计算机科学中比较关注的是程序，下面只给出一个简单的扩充形式。

组合结构　和命题类似，程序也具有复杂的语形结构，其解释程序可归纳为：有语义与其相匹配。有三种基础的算子：

连续复合：　$\pi_1;\ \pi_2$

安保选择：　IF φ THEN π_1 ELSE π_2（如果 φ，那么 π_1，否则 π_2）

迭代：　WHILE φ DO π （当 φ 为真时，执行 π ）

例如，分号“;”表示连续组合关系：先成功地执行转换 π_1，然后成功地执行另一个转换 π_2。While 环是无界的，根据计算机中的执行，表示其同样适用于$\neg\varphi$。

程序逻辑　最古老的可计算的程序逻辑是正确地宣告霍尔（Hoare）演算，用以表达根据标准命题所给定的程序：

$\{\varphi\}\ \pi\ \{\psi\}$　“在每一次成功地执行了程序 π 之后，再开始如果前件 φ 成立，则后件 ψ 成立”。

程序 π 和命题 φ 是共存的，静态和动态之间不存在矛盾。另外，非决定论认为：程序可以得到多次的执行。程序逻辑用联结词作为规则分析静态命题。

例如，霍尔演算规则：

$$\frac{\{\varphi\}\ \pi_1\ \{\psi\} \qquad \{\psi\}\ \pi_2\ \{x\}}{\{\varphi\}\ \pi_1;\ \pi_2\ \{x\}} \quad \text{复合}$$

$$\frac{\{\varphi\wedge x\}\ \pi_1\ \{\psi\} \qquad \{\varphi\wedge\neg x\}\ \pi_2\ \{\psi\}}{\{\varphi\}\ \text{IF}\ x\ \text{THEN}\ \pi_1\ \text{ELSE}\ \pi_2\ \{\psi\}} \quad \text{安保选择}$$

$$\frac{\{\varphi\}\ \pi\ \{\varphi\}}{\{\varphi\}\ \text{WHILE}\ \psi\ \text{DO}\ \pi\ \{\varphi\wedge\neg\psi\}} \quad \text{迭代}$$

检验这些规则的可靠性有助于理解变化的逻辑。

从程序到一般行动　上面所刻画的行为逻辑用于表达任意的动态事件，而不只是变元指派或者计算机状态的转换。逻辑更适合处理自然语言，适用于会话、博弈策略以及改变物理系统的量子力学的测量等。所有涉及的语言动态都可以认为是基于初始状态的可计算情况。范·本特姆（van Benthem，1996）甚至认为自然语言是基于认知行为的程序语言。

2.4.3 行为动态逻辑

程序语义需要研究内涵概念。

程序图的模态逻辑　程序图 $\mathcal{M}=(S, \{R_a\}, V)$ 和状态集 S，基于行动上的二元转换关系类 R_a（有时记为$\rightarrow_a$），赋值 V 可解释为表示局部状态的命题字母 p。在该模型中，用基于"行动-可及状态"上的加标的模态解释语言：

$$\mathcal{M}, s \vDash [a]\varphi \quad \text{当且仅当} \quad \text{对所有的 t 和 } sR_a t, \mathcal{M}, t \vDash \varphi$$

对偶存在模态算子$\langle a \rangle\varphi$ 可定义为$\neg[a]\neg\varphi$。霍尔模态蕴涵式为：$\varphi\rightarrow[\pi]\psi$。（可以参考 Blackburn，de Rijke，Venema，2000。）模态逻辑可刻画行动和知识。

命题动态逻辑　采用形式方法可以处理复杂的行动。该语言由以下几部分组成，程序集（P）和公式集（F）。

$$F:=p \mid \neg F \mid (F \wedge F) \mid [P]F$$

$$P:=\text{原子行动} \mid (P;P) \mid (P \cup P) \mid P^* \mid F?$$

程序算子由运算规则构成，运算规则包括公式的复合、布尔选择、Kleene 迭代、检测。与其相匹配的语义和语形可相互递归定义。$\mathcal{M}, s \vDash \varphi$ 指 φ 在状态 s 上是真的；$\mathcal{M}, s_1, s_2 \vDash \pi$ 指从 s_1 到 s_2 的转换为成功地执行了程序 π。

有下面的规则：

$\mathcal{M}, s \vDash [\pi]\varphi$	当且仅当对所有的 s' 和 $\mathcal{M}, s, s' \vDash \pi$，有 $\mathcal{M}, s' \vDash \varphi$
$\mathcal{M}, s_1, s_2 \vDash a$	当且仅当 $(s_1, s_2) \in R_a$
$\mathcal{M}, s_1, s_2 \vDash \pi_1;\pi_2$	当且仅当存在 s_3 和 $\mathcal{M}, s_1, s_3 \vDash \pi_1$ 并且 $\mathcal{M}, s_3, s_2 \vDash \pi_2$
$\mathcal{M}, s_1, s_2 \vDash \pi_1 \cup \pi_2$	当且仅当 $\mathcal{M}, s_1, s_2 \vDash \pi_1$ 或者 $\mathcal{M}, s_1, s_2 \vDash \pi_2$
$\mathcal{M}, s_1, s_2 \vDash \pi^*$	当且仅当在 $\mathcal{M}$ 中某些有穷的 π-转换序列连接了状态 s_1 和状态 s_2
$\mathcal{M}, s_1, s_2 \vDash \varphi?$	当且仅当 $s_1=s_2$ 并且 $\mathcal{M}, s_1 \vDash \varphi$

公理系统　命题动态逻辑有自然证明系统 PDL。下面给出其逻辑系统以表明行动和变化是如何通过经典逻辑来实现的。

（i）所有基于模态算子 $[\pi]$ 的最小的模态逻辑的规则。

(ii) 基于分解程序结构的推演规则。

$[\pi_1;\ \pi_2]\ \varphi \leftrightarrow [\pi_1]\ [\pi_2]\ \varphi$

$[\pi_1 \cup \pi_2]\ \varphi \leftrightarrow [\pi_1]\ \varphi \wedge [\pi_2]\ \varphi$

$[\varphi?]\ \psi \leftrightarrow (\varphi \rightarrow \psi)$

$[\pi^*]\ \varphi \leftrightarrow \varphi \wedge [\pi]\ [\pi^*]\ \varphi$

(iii) 归纳公理。

$(\varphi \wedge [\pi^*]\ (\varphi \rightarrow [\pi]\ \varphi)) \rightarrow [\pi^*]\ \varphi$

PDL 主要基于霍尔规则，由模态逻辑和关系代数推广而得，其定理都是有效的，并且有完全性的证明。PDL 具有可判定性和“可计算性”。

程序理论 PDL 的可判定性表明了逻辑的表达力和规则的计算的复杂度之间的协调关系，这也是理解自然语言的关键。PDL 只研究基于程序的连续的运算，而平行复合只能在网络计算上实现。平行计算可以模拟行动，也可以用于模型博弈，同时语言也具有同样的执行力，包括平行复合和对话。

2.4.4 自然语言句子的动态语义

许多解释系统都强调用行为处理首语重复（anaphora）、时态和许多其他表达，主要的程序就是会话表达理论。

翻译知识 动态谓词逻辑（DPL）为一阶逻辑的“动态化”，这就是自然语言通常采用一阶公式表达实践知识的语言形式的原因，如：

(1) 进来一个人。他吹着口哨。画线的词语是共指称的（co-refer）

(2) ＊没有人进来。他吹着口哨。画线的词语没有共指称（co-refer）

(3) ＊他吹着口哨，一个人进来了。画线的词语不能共指称（co-refer）

(4) 如果一个人进来，他吹着口哨。画线的词语可以共指称（co-refer）

显然对于（1）可翻译为 $\exists x\ C_x \wedge W_x$，但没有给出右边的范围，可以采用括号 $\exists x\ (C_x \wedge W_x)$。（2）可翻译为：$\neg \exists x\ C_x \wedge W_x$，需要给出右边辖域，量词没有约束 W_x 中的自由变元。对于（3）可翻译为：$W_x \wedge \neg \exists x\ C_x$。但是对于（4）$\exists x\ C_x \rightarrow W_x$ 则具有错误的辖域，可以采用括号加上量词变换（将句子→作为主要的算子）：$\forall x\ (C_x \rightarrow W_x)$。

动态化的一阶语义 利用 DPL 的动态语义，可以重新将一阶公式 φ 解释为赋值程序，类似于程序的转换关系：

（Ⅰ）基于检测的原子公式

$\mathcal{M}$，s_1，$s_2 \vDash Px$ 当且仅当 $s_1 = s_2$ 且 $I^{\mathcal{M}}(P)(s_1(x))$

（Ⅱ）基于复合的合取

$\mathcal{M}$，s_1，$s_2 \vDash \varphi \wedge \psi$ 当且仅当存在 s_3 和 $\mathcal{M}$，s_1，$s_3 \vDash \varphi$ 并且 $\mathcal{M}$，s_3，$s_2 \vDash \psi$

（Ⅲ）基于检测失败的否定

$\mathcal{M}$，s_1，$s_2 \vDash \neg\varphi$ 当且仅当 $s_1 = s_2$ 且不存在 s_3，且 $\mathcal{M}$，s_1，$s_3 \vDash \varphi$

（Ⅳ）基于随机复位的存在量词

$\mathcal{M}$，s_1，$s_2 \vDash \exists x$ 当且仅当对定义域中的任意对象 d，$s_2 = s_1[x := d]$

基于赋值代数的逻辑　DPL 利用了两个基本算子的谓词逻辑理论：变元复位和原子检测，使“经典逻辑”成为一般关系代数的混合。在动态逻辑 PDL 的基础上，在一阶模型上增加特殊的规则表示复位行动。赋值的基本进程逻辑是可判定的（van Benthem，1996）。DPL 也适用于“动态推理”的会话、建议等。

2.4.5　会话的逻辑动态

现在从语句层面转向会话语句和交流中的信息流。例如：提问和回答。

我在贵阳问你：“这是铜仁路吗？”你回答：“是的。”这是经常会遇到的情况，但却涉及信息流问题。通过提问，我告诉你我不知道答案，并且我认为你可能知道答案。通过回答，你不仅发送了一个地理方面的事实——你也使我知道你知道答案，并且你知道我知道你知道等。

公共知识　在每一个迭代深度上，将其他主体知道的事实信息和社会信息相组合，同时需要用逻辑来处理带有同样重要的信息流，还可以使刻画知识的静态逻辑“动态化”。

认知逻辑　认知逻辑语言 EL 可以利用模态算子对命题逻辑进行扩充 $K_i\varphi$（主体 i 知道 φ），在总群 I（total group）中的每一主体 i 和 $C_G\varphi$：φ 是在子群 G 中的公共知识。语形规则可归纳定义如下：

$p \mid \neg\varphi \mid \varphi \vee \psi \mid K_i\varphi \mid C_G\varphi$

该语言用类似下面的模式刻画了提问/回答：

(i) $\neg K_Q\varphi \wedge \neg K_Q\neg\varphi$　　（Q 不知道 φ）

(ii) $\neg K_Q\neg(K_A\varphi \vee K_A\neg\varphi)$　　（Q 认为 A 可能知道答案）

经过交流，可得到 $K_A\varphi \wedge K_Q\varphi$，$K_QK_A\varphi \wedge K_AK_Q\varphi$，甚至 $C_{(Q,A)}\varphi$。

形式上，模型 $\mathcal{M}=(W, \{\sim_i \mid i\in G\}, V)$，$W$ 为世界集，$\sim_i$ 为可及关系，对世界中的主体 $i\in G$，V 为赋值。点模型（$\mathcal{M}$，s）用现实世界 s 表示事件的状态为真（主体可能不知道事件的状态）。可及关系不再是编码行动集，而是信息域：选定的主体看到的现实世界。建立在 $\sim_i$ 上的条件编码为主体的特殊的观察力和内省力。每一公共知识都为一个等价关系：自返的、对称的和传递的。例如“信息图”可用来解释认知语言。有下面的条件：

$\mathcal{M}, s\vDash K_i\varphi$ 当且仅当对所有 t 有 $s\sim_i t$：$\mathcal{M}, t\vDash\varphi$

$\mathcal{M}, s\vDash C_G\varphi$ 当且仅当对所有和 s 具有可及关系的 t 通过有穷序列的任意的 $\sim_i$（$i\in G$）：$\mathcal{M}, t\vDash\varphi$

可以得到简单问答片段（省略了自返箭头）的模型。主体 Q 确实不知道 p，但 A 提供了关于 p 的信息：

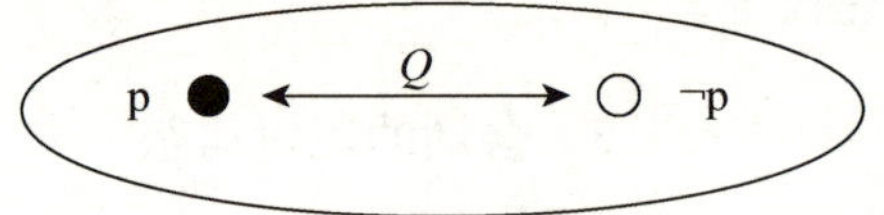

在现实世界里（黑点），下面的公式是真的：p，K_Ap，$\neg K_Qp\wedge\neg K_Q\neg p$，$K_Q(K_Ap\vee K_A\neg p)$，$C_{\{Q,A\}}(\neg K_Qp\wedge\neg K_Q\neg p)$，$C_{\{Q,A\}}(K_Ap\vee K_A\neg p)$。对于 Q 来说这是 A 对原因 p 的最好的提问：他知道她知道答案。

回答“是”之后，直觉上，该模型就转换为下面的点模型：

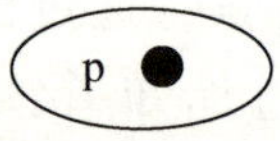

公共知识 $C_{\{Q,A\}}p$ 在现实世界中成立。

认知逻辑直觉上可以对信息进行分析，特别是在群体知识的层面上。交流之后将隐性群体知识转换为显性知识。

认知推理的公理系统　全称逻辑刻画了关于自身和其他主体的推理（Fagin et al.，1995），基础系统为最小的模态逻辑。将结构约束为等价关系，并增加 S5 的内省公理，而完全的公共知识逻辑可以用 PDL 技术进行公理化。

通过剔除法进行公开更新　对于动态的信息流逻辑，事件!P 生成真的信息 P，将当前的模型收缩为只包括满足 P 的世界，称为公开强信息（public hard information）。更严格地，对任意的认知模型 $\mathcal{M}$，世界 s 和在 s 上为真的 P，模型（$\mathcal{M}|P$，s）（“在 s 点，$\mathcal{M}$ 和 P 相关”）是 $\mathcal{M}$ 的子

模型，可定义为集合 $\{t \in \mathcal{M} \mid \mathcal{M}, t \vDash P\}$。经过更新后的简图为：

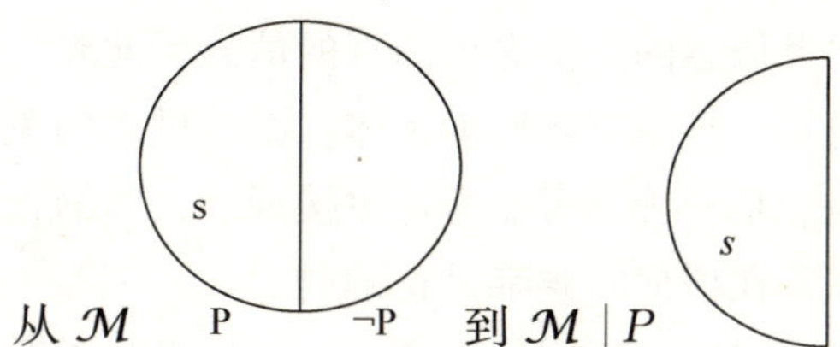

公开宣告的动态逻辑　公开宣告逻辑 PAL 的语言是通过增加行动算子到 EL 中，加上动态模态算子组成，可通过下面的语形规则定义：

公式　P：　$p \mid \neg\varphi \mid \varphi \vee \psi \mid K_i\varphi \mid C_G\varphi \mid [A]\varphi$

行动　A：　$!P$

动态行动模态算子的语义可表示如下：

$\mathcal{M}, s \vDash [!P]\varphi$　当且仅当　如果 $\mathcal{M}, s \vDash P$，那么 $\mathcal{M}|P, s \vDash \varphi$

比较典型的判断为 $[!P]K_i\varphi$，表示在接收到强信息 P 之后主体 i 将会知道 φ。信息流推理涉及从新知识到旧知识（主体以前的强知识）的动态递归等价关系。

下面的等价式对 PAL 是有效的：

$$[!P]K_i\varphi \leftrightarrow (P \to K_i(P \to [!P]\varphi))$$

PAL 完全可通过建立在静态模型加递归公理上的认知逻辑进行公理化：

$[!P]q \quad \leftrightarrow \quad P \to q$　　对任意原子事件 q

$[!P]\neg\varphi \quad \leftrightarrow \quad P \to \neg[!P]\varphi$

$[!P]\varphi \wedge \psi \quad \leftrightarrow \quad [!P]\varphi \wedge [!P]\psi$

$[!P]K_i\varphi \quad \leftrightarrow \quad P \to K_i(P \to [!P]\varphi)$

PAL 逻辑对研究自然语言具有一定的作用。假设在问答片段中 A 没有说$!P$，但根据等价关系有“你不知道 P，但 P 是真的”($\neg K_Q P \wedge P$)。与动态语义相比，信息流的动态逻辑以会话为中心，这是“语用学”研究的范畴。

2.4.6　主体的逻辑动态

公开宣告只是动态的互动主体的开始，而更丰富的研究则涉及语言使用者应该如何处理这些问题。

从知识到信念　语言使用者并非只是拥有知识，还需要信念，并涉及信念修正，这一进程可以依据“弱”信息而不是强信息来引起，且依靠可靠的信息源。动态逻辑的信念修正是通过将静态信念逻辑“动态化”实现的，其主体相信他们“最似然的”世界里的真的信息。此时，更新的方法将无法实现对世界的削减，于是就转换为主体指派给世界的关系的相对的合理性。形成和修正信念是一种学习能力，更接近于人们的智能，而不仅是记住强信息。理性并非在任何时候都是正确的。

私人信息 信息流可以通过不同的渠道得到。动态认知逻辑也可以模型在群中的私人交流、复杂度的问题，也可以用于处理说谎和欺骗。

问题和问题管理 问题并非只是发送信息，也可以通过提出或者修正话题而进行直接的会话，在语言、交流和探究中具有非常重要的作用。动态问题逻辑必须能够刻画问题，并通过行为对其进行修正。

偏好和动态赋值 理性决策和策略互动涉及如何协调信息和赋值之间的关系，从而根据偏好进行处理。信息和赋值相互协调，使偏好演变成道义逻辑和博弈论。但另一方面，自然语言却是封闭的，根据道德或者美学的言语行为而改变情境的赋值，同时哲学家也关注对“语力”的研究。

另外，在逻辑方面对主体特征的研究包括信任、意图和承诺等，对语言的动态进行分析时，也可对主体如何使用该语言进行分析。

2.4.7 在逻辑和自然语言中的博弈

博弈涉及关于主体推理的逻辑，通常在动态逻辑中引入更新运算，但对语言的深层次使用表现为建立在时间上的决策行为。语言涉及每一主体和多个主体之间的均衡的重复的社会知识，两者都运用了博弈论的处理方法。

逻辑和博弈 赋值博弈最关键的是等价式：一个公式是真的，当且仅当，验证者具有获胜的策略。一个公式是假的，当且仅当，伪证的人具有获胜的策略，可根据策梅罗（Zermelo）定理中的“确定的博弈”推出。在赋值博弈中，将逻辑常量转变为“受约束地表达”博弈行为的程序，类似于选择或执行一个开关转换。因此，在自然语言中，使用者之间存在多主体的博弈代数。事实上，在博弈论中，通常是不完美信息：局中人不需要确切地知道他们在博弈树中的位置。辛迪卡和桑杜（Hintikka，Sandu，1997）认为在自然语言的量化过程中，存在独立的“分支模型”（branching patterns），主要通过主体的竞争对手来选择不完美信息。

逻辑博弈 博弈主要体现在逻辑分析论证、比较模型、构造模型等，不同主体的获胜的策略可以对基础概念进行修正。一个获胜的论证策略对于宣告而言就是一个证明的过程，如果对手获胜，则变成一个反模型。博弈的核心为模态逻辑，而量化则依赖于行为。

不同博弈的整合　信号传递博弈（Signaling games）和逻辑博弈具有很大的区别，其中的意义是给定的。基于自然语言的这些整合是一个开放的问题。

逻辑与博弈论　前面讨论了特殊的语言博弈和逻辑活动，但也需要将逻辑和一般的博弈论进行融合，在策略研究的过程中，涉及了信息和关于主体的推理。这样就会涉及认知逻辑、信念逻辑以及动态逻辑来分析理性的互动和博弈解，也涉及计算机科学中的多主体的博弈系统以及哲学家所关注的认识论问题。然而，这种融合并非只是将语言和逻辑博弈简单地组合，可能还会涉及许多哲学问题。

结语：时态观点　词汇的语义指派、赋值或者论证是特殊的进程，和建立在时态上的无穷语言是相对的：自然语言的“操作系统”。

总之，如何将自然语言与意义和主体的动态逻辑相组合，探讨逻辑、语言、计算机科学和博弈论相组合而产生新的研究成果，这一研究过程是有价值的。

2.5　问题的动态认知逻辑

动态认知逻辑可以刻画言语行为，并能够为其提供相应的语义解释。这使得动态认知逻辑可以处理嵌入式问题。从语义的观点来看，利用动态认知逻辑的方法以表达会话参与者的认知状态，并解释显性知识表达和其他的言语行为是如何影响认知状态的。

近年来常借助组合系统，通过语言交流来分析信息变化。使用最广的就是动态认知逻辑（DEL）。该框架可以用形式的方法分析言语行为如何在特定的会话环境中改变参与者的认知状态。一个主体的认知状态可用动态认知逻辑刻画，用这样的方法不仅可以刻画主体关于现实世界的知识，而且也可以刻画如何改变一个主体关于其他主体的知识，等等。简言之，在动态认知逻辑中的认知状态体现了高阶知识。另外，动态认知逻辑不仅涉及个体的认知状态，而且也涉及多种群体知识，比如可以用来表达群体的公共知识，并且可以模型基于会话进程的公共知识是如何变化的。在传统的动态认知逻辑中，重点在于研究特殊类型的言语行为：做出一个判断。显然，判断（assertion）在信息交换中扮演着重要的作用。另外一个同样重要的角色是通过提问来实现的。信息交换可以看作提出和解决问题的过程。参与者提供了信息以便做出判断，并且可以通过提出问题来发出信息。在传统的动态认知逻辑中提出问题具有重要的作用。在该语言中引入了提问这一动态算子，描述言语行为则通过主体发出一个问句来实现。除了宣告算子［!φ］，该系统还增加了问题算子［?φ］。直觉上，［!φ］ψ意思是“断定φ将导致某一状态ψ成立”，而［?φ］ψ则意思是“提出问题φ是否会导致某一状态ψ成立”。因此，利用该方法，在任意语形检测上，静态语言不包含任一有“疑问的”语句，或者在任意语义检测中是“提出问题的”语句。一个提问可以看作通过一个主体在发出一个确定的语句时实施的言语行为。但是根据语法形式和语义内容，语句经常用于提出问题，而不是将任意不同的语句从做出断定的语句中区别出来，在任意检测中不能是有疑问的或者是有问题的。

一个择代的或者更基础的方法应该是基于基础语言的静态语义，命题可以通过该片段中的每个语句表达刻画两者之间的信息和提出问题的内容。用这样的方法，可以在表达语言的静态片段中增加包含问题的形式语句?φ。该语言的动态部分可以简化为：将宣告算子［!φ］和问题算子［?φ］简单地表达为算子［φ］，其中φ可以用语形表达问题，或者语义非形式的问题。直觉上，［φ］ψ的意思是“提出φ将会产生ψ成立的状态”。因此，用这样的手段，问题不会出现在言语行为的层面上，在静态语言中包含语形和语义两方面。

该择代系统方法可以处理嵌入式问题，可用于处理条件问句（例如，如果小东去参加晚会，小明也会去参加吗?）以及在该知识算子下的问题嵌入（例如，小东知道小明是否将参加晚会?）。如果问题只涉及言语行为层面是不可能的，该逻辑语言不包含形如 $p\rightarrow ?q$ 或者 $K_a ?q$ 这样的公式。

这样就需要另外的框架，即问题语义（INQ）。在该框架下，语句的意义不仅体现了非形式的内容，也体现了提问的内容。因此，该框架适合处理问句，特别是嵌入式问句。另一方面，在 INQ 中还可以发展大量的更丰富的语义。当然，提出带有问题的语句可以改变会话者的认知状态。假设参与者的认知状态可用非抽象的或者高阶的信息表达。

动态认知逻辑可以表达参与者的认知状态以及如何影响这些认知状

态。因此，将其与带有问句的动态认知逻辑进行组合，动态认知逻辑可以在言语行为领域、语句及其语义层面上处理提问。另一方面，INQ 框架可解决如何根据提供的语句改变会话者的认知状态。

2.5.1　带有问句的动态认知逻辑

下面给出一个带有问句的简单的动态认知逻辑系统。DELQ，该系统是由范·本特姆等的《面向问题的动态逻辑》（van Benthem and Minica，2011）发展的。此后所提供的 DELQ 系统由两步组成。首先，考虑带有信息和问题的静态系统；其次，通过增加基于语言的判断和提问两个动态算子来建立动态形式系统。

动态认知逻辑系统首先需要定义认知问题模型（epistemic issue model），主要基于 van Benthem、Minica 的信息表达，该信息主要建立在确定的会话和问题动态的语境上。即假设确定的主体集为 $\mathcal{A}$，确定的原子语句集为 $\mathcal{P}$。

定义 2.28（认知问题模型）

认知问题模型 $\mathcal{M}$ 为四元组（W，$\sim_A$，$\approx$，V），其中：

W 为初始对象集；

$\sim_A$：$=\{\sim_a | a\in\mathcal{A}\}$ 为建立在 W 上的等价关系集；

$\approx$为建立在 W 上的等价关系；

V 为赋值函数，给 P 中的每一个原子语句指派一个真值，其中每一个 $w\in W$。

在 W 中的对象通常指可能世界。对每一 $a\in\mathcal{A}$，等价关系$\sim_a$的编码信息对于主体 a 是有效的。两个世界 w，$v\in W$ 通过$\sim_a$相联系，当且仅当建立在主体 a 的信息基础之上的 w、v 是不可区分的。另一等价关系$\approx$表示对已经提出的问题进行编码，$\approx$指建立在 W 上的划分。两个世界 w，$v\in W$ 是划分中的相同模块当且仅当它们具有$\approx$关系。并且划分可以看作对问题的表达。

例 2.4　如图 2.1 中所描述的模型。模型中有四个世界：11 为 p、q 都为真的世界。10 为 p 真 q 假的世界，等等。在分区中的方块表示当下的问题：我想知道我是在 q 为真（11 或 01）的世界或者在 q 为假的世界里（10 或 00）。点线表示在当前有效的信息域内，不能对世界 11 和 10 做出区分，也不能对世界 01 和 00 做出区分。也即，我知道 p 是否成立，但却不知道 q 是否成立。

为了刻画认知问题模型，van Benthem 和 Minica 引入了逻辑语言中的四个模态算子：广义模态算子 U；对每一个主体 $a \in \mathcal{A}$，知识模态算子 K_a；问题模态算子 Q；描述当前问题，对每一主体 $a \in \mathcal{A}$，解决问题模态算子 R_a，如果当前的问题被解决，那么刻画的信息就是有效的。

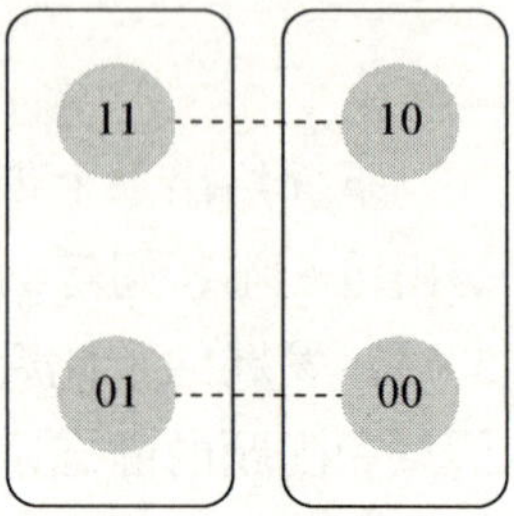

图 2.1　简单的认知问题模型

定义 2.29（静态片段的 $\mathcal{L}_{DELQ}$）

DELQ 语言的静态片段 $\mathcal{L}_{DELQ}$ 可定义如下：

$$p \mid \neg\varphi \mid \varphi \vee \psi \mid U\varphi \mid K_a\varphi \mid Q\varphi \mid R_a\varphi$$

如通常，合取和蕴涵可简化定义为：$\varphi \wedge \psi := \neg(\neg\varphi \vee \neg\psi)$ 且 $\varphi \rightarrow \psi := \neg\varphi \vee \psi$。该语言可解释如下：

定义 2.30（$\mathcal{L}_{DELQ}$ 的静态片段的语义）

（1）$\mathcal{M}, w \models p$　当且仅当　$V(w, p) = 1$

（2）$\mathcal{M}, w \models \neg\varphi$　当且仅当　$\mathcal{M}, w \not\models \varphi$

（3）$\mathcal{M}, w \models \varphi \vee \psi$　当且仅当　$\mathcal{M}, w \models \varphi$ 或者 $\mathcal{M}, w \models \psi$

（4）$\mathcal{M}, w \models U\varphi$　当且仅当　对所有的 $v \in W$，$\mathcal{M}, v \models \varphi$

（5）$\mathcal{M}, w \models K_a\varphi$　当且仅当　对所有的 $v \in W$，$\mathcal{M}, v \models \varphi$ 使得 $v \sim_a w$

（6）$\mathcal{M}, w \models Q\varphi$　当且仅当　对所有的 $v \in W$，$\mathcal{M}, v \models \varphi$ 使得 $v \approx w$

（7）$\mathcal{M}, w \models R_a\varphi$　当且仅当　对所有 $v \in W$，$\mathcal{M}, v \models \varphi$ 使得 $v \sim_a w$ 且 $v \approx w$

广义模态算子 U 和知识模态算子 K_a 可以按照通常的方法处理。但是问题模态算子 Q 和解答模态算子 R_a 是新增的。直觉上，$\mathcal{M}, w \models Q\varphi$ 表示 φ 在所有的世界里，在包含 w 的当前的划分或者问题模块中是真的，$\mathcal{M}, w \models R_a\varphi$ 表示解决了当前问题之后，在 w 中，主体 a 知道 φ。

2.5.2　问题和判断

动态认知逻辑是将言语行为解释为算子，然后再转换为赋值模型。在 DELQ 中，存在两个言语行为算子：问题算子 $[?\varphi]$ 和判断算子 $[!\varphi]$。

因此，基础的静态语言可以做如下扩充：

定义 2.31（DELQ 的完整语言）

$$p \mid \neg\varphi \mid \varphi \vee \psi \mid U\varphi \mid K_a\varphi \mid Q\varphi \mid R_a\varphi \mid [!\varphi]\psi \mid [?\varphi]\psi$$

直觉上，$[!\varphi]\ \psi$ 的意思是"断定 φ 将会产生一种状态，其中 ψ 为真的"，$[?\varphi]\ \psi$ 的意思是"提问 φ 是否能够导致状态 ψ 为真"。

从技术上看，言语行为算子可转化为赋值模型，这些转化可以定义如下：

定义 2.32（模型转换）

令 $\mathcal{M}=\langle W, \approx, \{\sim_a | a\in\mathcal{A}\}, V\rangle$ 为认知问题模型，w 和 v 是 W 中的两个世界，且 φ 是 $\mathcal{L}_{DELQ}$ 中的语句。那么：

(1) $w=_\varphi v$，当且仅当，φ 在 $\mathcal{M}$，v 和（$\mathcal{M}$，v）中具有相同的真值。

(2) $\mathcal{M}^{!\varphi}=\langle W, \approx, \{\sim_{a,\varphi} | a\in\mathcal{A}\}, V\rangle$，其中 $w\sim_{a,\varphi}v$，当且仅当，$w\sim_a v$ 且 $w=_\varphi v$。

(3) $\mathcal{M}^{?\varphi}=\langle W, \approx_\varphi, \{\sim_a | a\in\mathcal{A}\}, V\rangle$，其中，$w\approx_a v$，当且仅当，$w\approx v$ 且 $w=_\varphi v$。

给定这些模型转换，就可以给出 DELQ 全语言的语义了。

定义 2.33（DELQ 的语义）

前七条规则是定义 2.30 中的规则，附加的规则为：

(8) $\mathcal{M}, w\vDash[!\varphi]\ \psi$　　当且仅当　$\mathcal{M}^{!\varphi}, w\vDash\psi$

(9) $\mathcal{M}, w\vDash[?\varphi]\ \psi$　　当且仅当　$\mathcal{M}^{?\varphi}, w\vDash\psi$

在此只给出了 DELQ 的一些概况，以后将更详细地讨论它的优势和局限性，下面讨论问题语义。

2.5.3　问题语义

下面就提供一种问题的基本语义系统的概况，即 INQB。该系统可以从两方面进行扩充。一方面，可扩充为一阶情况；另一方面，为了刻画更多的信息和问题，可进行更新。在此重点研究基础系统，但 DELQ 也可以和多种扩充系统相融合，采用的方法基本相同。

定义 2.34（$\mathcal{L}_{INQB}$）　问题的基本语义系统（INQB）的语言，即 $\mathcal{L}_{INQB}$，可定义如下：

$$p | \bot | \varphi\vee\psi | \varphi\wedge\psi | \varphi\rightarrow\psi$$

在此用$\neg\varphi$ 表示 $\varphi\rightarrow\bot$，$!\varphi$ 表示$\neg\neg\varphi$，用$?\varphi$ 表示 $\varphi\vee\neg\varphi$，其中第一个采用的是标准的方法，其他两个则进行了适当的变形。

可以给语句赋一个状态值，定义为可能世界集。在问题的基本语义系统（INQB）中，可能世界为给原子语句指派真值的函数。和动态认知逻辑（DEL）中的可能世界的概念有所区别。在动态认知逻辑（DEL）中可能世界是初始的对象，并且赋值指派是通过函数指派给和可能世界有关的原子语句。

定义 2.35（可能世界和状态）

一个可能世界就是一个函数，在 P 中给每一个原子语句指派一个真值。

一个状态就是一个可能集。所有的状态集用 S 表示。

在语义理论中的核心概念并不是真值，而是支持（support）。支持是状态和语句之间的联系。可以递归定义如下：

定义 2.36（支持）

(1) $s\vDash p$ 当且仅当 $\forall w\in s$：$w(p)=1$

(2) $s\vDash\bot$ 当且仅当 $s=\varnothing$

(3) $s\vDash\varphi\wedge\psi$ 当且仅当 $s\vDash\varphi$ 且 $s\vDash\psi$

(4) $s\vDash\varphi\vee\psi$ 当且仅当 $s\vDash\varphi$ 或者 $s\vDash\psi$

(5) $s\vDash\varphi\rightarrow\psi$ 当且仅当 $\forall t\subseteq s$：如果 $t\vDash\varphi$，那么 $t\vDash\psi$

从上面的定义可推出空状态支持任意的公式 φ。因此，可以将$\varnothing$看作不一致的状态。

事实 2.1（持续） 如果 $s\vDash\varphi$，那么，对于每一 $t\subseteq s$：$t\vDash\varphi$。

事实 2.2（单状态行为类） 对任意世界 w 和公式 φ：$\{w\}|=\varphi\Leftrightarrow\varphi$ 在赋值 w 下是经典的真。

从定义 2.36 可推出对于$\neg\varphi$和$!\varphi$的支持条件如下：

事实 2.3（否定支持）

(1) $s\vDash\neg\varphi$ 当且仅当 $\forall w\in s$：$w\vDash\neg\varphi$

(2) $s\vDash !\varphi$ 当且仅当 $\forall w\in s$：$w\vDash\varphi$

根据支持语义，可以定义用语句表达的命题，用语句表达可能性。也可将语句 φ 的真值集定义为在经典语境下和 φ 的意义相关。

定义 2.37（真值集、命题集和可能性）

(1) φ 和$|\varphi|$的真值集是由所有的世界 w 组成的集合，使得 $\{w\}|=\varphi$。

(2) 用 φ 和$|\varphi|$表示的命题为所有支持 φ 的状态集。

(3) φ 的可能性为支持 φ 的最大状态，即支持 φ 的状态，以及并不完全包括任意的其他支持 φ 的状态。

下面的结果确保语句的可能性完全通过语句表达的命题确定，反之亦然。

事实 2.4（命题和可能性）　对任意状态 s 和任意语句 φ：s∈［φ］↔s 包括所有表达 φ 的可能状态。

事实 2.5（命题性质的刻画）

对任意的语句 φ，［φ］为非空的可保持的状态集，也就是说：

如果 s∈［φ］且 t⊆s，那么有 t∈［φ］

如果 S 为非空集的可保持状态集，那么存在语句 φ 使得［φ］＝S。

例 2.5（析取）　问题语义和经典语义的最重要的区别在于它们对于析取的处理方式上。考虑图 2.2（a）和图 2.2（b）。在这些图中，令 P＝{p，q}，在世界 11 上 p 和 q 均为真，世界 10 上 p 真而 q 假，等等。图 2.2（b）描述的真值集为经典语义下的 p∨q：在所有的索引集中使得 p 真或者 q 真，或者两者都真。图 2.2（b）描述的是在问题的基本语义系统（INQB）中的 p∨q 的可能性。可能性是由所有使 p 为真的世界组成的，且其他所有的世界使得 q 为真。

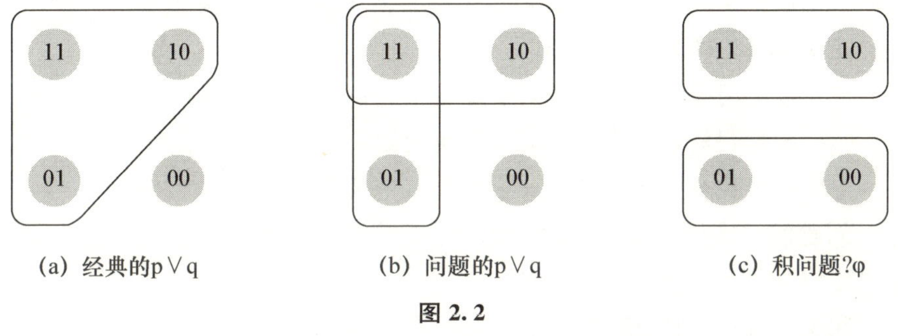

(a) 经典的p∨q　　(b) 问题的p∨q　　(c) 积问题?φ

图 2.2

在问题的基本语义系统（INQB）中，将语句 φ 看作表达建议更新会话内容的方法，新的公共的内容支持 φ。不包括任意的状态支持 φ 的世界不存在于任意的由 φ 更新的建议。换言之，如果任意的由 φ 更新的建议都得到实现，不包含在任意的支持 φ 的状态的所有的世界将被消除。因此，将∪［φ］作为 φ 的信息量。

定义 2.38（信息量）　Info（φ）＝∪［φ］

在经典命题逻辑（CPL）中，CPL 语句 φ 的信息量由它的真值集|φ|表示。当信息量不存在时，问题的基本语义系统（INQB）仍然适用于经典命题逻辑（CPL）。在这种情况下，问题的基本语义系统（INQB）就是经典的命题逻辑（CPL）的“会话扩充”。

定义 2.39　对任意 $\varphi\in\mathcal{L}_{INQB}$：info（φ）＝|φ|。

语句 φ 是状态 s 的信息，当且仅当语句 φ 至少消除一个 s 中的世界，也就是说，当且仅当 $s\cap\text{info}(\varphi)\neq s$。另一方面，$\varphi$ 是 s 中的问题，当且仅当，为了实现状态 $s'\subseteq s$ 支持 φ，不足以将 φ 的信息量组合到 s 中去，也即，当且仅当，$s\cap\text{info}(\varphi)\nvDash\varphi$。

定义 2.40（问题和与信息相关的状态）

φ 是 s 中的信息，当且仅当，$s\cap\text{info}(\varphi)\neq s$

φ 是 s 中的问题，当且仅当，$s\cap\text{info}(\varphi)\nvDash\varphi$

这些问题和信息之间具有绝对的对应关系。

定义 2.41（问题和信息的绝对概念）

φ 是信息，当且仅当 φ 为 W 中的信息，也就是说，当且仅当，$\text{info}(\varphi)\neq s$

φ 是问题，当且仅当 φ 是 W 中的信息，也就是说，当且仅当，$\text{info}(\varphi)\nvDash\varphi$

事实 2.6（问题的择代性）

φ 是问题，当且仅当，至少存在两个关于 φ 的可能性

定义 2.42（问题、判断和混合）

φ 是问题，当且仅当，φ 不是信息；

φ 是判断，当且仅当，φ 不是问题；

φ 是混合，当且仅当，φ 既是信息又是问题。

问题的基本语义系统（INQB）详细地提出了经典的信息蕴涵，该概念可定义如下：

定义 2.43（问题蕴涵） $\varphi\vDash_{inq}\psi$，当且仅当，$[\varphi]\subseteq[\psi]$

问题语句 φ 蕴涵另一语句 ψ 仅当在每一个状态上既支持 φ 也支持 ψ。问题蕴涵严格地强于信息量：无论何时 $\varphi\vDash_{inq}\psi$，同时也有 $\varphi\vDash_{info}\psi$，但后者并非是必然的。问题蕴涵已经在洛夫森等（Ciardelli and Roelofsen, 2011）中实现了公理化。在洛夫森（Roelofsen, 2011）中证明了问题蕴涵可以推出 Heyting 代数，在所有的命题集上，在 INQB 中，包括析取、合取、否定和蕴涵行为语义如并、交、（相关的）伪补算子等相关的问题蕴涵。

2.5.4 合并框架

动态认知逻辑中可以融入问题语义，同时问题语义也可以融入某些动态认知语义。下面就将动态认知问题逻辑（DELQ）和问题的基本语义系统（INQB）进行组合。

A. 动机

传统的动态认知问题逻辑（DELQ）和动态认知逻辑（DEL）系统之间的转换方式主要建立在经典逻辑之上。特别地，该语言的命题片段可以解释为经典命题逻辑。另外，知识算子 K_a 也可在经典认知逻辑中得到解释。该系统采用通过增加两个新算子而扩充的两种基本语言。特别地，将提出问题看作言语行为算子。在 DELQ 语言中不包括疑问语句，也不包括在任意语形情况下，或者在任意语义层面的问题。不存在采用句法上的疑问词的形如?φ 的语句。由语句表示的命题为点模型集，这些点模型集中的语句都是真的。因此，通过语句表示的命题可以刻画语句所包含的信息量，如常，但却不包含提问的内容。

另一方面，在问题语义下，命题逻辑语言可得到更好的良基的解释：通过语句表示的命题可增加信息量和问题内容。在问题的基本语义系统（INQB）中通过语句表达的命题，可以直接推出其经典语义（对每一 φ，$|\varphi| = \cup\ [\varphi]$），但是，通过命题表达的 φ 不仅是经典上的含义（即，它的信息量），也增加了语句的问题内容。另外，问题的基本语义系统（INQB）语言包含形如?φ 这样的语句，可以区分为语形层面的疑问句。因此，问题的基本语义系统（INQB）中的问题为包括语形和语义层面上的静态语言，而不仅是在言语行为层面上的静态语言。

该系统的作用在于可以用来处理嵌入式的问题。例如，包含形如 p→?q 这样的语句的语言，对应于自然语言中的条件问题（例如，如果小东将去参加晚会，小明也要去参加吗?）。DELQ 语言则不包含这样的语句，故将这两个系统进行有穷的组合，使其也可以包含形如 K_a?p 这样的语句，对应于自然语言中的形如小东知道小明是否将要去参加晚会。在对该系统的一阶扩充上，甚至可以处理形如 K_a（?x. Px）这样的形式，对应于像小东知道谁将去参加晚会。注意，这些类型的语句通常不能处理既不是动态认知问题逻辑（DELQ）也不是问题的基本语义系统（INQB）这样的语句。因此，通过对这两个系统进行组合，就可以处理每一个单个系统的结构。

在两个系统中，特别是问题语义、多主体克里普克语义经常用于解释动态认知逻辑系统，可以描述主体集的认知状态，可以有效地刻画主体关于世界的信息，正如高阶信息那样，主体可以了解其他主体的认知状态。迄今为止，大部分问题语义主要关注的是语义概念的匹配、增加信息量和问题内容，然而却很少能够提出一个涉及会话主体的认知状态具有信息量和问题内容的语句。特别地，在这样的模型作用下，所有主体在会话中的信息都是公开的。用于动态认知逻辑（DEL）中的多主体克里普克模型，有可能发展更多的良基的解释，不仅能够反映公共知识背景的变化，也可以反映个体认知状态的变化。

因此，将动态认知问题逻辑（DELQ）和问题的基本语义系统（INQB）进行组合至少有两个原因。首先，问题不仅可以处理言语行为，而且也可以在静态语言中从语形和语义两个层面进行处理，有可能处理嵌入式问题。其次，多主体克里普克模型可以用来模型特殊情况下会话的认知状态。

B. 问题动态认知逻辑

问题动态认知逻辑（IDEL）主要对动态认知问题逻辑（DELQ）和问题的基本语义系统（INQB）进行了组合。下面，首先提出一个静态系统，然后转入到全动态系统。

（1）问题认知逻辑

通过提出一个基于认知逻辑的问题语义。假设固定的主体集 $\mathcal{A}$ 和固定的原子语句集 $\mathcal{P}$。

定义 2.44（$\mathcal{L}_{IEL}$） 问题认知逻辑（IEL）的语言 $\mathcal{L}_{IEL}$ 可定义如下：

$$p \mid \bot \mid \varphi \vee \psi \mid \varphi \wedge \psi \mid \varphi \rightarrow \psi \mid K_a \varphi$$

取 $\neg\varphi$ 表示 $\varphi\rightarrow\bot$ 的简写，$!\varphi$ 为 $\neg\neg\varphi$ 的简写，$?\varphi$ 为 $\varphi\vee\neg\varphi$ 的简写。

如问题的基本语义系统（INQB），语句为与状态相关的赋值。除了涉及世界结构的信息外，问题认知逻辑（IEL）的状态也包含涉及会话的主体的认知状态的信息。定义了基于问题的基本语义系统（INQB）上的世界集的简单状态，即赋值函数集合，类似于多主体克里普克认知模型中的世界集。

利用特殊的克里普克模型，即关于认知逻辑 S5 的典范模型。在该模型中的每一世界都对应于某一个确定的“事件的状态”，其中通过事件的状态，指称一个确定的世界的结构并表达每一个主体的确定的状态。另外，因为该模型是典范的，每一个事态的可能状态（即和公理 S5 是一致的）都对应于该模型中的某个世界。换言之，该典范模型确定了所有的逻辑事态的状态的逻辑空间。

定义 2.45（基于 S5 的典范模型） 基于 S5 的典范模型为三元组。

$\mathcal{M}^c=\langle W^c, \sim^c_A, V^c\rangle$，其中：$W^c$ 为所有的极大 S5 一致集。

$\sim^c_A=\{\sim_a \mid a\in\mathcal{A}\}$ 是建立在 W^c 上的等价关系集，使得 $w\sim_a v$，

当且仅当，对每一语句 φ，如果 $K_a\varphi\in w$，那么 $\varphi\in v$。

V^c 为给每一个 $p\in\mathcal{P}$ 指派一个关于每一 $w\in W^c$ 的真值函数，V^c（p，w）＝1，当且仅当，$p\in w$。

W^c 的元素为 $\mathcal{M}^c$ 中的世界，状态则定义为世界集。

定义 2.46（状态）　状态为 $\mathcal{M}^c$ 中的世界集。用 S 表示所有的状态集。

语义理论中的核心概念并不是真值，而是支持。原子语句和命题联结词是相关的，支持关系的定义类似于问题语义的基本系统（INQB）中的定义。只增加一个知识算子，用 $\sigma_{a,w}$ 表示主体 a 在世界 w 中的认知状态。

定义 2.47（在问题认知逻辑中的支持）

令 $s\in S$，$p\in P$，且 φ，$\psi\in\mathcal{L}_{IEL}$。那么：

(1) $s\vDash p$　　当且仅当　$\forall w\in s$：V^c（p，w）＝1

(2) $s\vDash\bot$　　当且仅当　$s=\varnothing$

(3) $s\vDash\varphi\wedge\psi$　　当且仅当　$s\vDash\varphi$ 并且 $s\vDash\psi$

(4) $s\vDash\varphi\vee\psi$　　当且仅当　$s\vDash\varphi$ 或者 $s\vDash\psi$

(5) $s\vDash\varphi\rightarrow\psi$　　当且仅当　$\forall t\subseteq s$：如果 $t\vDash\varphi$，那么 $t\vDash\psi$

(6) $s\vDash K_a\varphi$　　当且仅当　$\forall w\in s$：$\sigma_{a,w}\vDash\varphi$

基于支持关系，通过语句表达的命题和基于语句的可能性可以定义语句集的真值，正如在问题语义的基本系统（INQB）中所定义的那样。

（2）动态认知问题逻辑

在动态认知问题逻辑（DELQ）中有两个言语行为算子，判断和问题。在 DELQ 中命题表达的语句只包括语句的信息量。而在问题认知逻辑（IEL）中，通过语句表达的命题既刻画了语句的信息量也刻画了语句的问题内容。这样就无须再提供表达问题和判断的言语行为算子，而只需要引入一个接受（acceptance）算子，用于模型接受前面提出的语句的信息量的言语行为。

定义 2.48（$\mathcal{L}_{IDEL}$）　问题动态认知逻辑（IDEL）语言 $\mathcal{L}_{IDEL}$ 可定义如下：

$$p\mid\bot\mid\varphi\vee\psi\mid\varphi\wedge\psi\mid\varphi\rightarrow\psi\mid K_a\varphi\mid[\varphi]_a\psi\mid[ok]_a\psi$$

$[\varphi]_a\psi$ 表示“主体 a 所说的 φ 将会支持 ψ”，而 $[ok]_a\psi$ 则表示“接受主体 a 先前提出的语句的信息量将会支持 ψ”。如果 φ 本身不再包括任意的言语行为算子，则称 $[\varphi]_a\psi$ 为合法的公式。在动态认知问题逻辑中，言语行为可以改变会话语境。为了更严格地刻画言语行为，必须对会话语境做出区分。取会话语境为有序对＜s，$\top$＞，其中 s 为状态，表示在会话过程中所表达的信息都是可接受的。$\top$为认知逻辑中的命题的堆栈，表示目前已经提出的提议。可以将$\top$看作一个表格（table），其元素为在表格中列出的命题。

定义 2.49（堆栈）

对于任意的$n\in N$，长度为 n 的堆栈为具有 n 个元素的多元组。

如果$\top$为长度为$n\geqslant 1$的堆栈，那么对于每一个$0\leqslant m\leqslant n$，$\top_m$表示$\top$的第 m 个元素。

如果$\top$为长度为$n\geqslant 1$的堆栈，那么 top（$\top$）表示$\top$的第 n 个元素。

如果$\top$为长度为 n 的堆栈，并且 x 为一个对象，那么$\top+x$为长度为$n+1$的堆栈$\top'$，使得$\top'_m=\top_m$，对所有的$1\leqslant m\leqslant n$，并且$\top_{n+1}'=x$。

定义 2.50（会话情境）

会话情境为有序对$<s, \top>$，其中 s 是状态，$\top$是问题认知逻辑（IEL）中命题的堆栈。所有的会话情境集用C表示。

定义 2.51（在会话情境中话语的表达力）

令$<s, \top>\in C$，$a\in\mathcal{A}$，且$\varphi\in\mathcal{L}_{IEL}$。那么$<s, \top>^{\varphi_a}=<s^{\varphi_a}, \top^{\varphi_a}>$，其中：

(1) $s^{\varphi_a}=\{w\in s\,|\,\sigma_{a,w}\subseteq info(\varphi)\}$

(2) $\top^{\varphi_a}=\top+[\varphi]$

定义 2.52（在会话情境中接受的表达力）

令$<s, \top>\in C$，$a\in\mathcal{A}$，且$\varphi\in\mathcal{L}_{IEL}$。那么$<s, \top>^{ok_a}=<s^{ok_a}, \top^{ok_a}>$，其中：

(1) $s^{ok_a}=\{w\in s\,|\,\sigma_{a,w}\subseteq info(top(\top))\}$

(2) $\top^{ok_a}=\top$

定义 2.53（在问题动态认知逻辑中的支持）

令$<s, \top>\in C$，$p\in\mathcal{P}$，$a\in\mathcal{A}$，且$\varphi, \psi\in\mathcal{L}_{IEL}$。那么：

(1) $<s, \top>\models p$ 当且仅当 $\forall w\in s$：$V^c(p, w)=1$

(2) $<s, \top>\models\bot$ 当且仅当 $s=\varnothing$

(3) $<s, \top>\models\varphi\wedge\psi$ 当且仅当 $<s, \top>\models\varphi$并且$<s, \top>\models\psi$

(4) $<s, \top>\models\varphi\vee\psi$ 当且仅当 $<s, \top>\models\varphi$或者$<s, \top>\models\psi$

(5) $<s, \top>\models\varphi\rightarrow\psi$ 当且仅当 $\forall s'\in s$：如果$<s', \top>\models\varphi$那么$<s', \top>\models\psi$

(6) $<s, \top>\models K_a\varphi$　当且仅当　$\forall w\in s$：$<\sigma_{a,w}, \top>\models\varphi$

(7) $<s, \top>\models[\varphi]_a\psi$　当且仅当　$<s, \top>^{\varphi_a}\models\psi$

(8) $<s, \top>\models[ok]_a\psi$　当且仅当　$<s, \top>^{ok_a}\models\psi$

在该系统中，定义了和会话相关的概念。例如，可以说一个对话语境$<s, \top>$是稳定的，当且仅当，s 包含在每一个 $\top$ 的命题中。其意思是可以达到一个状态支持所有的迄今所提出的语句。换言之，所有现在制订的建议都是可以满足的。类似地，可以说一个语句 φ 具有潜在的可解决的对话语境$<s, \top>$，仅当某个主体表达了 φ，并且后来被所有的其他主体所接受，这就形成了一个稳定的对话语境。也可以增加对应于 R 的算子到该语言中，并且认为一个语句 R_φ 可以由会话情境$<s, \top>$支持，当且仅当，φ 潜在地决定了$<s, \top>$。

总之，我们建立了问题动态认知逻辑，主要将动态认知问题逻辑（DELQ）和问题的基本语义系统（INQB）进行了组合，并且证明了该组合有助于发展传统逻辑。从动态认知逻辑（DEL）的观点出发，构造的系统不仅可以刻画言语行为理论，而且可以刻画语义，可以用来处理嵌入式问题。根据问题逻辑（INQ），（1）可以表达参与者的会话方式，包括他们的高阶信息；（2）该系统可以表达显性的会话和其他的言语行为，例如影响参与者会话的认知状态的接受。

当然，该工作仅是一个开始。首先，该系统组合了传统的动态认知逻辑中的最基本的系统，以及传统的问题语义。这些扩充系统可以从更多方面组合问题动态认知逻辑（IDEL）。其次，该逻辑可以对问题认知逻辑（IEL）和问题动态认知逻辑（IDEL）进行更详细的研究。特别有助于建立信息和问题认知逻辑（IEL）的关于问题的推理的公理系统。例如应答和子问题，也可以得到定义和研究。最后，希望该系统有助于对有关现象的语言进行分析。

第3章　认知动态和协议信息

在第3.1节中所给出的知识主要来自相关的论文《互动的组合框架》(Johan van Benthem，2008)。在第3.2节中的完全性定理主要引自Audrey Yap的《带有分支树的动态认知逻辑》。第3.3节主要是对论文《带有协议限制的公开宣告逻辑》的扩充。

3.1　组合框架

本节的具体内容安排如下：首先介绍了动态认知逻辑（DEL）和认知时间逻辑（ETL），讨论了如何利用两者刻画智能互动，随后对这两个系统进行了组合，以获得能够处理认知动态和协议信息的框架，并对动态认知逻辑（DEL）和认知时间逻辑（ETL）进行了比较，最后证明了相关的定理。

3.1.1　认知逻辑

动态认知逻辑（DEL）和认知时间逻辑（ETL）都建立在认知逻辑（EL）的基础上，表达主体的信息状态。认知逻辑（EL）是对模态逻辑的应用，是根据辛迪卡（Hintikka，1962）的开创性工作而发展起来的。设有穷主体集为 $\mathcal{A}$，可数的命题字母集为 At。

定义3.1（认知模型）　一个认知模型为三元组 $\mathcal{M}=(W, \sim, V)$，其中（i）W 为非空集合，（ii）$\sim$ 为从 $\mathcal{A}$ 到 $\wp(W\times W)$ 的函数，（iii）V 为建立在 At 上的赋值函数，即 V：At$\rightarrow\wp(W)$。

W 为认知可能情境集。对 W 中的元素有多种不同的名称，包括世界、状态、点等。关系 $\sim$ 表示与 $\mathcal{A}$ 中的主体相关，指派一个基于 W 上的二元关系。根据约定，$\sim_i$ 表示 $\sim_{(i)}$；$w\sim_i v$ 表示 $(w, v)\in\sim_{(i)}$。$w\sim_i v$

可解释为“在状态 w 上，i 认为状态 v 是可能的”。赋值函数 V 指派给 $p \in At$ 一个 W 中的子集。V（p）表示其中 p 为真的世界集。因此，V 表示世界 W 中的真的命题字母的真值。

当～表示指派基于 W 上的等价关系给主体 i 时，等价类可以通过$\sim_i$推出，表示由主体 i 不能区分的可能世界所组成的集合。为此，称$\sim_i$为关于主体 i 的不可区分关系。在此假定～表示等价关系，而常常将 $w \sim_i v$ 读作“对于 i，w 和 v 是不可区分的”。随后所给的模型中用～表示等价关系。

最后，给定一个认知模型 $\mathcal{M}$，用 Dom（$\mathcal{M}$）、$\sim_M$和 V_M分别表示该模型的定义域、不可区分关系和赋值函数。

例 3.1（办公室卡片：认知模型）　图 3.1 表示认知模型。该模型由两个世界 w 和 v 组成，分别用两个圆圈表示。主体 1 和主体 2 的不可区分关系分别通过加标的虚线表示等价关系。两个圆圈下面的字母 p 和 q 分别表示为真的命题字母：p 在 w 上为真；q 在 w 和 v 上都为真。

该模型可以看作对办公室卡片的刻画。你和我走进办公室，并且发现了桌子上的面朝下的卡片。设该卡片是方块 A。令 p 表示“桌子上的卡片是方块 A”，q 表示“我们在办公室里”。在模型中的可能世界 w 表示情境，因此 p 和 q 都是真的。但是，在模型中的你和我，在 1 和 2 这两个步骤上，都不能区分 p 和¬p 是否为真。

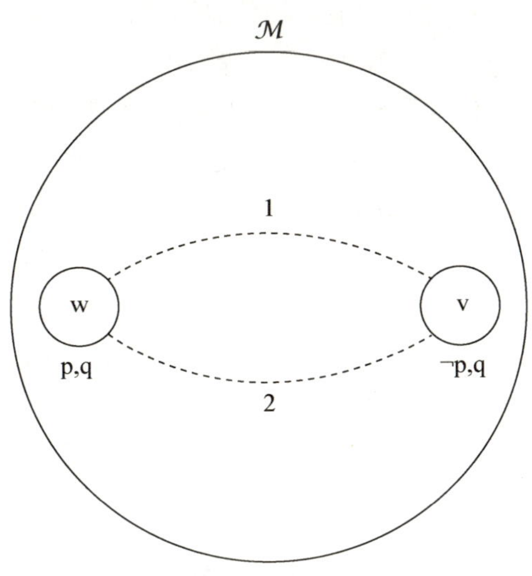

图 3.1　认知模型

认知模型可以表达主体的信息状态，用带有赋值的世界集把每一个命题字母集和不可区分关系指派给主体。认知逻辑（EL）刻画的信息状态可通过认知模型表示，其语言如下：

定义 3.2（认知逻辑语言） 认知逻辑（EL）的语言主要借助认知算子［i］而对命题逻辑（PL）进行扩充。认知逻辑（EL）公式可归纳定义如下：

$$\varphi ::= \top \mid p \mid \neg\varphi \mid \varphi \wedge \psi \mid [i]\varphi$$

其中 $p \in At$，$i \in \mathcal{A}$。［i］和$\langle i \rangle$为对偶算子。其他的布尔算子可按照通常的方法定义。用$\mathcal{L}_{el}$表示认知逻辑（EL）中的公式集。在$\mathcal{L}_{el}$中所有的公式都称为认知公式。

定义 3.3（认知逻辑的真值） 令 $\mathcal{M}=(W, \sim, V)$ 为认知模型，在 $\mathcal{M}$ 中，在 w 上，公式$\varphi \in \mathcal{L}_{el}$的真值可表示为 $\mathcal{M}, w \vDash \varphi$，归纳定义如下：

$\mathcal{M}, w \vDash p$	当且仅当	$w \in V(p)$ （且 $p \in At$）
$\mathcal{M}, w \vDash \neg\varphi$	当且仅当	$\mathcal{M}, w \nvDash \varphi$
$\mathcal{M}, w \vDash \varphi \wedge \psi$	当且仅当	$\mathcal{M}, w \vDash \varphi$ 且 $\mathcal{M}, w \vDash \psi$
$\mathcal{M}, w \vDash [i]\varphi$	当且仅当	$\forall v \in W$：$w \sim_i v$ 且 $\mathcal{M}, v \vDash \varphi$

［i］φ在 w 上是真的当且仅当在 w 上且在 i 认为可能的所有世界上φ是真的。根据实际的需要，模态算子［i］可做不同的解释。在此可解释为“i 知道φ”“φ为 i 所拥有的最好的信息”，等等。第一种解释为标准解释，故经常称该模态算子为知识模态或者知识算子。对偶算子$\langle i \rangle\varphi$也可有多种不同的读法，例如可解释为“i 认为φ是可能的”。

例 3.2（办公室卡片：认知逻辑中的真值） 如图 3.1 中的模型。在 w 上，［1］q 和［2］q 是真的，因此在 w 和 v 上 q 都是真的，主体 2 和主体 1 都知道 q。但是［1］p 和［2］p 是假的，因为 p 在 v 上是假的，无法根据 w 做出区分。主体 2 不知道 p，主体 1 也不知道 p。在该模型中还可有更加复杂的公式，并且可以证实是正确的。例如可以验证［1］¬［2］p、［2］¬［1］p、［1］［2］¬［1］p 等在 w 上是真的。（“主体 1 知道主体 2 不知道 p”，“主体 2 知道主体 1 不知道 p”，“主体 2 知道主体 1 知道主体 2 不知道 p”，等。）

3.1.2 动态认知逻辑

前面所定义的认知模型是对主体的信息的静态状态的刻画。动态认知逻辑（DEL）是在认知逻辑中通过引入动态算子而生成的，用于刻画建立在信息事件上的主体的动态的信息状态。下面给出动态认知逻辑（DEL）的最简单的系统，即公开宣告逻辑（PAL），可以作为动态认知逻辑（DEL）的基础性的系统。

A. 公开宣告逻辑

公开宣告逻辑（PAL）刻画了当公开宣告真的信息之后主体的动态的信息状态，PAL 将公开宣告表达为一种模型关系。给定认知模型 $\mathcal{M}$ 和公式φ，！φ表示公开宣告了φ。在 $\mathcal{M}$ 中的可能世界里，剔除了φ为假的算子。参看图 3.2，p 在状态 w 上是真的，在状态 v 上是假的。在公开宣告了!p 之后，其中 p 为假的世界将被剔除，而新的认知模型可以通过右图进行表达。

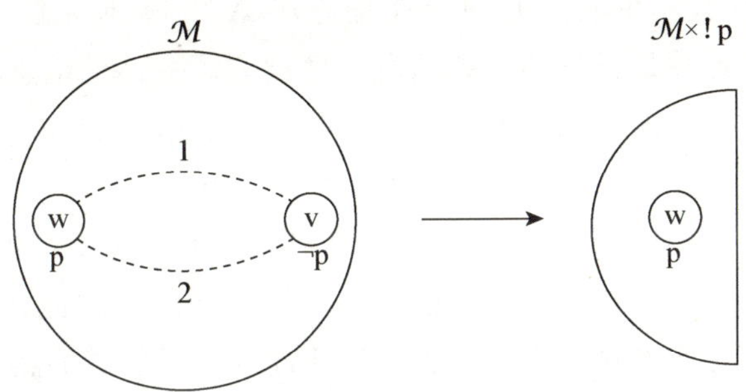

图 3.2　公开宣告

公开宣告逻辑（PAL）是对认知逻辑（EL）的扩充，在其中增加了形如［!φ］的算子。公开宣告逻辑（PAL）的语言可定义如下。

定义 3.4（PAL 语言）　公开宣告逻辑（PAL）公式可归纳定义如下：

$$\varphi ::= \top \mid p \mid \neg\varphi \mid \varphi \wedge \psi \mid [i]\varphi \mid [!\varphi]\varphi$$

其中 $p \in At$，$i \in \mathcal{A}$。$\langle i \rangle$和$\langle !\varphi \rangle$分别为［i］和［!φ］的对偶算子。其他的布尔算子的定义方法如常。用 $\mathcal{L}_{pal}$ 表示公开宣告逻辑（PAL）的公式集。

定义 3.5（PAL 的真值）　在 PAL 中公式的真值可以通过增加带有算子［!φ］的归纳语句到认知逻辑（EL）所定义的真值中（定义 3.3）进行定义。给定认知模型 $\mathcal{M}=(W, \sim, V)$：

$$\mathcal{M}, w \vDash [!\varphi]\psi \quad 当且仅当 \quad \mathcal{M}, w \vDash \varphi 推出 \mathcal{M} \times !\varphi, w \vDash \psi$$

其中 $\mathcal{M} \times !\varphi = (W', \sim', V')$ 可定义为：

$$W' = \{v \in W \mid \mathcal{M}, v \vDash \varphi\}$$

$$\sim'_{(i)} = \sim_{(i)} \cap (W' \times W')$$

$$V'(p) = V(p) \cap W'$$

［!φ］ψ和<!φ>ψ分别读作“公开宣告了φ为真之后，ψ为真”和“φ可能被公开宣告为真之后，ψ为真”。但是!φ是根据φ为真的世界的模型所给出的简单定义，主要根据需要而给出定义。同理，!φ也可以刻画其他类型的信息事件及在受这些信息作用的范围内进行构造。［!φ］还有其他可能的读法，如“公开发现φ之后……”“公开验证了φ的真值之后……”等。

例 3.3 可将图 3.2 看作刻画办公室卡片的新模型。假设放在桌子上的卡片是方块 A。当走进办公室之后主体的信息状态可用左边的认知模型 $\mathcal{M}$ 表达，p 表示“在桌子上的卡片是方块 A”。将卡片翻扣在桌子上之后，可发现该卡片是方块 A。该信息事件改变了主体的信息状态，使得其状态可以通过右边的认知模型 $\mathcal{M}\times !\varphi$ 表示。因此，在 w，有［!p］［1］p 和［!p］［2］p 为真（主体 1 和主体 2 都知道 p）。

另外，公式φ::=p∧¬［1］p（p 但主体 1 不知道 p）在 $\mathcal{M}$ 中，在 w 上是真的，但是在 $\mathcal{M}\times !\varphi$ 中，在 w 上，却是假的。因此在 $\mathcal{M}$ 中，在 w 上，［!φ］［i］φ是假的。某些真值在公开宣告之后可能仍然无法知道。随后，还将会研究这种模式的封闭形式。

B. 事件模型和积更新

尽管公开宣告表达了多种信息事件，但是仍然存在不同的信息事件不能够通过公开宣告得到刻画。例如，观察可能不能够完全公开。在示例中，我可能偷窥了桌子上的卡片而你却没有。我可能试图去偷窥而不想让你知道我偷窥了。动态认知逻辑（DEL）可以通过引入事件模型和积更新技术生成 PAL 框架。

定义 3.6（事件模型） 一个事件模型 ε 为三元组 $\mathcal{M}$=（E，→，**pre**），其中（i）E 为有穷非空集，（ii）→为从 $\mathcal{A}$ 到 $\wp(E\times E)$ 的函数，（iii）**pre** 为从 E 到 $\mathcal{L}_{el}$ 的函数。

事件模型的定义域 E 可以看作事件集。给定两个事件 e 和 f，（e，f）∈$\rightarrow_{(i)}$可解释为“当 e 发生时，主体 i 认为 f 已经发生是可能的”。在认知模型中的不可区分关系～。$\rightarrow_{(i)}$是基于 E 上的一个等价类，等价类可以通过$\rightarrow_{(i)}$引入，表示 i 无法区分的事件集：当等价类中的事件发生时，i 认为在该类中的所有事件已经发生。称→为关于 i 的基于事件上的不可区分关系，由函数 **pre** 来决定事件的前提。给定 **pre**（e）＝φ，事件 e 可以在某个可能世界内发生，当且仅当φ在该可能世界中是真的。前提 **pre** 把每一个事件都映射到一个认知公式上（在 $\mathcal{L}_{el}$ 中的公式）。

当（e，f）$\in \rightarrow_{(i)}$时，按照惯例记为 $e \rightarrow_i f$。另外，给定一个事件模型 ε，Dom（ε）为定义域，$\rightarrow_\varepsilon$表示不可区分关系，$\mathbf{pre}_\varepsilon$表示前提函数。

例 3.4（办公室卡片：事件模型） 图 3.3 形象地例示了两个事件模型 ε_1和 ε_2，分别表示两个情境，其中主体 1 在主体 2 之前偷窥了桌子上的卡片，或者私下看了桌子上的卡片。假设桌上的卡片是方块 A。p 为表达该事件的命题，1 和 2 分别表示主体 1 和主体 2。首先考虑 ε_1。有两个事件 e 和 f，分别用前提 p 和¬p 表示。主体 1 可以区分 e 和 f（$\rightarrow_1$将该模型分为定义域｛e｝和｛f｝），而主体 2 不能够区别 e 和 f（$\rightarrow_2$将该模型分为定义域｛e，f｝）。将事件模型中的事件 e 看作主体 1 在主体 2 之前曾偷窥了桌上的卡片。假设 e 事件发生了，主体 1 认为 e 发生了，但 f 并没有发生，因为主体 1 可以区分 e 和 f。因此仅当 p 为真时，e 才发生，主体 1 知道 p。另一方面，主体 2 无法区别 e 和 f。这样主体 2 无法知道 e 之后会出现 p。但是，在该层含义下，这两个事件 e 和 f 是主体 2 认为可能的唯一的事件，主体 2 才知道主体 1 现在知道是 p 或者¬p。

接着考虑 ε_2。此时增加第三个事件 g 到左边的模型中。将 ⊤（重言式）看作它的前提，g 可看作可能发生的任意不足道的事件。这样当 e 发生时，主体 2 无法区别主体 1 是否偷窥了桌上的卡片（根据主体 1 将获得信息 p 或者¬p），或者任意的该卡片是否已经发生的形式 1。这样，和左边的模型不同，主体 2 并没有意识到主体 1 现在是否知道 p 或者¬p。在右边的模型中的事件 e 可以解释为主体 1 偷窥了该卡片而没有让主体 2 意识到主体 1 偷窥了卡片。

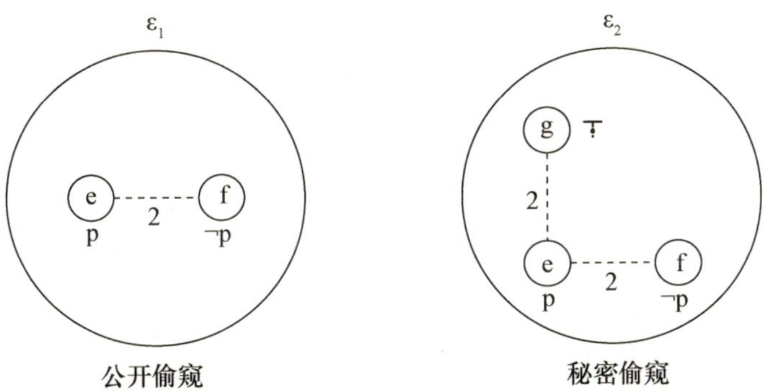

图 3.3 事件模型

在动态认知逻辑（DEL）中，这些事件模型可以通过积更新进行模型转换，以表达受信息影响后所对应的信息事件。

定义 3.7（积更新）　认知模型 $\mathcal{M}=(W, \sim, V)$ 和事件模型 $\varepsilon=(E, \rightarrow, \mathbf{pre})$ 的积更新 $\mathcal{M}\otimes\varepsilon$ 为认知模型 $(W', \sim', V')$，且：

(1) $W'=\{(w, e) \mid w\in W, e\in E$ 且 $\mathcal{M}, w\vDash \mathbf{pre}(\mathbf{e})\}$

(2) $(w, e) \sim'_i (v, f)$　当且仅当　在 $\mathcal{M}$ 中，$w\sim_i v$ 并且在 ε 中 $e\rightarrow_i f$

(3) 对所有的 $p\in At$，$(w, e) \in V'(p) = w\in V(p)$

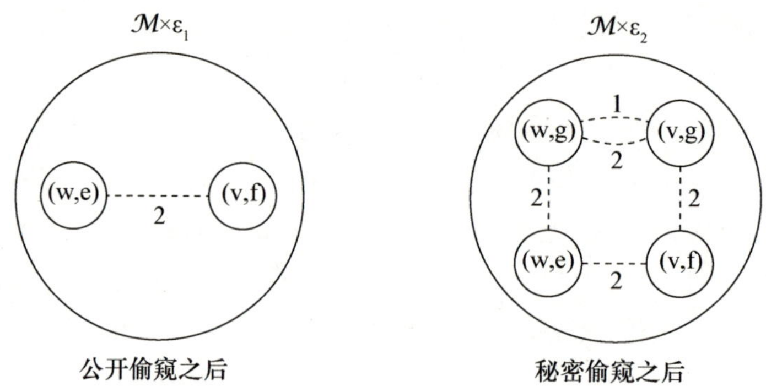

图 3.4　积更新

图 3.4 表示根据图 3.1 中的模型 $\mathcal{M}$ 转换而获得的认知模型，主要通过对图 3.3 中的基于事件模型 ε_1 和 ε_2 而进行的积更新。

动态认知逻辑（DEL）刻画了随着时间的改变而发生变化的主体的信息状态，通过积更新以引入事件模型而进行的模型转换。但是，在上面的示例中，每一事件都有一个与其相关的事件模型。为此，动态认知逻辑（DEL）处理了事件模型序对以及它们之间的事件。一个点事件模型（pointed event model）ε 为序对 (ε, e)，其中 ε 为事件模型，e 为定义域 Dom（ε）中的事件。

定义 3.8（DEL 语言）　动态认知逻辑（DEL）的公式可归纳定义如下：

$$\varphi ::= \top \mid p \mid \neg\varphi \mid \varphi\wedge\psi \mid [i]\varphi \mid [!\varphi]\varphi \mid [\varepsilon, e]\varphi$$

其中 $p\in At$，$i\in\mathcal{A}$，(ε, e) 为点事件模型。$\langle i\rangle$ 和 $\langle\varepsilon, e\rangle$ 分别是 $[i]$ 和 $[\varepsilon, e]$ 的对偶算子，其他的布尔算子根据通常的方法定义。用 $\mathcal{L}_{DEL}$ 表示动态认知逻辑的公式集。

定义 3.9（DEL 真值）　动态认知逻辑中公式的真值可以通过增加算

子 [ε, e] 的归纳语句到认知逻辑的真值定义（定义 3.3）中进行定义。给定认知模型 $\mathcal{M}=(W, \sim, V)$：

$$\mathcal{M}, w \vDash [\varepsilon, e]\varphi \quad 当且仅当 \quad \mathcal{M}, w \vDash \mathbf{pre}_{\varepsilon}(e) \ 可推出\ \mathcal{M}\otimes\varepsilon, (w, e) \vDash \varphi$$

$[\varepsilon, e]\varphi$和$\langle\varepsilon, e\rangle\varphi$分别读作“事件（ε，e）发生后，φ发生”和“事件（ε，e）可能发生之后，φ发生”。

例 3.5（办公室卡片：DEL 真值）　参看图 3.4 中的办公室卡片例示。在公开偷窥之后，主体 2 开始知道主体 1 最初是否知道 p，在 $\mathcal{M}$ 中，在 w 上可以通过 $[\varepsilon_1, e][2]([1]p\vee\neg[1]p)$ 的真值刻画。该公式是真的，因为 $[2]([1]p\vee\neg[1]p)$ 在 $\mathcal{M}\times\varepsilon_1$ 中在（w，e）上是真的。在秘密偷窥之后，主体 2 仍然不知道主体 1 是否知道 p。该公式可以通过在 $\mathcal{M}$ 中在 w 上的 $[\varepsilon_2, e]\neg[2]([1]p\vee\neg[1]p)$ 的真值刻画。因为 $\neg[2]([1]p\vee\neg[1]p)$ 在 $\mathcal{M}\times\varepsilon_2$ 中在（w，e）上是真的，所以该公式是真的。

评论 3.1（公开宣告）　动态认知逻辑（DEL）可以生成 PAL，因此公开宣告可以通过一个确定的事件模型进行刻画。公式 φ（在 $\mathcal{L}_{el}$ 中）的公开宣告!φ 可以看作事件模型 $\varepsilon_\varphi=(E, \rightarrow, \mathbf{pre})$，其中（i）$E=\{e\}$，（ii）对每一 $i\in\mathcal{A}$，$\rightarrow_i=\{(e, e)\}$（基于 e 的等价关系），（iii）$\mathbf{pre}(e)=\varphi$。认知模型 $\mathcal{M}=(W, \sim, V)$ 和事件模型 ε_φ 的积更新生成 $\mathcal{M}$ 的子模型（submodel），该模型只包括在 $\mathcal{M}$ 中 φ 为真的状态。更严格地，$\mathcal{M}\times\varepsilon_\varphi=(W', \sim', V')$ 为：

$$W'=\{(w, e)\mid \mathcal{M}, w\vDash\varphi\}$$

$$(w, e)\sim'_i(v, e) \quad 当且仅当 \quad w\sim_i v$$

$$V'(p)=\{(w, e)\mid w\in V(p)\}$$

根据上面对前提函数 **pre** 的限制，公开宣告的认知公式只能用这种方法直接进行模型处理。在动态认知逻辑中，这并非是实质性的限制，因为通过归约公理，动态认知逻辑的公式可归约为认知逻辑的等价公式。

评论 3.2（标识事件模型）　严格地说，根据定义 3.6，存在各种事件模型，同样也存在不同的元素。例如，两个事件模型 ε 和 F，仅由自反元素 e 和 f 组成，且其前提为 φ，那么就可以用 φ 作为标识。但是，当两个事件模型为同构时，可用来标识不同的事件模型。如果存在从 ε 到 F 的一一对应的映射，且保持不可区分性关系以及前提函数，那么这两个事件模

型 ε 和 F 是同构的。给定一个有穷的事件模型，所有的事件模型类应该是可数的。

评论 3.3（有穷定义域） 在定义 3.6 中，事件模型的定义域是有穷的。原因在于建立在所有与 e 有可及关系的 ε 中的所有元素上的包含联结词（conjunction）的动态认知逻辑的模态算子［ε，e］是标准的归约公理。如果该集合是无穷的，那么归约公理将不是 $\mathcal{L}_{DEL}$ 的公式，因为它含有无穷多的联结词。

C. 动态认知逻辑（DEL）中的协议信息

正如所见，动态认知逻辑（DEL）可用来表达认知动态，运用认知模型刻画主体的静态的信息状态，通过事件模型来刻画信息事件，通过积更新将认知模型转换为新的模型，用以刻画信息事件发生变化之后的信息状态。

但是，动态认知逻辑并没有提供适合表达协议信息的技术方法。在协议信息中有两个方面在动态认知逻辑中无法表达。第一，在动态认知逻辑中，事件模型可不受限制地借助认知模型来刻画，也可以通过进程，借助对应事件算子的认知模型进行刻画。正如上面所见（图 3.4），在主体 1 偷窥了桌子上的卡片之后的信息状态可以通过认知模型刻画。无论如何限制交流，都可以看作主体 1 偷窥之后的情境。例如，在主体 1 偷窥之后离开办公室，主体 1 将该卡片放在桌子上，动态认知逻辑可以利用公开宣告!p（该卡片是方块 A），这样就生成了＜!φ＞［2］p 的真值（p 在主体 2 知道 p 之后才被公开宣告）。

第二，可以将事件模型前提函数进行调整以刻画交流。事件模型由前提函数 **pre** 组成，该函数可解释为事件 e 可能发生当且仅当 **pre**（e）＝φ。这样，在上面两个例子中，可以引入一个新的命题字母 d，表达在主体 1 偷窥之后，不管通过什么样的交流或者观察，因为仅当 p 是真的时，公开宣告 p 才发生，并且条件 d 是可满足的，则称该公开宣告 p 事实上为 p∧d 的公开宣告。例如，可以将 d 解释为“在主体 1 和主体 2 走进办公室之前，该卡片仍然在办公室的桌子上”，取 d 为假的表示主体 1 将卡片背面朝上放入该副牌中，并且离开了办公室之后的情境，因为 p∧d 此时为假，则＜!(p∧d)＞［2］p 是假的。这样，主体 1 将卡片放回扑克牌中，并且离开办公室之后，主体 2 不知道该卡片被翻扣或者询问主体 1 该卡片是什么。

尽管对这样的前提函数进行调整后可以生成一个用来刻画智能互动的

情况的方法，但该策略并不能作为刻画协议信息的方法。原因在于信息事件的发生可以随着时间的变化而发生变化。在许多互动情境中，在给定的时间内所发生的信息依赖前面已经发生的信息。例如，我们的会话可能要服从隐含规则（implicit）“你不能重复你自己”“q 之后说 p”等，这种情况下的协议信息不能通过上面的技术手段进行刻画，因为事件的前提可以通过命题字母来表达，在动态认知逻辑中，在给定的世界里，其真值是受限制的。一个给定的世界可能会演变为多种可能方式，这主要依赖发生了什么样的事件，命题字母不能随着世界的演变而发生相应的变化。据此，动态认知逻辑并不适合用来刻画协议信息中的时间。

3.1.3　认知时间逻辑

确定有穷主体集 $\mathcal{A}$，可数的命题字母集 At。令Σ为事件集。一个历史为Σ中的有穷的事件序列，Σ^* 表示由Σ中的元素所构建的历史集。用 h 表示历史，用 he 表示通过事件 e 推出的历史。给定 h，$h' \in \Sigma^*$，如果 h 是 h′的前束（prefix），那么 $h \precsim h'$。即如果对每一 $h \in H$ 且 $h' \precsim h$，$h' \in H$，那么存在 k 使得 $hk = h'$，$H \subseteq \Sigma^*$ 在有穷前束下是封闭的。用 λ 表示空序列。

定义 3.10（ETL 模型）　令Σ表示事件集，认知时间逻辑（ETL）模型为三元组 $\mathcal{M}=(\Sigma, H, \sim, V)$，其中（i）$H$ 不包含 λ 且为 Σ^* 的子集，在有穷前束下是封闭的；（ii）～为从 $\mathcal{A}$ 到 $\wp(H \times H)$ 的函数；且（iii）V 为从 At 到 $\wp(H)$ 的函数。

H 表示时间结构，且 $h' = he$ 表示在点 h 上，事件 e 发生之后的时间点。对每一 $i \in \mathcal{A}$，关系 $\sim_{(i)}$（也可表示为 $\sim_i$）表示建立在关于 i 的历史上的不可区分的关系。V 为基于 H 的赋值函数。

图 3.5 表示两个认知时间逻辑模型。下面通过示例说明该模型。令 e_0 表示将方块 A 放在桌子上，f_0 表示将其他的卡片反扣在桌子上。令 p 为“桌子上的卡片为方块 A”。假设在两个模型中，p 在每一 e_0 后的结点上都是真的，而 p 在每一 f_0 之后的结点上都是假的。当进入办公室时，确实不知道该卡片是什么。这样，在两个模型中，结点 e_0 和 f_0 对于主体 2 和主体 1 来说都是不可区分的（分别用主体 1 和主体 2 表示）。在结点 e_0，可以将该卡片翻过来（该事件用 e_1 表示），或者主体 1 在主体 2 进入办公室之前偷窥了该卡片（该事件可以用 e_2 表示）。如果 e_1 发生，两主体都知道该卡片为方块 A（两人可以区分结点 e_0e_1，其中从 f_0 出发的结点 p 是真的）。

如果 e_2 发生，主体 1 开始知道 p 是什么，但主体 2 不知道。因为主体 2 不能对 e_0e_2 和 f_0f_1 进行区分，其中 p 是假的。为此，在图 3.5 中的两个模型是相同的，它们在 e_0e_2 都发生的时间不同。左边的模型可看作用来表达主体 1 未进入办公室的情况。主体 1 可以告诉主体 2 该卡片是什么（该事件用 e_3 表示）并且主体 2 开始知道 p。另一方面，右边的模型可以看作将该卡片放在桌子上之后主体 1 离开办公室的情况。

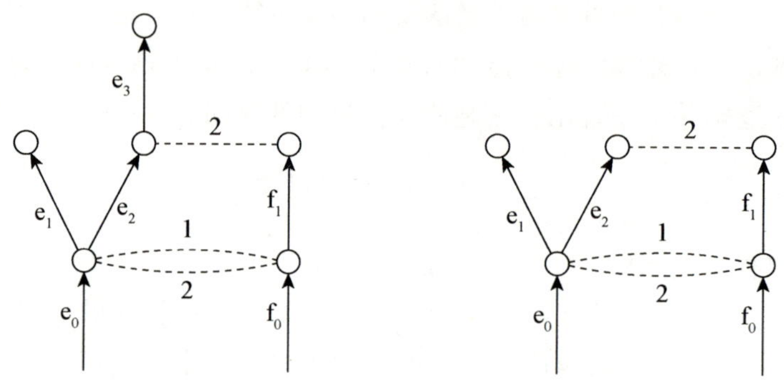

图 3.5 认知时间逻辑（ETL）模型

可以用不同的语言来刻画认知时间逻辑（ETL）模型。在此仅给出认知时间逻辑的最小模型。

定义 3.11（ETL 语言） 令Σ为事件集。公式 $\mathcal{L}_{ETL}$ 可以通过归纳定义如下：

$$\varphi ::= \top \mid p \mid \neg\varphi \mid \varphi\wedge\psi \mid [i]\varphi \mid [e]\varphi$$

其中 $i\in\mathcal{A}$，$e\in\Sigma$ 且 $p\in At$。$\langle i\rangle$ 和 $\langle e\rangle$ 分别为 $[i]$ 和 $[e]$ 的对偶算子，其他的布尔联结词的定义如常，用 $\mathcal{L}_{ETL}$ 表示认知时间逻辑中的公式。

运用群知识算子（例如公共知识和分布知识算子）以及更多的表达时间的算子（任意将来和过去模态算子）可以对 $\mathcal{L}_{ETL}$ 的语言进行扩充。这样一来，就可以增加赋值问题的复杂度。

定义 3.12（ETL 真值） 令 $\mathcal{H}=(\Sigma, H, \sim, V)$ 为认知时间逻辑模型。公式 φ 在历史 $h\in H$ 上的真值表示为 $\mathcal{H}, h\vDash\varphi$，可以归纳定义如下：

$\mathcal{H}, h\vDash p$	当且仅当	$h\in V(p)$（且 $p\in At$）
$\mathcal{H}, h\vDash\neg\varphi$	当且仅当	$\mathcal{H}, h\nvDash\varphi$
$\mathcal{H}, h\vDash\varphi\wedge\psi$	当且仅当	$\mathcal{H}, h\vDash\varphi$ 并且 $\mathcal{H}, h\vDash\psi$
$\mathcal{H}, h\vDash[i]\varphi$	当且仅当	$\forall h'\in H$：$h\sim_i h'$ 可推出 $\mathcal{H}, h'\vDash\varphi$

$$\mathcal{H}, h \vDash [e]\varphi \quad \text{当且仅当} \quad he \in H \text{ 可推出 } \mathcal{H}, he \vDash \varphi$$

$[e]\varphi$ 和 $\langle e \rangle \varphi$ 可分别读作“事件 e 发生之后，φ 发生”“事件 e 可能发生之后 φ 发生”。

例 3.6（办公室：ETL 真值） 在图 3.5 中所讨论的模型中，$\langle e_1 \rangle [1] p$ 在 e_0 上为真，因为 $e_0 e_2$ 在该模型中且 $[1] p$ 在 $e_0 e_2$ 上为真。在左边的模型中 $\langle e_3 \rangle \top$ 在 $e_0 e_2$ 上为真，但在右边的模型中却为假。因为 $e_0 e_2 e_3$ 在左边的模型中，但却不在右边的模型中。

D. 认知时间逻辑中的认知动态

如上面的例子所示，在认知时间逻辑中的时间分支树结构适合刻画协议信息。每一个历史都可用随着时间而发生变化的状态（或者世界）来表达，每一个历史结点可用对应状态的发展过程中的时刻表达。给定结点的分支结果可用来表达在那一时刻所发生的事件，从而达到表达协议信息的目标。

但是，认知时间逻辑并没有提供表达信息事件和它们的信息作用的系统化的方法。在认知时间逻辑模型中，事件是无法分析的初始元素。为了表达信息事件 e 的作用，必须强加一个恰当的时间分支树结构和对应于事件 e 的主体的不可区分关系。这对于某些简单的情况比较适合，例如图 3.5。但是，仍然不能确保该方法适合于比较复杂的情况。对于上面所给出的主体 1 秘密地偷窥了桌上的卡片时，右边的结构又将如何变化呢？在动态认知逻辑中，可以利用图 3.4 所生成的认知模型来表达在信息发生变化之后的信息状态，主要通过事件模型和积更新的方式实现。但是，认知时间逻辑却无法提供这样的一个系统程序，这时就需要利用认知时间逻辑扩充的框架来构造一个恰当的结构。为此，认知时间逻辑也不适合用来分析认知动态。

3.1.4 DEL 和 ETL 的组合

正如所见，动态认知逻辑适合刻画认知动态，而认知时间逻辑适合刻画协议信息。为了获得能够对智能互动的这两个方面进行刻画的框架，可以将动态认知逻辑和认知时间逻辑进行组合，通过反复利用积更新和带有事件模型的认知模型，利用动态认知逻辑生成认知时间逻辑模型。为了刻画协议信息，需要指派给认知模型中的每一可能世界中的每一个事件（点）模型一个序列集，称该指派为集合协议（sets protocols）。协议中的序列表示在给定的世界中发生的事件序列。借助于积更新的方法可以成功地表示基于指派了协议的认知模型，从而生成认知时间逻辑树结构。根据协议信息，该生成树结构表示所有主体的初始信息状态随着时间的变化而可能发生的变化。

A. 协议

令 E 为所有点事件模型类：

$$E=\{(\varepsilon,\ e)\mid \varepsilon \text{为事件模型且} e\in D\ (\varepsilon)\}$$

用 E^* 表示点事件模型的有穷序列集，在此，E 和 E^* 都是可数的。

定义 3.13（DEL 协议） 动态认知逻辑协议为集合 $\boldsymbol{P}\subseteq E^*$，在有穷前束（prefix）下是封闭的。用 Ptcl（E）表示所有的动态认知逻辑协议类，即 Ptcl（E）$=\{\boldsymbol{P}\mid \boldsymbol{P}\subseteq E^*$ 且在初始段下是封闭的$\}$。

定义 3.14（状态独立 DEL 协议） 令 $\mathcal{M}$ 为任意的认知模型，建立在 $\mathcal{M}$ 上的状态独立动态认知逻辑协议（sd-DEL-protocol）为任意函数 p：Dom（$\mathcal{M}$）$\rightarrow P_{tcl}$（E）。

在不导致混淆的情况下，可用协议或者 sd 协议分别表示动态认知逻辑协议或者 sd-动态认知逻辑协议。

sd 协议极大地扩充了通常的认知时间逻辑的语境，其中协议假定为主体的公共知识。sd 协议可以指派给已知的认知模型中的不同的世界以不同的协议，事件可以在主体不知道的任何时刻发生。另一方面，如果 sd 协议 p 指派给同一个协议 P，对给定的认知模型中的每一个世界来说，该协议 P 就是公共知识，这是一个特殊类型的 sd 协议，称其为一致协议（uniform protocols）。

定义 3.15（一致协议） 如果对所有的 w$\in$Dom（$\mathcal{M}$），对某些 P，p（w）$=P$，那么基于 $\mathcal{M}$ 上的 sd-动态认知逻辑协议 p 为基于 $\mathcal{M}$ 上的一致协议。显然给定动态认知逻辑协议 P 可推出一个基于任意认知模型上的一致协议。为此，在不导致混淆的情况下，可推出一个特殊的认知模型，并称动态认知逻辑协议为一致协议。

状态独立和一致协议为具有许多中间情况的两个极端情况。其中主体只具有会话、实验协议或者学习过程等类型的偏知识。假设所有的主体都知道该协议：对每一 w，v$\in D$（$\mathcal{M}$），如果 wR_iv，那么 p(w)$=$p(v)。在此只讨论状态独立协议和一致协议。

B. 动态认知逻辑（DEL）生成的认知时间逻辑（ETL）模型

根据初始认知模型和（状态独立或者一致）动态认知逻辑协议以生成一个认知时间逻辑模型。下面引入某些记法。令 $\sigma=$（ε_1，e_1）（ε_2，

e_2）…（ε_n，e_n）$\in E^*$，用 len（σ）表示 σ 的长度，即 len（σ）＝n，当 $k \leqslant$ len（σ），记为 $\sigma_{(k)}$ 表示长度为 k 的 σ 的初始段，σ_k 表示 σ 的第 k 个段。当 $k >$ len（σ）或者 k＝0，σ_k 和 $\sigma_{(k)}$ 为空序列 λ。用 σ^L 和 σ^R 表示 $\varepsilon_1 \cdots \varepsilon_n$ 和 $e_1 \cdots e_n$。$(\sigma^L)_{(3)} = \varepsilon_1 \varepsilon_2 \varepsilon_3$，$(\sigma^R)_3 = e_3$。显然（·）^{L}（·）^{R} 表示一种情况，（·）$_n$（·）$_{(n)}$ 表示另一种情况。

一致协议的结构

根据一致动态认知逻辑协议构造的认知时间逻辑模型，该定义比较易理解。但是，下面给出两个更加一般的结构，并且定义两个特殊的情况。

定义 3.16（σ 生成的认知模型）　给定认知模型 $\mathcal{M}=(W, \sim, V)$ 和有穷点事件模型序列 σ，定义 σ 生成的认知模型，$\mathcal{M}^\sigma=(W^\sigma, \sim^\sigma, V^\sigma)$，基于 $\mathcal{M} \otimes {\sigma_1}^L \otimes {\sigma_2}^L \otimes \cdots \otimes {\sigma_{len(\sigma)}}^L$。

定义 3.17（根据一致动态认知逻辑协议生成的认知时间逻辑模型）令 $\mathcal{M}$ 为点认知模型，P 为动态认知逻辑协议，根据 $\mathcal{M}$ 和 P 生成认知时间逻辑模型，**Forest**（$\mathcal{M}$，P）为认知时间逻辑模型（Dom（$\mathcal{M}$）$\cup E$，H，$\sim$，V），其中（H'，$\sim'$，V'）使得：

$H' = \bigcup_{\sigma \in P} W^\sigma$

对每一 $i \in \mathcal{A}$，$\sim_i'$：$= \bigcup_{\sigma \in P} \sim_i^\sigma$

对每一 $p \in At$，V'（p）：$= \bigcup_{\sigma \in P} V^\sigma$（p）

在此删除 Dom（$\mathcal{M}$）$\cup$E，记 Forest（$\mathcal{M}$，P）＝（H'，$\sim'$，V'），在不会导致混淆的情况下，在 $\mathcal{M}^\sigma$ 中，用历史 wσ 表示（w，σ_1，…，$\sigma_{len(\sigma)}$）。

Forest（$\mathcal{M}$，P）表示根据 P 利用序列对 $\mathcal{M}$ 进行更新而获得的所有系统的可能演变。

命题 3.1　对每一认知模型 $\mathcal{M}$ 和一致协议 P，**Forest**（$\mathcal{M}$，P）为认知时间逻辑模型。

证　该命题可从下面的事实推出，根据定义 3.13，每一动态认知逻辑协议 P 在前束下是封闭的。事实上，当 wσε（或者（w，σ_2，…，$\sigma_{len(\sigma)}$），ε）$\in$ **Forest**（$\mathcal{M}$，P），$\sigma \in P$。因为（w，σ_2，…，$\sigma_{len(\sigma)}$）$\in \mathcal{M}^\sigma$，wσ$\in$ Forest（$\mathcal{M}$，P）。因此，H 在有穷前束下是封闭的，根据定义 3.10，**Forest**（$\mathcal{M}$，P）为认知时间逻辑（ETL）模型。

例 3.7（根据一致协议生成的认知时间逻辑模型）　下面构建一个结构示例。令 $\mathcal{M}$ 为认知模型，其中有三个可能世界 w、v、u，其中 p 在 w 和

v 上是真的，q 在 w 上是真的。主体 1 无法区分 w 和 v，主体 2 无法区分 v 和 u。令 P 为一致协议，由公开宣告序列组成，使得 $P=\{!p!q!\neg p!\neg q\}$。**Forest**（$\mathcal{M}$，P）可以通过图 3.6 例示。在底部，对应于 $\mathcal{M}$ 有三个结点（粗体表示环）。这三个结点可以通过 P 中的公开宣告序列更新。对于序列!p!q，$\mathcal{M}$ 经过!p 更新之后，对应于 $\mathcal{M}\times$!p 有两个结点 w!p 和 v!p。那么该模型也可以用!q 来更新，结点 w!p!q 对应于（$\mathcal{M}\times$!p)×!q。序列!¬p!¬q 与此相类似。

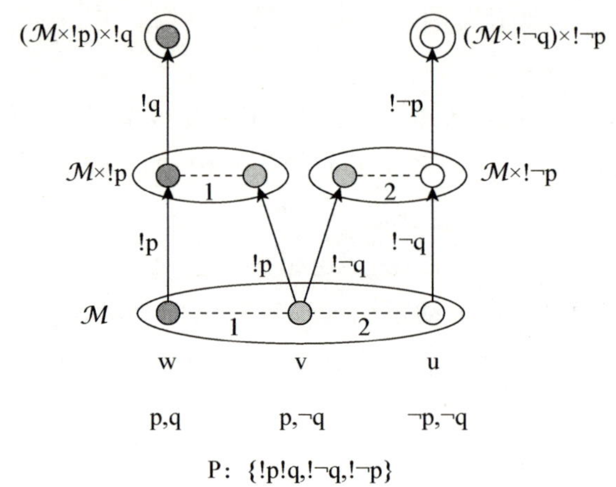

图 3.6 根据一致协议生成的认知时间逻辑（ETL）模型

状态独立协议结构

下面给出一般情况下由 sd-动态认知逻辑协议生成的认知时间逻辑模型的方法，主要借助协议中的基于点事件模型序列的积更新。该过程可简单地表达一致的协议，对于一般的 sd-动态认识逻辑协议，在可能世界之间的情况有所不同。因此，事件（ε，e）为认知模型 $\mathcal{M}$ 中的可能世界 w 上的协议，可能不是另一个可能世界 v 中的协议。在这种情况下，无法确定 e 的前提在 v 上是否为真，故不能够建立一个新的结点 v(ε，e)。这意味着，处理一般的 sd-动态认知逻辑协议，不能简单地借助事件模型序列中的协议。在利用带有事件模型的积更新的过程中，需要排除那些不允许发生的可能世界中的事件模型，也无法处理不满足前提的可能世界。这时就需要注意对定义 3.16 和定义 3.17 进行扩充的定义。因为表示一致协议的情况的定义比较复杂，故需要利用解释定义进行说明。

定义 3.18（$\sigma^{\mathcal{L}}$生成的模型） 令 $\mathcal{M}=(W, \sim, V)$ 为认知模型，P 为 $\mathcal{M}$ 上的状态独立动态认知逻辑协议。给定一个序列 $\sigma\in E^{*}$，在 P 下由 $\sigma^{\mathcal{L}}$

生成的模型，

$$\mathcal{M}^{\sigma^L, P}=(W^{\sigma^L, P},\ \sim_i^{\sigma^L, P},\ V^{\sigma^L, P})$$

可通过基于初始片段 $\sigma^{\mathcal{L}}$ 的归纳定义：

$W^{\sigma^L(o), P}:=W$，对每一 $i\in\mathcal{A}$，$\sim_i^{\sigma^L(o), P}:=\sim_i$，且 $V^{\sigma^L(o), P}:=V$

（以初始认知模型 $\mathcal{M}$ 开始）

$w\tau\in W^{\sigma^L(n+1), P}$　当且仅当

1. $w\in W$，
2. $\sigma^L_{n+1}=\tau^{\mathcal{L}}$，
3. $w\tau_{(n)}\in W^{\sigma^L(n), P}$，
4. $\tau\in P(w)$，
5. $\mathcal{M}^{\sigma^L(n), P}$，$w\tau_{(n)}\models \mathbf{pre}_{\tau^L_n}(\tau^R_{n+1})$

对每一 $w\tau$，$v\tau'\in W^{\sigma^L(n+1), P}(0<n<\text{len}(\sigma^{\mathcal{L}}))$，$w\tau\sim^{\sigma^L(n+1)}v\tau'$，当且仅当

1. $w\tau(n)\sim_i^{\sigma^L(n), P}v\tau'(n)$，且
2. 在 τ^L_{n+1} 中，$(\tau^R_{n+1}, (\tau'_{n+1})^R)\in\rightarrow_{(i)}$

对每一 $p\in At$，$V^{\sigma^L(n+1), P}(p)=\{w\sigma\in W^{\sigma^L(n+1), P}\mid w\in V(p)\}$

定义 3.19（动态认知逻辑生成的认知时间逻辑模型）　令 $\mathcal{M}=(W, \sim, V)$ 为认知模型，且 P 为基于 $\mathcal{M}$ 上的状态独立动态认知逻辑协议。认知时间逻辑模型 **Forest**$(\mathcal{M}, P)=(H, \sim', V')$ 定义如下：

$H=\{h\mid$ 存在 $w\in W$，$\sigma\in\bigcup_{w\in W}p(w)$，且 $h=w\sigma\in W^{\sigma^L, P}\}$

对所有的 h，$h'\in H$ 且 $h=w\sigma$，$h'=v\sigma'$，$h\sim_i h'$，当且仅当，$w\sigma\sim_i^{\sigma^L, P}v\sigma'$

对每一 $p\in At$ 且 $h=w\sigma\in H$，$h\in V'(p)$ 当且仅当 $h\in V^{\sigma^L, P}(p)$

命题 3.2　对每一认知模型 $\mathcal{M}$ 和基于 $\mathcal{M}$ 上的 sd-动态认知逻辑协议，**Forest**$(\mathcal{M}, P)$ 为认知时间逻辑模型。

证　根据命题 3.1 所给出的推理可直接证明。(QED)

下面用另一个示例来说明该结构。

例 3.8（动态认知逻辑生成的认知时间逻辑模型）　取在例 3.7 中所给的认知模型 $\mathcal{M}$（$\mathcal{M}$ 由 w、v、u 组成，其中 p 在 w、v 上为真，q 在 w 上为真）。令 P 为基于 $\mathcal{M}$ 上的 sd-协议，使得 $P(w)=\{!p![i]q\}$，$P(v)=\{!p![i]p, !\neg q\}$，$P(u)=\{!p, !q!T\}$。根据 $\mathcal{M}$ 和 P 所构造的认知时间逻辑可以用图 3.7 表示。

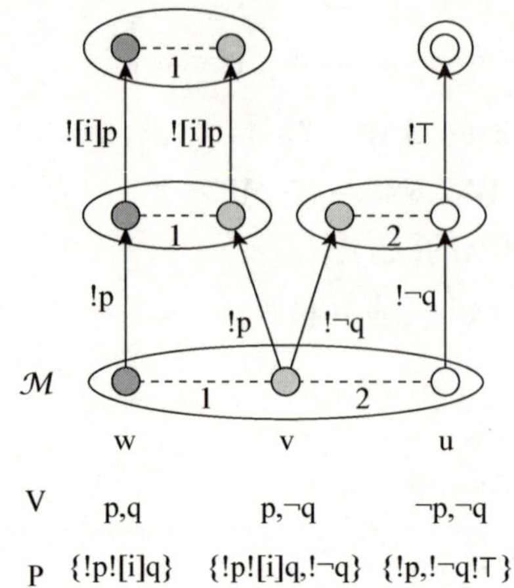

图 3.7 动态认知逻辑（DEL）生成的认知时间逻辑（ETL）模型

该模型构造的基本过程：(1) 在每一情境上，选择公开宣告 P；(2) 如果在该情境上该事实是真的，那么就可以建立一个新的结点；(3) 对于所建的情境，计算出不可区分关系。

从第一个阶段 $\mathcal{M}$ 开始（通过实数线将三个点相联结）。在 $\mathcal{M}$ 中的所有状态上，!p 通过 P 进行指派。因为 p 在 w、v、p 上是真的，生成结点 w!p 和 v!p，而无法生成结点 u!p，因为 p 在 u 上是假的。另外可以通过不可区分关系将 w!p 和 v!p 联结起来（通过水平虚线联结），因此它们在 $\mathcal{M}$ 上具有不可区分关系 $w \sim_1 v$（其中 $\sim_1$ 假定为等价关系），且 $!p \rightarrow_i !p$（因为公开宣告是一个简单的自返点）。注意所生成的结点组成的模型是通过将!p 映射到 $\mathcal{M}$ 上而获得的，即模型 $\mathcal{M} \times !p$。在第二个状态下（通过用一个环将两个结点联结起来表示），! [i] q 是可允许的，并且在两个结点上都是真的，因此生成第三个状态 w!p! [i] p 和 v!p! [i] p。类似地，结点 v!¬q 和 u!¬q 可以建立，因为¬q 是可允许的并且在 v、u 上是真的，而 w!¬q 是假的，因为!¬q 在 u 上既不是可允许的也不是真的。另外，也可以生成结点 u!¬q! ⊤，但目前还不能生成结点 v!¬q! ⊤，因为根据 ⊤，! ⊤仅允许 u!¬q 的情况且为重言真的。

定义 3.20（动态认知逻辑生成的认知时间逻辑的模型类） 给定一个状态独立动态认知逻辑协议 X 的类，令：

$$F(X)=\{\textbf{Forest}(\mathcal{M}, P) \mid \mathcal{M} \text{ 为认知模型且 } P \in X\}$$

类似地，如果 X 为一致协议类，

$$F(X)=\{\textbf{Forest}(\mathcal{M}, P) \mid \mathcal{M} \text{ 为认知模型且 } P \in X\}$$

特别地，当 X 为所有的 sd-协议类时，用 F_{sd} 表示 F（X）。

类似地，当 X 为所有的一致协议类时，用 F_{uni} 表示 F（X）。

另外，如果 $X=\{p\}$，那么可记为 F（p）（对应地 F（P））取代 F（$\{p\}$）（分别地 F（$\{P\}$））。

评论 3.4（通过给定的认知公式的前提）　在定义 3.6 中，事件模型的前提为指派给每一个事件一个认知公式（在 $\mathcal{L}_{el}$ 中的公式）的函数。

3.1.5　DEL 和 ETL 的比较

在根据动态认知逻辑模型生成的认知时间逻辑模型中，可以提供一个基于动态认知逻辑的形式系统，下面对动态认知逻辑和认知时间逻辑进行形式系统方面的比较。

A. 重新将动态认知逻辑算子解释为认知时间逻辑算子

通常可以将 $\mathcal{L}_{DEL}$ 语言和 $\mathcal{L}_{ETL}$ 语言看作同一种形式的语言。换言之，可以将动态认知逻辑中的公式解释为认知时间逻辑中的公式。特别地，可以将动态认知逻辑中的事件算子 $<\varepsilon, e>$ 解释为在认知时间逻辑中的加标的时间模态算子如下：

给定 **Forest**（$\mathcal{M}$，P）$\in F_{sd}$ 和 **Forest**（$\mathcal{M}$，P）中的 h，

Forest（$\mathcal{M}$，P），$h \vDash <\varepsilon, e>\varphi$　当且仅当　**Forest**（$\mathcal{M}$，P），$h<\varepsilon, e> \vDash \varphi$

同时必须确保在认知时间逻辑中的事件集 Σ 包含 Dom（$\mathcal{M}$）和 E（由所有的点事件模型所组成的集合）。

很容易通过归纳证明该模型在下面的语义下可通过转换而保持真值。

命题 3.3　令 E^* 为由动态认知逻辑中所有的有穷的点事件模型序列组成的动态认知逻辑协议。令 $\mathcal{M}$ 为认知模型且 $w\in$ Dom（$\mathcal{M}$）（因此（w）为 **Forest**（$\mathcal{M}$，E^*）中的历史）：对任意公式 $\varphi\in\mathcal{L}_{DEL}$，

$\mathcal{M}$，$w\vDash\varphi$ 当且仅当 **Forest**（$\mathcal{M}$，E^*），（w）$\vDash\varphi$

命题 3.3 解释了从动态认知逻辑到认知时间逻辑之间的联系。

B. 表示定理

接着，处理通过动态认知逻辑协议生成的且与认知时间逻辑（ETL）模型有关的问题，并且证明动态认知逻辑（DEL）生成的认知时间逻辑（ETL）模型具有许多特殊的性质。主要包括表示定理（定理 3.1），该定理刻画了根据相关的性质由动态认知逻辑（DEL）生成的认知时间逻辑（ETL）模型类，并且提供了一个在动态认知逻辑（DEL）和认知时间逻

辑（ETL）之间的精确的可比较的框架。

该结论是由范·本特姆所刻画的认知时间逻辑（ETL）模型而推出的，主要从单事件模型通过连续的更新而进行扩充。下面给出积更新的定义。

定义 3.21（同步、完美回忆、一致非奇迹） 令 $\mathcal{H}=(\Sigma, H, \sim, V)$ 为认知时间逻辑（ETL）模型，$\mathcal{H}$满足：

同步 当且仅当对所有的 h，h′∈H，如果 $h\sim_i h'$，那么 len(h) = len(h′)（len(h) 为在 h 中事件的数目）。

完美回忆 当且仅当对所有的 h，h′∈H，e，e′∈Σ且 he，h′e′∈H，如果 $he\sim_i h'e$，那么 $h\sim_i h'$。

一致非奇迹 当且仅当对所有的 h，h′∈H，e，e′∈H，如果存在 h″，h‴∈H 且 h″e，h‴e′∈H 使得 $h''e\sim_i h'''e'$ 且 $h\sim_i h'$，那么 $he\sim_i h'e'$。

评论 3.5（完美回忆的择代定义） 范·本特姆在《一是一个孤立的数字：通信技术报告》（van Benthem，2002）中给出了完美回忆的择代定义。

如果 $he\sim_i h'$，那么存在事件 f 且 $h'=h''f$ 且 $h\sim_i h''$

该性质等价于从认知时间逻辑（ETL）模型类到前面所定义的完美回忆以及同步。利用完美回忆的公式是为了保留封闭性到基于经过修改的多主体系统中的计算机科学［《知识推理》（Fagin，Halpern，Mose，Vardi，1995）］以及博弈论中的一些理论［《扩展博弈中的记忆和完美回忆》（Bonanno，2004）］。

下面的性质说明事件的前提为 $\mathcal{L}_{el}$ 中的公式。

定义 3.22（认知互模拟不变性） 令 $\mathcal{H}=(\Sigma, H, \sim, V)$ 且 $\mathcal{H}'=(\Sigma, H, \sim', V)$ 为两个认知时间逻辑（ETL）模型。关系 $Z\subseteq H\times H'$为认知互模拟，对所有的 h∈H 并且 h′∈H'，如果 hZh'，那么，**命题**（prop）h 和 h′满足同样的命题公式，

向前（forth） 对每一 g∈H，如果 $h\sim_i g$，那么存在 g′∈H' 且 $h'\sim_i g'$ 且 gZg'

向后（back） 对每一 g′∈H'，如果 $h'\sim_i g'$，那么存在 g∈H 且 $h\sim_i g$ 且 gZg'

如果 Z 为认知互模拟，hZh'，那么称 h 和 h′是认知互模拟的。认知时间逻辑（ETL）模型 $\mathcal{H}$满足认知互模拟的不变性，当且仅当，对所有的认知互模拟的历史 h，h′∈H，如果 he∈H，那么 h′e∈H。

同时还需要另外一条性质，因为假定积更新不改变命题的值（参看定义 3.7 和定义 3.9）。认知时间逻辑（ETL）模型 $\mathcal{H}$ 满足命题稳定性（propositional stability），对所有的 $\mathcal{H}$ 中的历史 h，事件 e 和 $\mathcal{H}$ 中的 he 以及所有的命题变元 p，如果 p 在 h 上是真的，那么 p 在 he 上是真的。该性质并不是最关键的，通过定义 3.7 和定义 3.9 允许采用积更新的方法以改变基本事实。

最后，给出下面的定义。

定义 3.23（认知时间逻辑模型间的同构） 两个认知时间逻辑模型之间的同构映射，$\mathcal{H}=(\Sigma, H, \sim, V)$ 和 $\mathcal{H}'=(\Sigma', H', \sim', V')$，为从 Σ 到 Σ' 上的一一映射函数 f，使得对每一 $\sigma_1, \cdots, \sigma_n, \tau_1, \cdots, \tau_m \in \Sigma$，$i \in \mathcal{A}$ 且 $p \in At$，

如果 $\sigma_1, \cdots, \sigma_n \sim_i \tau_1, \cdots, \tau_m$，那么 $f(\sigma_1) \cdots f(\sigma_n) \sim'_i f(\tau_1) \cdots f(\tau_m)$，且

如果 $\sigma_1 \cdots \sigma_n \in V(p)$，那么 $f(\sigma_1) \cdots f(\sigma_n) \in V'(p)$

令 ε 为一个固定事件模型，且 P_ε 为协议，其由所有有穷的 ε 的重复序列组成。即 $P_\varepsilon=(\{(\varepsilon, e) \mid e \in Dom(\varepsilon)\})^*$，其中 λ 为空串。

命题 3.4 认知时间逻辑（ETL）模型 $\mathcal{H}$ 为到 **Forest**（$\mathcal{M}$, P_ε）上的同构，表示某些认知模型 $\mathcal{M}$ 和事件模型 ε，当且仅当 $\mathcal{H}$ 满足命题稳定性、同步、完美回忆、一致非奇迹和认知互模拟不变性。

这是定理 3.1 的特殊的情况，还存在许多动态认知逻辑协议。例如，令 PAL 为由所有的公开宣告所组成的一致协议（用认知公式表示前提）。$F(PAL)=\{$**Forest**$(\mathcal{M}, P) \mid \mathcal{M}$ 为认知模型且 $P \in PAL\}$。类 $F(PAL)$ 为前面所介绍的类中的一个。该类可以通过下面的表示定理进行刻画。

命题 3.5（PAL 生成的模型） 认知时间逻辑（ETL）模型 $(\Sigma, H, \sim, V)$ 为 $F(PAL)$ 中的某些模型的同构，当且仅当满足定理 3.1 中的最小性质，且：

对所有的 h，h′，he，h′e $\in H$，如果 $h \sim_i h'$，那么 $he \sim_i h'e$（所有事件都是自返的）；

对所有的 h，h′ $\in H$，如果 $he \sim_i h'e'$，那么 $e=e'$（没有不同的事件是相关的）。

在提出新的表示定理前，还需要一些技术上的解释。下面的证明是为了构造一个动态认知逻辑（DEL）协议，利用认知时间逻辑（ETL）模

型以满足某些确定的性质。特别地，一个事件模型将根据给定的认知时间逻辑（ETL）模型在每一个层面上进行构造。因此，在认知时间逻辑（ETL）模型的每一个层面上都需要满足一个特定的 $\mathcal{L}_{el}$ 公式作为前提以表示每一原始事件 e（参看定义 3.8）。这样，互模拟的不变性在证明的过程中发挥着重要的作用，否则，就无法证明 $\mathcal{L}_{el}$ 公式表示事件 e 的前提。但是，认知互模拟不变性是典型的，并不足以确保存在这样的公式。更特殊地，由于存在无穷集的情况，且是互模拟封闭的，无法根据任意的 $\mathcal{L}_{el}$ 公式进行定义［但是，却可以通过带有无穷合取的认知逻辑的公式进行定义，参看《模态逻辑》（Blackburn，de Rijke，Venema，2001）中的讨论］。这样，如果一个历史集在某一个层面上是一个事件 e 可能被执行且是无穷的，也可能不存在 $\mathcal{L}_{el}$ 公式来定义这样的集合用来表示 e 的前提。该公式需要假设为有穷的公式：在每一层面上存在一个有穷多的历史，其中 e 可以被执行，即，对每一 n，集合 $\{h \mid he \in H$ 且 $\mathbf{len}(h)=n\}$ 是有穷的。

定理 3.1（主表示定理） 如果认知时间逻辑（ETL）模型和 F_{uni} 中的某些模型是同构的，那么满足命题稳定性、同步、完美回忆、一致非奇迹，也满足认知互模拟的不变性。

如果认知时间逻辑（ETL）模型 $\mathcal{H}$ 满足有穷假设、命题稳定性、同步、完美回忆、一致非奇迹，以及认知互模拟不变性，那么 $\mathcal{H}$ 同某些 F_{uni} 中的模型是同构的。

证 假设 $\mathcal{H}=(\Sigma, H, \sim, V)$ 为某些模型 $\mathcal{H}'=(\Sigma', H', \sim', V') \in \mathrm{F}_{uni}$ 的同构。只需证明 $\mathcal{H}'$ 满足特定的条件即可。$\mathcal{H}'$ 满足认知互模拟不变性，$\mathcal{H}$ 满足其他的性质。令 $\mathcal{M}$ 和 P 使得 $\mathcal{H}'=\mathbf{Forest}(\mathcal{M}, P)$。假设 h，$h' \in H'$，h 和 h′ 为认知互模拟的，且对某些事件 e，$he \in H'$。必须证明 $h'e \in H$。根据构造（定义 3.17），$h = se_1e_2 \cdots e_n e \in \mathrm{Dom}(\mathcal{M} \times \varepsilon_1 \times \cdots \times \varepsilon_n \times \varepsilon)$，其中 $(\varepsilon_1, e_1)(\varepsilon_2, e_2) \cdots (\varepsilon_n, e_n)(\varepsilon, e) \in P$，$s \in D(\mathcal{M})$，对每一 $i=1, \cdots, n$，$e_i \in \mathrm{Dom}(\varepsilon_i)$ 有 $e \in \mathrm{Dom}(\varepsilon)$。为了证明 $h'e \in H$，只需证明 $h'e \in \mathrm{Dom}(\mathcal{M} \times \varepsilon_1 \times \cdots \times \varepsilon_n \times \varepsilon)$。可以从两个事实推出：(1) $h' \in D(\mathcal{M} \times \varepsilon_1 \times \cdots \times \varepsilon_n)$，(2) $h' \vDash \mathbf{pre}(e)$。(2) 可以根据事实 h 和 h′ 为认知互模拟的且 $\mathbf{pre}(e)$ 假设为 $\mathcal{L}_{el}$ 的公式。 (1) 可以从假设 $h \sim^* h'$ 推出。

假设 $\mathcal{H}=(\Sigma, H, \sim, V)$ 为满足上面的性质的认知时间逻辑（ETL）模型。必须证明存在认知模型 $\mathcal{M}_H$ 和动态认知逻辑（DEL）协议

$P_{\mathcal{H}}$使得 $\mathcal{H}$=**Forest**（$\mathcal{M}$，P）。对于每一个认知模型，令 $\mathcal{M}$=(W'，$\sim'$，V'）且 W'={h∈H|len(h) =1}，对 h，h'∈W，定义 h$\sim_i'$h'，只要h$\sim_i$h'且对每一 p∈At，V'(p)=V(P) ∩W。

如果不存在 h'∈H，使得 h ≺ h'，那么称历史 h∈H 为最长的历史。令$\sim^*$为$\sim_i$的全关系的自返传递闭包，对每一最长的历史 h∈H，定义 h 的闭包，用 C(h) 表示，其为最小的包含所有 h 的有穷前束的集合，且如果 h'∈C(h) 且 h'$\sim^*$h″，那么也有 h″∈C(h)。注意根据完美回忆，C (h)在有穷前束下是封闭的，且是完全相关的对应于关系$\sim^*$。故H=∪{C(h)|h 为最长的历史}。

对每一最长历史 h∈H 且 j=1，…，len (h)，事件模型 ε_j^h=(S_j^h,→,**pre**）定义如下：

1. S_j^h={e∈Σ|在 H 中存在长度为 j 的历史且 h=h'·e}。

2. 对每一 e，e'∈S_j^h，定义 e→$_i$e'，假设在 e 和 e'中分别存在长度为 j 的历史 h 和 h'。

3. 对每一 e∈S_j^h，令 **pre**(e) 为公式，用于刻画集合 {h|he∈H 且 len(h) =j}。根据认知互模拟不变性和有穷假设，这样的公式存在。

宣告 对每一 h_1，h_2∈H，在 $\mathcal{H}$ 中，$h_1\sim_i h_2$，当且仅当在 **Forest**（$\mathcal{M}$，P）中，$h_1\sim_i h_1$。

证 该证明可以通过对 h 和 h'的长度归纳完成（假设是同步的）。如果 len (h) =1，该宣告可以通过 $\mathcal{M}$ 的定义得证。

归纳步骤 令 h_1=h·e 和 h_2=h'·e'。假设在 $\mathcal{H}$中，$h_1\sim_i h_2$。根据完美回忆，在 $\mathcal{H}$中，h$\sim_i$h'。所以根据归纳假设，在 **Forest**($\mathcal{M}$，P）中，h$\sim_i$h'。根据上面所给的定义，在恰当的事件模型 ε^{hm}j 中，最长历史 h_m且 j=**len**（h_1），e→$_i$e'。可以通过积更新的定义，在 **Forest**（$\mathcal{M}$，P）中，$h_1\sim_i h_2$。

另一方向，假设在 **Forest**（$\mathcal{M}$，P）中，$h_1\sim_i h_2$。那么，根据积更新的定义，在 **Forest**（$\mathcal{M}$，P）中，h$\sim_i$h'，且在恰当的事件模型中，e→$_i$e'。利用事件模型的定义，必须存在某些 x 和 x'且在 $\mathcal{H}$ 中，x·e$\sim_i$x'·e'，因此，根据一致非奇迹，也有在 $\mathcal{H}$中，h·e$\sim_i$h'·e'。

于是可得结论，$\mathcal{H}$和 **Forest**（$\mathcal{M}$，P）为同一个模型。

该定理确定了最小性质（minimal properties）即任意动态认知逻辑（DEL）生成的模型必须满足的性质，因此刻画了在动态认知逻辑（DEL）

框架中预设了存在什么类型的主体，该证明可参看《博弈中逻辑主体的多样性》（van Benthem，Liu，2004）。PAL（命题 3.5）性质的证明也只是该证明的简单变形。

注意有穷假设可以避免前提是从更多的表达性语句中推出，或者假设利用状态-独立协议取代一致协议，就可以定义一个前提来表示历史集。更严格地说，在上面的证明中，设定的前提 $e \in S_j^h$ 将为 $\top$，并且可以定义一个局部的动态认知逻辑协议 p，所以，对所有的 $w \in W$，$p(w) = \{(\varepsilon)_j^h \mid h$ 为 H 中的最长历史，且 $j \geqslant len(h)\}$。

定理 3.2 认知时间逻辑（ETL）模型和 F_{sd} 中的某些模型是同构的，当且仅当满足命题稳定性、同步、完美回忆和一致非奇迹。

定理 3.3 认知时间逻辑（ETL）模型（Σ，H，$\sim$，V）和 F（PAL_{uni}）中的某些模型是同构的，当且仅当满足定理 3.2 中的最小性质和命题 3.5 中的一些附加性质。

C. 结论和讨论

在此，我们扩充了可以用来刻画两种智能互动的重要性质的形式框架——认知动态和协议信息，并对在智能互动中的两个主要的系统动态认知逻辑和认知时间逻辑进行了组合。动态认知逻辑根据事件模型和积更新技术刻画了认知动态，而在不同的智能互动的情境中，认知时间逻辑利用了树结构来表达交流或者有穷的观察，通过对这些具有代表性的框架进行组合，可以刻画严格的认知动态和协议信息。在动态认知逻辑和认知时间逻辑的组合过程中，同时也对这两个系统进行了比较。特别地，证明了在动态认知逻辑中的描述定理可以通过特殊的认知时间逻辑模型类进行刻画。

描述定理为一般的对应定理，将认知时间逻辑框架中公式的自然属性和模型语言相联系。例如，认知时间逻辑的语言可用来表达认知时间逻辑模型的性质吗？在定理 3.1 中所涉及的某些性质，同时通过建立在同样长度的历史上的量化的方法，利用新的算子对 $\mathcal{L}_{ETL}$ 进行了扩充。

另外，是否存在类似的可以用来刻画信念修正（belief revision）的系统，而我们所提供的框架对这些系统进行了组合，用来刻画知识，存在可以用来刻画信念类似的系统吗？事实上，《构建动态和时间信念逻辑间的桥梁》（van Benthem，Degremont，2008）对这一问题进行了讨论。最近，《信念修正的动态逻辑》（ van Benthem，2007）中的动态信念逻辑可用以刻画主体的信念状态和信息的变化，同时也研究了用时间结构刻画信息及这两类系统之间的关系。其他的一些框架，信念时间结构可以通过重复更新信念模型的方法生成，而描述定理可用于刻画生成的时间结构类。

3.2　时间公开宣告逻辑

为了刻画随着时间的变化而变化的主体的信息状态，通过重复利用积更新，生成了时间分支树结构。重新解释了基于这些类上的动态认知逻辑语言，这些结构为动态认知逻辑生成的认知时间逻辑模型。为此需要进一步研究动态认知逻辑，并重新解释基于动态认知逻辑生成的认知时间逻辑模型类。

动态认知逻辑生成的认知时间逻辑模型类的公理系统，每一动态认知逻辑-协议集 X 可推出动态认知逻辑生成的认知时间逻辑模型类 $F(X)$，这样将涉及一些问题：哪些动态认知逻辑协议可以生成认知时间逻辑模型？能够对动态认知逻辑生成的认知时间逻辑模型类进行公理化吗？

对于一些特殊的模型类和逻辑语言的组合，例如，E^* 为所有动态认知逻辑事件模型的有穷集，即所有可能的动态认知逻辑事件结构族，那么 $F(E^*)$ 为所有动态认知逻辑生成的认知时间逻辑模型组成的类。其逻辑（对应于 $\mathcal{L}_{DEL}$ 语言）可以利用著名的归约公理进行公理化：事实上是一个标准的动态认知逻辑的完全性定理。

认知时间逻辑模型类是由公开宣告逻辑组成的协议。重新解释基于类的公开宣告逻辑，并且研究由此所生成的逻辑，称之为时间公开宣告逻辑（TPAL）。公开宣告逻辑为动态认知逻辑转换的最简单的模型，但是，由动态认知逻辑生成的模型将揭示该框架的特征，并且有助于发展这一技术，用来生成建立在该框架上的其他逻辑系统。事实上，该方法构造的 TPAL 的公理系统可以生成基于不同动态认知逻辑生成的认知时间逻辑模型的子类的逻辑公理系统，称该结果所生成的逻辑系统为时间动态认知逻辑。

TPAL 系统可能有不同的语义，例如模型的正规性，并给出 TPAL 的公理系统和完全性定理。我们在下面将证明 TPAL 的可满足性问题是可判定的，并且讨论如何将（相关的）公共知识组合到该系统中；此后，会提供一致协议的 TPAL 公理系统，并且证明 PAL 可以嵌入到 TPAL 中，最后将该系统扩充为 TDEL；证明 TDEL 的完全性和可判定性结果，以及它的 TDEL（*X*）片段，证明其他的结果也能够生成 TDEL 系统。

3.2.1　时间公开宣告逻辑系统

下面给出 TPAL 系统。首先定义一个受公开宣告限制的协议。

定义 3.24（PAL 协议）　令 PAL 为 *E* 中的公开宣告集，即 $\{!\varphi \mid \varphi \in \mathcal{L}_{el}\}$。PAL 协议为集合 $P \subseteq PAL^*$，在有穷前束下是封闭的。用 Ptcl（PAL）表示 PAL-协议集。基于认知模型 $\mathcal{M}$ 上的状态独立- PAL-协议（sd-PAL-协议）*P* 为一个函数，给 $\mathcal{M}$ 中的每一个世界的 PAL-协议指派一个 PAL 协议。用 PAL 表示 sd-PAL-协议类。

采用上面的记法，*F*(*PAL*）和 *F*(Ptcl（*PAL*)）分别表示从 sd-PAL-协议和一致 PAL-协议生成的认知时间逻辑（ETL）模型类。下面就给出 *F*(*PAL*）和 *F*(Ptcl（*PAL*)）的公理系统。

定义 3.25（TPAL 语言）　TPAL 的公式可归纳定义如下：

$$\varphi ::= \top \mid p \mid \neg\varphi \mid \varphi \wedge \psi \mid [i]\varphi \mid [!\psi]\varphi$$

其中 $p \in At$，$i \in \mathcal{A}$ 且 $\psi \in \mathcal{L}_{el}$，$\langle i \rangle$和$\langle !\varphi \rangle$分别为 $[i]$ 和 $[!\varphi]$ 的对偶算子，其他的布尔算子的定义如常，用 $\mathcal{L}_{tpal}$表示 PAL 中的公式集。

下面定义公开宣告逻辑。

定义 3.26　令 $\mathcal{M}=(W, \sim, V)$ 为认知模型，Prot 为基于模型 $\mathcal{M}$ 上的 sd-PAL-协议，可定义为：

$$\mathcal{M}^{\sigma,\mathrm{Prot}}=(W^{\sigma,\mathrm{Prot}}, \sim^{\sigma,\mathrm{Prot}}, V^{\sigma,\mathrm{Prot}})$$

通过对 σ 的长度进行归纳：

$W^{\sigma 0,\mathrm{Prot}}=W$，对每一 $i \in \mathcal{A}$，$\sim_i^{\sigma 0,\mathrm{Prot}}=\sim_i$ 且 $V^{\sigma 0,\mathrm{Prot}}=V$

$w\sigma_{m+1} \in W^{\sigma m+1,\mathrm{Prot}}$ 当且仅当（1）$w \in W$，（2）$\mathcal{M}^{\sigma m,\mathrm{Prot}}, w\sigma_m \vDash \varphi_{m+1}$，（3）$\sigma_{m+1} \in \mathrm{Prot}(w)$

对每一 $w\sigma_{m+1}$，$v\sigma_{m+1} \in W^{\sigma m+1,\mathrm{Prot}}$，$w\sigma_{m+1} \sim_i^{\sigma m+1,\mathrm{Prot}} v\sigma_{m+1}$ 当且仅当 $w \sim_i v$

对每一 $p \in At$，$V^{\sigma m+1,\mathrm{Prot}}=\{w\sigma_{m+1} \in W^{\sigma m+1,\mathrm{Prot}} \mid w \in V(p)\}$

定义 3.27　令 $\mathcal{M}=(W, \sim, V)$ 为认知模型且 Prot 为基于模型 $\mathcal{M}$ 上的 sd-PAL-协议。PAL 生成的认知时间逻辑模型 **Forest**（$\mathcal{M}$, *Prot*）$=(H, \sim', V')$ 可定义如下：

$H=\{h|h\in W^{\sigma,Prot}$，对某些 $\sigma\in\bigcup_{w\in W}Prot(w)\}$

对所有的 h，$h'\in H$，$h=w\sigma$ 且对某些 $\sigma\in\bigcup_{w\in W}Prot(w)$，$h'=v\sigma$，$h\sim_i h'$ 当且仅当 $h\sim_i^{\sigma,Prot}h'$

对每一 $p\in At$，$h\in V'(p)$，当且仅当 $h\in V^{\sigma,Prot}(p)$，其中对某些 $\sigma\in\bigcup_{w\in W}Prot(w)$，$h=w\sigma$

例 3.9　在前面的例示中，认知时间逻辑生成的模型可以根据 PAL-协议生成。

定义 3.28（真）　令 $\mathcal{H}\in F(PAL)$ 且 $\mathcal{H}=$ **Forest**（$\mathcal{M}$，$Prot$）$=(H, \sim, V)$。对历史 $h\in H$，$\varphi\in\mathcal{L}_{tpal}$ 的真值可归纳定义如下：

$\mathcal{H}, h\vDash p$	当且仅当	$h\in V(p)$　（且 $p\in At$）
$\mathcal{H}, h\vDash\neg\varphi$	当且仅当	$\mathcal{H}, h\nvDash\varphi$
$\mathcal{H}, h\vDash\varphi\wedge\psi$	当且仅当	$\mathcal{H}, h\vDash\varphi$ 并且 $\mathcal{H}, h\vDash\psi$
$\mathcal{H}, h\vDash[i]\varphi$	当且仅当	$\forall h'\in H$，$h\sim_i h'$ 可推出 $\mathcal{H}, h'\vDash\varphi$
$\mathcal{H}, h\vDash<!\psi>\varphi$	当且仅当	$h!\psi\in H$ 可推出 $\mathcal{H}, h!\psi\vDash\varphi$

该语义框架主要基于标准的方法来进行定义。

定义 3.29（语义）　令 $\varphi\in\mathcal{L}_{el}$，如果在 $\mathcal{M}$ 中存在 w，使得 $\mathcal{M}, w\vDash\varphi$，那么称 φ 在 $\mathcal{M}$ 中是可满足的。如果 φ 在某些 $\mathcal{M}$ 中是可满足的，那么 φ 是可满足的。在 $\mathcal{M}$ 中，对所有的 w，$\mathcal{M}, w\vDash\varphi$，那么 φ 在 $\mathcal{M}$ 中是有效的，记作 $\mathcal{M}\vDash\varphi$。如果 φ 对所有的认知模型是有效的，那么 φ 是有效的，记作 $\vDash\varphi$。

3.2.2　语义

下面将讨论 TPAL 系统的语义。首先从 PAL 和 TPAL 的语义出发，重点关注 TPAL 的语义，提供在某种确定的转换模型下的真值保持性质，即正则性。

A. PAL 和 TPAL

首先根据 TPAL 和 PAL 之间的关系，给出下面的命题：

命题 3.6　令 $\mathcal{M}$ 为认知模型，PAL 为 E 中的公开宣告集，那么对 $\mathcal{L}_{tpal}$ 中的任意的公式 φ，

在 PAL 中，$\mathcal{M}, w\vDash\varphi$，当且仅当 在 TPAL 中，**Forest**（$\mathcal{M}$，PAL^*），$w\vDash\varphi$

该命题也证明了 TPAL 的语义框架是由 PAL 的语义概括形成的。如果取一致协议 PAL^* 中所有的公式为公开宣告，那么在 TPAL 中的公式

的真值对应于PAL框架。因为在PAL中某些基本的有效性在TPAL中无法获得。

命题3.7（公开宣告算子） 下面的性质在PAL中成立，但在TPAL中不成立。

(A) $\models\langle !p\rangle\langle !q\rangle\varphi\leftrightarrow\langle !(p\wedge q)\rangle\varphi$ （且p，$q\in At$）

(B) $\models\langle !\varphi\rangle\leftrightarrow\varphi$ （且$\varphi\in\mathcal{L}_{el}$）

证 对PAL而言，A和B可以直接根据$\langle !\varphi\rangle$的语义定义推出，正如定义3.5，同样可以在TPAL中找到A和B的反例。

在PAL中A的有效性证明公开宣告序列可以用PAL中的某些简单的宣告给出。另一方面，在TPAL中是无效的，因为一个协议不能允许简单的宣告$!\langle p\wedge q\rangle$，即使允许宣告序列$!p!q$。B在PAL中的有效性，在动态认知逻辑（DEL）中假设，如果前提是真的，那么每一个事件都可能发生。TPAL剔除了该假设，并且认为该规则是无效的，但却假设宣告真且从左到右的方向上是有效的。因为规则的无效性，使其在PAL中的标准的归约公理不再成立。

下面考察TPAL中的某些简单的模型性质。首先，认知公式的赋值仅依赖于动态认知逻辑生成的认知时间逻辑模型的"当前状态"。

观察3.1 令$\mathcal{H}=$ **Forest**（$\mathcal{M}$，$Prot$）$\in F$（PAL）。对$\varphi\in\mathcal{L}_{el}$，在**Forest**（$\mathcal{M}$，$Prot$）中的历史h且$h=w\sigma$，其中$w\in Dom$（$\mathcal{M}$）且$\sigma\in PAL^*$，

$\mathcal{H}$，$h\sigma\models\varphi$ 当且仅当 $\mathcal{M}^{\sigma,p}$，$w\sigma\models\varphi$

证 可以通过对公式φ的归纳直接推出。

B. 简单观察

首先，根据φ的深度，基于长度的公开宣告序列之后如何为真，可以通过公式$\varphi\in\mathcal{L}_{tpal}$刻画。

定义3.30（公式的深度） 假设$\varphi\in\mathcal{L}_{tpal}$。$\varphi$的深度表示为d（$\varphi$），可定义如下：

$d(p)=0$ 且 $p\in At$

$d(\neg\varphi)=d(\varphi)$

$d(\varphi\wedge\psi)=\max(d(\varphi),d(\psi))$

$d([i]\varphi)=d(\varphi)$

$d(\langle\psi\rangle\varphi)=1+d(\varphi)$

该定义将公式集$X\subseteq\mathcal{L}_{tpal}$转换如下：$d(X)=\max\{d(\varphi)\mid\varphi\in X\}$。

给定基于 $\mathcal{M}$ 上的协议 Prot 和序列 $\sigma\in PAL^*$ 且 $\sigma\in$ Prot（w），对于某些 w∈Dom（$\mathcal{M}$），定义基于 $\mathcal{M}^{\sigma,\mathrm{Prot}}$ 上的协议 $\mathrm{Prot}^{\sigma}{}_{k}^{\leqslant}$，所以对所有的 $w\sigma\in$ Dom（$\mathcal{M}^{\sigma,\mathrm{Prot}}$），$\mathrm{Prot}^{\sigma}{}_{k}^{\leqslant}$（wσ）$=\{\tau|\sigma\tau\in$ Prot（w）且 len（τ）$\leqslant k\}$。$\mathrm{Prot}^{\sigma}{}_{k}^{\leqslant}$ 表示其长度为 k 的公开宣告序列，或者 σ 之后属于 Prot。另外，当没有指明其上确界的时候，定义 $\mathrm{Prot}^{\sigma<}$（wσ）$=\{\tau|\sigma\tau\in$ Prot(w)$\}$，可通过下面的结果直接归纳出来。

观察 3.2　令 $\mathcal{M}$ 为认知模型，Prot 为基于 $\mathcal{M}$ 上的状态独立协议。对所有的 w∈Dom（$\mathcal{M}$）且 $\sigma\in\bigcup_{w\in Dom(\mathcal{M})}$ Prot（w），

Forest（$\mathcal{M}$，*Prot*），wσ ⊨ φ，当且仅当 **Forest**（$\mathcal{M}^{\sigma,\mathrm{Prot}}$，$\mathrm{Prot}^{\sigma}{}_{d(\varphi)}^{\leqslant}$），wσ⊨φ，并且

Forest（$\mathcal{M}$，*Prot*），wσ ⊨ φ，当且仅当 **Forest**（$\mathcal{M}^{\sigma,\mathrm{Prot}}$，$Prot^{\sigma<}$），wσ⊨φ

下面，增加历史关系到给定的公式 $\varphi\in\mathcal{L}_{tpal}$ 的真值赋值中，且为 φ 中发生的唯一包含的公开宣告。

定义 3.31（宣告发生集）（*AOC*）　TPAL 公式 φ 的宣告发生集 *AOC*（φ）可归纳定义如下：

$AOC(p)=\varnothing$ 且 $p\in At$

$AOC(\neg\varphi)=AOC(\varphi)$

$AOC(\varphi\wedge\psi)=AOC(\varphi)\cup AOC(\psi)$

$AOC([i]\varphi)=AOC(\varphi)$

$AOC(<!\psi>\varphi)=\{!\psi\}\cup AOC(\varphi)$

给定序列 $\sigma=!\varphi_1\cdots!\varphi_n\in\Sigma^*_{pal}$，定义

$AOC(\sigma):=AOC(\varphi_1)\cup\cdots\cup AOC(\varphi_n)$

另外，给定基于 $\mathcal{M}=(W,\sim,V)$ 上的 sd-PAL-协议 Prot，定义

$$AOC(p):=\bigcup_{\{\sigma|\exists w\in W:\sigma\in p(w)\}}AOC\sigma$$

给定一个基于 $\mathcal{M}$ 上的状态独立协议 Prot，对 w∈Dom（$\mathcal{M}$）定义 $(\mathrm{Prot}(w))_{AOC(\varphi)}$ 如下：

$(\mathrm{Prot}(w))_{AOC(\varphi)}=\{\sigma\in\mathrm{Prot}(w)\mid$ 对每一在 σ 中的 $!\theta,!\theta\in AOC(\varphi)\}$

该集合表示在 w 上的宣告的可宣告的序列，只由发生在 φ 中的公开宣告组成。现在可以通过下面的观察直接归纳证明。

观察 3.3　假设 $\mathcal{M}$ 为认知模型，且 p 和 q 为基于 $\mathcal{M}$ 上的两个协议。

对所有的 v∈Dom（$\mathcal{M}$），假设（Prot（v））$_{AOC(\varphi)}$=（q（v））$_{AOC(\varphi)}$，那么对所有的 w∈Dom（$\mathcal{M}$）和 $\varphi\in\mathcal{L}_{tpal}$，

Forest（$\mathcal{M}$，p），w⊨φ 当且仅当 **Forest**（$\mathcal{M}$，q），w⊨φ

给定公式 $\varphi\in\mathcal{L}_{tpal}$，认知模型 $\mathcal{M}$ 和 p_φ，所以，对所有 w∈Dom（$\mathcal{M}$），$p_\varphi(w)$={对某些 k，$!\theta_1\cdots\theta_k$ | $!\theta_i\in AOC$（φ）（1⩽i⩽k）}。根据上面的引理，p_φ表示公开宣告序列和 φ 的真值有关。可以通过简单的归纳证明，根据 PAL 中的 p_φ保持 φ 的值为真的而构成的认知时间逻辑模型可以通过下面的检测推出。

观察 3.4 令 $\varphi\in\mathcal{L}_{tpal}$，那么

在 PAL 中，$\mathcal{M}$，w⊨φ，当且仅当，在 TPAL 中，**Forest**（$\mathcal{M}$，p_φ），w⊨φ

C. 模型范式

TPAL 中不同的模型性质，给定公开宣告集 X，在 TPAL 中的模型可以进行转换，所以只在 X 中保持公开宣告和具有重言式前提的公开宣告（称这样的公开宣告为重言公开宣告），而公式的真值可以用 X 中的公开宣告进行保持，称该模型转换为标准的。

为了进行公式转换，需要给出一些定义。令 φ_0，φ_1，…以及 $\top_0$，T_1，…为 $\mathcal{L}_{el}$中的公式序列对（可能无穷的）。使得（1） $\top_i$为重言式且（2）$\varphi_i\neq\varphi_j$并且对所有的 i，j⩾0，$\top_i\neq\top_j$。

定义 3.32（序列范式） 给定序列 $\sigma\in PAL^*$，定义 σ［$!\top_0/!\varphi_0$，$!\top_1/!\varphi_1$，…］为对所有的 i，用 $!\top_i$替换 σ 中所有的 $!\varphi_i$所形成的结果。

用重言公开宣告替换公开宣告而构成范式，可以保留树结构。

定义 3.33（模型范式） 令 *Prot* 为基于 $\mathcal{M}$ 上的 sd-协议。令 $\mathcal{H}$=**Forest**（$\mathcal{M}$，*Prot*）=（*H*，～，*V*）。定义 $\mathcal{H}$［$!\top_0/!\top\varphi_0$，$!\top_1/!\varphi_1$，…］=（H'，$\sim'$，V'），根据：

H'：={h［$!\top_0/!\varphi_0$，$!\top_1/!\varphi_1$，…］| h∈*H*}

（h［$!\top_0/!\varphi_0$，$!\top_1/!\varphi_1$，…］，g［$!\top_0/!\varphi_0$，$!\top_1/!\varphi_1$，…］）∈$\sim'_{(i)}$，当且仅当（g，g）∈$\sim_{(i)}$

V'（p）：={h［$!\top_0/!\varphi_0$，$!\top_1/!\varphi_1$，…］| h∈*V*（p）}

需要保持一致性，已知 $\mathcal{H}$ 属于 F（*PAL*），那么 $\mathcal{H}$［$!\top_0/!\top\varphi_0$，$!\top_1/!\varphi_1$，…］也属于 *F*（*PAL*）。事实上，当 h$!\varphi_i$属于 $\mathcal{H}$ 时，h$!\top_i$必须属于 $\mathcal{H}$［$!\top_0/!\top\varphi_0$，$!\top_1/!\varphi_1$，…］，因为重言公式$!\top_i$可以确保在 h

上是真的。另外，如果（h，g）$\in \sim_{(i)}$，根据 TPAL 中的结构模型，对于 h 和 g 相对应的结点是不可区分的。

可将该事实状态更精确地刻画如下：

定义 3.34（$\mathcal{H}$中基于 σ 的协议）　令 $\mathcal{H}$= **Forest**（$\mathcal{M}$，P）$\in PAL^*$，那么定义基于 $\mathcal{M}^{P,\sigma}$上的 $\mathrm{Prot}^{\mathcal{H},\sigma<}$，所以 $\mathrm{Prot}^{\mathcal{H},\sigma<}(w\sigma)=\{\tau \mid w\sigma\tau\in\mathcal{H}\}$。

观察 3.5　令 φ_0，φ_1，…为 $\mathcal{L}_{el}$ 中的公式序列，且 $\top_0$，$\top_1$，…为 $\mathcal{L}_{el}$ 中的重言公式序列。假设，对每一 i，j⩽0，如果 i≠j，那么 $\varphi_i\neq\varphi_j$ 且 $\top_i\neq\top_j$。令 $\mathcal{H}$= **Forest**（$\mathcal{M}$，P），$\mathcal{G}$= $\mathcal{H}$［! $\top_0$/! $\top\varphi_0$，$\top_1$/!φ_1，…］。

$$\mathcal{G}=\textbf{Forest}(\mathcal{M},\ Prot^{\mathcal{G},\lambda<})$$

其中 λ 为空序列。

例 3.10（范式）　下面举一个范式的例子。在图 3.8 中，在左边的模型中为动态认知逻辑生成的认知时间逻辑模型（在图 3.7 中讨论）。用 $\mathcal{H}$表示模型，右面靠上的模型为认知时间逻辑模型 $\mathcal{H}$［! $\top_0$/!p，! $\top_1$/! ［i］ p］可以通过用 $\top_0$和 $\top_1$分别替换!p 和! ［i］ p 而得。右面靠下的模型为认知时间逻辑模型 $\mathcal{H}$［! $\top_0$/!p，! $\top_1$/! ［i］ p，! $\top_2$/!¬q，! $\top_3$/! ⊤］ 可以通过用 ⊤和 $\top_2$加上 $\top_3$替换¬q 形成。

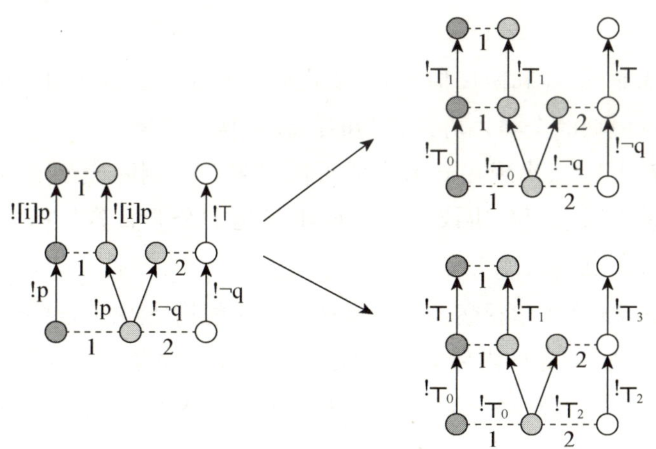

图 3.8　模型范式

下面给出对应于模型范式的真值保持理论。已知公式 $\varphi\in\mathcal{L}_{tpal}$，即使无法替换出现在 φ 中的宣告，利用动态认知逻辑生成的认知时间逻辑模型中的新的重言公式，φ 的真值是可保持的。

命题 3.8（范式）　令 $\mathcal{H}$= **Forest**（$\mathcal{M}$，$Prot$）$\in F$（PAL）。令 X 为 PAL 的有穷子集。另外，令!φ_0，!φ_1，…为 $PAL\setminus X$ 中的可数的不重复的公

开宣告，那么，对每一 h 和 TPAL 公式 φ 使得 $AOC(\varphi)\subseteq X$，

$$\mathcal{H},\ h\vDash\varphi\leftrightarrow\mathcal{H}[!\top_0/!\varphi_0,!\top_1/!\varphi_1,\cdots],\ h[!\top_0/!\varphi_0,!\top_1/!\varphi_1,\cdots]\vDash\varphi$$

证 令 h＝wσ 和 $\mathcal{M}$ 中的 w，且 σ∈Prot（w）。用 $\mathcal{H}=(H',\sim',V')$ 和 h′分别表示 $\mathcal{H}=(H,\sim,V)$ 和 $\mathcal{H}'$ 中对应于 h 的元素。该证明可以通过对 φ 的结构归纳直接得出。基础情况和布尔联结词如常。当 φ 为形如[i] ψ 的公式，注意 $[!\top/!\varphi_0,!\top_1/!\varphi_1,\cdots]$ 可看作从 H 到 H' 的同构映射，假设对所有的互不相同的 i 和 j，有 $\top_i\neq\top_j$，且 $\varphi_i\neq\varphi_j$。因此有 $\{g|h'\sim_i g'\}=\{g|h\sim_i g\}$。[i] 的情况可以立即通过 IH 得到。

假设 φ 为形如 $<!\theta>\psi$ 的公式。假设 LHS，那么有 **Forest**（$\mathcal{M}$，$Prot$），$h!\theta\vDash\psi$。因此 $AOC(\psi)\subseteq AOC(<!\theta>\psi)\subseteq X$，根据 IH 可得：

$$\mathcal{H}[!\top_0/!\varphi_0,!\top_1/\varphi_1,\cdots],\ h!\theta[!\top_0/!\varphi_0,!\top_1/!\varphi_1,\cdots]\vDash\psi$$

因此 $\theta\in AOC(<!\theta>\psi)$，有：

$$\mathcal{H}[!\top_0/!\varphi_0,!\top_1/!\varphi_1,\cdots],\ h[!\top_0/!\varphi_0,!\top_1/!\varphi_1,\cdots]!\theta\vDash\psi$$

因此有：

$$\mathcal{H}[!\top_0/!\varphi_0,!\top_1/!\varphi_1,\cdots],\ h[!\top_0/!\varphi_0,!\top_1/!\varphi_1,\cdots]\vDash<!\theta>\psi$$

评论 3.6（前提和协议信息） 范式可以概括为动态认知逻辑生成的认知时间逻辑模型的全类，可扩充为时间动态认知逻辑。

公开宣告!p 仅出现在 p 为真的可能世界，而删除模型 p 为假的可能世界。但是，通过调整协议，可以取不足道的公开宣告! ⊤，所以! ⊤可以出现在 p 为真的可能世界。

评论 3.7（范式和观察 3.3） 观察 3.3 不能构造为命题 3.8 的范式。观察 3.3 参照的是确定的内部 PAL-协议片段，然而命题 3.8 参照的是所有的 PAL-协议。另外在观察 3.3 中，两个认知时间逻辑模型的比较必须具同样的树结构，然而认知时间逻辑模型和它的范式根据构造应该具有同样的结构。

3.2.3 完全公理

在 PAL 中，下面的递归公理是有效的：

$$<!\theta>p\leftrightarrow\theta\wedge p\quad(\text{且 } p\in At)$$

$$<!\theta>\neg\varphi\leftrightarrow\theta\wedge\neg<!\theta>\varphi$$

$$<!\theta>(\varphi\wedge\psi)\leftrightarrow<!\theta>\varphi\wedge<!\theta>\psi$$

$$\langle !\theta\rangle [i]\varphi \leftrightarrow \theta \wedge [i](\theta \rightarrow \langle !\theta\rangle \varphi)$$

利用这些等价式，可以将任意的 PAL 公式等价地转换为认知逻辑公式。利用这些公理，PAL 的完全性可以通过认知逻辑的完全性得到保证。事实上，递归公理的组成分析可以应用于全动态认知逻辑，可以提供一个完全性公理系统。

PAL 中递归公理的有效性依赖公式 θ 的真值和 $!\theta$ 的有效性之间的等价性，更严格地说 $\theta \leftrightarrow \langle !\theta\rangle \top$。($\langle !\theta\rangle \top$) 可直接读作“$!\theta$ 发生之后 $\top$ 成立”。$\top$ 为重言式，$\langle \theta\rangle \top$ 可读作“$!\theta$ 可以发生”。第一个递归公理，$\langle !\theta\rangle p$ 在左边，可读作“$!\theta$ 发生之后，p”，和右边的 $\theta \wedge p$ 等价，只宣告了 θ 和 p 的真值。但是，在命题 3.7 中，TPAL 中等式并不成立。这样将无法借助于递归公理对 TPAL 系统的公理进行组合分析。

A. 公理系统

定义 3.35 (TPAL 公理)　TPAL 公理由下面的公理模式和推理规则组成

公理

PC　命题的有效性

iK　$[i](\varphi \rightarrow \psi) \rightarrow ([i]\varphi \rightarrow [i]\psi)$

!K　$[!\theta](\varphi \rightarrow \psi) \rightarrow ([i\theta]\varphi \rightarrow [i\theta]\psi)$

R1　$\langle !\theta\rangle p \leftrightarrow \langle !\theta\rangle \top \wedge p \quad (p \in At)$

R2　$\langle !\theta\rangle \neg\varphi \leftrightarrow \langle !\theta\rangle \top \wedge \neg\langle !\theta\rangle \varphi$

R3　$\langle !\theta\rangle (\varphi \wedge \psi) \leftrightarrow \langle !\theta\rangle \varphi \wedge \langle !\theta\rangle \psi$

R4　$\langle !\theta\rangle [i]\varphi \leftrightarrow \langle !\theta\rangle \top \wedge [i](\langle !\theta\rangle \top \rightarrow \langle !\theta\rangle \varphi)$

A1　$\langle !\theta\rangle \top \rightarrow \theta$

推理规则

MP　如果 $\vdash \varphi$ 并且 $\vdash \varphi \rightarrow \psi$，那么 $\vdash \psi$

iN　如果 $\vdash \varphi$，那么对所有的 $i \in \mathcal{A}$，$\vdash [i]\varphi$

!N　如果 $\vdash \varphi$，那么对所有的 $!\psi \in PAL$，$\vdash [!\theta]\varphi$

其中 R1－R4 类似于 PAL 中的递归公理。但是，却和 PAL 中的递归公理有一定的区别，主要通过形如 $\langle !\theta\rangle \top$ 中的公式取代 θ 形成。在 TPAL 中的公式不能归约为认知逻辑中的公式。另外，A1 给出公式的真值及基于公开宣告的有效性之间的等价方法。A1 读作“只有一个真公式得到宣告”。反之是无效的。

评论 3.8 (不一致的置换)　注意 TPAL 不满足一致的置换。公理 R1

仅利用了命题 $p\in At$。另外，公开宣告的前提属于 $\mathcal{L}_{el}$。例如，$\langle !\langle !\theta_1\rangle \top\rangle p\leftrightarrow\langle !\langle !\theta_2\rangle \top\rangle \top\wedge p$ 不是 R1 的代入实例。

下面为 R4 的三个代入实例：

$\langle !\theta\rangle [i]\varphi\leftrightarrow !\theta\wedge[i]\langle !\theta\rangle\varphi$

$\langle !\theta\rangle [i]\varphi\leftrightarrow\langle !\theta\rangle \top\wedge[i](\theta\rightarrow\langle !\theta\rangle\varphi)$

$\langle !\theta\rangle [i]\varphi\leftrightarrow\langle !\theta\rangle \top\wedge[i](\langle !\theta\rangle \top\rightarrow\langle !\theta\rangle\varphi)$

以上每一公理都表达了基于协议的不同的假设以及这些协议是如何影响主体的知识的。第一条公理为 PAL 的归约公理，假定了一个特殊的协议（其为公共知识）其中所有关于宣告的真的公式总是有效的。第二条（弱的）公理当存在的协议为公共知识时是有效的。最后一条公理为 R4 的代入实例，对所有的协议都是真的。

B. 完全性证明

定理 3.4　TPAL 相对于模型类 $F(PAL)$ 是可靠的和强完全的。

该证明为标准的亨金构造的变形。根据 TPAL 的最大一致集构造典范的认知时间逻辑模型，其主要思想是每一个 mcs（最大一致集）可以定义为“合法的”公开宣告序列，其中可定义典范的状态独立的协议。通过定义合法的历史集以及函数 λ_n，指派给每一个历史结点一个极大一致集。

定义 3.36（合法历史）　令 W_0 为 TPAL 中所有极大一致集。λ_n 和 $H_n(0\leqslant n\leqslant d(\Sigma))$ 可定义如下：

集合 $H_0=W_0$，对每一 $w\in H_0$，$\lambda_0(w)=w$

令 $H_{n+1}=\{h!\theta\mid h\in H_n$ 且 $\langle !\theta\rangle \top\in\lambda_n(h)\}$。对每一 $h=h'!\theta\in H_{n+1}$，定义 $\lambda_{n+1}(h)=\{\varphi\mid\langle !\theta\rangle\varphi\in\lambda_n(h')\}$。

下面首先确证每一映射 λ_n 是良基的。

引理 3.1　对每一 $n\geqslant 0$，每一 $\sigma\in H_n$，$\lambda(\sigma)$ 为极大一致的。

证　该证明可通过施归纳于 n。当 $n=0$ 时可以根据定义进行证明。假设 H_n 和 λ_n 成立。$\sigma\in H_{n+1}$ 且 $\sigma=\sigma'!\theta$。根据归纳假设，$\lambda_n(\sigma')$ 为极大一致集。另外，根据 H_{n+1}，$\langle !\theta\rangle \top\in\lambda_n(\sigma)$。因此，$\lambda_{n+1}(\sigma)\neq\varnothing$。令 $\varphi\in\mathcal{L}_{tpal}$，$\lambda_n(\sigma')$ 为极大一致集，$\langle !\theta\rangle\varphi\in\lambda_n(\sigma')$ 或者 $\neg\langle !\theta\rangle\varphi\in\lambda_n(\sigma')$。如果 $\langle !\theta\rangle\varphi\in\lambda_n(\sigma')$，根据构造，$\varphi\in\lambda_{n+1}(\sigma)$。如果 $\neg\langle !\theta\rangle\varphi\in\lambda_n(\sigma')$，根据公理 R2，有 $\langle !\theta\rangle\neg\varphi\in\lambda_n(\sigma')$。根据构造，$\neg\varphi\in\lambda_{n+1}(\sigma)$。对所有的 $\varphi\in\mathcal{L}_{tpal}$，$\varphi\in\lambda_{n+1}(\sigma)$ 或者 $\neg\varphi\in\lambda_{n+1}(\sigma)$。

采用反证法证明 λ_{n+1} 是一致的。假设公式 $\varphi_1,\cdots,\varphi_m\in\lambda_{n+1}(\sigma)$ 使

得$\vdash \bigwedge_{i=1}^{m}\varphi\rightarrow\bot$。运用标准的模态推理，$\vdash \bigvee_{i=1}^{m}<!\theta>\neg\varphi_i$。$<!\theta>\top\in\lambda_n(\sigma')$，有 $\bigvee_{i=1}^{m}<!\theta>\neg\varphi\in\lambda_n(\sigma)$。因为 $\lambda_n(\sigma')$ 为极大一致集，存在 j 且 $1\leqslant j\leqslant m$，$<!\theta>\neg\varphi_j\in\lambda_n(\sigma')$。根据公理 R2，有$\neg<!\theta>\varphi_j\in\lambda_n(\sigma')$。根据 $\lambda_{n+1}(\sigma)$ 的构造，对每一 $i=1,\cdots,m$，$<!\theta>\varphi_i\in\lambda_n(\sigma')$。这和 $\lambda_n(\sigma')$ 是一致的相矛盾。

现在定义一个典范认知时间逻辑（ETL）模型 $\mathcal{H}^{can}$。$\mathcal{H}_0^{can}=(H_0,\sim^0,V^0)$，并给出下面的定义：

对 w，$v\in H_0$，令 $w\sim_i^0 v$，当且仅当 $\{\varphi\mid[i]\varphi\in w\}\subseteq v$

对每一 Prot$\in$At 且 $w\in H_0$，Prot$\in V_0(w)$ 当且仅当 Prot$\in w$

定义 3.37（典范模型） 典范模型 $\mathcal{H}^{can}=(H^{can},\sim^{can},V^{can})$ 可定义如下：

$H^{can}=\bigcup_{i=0}^{\infty}H_i$

对每一 h，$h'\in H^{can}$，$h=w\sigma$ 且 $h'=w'\sigma'$，令 $h\sim_i^{can}h'$ 当且仅当（1）$\sigma=\sigma'$，（2）$w\sim_i^0 v$

对每一 $p\in$At，$h=w\sigma\in H^{can}$，$w\sigma\in V^{can}(p)$ 当且仅当 $w\in V^0(p)$

给定 $h\in H^{can}$，$h=w!\theta_1\cdots!\theta_n$，用 $\lambda(h)$ 表示 $\lambda_n(h)$。现在证明典范模型 $\mathcal{H}^{can}$的作用。

引理 3.2（真值引理） 对每一 $\varphi\in\mathcal{L}_{tpal}$，对每一 $h\in H^{can}$，$\varphi\in\lambda(h)$ 当且仅当 $\mathcal{H}^{can}$，$h\vDash\varphi$。

证 通过施归纳于 $\varphi\in\mathcal{L}_{tpal}$的结构。对每一 $h\in H^{can}$，$\varphi\in\lambda(h)$ 当且仅当 $\mathcal{H}^{can}$，$h\vDash\varphi$。

基础情况和布尔算子情况可直接推出。

知识模态 令 $h\in H^{can}$，$h=w!\theta_1\cdots!\theta_n$且假设 $[i]\psi\in\lambda(h)$。假设 $h'\in H^{can}$，$h\sim_i h'$。根据典范模型的构造，$h'=v!\theta_1\cdots!\theta_n$，对某些 $v\in H_0$ 且 $w\sim_i^0 v$。根据定义 3.36，$[i]\psi\in\lambda(w!\theta_1\cdots!\theta_n)$，有$<!\theta_n>[i]\psi\in\lambda(w!\theta_1\cdots!\theta_{n-1})$。运用公理 R4，有

$$[i](<!\theta_n>\top\rightarrow<!\theta_n>\psi)\in\lambda(w!\theta_1\cdots!\theta_{n-1})$$

同样，有：

$$[i](<!\theta_1>\top\rightarrow<!\theta_1>(<!\theta_2>\top\rightarrow<!\theta_2>(\cdots<!\theta_{n-1}>(<!\theta_n>\top\rightarrow<!\theta_n>\psi)\cdots)))\in w$$

根据定义 3.37，因为，$h\sim_i^{can}h'$，有 $w\sim_i^0 v$，故，

$[i](\langle !\theta_1\rangle\top\rightarrow\langle !\theta_1\rangle(\langle !\theta_2\rangle\top\rightarrow\langle !\theta_2\rangle(\cdots\langle !\theta_{n-1}\rangle(\langle !\theta_n\rangle\top\rightarrow\langle !\theta_n\rangle\psi)\cdots)))\in v$

注意，$\langle !\theta_1\rangle\top\in\lambda(w)$，$\langle !\theta_2\rangle\top\in\lambda(w!\theta_1)$，…，$\langle !\theta_n\rangle\top\in\lambda(w!\theta_1\cdots!\theta_{n-1})$。

这样有，

$\langle !\theta_2\rangle\top\rightarrow\langle !\theta_2\rangle(\cdots\langle !\theta_{n-1}\rangle(\langle !\theta_n\rangle\top\rightarrow\langle !\theta_n\rangle\psi)\cdots)\in\lambda(v!\theta_1)$

$\langle !\theta_3\rangle\top\rightarrow\langle !\theta_3\rangle(\cdots\langle !\theta_{n-1}\rangle(\langle !\theta_n\rangle\top\rightarrow\langle !\theta_n\rangle\psi)\cdots)\in\lambda(v!\theta_1!\theta_2)$

……

$\langle !\theta_n\rangle\psi\in\lambda(v!\theta_1\cdots!\theta_{n-1})$

因此，$\psi\in\lambda(v!\theta_1\cdots!\theta_n)=\lambda(h')$。根据归纳假设，$\mathcal{H}^{can}, h'\vDash\psi$。于是，$\mathcal{H}^{can}, h\vDash[i]\psi$。

另一方向，令 $h\in H^{can}$，假设 $[i]\psi\notin\lambda(h)$。令 $h=w!\theta$，$w\in W_0$ 且 $\theta\in\mathcal{L}_{el}$。根据上面的论证，因为 $\lambda(h)$ 为极大一致集，有 $\neg[i]\psi\in\lambda(h)$。根据定义 3.36，$\langle !\theta\rangle\neg[i]\psi\in\lambda(w)$。运用公理 R2，$\neg\langle !\theta\rangle[i]\psi\in\lambda(w)$；所以，根据公理 R4，$\neg\langle !\theta\rangle\top\vee\neg[i](\langle !\theta\rangle\top\rightarrow\langle !\theta\rangle\psi)\in\lambda(w)$。根据构造，$\langle !\theta\rangle\top\in\lambda(w)$，可以推出 $\neg[i](\langle !\theta\rangle\top\rightarrow\langle !\theta\rangle\psi)\in\lambda(w)$。集合 $v_0=\{\theta\mid[i]\gamma\in\lambda(w)\}\cup\{\neg(\langle !\theta\rangle\top\rightarrow\langle !\theta\rangle\psi)\}$，称该集合是一致的。假设不一致，那么存在公式 γ_1，…，γ_m 使得 $\vdash\bigwedge_{j=1}^{m}\gamma_j\rightarrow\langle !\theta\rangle\top\rightarrow\langle !\theta\rangle\psi$，且对 $j=1$，…，m，$[i]\gamma_j\in\lambda(w)$。根据标准的模态推理，$\vdash\bigwedge_{j=1}^{m}[i]\gamma_j\rightarrow[i](\langle !\theta\rangle\top\rightarrow\langle !\theta\rangle\psi)$，可推出 $[i](\langle !\theta\rangle\top\rightarrow\langle !\theta\rangle\psi)\in\lambda(w)$。但这和事实 $\neg[i](\langle !\theta\rangle\top\rightarrow\langle !\theta\rangle\psi)\in\lambda(w)$ 相矛盾，因为 $\lambda(w)$ 是极大一致集。利用标准的论证（林登保姆引理），存在极大一致集 v，$v_0\subseteq v$。根据 v 的构造，必有 $w\sim_i^0 v$ 且 $w!\theta\sim_i^{can}v!\theta$。另外，$\neg(\langle !\theta\rangle\top\rightarrow\langle !\theta\rangle\psi)\in v$，有 $\langle !\theta\rangle\top\in\in\lambda(v)$ 且 $\neg\langle !\theta\rangle\psi\in\lambda(v)$。因此，根据公理 R2，$\langle !\theta\rangle\neg\psi\in\lambda(v)$，因此，$\neg\psi\in\lambda(v!\theta)$，$\psi\notin\lambda(v!\theta)$。根据归纳假设，$\mathcal{H}^{can}, v!\theta\nvDash\psi$，可推出 $\mathcal{H}^{can}, w!\theta\nvDash[i]\psi$。

公开宣告算子 假设 $\langle !\theta\rangle\psi\in\lambda(h)$，$\langle !\theta\rangle\top\in\lambda(h)$（因为 $\neg\langle !\theta\rangle\top\in\lambda(h)$ 使 $\lambda(h)$ 是不一致的），$\psi\in\lambda(h!\theta)$。根据归纳假设，有 $\mathcal{H}^{can}, h!\theta\vDash\psi$ 可推出 $\mathcal{H}^{can}, h\vDash\langle !\theta\rangle\psi$。另一方向，假设 $\mathcal{H}^{can}, h\vDash\langle !\theta\rangle\psi$，那么，$\mathcal{H}^{can}, h!\theta\vDash\psi$。根据归纳假设，有 $\psi\in\lambda(h!\theta)$ 且 $\langle !\theta\rangle\psi\in\lambda(h)$。

下面证明典范模型 $\mathcal{H}^{can}$ 属于 F（PAL）。

引理 3.3　$\mathcal{H}^{can}$ 属于 F（PAL）　即存在认知模型 $\mathcal{M}$ 和基于 $\mathcal{M}$ 上的状态独立协议 $p\in PAL$，使得 $\mathcal{H}^{can}=\mathbf{Forest}(\mathcal{M}, Prot)$。

证　令 $\mathcal{M}=(W, \sim, V)$，定义基于 $\mathcal{M}$ 上的 $P_{can}\in PAL$，所以 $P_{can}(w)=\{\sigma \mid w\sigma\in H^{can}\}$。假设 $\mathcal{H}^{can}=\mathbf{Forest}(\mathcal{M}, P_{can})$。称 $\mathcal{H}^{can}$ 和 $\mathcal{H}^{Pcan}$ 为同一模型。对所有的 $w\in W$，$\sigma\in PAL^*$，有 $w\sigma\in H^{can}$ 当且仅当 $w\sigma\in W^{\sigma,Pcan}$ 可推出 $H^{can}=H^{Pcan}$，其中 H^{Pcan} 的定义域为 $\mathcal{H}^{Pcan}$（参照定义 3.26）。通过验证定义 3.27 和定义 3.37，H^{can} 和 H^{Pcan} 为同一模型。

通过施归纳于 $\sigma\in PAL^*$ 的长度，对任意 $w\in W$，$w\sigma\in H^{can}$ 当且仅当 $w\sigma\in W^{\sigma,Pcan}$。

基础情况　$len(\sigma)=0$ 显然。

假设对所有的 σ，$len(\sigma)=n$，给定任意的 $\sigma\in PAL^*$ 且 $len(\sigma)=n$，首先通过子归纳证明对所有的 $\theta\in\mathcal{L}_{el}$，$\mathcal{H}^{can}, w\sigma\vDash\theta$，当且仅当，$\mathcal{M}^{\sigma,Pcan}, w\sigma\vDash\theta$。基础情况和布尔情况可直接推出。假设 $\mathcal{H}^{can}, w\sigma\vDash[i]\gamma$。必须证明 $\mathcal{M}^{\sigma,Pcan}, w\sigma\vDash[i]\gamma$。令 $v\sigma\in W^{\sigma,Pcan}$，$w\sigma\sim_i^{\sigma,Pcan}v\sigma$。根据主归纳假设，有 $v\sigma\in H^{can}$ 且 $w\sigma\in W^{\sigma,Pcan}$。根据定义 3.26，$w\sigma\sim_i^{\sigma,Pcan}v\sigma$，有 $w\sim_i^0 v$。根据定义 3.37，$w\sigma\sim_i^{can}v\sigma$。$\mathcal{H}^{can}, v\sigma\vDash\gamma$。根据子归纳假设，$\mathcal{M}^{\sigma,Pcan}, v\sigma\vDash\gamma$。因此，$\mathcal{M}^{\sigma,Pcan}, w\sigma\vDash[i]\gamma$，其他方向类似。

返回主归纳，假设 $w\sigma!\theta\in H^{can}$ 可推出 $\langle !\theta\rangle\top\in\lambda(w\sigma)$，根据真值引理，有 $\mathcal{H}^{can}, w\sigma\vDash\langle !\theta\rangle\top$。结合公理 A1，可推出 $\mathcal{H}^{can}, w\sigma\vDash\theta$。从上面的子归纳，可推出 $\mathcal{M}^{\sigma,Pcan}, w\sigma\vDash\theta$。根据 P_{can} 的构造，有 $w\sigma!\theta\in W^{\sigma!\theta,Pcan}$。证明了如果 $w\sigma!\theta\in H^{can}$，那么 $w\sigma!\theta\in W^{\sigma!\theta,Pcan}$。其他方向的证明类似。

定理 3.4 的完全性的证明可以从引理 3.2 和引理 3.3 运用标准的论证直接推出。

C. 通过有穷完全性证明的可判定性

通过对上面证明进行修改就可以获得有穷的完全性的证明，于是就可以证明 TPAL 的可满足性问题是可判定的，根据适当的有穷 TPAL 片段的极大一致集构造一个有穷模型，特别地，可以借助于 TPAL 的封闭集和给定的公式 φ。TPAL 封闭集基于 Fisher-Ladner 的命题动态逻辑是封闭的。构造了有穷典范模型，该证明可以推出完全的完全性证明。

定义 3.38（TPAL-封闭集）　令 X 为 TPAL 公式集，如果 X 满足下面的封闭条件，那么 X 是 TPAL 封闭的。

(1) 子公式下是封闭的：如果 $\varphi\in X$ 且 ψ 为 φ 的子公式，那么 $\psi\in X$。

(2) 单否定下是封闭的：如果 $\varphi\in X$ 且 φ 是形如 $\neg\psi$ 这样的公式，那么 $\psi\in X$；如果 $\varphi\in X$ 且 φ 不是形如 $\neg\psi$ 这样的公式，那么 $\neg\psi\in X$。

(3) 如果 $<!\theta>\varphi\in X$，那么 $<!\theta>\top\in X$。

(4) 如果 $<!\theta>[i]\varphi\in X$，那么 $[i](<!\theta>\top\rightarrow<!\theta>\varphi)\in X$。

(5) 如果 $\varphi\in X$，那么 $<!\theta_1>\cdots<!\theta_k>\in X$ $(1\leqslant k\leqslant d(X)-d(\varphi))$，其中对每一 $1\leqslant i\leqslant k$，$<!\theta_i>\top\in X$。

给定集合 $X\subseteq\mathcal{L}_{tpal}$，用 $(X)^{TPAL}$ 表示 X 的最小扩张且是 TPAL-封闭的。其中 X 为有穷公式集，$(X)^{TPAL}$ 也是有穷的；另外，$d(X)=d(X)^{TPAL}$。用 $(X)_k^{TPAL}$ $(0\leqslant k\leqslant d(X))$ 表示集合 $\{\varphi\in(X)^{TPAL}\mid d(\varphi)\leqslant k\}$。

令 Σ 为 TPAL 中的公式集，称集合 $a\subseteq(\Sigma)_k^{TPAL}$ 为基于 Σ $(0\leqslant k\leqslant d(\Sigma))$ 的原子深度为 k，如果 a 为 TPAL-一致的，如果 $a\subset b\subseteq(\Sigma)_k^{TPAL}$，那么 b 是不一致的。基于 Σ 的原子深度为 k 的集合可表示为 $At_k(\Sigma)$。很容易检查下面的原子的性质。

引理 3.4 令 Σ 为 TPAL 的公式集，对每一 $a\in At_k(\Sigma)$，下面的性质成立：

(1) 对所有的 $\varphi\in(\Sigma)_k^{TPAL}$，$\varphi\in a$ 或者 $\neg\varphi\in a$，但两者不能同时属于 a。

(2) 对所有的 $\varphi\wedge\psi\in(\Sigma)_k^{TPAL}$，$\varphi\wedge\psi\in a$ 当且仅当 $\varphi\in a$ 并且 $\psi\in a$。

(3) 对所有的 $<!\theta>p\in(\Sigma)_k^{TPAL}$，p 为命题字母，$<!\theta>\varphi\in a$ 当且仅当 $<!\theta>\top\in a$ 且 $p\in a$。

(4) 对所有的 $<!\theta>\neg\varphi\in(\Sigma)_k^{TPAL}$，$<!\theta>\neg\varphi\in a$ 当且仅当 $<!\theta>\top\in a$ 且 $\neg<!\theta>\varphi\in a$。

(5) 对所有的 $<!\theta>(\varphi\wedge\psi)\in(\Sigma)_k^{TPAL}$，$<!\theta>(\varphi\wedge\psi)\in a$ 当且仅当 $<!\theta>\varphi\in a$ 且 $<!\theta>\psi\in a$。

(6) 对所有的 $<!\theta>[i]\varphi\in(\Sigma)_k^{TPAL}$，$<!\theta>[i]\varphi\in a$ 当且仅当 $<!\theta>\top\in a$ 且 $[i](<!\theta>\top\rightarrow<!\theta>\varphi)\in a$。

(7) 对所有的 $<!\theta>\varphi\in(\Sigma)_k^{TPAL}$，如果 $<!\theta>\varphi\in a$，那么 $<!\theta>\top\in a$。

(8) 对所有的 $<!\theta>\top\in(\Sigma)_k^{TPAL}$，如果 $<!\theta>\top\in a$，那么 $!\theta\in a$。

证 根据原子的定义和定义 3.38 立即可证。

给定 TPAL 公式的有穷集 Σ，根据集合 $(\Sigma)^{TPAL}$ 构造有穷典范模型。该构造可以参照定义 3.36 和定义 3.37。首先，正如在定义 3.36 中所构造的映射 λ_n^{fin} 以及集合 H_n^{fin} $(0\leqslant n\leqslant d(\Sigma))$ 如下：

令 $H_0^{fin}=\mathrm{Atd}_{(\Sigma)}(\Sigma)$ 且对每一 $a\in H_0^{fin}$，$\lambda_0^{fin}(a)=a$

令 $H_{n+1}^{fin}=\{\sigma!\theta\mid\sigma\in H_n^{fin}$ 且 $\langle!\theta\rangle\top\in\lambda_n^{fin}(\sigma)\}$。对每一 $\sigma=\sigma'!\theta\in H_{n+1}^{fin}$，定义 $\lambda_{n+1}^{fin}(\sigma)=\{\psi\mid\langle!\theta\rangle\psi\in\lambda_n^{fin}(\sigma')\}$

命题 3.9　对所有的 n，$\lambda_n^{fin}(\sigma)\in\mathrm{At}_{d(\Sigma)-n}(\Sigma)$。

证　通过施归纳于 n。基础情况显然。

归纳步骤，给定引理 3.4 和定义 3.38，该论证的过程和引理 3.1 的证明过程类似。

引理 3.5（有穷真值引理）　令 $\varphi\in(\Sigma)^{TPAL}$。对每一 H^{fin} 中的历史 h，使得 $\mathrm{len}(h)\leqslant d(\Sigma)-d(\varphi)+1$，$\varphi\in\lambda^{\mathrm{fin}}(h)$ 当且仅当 $\mathcal{H}^{\mathrm{fin}},h\vDash\varphi$。

证　该证明可以施归纳于 φ。

给定引理 3.4 和定义 3.38 中的封闭条件，该证明类似于引理 3.3 的证明过程。在此仅提供公开宣告模态算子的情况。特别地，注意在引理 3.3 中的证明过程中所使用的公式事实上属于集合 $\lambda^{\mathrm{fin}}(h)$。

令 φ 为 $\langle!\theta\rangle\psi$。首先，假设 $\langle!\theta\rangle\psi\in\lambda^{\mathrm{fin}}(h)$，其中 $\mathrm{len}(h)\leqslant d(\Sigma)-d(\varphi)+1$。根据引理 3.4，$\langle!\theta\rangle\psi\in\lambda^{\mathrm{fin}}(h)$，$\langle!\theta\rangle\top\in\lambda^{\mathrm{fin}}(h)$。这样，$h!\theta\in H^{\mathrm{fin}}$ 且 $\psi\in\lambda^{\mathrm{fin}}(h!\theta)$。注意 $\mathrm{len}(h!\theta)=\mathrm{len}(h)+1\leqslant d(\Sigma)-(d(\varphi)-1)+1=d(\Sigma)-d(\psi)+1$。根据归纳，有 $\mathcal{H}^{\mathrm{fin}},h!\theta\vDash\psi$，可推出 $\mathcal{H}^{\mathrm{fin}},h\vDash\langle!\theta\rangle\psi$。另一方向，假设 $\mathcal{H}^{\mathrm{fin}},h\vDash\langle!\theta\rangle\psi$，可推出 $\mathcal{H}^{\mathrm{fin}},h!\theta\vDash\psi$，且 $\mathrm{len}(h!\theta)\leqslant d(\Sigma)-d(\psi)+1$。根据归纳，$\psi\in\lambda^{\mathrm{fin}}(h!\theta)$。根据典范模型的构造，$\langle!\theta\rangle\psi\in\lambda^{\mathrm{fin}}(h)$。

引理 3.6　$\mathcal{H}^{\mathrm{fin}}$ 为根据认知模型和 *PAL*-协议生成的认知时间逻辑模型。

证　该证明过程类似于引理 3.3 的证明。

定理 3.5（TPAL 可判定性）　基于 TPAL 逻辑的可满足问题是可判定的。

D. 公共知识

至此，仅考虑了知识模态算子［i］用于描述主体的信息状态。但是，在多主体的情况下还有其他的有趣的信息状态。例如公共知识（common knowledge）。该概念最先是刘易斯在《约定》（Lewis，1969）中所进行的研究，并且奥曼在《同意不同意》（Aumann，1976）中给出了公共知识的形式表达。公共知识为认知概念中最关键的概念之一。

下面将研究如何将公共知识算子引入公理系统中。可采用两个步骤，首先，正如上面的完全性的证明，通过 PAL 中的归约公理，可以利用组合分析法实现。《沟通和变化的逻辑》（van Benthem，van Eijck，Kooi，2006）中提供了 PAL 中的公共知识的归约公理。通过对该归约公理的修改来表示 TPAL 并且增加到 TPAL 中作为和相对公共知识有关的标准公理。其次，借助于有关有穷完全性的论证。定义 3.38 中的封闭条件的证明足以实现完全性的论证。

首先定义公共知识算子。给定二元关系 X，用 X^+ 表示 X 的传递闭包（transitive closure）。即包含 X 的最小集合使得如果（w，v），（v，u）$\in X^+$，那么（w，u）。令 G 为 $\mathcal{A}$ 中的主体集，即 $G\subseteq\mathcal{A}$。给定认知时间逻辑（ETL）模型 $\mathcal{H}=(H, \sim, V)$，定义 $\sim_G := (\bigcup_{i\in G}\sim_i)^+$。算子 C_G，其中 $C_G\varphi$ 读作"φ 是 G 中的公共知识"，可定义为：

$\mathcal{H}$，$h\vDash C_G\varphi$ 当且仅当对每一 $h'\in H$，如果 $h\sim_G h'$，那么 $h'\vDash\varphi$

令 $[[\varphi]]$ 为满足 φ 的历史集。给定由动态认知逻辑生成的认知时间逻辑模型 $\mathcal{H}=(H, \sim, V)$：

$\mathcal{H}$，$h\vDash C_G(\psi|\varphi)$ 当且仅当对每一 $h'\in H$，$(h, h')\in(\bigcup_{i\in G}\sim_i\cap(H\times[[\psi]]))^+$ 可推出 $\mathcal{H}$，$h'\vDash\varphi$

一般的公共知识算子 $C_G\varphi$ 可定义为 $C_G(\top|\varphi)$。

用 $TPAL^C$ 表示带有相关的公共知识算子的 TPAL 的扩充。下面给出 $TPAL^C$ 的扩充的公理系统，为方便起见，用 $E_G\varphi$ 表示 $\bigwedge_{i\in G}[i]\varphi$（在 G 中的每一个人都知道 φ）。

定义 3.39（$TPAL^C$ 公理） $TPAL^C$ 通过下面的公理和推理规则而对 TPAL 进行扩充。

CK $C_G(\varphi|\psi\rightarrow\chi)\rightarrow(C_G(\varphi|\psi)\rightarrow C_G(\varphi|\chi))$

C1 $C_G(\varphi|\psi)\leftrightarrow E_G(\varphi\rightarrow(\psi\wedge C_G(\varphi|\psi)))$

C2 $(E_G(\varphi\rightarrow\psi)\wedge C_G(\varphi|\psi\rightarrow E_G(\varphi\rightarrow\psi)))\rightarrow C_G(\varphi|\psi)$

R5 $\langle!\theta\rangle C(\psi|\varphi)\leftrightarrow\langle!\theta\rangle\top\wedge C(\langle!\theta\rangle\psi|\langle!\theta\rangle\varphi)$

推理规则

CN 如果 $\vdash\varphi$，那么 $\vdash C_G(\psi|\varphi)$

参考文献［105］中提供了关于带有相对的公共知识算子的认知逻辑扩充的完全性的证明，其中包括 CK、C1－C2 和 CN。通过下面的归约公理利用算子对 PAL 的扩充进行归约。

$\langle!\theta\rangle C(\psi|\varphi)\leftrightarrow\theta\wedge C_G(\langle!\theta\rangle\psi|\langle!\theta\rangle\varphi)$

该公理和 R5 的区别在于将 R5 中的 θ 替换成 $\langle!\theta\rangle\top$，增加相关的公共知识算子之后，需要增加下面的封闭条件到 TPAL-封闭的定义中。

对所有的 $i\in G$，如果 $C_G(\psi|\varphi)\in X$，那么 $[i](\psi\rightarrow(\varphi\wedge C_G(\psi|\varphi)))\in X$

该条件类似于［105］中的封闭条件，利用公共知识算子对认知逻辑中的有穷完全性的证明刻画。

利用 TPAL-有穷封闭集，典范模型可以采用前面的方法进行构造。证明过程有助于检验 TPAL 中所给出的完全性的证明的正确性。知识模态的情况可借助 R4 以及认知模型 $\mathcal{H}_0^{can}$ 的标准的完全性证明。事实上，从左到右的方向的证明可以通过下面三步进行刻画：

（1）假设［i］$\psi\in\lambda$（$w!\theta_1\cdots!\theta_n$）。

（2）连续使用 R4，可得：

$[i]\ (\langle!\theta\rangle\top\rightarrow\langle!\theta_1\rangle\ (\cdots\ (\langle!\theta\rangle\top\rightarrow\langle!\theta_n\rangle\psi)\ \cdots))\ \in\lambda\ (w)$

（3）根据 $\mathcal{H}_0{}^{can}$ 中的标准的认知典范模型推理，可得：

$[i]\ (\langle!\theta_1\rangle\top\rightarrow\langle!\theta_1\rangle\ (\cdots\ (\langle!\theta_n\rangle\top\rightarrow\langle!\theta_n\rangle\psi)\ \cdots))\ \in\lambda\ (v)$

（4）根据构造可得 $\psi\in\lambda$（$v!\theta_1\cdots!\theta_n$），根据 IH 可推出 H^{can}，$v!\theta_1\cdots!\theta_n\models\psi$。

从（2）到（3）的推理只需要利用认知逻辑的典范模型中所给的完全性证明，特别地，（3）主要根据（2）获得的，主要基于 w 和 v 之间的不可区分关系，可通过典范模型结构获得，在 $\mathcal{H}_0^{can}$ 中，$w\sim_i{}^{can}v$ 当且仅当 $\{\varphi|\ [i]\ \varphi\in w\}\subseteq v$。从（1）到（2）以及从（3）到（4），需要考虑特殊的 TPAL 系统，并借助于 R4 以及典范模型的结构。这可以用于从右到左的方向的证明。

$TPAL^C$ 的完全性证明也基于该思想，利用 R5，从分支树的顶部到其底部，且在最底部运用 CK 进行证明，C1－C2 和 CN 的证明为标准的完全性证明，从下向上的证明可借助于归纳假设。

引理 3.7　令 $\varphi\in(\Sigma)^{TPAL}$。对每一 H^{fin} 中的历史，使得 len（h）$\leqslant$ d（Σ）$-$d（φ）$+1$，$\varphi\in\lambda^{fin}$（h）当且仅当 $\mathcal{H}^{fin}$，$h\models\varphi$。

证　该证明可以施归纳于 φ 的复杂度。只需要证明相关公共知识的情况就行了。其他的情况可以通过引理 3.2 和引理 3.5 中的论证。假设 $C_G\ (\psi|\chi)\ \in\lambda^{fin}$（$w!\theta_1\cdots!\theta_n$），且 $h=w!\theta_1\cdots\theta_n$。记 $!\theta_1\cdots\theta_n=!\vec{\theta}$。通过重复利用 R5，可得：

$$C_G\ (\langle!\vec{\theta}\rangle\psi|\langle!\vec{\theta}\rangle\chi)\ \in\lambda\ (w)$$

其中 $\langle!\theta_1\rangle\cdots\langle!\theta_n\rangle$ 可表示为 $\langle!\vec{\theta}\rangle$，据此，利用相关的公共知识算子的标准证明，对任意的从 w 开始的路径中沿着 $\langle!\vec{\theta}\rangle\psi$ 为真的结点，$\langle!\vec{\theta}\rangle\chi\in\lambda$（v）。根据构造，有 $\chi\in\lambda$（$v!\vec{\theta}$）。根据 IH，$\mathcal{H}^{can}$，$h\models$

χ。另一方面，根据定义，$\mathcal{H}^{can}$，$v \models <!\vec{\theta}>\psi$ 当且仅当 $\mathcal{H}^{can}$，$v!\vec{\theta} \models \psi$。因此，对任意 $v!\vec{\theta}$ 在从 $w!\vec{\theta}$ 沿着 ψ 为真的结点的路径，$\chi \in \lambda(v!\vec{\theta})$。因此，根据归纳假设，得证。

另一方向，假设 $\mathcal{H}^{can}$，$w!\vec{\theta} \models C_G$（$\psi|\chi$）可推出 $\mathcal{H}^{can}$，$w \models C_G$（$<!\vec{\theta}>\psi|<!\vec{\theta}>\chi$）。根据［105］中的所给的标准证明，可以证明 $C_G(<!\vec{\theta}>\psi|<!\vec{\theta}>\chi) \in \lambda$（w）。因此在 $\mathcal{H}^{can}$ 中的 $w!\vec{\theta}$ 可推出：

$$<\theta_1>\top \in \lambda(w), \cdots, <\theta_n>\top \in \lambda(w!\theta_1\cdots\theta_{n-1})$$

连续利用 R5，可得 C_G（$\psi|\chi$）$\in \lambda$（$w\vec{\theta}$）。

于是有下面的结果：

定理 3.6 $TPAL^C$ 相对于 F_{sd} 是可靠的和（弱）完全的，另外，$TPAL^C$ 的可满足问题是可判定的。

3.2.4 TPAL 中的其他结果

首先，给出由一致 PAL-协议生成的认知时间逻辑类的公理系统。其次，证明 PAL 可以嵌入到 TPAL 中。

A. 一致协议

首先对由 PAL-协议生成的认知时间逻辑模型的类 F（P_{tcl}（PAL））进行公理化。为此，需要用扩充的模态算子对 $\mathcal{L}_{tpal}$ 语言进行扩充。令 $E\varphi$ 表示"φ 在带有同样宣告序列的历史上为真的"。令 $\mathcal{H}$ 为认知时间逻辑模型，主要由认知模型 $\mathcal{M}=$（W，$\sim$，V）和（状态独立或者一致的）PAL-协议生成。$w \in W$ 且 σ 为在 $\mathcal{H}$ 中带有 $w\sigma$ 的宣告序列。可以将扩充的模态算子解释如下：

$$\mathcal{H}, w\sigma \models E\varphi \text{ 当且仅当} \exists v \in W \text{ 使得 } v\sigma \in \mathcal{H} \text{ 且 } \mathcal{H}, v\sigma \models \varphi$$

该算子函数基于扩充的模态，每一持续的公开宣告状态。U 为 E 的对偶算子式，且为广义模态算子。下面讨论 TPAL 的扩充 $TPAL^E$。

通过在定义 3.35 中增加如下的公理构成扩充的公理系统：

E1 $E(\varphi \to \psi) \to (E\varphi \to E\psi)$

E2 $\varphi \to E\varphi$

E3 $\varphi \to UE\varphi$

E4 $EE\varphi \to E\varphi$

E5 $U\varphi \to [i]\varphi$

R5　$\langle !\theta\rangle E\varphi \leftrightarrow \langle !\theta\rangle \top \wedge E\langle !\theta\rangle \varphi$

其中 R5 对应于引理 3.2 和引理 3.5 中的一致协议。公理 E1－E5 为扩充模态的标准公理。可以将该公理系统表示为 TPAL^E。

下面对类进行公理化：

F（Ptcl（PAL））＝｛**Forest**（$\mathcal{M}$，P）｜$\mathcal{M}$ 为认知模型且Prot∈Ptcl（PAL)｝

可以用下面的公理对 TPAL^E进行扩充：

Uni　$\langle !\theta\rangle \top \rightarrow U(\theta \rightarrow \langle !\theta\rangle \top)$

该公理刻画了下面含义的一致协议。对某些 Prot∈Ptcl（PAL），如果（$\mathcal{M}$，P）＝**Forest**（$\mathcal{M}$，$Prot$），那么称其为基于给定模型 $\mathcal{M}$ 上，生成一个一致的认知时间逻辑模型的状态独立协议 Prot∈PAL。

命题 3.10　公理 Uni 在框架 **Forest**（$\mathcal{M}$，$Prot$）上是有效的，当且仅当 Prot 生成了一致的认知时间逻辑模型。

证　（⇐）假设 Prot 生成了一个一致的认知时间逻辑模型 $\mathcal{H}$＝**Forest**（$\mathcal{M}$，$Prot$）。存在一致协议 Prot∈Ptcl（PAL）使得 $\mathcal{H}$＝**Forest**（$\mathcal{M}$，$Prot$）。假设 w∈Dom（$\mathcal{M}$）且 $\sigma \in PAL^*$。假设 $\mathcal{H}$，$w\sigma \models \langle !\theta\rangle \top$。那么有 $w\sigma!\theta \in \mathcal{H}$，即 $\sigma!\theta \in$ Prot（w）。因为 Prot 是一致的，存在 Prot∈Ptcl（PAL）使得 $\mathcal{H}$＝**Forest**（$\mathcal{M}$，$Prot$）。因此，$\sigma!\theta \in$ Prot。令 v 为任意的 $\mathcal{M}$ 中的状态，如果 $\mathcal{H}$，$v\sigma \models \theta$，那么 $\sigma!\theta \in$ Prot，有 $v\sigma!\theta \in D(\mathcal{H})$。因此，$\mathcal{H}$，$v\sigma \models \langle !\theta\rangle \top$。因为 v 为任意的，于是有 $\mathcal{H}$，$w\sigma \models U(\theta \rightarrow \langle !\theta\rangle \top)$。

（⇒）假设 Uni 在认知时间逻辑（ETL）模型 $\mathcal{H}^{\mathrm{Prot}}$＝**Forest**（$\mathcal{M}$，$Prot$）上是有效的。构造一个协议 Prot＝｛σ｜存在 w∈Dom（$\mathcal{M}$），$w\sigma \in \mathcal{H}^{\mathrm{Prot}}$｝。显然，Prot 在前束下是封闭的，所以为协议。下面证明 $\mathcal{H}^{\mathrm{P}}$＝**Forest**（$\mathcal{M}$，$Prot$）。需要证明对所有的 σ，$\mathcal{M}^{\sigma,\mathrm{p}} = \mathcal{M}^{\sigma,\mathrm{Prot}}$，等价于 $W^{\sigma,\mathrm{p}} = W^{\sigma,\mathrm{Prot}}$。通过施归纳于 σ，根据 Prot 的构造，从左到右的归纳是显然的。另一方向，基础情况显然。如果 σ 为空序列，该归纳显然成立，$W^{\sigma,\mathrm{p}} = W^{\sigma,\mathrm{Prot}} = D(\mathcal{M})$。对于归纳步骤，假设 $w\sigma!\theta \in W^{\sigma!\theta,\mathrm{Prot}}$。有 $\mathcal{M}^{\sigma,\mathrm{Prot}}$，$w\sigma \models \theta$。根据归纳假设，有 $\mathcal{M}^{\sigma,\mathrm{Prot}}$，$w\sigma \models \theta$。因为 $\theta \in \mathcal{L}_{el}$，可以从观察 3.1 推出，$\mathcal{H}^{\mathrm{p}}$，$w\sigma \models \theta$。通过施归纳于 Prot，存在 v∈Dom（$\mathcal{M}$）使得 $v\sigma!\theta \in W^{\sigma,\mathrm{p}}$。可推出 $\mathcal{H}^{\mathrm{p}}$，$v\sigma \models \langle !\theta\rangle \top$。因为 Uni 在 $\mathcal{H}^{\mathrm{p}}$中是有效的，有 $\mathcal{H}^{\mathrm{p}}$，$v\sigma \models U(\theta \rightarrow \langle !\theta\rangle \top)$。可以推出 $\mathcal{H}^{\mathrm{p}}$，$w\sigma \models \langle !\theta\rangle \top$，其等价于 $w\sigma!\theta$ 属于$\mathcal{H}^{\mathrm{p}}$，即 $w\sigma!\theta \in W^{\sigma!\theta,\mathrm{p}}$。证毕。

令 $TPAL^{Uni}$ 为在 $TPAL^{E}$ 中增加公理 Uni 所做的扩充，即可以得到类似于引理 3.2 中的恰当的真值引理。

推论 3.1　$TPAL^{Uni}$ 关于类 F（Ptcl（PAL））是可靠的和完全的。

证　该证明类似于前面所给的证明过程。（利用上面的命题证明该典范模型是通过一致协议生成的。）

B. PAL 嵌入 TPAL

引入的 E 算子还可得到其他的结果，PAL 和 TPAL 之间并不是完全直接相关的。显然 TPAL 的所有规则在 PAL 中都是有效的。事实上，基于标准的公开宣告逻辑是关于特别的“完全的”协议，该结论似乎是真的，事实上它比 TPAL 更强吗？利用前面所提供的扩充的模态算子，给定公式 φ，令 Ptcl（φ）为形如下面形式的公式集：

$U(\theta_1 \rightarrow <!\theta_1> (\theta_2 \rightarrow <!\theta_2> (\cdots <!\theta_{k-1}> (\theta_k \rightarrow <\theta_k> T)\cdots)))$

其中 $!\theta_i \in AOC(\varphi)$（$1 \leqslant i \leqslant k$）并且 $1 \leqslant k \leqslant d(\varphi)$。

在 Ptcl（φ）中与 φ 的真值相关的公开宣告是给定的认知时间逻辑模型中的任意结点上的所有可宣告的公式。

定理 3.7　对任意的公式 $\varphi \in \mathcal{L}_{tpal}$，在 PAL 中，$\vDash \varphi$，当且仅当，在 TPAL 中，$\vDash \bigwedge Ptcl(\varphi) \rightarrow \varphi$。

证　（⇐）假设在 TPAL 中，$\vDash \bigwedge Ptcl(\varphi) \rightarrow \varphi$，那么对所有的认知模型 $\mathcal{M}$ 和所有的 $w \in Dom(\mathcal{M})$，有 **Forest**（$\mathcal{M}$，PAL^*），$w \vDash \bigwedge Ptcl(\varphi) \rightarrow \varphi$，其中 PAL^* 为所有公开宣告的有穷序列类。根据命题 3.6，在 PAL 中，$\mathcal{M}, w \vDash \bigwedge Ptcl(\varphi) \rightarrow \varphi$。根据命题 3.7，Ptcl（φ）在 PAL 中是有效的，因此，$\mathcal{M}, w \vDash \varphi$，因为 M 和 w 是任意的，有在 PAL 中，$\vDash \varphi$。

（⇒）假设在 PAL 中，$\vDash \varphi$。令 **Forest**（$\mathcal{M}$，p）为任意的 PAL 生成的认知时间逻辑模型。在 **Forest**（$\mathcal{M}$，p）中确定一个 h，假设 **Forest**（$\mathcal{M}$，p），$h \vDash \bigwedge Ptcl(\varphi)$。$h = w\sigma$，其中 $w \in Dom(\mathcal{M})$ 且 σ 为 PAL^* 中的公式序列。下面考虑认知模型 $\mathcal{M}^{\sigma,p}$，因为 φ 在 PAL 中是有效的，有 $\mathcal{M}^{\sigma,p}$，$w\sigma \vDash \varphi$。根据观察 3.4，**Forest**（$\mathcal{M}^{\sigma,p}$，p_φ），$w\sigma \vDash \varphi$。下面证明 **Forest**（$\mathcal{M}$，p）包含模型 **Forest**（$\mathcal{M}^{\sigma,p}$，p_φ）。

断言 3.1　如果 $h' \in$ **Forest**（$\mathcal{M}^{\sigma,p}$，p_φ），那么 $h' \in$ **Forest**（$\mathcal{M}$，p）。

证　施归纳于 h′的长度（$len(h) \leqslant len(h') \leqslant len(h) + d(\varphi)$）。

基础情况。假设 $len(h) = len(h')$。如果 $h' \in Dom$（**Forest**（$\mathcal{M}^{\sigma,p}$，p_φ）），那么 $h' \in Dom(\mathcal{M}^{\sigma,p})$，则 $h' \in$ **Forest**（$\mathcal{M}^{\sigma,p}$，p_φ）。

归纳步骤。假设 $h' \in$ **Forest**（$\mathcal{M}^{\sigma,p}$，p_φ）。对 $!\theta_n \in AOC$（φ）（$1 \leqslant i \leqslant n$），有 $h' = v\sigma!\theta_1 \cdots !\theta_n$ 且 $v \in$ Dom（$\mathcal{M}$）。假设 **Forest**（$\mathcal{M}$，p），$w\sigma \vDash \wedge$ Ptcl（φ）可推出：

$$\textbf{Forest}(\mathcal{M}, p), w\sigma \vDash U(!\theta_1 \rightarrow \langle !\theta_1 \rangle (\cdots(!\theta n \rightarrow \langle !\theta_n \rangle \top)\cdots))$$

所以，

$$\textbf{Forest}(\mathcal{M}, p), v\sigma \vDash !\theta_1 \rightarrow \langle !\theta_1 \rangle (\cdots (!\theta_n \rightarrow \langle !\theta_n \rangle \top) \cdots)$$

另外，假设 $h' \in$ **Forest**（$\mathcal{M}^{\sigma,p}$，p_φ），根据 h' 的构造可推出 $\mathcal{M}^{\sigma,p}$，$v\sigma \vDash \theta_1$，…，$\mathcal{M}^{\sigma!\theta 1 \cdots !\theta n-1,p}$，$v\sigma!\theta_1 \cdots !\theta_{n-1} \vDash \theta_n$。根据归纳假设，$v\sigma$，$v\sigma!\theta_1$，…，$v\sigma!\theta_1 \cdots !\theta_{n-1}$ 全部属于 **Forest**（$\mathcal{M}$，p）。根据观察 3.1，可推出 **Forest**（$\mathcal{M}$，p），$v\sigma \vDash \theta_1$，…，**Forest**（$\mathcal{M}$，p），$v\sigma!\theta_1 \cdots !\theta_{n-1} \vDash \theta_n$（因为 θ_1，…，θ_n 都属于 $\mathcal{L}_{el}$ 中的公式且属于协议）。

这样，有

$$\textbf{Forest}(\mathcal{M}, p), v\sigma \vDash \langle !\theta_1 \rangle (\theta_2 \rightarrow \langle !\theta_2 \rangle (\cdots (\theta_n \rightarrow \langle !\theta_n \rangle \top) \cdots))$$

$$\textbf{Forest}(\mathcal{M}, p), v\sigma!\theta_1 \vDash \langle !\theta_2 \rangle (\theta_3 \rightarrow \langle !\theta_3 \rangle (\cdots (\theta_n \rightarrow \langle !\theta_n \rangle \top) \cdots))$$

……

$$\textbf{Forest}(\mathcal{M}, p), v\sigma!\theta_1 \cdots !\theta_{n-1} \vDash \theta_n \rightarrow \langle !\theta_n \rangle \top$$

$$\textbf{Forest}(\mathcal{M}, p), v\sigma!\theta_1 \cdots !\theta_{n-1} \vDash \langle !\theta_n \rangle \top$$

因此，$h' = v\sigma!\theta_1 \cdots !\theta_n \in$ **Forest**（$\mathcal{M}$，p）。

现在，根据前面的断言，**Forest**（$\mathcal{M}$，p）包含 **Forest**（$\mathcal{M}^{\sigma,p}$，p_φ），有 **Forest**（$\mathcal{M}^{\sigma,p}$，p_φ），$w\sigma$）$\vDash \varphi$，可以从观察 3.2 和观察 3.3 推出 **Forest**（$\mathcal{M}$，p）$\vDash \varphi$（$\varphi \in \mathcal{L}_{tpal}$）。证毕。

3.2.5　时间动态认知逻辑

现在将 TPAL 扩充为由动态认知逻辑生成的认知时间逻辑的完全的模型类 F_{sd}，称该逻辑系统为时间动态认知逻辑（TDEL）。事实上，在 TPAL 中的许多技术方法都可以普遍化，可以从 TDEL 获得。下面，就具体讨论 TDEL 公理系统。

A. TDEL 的公理系统

定义 3.40（TDEL 语言）　令 E 为点事件模型类。TDEL 公式可归纳定义如下：

$$\varphi ::= \top \mid p \mid \neg\varphi \mid \varphi \wedge \varphi \mid [i]\varphi \mid [\varepsilon]\varphi$$

其中 $p\in At$，$i\in\mathcal{A}$ 且 $\varepsilon\in E$。$\langle i\rangle$和$\langle !\varphi\rangle$ 分别为 $[i]$ 和 $[\varepsilon]$ 的对偶算子。其他的布尔算子的定义如常。用 $\mathcal{L}_{DEL}$表示 TDEL 中的公式集。

定义 3.41（真值引理） 令 $\mathcal{H}\in F_{sd}$ 为由动态认知逻辑生成的认知时间逻辑模型且 $\mathcal{H}=$**Forest**（$\mathcal{M}$，p）＝（H，$\sim$，V）。

事件模型算子$\langle\varepsilon\rangle$的真值定义为：

$\mathcal{H}$，$h\vDash\langle\varepsilon\rangle\varphi$ 当且仅当 $h\varepsilon\in H$ 并且 $\mathcal{H}$，$h\varepsilon\vDash\varphi$

其他算子的定义如在定义 3.28 中所给出的标准方法。

定义 3.42（公理系统） 由认知逻辑公理系统（定义 3.35 中的 PC，iK，iN，MP）扩充的 TDEL 的公理系统由下面的公理模式和规则组成。

公理

εK　$[\varepsilon](\varphi\rightarrow\psi)\rightarrow([\varepsilon]\varphi\rightarrow[\varepsilon]\psi)$

F1　$\langle\varepsilon\rangle p\rightarrow\langle\varepsilon\rangle\top\wedge p$

F2　$\langle\varepsilon\rangle\neg\varphi\leftrightarrow\langle\varepsilon\rangle\top\wedge\neg\langle\varepsilon\rangle\varphi$

F3　$\langle\varepsilon\rangle(\varphi\wedge\psi)\leftrightarrow\langle\varepsilon\rangle\varphi\wedge\langle\varepsilon\rangle\psi$

F4　$\langle\varepsilon\rangle[i]\varphi\leftrightarrow\langle\varepsilon\rangle\top\wedge_{\{e\in Dom(\varepsilon^L)\mid(\varepsilon^R,e)\in\rightarrow_{\varepsilon^L}(i)\}}[i]\langle\varepsilon\rangle(\langle\varepsilon^L,e\rangle\top\rightarrow\langle\varepsilon^L,e\rangle\varphi)$

E1　$\langle\varepsilon\rangle\top\rightarrow Pre_{\varepsilon^L}(\varepsilon^R)$

推理规则

εN　如果$\vdash\varphi$，那么$\vdash[\varepsilon]\varphi$ 且 $\varepsilon\in E$

在 PAL 中的归约公理和在 TPAL 中的公理适用于 F1－F4。可以通过基于归约公理的组合分析的方法将 PAL，动态认知逻辑归约为认知逻辑。例如，关于知识算子 $[i]$ 的归约公理：

$$\langle\varepsilon\rangle[i]\varphi\leftrightarrow Pre_{\varepsilon^L}(\varepsilon^R)\wedge\bigwedge_{\{e\in Dom(\varepsilon^L)\mid(\varepsilon^R,e)\in Rel(\varepsilon^L)(i)\}}[i](\langle\varepsilon^L,e\rangle\top\rightarrow\langle\varepsilon^L,e\rangle\varphi)$$

B. 完全性的证明

完全性的证明可以参照 TPAL 的完全性的证明方法。需要关注的就是关于事件模型的完全类的证明，可将其概括为典范模型的构造（定义 3.44）以及附加引理（命题 3.11）以确保关于 TDEL 中的真值引理的论证的正确性。

定义 3.43（合法的历史） 令 W_0为所有的 TDEL－极大一致集中的集合。λ_n和 H_n的定义如下：

定义 $H_0=W_0$，对每一 $w\in H_0$，$\lambda_0(w)=w$

令 $H_{n+1}=\{h\varepsilon \mid h\in H_n$ 且 $<\varepsilon>\top\in\lambda_n(h)\}$。对每一 $h=h'\varepsilon\in H_{n+1}$，定义 $\lambda_{n+1}(h)=\{\varphi \mid <\varepsilon>\varphi\in\lambda_n(h')\}$

给定 $h\in H_n$，用 $\lambda(h)$ 表示 $\lambda_n(h)$

引理 3.8 对每一 $n\geqslant 0$，对每一 $\sigma\in H_n$，$\lambda_n(\sigma)$ 为极大一致集。

证 该证明方法类似于引理 3.1 的证明过程。

令 $\mathcal{H}_0^{can}=(H_0, \sim^0, V^0)$，其中 $\sim^0$ 和 V^0 的定义如下：

$w\sim_i^0 v$ 当且仅当 $\{\varphi \mid [i]\varphi\in w\}\subseteq v$

对每一 $p\in At$ 且 $w\in H_0$，$p\in V(w)$ 当且仅当 $p\in w$。

定义 3.44（典范模型） 典范模型 $\mathcal{H}^{can}$ 为三元组（H^{can}，$\sim^{can}$，V^{can}），其中每一项可定义如下：

$H^{can}:=\bigcup_{i=0}^{\infty}H_i$

对每一 $w\sigma$，$w'\sigma'\in H^{can}$，$w\sigma\sim_i^{can}w'\sigma'$ 当且仅当 $w\sigma\sim i^{\sigma^L}w'\sigma'$，其中 $\sim^{\sigma^L}$ 可归纳定义如下：

$\sim_i^{\sigma^L_{(o)}}=\sim_i^0$

对每一 $w\tau$，$v\tau'\in H_{n+1}$（$0<n<len(\sigma^L)$），$w\tau\sim^{\sigma^L}{}_{(n+1)}v\tau'$ 当且仅当 $w\tau(n)\sim i^{\sigma^L}{}_{(n)}v\tau'_{(n)}$ 且 $(\tau^R_{n+1}, (\tau')^R_{n+1})\in Rel(\tau^L_{n+1})(i)$

对每一 $p\in At$ 且 $h=w\sigma\in H^{can}$，$w\sigma\in V^{can}$ 当且仅当 $w\in V^0(p)$。

以上定义类似于定义 3.18 和定义 3.19。

命题 3.11 令 $w\sigma\sim_i^{can}v\tau$ 且 $w, v\in W^0$，$\sigma=\sigma_1\cdots\sigma_n$ 且 $\tau=\tau_1\cdots\tau_n$，如果 $[i]\varphi\in\lambda(w\sigma)$，那么：

$[i](<\tau_1>\top\rightarrow<\tau_1>(<\tau_2>\top\rightarrow<\tau_2>(\cdots(<\tau_n>\top\rightarrow<\tau_n>\varphi)\cdots)))\in\lambda(w)$

证 通过施归纳于 n。当 $n=0$，σ，τ 为空集，则断言成立。

归纳步骤。假设 $[i]\varphi\in\lambda(w\sigma)$。那么，根据 $\mathcal{H}^{can}$ 的构造，$<\sigma_n>[i]\varphi\in\lambda(w\sigma_{n-1})$。根据 F4，对所有事件 e，$\sigma_n^L=(E, \rightarrow, V)$ 使得 $\sigma_n^R\rightarrow_i e$：

$[i](<\sigma_n^L, e>\top\rightarrow<\sigma_n^L, e>\varphi)\in\lambda(\omega\sigma_{(n-1)})$

因为 $w\sigma\sim_i^{can}v\tau$，根据 $\mathcal{H}^{can}$ 的构造有 $\sigma_n^R\rightarrow_i\tau_n^R$。借助 IH，得证。

该命题确保在 TPAL（引理 3.2）中的真值引理可用于 TDEL 中。在 TPAL 中，无须证明该类引理，因为 $w\sigma\sim_i v\tau$ 类似于 $w\sim_i v$，且 $\sigma=\tau$。因为，当 $[i]\varphi\in\lambda(w\sigma)$ 时，有：

$[i](<\sigma_1>\top\rightarrow(\cdots(<\sigma_{len(\sigma)}>\top\rightarrow<\sigma_{len(\sigma)}>\varphi)\cdots))\in\lambda(\omega)$

根据$\sim_i$的构造，可以推出：

$$(\langle\sigma_1\rangle\top\rightarrow(\cdots(\langle\sigma_{len(\sigma)}\rangle\top\rightarrow\langle\sigma_{len(\sigma)}\varphi\rangle\cdots))\in\lambda(v)$$

据此，在论证过程中可以讨论 $\varphi\in\lambda(v\sigma)$ 的情况。但是，在 TDEL 中，$w\sigma\sim_i v\tau$ 通常不可以推出 $\sigma=\tau$。因此，需要上面的命题以保证：

$$(\langle\tau_1\rangle\top\rightarrow(\cdots(\langle\tau_{len(\sigma)}\rangle\top\rightarrow\langle\tau_{len(\sigma)}\varphi\rangle\cdots))\in\lambda(v)$$

给定 $w\sigma\sim_i v\tau$，可获得如下的真值引理：

引理 3.9（真值引理） 对每一 $\varphi\in\mathcal{L}_{TDEL}$ 且 $h\in H^{can}$，

$\varphi\in\lambda(h)$ 当且仅当 $\mathcal{H}^{can}, h\vDash\varphi$

同时也可证明 $\mathcal{H}^{can}$属于 F_{sd}，在 TPAL 中所给的关于类似引理（引理 3.3）的论证方法。

引理 3.10 典范模型 $\mathcal{H}^{can}$属于 F_{sd}。即存在认知模型 $\mathcal{M}$ 和基于 $\mathcal{M}$ 上的局部协议 p 使得 $\mathcal{H}^{can}$=**Forest**（$\mathcal{M}$，p）。

于是，有

定理 3.8 TDEL 相对于 F_{sd}是可靠的和完全的。

C. 受限于协议的子类的 TDEL

TDEL 的公理系统为类 F_{sd}。事实上，即使受点事件模型的子类约束，该证明仍然是有用的。但是，在此必须注意至少存在所有的“相关”的点事件模型：对所有的 ε 中的 e′，如果（ε，e）属于该类，那么（ε，e′）也属于该类。另外，引理 3.9 中的知识模态情况将是无效的，因为所有的“相关”的历史必须包括典范模型。

定义 3.45（(e) -闭包） 令 $X\subseteq E$。如果对所有的 ε，如果存在 $\varepsilon\in X$ 使得 $\varepsilon^L=\varepsilon$，那么，对每一 ε 中的事件 e，$(\varepsilon^L, e)\in X$，称 X 为 e-封闭的。

定义 3.46（TDEL（X）） 用 $\mathcal{L}_{TDEL}(X)$ 表示 $\mathcal{L}_{TDEL}$的片段，只允许事件模型算子$\langle\varepsilon\rangle$使得 $\varepsilon\in X$。另外，令 TDEL（X）为定义 3.42 中的公理系统，除了公理模式和 εN 规则，可以利用 X 中的事件模型实现。

定理 3.9 令 X 为 E 的 e-封闭的子类。用 X 表示 sd-协议，其值为 X^* 中的子集。（sd-协议只允许 X 中的事件。）那么 TDEL（X）相对于 $F(X)$是可靠的和完全的。

D. 可判定性

下面，对 TDEL（X）的完全性进行证明，需要将其和 TPAL 的有穷的完全性证明与 TDEL（X）（且 X 为 e-封闭的）的可满足性问题相组合。采用的方法是根据满足确定的闭包条件的有穷的公式集来构造有穷典范模型，所以可以在有穷典范模型下实现 TDEL 的完全性的证明。

为了阐明闭包条件，首先需要定义 TDEL 中基于 TPAL 的公式 φ 的深度，所以 d（φ）为 φ 中事件算子的连续发生的最大长度。

定义 3.47（TDEL-封闭集）　令 Σ 为公式集。如果（1）Σ 在子公式和单否定下是封闭的，且（2）满足下面的条件，那么 Σ 为 TDEL-封闭的：

（1）对所有的 ε 中的 e'，如果 $<\varepsilon, e>\varphi\in\Sigma$，那么 $<\varepsilon, e'>\top\in\Sigma$。

（2）如果 $<\varepsilon, e>\top\in\Sigma$，那么 **pre**（$\varepsilon$）（e）$\in\Sigma$。

（3）对所有的 ε 中的 e'，如果 $<\varepsilon, e>[i]\varphi\in\Sigma$，那么 $[i](<\varepsilon, e'>\top\rightarrow<\varepsilon, e'>\varphi)\in\Sigma$，使得 $(e, e')\in\rightarrow_{\varepsilon}(i)$。

（4）如果 $\varphi\in\Sigma$，那么 $<!\varepsilon_1>\cdots<!\varepsilon_k>\varphi\in\Sigma$（$1\leqslant k\leqslant d(\Sigma)-d(\varphi)$），其中 $<\varepsilon_i>\top\in\Sigma$（$1\leqslant i\leqslant k$）。

给定集合 Σ，用 $(\Sigma)^{TDEL}$ 表示包含 Σ 的最小的集合且具有上面的闭包性质。因为事件模型为有穷的，如果 Σ 是有穷的，那么 $(\Sigma)^{TDEL}$ 是有穷的。

给出以上的定义以后，余下的证明类似于前面章节中所给的证明。给定 TDEL（X）中的一致的公式 φ，取 $\{\varphi\}^{TDEL}$。基于该集合，定义原子并且构造有穷典范模型。上面的闭包条件保证可以完成余下的证明，因此，可知 TDEL（X）是可判定的。

定理 3.10（TDEL（X）的可判定性）　令 X 为点事件模型的 e-封闭集。TDEL（X）逻辑的可满足问题是可判定的问题。

3.2.6　TDEL 中的其他结果

全 TDEL 的完全性证明的方法并不是唯一的技术手段，其他的结果可以参看 TPAL 的扩充。在此就简要地介绍其他的扩充结果：模型典范性、一致协议以及嵌入。

A. 典范性

首先，典范模型可以对 TDEL 进行扩充，基于 TPAL 的同样的思想。我们可以通过采用重言公式而不改变认知时间逻辑树的结构来替换前提（precondition）。可以采用类似于命题 3.8 中的方法来证明真值保持。在此只简要地叙述一下过程。

令 α_0，α_1，…，以及 β_0，β_1，…是点事件模型序列，使得对所有的 k，$l\geqslant 0$，（1）β_k^R 的前提为 $\mathcal{L}_{el}$ 中的重言公式；（2）$\alpha_k\neq\alpha_l$ 且 $\beta_k\neq\beta_l$。给定

序列 $h\in E^*$，定义 $h[\beta_0/\alpha_0, \beta_1/\alpha_1, \cdots]$ 为一个序列，通过用序列 β_k 替换 H 中的所有的序列 α_k 获得（对所有的 k）。给定由动态认知逻辑生成的认知时间逻辑模型 $\mathcal{H}=(H, \sim, V)$，定义 $\mathcal{H}[\beta_0/\alpha_0, \beta_1/\alpha_1, \cdots]=(H', \sim', V')$ 为：

$H' := \{h[\beta_0/\alpha_0, \beta_1/\alpha_1, \cdots] \mid h\in H\}$

$\sim'(i)=\{h[\beta_0/\alpha_0, \beta_1/\alpha_1, \cdots], g[\beta_0/\alpha_0, \beta_1/\alpha_1, \cdots] \mid (h, g)\in\sim(i)\}$

$V'(p)=\{h[\beta_0/\alpha_0, \beta_1/\alpha_1, \cdots] \sim' g[\beta_0/\alpha_0, \beta_1/\alpha_1, \cdots] \mid h\in V(p)\}$

给定 $\mathcal{L}_{TDEL}$ 中的公式，定义 φ 的事件发生集 $EOC(\varphi)$ 为发生在 φ 中的点事件模型集（参看定义 3.31）。

命题 3.12（典范的 TDEL） 令 $\mathcal{H}=$**Forest**$(\mathcal{M}, p)\in F(E)$。令 X 为 E 的有穷子集。另外，令 $\alpha_0, \alpha_1, \cdots$ 和 $\beta_0, \beta_1, \cdots$ 为 $E\setminus X$ 中的可枚举的元素且不重复，使得对所有的 k，前提 β_k^R 为 $\mathcal{L}_{el}$ 中的重言公式。那么，对每一 h 和 TDEL 公式 φ 使得 $EOC(\varphi)\subseteq X$，

$$\mathcal{H}, h\models\varphi \Leftrightarrow \mathcal{H}[\beta_0/\alpha_0, \beta_1/\alpha_1, \cdots], h[\beta_0/\alpha_0, \beta_1/\alpha_1, \cdots]\models\varphi$$

B. 一致协议

也可以生成一致 *PAL*-协议的 $TPAL^{Uni}$ 公理系统以得到一致的TDEL-协议的公理系统。确定一个 e-封闭的集合 X。首先需要定义一个存在算子 E。在 TPAL 中，存在模态可定义如下：

Forest$(\mathcal{M}, p)$，$w\sigma\models E\varphi$ 当且仅当 $\exists v\in W$ 使得 $v\sigma\in\mathcal{H}$ 且 $\mathcal{H}, v\sigma\models\varphi$

其中 $w\in Dom(\mathcal{M})$ 且 σ 为公理宣告序列（即 $\sigma\in PAL^*$）。事件模型表示包含单个事件的公开宣告，不必规定在公开宣告事件模型中的哪一个事件。可定义如下：

Forest$(\mathcal{M}, p)$，$w\sigma\models E\varphi$ 当且仅当 $\exists v\in Dom(\mathcal{M})\ \exists\tau\in E^*$：$\sigma^L=\tau^L$ 且 $\mathcal{H}, v\tau\models\varphi$

其中 $w\in\mathcal{M}$ 且 $\sigma\in E^*$。根据定义，$E\varphi$ 读作“采用同样的积更新序列，φ 在某些历史上是真的”。可以用 U 表示 E 的对偶算子，$U\varphi$ 读作“采用同样的积更新序列，φ 在每一个历史上是真的”。最后用 $TDEL^E(X)$ 表示 TDEL（X）的扩充。

$TDEL^E(X)$ 的完全的公理系统可以根据前面的证明过程直接推出。需要增加关于扩充的模态的标准的公理模式，E1－E5，以及增加下面的

公理到 TDEL（X）中。

$$F5 \langle \varepsilon, e \rangle E\varphi \leftrightarrow \langle \varepsilon, e \rangle \top \wedge E \bigvee_{e' \in \{e' \in Dom(\varepsilon) \mid (e,e') \in \to_{\varepsilon}(i)\}} \langle \varepsilon, e' \rangle \varphi$$

F5 类似于 $TPAL^E$中的 R5。（参考 TDEL 中的 F4。）可以用 $TDEL^E$（X）表示公理系统。

在 Ptcl（X）中根据一致的协议生成的认知时间逻辑的类 F（Ptcl（X））的公理系统，记 Ptcl（X）$=\wp(X^*)$。为此，利用表示一致的协议的公理对 $TDEL^E$（X）进行公理化。可以在 TPAL 语境中实现。在 TDEL 中的一致的协议可以通过简单的用点事件模型来替换在 Uni 中的公开宣告完成，具体方法如下：

Uni_X　$\langle \varepsilon, e \rangle \top \rightarrow U(pre_{\varepsilon}(e) \rightarrow \langle \varepsilon, e \rangle \top)$，其中（ε，e）$\in X$

令 X 为 sd-协议中的类，其值为 X^* 的子集。对某些 Prot∈Ptcl（X），如果 **Forest**（$\mathcal{M}$，p）=**Forest**（$\mathcal{M}$，*Prot*），称状态独立协议Prot∈X 生成了一致的认知时间逻辑模型。下面就可以完成对命题 3.13 的证明。

命题 3.13　令 p 属于 X。公理 Uni 在 **Forest**（$\mathcal{M}$，p）中是有效的，当且仅当，p 生成一个一致的认知时间逻辑模型。

令 $TDEL^{Uni}$（X）为 $TDEL^E$（X）利用公理 Uni_X进行的扩充。下面可立即推出类似于引理 3.2 和命题 3.13 中的真值引理。

推论 3.2　令 X 为 e-封闭的点事件模型集。$TDEL^{Uni}$（X）相对于类 F（Ptcl（X））为可靠的和完全的。

C. 将动态认知逻辑嵌入到 TDEL 中

最后，利用前面章节中的技术将动态认知逻辑嵌入到 TDEL 中。给定公式 φ，为了构造一个公式表示公开宣告序列，且和 φ 的真值相关并且允许协议。在 TPAL 中，相关的公开宣告可以在 φ 中出现。相关的点事件模型集必须为 e-封闭的，即，如果（ε，e）∈X，那么对在 ε 中的所有的 e′，（ε，e′）∈X。

给定点事件模型 X 集，用 X^e表示最小集合 Y，使得 $X \subseteq Y$ 且 Y 为 e-封闭的。另外，用 EOC（φ）表示发生在公式 φ 中的点事件模型集。给定公式 φ，令 Ptcl（φ）为如下形式的公式集：

$$U(\mathbf{pre}_{\varepsilon 1}(e_1) \rightarrow \langle \varepsilon_1, e_1 \rangle (\mathbf{pre}_{\varepsilon 2}(e_2) \rightarrow \langle \varepsilon_2, e_2 \rangle (\cdots \langle \varepsilon_{k-1}, e_{k-1} \rangle (\mathbf{pre}_{\varepsilon k}(e_k) \rightarrow \langle \varepsilon_k, e_k \rangle \top)\cdots)))$$

其中（ε_i，e_i）∈（EOC（φ））e（$1 \leqslant i \leqslant k$）且 $1 \leqslant k \leqslant d(\varphi)$。（算子 U 的定义如前。）

有了这些技术，根据定理 3.7 的证明，就可提供下面的嵌入结果：

定理 3.11 对任意公式 $\varphi \in \mathcal{L}_{TDEL}$，在动态认知逻辑中，$\vDash \varphi$，当且仅当，在 TDEL 中，$\vDash \bigwedge Ptcl(\varphi) \rightarrow \varphi$。

3.3 时间公开宣告逻辑的扩充

在本章，首先对 TPAL 进行了扩充，主要借助于生成未来算子“某些公开宣告可能在什么之后发生”，接着将处理在 TPAL 中运用过去算子进行扩充，随后对 TPAL 中的模型进行扩充。在对 TPAL 进行扩充之后，将讨论是否有可能在 TDEL 中做类似的扩充。

3.3.1 基于公开宣告的量化

下面利用广义公开宣告算子“在什么之后，某些公开宣告可能发生”对 TPAL 进行扩充。第一，该算子在认知时间逻辑中是一个标准的算子，因为我们的框架主要基于认知时间逻辑-时间-分支树结构，其基本的任务就是为了处理该算子在框架中是以何种方式表现出来的。第二，该算子近来主要出现在与处理动态认知逻辑相关的文献中，《基于宣告之后知道的知识》(Balbiani et al，2008) 利用该算子对 PAL 进行了扩充，其被称为任意的公开宣告逻辑 (APAL)。第三，广义公开宣告算子可以刻画多种认知概念。例如，利用该算子，可以刻画问题，如在有益的认知状态出现之后是否存在某些公开宣告。即，利用广义公开宣告算子，可以对可达性问题进行形式处理，主要用于基于语义框架的协议。这样的可达性问题在可知性方面具有重要的作用。

A. 时间任意公开宣告逻辑

为了利用算子对 TPAL 进行扩充，需要某些预备的知识。在 PAL 的框架中，《基于宣告之后知道的知识》(Balbiani et al，2008) 引入了算子 $\Diamond$，$\Diamond\varphi$ 通常可读作“某些公开宣告之后，φ 为真”。该算子的语义可以通过下面的方式给出：

$$\mathcal{M}, w \vDash \Diamond\varphi，当且仅当，\exists\psi \in \mathcal{L}_{pal}：\mathcal{M}, w \vDash \langle !\psi \rangle \varphi$$

利用任意公开宣告逻辑算子对 PAL 进行扩充，用 $\mathcal{L}_{apal}$ 表示 APAL 语言。

为了研究 TPAL 中的广义算子，需要注意下面的事实。在 PAL 中，宣告序列等价于某些简单的宣告，根据下面模式的有效性：

$$\langle !\alpha\rangle\langle !\beta\rangle\varphi \leftrightarrow \langle !(\langle !\alpha\rangle\beta)\rangle\varphi$$

但是，在 TPAL 中该模式是无效的，因为即使宣告的序列是有效的，而对应的简单宣告却不是有效的。这样，就需要对简单宣告和 TPAL 中的框架语义中的宣告序列做出区分；同时为了引入两种广义的公开宣告算子，需要研究基于简单宣告和宣告序列上的量化问题。

给定一个主体集 $\mathcal{A}$ 以及可数的命题字母集 At。

定义 3.48（TAPAL 语言）　利用算子◇和◇* 而进行的扩充的TAPAL 语言，在 $\mathcal{L}_{tapal}$ 中的公式可归纳定义如下：

$$\varphi ::= \top \mid p \mid \neg\varphi \mid \varphi\wedge\psi \mid [i]\varphi \mid \langle !\theta\rangle\varphi \mid \Diamond\varphi \mid \Diamond^*\varphi$$

其中 $p\in At$，$i\in\mathcal{A}$ 且 $\theta\in\mathcal{L}_{el}$。◇和◇* 的对偶算子分别为□和□*，都可以采用标准方法进行定义。其他的算子可以按照定义 3.25 中的定义给出。

$\Diamond\varphi$ 和 $\Box\varphi$ 分别解释为“某些宣告被提出之后，φ 是真的”和“任意公开宣告之后，φ 是真的”。$\Diamond^*\varphi$ 和 $\Box^*\varphi$ 分别解释为“某公开宣告序列被提出之后，φ 是真的”和“任意的公开宣告序列被提出之后，φ 是真的”（序列也可能是空的）。该扩充称为任意时间公开宣告逻辑。

定义 3.49（真值）　令 PAL 和 $\mathcal{PAL}$ 分别为 E 中的公开宣告类和状态独立-PAL-协议类。给定 $\mathcal{H}=(H,\sim,V)\in\mathcal{F}(\mathcal{PAL})$ 和历史 $h\in H$，TAPAL 公式 φ 的真值在 h 上可归纳定义如下。下面仅给出◇和◇* 的定义，其他的定义和在定义 3.28 中所给出的定义相同。

$$\mathcal{H}, h\vDash\Diamond\varphi \text{ 当且仅当 } \exists !\psi\in PAL: h!\psi\in H \text{ 且 } \mathcal{H}, h!\psi\vDash\varphi$$

$$\mathcal{H}, h\vDash\Diamond^*\varphi \text{ 当且仅当 } \exists !\sigma\in PAL^*: h\sigma\in H \text{ 且 } \mathcal{H}, h\sigma\vDash\varphi$$

一致性、可满足性、有效性等可采用类似于定义 3.29 中的标准方法的定义。

B. 语义

下面给出 TAPAL 的语义性质及其与 APAL 的区别。首先，考虑下面的性质：

(1) $\vDash\Box\varphi\rightarrow\varphi$　　　　(2) $\vDash\Box\varphi\rightarrow\Box\Box\varphi$

(3) $\vDash\Box\Diamond\varphi\rightarrow\Diamond\Box\varphi$　　　　(4) $\vDash\Diamond\Box\varphi\rightarrow\Box\Diamond\varphi$

命题 3.14　广义算子

A. (1)-(4) 中所有的性质在 APAL 中成立。

B. (1)-(4) 中没有一条性质在 TAPAL 中成立。

C. 性质 (1)-(2) 成立，当$\Diamond$和$\Box$分别用$\Diamond^*$和$\Box^*$替换之后，性质 (3) 和 (4) 在 TAPAL 中不成立。

证 性质 A (1)-(4) 在 APAL 中成立，下面仅证明 B (3)-(4) 以及 C (3)-(4)。其反例如下：

B (3)　令 $\mathcal{M}$, $w\vDash p$。定义 $p(w)=\{!\top, !\top!\top, !\top!p, !\top!p!\top\}$。模型 $\mathcal{H}$=**Forest** ($\mathcal{M}$, p) 可以用图 3.9 表示。在此有 $\mathcal{H}$, $w!\top!p\vDash\langle!\top\rangle\top$，但 $\mathcal{H}$, $w!\top!\top\nvDash\langle!\top\rangle\top$。因此，有 $\mathcal{H}$, $w\vDash\Box\Diamond\langle!\top\rangle\top$，但 $\mathcal{H}$, $w\vDash\Box\Diamond\neg\langle!\top\rangle\top$，即 $\mathcal{H}$, $w\nvDash\Diamond\Box\langle!\top\rangle\top$。

B (4)　在图 3.9 中，$\mathcal{H}$, $w!\top!p\vDash\Box\top$，其生成 $\mathcal{H}$, $w!\top\vDash\Diamond\Box\top$，但 $\mathcal{H}$, $w!\top!\top\nvDash\Diamond\top$，其生成 $\mathcal{H}$, $w!\top\nvDash\Box\Diamond\top$。

C (3)　令 $\mathcal{M}$, $w\vDash p$。定义 $p(w)=\{!\top, !\top!p, !\top!p!\top, !\top!p!\top!p, \cdots\}$。令 $\mathcal{H}$ 为 **Forest** ($\mathcal{M}$, p)，称对每一 $\mathcal{H}$ 中的 h，存在 σ, $\sigma'\in p(w)$ 使得 $\mathcal{H}$, $h\sigma\vDash\langle!\top\rangle\top$ 且 $\mathcal{H}$, $h\sigma'\nvDash\langle!\top\rangle\top$。每一 h 结点为 $\top$或者 p。如果 h 结点为 $!\top$，那么取 $\sigma=!p$ 且 $\sigma'=\varnothing$；如果 h 结点为 $!p$，那么取 $\sigma=\varnothing$ 且 $\sigma'=!\top$，可推出 $\mathcal{H}$, $w\vDash\Box\Diamond\langle!\top\rangle\top$ 以及 $\mathcal{H}$, $w\vDash\Box\Diamond\neg\langle!\top\rangle\top$，这样，该模型为 (3) 的反例。

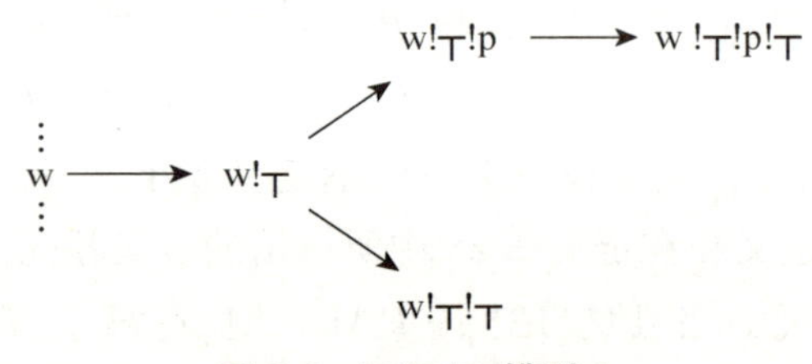

图 3.9　TAPAL-模型 1

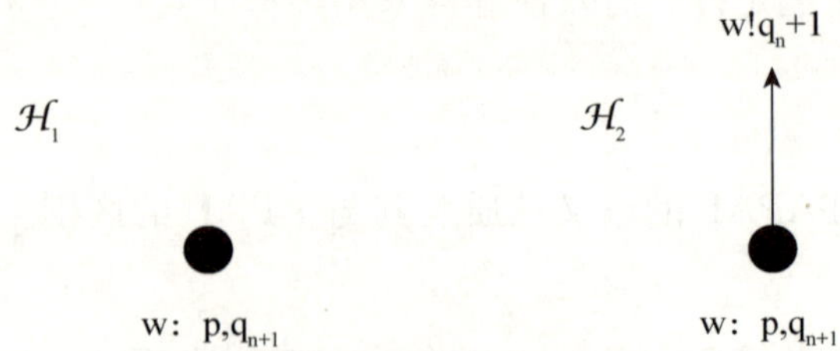

图 3.10　TAPAL-模型 2

C (4)　图 3.10 中的模型和 B (4) 相类似。

命题 3.15　严格地说，TAPAL 比 TPAL 具有更强的表达力。

证 考虑公式◇p。采用反证法，假设该公式等价于某些 TPAL 公式 ψ。因为 TPAL 的公式是有穷的，只存在有穷多的命题字母 q_1，q_2，…，q_n，都属于 ψ。令 q_{n+1} 为命题字母，但其和所有的 q_1，q_2，…，q_n 不相同，且 $\mathcal{M}$ 为认知模型，只有一个状态 w，其上有 p，q_{n+1} 在这两个状态下都是真的。那么定义 p_1，p_2 为 p_1（w）$=\varnothing$ 且 p_2（w）$=$ $\{!q_{n+1}\}$。现在考虑 $\mathcal{H}_1=$**Forest**（$\mathcal{M}$，p_1）和 $\mathcal{H}_2=$**Forest**（$\mathcal{M}$，p_2）。

因为（p_1（w））$_{AOC(\psi)}=$（p_2（w））$_{AOC(\psi)}$，可以从观察 3.3 中推出 ψ 在 $\mathcal{H}_1$，w 和 $\mathcal{H}_2$，w 上具有相同的值。但是，显然 $\mathcal{H}_1$，w$\nvDash$◇p，且 $\mathcal{H}_2$，w$\vDash$◇p。这样就得出了矛盾。

另一方面，因为◇和◇*是未来算子，其公式的真值并不依赖于赋值点，这样就可以得到类似于 TPAL 中观察 3.2 的结论。然而，在 TAPAL 中的每一公式无法通过公式的深度显性地替换上确界，这是因为算子◇*基于所有未来公开宣告的有穷序列的量化。

观察 3.6 令 $\mathcal{M}$ 为认知模型，Prot 为基于 $\mathcal{M}$ 上的状态独立协议。对所有 w∈Dom（$\mathcal{M}$）且 $\sigma\in\bigcup_{w\in Dom(M)}$Prot（w），如果◇*不在 φ 中出现，那么：

Forest（$\mathcal{M}$，*Prot*），w$\sigma\vDash\varphi$ 当且仅当 **Forest**（$\mathcal{M}^{\sigma,p}$，$Prot^{\sigma\lesssim}_{d(\varphi)}$），w$\sigma\vDash\varphi$

其中 d（φ）为形如<!θ>或者◇的算子中的最大数目的重叠。如果◇*在 φ 中出现，那么

Forest（$\mathcal{M}$，*Prot*），w$\sigma\vDash\varphi$ 当且仅当 **Forest**（$\mathcal{M}^{\sigma,p}$，$Prot^{\sigma<}$），w$\sigma\vDash\varphi$

根据◇*的特征可以生成下面的命题：

命题 3.16 TAPAL 比没有出现◇*片段的系统具有更强的表达力。

证 考虑□*<! ⊤> ⊤。利用反证法。假设该公式等价于不出现◇*公式的某些公式。令 $\mathcal{M}$ 为认知模型且只有一个状态 w。将 k 的序列! ⊤表示为! $\top^K$。令 d（ψ）为算子<!θ>和在 ψ 中◇的最高的嵌入出现的算子。定义 p_1，p_2 为使得 $p_1(w)=\{!\top_i \mid 0\leqslant i\leqslant d(\psi)\}$ 且 $p_2(w)=\{!\top_i \mid i\in N\}$。现在考虑 $\mathcal{H}_1=$**Forest**（$\mathcal{M}$，p_1）和 $\mathcal{H}_2=$**Forest**（$\mathcal{M}$，p_2）。该模型可用图 3.11 例示。因为 $\mathcal{H}_2=$**Forest**（$\mathcal{M}$，$p_2{}^{\lambda\lesssim}_{d(\psi)}$）且 λ 为空序列，可以从观察 3.6 推出 ψ 在 $\mathcal{H}_1$，w 上和 $\mathcal{H}_2$，w 上具有相同的值。另一方面，$\mathcal{H}_1$，w $\top^{d(\psi)}\nvDash$<! ⊤> ⊤，可推出 $\mathcal{H}_1$，w$\nvDash$□*<! ⊤> ⊤，而显然 $\mathcal{H}_2$，

$w \vDash \Box^{*} \langle ! \top \rangle \top$。

$$\mathcal{H}_1: w \to w!\top \to \cdots \to w!\top^{d(\psi)}$$
$$\mathcal{H}_2: w \to w!\top \to \cdots \to w!\top^{d(\psi)} \to \cdots$$

图 3.11　TAPAL-模型 3

命题 3.17　TAPAL 不是紧致的。

证　根据集合 $\Gamma = \{\neg\langle !\theta\rangle p \mid \theta \in \mathcal{L}_{el}\} \cup \{\Diamond p\}$ 或者集合 $\bigcup_{i=0}^{\infty}\Gamma_i \cup \{\Diamond^{*} p\}$，其中 $\Gamma_i = \{\neg\langle !\theta_0\rangle \cdots \langle !\theta_i\rangle p \mid \theta_j \in \mathcal{L}_{el}\ (0 \leqslant j \leqslant i)\}$。

C. 公理系统

下面我们考虑 TAPAL 的公理系统。令$\Diamond^n$和$\Box^n$为$\Diamond$和$\Box$的第 n 个序列。当 n=0 时，$\Diamond$和$\Box$表示 φ。给定 $\sigma = \sigma_1 \cdots \sigma_{n-1} \in PAL^{*}$，用$\langle\sigma\rangle$表示序列$\langle\sigma_0\rangle \cdots \langle\sigma_{n-1}\rangle$并且用 $[\sigma]$ 表示 $[\sigma_0] \cdots [\sigma_{n-1}]$。当 n=0 时，$\langle\sigma\rangle\varphi$ 和 $[\sigma]\varphi$ 表示 φ。最后，定义 TAPAL 公式 φ 的复杂度为：

$|p| = 0$，p 为命题

$|\neg\varphi| = |\Diamond\varphi| = |\Diamond^{*}\varphi| = |\varphi| + 1$

$|\varphi \wedge \psi| = |\langle !\varphi\rangle\psi| = |\varphi| + |\psi| + 1$

定义 3.50（TAPAL 的公理系统）　TAPAL 的公理系统为 TPAL 公理系统的扩充，主要是增加了下面的公理模式和推理规则：

公理模式

A2　$\langle !\chi\rangle\varphi \to \Diamond\varphi$，对任意的 $!\chi \in PAL$

A3　$\Diamond^{*}\varphi \leftrightarrow \varphi \vee \Diamond\Diamond^{*}\varphi$

推理规则

R（$\Box$）　如果 $\vdash \varphi \to [\sigma][!\top_0]\psi$，那么 $\vdash \varphi \to [\sigma]\Box\psi$，其中 $\top_0$ 为 $\mathcal{L}_{el}$ 中的重言式使得 $!\top_0$ 不出现在 φ 或者 $[\sigma]\Box\psi$ 中

R（$\Box^{*}$）　如果 $\vdash \varphi \to [\sigma]\Box^{K}\psi$，对每一 k 使得 $0 \leqslant k \leqslant |\varphi| + 1$，那么 $\vdash \varphi \to [!\sigma]\Box^{*}\psi$

第一，A2 表示事实$\Diamond$生成公开宣告算子$\langle !\theta\rangle$。第二，A3 起到了类似于 PDL 中的固定点公理的作用，可以看作类似的公理模式。第三，R（$\Box$）事实上等价于下面的可靠性规则，其为在参考文献［20］中的 APAL 系统中的规则的修改：

R′（$\Box$）　如果 $\vdash \varphi \to [\sigma][!p]\psi$，其中 p 属于 At 使得 $!p$ 不出现在 φ 中或者 $[\sigma]\Box\psi$ 中，那么 $\vdash \varphi \to [\sigma]\Box\psi$

该规则阐明了规则 R（$\Box$）的作用。观察 R′（$\Box$）和一阶规则的类

似性：

FOQ　如果$\vdash \varphi \to \psi$且在φ中不出现 x，那么$\vdash \varphi \to \forall x\psi$

事实上，在对 TAPAL 的完全性的证明过程中，R（□）的作用非常类似于一阶逻辑中的完全性的证明中的一阶规则的应用。但是，用 R（□）代替 R′（□），因为是根据 PAL 生成的认知时间逻辑模型的性质提取出来的，故保持了模型典范性（命题 3.8），并且利用这条性质之后会使可靠性的证明变得更加简化。

第四，R（□*）的作用，可以考虑下面的规则：

R′（□*）　如果$\vdash \varphi \to [\sigma]\Box^n\psi$，对所有的 $n \geqslant 0$，那么$\vdash \varphi \to [\sigma]\Box^*\psi$

其给出了语义定义，可以直接看出该无穷规则是可靠的。规则 R（□*）可以根据 n 的可靠性从公式φ的复杂度$|\varphi|$的无穷规则中证明。

D. 可靠性

公理模式和必然化规则可以直接推出。下面仅粗略地证明 R（□）和 R（□*）的可靠性的证明。

首先，需要对移植的模型转换进行形式处理。给定公开宣告序列σ，令 $AOC(\sigma)$ 为在σ中出现的公开宣告集，即：

$$AOC(\sigma) = AOC(\sigma_1) \cup \cdots \cup AOC(\sigma_{len(\sigma)})$$

给定基于 $\mathcal{M}$ 上的协议 p，令 $AOC(p)$ 为在 p 中出现的公开宣告集，即：

$$AOC(p) = \bigcup_{\{\sigma \mid \exists w \in Dom(M): \sigma \in p(w)\}} AOC(\sigma)$$

定义 3.51　移植模型 $H^{[\sigma\tau \to \sigma!\top 0]}$可以通过对应于$\to \sigma!\top_0$的移植 $\mathcal{H}$ 获得，且为多元组（$H^{[\sigma\tau \to !\top 0]}$，$\sim^{[\sigma\tau \to !\top 0]}$，$V^{[\sigma\tau \to !\top 0]}$）可定义如下：

(1) $H^{[\sigma\tau \to !\top 0]} := H \cup \{w\sigma!\top_0 v \mid \exists v \in PAL^*: w\sigma\tau v \in H$ 且 $w \in \mathcal{M}\}$

(2) $(h, h') \in \sim^{[\sigma\tau \to !\top 0]}$当且仅当

$(h, h') \in \sim(i)$，或者

$h = w\sigma!\top_0$，$h' = v\sigma!\top_0 v'$且$(\sigma\tau v, v\sigma\tau v') \in \sim(i)$

(3) $h \in V^{[\sigma\tau \to !\top 0]}(p)$ 当且仅当

$h \in V(p)$

$h = w\sigma!\top_0 v$ 且 $w\sigma\tau v \in V(p)$

给定序列$\sigma\tau$，在 $\mathcal{H}$ 中，$\sigma\tau$ 上的认知时间逻辑（ETL）模型中取分支。在该分支的底部将新的重言式$!\top_0$联结起来，在基础认知模型中，将

这些分支联结到所对应的借助 w 的形如 $w\sigma$ 的结点上。

观察 3.7 令 $\mathcal{G}=\mathcal{H}^{[\sigma\tau\rightarrow!\top0]}$，那么 $\mathcal{G}=$ **Forest**（$\mathcal{M}$，$p^{G,\lambda<}$），其中 λ 为空序列。

证 此证明类似于观察 3.5。

命题 3.18（移植分支上的保持） 对任意的 $\varphi\in\mathcal{L}_{tapal}$，

$\mathcal{H}$，$w\sigma\tau\vDash\varphi$ 当且仅当 $\mathcal{H}^{[\sigma\tau\rightarrow!\top0]}$，$w\sigma!\top_0\vDash\varphi$

证 该证明可以直接根据观察 3.6 以及 $\mathcal{H}^{[\sigma\tau\rightarrow!\top0]}$的构造推出。

该命题给出了涉及移植模型的真值保持理论，即公式的真值在新的移植分支的底部是可保持的。然而，移植在通常情况下并不是可保持的，当通过移植进行模型转换的时候，需要注意公式的真值的可保持性。

R（□）的可靠性

命题 3.19（典范性） 令 $\mathcal{H}=$**Forest**（$\mathcal{M}$，p）$\in F$（PAL），令 X 为 $\mathcal{L}_{el}$中的有穷子集，另外，令 φ_0，φ_1，…为 $\mathcal{L}_{el}/X$ 中不重复的公式的枚举，$\top_0$，$\top_1$，…为 $\mathcal{L}_{el}/X$ 中不重复的重言公式的枚举。那么对每一 h 和 TAPAL 公式 φ 使得 AOC（φ）$\subseteq X$

$\mathcal{H}$，$h\vDash\varphi$ 当且仅当 $\mathcal{H}$［$!\top_0/!\varphi_0$，$!\top_1/!\varphi_1$，…］，h［$!\top_0/!\varphi_0$，$!\top_1/!\varphi_1$，…］$\vDash\varphi$

证 可以直接施归纳于 φ，参看命题 3.8 的证明过程。

接着，考虑对应于［$\sigma\tau\rightarrow!\top_0$］的移植，其中 len（τ）＝1 保持了 TAPAL 公式的真值。

引理 3.11 用 len（τ）＝1 的移植。令 $Prot$ 为基于 $\mathcal{M}=$（W，～，V）上的 sd-协议，$\mathcal{H}=$**Forest**（$\mathcal{M}$，$Prot$）且在 $\mathcal{H}$中的 $w\tau\sigma!\psi$，其中 $w\in W$。对每一 φ，如果重言式 $\top\in PAL^*$ 但不属于 AOC（φ）$\cup AOC$（$Prot$），那么

$\mathcal{H}$，$w\tau\vDash\varphi$ 当且仅当 $H^{[\sigma\tau\rightarrow\tau\sigma!\top0]}$，$w\tau\vDash\varphi$

证 可以通过施归纳于 φ 直接证明。

为了证明 R（□）的可靠性，只需要证明下面的定理。

定理 3.12（R（□）的可靠性） 如果 $\varphi\wedge\langle\sigma\rangle\Diamond\psi$ 在 F（PAL）中是可满足的，那么 $\varphi\wedge\langle\sigma\rangle\langle!\top_0\rangle\psi$ 在 F（PAL）中是可满足的，其中 $\top_0$为 $\mathcal{L}_{el}$中的重言式，使得$!\top_0$不在 φ 或者$\langle\sigma\rangle\Box\psi$ 中出现。

可粗略证明如下。假设 $\varphi\wedge\langle\sigma\rangle\Diamond\psi$ 在 $\mathcal{H}$中存在 h 是真的，那么 φ 在 h 上是真的。存在$!\theta$ 使得 $h\sigma!\theta$ 属于 $\mathcal{H}$，ψ 在 $h\sigma!\theta$ 上是真的。该条件可

以用图 3.4 的左边的图像进行例示。通过下面的三个条件对模型 $\mathcal{H}$ 进行修改：(1) 从 $h\sigma!\theta$ 开始取子树（在图中该结点通过用 ψ 进行加标表示）；(2) 用新的支! $\top_0$ 到其所属的底部获得子树；(3) 移植新的子树到 $h\sigma$，并且通过不可区分关系来连接结点 $h\sigma$，其中 $!\theta$ 可能会发生。用 $\mathcal{H}'$ 表示采用这种方法所获得的模型。$\mathcal{H}'$ 可以通过图 3.4 中的右边的图像进行例示。称公式 $\varphi\wedge\langle\sigma\rangle\Diamond\psi$ 在 $\mathcal{H}'$ 中的 h 上是真的。首先，因为 TAPAL 公式为“将来性的”，根据观察 3.6，ψ 在 $h\sigma!\ \top_0$ 上是真的，因为新的子树结构和旧的子树结构相同。因此，$\Diamond\psi$ 在 $h\sigma$ 上是真的，可以推出 $\langle\sigma\rangle\Diamond\psi$ 在 h 上是真的。另外，φ 的真值在该转换下是可保持的，因为根据假设! $\top_0$ 不在 φ 中出现，φ 不能对新的和旧的子树进行区分。故 $\varphi\wedge\langle\sigma\rangle\Diamond\psi$ 事实上是可满足的。

以上的过程都是严密的，并且上面的证明可以获得 R（$\Box$）是可靠的。

证　假设 $\varphi\wedge\langle\sigma\rangle\Diamond\psi$ 是可满足的。这样，令 **Forest**（$\mathcal{M}$，*Prot*），$h\vDash\varphi\wedge\langle\sigma\rangle\Diamond\psi$。对某些 $\alpha\in PAL$，可推出 **Forest**（$\mathcal{M}$，*Prot*），$h\vDash\varphi\wedge\langle\sigma\rangle\langle\alpha\rangle\psi$。取 $X:=AOC$（$\varphi\wedge\langle\sigma\rangle\langle\alpha\rangle\psi$）。另外，令 Taut 为 $\mathcal{L}_{el}$ 中的重言公式集，取 $Taut':=Taut\setminus X$，那么将 Taut′ 中的元素枚举出来，令 $\top_0'$，$\top_1'$，…为枚举的结果。列举出 $\mathcal{L}_{pal}\setminus X$ 中不重复的公式，使得 $\top_0'$ 为第一个元素。将列举的元素记为 $\top_0'$，φ_1'，φ_2'，…，那么根据命题 3.19，取下面的参数：

$$X:=AOC\ (\varphi\wedge\langle\alpha\rangle\psi)$$

$$\varphi_0:=\top_0',\ \varphi_1:=\varphi_1',\ \cdots,\ \varphi_i:=\top_i',\ \cdots$$

$$\top_0:=\top_1',\ \top_1:=\top_2',\ \cdots,\ \top_i':=\top_{i+1}',\ \cdots$$

根据命题 3.19 以及观察 3.5，可得：

$$\textbf{Forest}\ (\mathcal{M},\ Prot'),\ h'\vDash\varphi\wedge\langle\sigma\rangle\langle\alpha\rangle\psi$$

对某些 p′ 使得! $\top_0'\notin AOC$（p'）。可推出 **Forest**（$\mathcal{M}'$，$Prot'$），$h'\sigma\alpha\vDash\psi$，可借助于引理 3.11（或者命题 3.18）而得：

$$\textbf{Forest}\ (\mathcal{M},\ Prot')^{[\sigma\tau\to\tau\sigma!\ \top 0]},\ h'\ \sigma!\ \top_0'\vDash\psi$$

类似地，借助于引理 3.11 中的 **Forest**（$\mathcal{M}$，$Prot'$），$h'\vDash\varphi$，可得：

$$\textbf{Forest}\ (\mathcal{M},\ Prot')^{[\sigma\tau\alpha\to\tau\sigma!\ \top 0]},\ h'\vDash\varphi$$

根据观察 3.7，模型 **Forest**（$\mathcal{M}$，$Prot'$）$^{[\sigma\tau\alpha\to\tau\sigma!\ \top 0]}\in F$（$PAL$），因此，$\varphi\wedge\langle\sigma\rangle\langle!\ \top_0\rangle\psi$ 在 F（PAL）中是可满足的。

推论 3.3　令所有的 φ，$\psi\in\mathcal{L}_{tapal}$ 且 $\sigma\in PAL^*$。另外，令 p，$\top_0$ 为 $\mathcal{L}_{el}$ 中

的命题字母和重言式使得$!p, !\top_0 \notin AOC(\varphi) \cup AOC(\psi) \cup AOC(\sigma)$，那么：

$$\vdash \varphi \to [\sigma][!p]\psi \leftrightarrow \vdash \varphi \to [\sigma][!\top_0]\psi \leftrightarrow \vdash \varphi \to [\sigma]\Box\varphi$$

证 根据规则 R′（□）以及定理 3.12 中关于□的语义定义，可靠性可直接推出。

R（□*）的可靠性

下面处理 R（□*）。

命题 3.20（◇* 可归约为◇） 对每一 $\varphi \in \mathcal{L}_{tapal}$，如果$\Diamond^* \varphi$在 $F(PAL)$中是可满足的，那么对 n=0 或者 n=1，$\Diamond^n \varphi$ 在 $F(PAL)$ 中是可满足的。

证 如果 $\mathcal{H}, h \vDash \Diamond^* \varphi$ 且 $h = w\tau$，那么存在 $\sigma \in \sum^*_{pal}$ 使得 $\mathcal{H}, h \vDash \langle\sigma\rangle\varphi$。如果 σ 是空的，命题成立。假设 σ 是非空的。根据在定理 3.12 中的证明方法，可得重言公式 $\top_0$，模型 $\mathcal{H}'$以及 $\mathcal{H}'$中的历史 h 使得 $\top_0$ 不出现在 $\mathcal{H}'$中，且 $\mathcal{H}', h \vDash \Diamond^* \varphi$。那么根据在定理 3.12 中给出的类似的论证，可得：

$$(\mathcal{H}')^{[\sigma\tau \to \tau! \top 0]}, h'! \top_0 \vDash \varphi$$

可推出$\Diamond\varphi$是可满足的。

推论 3.4 对每一 $\varphi \in \mathcal{L}_{tapal}$，

$\vdash \Box\varphi$ 当且仅当$\vdash \Box^* \varphi$

接着定义初始盒子迭代表示为□。

观察 3.8 每一 TAPAL 公式等价于根据下面的归纳定义而构造的 TAPAL 公式：

$$\varphi ::= \top \mid p \mid \neg p \mid \varphi \wedge \psi \mid \langle i \rangle \varphi \mid [i]\varphi \mid \langle !A \rangle \varphi \mid [!\theta]\varphi \mid \Diamond\varphi \mid \Box\varphi \mid \Diamond^*\varphi \mid \Box^*\varphi$$

其中 $p \in At$，$i \in \mathcal{A}$ 且 $\theta \in \mathcal{L}_{pal}$。

证 根据对偶算子的定义以及标准的布尔等价式立即可以得证。

定义 3.52（初始盒子迭代□）

TAPAL 公式 φ 的初始盒子迭代 ibi（φ）可归纳定义如下：

（1）$ibi(p) = ibi(\neg p) = 0$，对于命题 p

（2）$ibi(\varphi \wedge \psi) = ibi(\varphi \vee \psi) = \max(ibi(\varphi), ibi(\psi))$

（3）$ibi(\langle i \rangle \varphi) = ibi([i]\varphi) = ibi(\varphi)$

（4）$ibi(\Diamond\varphi) = 0$

(5) ibi ($\Box\varphi$) =ibi (φ) +1

(6) ibi ($\Diamond^*\varphi$) =ibi ($\Box^*\varphi$) =ibi (φ)

下面就可以解释基于 **R** ($\Box^*$) 的可靠性的证明。假设 $\varphi\wedge<\sigma>\Diamond^*\psi$在 H 中的 $w\tau$ 上是真的（在基础认知模型 $\mathcal{M}$ 中的 w），那么对某些 v 在 $w\tau\sigma v$ 上 ψ 是真的。现在把模型 $\mathcal{H}$ 移植到对应的 $\tau\sigma v_0\rightarrow\tau\sigma!\top_0$上，根据引理 3.11，$\varphi\wedge<\sigma>\Diamond^*\psi$ 的真值可以得到保持。之后，采用类似的方法可以移植到 $\tau\sigma!\top_0$，重复移植的方法可得 ibi (φ)，即必须注意$\Box$算子的数目。移植 ibi (φ) 次之后，最终借助移植的方法于$\Diamond^*$算子，这样就可以保持 $\varphi\wedge<\sigma>\Diamond^*\psi$ 的真值，在给定了公式 $\varphi\wedge<\sigma>\Diamond^*\psi$ 的满足性时，也可以确定公式 $\varphi\wedge<\sigma>\Diamond^k\psi$ 的可满足性。

引理 3.12 ($\Box$的移植)　令 *Prot* 为基于 $\mathcal{M}=(W, \sim, V)$ 上的 sd-PAL-协议，φ 为 TAPAL 中的公式，令 $w\sigma\in Prot(w)$，取 $\mathcal{H}=$ **Forest** ($\mathcal{H}$, *Prot*) 且 ibi (φ) =m。另外，令 τ 为 TAPAL 公式序列，使得 **len** (τ) $\geqslant$m。令 $\top_0\notin AOC(\varphi)\cup AOC(Prot)$，那么对每一 $v\in\sum_{pal}^*$ 且 $w\in W$，如果 $w\sigma\tau v\in\mathcal{H}$，

$$\mathcal{H}, w\sigma\vDash\varphi\rightarrow\mathcal{H}^{[\sigma\tau v\rightarrow\sigma\tau!\top 0]}, w\sigma\vDash\varphi$$

证　该证明可以通过施归纳于 φ 直接推出，参照观察 3.8 中关于 TAPAL 中的公式的等价公式。

定理 3.13　如果 $\varphi\wedge<\sigma>\Diamond^*\psi$ 在 $F(PAL)$ 中是可满足的，那么对某些 k，$\varphi\wedge<\sigma>\Diamond^k\psi$ 在 $F(PAL)^+$ 中是可满足的，使得 $0\leqslant k\leqslant$ ibi (φ) −len (σ) +1，其中如果 a−b>0，a−b=a−b；否则 a−b=0。

证　令 $\mathcal{H}=$**Forest** ($\mathcal{M}$, *Prot*) 以及 $\mathcal{H}$ 中的 $w\tau$ 和 $\mathcal{M}$ 中的 w。假设 $\mathcal{H}, w\tau\vDash\varphi\wedge<\sigma>\Diamond^*\psi$，根据$\Diamond^*$的语义，存在 $v=v_0\cdots v_{n-1}$使得：

$$\mathcal{H}, w\tau\vDash\varphi\wedge<\sigma><v>\psi \qquad \text{(i)}$$

如果 ibi (φ) −len (σ) $\geqslant$len (v)，结论正确。因为对某些 $k\leqslant$ ibi (φ) −len (σ) +1，$\mathcal{H}, w\tau\vDash\varphi\wedge<\sigma>\Diamond^k\psi$。

假设 ibi (φ) −len (σ) <len (v)。令 a=len (σ) 且 b=ibi (φ)，那么取 $\mathcal{L}_{pal}$ 中不可区分的重言式序列 $\top_0$，…，$\top_{[(b-a)-1]+1}$。根据定理 3.12 中所给的类似的证明方法，可假设 $\top_0$，…，$\top_{[(b-a)-1]+1}\notin AOC$ (*Prot*)，那么定义

$$\mathcal{H}=(\cdots(H^{[w\tau\sigma v0\rightarrow w\tau\sigma!\top 0]})\cdots)^{[w\tau\sigma!\top 0\cdots!\top(b-a)-2v(b-a)-1\rightarrow w\tau\sigma!\top 0\cdots!\top(b-a)-2!\top(b-a)-1]}$$

重复使用引理 3.11，有：

$\mathcal{H}'$，$w\tau \vDash \varphi$ (ii)

由（i）可推出：

$\mathcal{H}'$，$w\tau\sigma!\top_0\cdots!\top_{(b-a)-1} \vDash \langle v_{(b-a)}\cdots v_{n-1}\rangle\psi$

因此，H′，$w\tau\sigma!\top_0\cdots!\top_{(b-a)-1} \vDash \Diamond^*\psi$。考虑下面的模型：

$\mathcal{H}'' := (\mathcal{H}')^{[w\tau!\top 0\cdots!\top(b-a)-1 vb-a\cdots vn-1 \to w\tau!\top 0\cdots!\top(b-a)-1!\top b-a]}$

根据命题 3.20 中的证明过程，可推出：

$\mathcal{H}''$，$w\tau!\top_0\cdots!\top_{(b-a)-1}!\top_{b-a} \vDash \psi$

于是有：$\mathcal{H}''$，$w\tau \vDash \Diamond^{b-a+1}\psi$

另外，根据引理 3.12 可推出：$\mathcal{H}''$，$w\tau \vDash \varphi$

因此，有 $\varphi \wedge \Diamond^{b-a+1}$ 在 $\mathcal{H}''$ 中是可满足的，根据构造，其属于 *F*（*PAL*）。

推论 3.5（R（□*）的可靠性） R（□*）相对于 *F*（*PAL*）类是可靠的。

证 根据上面的定理和事实 ibi（φ）－len（σ）＋1⩽ibi（φ）＋1⩽|φ|＋1 可以直接得证。

R（□）的可靠性

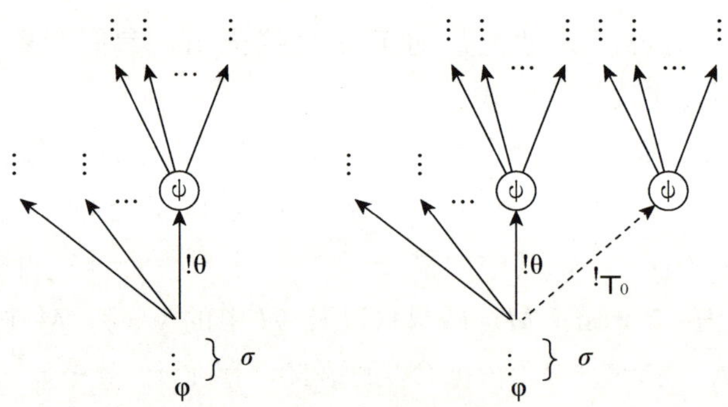

图 3.12　移植子树

上面可靠性的论证可以获得，用!p_0取代!$\top_0$，当 p_0 为命题字母使得!p_0不出现在 φ 或者［σ］□ψ 中。必须判断 p_0 的恰当的值，所以在上面的论证中其和 θ 的值是相一致的。因此，采用类似的方法，可以证明 R′（□）的可靠性。下面为根据这些事实推出的。

推论 3.6　令所有的 φ，$\psi \in \mathcal{L}_{tapal}$ 且 $\sigma \in PAL^*$。另外 p_0，$\top_0$ 分别为 $\mathcal{L}_{el}$ 中的命题字母和重言式使得!p_0或者 $\top_0$不出现在 φ 或者［σ］□ψ 中。那么：

$$\vdash \varphi \to [\sigma][!p_0]\psi \Leftrightarrow \vdash \varphi \to [\sigma][!\top_0]\psi \Leftrightarrow \vdash \varphi \to [\sigma]\Box\varphi$$

证 该证明可以立即从规则 R′（□）的可靠性以及定理 3.12 通过对□的语义定义推出。

R（$\square^*$）的可靠性

规则 R（$\square^*$）的作用可以根据下面规则的定义看出：

R′（$\square^*$） 如果$\vdash \varphi \to [\sigma]\ \square^n \psi$，对所有的 $n \geqslant 0$，那么$\vdash \varphi \to [\sigma]\ \square^* \psi$

给定了语义定义，可知该无穷规则是可靠的。

命题 3.21（$\Diamond^*$ 到◇的归约） 对每一 $\varphi \in \mathcal{L}_{tapal}$，如果 $\Diamond^* \varphi$ 在 *F*（*PAL*）中是可满足的，那么$\Diamond^n \varphi$ 在 *F*（*PAL*）中是可满足的，对 n=0 或者 n=1 的情况。

该命题的证明基于下面的思想。如果 $\mathcal{H}$，$h \vDash \Diamond^* \varphi$，那么存在 $\sigma \in PAL^*$ 使得 $\mathcal{H}$，$h \vDash <\sigma>\varphi$。根据定理 3.12 所给出的相类似的论证，根据基于 h 上的子树，并且采用一个恰当的！$\top_0$直到其所属的底部的结点，建立一个新的子树。那么可以将其移植到 h，并且该结点和 h 相连，其中 σ 可能会发生。因为新的子树和旧的子树的结构是相同的，φ 将在 h！$\top_0$上是可满足的。结果◇φ 将在 h 上是可满足的。这样，可以用！$\top_0$替换 σ 序列。

按照该观察，可知下面的断言成立：

断言 3.2 如果 $\varphi \wedge <\sigma>\Diamond^* \psi$ 在 *F*（*PAL*）中是可满足的，那么对于n=0 或者 n=1，$\varphi \wedge <\sigma>\Diamond^n \psi$ 在 *F*（*PAL*）中是可满足的。

定理 3.14 如果 $\varphi \wedge <\sigma>\Diamond^* \psi$ 在 *F*（*PAL*）中是可满足的，那么 $\varphi \wedge <\sigma>\Diamond^k \psi$ 在 *F*（*PAL*）中是可满足的，如果 a−b>0，对某些 k 使得 $0 \leqslant k \leqslant ibi(\varphi) - len(\sigma) + 1$，a−b=a−b；否则 a−b=0。

据此可得 R（$\square^*$）的可靠性的证明。

E. 完全性

最后提供 TAPAL 的（弱）完全性的证明，类似于前面的证明思想。但是，当构造典范模型时，某些涉及 TAPAL 的扩充需要注意。需要根据极大一致集 Σ 且满足下面的性质来构造典范模型。

定义 3.53 相对于◇*A* 的公式集 Σ 的饱和是关于◇的饱和，对每一形如$<\sigma>\Diamond\varphi$ 且 $\sigma \in PAL^*$ 的句子，$<\sigma>\Diamond\varphi \in \Sigma$ 可推出存在某些公式 θ 使得$<\sigma>\Diamond^n \varphi \in \Sigma$。

引理 3.13（林敦保姆引理） 每个一致的 TAPAL 公式 φ 都可以扩充为极大一致集且相对于◇和$\Diamond^*$是饱和的。

证 令 α_0，…，α_1，…为可枚举的 TAPAL 公式使得 $\alpha_0=\varphi$。构造序列集 Σ_0，Σ_1，…如下：

$\Sigma_0=\varnothing$

如果 $\Sigma_n\cup\{\alpha_n\}$ 是不一致的，那么 $\Sigma_{n+1}=\Sigma_n$

如果 $\Sigma_n\cup\{\alpha_n\}$ 是一致的，且 α_n 为形如 $<\sigma>\Diamond\psi$ 这样的公式，那么 $\Sigma_{n+1}=\Sigma_n\cup\{<\sigma>\Diamond\psi, <\sigma><!\top_0>\psi\}$ 对 $\mathcal{L}_{el}$ 中的重言式 $\top_0$ 使得 $!\top_0$ 不出现在 $<\sigma>\Diamond\psi$ 或者任意的 $\theta\in\Sigma_n$。这样的重言式是存在的，因为 Σ_n 是有穷的且在 $\mathcal{L}_{el}$ 中具有可数多的重言式。

如果 $\Sigma_n\cup\{\alpha_n\}$ 是一致的，且 α_n 为形如 $<\sigma>\Diamond^*\psi$ 这样的公式，那么取 k 使得 $\Sigma_n\cup\{<\sigma>\Diamond^*\psi, <\sigma>\Diamond^k\psi\}$ 是一致的，且取 $\Sigma_{n+1}=\Sigma_n\cup\{<\sigma>\Diamond^*, <\sigma>\Diamond^k\psi\}$。

利用归纳证明对于 $n\geqslant 1$ 时 Σ_n 是一致的。基础情况可由假设给出 φ 是一致的。假设 Σ_n 对任意的 n 是一致的。显然只需要证明下面的断言即可。

断言 3.3 如果 α_n 是形如 $<\sigma>\Diamond\psi$ 这样的公式，则 Σ_{n+1} 是一致的。

证 假设 Σ_{n+1} 是一致的，那么，必存在某些公式 ψ_1，ψ_2，…，$\psi_l\in\Sigma_m\cup\{<\sigma>\Diamond\psi\}$ 使得：

$$\vdash(\psi_1\wedge\cdots\wedge\psi_l)\rightarrow\neg<\sigma><!\top_0>\psi$$

但是，这可推出

$$\vdash(\psi_1\wedge\cdots\wedge\psi_l)\rightarrow[\sigma][!\top_0]\neg\psi$$

因为 $\top_0$ 为可选择的，所以 $\top_0$ 不出现 $[\sigma]\Box\psi$ 或者任意的 $\theta\in\Sigma_n$，可以借助 R（$\Box$）获得：

$$\vdash(\psi_1\wedge\cdots\wedge\psi_l)\rightarrow[\sigma]\Box\neg\psi$$

可推出 $\Sigma_m\vdash[\sigma]\Box\neg\psi$ 且 $\Sigma_m\vdash\neg<\sigma>\Diamond\psi$。但是这和假设 $\Sigma_n\cup\{\alpha_n\}$ 是一致的相矛盾。

断言 3.4 如果 $\Sigma_n\cup\{\alpha_n\}$ 是一致的，且 α_n 为形如 $<\sigma>\Diamond^*\psi$ 这样的公式，存在某些 m 使得 $\Sigma_n\cup\{\alpha_n, <\sigma>\Diamond^m\psi\}$ 是一致的。

证 利用反证法。假设不存在 m，那么，对所有的 $m\geqslant 0$，有：

$$\vdash\wedge\Sigma_n\rightarrow\neg<\sigma>\Diamond^m\psi$$

其中 $\wedge\Sigma_n$ 为 Σ_{m-1} 中的公式的合取。由此可推出，对所有的 m，

$$\vdash\wedge\Sigma_n\cup\{\alpha_n\}\rightarrow[\sigma]\Box^m\neg\psi$$

根据 R（$\Box^*$）

$$\vdash\wedge\Sigma_n\cup\{\alpha_n\}\rightarrow[\sigma]\Box^*\neg\psi$$

因此，有 $\Sigma_n \cup \{\alpha_n\} \vdash [\sigma] \Box^* \neg\psi$，因此 $\Sigma_n \cup \{\alpha_n\} \vdash \neg <\sigma> \Diamond^* \psi$。这和假设 $\Sigma_n \cup \{<\sigma>\Diamond^* \psi\}$ 是一致的相矛盾。

取 $\Sigma' = \bigcup_{i=0}^{\infty} \Sigma_i$。根据归纳，相对于◇和 $\Diamond^*$ 的极大性和饱和性是显然成立的。一致性可根据对 $n \geqslant 1$ 时，Σ_n 是一致的，采用标准的方法进行证明。

在证明真值引理之前，需要下面的命题。

命题 3.22　令 $\sigma \in PAL^*$，且 $len(\sigma) = n$，那么：

(1) $\vdash <\sigma>\varphi \to \Diamond^n \varphi$

(2) $\vdash \Diamond^n \varphi \to \Diamond^* \varphi$

证　直接地，关于第二条的证明可以借助于公理 A3。

引理 3.14（真值引理）　对每一公式 $\varphi \in \mathcal{L}_{tapal}$，

$\varphi \in \lambda(h)$ 当且仅当 $\mathcal{G}_{can}, h \vDash \varphi$

证　该证明可以通过施归纳于 φ。在此只给出◇和 $\Diamond^*$ 的情况。关于其他情况的论证可以参照引理 3.2 中的证明。

假设 φ 为形如 $\Diamond\psi$ 的公式。首先，假设 $\Diamond\psi \in \lambda(h)$。给定典范模型结构，每一 $\lambda(h)$ 是极大一致集，显然关于◇和 $\Diamond^*$ 是饱和的。因此，对某些 θ，有 $<!\theta>\psi \in \lambda(h)$。根据 $\mathcal{G}_{can}$ 的构造，有 $\psi \in \lambda(h!\theta)$。根据 *IH*，可得 $\mathcal{G}_{can}, h!\theta \vDash \psi$。因此，根据真值定义，有 $\mathcal{G}_{can}, h \vDash \Diamond\psi$。

对于另一方向，假设 $\mathcal{G}_{can}, h \vDash \Diamond\psi$。根据定义，存在 θ 使得 $h!\theta \in \mathcal{G}_{can}$，且 $\mathcal{G}_{can}, h!\theta \vDash \psi$。根据 *IH*，有 $\psi \in \lambda(h!\theta)$，其中，根据 $\mathcal{G}_{can}$ 的构造，可推出 $<!\theta>\varphi \in \lambda(h)$。根据 A2 可以推出 $\Diamond\varphi \in \lambda(h)$。

其次，假设 $\Diamond^* \psi \in \lambda(h)$。因为 $\lambda(h)$ 为极大一致集且相对于 $\Diamond^*$ 是饱和的。存在 $k \geqslant 0$ 使得 $\Diamond^k \psi \in \lambda(h)$，因为 $\lambda(h)$ 也相对于◇是饱和的，有 $<!\theta_1>, \cdots, <!\theta_k>\psi \in \lambda(h)$。这样，根据典范模型的构造，有 $\psi \in \lambda(h!\theta_1 \cdots !\theta_k)$，根据 *IH* 可以推出 $\mathcal{G}_{can}, h!\theta_1 \cdots !\theta_k \vDash \psi$，于是有 $\mathcal{G}_{can}, h \vDash \Diamond^* \psi$。

假设 $\mathcal{G}_{can}, h \vDash \Diamond^* \psi$。根据定义，等价于存在 σ 使得 $h\sigma \in \mathcal{G}_{can}$，并且 $\mathcal{G}_{can}, h\sigma \vDash \psi$。根据 *IH*，有 $\psi \in \lambda(h\sigma)$，根据对 λ 的构造，推出 $<\sigma>\psi \in \lambda(h)$。根据命题 3.22，有 $\Diamond^* \psi \in \lambda(h)$。

定理 3.15（完全性）　TAPAL 相对于 *F*（*PAL*）是弱完全的。

3.3.2　刻画过去

A. TPAL 和加标的过去算子

确定一个主体集 $\mathcal{A}$ 和可数的命题字母集 At。

定义 3.54（TPAL＋P 的语言） TPAL＋P 的语言 $\mathcal{L}_{tpal}^{P}$ 为利用算子 $P_{!\theta}$ 而对 $\mathcal{L}_{tpal}$ 进行的扩充。在 $\mathcal{L}_{tpal}^{P}$ 公式中可归纳定义如下：

$$\varphi ::= \top \mid p \mid \neg\varphi \mid \varphi\wedge\varphi \mid [i]\ \varphi \mid <!\theta>\varphi \mid P_{!\theta}\varphi$$

其中 $p\in At$，$i\in\mathcal{A}$ 且 $\theta\in\mathcal{L}_{el}$。算子 $P_{!\theta}$ 的对偶算子为 $\hat{p}_{!\theta}$ 按照标准的方法定义。其他算子的定义如定义 3.25。

$P_{!\theta}\varphi$ 可读作"公开宣告!θ 发生以后，φ 成立"。$\hat{p}_{!\theta}\varphi$ 可以读作"公开宣告!θ 发生之前，φ 成立"。但是，该读法不能推出!θ 事实上已经发生。如果!θ 没有发生，定义 $\hat{p}_{!\theta}$ 为空真。称余下的系统为利用加标的过去算子的时间公开宣告，并且可表示为 TDEL＋P。

定义 3.55（真值） 给定 $\mathcal{H}=(H, \sim, V)\in F(PAL)$，历史 $h\in H$，在 TPAL＋P 中的公式的真值可归纳定义如下。只给 $P_{!\theta}$ 的定义，其他的真值的定义如定义 3.28。

$$\mathcal{H}, h\vDash P_{!\theta}\varphi，当且仅当\ \exists h' 使得\ h=h'!\theta\ 且\ \mathcal{H}, h'\vDash\varphi$$

一致性、可满足性、有效性等可以按类似于定义 3.29 中的标准的方法。

B. 语义

下面，给出 TPAL＋P 的一些简单的语义，并且证明 TPAL 的典范定理，利用它表示 TPAL＋P 的公理系统。首先，下面的命题可直接用于修正 TPAL＋P 上定义的基础。

命题 3.23（有效性） 下面为 TPAL＋P 的有效性。

(1) $\vDash <!\theta>P_{!\theta}\varphi\leftrightarrow <!\theta>\top\wedge\varphi$

(2) $\vDash\neg <!\theta'>P_{!\theta}\top$，其中 $\theta'\neq\theta$

(3) $\vDash [!\theta]\ [i]\ P_{!\theta}\theta$

第（3）条和公式 $[!\theta]\ [i]\ \theta$。$[!\theta]\ [i]\ \theta$ 在目前的公式中是无效的，公开宣告之后成为假的。这样的公式类似于 $p\wedge\neg[i]\ p$。尽管主体无法知道如何变成假的，但他们一直知道在宣告之前它为真的。

下面可以看出，增加过去算子之后可以增强 TPAL 的表达力。$!\top K$ 可表示为 $k!\top$ 的序列。给定认知模型 $\mathcal{M}$，在 $\mathcal{M}$ 中的世界 w，定义 p 使得 $p(w)=\{!\top^{k}\mid 0\leqslant i\leqslant d(\psi)\}$。现在考虑 $H=$**Forest**$(\mathcal{M}, p)$，其可以用图 3.5 表示。因为 TPAL 没有刻画过去，每一个公式在该模型中的结点上是真的而在其他的结点上也是真的。在 TPAL＋P 中，可以对每一个模型中的点进行区分，称 $w!\top^{k}$，表示该 $P_{i\top}^{k}\top$，而 $P_{!\theta}^{k}$ 表示 k 为 $P_{!\theta}$ 中的连续的发生。

$\mathcal{H}$: w→w! ⊤→⋯→w! $\top^k$→⋯

图 3.13　TPAL＋P 的表达力

命题 3.24（表达力）　TPAL＋P 严格地比 TPAL 的表达力强。

给定 *AOC*，令宣告发生集为通过增加下面的条件到 TPAL＋P 中而进行的扩充：

$$AOC(P_{!\theta}\varphi) = \{!\theta\} \cup AOC(\varphi)$$

所以 *AOC*（φ）表示出现在 φ 中的公开宣告集。

命题 3.25（典范性）　令 $\mathcal{H}$=**Forest**（$\mathcal{M}$，p）∈*F*（*PAL*）。令 *X* 为 PAL 的有穷子集 *X*。另外，令$!\varphi_0$，$!\varphi_1$，⋯为 *PAL* \ *X* 中的公式中的可枚举的公开宣告且不重复，并且$!\top_0$，$!\top_1$，⋯为 *PAL* \ *X* 中可枚举的重言的公开宣告且没有重复。那么，对每一 h 和公式 $\varphi\in\mathcal{L}^{p}_{tpal}$ 使得 *AOC*（φ）⊆X，

$$\mathcal{H}, h\vDash\varphi \Leftrightarrow \mathcal{H}[!\top_0/!\varphi_0, !\top_1/!\varphi_1, \cdots], h[!\top_0/!\varphi_0, !\top_1/!\varphi_1, \cdots]\vDash\varphi$$

证　该证明可以施归纳于 φ。该情况不同于在命题 3.8 中的 P_ε。这样，假设 $\mathcal{H}$，h⊨ $P_{!\theta}\psi$。那么必存在 h′使得 h=h′!θ 且 $\mathcal{H}$，h′⊨ ψ，根据 *IH*，

$$\mathcal{H}[!\top_0/!\varphi_0, !\top_1/!\varphi_1, \cdots], h'[!\top_0/!\varphi_0, !\top_1/!\varphi_1, \cdots]\vDash\psi$$

因为!θ∈X，

$$(h'\theta)[!\top_0/!\varphi_0, !\top_1/!\varphi_1, \cdots] = h'[!\top_0/!\varphi_0, !\top_1/!\varphi_1, \cdots]\varepsilon$$

这样，

$$\mathcal{H}[!\top_0/!\varphi_0, !\top_1/!\varphi_1, \cdots], h'!\theta[!\top_0/!\varphi_0, !\top_1/!\varphi_1, \cdots]\vDash P_{!\theta}\psi$$

其他的方向类似。

C. 公理系统

TDEL＋P 的公理系统，需要一些定义。

定义 3.56（过去深度）　给定公式 φ，公式 φ 的过去深度 pd（φ）可定义如下：

pd（p）＝0，p 为命题

pd（¬φ）＝d（φ）

pd（φ∧ψ）＝max｛d（φ），d（ψ）｝

pd（［i］φ）＝d（φ）

$pd(\langle !\theta\rangle\varphi) = d(\varphi) - 1$

$pd(P_{!\theta}\varphi) = \max(d(\varphi), 0) + 1$

定义 3.57（TPAL＋P 的公理系统）　TPAL＋P 的公理系统是由 TPAL 公理系统进行的扩充，主要增加了以下的公理模式和推理规则：

公理

$P!K$　$\hat{P}_{!\theta}(\varphi\rightarrow\psi)\rightarrow(\hat{P}_{!\theta}\varphi\rightarrow\hat{P}_{!\theta}\psi)$

P1　$\langle !\theta\rangle P_{!\theta}P_{!\theta}\varphi\rightarrow\langle !\theta\rangle\top\wedge\varphi$

P2　$\langle !\theta\rangle P_{!\theta'}\varphi\rightarrow\bot$ if $!\theta\neq !\theta'$

推理规则

P!N　如果$\vdash\varphi$，那么$\vdash\hat{p}_{!\theta}\varphi$，对于$!\theta\in PAL$

R（P）　如果$\vdash[!\theta]\cdots[!\theta_{pd(\varphi)}]$，对每一$!\theta_1,\cdots,!\theta_{pd(\varphi)}$使得每一$!\theta_i$属于 AOC（φ）或者$!T(\varphi)$，那么$\vdash\varphi$，其中$!\top(\varphi)$为 pd（φ）集的重言公开宣告但不属于 *AOC*（φ）

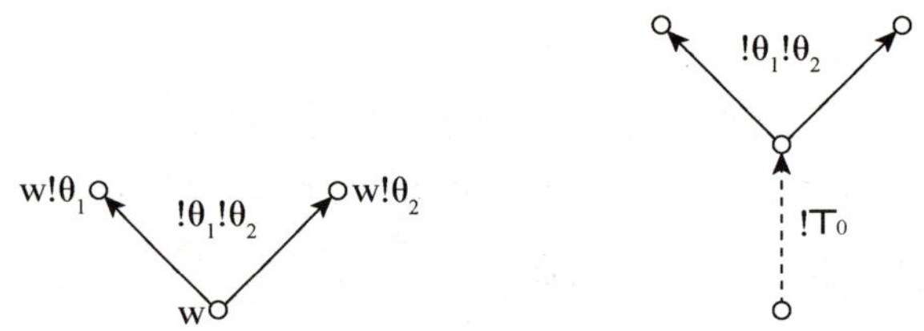

图 3.14　!⊤的转换历史

D. 可靠性证明

P1 和 P2 对应于命题 3.23 中的第 1 条和第 2 条。规则 R（P）等价于下面的陈述。

引理 3.15　如果 φ 在 *F*（*PAL*）中是可满足的，那么$\langle !\theta_1\rangle\cdots\langle !\theta_{pd(\varphi)}\rangle\varphi$在 *F*(*PAL*) 中是可满足的，对某些$!\theta_1,\cdots,!\theta_{pd(\varphi)}\in AOC(\varphi)\cup !\top(\varphi)$，其中$!\top(\varphi)$为不属于 *AOC*（φ）的重言公开宣告 pd（φ）集。

证　令$\mathcal{M}=(W,\sim,V)$为认知模型，p 为基于$\mathcal{M}$的状态独立协议。取$\mathcal{H}=$**Forest**$(\mathcal{M},p)$。假设$\mathcal{H},h\vDash\varphi$。假设$len(h)\geqslant pd(\varphi)+1$。令$\Sigma_0$为序列 h 的过去 pd（φ）元素集且不属于 *AOC*（φ），利用命题 3.25，所以在Σ_0中的元素可以用$!\top(\varphi)$中的元素进行替换。根据定义，$|\Sigma_0|\leqslant|!\top(\varphi)|$。用$\mathcal{H}'$和 h′分别表示典范的$\mathcal{H}$以及在$\mathcal{H}'$中的元素对应的 h。有：

$\mathcal{H}'$, $h' \vDash \varphi$

根据假设 len（h′）≥pd（φ）+1，有：

$\mathcal{H}'$, $h'_{len(h')-dp(\varphi)} \vDash < h'_{len(h')-dp(\varphi)+1} > \cdots < h'_{len(h')} > \varphi$

根据构造，每一 $h'_{len(h')-pd(\varphi)+1}$，…，$h'_{len(h')}$ 属于 *AOC*（φ）或者 !⊤（φ）。

假设 len（h）<pd（φ）+1。取 k=pd（φ）−len（h）+1。令 $!\top_0$ 为 !⊤（φ）中的元素。用 $!\top_0^k$ 表示序列 k $!\top_0$。构造基于 $\mathcal{M}$ 上的状态独立的协议 p^+，所以 p^+（w）为通过取有穷前缀 $\{!\top_0^k\sigma | \sigma \in p(w)\}$ 下的闭包集。那么，根据构造，对所有的 σ（可能为空）：

Forest（$\mathcal{M}^{!\top_0^k, p^+}$，$p^+_{!\top_0^k<}$），$(w!\top_0^k)\sigma \vDash$ 当且仅当 **Forest**（$\mathcal{M}$，p），$w\sigma \vDash \varphi$

其中 w 属于 $\mathcal{M}$，采用类似的证明，对所有的 σ，

Forest（$\mathcal{M}^{!\top_0^k, p^+}$，$p^+_{!\top_0^k<}$），$(w!\top_0^k)\sigma \vDash$ 当且仅当 **Forest**（$\mathcal{M}$，p^+），$w!\top_0^k\sigma \vDash \varphi$

如果上式得到证明，那么就可以证明 len（h′）≥pd（φ）+1 的情况。事实上，如果 h=wσ，那么 len（$w!\top_0^k\sigma$）=d（φ）+1。

为了证明上式，可以证明，对所有的 σ 和公式 ψ 使得 $!\top_0$ 不出现在 ψ 中：

Forest（$\mathcal{M}^{!\top_0^k, p^+}$，$p^+_{!\top_0^k<}$），$(w!\top_0^k)\sigma \vDash \psi$ 当且仅当 **Forest**（$\mathcal{M}$，p^+），$w!\top_0^k\sigma \vDash \varphi$

该证明可以直接通过施归纳于 ψ 的复杂度。下面仅证明过去模态的情况。假设 ψ 是形如 $P_{!\theta}\chi$ 的形式。假设 σ 为空集。根据假设，$!\theta \neq !\top_0$。因此，双条件的 *RHS* 和 *LHS* 是假的。接着，假设 σ 是非空集。另外假设双条件 *LHS*。那么根据过去算子的真值定义，σ 的最后的元素 $\sigma_{len(\sigma)}$ 必须为 !θ。这样有：

Forest（$\mathcal{M}^{!\top_0^k, p^+}$，$p^+_{!\top_0^k<}$），$w!\top_0^k\sigma_{len(\sigma)-1} \vDash \chi$

根据 *IH*，等价于：

Forest（$\mathcal{M}$，p^+），$w!\top_0^k\sigma_{len(\sigma)-1} \vDash \chi$

因此，有：

Forest（$\mathcal{M}$，p^+），$w!\top_0^k\sigma_{len(\sigma)} \vDash P_{!\theta}X$

E. 完全性证明

关于 TPAL+P 的完全性的证明类似于 TPAL 的完全性的证明。典范模型的构造根据前面章节中所构造的极大一致集的集合。那么可以证明真

值引理如下：

引理 3.16（真值引理） 令 $\mathcal{H}^{can}$为典范模型，对 TPAL＋P 中的每一个公式 φ，且 h∈$\mathcal{H}^{can}$使得 len（h）＞pd（φ），

φ∈λ（h）当且仅当 $\mathcal{H}^{can}$，h⊨φ

证 只考虑过去模态的情况。其他的情况可以采用引理 3.2 中相同的方法进行证明。令 h＝h′!θ，对某些 len（h）≥pd（φ）＋1，其中!θ∈*PAL*。令 φ 为形如 $P_{!\chi}\psi$ 这样的公式。

假设 $P_{!\chi}\psi$∈λ（h）。根据典范模型的定义，＜!θ＞$P_{!\chi}\psi$∈λ（h′）。如果!θ≠!χ，那么根据 P2，⊥∈λ（h′），其和 λ（h′）是一致的相矛盾。因此，假设!θ＝!χ。那么，根据 P1，有 ψ∈λ（h′）。根据 *IH*，$\mathcal{H}^{can}$，h′⊨ψ（注意 len（h′）≥pd（ψ）＋1）。因为 h′!θ∈$\mathcal{H}^{can}$且!θ＝!χ，该真值定义可以推出 $\mathcal{H}^{can}$，h⊨$P_{!\chi}\psi$。

另一方向，假设 $\mathcal{H}^{can}$，h⊨$P_{!\chi}\psi$。根据真值定义，有!θ＝!χ，以及 $\mathcal{H}$，h′⊨ψ。根据 *IH*，有 ψ∈λ（h′）。根据典范模型的构造，有＜!θ＞⊤∈λ（h′）。根据 P1，有＜!θ＞$P_{!\chi}\psi$∈λ（h′），根据构造可推出 $P_{!\chi}\psi$∈λ（h）。

定理 3.16 TPAL＋P（*X*）相对于 *F*（*PAL*）是完全的。

证 令 φ 为一致的。那么＜$!\theta_1$＞…＜$!\theta_{pd(\varphi)}$＞φ 对于$!\theta_1$，…，$!\theta_{pd(\varphi)}$是一致的。假设不成立。对每一$!\theta_1$，…，$!\theta_{pd(\varphi)}$，＜$!\theta_1$＞…＜$!\theta_{pd(\varphi)}$＞φ 是不一致的。⊢［$!\theta_1$］…［$!\theta_{pd(\varphi)}$］¬φ 对于某些$!\theta_1$…$!\theta_{pd(\varphi)}$是一致的。取这样的公式＜$!\theta_1$＞…＜$!\theta_{pd(\varphi)}$＞φ。因为该公式是一致的，根据林敦保姆引理，其中包含有极大一致集。另外，注意 pd（θ）＝0。根据真值引理，存在长度为 1 的历史，使得：

$\mathcal{H}^{can}$，h⊨＜$!\theta_1$＞…＜$!\theta_{pd(\varphi)}$＞φ

于是，有 $\mathcal{H}^{can}$，h$!\theta_1$…$!\theta_{pd(\varphi)}$⊨φ。

3.3.3 公开宣告的公开宣告

下面讨论由 PAL 生成的认知时间逻辑模型的扩充。通常，动态认知逻辑生成的认知时间逻辑模型主要基于动态认知逻辑协议的认知逻辑构造的，动态认知逻辑协议由有穷的事件模型序列组成。事件模型的定义可以参照定义 3.6，主要根据认知公式表示的前提，该限制在动态认知逻辑中不是很重要，因为每一动态认知逻辑公式都等价于通过归约公理的认知公式。但是，这样的归约在所定义的框架中是不是有效的？这些限制在所定

义的语境中，当借助该框架以刻画智能互动时可能受到一定的阻碍。事实上，为什么不能够模型公开宣告呢，特别是在宣告之后而获得的未来的真？事件的前提为什么要依靠未来的真？下面，就在 TPAL 语境中处理这些问题。为了改变假设，需要生成由 PAL 生成的认知时间逻辑模型的结构。

A. 高阶公开宣告

假设对 PAL 协议进行扩充，可能包括带有公开宣告的公式。例如，令 Prot 为基于给定的扩充的认知模型 $\mathcal{M}$ 上的 sd-*PAL* 协议。假设 q 为在给定的 $\mathcal{M}$ 上的世界 w 上的指派的协议，包括 $!(<!p><!q>\top)$。为了确定结点是否为 $w!(!<Prot><!q>\top)$，即（$!<!Prot><!q>\top$）是否是可宣告的，需要知道该公式在 w 上是否为真的。然而，为了确定该公式在 w 上是否为真的，需要知道 Prot 在 w 上是否是真的，以及 Prot 在 w 上是否允许!Prot。另外，需要知道 q 在 w!Prot 上是否为真，以及 Prot 在 w 上在!Prot 之后是否允许!q（如果该结点 w!Prot 是生成的）。除非这些事先已经知道，否则就不能确定 $!(<!Prot><!q>\top)$ 是否在 w 上得到宣告。

可能存在的困难主要有如下几点：首先，如果 φ 包含了宣告算子，这样使得!φ 为包括!φ 的“低阶”公开宣告的“高阶”公开宣告，那么为了确定!φ 的可宣告性，需要预先知道低阶宣告的可宣告性。为了确定 $!<!Prot>\top$ 是否是可宣告的，需要知道!Prot 最初是否是可宣告的。其次，! φ 可能指称未来的低阶公开宣告的可宣告性，类似于当前的低阶公开宣告的可宣告性。例如，为了确定 $!<!Prot><!q>\top$ 在当前是可宣告的，需要知道!Prot 在当前是否是可宣告的，以及!q 应该在!Prot 被宣告之后是可宣告的。因此，为了确定!φ 的可宣告性，需要知道预先相关的宣告序列的可宣告性。这意味着，需要知道上面当前的结点的树形结构至少涉及 φ 的低阶宣告，于是，需要知道“当前状态”在模型结构发展过程中的结构。

B. 一般的 PAL 生成的认知时间逻辑模型

为了扩充 PAL 生成的认知时间逻辑模型，需要扩充协议。首先对语言进行修改，确定主体集 $\mathcal{A}$ 以及可数的命题字母集 At。

定义 3.58（$TPAL^+$ 的语言）　$TPAL^+$ 的语言 $\mathcal{L}^+_{tpal}$ 为 PAL 语言，在 $\mathcal{L}^+_{tpal}$ 中的公式可归纳定义如下：

$$\varphi ::= \top \mid p \mid \neg\varphi \mid \varphi\wedge\varphi \mid [i]\,\varphi \mid \langle !\varphi\rangle\,\varphi$$

其中 p∈A9t 且 i∈$\mathcal{A}$。其他的算子的定义如定义 3.25。

定义 3.59（PAL-协议的扩充） 令 PAL^+ 为集合，即 $\{!\varphi \mid \varphi\in\mathcal{L}_{tpal}\}$。PAL-协议为集合 $Prot\subseteq(PAL^+)^*$ 在有穷前缀下是封闭的。用 Ptcl（PAL^+）表示 PAL-协议集。基于认知模型 $\mathcal{M}$ 上的状态独立的 PAL-协议（sd-PAL-协议）p 为一个函数，指派给 PAL-协议为 $\mathcal{M}$ 中的每一个世界。用 PAL^+ 表示扩充后的 sd-PAL-协议类。

定义 3.60（公式的序） 公开宣告 $!\varphi\in PAL^+$ 的序为 o（$!\varphi$）可归纳定义如下：

$o(!p)=1$，同时 $p\in At$

$o(!(\varphi\wedge\psi))=\max(o(!\varphi), o(!\psi))$

$o(!\neg\varphi)=o(!\varphi)$

$o(![i]\varphi)=o(!\varphi)$

$o(!(<!\varphi>\psi))=\max(o(!\varphi)+1, o(!\psi))$

定义 3.61（基于序上的字典序） 定义序 ≤ 为基于序集 O 的字典序集如下。对每一在 PAL^+ 中的序列对，$\sigma=\sigma_0\cdots\sigma_{n-1}$ 且 $\tau=\tau_0\cdots\tau_{m-1}$，$o(\sigma)<o(\tau)$，如果

（1）$\sigma\prec\tau$（σ 为 τ 的如上所定义的真初始片段），或者

（2）存在 $i\in N$ 使得

对所有的 $j\in N$，$j<i\rightarrow o(\sigma^j)=o(\tau^j)$，且 $o(\sigma^i)<o(\tau^i)$

定义 3.62（模型的并） 令 $F=\{\mathcal{H}_k\}_{k\in I}$ 为认知时间逻辑模型类且 $\mathcal{H}_k=(H_k, \sim_k, V_k)$。在 F 中的认知时间逻辑模型的并 $\bigcup_{k\in I}\mathcal{H}k$ 为三元组（H，$\sim$，V）：

$H=\bigcup_{k\in I}H_k$

$\sim_{(i)}=\bigcup_{k\in I}\sim_k(i)$

对所有 $p\in At$，$V(p)=\bigcup_{k\in I}V_k(p)$

给定序列 σ，用 σ（k）（$0\leqslant k\leqslant m$）表示长度为 k 的 σ 的初始片段，用 σ_k（$1\leqslant k\leqslant m$）表示 σ 的第 k 个元素。

定义 3.63（σ-生成的模型） 令 $\mathcal{M}=(W, \sim, V)$ 和 Prot 分别为认知模型和基于 $\mathcal{M}$ 上的 sd-PAL 协议。对每一序列 $\sigma\in PAL^*$，每一个序 $x\in O$，定义 σ-生成的模型 $\mathcal{H}^{\sigma,prot}=(H^{\sigma,prot}, \sim^{\sigma,prot}, V^{\sigma,prot})$ 以及序-x-片段模型 $\mathcal{H}^p_x=(H^p_x, \sim^p_x, V^p_x)$，通过同步归纳如下：

（1）$\mathcal{H}^{\lambda,prot}=\mathcal{M}$，$\mathcal{H}^p_\lambda=\mathcal{M}$

（2）$\mathcal{H}^p_{O(\tau)}=\bigcup\{H^{\tau',P}\mid o(\tau')<o(\tau)\}$

(3) $H^{\sigma(n+1),P}=H^{P}_{O(\sigma(n+1))}\cup\{w\sigma_{(n+1)}\mid H^{P}_{O(\sigma(n+1))}$，$w\sigma(n)\vDash\sigma_{n+1}$ 且 $\sigma_{(n+1)}\in p(w)\}$

(4) $(w\tau, v\tau')\in\sim^{\sigma(n+1),P}(i)$ 当且仅当 $(w, v)\in\sim(i)$ 且 $\tau=\tau'$

(5) $V^{\sigma(n+1),P}(p)=\{w\tau\in H^{\sigma(n+1),P}\mid w\in V(p)\}$

定义 3.64（PAL 生成的认知时间逻辑模型）　认知时间逻辑模型 **Forest**（$\mathcal{M}$，*Prot*）可以根据认知模型 $\mathcal{M}=(W,\sim,V)$ 为基于 sd-协议 Prot 可定义为：

$$\text{Forest}(\mathcal{M}, Prot):=\bigcup_{w\in W}\bigcup_{\sigma\in P(w)}\mathcal{H}^{\sigma,\text{Prot}}$$

称 PAL 生成的认知时间逻辑模型为认知时间逻辑模型，用 $F(PAL^{+})$ 表示 PAL 生成的认知时间逻辑模型类。

C. 表达定理

观察 3.9（认知时间逻辑模型）　如果认知时间逻辑模型和 $F(PAL)$ 中的模型同构，那么也和 $F(PAL^{+})$ 中的模型同构，有 $F(PAL)\subseteq F(PAL^{+})$。

观察 3.10　对每一认知时间逻辑模型，如果与 $F(PAL^{+})$ 中的模型同构，那么满足命题稳定性、同步性、完美回忆、一致非奇迹和如下的性质：

对所有的 h，h′，he，h′e∈H，如果 $h\sim_i h'$，那么 $he\sim_i h'e$（所有的事件是自返的）。

对所有的 h，h′∈H，如果 $he\sim_i h'e'$，那么 $e=e'$（没有不同的事件是相连接的）。

定理 3.17　对每一认知时间逻辑模型，和 $F(PAL^{+})$ 中的模型同构当且仅当满足观察 3.10 中的特定的性质，有 $F(PAL)=F(PAL^{+})$。

3.3.4　公理系统

$H_{n+1}=\{h!\theta\mid h\in H_n$ 且 $\langle!\theta\rangle\top\in\lambda_n(h)\}$

对每一 $h=h'\theta\in H_{n+1}$，$\lambda_{n+1}(h)=\{\varphi\mid\langle!\theta\rangle\varphi\in\lambda_n(h')\}$

定理 3.18　TPAL⁺相对于 $F(PAL^{+})$ 是可靠的和（强）完全的。

$TPAL^{+}$ 的公理 $TPAL^{+}$ 由 TPAL 中的公理模式和推理规则组成，在 $TPAL^{+}$ 中，模式和规则可以通过 $TPAL^{+}$ 中的任意公式给出，其完全性的证明类似于 TPAL 的完全性的证明过程，典范模型的构造以及真值引理的证明就是采用类似的方法，为了 $TPAL^+$ 中提供的典范模型属于 F（PAL^+）类。因此，需要提供 PAL 生成的模型的一些特殊的性质，给定两个序列 σ 和 τ，通过将 σ 和 τ 联结起来并用 $\sigma\tau$ 表示所获得的序列。

命题 3.26 给定一个认知模型 $\mathcal{M}$ 和基于 $\mathcal{M}=(W, \sim, V)$ 上的 $p\in PAL^+$，对每一 $x\in N^*$，如定义 3.63，定义 $\mathcal{H}_x^p$。令 y，$z\in O$，$n\geqslant 1$。另外，假设 $yn\leqslant z$。对每一 $h\in H_{yn}^p$ 和每一 $\varphi\in\mathcal{L}_{tpal}^+$ 且 o（φ）$\leqslant n$，

$$\mathcal{H}_{yn}^p, h\vDash\varphi \text{ 当且仅当 } \mathcal{H}_z^p, h\vDash\varphi$$

证 首先，根据定义 3.63，$h\in H_{yn}^p$ 推出 $h\in H_z^p$（假设 $yn\leqslant z$）。基于假设 $h\in H_{yn}^p$，有 $h\in H_{yn}^p\leftrightarrow h\in H_z^p$。该事实可表示为（1）。通过施归纳于 φ，该基础和布尔情况显然成立，假设 φ 是形如 [i] φ，假设 LHS，令（h，h′）$\in\sim_{yn}^p$（i）。根据 IH，H_z^p，$h'\vDash\psi$。在此，根据定义 3.63 中的结构以及事实（i），可推出（h，h′）$\in\sim_{yn}^p$（i）$\leftrightarrow$（h，h′）$\in\sim_z^p$（i）。有 H_z^p，$h\vDash$ [i] ψ，其他的证明过程类似。

假设 φ 为形如 $\langle !\theta\rangle\psi$。首先，$LHS$ 等价于 H_{yn}^p，$h!\theta\vDash\psi$。另外，因为 o（$!\varphi$）$\leqslant n$，有 o（$!\theta$）$\leqslant n$，根据 o 的定义，据此以及定义 3.63 的构造，$h\in H_{yn}^p$ 推出 $h!\theta\in H_{yn}^p\leftrightarrow h!\theta\in H_z^p$（根据与事实（1）相类似的推理）。因此，借助于 IH 可得 H_{yn}^p，$h!\theta\vDash\psi\leftrightarrow H_z^p$，$h!\theta\vDash\psi$。$LHS$ 和 RHS 是等价的。

令 $\mathcal{M}_0=(W_0, \sim_0, V_0)$ 为基础的认知模型，据典范模型可以构造认知时间逻辑模型。另外，令 $\mathcal{G}=(G, \approx, U)$ 为典范模型。定义基于 $\mathcal{G}$ 上的 p_0 所以 p_0（w）$=\{\sigma \mid w\sigma\in G\}$，对所有的 $w\in W_0$。给定 $\mathcal{M}_0$ 和 p_0，生成 $\mathcal{H}^{\sigma,p_0}$ 和 $\mathcal{H}_x^{p_0}$，对公开宣告序列 σ（$\sigma\in(PAL^+)^*$）且 $x\in O$，如在定义 3.63 中的定义。为简单起见，记 $\mathcal{H}^\sigma$ 和 $\mathcal{H}_x$ 分别表示 $\mathcal{H}^{\sigma,p_0}$ 和 $\mathcal{H}_x^{p_0}$。另外，令 $\mathcal{H}=(H, \sim, V)=\mathbf{Forest}(\mathcal{M}_0, p_0)$。

命题 3.27 令 $w\in W_0$ 且 $\sigma\in(PAL^+)^*$。假设 $v\sigma\in G\leftrightarrow v\sigma\in H^\sigma$，对每一 $v\in W_0$（表示为“假设 1”）。那么，对每一 $\varphi\in\mathcal{L}_{tpal}^+$，

$$\mathcal{G}, w\sigma\vDash\varphi\leftrightarrow\mathcal{H}_{o(\sigma)o(!\varphi)}, w\sigma\vDash\varphi$$

证 施归纳于 φ。基础情况和布尔情况可以直接得出。假设 φ 是形如 [i] ψ 的公式。假设 $\mathcal{G}$，$w\sigma\vDash$ [i] ψ，令 w′为使得（w，w′）$\in\sim_0$（i），那么根据构造，有（wσ，w′σ）$\in\approx$（i），这样 $\mathcal{G}$，$w'\sigma\vDash\psi$。根据 IH，$\mathcal{H}_{o(\sigma)o(!\varphi)}$，$w'\sigma\vDash\psi$。取 $\mathcal{H}_{o(\sigma)o(!\psi)}=\mathcal{H}'=(H', \sim', V')$。根据定义 3.63 的构造，对每一 $u\in W_0$，$u\sigma\in H^\sigma\leftrightarrow u\sigma\in H'$。对任意 u，（wσ，uσ）$\in\sim'$(i) $\leftrightarrow$

$(w\sigma, u\sigma) \in \approx(i)$，于是 $\mathcal{H}'$，$w\sigma \vDash [i]\psi$。$\mathcal{H}' = \mathcal{H}_{o(\sigma)o(!\psi)} = \mathcal{H}_{o(\sigma)o(![i]\psi)}$，根据o的定义，$o(!\psi) = o([i]\psi)$。可直接获得 *LHS-RHS*，其他方向类似。

接着，假设 φ 为形如 $<!\theta>\psi$ 的公式。首先，可以推出对所有的 $v \in W_0$，$v\sigma!\theta \in G \leftrightarrow v\sigma!\theta \in H^{\sigma!\theta}$。

宣称的证明　$v\sigma!\theta \in G$ 推出 $<!\theta>\top \in \lambda(w\sigma)$，根据A1，$\theta \in \lambda(w\sigma)$。根据真值引理，有 $\mathcal{G}$，$v\sigma \vDash \theta$，根据 *IH*，$\mathcal{H}_{o(\sigma)o(!\theta)}$，$v\sigma \vDash \theta$。有 $\sigma!\theta \in p_0(v)$，根据 p_0 的构造，有 $v\sigma!\theta \in H^{\sigma!\theta}$。其他方向类似。

假设双条件的 *LHS*，可推出 $\mathcal{G}$，$w\sigma!\theta \vDash \psi$，根据宣称，借助 *IH*，可得 $\mathcal{H}_{o(\sigma!\theta)o(!\psi)}$，$w\sigma!\theta \vDash \psi$。$o(\sigma!\theta)\ o(!\psi) = o(\sigma)\ o(!\theta)\ o(!\psi) \leqslant o(\sigma)\ o(!\varphi)$，因为 $o(!\theta)$，$o(!\psi) < o(!<!\theta>\psi)$。借助命题3.26，可得 $\mathcal{H}_{o(\sigma)o(!<!\theta>\psi)}$，$w\sigma!\theta \vDash \psi$。因此，有 $\mathcal{H}_{o(\sigma)o(!<!\theta>\psi)}$，$w\sigma \vDash <!\theta>\psi$。而 *RHS-LHS* 方向类似。

引理3.17（典范性）　典范模型 $\mathcal{G}$ 属于 $F(PAL)$。

证　只需要证明下面的宣称。

宣称3.1　对每一 $w \in W_0$ 且每一 $\sigma \in (PAL^+)^*$，$w\sigma \in G \leftrightarrow w\sigma \in H^\sigma$。

据此可推出 $G = H$，根据PAL构造可生成认知时间逻辑模型和典范模型，有 $\mathcal{G} = \mathcal{H}$。

通过施归纳于全序 σ，基础情况（$o(\sigma) = \lambda$）根据典范模型的构造和定义3.63显然可得。假设该宣称对每一 τ 使得 $o(\tau) \leqslant o(\sigma)$。令 $\sigma = \sigma_1, \cdots, \sigma_k$。假设 $w\sigma_1 \cdots \sigma_k \in G$。可推出 $\mathcal{G}$，$w\sigma_1 \cdots \sigma_{k-1} \vDash \sigma_k$（根据真值引理）且 $\sigma_1 \cdots \sigma_k \in p_0(w)$。另外，根据 *IH* 可推出，对每一 $v \in W_0$，$w\sigma_1 \cdots \sigma_{k-1} \in G \leftrightarrow w\sigma_1 \cdots \sigma_{k-1} \in H^{\sigma_1 \cdots \sigma_{k-1}}$。根据定义3.63的构造，其等价于：对每一 $v \in W_0$，$w\sigma_1 \cdots \sigma_{k-1} \in G \leftrightarrow w\sigma_1 \cdots \sigma_{k-1} \in H_{o(\sigma_1 \cdots \sigma_{k-1})}$。这样借助命题3.27可得 $\mathcal{H}o(\sigma_1 \cdots \sigma_{k-1})\ o(\sigma_k)$，$w\sigma_1 \cdots \sigma_{k-1} \vDash \sigma_k$。给定 $\sigma_1 \cdots \sigma_k \in p_0(w)$，根据定义3.63，有 $w\sigma_1 \cdots \sigma_k \in \mathcal{H}\sigma_1 \cdots \sigma_k$。其他方法类似。

3.3.5 TDEL的扩充

在前面的章节中，主要讨论了TPAL的扩充，能否给出一个类似的方法以对TDEL进行扩充呢？下面探讨对TDEL中的两种语言所进行的扩充：借助广义动态认知逻辑算子“某些事件在什么发生之后可能发生”以及加标的过去算子“在什么发生之前事件 ε 已经发生”对TDEL进行扩充。在TDEL中进行语言扩充之后，进一步探讨由动态认知逻辑生成的认知时间逻辑模型结构是如何生成的。

A. 用生成的事件算子扩充的 TDEL

确定一个 e-封闭的点事件模型集 X 以及 TDEL（X）。那么，在 TDEL（X）中定义两个算子如下：

$\mathcal{H}$, h$\vDash\Diamond\varphi$　　当且仅当　$\exists\varepsilon\in X$：h$\varepsilon\in\mathcal{H}$ 且 $\mathcal{H}$, h$\varepsilon\vDash\varphi$

$\mathcal{H}$, h$\vDash\Diamond^*\varphi$　　当且仅当　$\exists\sigma\in X^*$：h$\sigma\in\mathcal{H}$ 且 $\mathcal{H}$, h$\sigma\vDash\varphi$

$\Diamond\varphi$ 和 $\Diamond^*\varphi$ 分别读作“某些（单个）事件在什么发生之后可能发生”和“某些事件序列在什么发生之后可能发生”。同样，对偶算子 $\Box$ 和 $\Box^*$ 的定义采用标准的方法，$\Box\varphi$ 和 $\Box^*\varphi$ 可分别读作“在任意事件发生之后，φ 发生”和“在任意事件序列发生之后，φ 发生”。可以用 TADEL（X）表示 TDEL（X）的扩充。

公理系统

借助于对 TAPAL（X）语言的相关技术，能否将其用于对 TDEL（X）公理系统的扩充呢？在 TAPAL 中关于完全性证明的部分是为了证明一致集可以扩充为极大一极集，包含对应的 $\Diamond$ 和 $\Diamond^*$ 算子，在此就给出特殊规则 R（$\Box$）和 R（$\Box^*$）的系统。

特殊规则

R（$\Box$）　如果 $\vdash\varphi\to[\sigma][!\top_0]\psi$，其中 $\top_0$ 为 $\mathcal{L}_{el}$ 中的重言式使得 $!\top_0$ 不出现 φ 或者 $[\sigma]\Box\psi$，那么 $\vdash\varphi\to[\sigma]\Box\psi$

R（$\Box^*$）　如果 $\vdash\varphi\to[\sigma]\Box^k\psi$，对任意 k 使得 $0\leqslant k\leqslant|\varphi|+1$，那么 $\vdash\varphi\to[!\sigma]\Box^*\psi$

增加如下公理 A2－A3：

A2　$\langle!\chi\rangle\varphi\to\Diamond\varphi$，对任意 $\chi\in\mathcal{L}_{pal}$

A3　$\Diamond^*\varphi\leftrightarrow\varphi\vee\Diamond\Diamond^*\varphi$

证明类似于 TPAL。

如果类似的公理和推理规则在 TDEL（X）中是有效的，那么可以给出 TADEL（X）的完全性的证明过程，其类似于 TDEL（X）的证明过程。首先，在 TADEL（X）中和 A2、A3 相对应的公理为：

E2　$\langle\varepsilon\rangle\varphi\to\Diamond\varphi$，对任意的 $\varepsilon\in X$ 且

E3　$\Diamond^*\varphi\leftrightarrow\varphi\vee\Diamond\Diamond^*\varphi$

给定了 $\Diamond$ 和 $\Diamond^*$ 的真值定义，可以直接参照 TDEL（X）中关于 E2、E3 的可靠性的证明。

扩充 R（$\Box$）

下面探讨 R（$\Box$）。假设 $\varphi\wedge\langle\sigma\rangle\Diamond\psi$ 在某些历史 h 上是可满足的，

那么存在某些公开宣告!θ使得ψ在hσ!θ上是可满足的，R（□）的可靠性的证明可以根据hσ! $\top_0$的新的历史开始建立，对于重言公开宣告! $\top_0$来说并不出现在其他的公式中，且使得ψ在hσ! $\top_0$在不改变其他公式的真值的情况下是可满足的。

为此，借助TDEL（X），给出如下定义：

定义3.65（事件类型）　两个事件模型ε=（E，→，**pre**）以及ε′=（E'，→′，**pre**′）为同一个类型。如果（E，→）和（E'，→′）是同构的。事件模型ε的事件类型t（ε）为所有的和ε类型相同的事件模型类。给类事件模型ε，用type（ε）表示ε的类型。

定义3.66（表达力）　事件模型ε=（E，→，**pre**）为事件类型t表示t的表达力，如果$\mathcal{L}_{el}$中的重言公式φ，使得对所有的e∈E，**pre**（e）＝φ。给定事件t和重言公式φ，用r（t，φ）表示重言前提φ的t的表达。

r（t，φ）可看作一致的事件模型，给定存在可数多的重言认知公式，对于给定的t，存在可数多的r（t，φ）。

在TDEL（X）中，可能还有其他类型的事件模型，而不仅只存在公开宣告，这样，为了证明可满足的公式◇ψ，需要选择正确的类型的事件模型类。假设φ∧<σ>◇φ在TDEL（X）中的某个模型上的某个历史h上是可满足的，那么存在点事件模型ε=（ε，e）∈X使得ψ在hσe上是真的。为了处理R（□）的可靠性，需要借助t的表达力，并且对某些恰当的重言公式χ，需要用（r（type（e^L），χ），e^R）替换e，因此，如果φ∧<σ>◇ψ是可满足的，那么φ∧<σ><（r（t，χ），e）>ψ是可满足的，其中r（t，χ）不出现在φ∧<σ>◇ψ中。

基于此，TADEL（X）中所对应的R（□）可以解释如下，令χ为重言认知公式且不出现在φ→［σ］□ψ中，或者出现在事件的前提之中。

R_X（□）　如果⊢φ→［σ］［r（type（ε^L），χ），ε^R］ψ，对每一ε∈X，那么⊢φ→［σ］□ψ

显然，需要对TADEL（X）中的点事件模型集X做一些限制。首先，如果X为一致的无穷多的事件模型，那么R_X（□）就是无穷规则，对TADEL（X）而言，为了获得有穷的公理系统，X必须是有穷多的一致的事件类型。其次，恰当的表达事件模型A应该属于X，否则，无法在TDEL（X）中取r（type（ε^L），χ）。

据此可将X限制为一致的有穷多的事件类型，令t为事件类型，令

Et 为点事件模型集（ε，e），其中 ε∈t，那么 X 对某些自然数 n 而言应该为 $\bigcup_{i=1}^{n} E_{ti}$。

R（□*）的扩充

给定◇*的真值定义，在 TADEL（X）中下面的无穷的 R（□）是可靠的：

R′（□*）　如果⊢ φ→［σ］$□^n\psi$，对所有 n≥0，那么⊢ φ→［σ］$□^*\psi$

如果◇φ 在历史 h 上是可满足的，那么存在序列 σ，其中 φ 在 hσ 上是可满足的，σ 可以用重公开宣告！$\top_0$ 进行替换以满足 h！$\top_0$。

为此，可以对 TDEL（X）中的点事件模型集 X 进行限制，以使其在复合情况下是封闭的。即如果两个事件模型 ε_1 和 ε_2 属于 X，那么 $\varepsilon_1\times\varepsilon_2$ 也属于 X。然而，该限制与对 R（□）的限制似乎是不一致的，在复合下是封闭的很容易导致在特殊情况下的无穷多的事件类型将被剔除。因此，为了根据 TAPAL 的扩充而实现对 TADEL（X）的扩充就会面临两难的困境：一方面，希望拥有有穷多的事件类型以使 R_X（□）是一个有穷规则；另一方面，为了使 R′（□*）是有穷的，需要事件类型集在复合下是封闭的。是否在 TADEL（X）中存在对 X 进行限制的条件以使得对 TADEL（X）的完全性的证明类似于在 TAPAL 中一样，这仍然是一个值得研究的课题。

B. 用加标过去算子扩充的 TDEL

下面研究加标过去算子。给定 e-封闭的点事件模型集 X 和 TDEL（X），给定点事件模型 ε∈X，可以定义加标过去算子 P_ε 如下：

$\mathcal{H}$，h⊨$P_\varepsilon\varphi$　　当且仅当　∃ε∈X ∃h′：h=h′ε 且 $\mathcal{H}$，h′⊨φ

P_ε 可读作“事件 ε 在什么之前已经发生”，其对偶算子 P'_ε 可用标准的方法定义，通常 $P'_\varepsilon\varphi$ 可读作“在事件 ε 发生之前，φ 是真的”，用 TDEL（X）+P 表示其扩充。

公理系统

能否将 TPAL+P 扩充为 TDEL+P？TPAL+P 中的完全性证明可确保，如果 φ 是一致的，那么存在某序列！θ_1，…，！$\theta_{pd(\varphi)}$ 使得＜！θ_1＞…＜！$\theta_{pd(\varphi)}$＞φ 是一致的，该论证可以通过如下规则实现：

R（P）　如果⊢［！θ_1］…［！$\theta_{pd(\varphi)}$］φ，对每一！θ_1，…，！$\theta_{pd(\varphi)}$ 使得每一！θ_i 属于 AOC（φ）或者！⊤（φ），那么⊢ φ，其中！⊤（φ）为 pd（φ）重言公开宣告集且不属于 AOC（φ）

余下的论证类似于在 TPAL 的论证，增加附加公理：

P1　　$\langle\varepsilon\rangle P_{\varepsilon}\varphi \leftrightarrow \langle\varepsilon\rangle \top \wedge \varphi$

P2　　$\langle\varepsilon\rangle P_{\varepsilon'}\varphi \rightarrow \bot$，如果 $\varepsilon \neq \varepsilon'$

在 TDEL（X）$+P$ 中的 P_1 和 P_2 的可靠性显然在 $P\varepsilon$ 中给出了真值定义，可以对 R（P）进行扩充。令 φ 为 TDEL（X）$+P$ 中的公式，定义 φ 的过去深度 pd（φ）为过去算子的重叠出现的最大数，另外令出现在 φ 中的点事件模型集用 *EOC*（φ）表示。给定点事件模型集 X，定义 type（X）：$=$ {type（ε^L）| $\varepsilon \in X$}（在 X 中所有事件类型集）。

令 φ 为 TDEL（X）$+P$ 中的公式，给定事件类型 t，取 pd（φ）集与 t 的表达力相区分且不属于 *EOC*（φ），令 $\top_t$（φ）为公式（ε，e）中的所有的点事件模型集使得 ε 为其表达式之一，那么下面是 TDEL（X）中所对应的 R（P）：

R_X（P）　如果 $\vdash [\varepsilon_1] \cdots [\varepsilon_{pd(\varphi)}]\varphi$，对每一 ε_1，…，$\varepsilon_{pd(\varphi)}$ 使得每一 ε_i 属于 *EOC*（φ）或者属于 $\top_X$（φ），那么 $\vdash\varphi$，其中 $\top_X$（φ）属于集合 $\bigcup_{t\in type(X)}\top_i$（$\varphi$）

该广义规则 R_X（P）可作为 X 中的每一类型的表达式，定义集合 $\top_X$（φ），利用 TDEL（X）$+P$ 中的可区分事件类型的方法，对每一事件类型，必须取足够多的表达式。这样，如果在 X 中存在无穷多的类型，那么 R_X（P）为无穷规则，正如在 TADEL（X）中的情况，需要对 X 集进行限制，且 X 为有穷事件类型的并。

下面证明 R_X（P）的可靠性。

引理 3.18　如果 φ 是可满足的，那么 $\langle !\varepsilon_1\rangle \cdots \langle !\varepsilon_{pd(\varphi)}\rangle \varphi$ 对某些 $!\varepsilon_1$，…，$!\varepsilon_{pd(\varphi)}$ 使得每一 ε_i 属于 *EOC*（φ）或者 $\top_X$（φ）。

根据 R（P）的可靠性进行证明。首先，必须对满足 φ 的公式进行标准化，可以获得 TDEL 中的典范公理，据此可以直接根据 TDEL（X）$+P$ 中的典范定理获证，通过对前面的 TPAL$+P$ 中的典范定理获证。论证主要依靠公开宣告的重言式，这样就可以实现 TDEL（X）$+P$ 的论证，但要求公开宣告集 PAL 包含于事件 X 集。

总之，该规则的可靠性可以将 X 限制为有穷的事件类型的有穷并，且 X 包括公开宣告集。基于 R_X（P），可以实现完全性论证并且提供关于 TDEL（X）$+P$ 的公理系统，TDEL（X）$+P$ 的完全性在《动态认知逻辑和过去算子》（Hoshi，2008）中有详细的证明过程。

C. 借助将来前提的事件

接着讨论 TDEL 的扩充，即事件算子包含事件算子的情况。在 TDEL 的扩充中，存在两个主要的方法：无穷递归问题和序不相容问题。

无穷递归问题

第一个问题是与动态认知逻辑相关的问题，称为无穷递归问题，基于任意的动态认知逻辑公式都可能成为事件的前提。例如，令 ε 为包括一致的单个点 e 的事件模型。假设 e 的前提条件为＜ε，e＞⊤，那么该问题就是“无穷递归”。当试图确定 e 时，公式＜ε，e＞8⊤ 在给定的点上是否为真的。为了确定其真值，必须确定前提条件 e 是否为真。然而，该前提就是＜ε，e＞，如此一来就无法确定该公式的真值。

事实上，可以造成无穷递归，涉及多个事件模型或者无穷多的事件模型。例如，取两个事件模型 ε_1 和 ε_2，包含事件 e_1 和 e_2。假设 $\mathbf{pre}_{\varepsilon1}(e_1)=$ ＜e_2＞⊤且 $\mathbf{pre}_{\varepsilon2}(e_2)=$＜$e_1$＞⊤。为了确定＜$e_1$＞⊤在给定的点下是否为真的，需要确定 e_1 的前提是否是真的，即＜e_2＞⊤是真的，然而，为了确定＜e_2＞⊤是否为真的，需要确定 e_2 的前提是否为真的，即＜e_1＞⊤是真的。另外，可以产生许多无穷递归的例子，以及在事件的前提中，当允许事件算子时，必须回避这些情况。

为了避开该问题，需要通过基于 TDEX（X）中的事件模型集 X 上的某些恰当的性质对合法的点事件模型类进行划界。事件 e 在点模型事件集 X 中是良基的，如果：

（1） e 的前提是认知公式，或者

（2） 出现在 e 中的所有事件都属于 X 且是良基的。

如果所有在 X 中的事件在 X 中是良基的，那么点事件模型 X 集是良基的。可见如果在 TDEL（X）中的事件模型集 X 是良基的，那么就不会出现无穷递归问题。

序不相容问题

另一个问题是序不相容问题，该问题可以通过下面的例子说明。令 $\mathcal{M}$ 为两个不可区分点（相对主体 i）w，v 组成的认知模型，其中 p 在 w 上是真的，但在 v 上不是真的。通过允许包含事件算子的公式作为前提，令 ε 为包含不可区分点（相对主体 i）e_1，e_2 组成的事件模型，其前提可分别定义为⊤和＜！⊤＞＜！⊤＞⊤。那么定义一个 sd-动态认知逻辑协议 Prot，所以 p（w）＝｛(ε，e_1)！［i］A｝且 p（v）＝｛(ε，e_2)，！⊤！⊤｝

(其中!φ表示φ的公开宣告)。

如果采用 TPAL$^+$，根据带有认知前提的事件构造认知时间逻辑模型，该程序模型可以在图 3.15 的左边表示。一旦成功地构造了程序，接着构造涉及高阶事件的程序。在此例中，e_2前提中包含公开宣告，因此e_2在当前就可以得到处理。该模型可以通过这样的程序获得，并且可以在图 3.15 中的右边的图形表达。(因为$<!\top><!\top>\top$，其为e_2的前提，在左边的模型中 v 是真的，结点 v (ε，e_2) 为右边的模型。) 然而，在该模型中，尽管存在结点 w (ε，e_1)! [i] p，[i] p 在 w (ε，e_1) 上不是真的且和 v! $\top$是有区别的。这样，该模型将违反真值公理$<\varepsilon, e>\top\rightarrow \mathbf{pre}_{\varepsilon}(e)$。

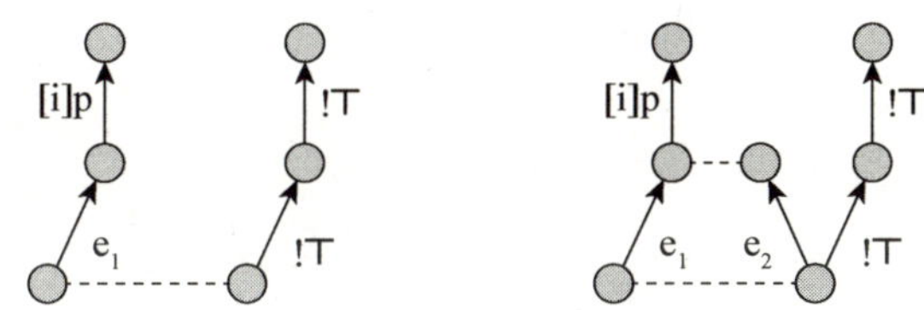

图 3.15　TDEL 的扩充

该问题表明动态认知逻辑生成的认知时间逻辑模型可以通过将其处理为低阶事件构造，类似于将动态认知逻辑生成的认知时间逻辑模型，将高阶事件构造为不相容的情况。该问题在 TPAL$^+$ 中提出，不能直接借助 TDEL 的情况，至于在 TDEL 中如何给出恰当的构造还需要做进一步的研究。

D. 结论

在此研究了 TPAL 的两种扩充，一种是对 TPAL 的扩充，主要用来刻画模型的时间结构算子，讨论了两种时间算子，即广义公开宣告算子和加标过去算子，并且给出两种扩充的公理系统 TADEL (X) 和 TDEL (X)$+P$。另一种是 PAL 生成的认知时间逻辑模型的扩充，生成包含公开宣告算子的公开宣告的构造方法。如此，就可以构造与旧的结构方法相同的认知时间逻辑模型类。

第 4 章　知识和博弈

本章主要研究了公共知识安保、互动结构中的知识、互动结构中的策略、计算机博弈中的认知推理、一般的结盟方法、混合拍卖中的时间限制，最后讨论了在该领域可进一步开展研究的工作。

4.1　公共知识安保

4.1.1　背景知识

A. 动机

下面主要研究博弈算法的分布实施，并提供支持分布计算的技术基础。知识问题是博弈论领域中比较重要的问题，并与公共知识和参与人之间的对称性相关，也称为匿名。

公共知识和同步　公共知识最初由刘易斯的《约定》（Lewis，1969）引入，随后以斯科林的《冲突的策略》（Schellin，1960）中的研究为基础，而大量的研究文献用于研究分布式计算，例如约瑟夫等的《分布式环境下的知识和公共知识》（Joseph Y. Halpern and Yoram Moses，1990），以及《同意不同意》（Robert，1976）中关于博弈论的研究，都涉及了进程在什么时候才开始运行，或者参与人"知道"某些事实，相互知道他们知道，相互知道他们相互知道他们相互知道他们知道等等直到永远与公共知识相关的理论。

在分布计算领域，公共知识和协调攻击的情况有所不同。博弈论处理的公共知识可以通过电子邮件博弈体现，参看鲁宾斯坦的《电子邮件博弈：近似公共知识下的策略行为》（Rubinstein，1989），以及斯蒂芬等的《协调、沟通和公共知识：电子邮件博弈回顾》（Stephen Morris，2002）

中所做的处理。

两个主体在通过不可靠的渠道进行交流时，可能无法成功地获得公共知识，这种情况与无穷交互知识下主体的行为有所不同。

这些问题已经在费金等的《知识推理》(Fagin，1995) 中得到详细的分析，采用的是交流变化的方法，但是信息传递采用的则是时间变化的方法。关于时间变化的处理，可参看帕里克等的《分布进程和知识逻辑》(Parikh，Ramanujam，1985)，其中主体只能够获得有穷的交互知识。

在同步通信行为中，传递和接收信息是通过定义而实现同步的。主体获得的是信息中的纯事实信息，而且传递者知道接收者已经收到了该信息，接收者知道传递者知道接收者收到了信息，等等，以至无穷，使交流信息成为公共知识。

获得公共知识与成功地实现进程之间的同步有着非常紧密的关系。此外，同步本身也是一个重要的研究课题。

对称和对等网络　在博弈论中，通常假设参与人是匿名者并且在如下的含义上将其看作对等的：任意两个参与人之间的区别取决于支付结构和给定的博弈中的信息状态，而他们的名称并不重要，且参与人不是先验不可区分的。如果希望建立一个系统，以刻画进程中的参与人在任意给定的博弈过程中的作用，就需要在相对应的情境中保持这些进程之间的对等性。即使可以采用不同的互动结构形式，也需要在某种情况下，在交流的基础框架上保持对称性。这样的对称性构成了进程技术的基础。

在分布计算中，进程中的对称是非常重要的，主要是为了避免预设推理赋值过程或者包括容错的集中协调、模态和负责均衡等。具体细节可参看《并发程序：规律和实践》(Gregory，1991)。

可从两个层面上考虑对称。首先，假设所使用的通信网络可将进程表示为某种对象，而不是简单地将进程区分为基于拓扑水平上的推理。通过定义一个对等网络实现形式推理。这些网络如果出现特殊情况的互动结构则可留作以后处理。其次，对称网络方面的进程应该和已有的行为是对等的。关于可能性的计算可在语义对称层面进行形式处理。

连续通信进程(CSP)　在研究同步和公共知识时，进程演算可用于支撑同步通信，故需要对初始陈述进行限制。CSP 是由霍尔的《序列处理中的通信》(Hoare，1978) 引入的，后来经安东尼、霍尔等在《序列处理中的通信》(Hoare，1985) 中对此进行了修正。根据在某一方面的确定的陈述和发生在防卫上的通信陈述的非确定的择代理论而实现同步通信。

CSP 可应用于多种程序语言中，主要处理的是理论框架和程序工具，目的是提供同步和公共知识理论。

但是，对称主要相对于不可能的事件，可参看费奇等的《分布计算中的数以百计的不可能结果》(Faith Fich and Eric Ruppert，2003) 对近来这一领域的研究综述。不同的 CSP 的区别主要表现在防卫中可能会出现什么样的通信语句。我们定义了一个 CSP，即 CSP_{in}，表示与参与执行相关的推理。下面使用的是奥卡姆的基础理论，比通常的 $CSP_{i/o}$更易于表达对称的情况。这些理论主要参考的是博格的《在通信序列处理网络中从存在对称算法到发现导航者》(Bouge，1988) 中的相关理论。

CSP_{in}主要应用于奥卡姆历史中，相当于最新的变元奥卡姆-π。关于 CSP_{in}的限制通常可表示对 CSP 的运行。其中最著名的就是最近对 JCSP 的扩充，关于 CSP 的 Java™的运行，是由韦尔奇等的《集成化和扩展 JCSP》(Welch，2007) 提出的。

在 CSP_{in}中的限制实际上可以采用形如缓冲的进程助手得到解决，这样的进程可以作为中介协调或者在主进程之中建立直接的和对称的通信。因此，需要对前面提出的概念进行形式处理，并借助进程助手扩充对等网络，并在这两个 CSP 中检测同步是否是可行的。这些理论可以通过 $CSP_{i/o}$实现，而在 CSP_{in}中却无法实现。该专题需要使用特定的一般的形如 JCSP 的运行。

B. 相关工作

通过对博格 (Bouge，1988) 的工作的扩充，给出了 CSP 对称的语义刻画和基础理论，并证明在对称进程网络中对不同的 CSP 不可能选择出主导系统。近来，帕莱姆蒂斯在《同步或异步的 π 演算的表达力比较》(Palamidessi，2003) 中提出了比原来更具表达力的 π 演算，但却无法增加进程助手。

基于同步进程和异步通信的一般研究主要集中在对事实信息的适用的研究。例如，为了确保录入进程知道当前不存在其他的录入进程的研究。

协调进攻问题是关于进程同步运行模型的研究，但是，CSP 最重要的性质则是进程的异步运行，在物理分布系统中具有一定的现实性，同步仅适用于通信语句。

因此，下面重点关注通信装置。

4.1.2 CSP、图论和对称可选系统

下面引入 CSP 演算和图论以及相关的概念。

A. CSP

CSP 进程由程序序列、局部语句和两个通信语句组成。局部语句类似于指派或者表达式赋值过程中所涉及的局部变元。

P!消息　表示将给定的消息传递（输出）给进程 P。

P?变元　表示从进程 P 接收（输入）到了一个变化的消息，并将其存储在给定的局部变元中。

通信是同步的，也就是说，传递和接收指令模块相互对应，消息在某个点上被传递，并且参与进程连续运行。在程序编码中通信合作者的 P 是静态的。

存在包含防卫命令的两个控制结构，参看图 4.1。防卫就是基于局部变元上的布尔表达式，可以通过通信语句随机输入。如果布尔表达式和通信语句的值是真的，那么防卫将会打开，如果是其他情况，将立即实施防卫。如果布尔表达式的值是假的，那么防卫将关闭。注意防卫也可能既不打开也不关闭。

[防卫 1→命令 1
□防卫 2→命令 2
……
□防卫 k→命令 k]
(a) 不确定性选择

* [防卫 1→命令 1
□防卫 2→命令 2
……
□防卫 k→命令 k]
(b) 不确定性重复

图 4.1　在 CSP 中的控制结构

如果所有的防卫都是关闭的，那么选择语句失败且运行将会被终止，否则运行将被暂停直到存在至少一个开放的防卫。

重复语句保持等待、选择、执行打开防卫和联盟指令等状态，直到所有的防卫都关闭，然后正常退出，也就是说，直到运行下一语句时程序将继续。

有时使用下面的简写表示控制结构的多种分支（对于某些有穷集 X）。

$\square_{x \in X}$防卫 x→命令$_x$

CSP 的不同语言可根据防卫中不同的通信语句进行区分。特别地，在 CSP_{in} 中只能输入合法的语句，而在 $CSP_{i/o}$ 中输入和输出语句都要求是合法的（在同一受控结构内）。由于技术原因，事实上通常使用的技术引自（Hoare，1978）中的 CSP_{in}。

定义 4.1　通信图（或者网络）为没有自循环的有向图。有通信图 $G=(V, E)$ 的进程系统（或者简单系统）$\mathcal{P}$ 是由进程 $\{P_v\}_{v \in V}$ 组成的集合使得对所有的 v，w$\in V$，如果程序由 P_v（分别地来自 P_w）包含一个输出命令到 P_w（分别地来自 P_v的输入命令），那么（v，w）$\in E$。在该情况下，称 G 容许 $\mathcal{P}$。通常采用下标 v 和联盟进程 P_v，也可以采用 w 和 P_w，且它们之间可以互换。

例 4.1 图 4.2 显示了一个有顶点名称的简单的网络 G，表示在顶点上通过两个进程运行 $CSP_{i/o}$程序，构成系统 $\mathcal{P}$:＝｛P_0，P_1｝。显然，G 容许 $\mathcal{P}$。该有意行为使得进程可在彼此之间进行传输。通信是同步的，当传递消息时，可确保两个进程同时运行每一个同步通信语句。在一更大的语境下，运行该代码片段可能会影响到参与进程的同步性。也就是说，同时等待且共同完成通信。根据常识，传递的消息将成为进程之间的公共知识。

	recd：＝false
	sent：＝false
（1）-（2）	$*[\neg$recd$\wedge P_{i+1}$? x→recd：＝true
	□¬sent$\wedge P_{i+1}$!i→sent：＝true］
（a）网络 G	（b）进程 P_i程序

图 4.2　在例 1 中的网络和通过 P_0、P_1的程序运行，另外，在进程名称中的程序都以 2 为模

定义 4.2 系统 $\mathcal{P}$ 的状态是由所有进程的（局部）变元和当前运行的位置所组成的集合。计算步骤为从一个状态到另一个状态的转换，涉及构成的进程执行局部语句，或者两个构成的进程共同完成一对相匹配（发送或者接收）的通信语句。下一个可能的计算步骤是由当前的系统状态确定的。

计算为计算步骤的最大序列，即不是任意计算步骤的其他序列的前束的序列。一个计算：

如果所有构造的进程都完成了各自最后的指令，那么将会正常地终止。

如果是无穷的，那么将是离散的。

如果是有穷的但不能正常地终止，那么将会死锁。

例 4.2 图 4.3 为由图 4.2 引入的计算系统且为有穷的，且所有的进程都与各自程序的结点是可及的。在正常序中，以初始的局部变元而确定的进程是非确定的，所以，存在与这些步骤可以转换的其他的计算。只能借助确定的约束序，例如在一个进程中的步骤与其所对应的程序是有序的，或者两个进程在它们可以参与子序之前必须对布尔防卫进行赋值。

P_0：assign false to recd

P_1：assign false to recd

P_1：assign false to sent

P_0：assign false to sent

P_1：evaluate Boolean guards

P_0：evaluate Boolean guards

P_0，P_1：send 0 from P_0 to P_1's variable x

P_0：assign true to sent

P_0：evaluate Boolean guards

P_1：assign true to recd

P_1：evaluate Boolean guards

P_0，P_1：send 1 from P_1 to P_0's variable x

P_1：assign true to sent

P_0：assign true to recd

P_0：evaluate Boolean guards and exit repetition

P_1：evaluate Boolean guards and exit repetition

图 4.3　从例 4.1 中引入的一个正常的系统的终端计算

B. 图论

下面阐述有向有穷图，在此简称为图。

定义 4.3　图 $G=(V, E)$ 的两个顶点 a，b$\in V$，如果在 E 上存在从 a 到 b 的路径，且从 b 到 a 构成了边，那么该图是强联结的。如果所有的顶点序对都是这样的，那么 G 是强联结的。

如果（a，b）$\in E$，或者（b，a）$\in E$，那么两个顶点 a，b$\in V$ 是有向联结的；如果所有顶点序对都是这样的，那么 G 是有向联结的。

定义 4.4　图 $G=(V, E)$ 的自同构是 V 的 σ 排列使得对所有的 v，w$\in V$，

$$(v, w)\in E \text{ 可推出 } (\sigma(v), \sigma(w))\in E$$

图 G 的自同构图 Σ_G 由所有 G 的自同构集组成。最小 $p>0$ 且 $\sigma^p=id$ 称作 σ 的周期，其中用 id 表示定义在函数上的定义域且是可比较的恒等函数。

基于 $\sigma\in\Sigma_G$ 下的 v$\in V$ 的轨迹是 $O_v^\sigma:=\{\sigma^p(v)\mid p\geq 0\}$。如果所有的点的轨迹有相同的基数，那么自同构 σ 是良平衡的，或者择代的，如果对所

有的 $p\geqslant 0$，存在 $v\in V$，σ^p（v）$=v$，可推出 $\sigma^p=id$。

通常考虑图 G 的自同构的非平凡的良平衡（可能空的）集合 $\Sigma_G^{wb}\setminus\{id\}$，也就是说这些周期大于 1。

如果 σ（w）$=W$，子集 $W\subseteq V$ 称作基于 $\sigma\in\Sigma_G$ 下的不变元，也即，如果 W 是基于 σ 下的轨迹；如果是基于所有的 $\sigma\in\Sigma_G$ 下的不变元，那么称其为 Σ_G 的不变元。

例 4.3 图 4.4 表明两个图 G 和 H 以及周期为 3 的自同构 $\sigma\in\Sigma_G$ 和周期为 2 的自同构 $\tau\in\Sigma_H$，它们都是良平衡的，例如 $O_1^\tau=O_3^\tau=$｛1，3｝和 $O_2^\tau=O_4^\tau=$｛2，4｝都有相同的基数。有 $\Sigma_H=$｛id，τ｝，所以｛1，3｝和｛2，4｝在 Σ_H 下是不变的。

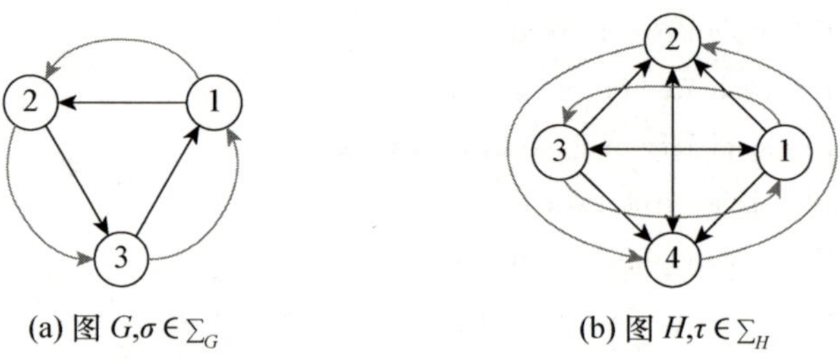

(a) 图 $G,\sigma\in\Sigma_G$　　(b) 图 $H,\tau\in\Sigma_H$

图 4.4　通过灰色的带有弯箭头的线标明两个具有不足道的良平衡的自同构

C. 对称可选系统

采用博格（Bouge，1988）中所定义的对称语义、对称语形和恰当的形式之间的区别很难分辨。需要“所有的进程都按同样的程序运行”并不是最重要的，而形式方面的技术可参阅博格（Bouge，1988）。

定义 4.5 如果对每一自同构 $\sigma\in\Sigma_G$ 和每一 $\mathcal{P}$ 的计算 C，存在一个 $\mathcal{P}$ 的计算 C' 满足下面的条件：对每一 $v\in V$，进程 $P_{\sigma(v)}$ 在 C' 中和 C 中的 P_v 完成同样的步骤，模的变化通过在计算中出现的 σ 进程名称实现，那么系统 P 和通信图 $G=$（V，E）是对称的。

对称可解释如下。通过通信图 G 无法区分任意两个进程，也就是说，由于是通过自同构相联系的，故必须具有相同的行为。在一个进程中无论什么行为都表现为某些特殊的系统的可执行性。也即，在某些计算中，其他的进程必须在某些系统中才可能得到运行，在图中只有通过重新命名的恰当的进程才能确定位置，主要表现在语形层面上。例如，如果两个进程运行的是同一程序，无法像在进程中给名称进行排序一样利用任意给定的外部特征进行区分。

例 4.4　图 4.2 刻画的系统是对称的。例如，如果通过图 4.3 中所刻画的计算，将所有的 0 和 1 进行互换，仍然可以得到 $\mathcal{P}$ 的计算。注意，程序可以询问进程名称，但是，却无法完全实现这一目标。例如，利用它们的自然顺序去确定首先传递哪一个进程。

例 4.5　另一方面，在如图 4.5 中所运行的系统 $Q=\{Q_0, Q_1\}$。存在这样的计算，Q_0将一个进程名称 0 发送给 Q_1。因此通信图的两个顶点是通过自同构联系起来的，对称性也需要存在一个计算，Q_1将进程名称 1 发送给 Q_0。但是，这样的计算并不存在，原因是进程名称的运用是由通信确定的，所以该系统不是对称的。

[i=0→Q_{i+1} !i

□i=1→Q_{i+1} ? x]

图 4.5　在例 4.5 中通过 Q_0 和 Q_1 而运行的不对称的程序

下面介绍网络进程中的经典程序。

定义 4.6　系统 $\mathcal{P}$ 是可选择的程序，如果：

(i) 所有 $\mathcal{P}$ 计算都可正常地终止，并且

(ii) $\mathcal{P}$ 的每一个进程都有一个局部的变元引导段（leader），存在终止时间段上的所有包含相同值的变元，且有些进程的名称 $P\in\mathcal{P}$。

下面通过对称和可选择系统组合一个图。

定理 4.1　假设网络 G 允许和 id 有区别的某些良平衡的自同构 σ 存在，那么 G 允许在 CSP_{in} 中存在非对称的可选择系统。

4.1.3　两两同步、点对点网络及 G-对称

A. 两两同步

如果将同步看作更大系统的组成部分，并且可以完成一种算法使得在两个进程之间可以有向通信（任意信息），该进程就和另一个进程同步。可以从某些通信协议的始点开始改变信息，或者将其简单地看作建立在公共知识上的关于进程的当前的运行进度。

在 CSP 中的通信涉及两个进程和基于不存在的同步发送条件，该同步为内在的两两同步，常用于设定检验与知识相关的问题。JCSP 支持基于多个收件人之间的通信的扩充的发送条件，同样可以适应随后所处理的互动结构。

同步演算可确保所有的双向进程都是同步的。为此，要求系统在所有的计算中都存在，且所有的双向进程同步。在现实系统中并非所有的双向

进程都需要在所有的运行过程中同步。但是，如果演算中的规则允许，可以设计一个实际上可以运行的系统；反之，如果某人设计了一个系统，且可确保对所有的双向进程都是同步的，那么就可以使用演算使任意的已知的组同步。因此，可给出如下形式概念。

定义 4.7　系统 $\mathcal{P}$ 的两两同步进程 $Q\subseteq\mathcal{P}$，如果所有的 $\mathcal{P}$ 计算都是有穷的，并且可以正常终止和控制，对每一对 P_a，$P_b\in Q$，从 P_a 到 P_b 或者从 P_b 到 P_a 至少存在一个有向通信。

例 4.6　根据图 4.2 的同步系统 $\{P_0, P_1\}$。

至此所研究的程序还不是 CSP_{in} 有效的，输出语句都包含在防卫内。如果希望约束 CSP_{in}（例如，在奥卡姆中运行程序），就必须除去包含在防卫内的语句。仅仅简单地试图移除安保是行不通的，因为对称情况将不可避免地导致系统死锁。

为此，考虑系统 $P'=\{P'_0, P'_1\}$ 和图 4.6 中的程序。不能确保两个进程都不同时进入第二个在同一时间重复的程序，因此现在只需要通过局部变元进行安保，然后阻止语句输出，一直等到这些语句都成为输入语句。表示这种情况的标准的工作区就是为了在主程序之间引入缓冲进程进行协调，据此，扩充系统 $\mathcal{R}=\{R_0, R'_0, R_1, R'_1\}$ 可用下图表示：

Recd：＝false

Sent：＝false

$*[\neg$ recd $\wedge P'_{i+1}$? x→recd：＝true

□¬ sent→P'_{i+1}!i；sent：＝true]

图 4.6　进程 P'_i 的程序可能会造成死锁

Recd：＝false

Sent＝false

$*$ [¬ recd $\wedge R_{i+1}{}'$? x→recd：＝true　　　　R_i? y

□¬ sent→$R_i{}'$!i；sent：＝true]　　　　R_{i+1}!y

(a) 主进程 R_i 的程序　　　　(b) 缓冲进程 R'_i 的程序

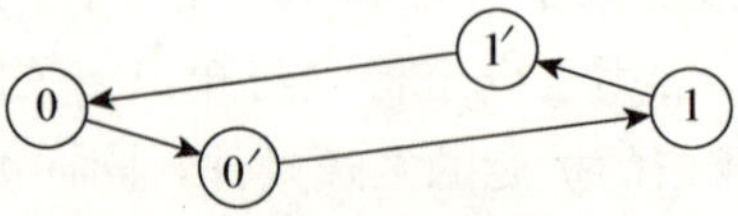

(c) 基本的通信网络

图 4.7　带有主进程 R_0、R_1 和缓冲进程 R'_0、R'_1 的扩充系统，且都有基本的通信网络

然而事实上，数据在主进程之间进行输送的情况是相同的，该系统显然不能同步 $\{R_0, R_1\}$，因此在通信网络中甚至不存在有向联结。这就移除了建立在通信交流上的同步和公共知识。当消息在进行传递时缓冲才可以通知主进程，那么通知主通信的同伴关于通知的通知，等等，同步是不能存储的，交互知识仅能保存为有穷的水平，正如在导言中所讨论的关于协调攻击的例子那样。

存在的问题：在建立有向的通信过程中，能够改变程序或者运用缓冲或者借助其他的进程助手，能否用更复杂和更智能的方法在主进程和助手之间进行协商呢?

为了解决这一问题，随后将对通信网络进行形式处理，并且定义扩充的方法，在最初的网络中允许出现有助于进程而不影响对称的情况。

B. 点对点网络

带有结点的对等网络，可以在每一个对象之间进行有向交流，且处于同等的地位。也就是说，不存在预设的/服务架构或者高度集中的协调通信。

下面首先给出拓扑的预备知识，其次修正满足对称的语义。

定义 4.8　对等网络为通信图 $G=(V, E)$ 且至少有两个顶点（也称为结点），使得：

(i) G 是强联结

(ii) G 是有向联结，并且

(iii) $\sum_G^{wb}\backslash\{id\} \neq \varnothing$

在该定义中：

(i) 指出每一结点和任意其他的结点具有可能的联结（至少是间接地），反映了不存在预设的客户端/服务器。

(ii) 确保所有成对结点至少在某一个方向上是相连的，根据定义存在两两同步。

(iii) 在网络中，需要对称。

从最后一条可推出，存在 $\sigma\in\sum_G$，且只有一个轨迹，也就是说，自同构将所有的结点相互联系起来，以确保它们为基于拓扑结构的同等对待。

例 4.7　图 4.4 表示两个对等网络。

在网络中为了能够运用进程助手就需要扩充对等网络，确保内在的对称性。该扩充需要对节点进行修正。即，初始网络节点，正如处理器在运行主程序时而增加的节点，可看作进程助手且按照同样的处理器作为它们各自的主程序运行。在处理器之间的通信联结是由物理性质决定的，而其中的处理器可以在必要时建立。

定义 4.9 令 $G=(V, E)$ 为对等网络，那么 $G'=(V', E')$ 是对称可保持的 G 的扩充，当且仅当，存在集合 $\{S_v\}_{v\in V}$，分割 V'，使得：

（1）对所有 $v\in V$，有 $v\in S_v$；

（2）所有的 $v\in V$ 且 $v'\in S_v\setminus\{v\}$ 是强联结的（可能通过结点 $\notin S_v$）；

（3）对所有的 v，$w\in V$，$E'\cap(S_v\times S_w)\neq\varnothing$，当且仅当，$(v, w)\in E$；

（4）对每一 $\sigma\in\Sigma_{G'}$，存在自同构 $\tau_\sigma\in\Sigma_{G'}$ 扩充 σ，使得对所有的 $v\in V$，$\tau_\sigma(S_v)=S_\sigma(v)$。

通常集合 $\{S_v\}_{v\in V}$ 不是唯一的。

上述定义可论证如下：

（1）每一 S_v 都可看作运行在处理器顶点 v 的进程集，包括主进程 P_v。

（2）主进程应该可以在两方面用每一个辅助的进程进行通信（至少间接地）。

（3）然而在处理器内可以自由地建立的通信联结，如果存在物理联结，建立在处理器上的不同进程之间的联结是可能的，即在初始的对等网络中存在一个联结。另外，如果在初始网络中存在联结，那么为了保持网络的结构，在扩充中也将存在联结。

（4）最后，为了保持对称性，每一初始网络的自同构必须有扩充，将所有辅助进程映射到基于相对应的主进程中的同一个处理器上。

例 4.8 图 4.8 表示对称可保持的扩充。定义 4.9 中的第（3）条以保持辅助进程和在其他处理器上运行的进程进行有向通信。例如 2c 和 3 相联结。另外在一个物理联结上有若干个通常联结，通过事实在 S_2 和 S_3 之间存在三个联结。另外，（2）满足的主进程和它们的辅导进程是强联结的，例如间接的 2 和 2c 以及基于其他处理器上的进程。

需要下面的事实。

事实 4.1 正如定义 4.8 和定义 4.9 中的任意有向、保持对称对等网络的扩充是强联结的。

C. G-对称

对应于带有主进程和辅助进程的处理器，可以弱化定义 4.5 使得唯一的自同构为保持主进程的不变集，并将辅助进程映射到主进程的同一处理器上。存在主处理器的情况，否则，需要和辅助进程运行同样的程序。

定义 4.10 系统 $\mathcal{P}$，其通信图 G' 为保持对称的对等网络的扩充 $G=(V, E)$ 称为 G 对称的，如果定义 4.5 相对于这些自同构 $\sigma\in\Sigma_{G'}$ 成立，对

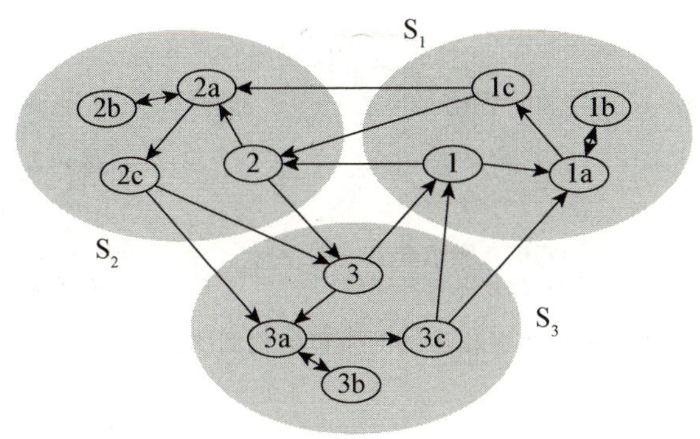

(a)根据图4.4(a)的保持对称的网络扩充

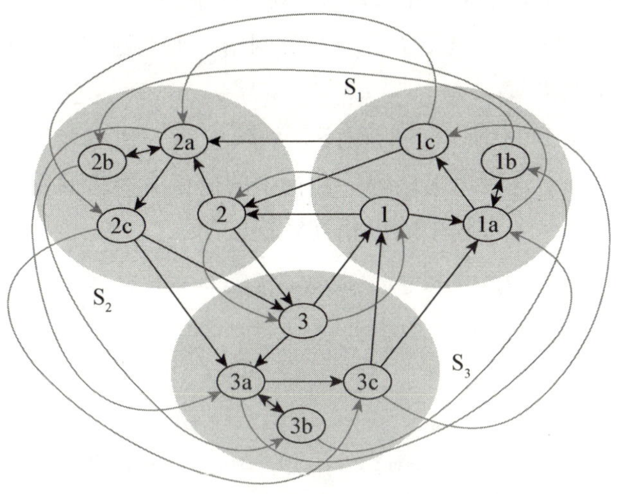

(b)根据定义4.9将自同构τσ看作必需的

图 4.8　保持对称的扩充（定义 4.9 的例示）

所有的 v∈V 满足，

（1）σ（V）=V，且

（2）σ（S_v）=$S_{\sigma(v)}$

该定义比定义 4.5 要弱，因此对所有的自同构，条件成立。

例 4.9　为了例示 G-对称，图 4.9 表示网络 G 以及将所有进程相互联结的对称的扩充。G-对称省略了自同构，只有这样才能保持主进程的不变集，即初始网络 G 的结点，允许与辅助进程具有不同的行为。

在扩充中，主进程中没有有向的联结，其可以通过定义 4.9 实现，显然使它们同步是不可能的。

(a) 网络 G

(b) G扩充和组合了主进程和辅助进程的自同构

(c) G扩充和仅通过G对称解释的自同构

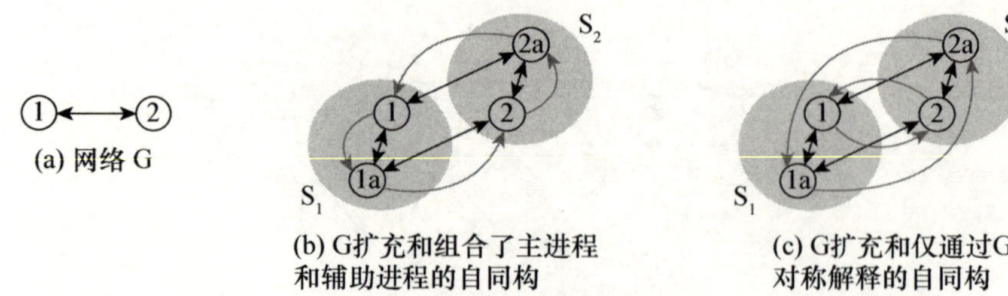

图 4.9　网络 G，组合主进程和辅助进程的自同构的扩充，忽略了 G 对称

评论

A. 正结论

在对等网络中，$CSP_{i/o}$可以表示对称的互同步。

定理 4.2　令 $G=(V,E)$ 为对等网络，那么在 $CSP_{i/o}$中，G 允许存在对称系统互同步 V。

证　在图 4.10 中所运行的程序，系统中每一顶点 $v\in V$ 是对称的和两两同步 V。每一进程简单地等待并行中的进程成为将要发送和接收的虚拟信息，存在每一个进程中的可相互转换的信息。

对每一 $w\in V$，取 $sync_w := false$

$W_{in} := \{w\in V \mid (w, v)\in E\}$

$W_{out} := \{w\in V \mid (v, w)\in E\}$

$* \ [\Box_{w\in W_{in}} \neg sync_w \wedge P_w ?\ x \rightarrow sync_w := true$

$\Box_{w\in W_{out}} \neg sync_w \wedge P_w !0 \rightarrow sync_w := true]$

图 4.10　在定理 4.2 的证明中在每一顶点 v∈V 上运行的程序

通过放弃对等网络拓扑对称，在确定的条件下，在 CSP_{in}中可以实现对称的两两同步系统。

定理 4.3　令 $G=(V,E)$ 为满足定义 4.7 中的第一个条件的网络，即 G 为强有向联结。如果 G 允许对称选择系统且存在顶点 $v\in V$ 使得对所有的 $a\in V$，$(v,a)\in E$ 且 $(a,v)\in E$，那么在 CSP_{in}中，G 允许存在对称系统两两同步 V。

证　首先，选择系统的运行确定了临时的首项 v'。当选择终止时，v' 将选择有向的协调器 v，其他的顶点之间都是双向联结，并发送它的名字。发送可以通过选择生成树的方式实现，并且和定义的树沿着树发送信息。在条件终止之后，其他的进程每次将发送一条信息给 v，随后等待接受来自 v 的命令，据此实现相互之间的有向通信，而 v 从每一其他的进程接收到信息，并且借此获得有序的传递命令。

可以通过在每一进程 P_c（c∈V）处，在选择临时的首项 v′之后运行下面的程序获得：

如果 c=v′：选择 v∈V 使得对所有的 a∈V，（v，a）∈E 且（a，v）∈E 且发送名称 v；否则获得该发送名称。

如果 c=v：

——在某些非确定性的序和元素序中，从每一个其他的进程中正好接收到一条信息：

W：=v \{v}

对每一 w∈W，运行 $order_w$：=－1

Count：=0

*［□$_{w∈W}$ $order_w$=－1∧P_w？ x→

$Order_w$：=count

Count：=count+1］

——根据获得的序给其他的进程发送命令：

对每一 a，b∈V \{v}，a≠b，运行

［$order_a$<$order_b$∧（a，b）∈E→

P_a！“contact b”

P_b！“listen to a”

□$order_a$≥$order_b$∨（a，b）∉E→

□$order_a$≥$order_b$∨（a，b）∉E→

P_b！“contact a”

P_a！“listen to b”］

Done

Otherwise（即 c≠v）：

——发送一个假信息给 p_v：

P_v!0

——根据 v 执行命令，直到一条信息通过彼此的进程进行交换：

Num：=|V \{c，v}|

*［num>0∧P_v？ m→

［m=“contact w”→P_w!0

□m=“listen to w”→P_w？ x］

Num：=num−1］

例 4.10 图 4.11 表示在 $\mathrm{GSP_{in}}$ 中，允许所有的顶点间存在对称系统两两同步的网络。利用建立在网络自同构群下，{1，2} 和 {3，4，5} 为不变量元，且借助了具有不同的运行方式的进程；该性质不受新增的边的影响（注意在最低结点之间的边只有一个方向）。

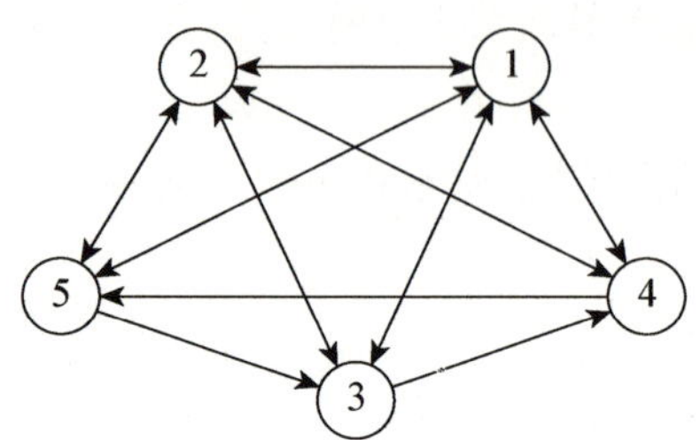

图 4.11 根据定理 4.3，在 $\mathrm{CSP_{in}}$ 中允许对称系统中的所有顶点都是两两同步网络。注意在顶点 3、4 和 5 之间的连接只有一个方向

该结论可以进行推广，例如，利用弱化建立在 v 上的条件以及该命令可能得到至少一个无向结点。因此需要关注负结论，这是未来需要做进一步研究的内容。

B. 否定结果

下面通过辅助进程（保持对称方法）扩充了对等网络 G，在 $\mathrm{CSP_{in}}$ 中，从而获得可以允许 G 的结点两两同步的 G-对称系统的网络。通过中间步骤（令 G 表示对等网络，且 G' 为保持对称的扩充）推出和定理 4.1 相矛盾的结论：

* **引理 4.1** 如果在 $\mathrm{CSP_{in}}$ 中，G' 允许 G 的结点两两同步的 G-对称系统，在 $\mathrm{CSP_{in}}$ 中存在 G 对称的选择系统。

* **引理 4.2** 根据 G-对称说明（即满足定义 4. 10 所给的两个条件），G' 具有足道的良平衡自同构。

* **引理 4.3** 扩充的 G' 存在非平凡的良平衡自同构（从前面的结论推出），G 对称可归结为对称和允许保持可选择系统。

引理 4.1 如果某些对称可保持的对等网络的扩充 $G=(V,E)$，在 $\mathrm{CSP_{in}}$ 中存在 G 对称系统的两两同步 V，那么在 $\mathrm{CSP_{in}}$ 中允许存在 G-对称可选择系统。

证 下面刻画了可选择系统（利用基于属于 V 的结点 G-对称进程可从不属于 V 的结点的不同的运行实现）。

运行假定的 G-对称两两同步的程序的所有进程，通过对 $\mathcal{P}:=\{P_v \mid v\in V\}$ 中的进程做如下修正：

——每一进程都具有附加的局部的多样变元，并赋予获胜的初始值为真。

——之后每一通信语句和某些其他的 $P\in\mathcal{P}$，在同一方向上用 P 插入第二个通信语句：

如果为“发送”语句，则发送一个获胜值；

如果为“接收”语句，则接收一个布尔值，如果接收的值为真，设获胜的值为假。

程序两两同步的 V，在 V 中与顶点相关的每一进程序对，在最终所完成的有向通信，在整个系统中，恰好存在一个进程，具有包括真的获胜的局部变元。

引理 4.2　任意的对等网络 $G=(V, E)$ 的对称可保持的扩充 $G'=(V', E')$，存在 $\sigma'\in\Sigma_{G'}^{wb}\backslash\{id\}$，使得对所有的 $u\in V$，$\sigma'(V)=V$ 且 $\sigma'(S_u)=S_{\sigma'(u)}$。

证　取任意 $\sigma\in\Sigma_G^{wb}\backslash\{id\}$（根据定义 4.8 存在），令 τ 为可保存的下标，根据定义 4.9 通常表示为 τ_σ，如果 $\tau\in\Sigma_{G'}^{wb}\backslash\{id\}$，需要进行证明；否则，根据 τ，通过“剪切”τ 的轨迹可构造恰当的 σ'，大于 σ 的区间的轨道。

令 p 表示 σ 的区间，选任意的 $v\in V$。为简便，假设 σ 只有一个轨道；如果有若干个轨道，可以通过从每一个轨道中任意挑选一个 v 来直接证明其扩充，程序是并口运行的。

对所有的 $u\in S_v$，令 $p_u:=|O_u^\tau|$，对所有的 $t\in O_u^\tau$，有 $p_t=p_u$，且 $p_u\geqslant p$，因此 τ 为从 S_v 到 $S_{\sigma(v)}$ 的映射，这些集合为互不相交的。定义 σ'：$V'\rightarrow V'$ 如下：

$$\sigma(u):=\begin{cases}\tau^{p_u-p+1}(u),\text{如果 } u\in S_v\\ \qquad\tau(u)\ \text{否则}\end{cases}$$

现在可以证明：

$\sigma'(V)=V$，$\sigma'\neq id$：从 $\tau\uparrow v=\sigma$ 且 $p_v=p$，因此 $\sigma'\uparrow v=\sigma$（其中 $f\uparrow x$ 表示从 f 到其定义 X 上的限制函数）

$\sigma'\in\Sigma_{G'}$：根据定义 4.9（4）可得，对于 $u\in S_v$，p_u 为 p 的倍数，$\sigma'(O_u^\tau\cap S_v)$，因此 σ' 为 V' 的置换，因此 τ 为其中的一个。另外，对于 t，$u\in S_v$，有 $\tau^{p_tp_{u-1}}(t)=t$ 且 $\tau^{p_up_{t-1}}(u)=u$，因此：

$$\begin{aligned}(\sigma'(t), \sigma'(u)) &= (\tau^{p_t-p+1}(t), \tau^{p_u-p+1}(u))\\ &= (\tau^{p_tp_u-p+1}(t), \tau^{p_tp_u-p+1}(u))\end{aligned}$$

因此，σ'也具备了从 τ 开始的边的可保持性。

$\Sigma'(S_u)=S_{\sigma'(u)}$，$\sigma$ 为良平衡的：对所有的 $u\in S_v$，有 $\sigma'(O_u^{\tau}\cap S_v)=\tau(O_u^{\tau}\cap S_v)$，根据定义 4.9 的（4），可以推出对所有的 $u\in V$，$\sigma(S_u)=S_{\sigma(u)}$。对所有的 $v'\in V'$，σ 的良平衡和不相交的 S_u，可推出对所有的 $0<q<p$，$\sigma'^q(v')\neq v'$。另一方面，因为 σ 的每一个轨道具有区间 p，且正好包含一个得自 S_v的元素（即 v），于是有

$$\sigma'^p(v')=\tau^{(p_u-p+1)+(p-1)}(v') \qquad \text{存在 } u\in O_{v'}^{\tau}$$
$$=\tau^{p_u}(v')=\tau^{p_{v'}}(v')=v'$$

例 4.11 对等网络 G'可以通过图 4.12（a）表示，自同构 τ_σ根据定义 4.9 给出，例示引理 4.1 的证明中所给出的 σ'的结构。

$p=2$（区间 $\sigma=\tau_\sigma\uparrow\{1,2\}$），选取顶点 $v=2$。对于 S_2中的元素，有 $p_2=p=2$ 且 $p_{2a}=p_{2b}=p_{2c}=6$，例如 $O_{2a}^{\tau_\sigma}=\{2a, 1a, 2c, 1b, 2b, 1c\}$。这样 σ'可定义如下：

$$\sigma'(u)=\begin{cases}\tau(u) & \text{如果 } u=2\\ \tau^5(u) & \text{如果 } u\in S_2\setminus\{2\}\\ \tau(u) & \text{如果 } u\in S_1\end{cases}$$

该 σ 可以用图 4.12（b）进行刻画。所有的具有相同基数的轨迹，即 2，通信引理 4.2 的其他条件也是可满足的。

引理 4.3 任意的对等网络 $G=(V,E)$ 的对称可保持的扩充 $G'=(V',E')$，可扩充为网络 H，使得：

(i) $\Sigma_H^{wb}\setminus\{id\}\neq\varnothing$；

(ii) 在 CSP_{in} 中，如果 G'允许 G-对称可选择的系统，那么在 CSP_{in}中，H 允许对称可选择系统。

证 在所有的 V 中增加的“加标结构”，使所有的自同构保持 V 的不变性，且为 S_v到每一其他对应的元素的映射（参看图 4.13），形式上，令 $K=|V'|$，对于每一 $v\in V$，通过用 i... 插入的顶点，令

$$I_v:=\bigcup_{k=1}^{K}\{i_{v,k}\}$$

$$E_v:=\{(v, i_{v,1})\}\cup\bigcup_{k=1}^{K-1}\{(i_{v,k}, i_{v,k+1}), (i_{v,k+1}, v)\}\cup\bigcup_{w\in S_v}\{(i_{v,k}, w)\}$$

令

$$H:=(V'\cup\bigcup_{v\in V}I_v,\ E'\cup\bigcup_{v\in V}E_v)$$

下面就可以证明两个宣告如下：

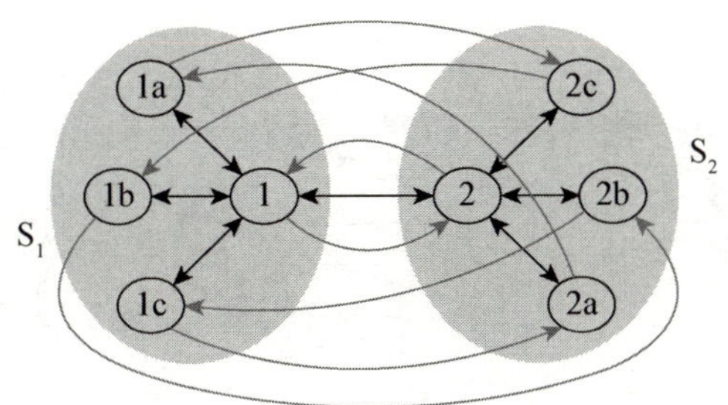

(a) τ_σ符合定义4.9的条件

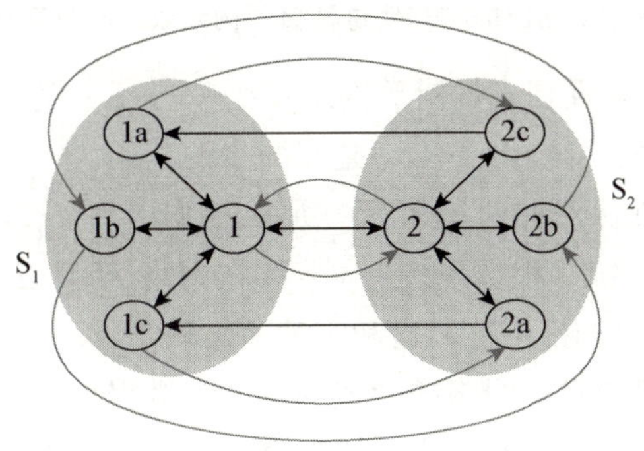

(b) σ′ 构自于引理4.2中的τ_σ的结构

图 4.12　引理 2 示例中的扩充对等网络 G'

(i) 令 $\sigma \in \Sigma_{G'}^{wb} \setminus \{id\}$，且 $\sigma(V)=V$，$\sigma(S_v)=S_{\sigma(v)}$，对所有的 $v \in V$（根据引理 4.2，这样的 σ 存在）。那么有：

$$\sigma \cup \bigcup_{v\in V} \bigcup_{K=1}^{K} \{i_{v,k} \rightarrow i_{\sigma(v),k}\} \in \Sigma_H^{wb} \setminus \{id\}$$

因此，$\Sigma_H^{wb} \setminus \{id\} \neq \varnothing$。

(ii) 通过 S_v 的直接扩充，H 仍为 G 的保对称的扩充。该识别结构（显然，在 V 上的顶点比任意的不在 V 上的顶点可以确保具有更多的边，但它们之间仍具有同样的数目）受扩充组成的 Σ_H 的作用，对所有的 $v \in V$，$\sigma \in \Sigma_{G'}$，其中 $\sigma(V)=V$，且 $\sigma(S_v)=S_{\sigma(v)}$。因此，任意 G-对称的系统和通信图 H 具有通信图 H 的对称系统。

另外，在 Σ_H 下所有的 $i_{v,k}$ 的集合都是不变的，原因在于 I_v 的不同的结构，因此相关的进程和余下的顶点有所区别。在 CSP_{in} 中的对称可选择的系统可以通过建立在所有的 G' 中的元素获得最初的 G-对称可选择系统，具有每一 $v \in V$ 通知 $i_{v,1}$ 的顶点，所有的 $i_{v,k}$ 等待或者传输顶点的信息。

现在就可以利用前面的预备知识证明该结论。

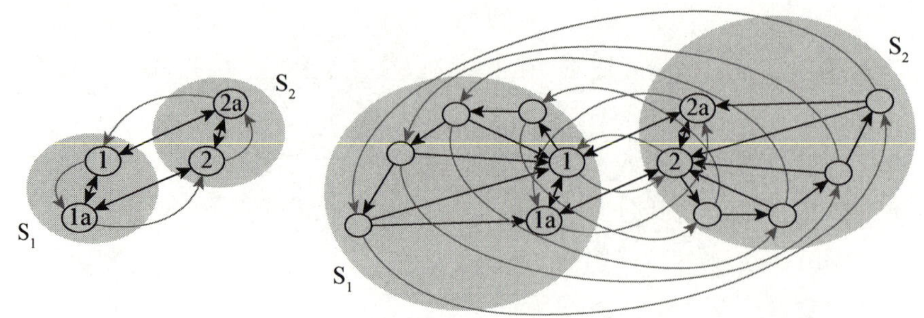

图 4.13　得自图 4.9 的网络，表明一个自同构可以通过 *G*-对称来表达，且在引理 4.3 中所给出的扩充使这种自同构无效，表明其只保留自同构

定理 4.4　不存在任意的对等网络 $G=(V,E)$ 的保对称的系统的扩充，允许 *G*-对称的系统在 CSP_{in} 中是互同步的。

证　假设存在保对称的扩充 G'。那么根据引理 4.1，在 CSP_{in} 中存在 *G*-对称的可选择系统。根据引理 4.3，存在网络 H 且 $\Sigma_H^{wb}\setminus\{id\}\neq\varnothing$ 且在 CSP_{in} 中存在对称可选择系统。这和定理 4.1 相矛盾。

通过该网络可知对等网络的形式的定义与进程系统通信的语义是对称的。在该语境中，定义了互同步系统，由于该系统可以实现同步，故可以直接加以应用，特别地，在此语境中，可以建立进程中的公共知识。研究了 CSP 的两个演算，且证明在 $CSP_{i/o}$ 中存在该系统，而在 CSP_{in} 中即使增加辅助进程也不存在这样的系统。另外需要注意的是近来对 JCSP 的扩充过程中，CSP_{in} 不复杂且最容易实现，而 $CSP_{i/o}$ 则是存在的且是可实现的。

另外一种方法就是重新定义公共知识，在哈尔彭等（Halpern，Moses，1990）中已经对此有了大量的讨论，根据书中所提供的协议，可以直接获得公共知识，但协定处于不确定的时间区间内且进程的知识状态是不一致的。该方法并非最佳方案，在系统中必须要求在任何时候的行为都是明智的和理性的。如果在确定的时间段内都可以确保信息能够顺利地传递，也能够成功地获得公共知识，然而在真正的系统中该方法是无法得到真正实现的，概率只能粗略地刻画公共知识。在该语境中可以满足近似的公共知识或者有穷的交互知识，然而，交互知识深度的增加速度却受到极大的影响。可以参看温斯坦（Weinstein，Yildiz，2007）① 中的讨论。

① Jonathan Weinstein and Muhamet Yildiz. Impact of higher-order uncertainty. Games and Economic Behavior. 2007，60（1）：200－212. Cited on p. 35.

但是，如果人们希望研究如前所讨论的对称的系统和确切的公共知识，其结果表明 $CSP_{i/o}$ 适合用来进行形式处理，并且 CSP_{in} 是不充分的。

某些现在的运行输入、输出安保协议和同步传输的问题进行弱化的做法也受到了指责，尤其是其本身并非是对称的，由于时间的不确定性，在真正的系统中也不可能严格地实现同步。但是，在运行过程中可用抽象的方法处理更高层次上的进程演算或者程序语言。

因此可将 JCSP 看作表示执行的最自然的系统。该互动结构可生成对等网络，除了 CSP 中的执行外，否定定理 4.4 仍然成立。反之，JCSP 支持传输。即，具有多个接受者的同步通信，且满足定理 4.2，甚至在更一般语境中也成立。

4.2　互动结构中的知识

下面介绍通信和关于主体群内的知识和通信的推理，或者称为关于主体的知识和通信的推理。

假定每一个主体都是群中的成员，彼此之间可以进行同步交流。这些群可能会有交叉，或者以某种方式能够进行私人交流。例如可以通过分享公共语言进行交流。确定有可能进行交流的主体的超图的互动结构，并研究主体能够学到什么，对基于超图下的公共知识具有什么样的影响，通过交流可以获得什么样的知识等。

随后，设定用于研究主体之间的偏好的推理采用的是认知框架。为了使研究变得简单，采用了比较简单的局部知识结构框架。

为此，对一般性的框架进行了尽可能的限制。例如，只允许主体对他们最初的信息进行交流，这一假设也可转化为允许实际的信息流。

为了说明该框架，参看图 4.14 中的互动结构。表示学生 s 和观众 {x，y，*S*，z} 之间的谈话，其中 *S* 为他的导师。假设学生们对某一问题产生了误解，且只有导师知道正确的结论 p。当然，导师希望每一个学生都知道 p，这些都是互动结构形成的。导师只能举手并且大声地说出 p，或者轻声地向他旁边的人说出 p。第一种方法可能会改变学生的公共知识。

在克里斯托夫等（Krzysztof R. Apt，Andreas Witzel，and Jonathan

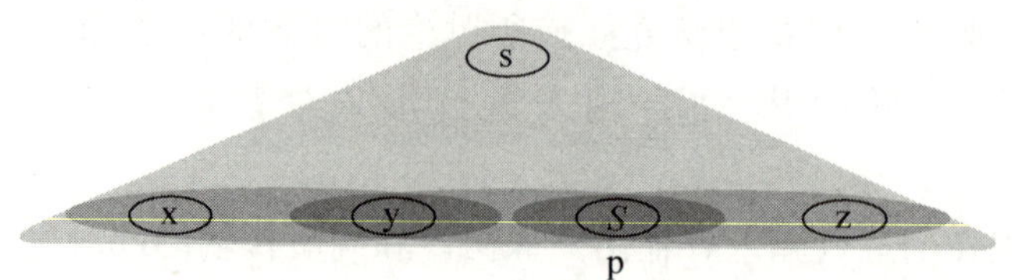

图 4.14 学生 s 和听众 {x, y, S, z} 之间的谈话中的互动结构

A. Zvesper，2009）中所给出的一般的框架，将 y 转化为 x，且告诉他是从导师 S 那里学习来的。但是，在基本框架中，假设从其他人那里学习不是通过转述实现的。显然，通过相邻学生之间一个一个的耳语，从而实现在整个听众链中进行学习的方法，在现实生活中很少发生。

4.2.1 背景知识

假设构建了主体中的公共知识，并在随后所引入的形式语义中得到刻画，即基于历史的模型。

设 N 为由主体组成的集合。每一主体 $i \in N$，原子命题集（原子或者事件）的私人集 Ap_i，假设只有主体 i 最初知道它们是否是真的。

这些事件的真值可以通过赋值表达，记集 $V \subseteq Ap$ 为包含真的事件集，其中 $Ap = \bigcup_{i \in N} Ap_i$。用 V_i 表示 $V \cap Ap_i$，将 V 作为对 i 的真实事件的限制，允许事件是独立的，事件也可以用偏好序（preference ording）表达。例如，假设 p，q，$r \in Ap_i$，分别表示 i 更喜欢选择鸡肉加牛肉、牛肉加鱼以及鸡肉加鱼中的哪一个。如果主体 i 的公共知识是一致的，所有的主体只考虑赋值 V，使得 p，$q \in V$，可以推出 $r \in V$。例如，{p，q} 表示不考虑其他可能的值。为了满足这一条件，设任意的非空的值类 $\mathcal{V}$ 满足两个条件：在互动下的赋值是封闭的，即：

$$\text{对任意的 } V, V' \in \mathcal{V}, \text{ 有 } V \cap V' \in \mathcal{V} \tag{v1}$$

在主体中赋值不是独立的，即：

$$\text{对任意的 } V, V' \in \mathcal{V} \text{ 和主体 } i, \text{ 有 } V_i \cup \bigcup_{i \neq j} V'_j \in \mathcal{V} \tag{v2}$$

互动结构 H 为建立在主体集 N 上的超图 H，即，N 的非空的子集所组成的集合，称为超弧。

主体可以将它们的事件和它们的任意的超弧进行交流。将这样的信息表示为多元组（i，A，p），且 $i \in A$ 且 $p \in Ap_i$。即，i 可以在群 A 中传递事件 p。如果 $p \in V$，如果 $A \in H$，那么 H 为相容的（compliant），对应于赋值 V 的信息是真的。如果主体所考虑的只有可能的 H-相容的信息，那么它们知道基本的超图 H。如果该模型只允许 H-相容的信息，基本的超图 H 为主体中的公共知识；如果采用全部信息（即允许有不一致的信息），那么 H 将无法知道。

一个状态或者可能世界（V，M）由真的信息集 M 和赋值 $V\in\mathcal{V}$ 组成。一个 H 相容的状态为只包含 H 事件的信息 M。

下面简略地讨论上面所涉及的假定，并进行形式方面的处理。第一，只允许形如（i，·，p）的信息且 $p\in Ap_i$。即，主体只交流"属于"它们的基本的事件，同样将这些事件看作初始的。第二，在此所定义的真值事实上可以推出参与人只能传递它们知道的真信息，因此 $p\in V$ 且 $p\in Ap_i$ 可推出 i 真的知道 p。第三，利用无序的信息集，不需要引入时态结构，因此该语境下只和已知的信息是否已经被传递有关，而不管是在什么时候传递的。

如果允许发送信息且不是最初知道的信息，必须区分哪些是真的信息；或者虽然是真的信息，但不知道它是真的信息。真的信息通常只能发送第一种情况的信息。为此采用知识语义和互递归的方法定义真。在克里斯托夫等（Krzysztof R. Apt，Andreas Witzel，and Jonathan A. Zvesper，2009）中，采用解释的方法表示信息，将主体最初所知道的内容作为初始的信息。在信息上就需要引入时态序，在该意义下，如果信息（i，A，p）发生，且 $p\notin Ap_i$，那么 A 为公共知识，信息表现为另一种形式（·，B，p）且 $i\in B$，否则 i 不可能知道 p。

通过建立在集合 $A\subseteq N$ 上的字（word），即有穷序列 $w=i_1, \cdots, i_k$，其中每一 $i_i\in A$。用 A^* 表示所有的建立在 A 上的字（word）的集合，用 Set（w）表示 w 中的主体集。

已知信息集 M，字 w，引入下面的记法：

$$M_w := \{(\cdot, A, \cdot)\in M \mid \text{Set}(w)\subseteq A\}$$

$$\text{Facts}(M) := \{p \mid (\cdot, \cdot, p)\in M\}$$

因此，M_i（分别地，M_w）是信息集 M 的子集，主体接受（分别地，和所有的在 w 中的主体相关的交流；注意和在 w 中的序无关），且事件 Facts（M_i）为事件集且为 M 中的主体 i 接受的交流信息。Facts（M）$\subseteq V$，（V，M）为状态。另外，定义建立在状态上的行为构成方式的运算集，例如（V，M）$\subseteq$（V'，M'），当且仅当 $V\subseteq V'$，且 $M\subseteq M'$。

为了表达主体的知识，定义状态之间的不可分辨的关系为：

$$(V, M)\sim_i (V', M')，当且仅当\ (V_i, M_i) = (V'_i, M'_i)$$

在下面所表达的语义中，主体 i 说“知道”一个事件，仅当该事件在主体 i 在不可区分的事件状态中的每一个状态下是真的。特别地，群知识 $G\subseteq N$（假定其非空）。其中的公共知识属于群中的公共知识。在群中每一主体都知道存在这样的事件，他们都知道他们知道等。为了定义这种形式，需要扩充个体和群之间的不可区分关系：对于 $G\subseteq N$，关系 $\sim_G$ 为 $\cup_{i\in G}\sim_i$ 的传递闭包。

可以通过下面的认知语言 $\mathcal{L}$ 进行定义：

$$\varphi::=p\mid\neg\varphi\mid\varphi_1\wedge\varphi_2\mid\varphi_1\vee\varphi_2\mid C_G\varphi$$

其中原子命题 p 表示 Ap 中的事件，¬、∧、∨ 为标准的联结词；C_G 为知识算子，且 $C_G\varphi$ 表示 G 中的公共知识。用 K_i 表示 $C_{\{i\}}$；$K_i\varphi$ 可以读作“i 知道 φ”。正语言 $\mathcal{L}^+$ 表示 $\mathcal{L}$ 的子语言，其中不出现带有否定（¬）的公式，在不包括任何的知识算子的情况下，公式就是命题的公式。

$\mathcal{L}$ 的语义定义如下：

$(V, M)\vDash_H p$　　当且仅当　$p\in V$

$(V, M)\vDash_H\neg\varphi$　　当且仅当　$(V, M)\nvDash_H\varphi$

$(V, M)\vDash_H\varphi_1\vee\varphi_2$ 当且仅当　$(V, M)\vDash_H\varphi_1$ 或者 $(V, M)\vDash_H\varphi_2$

$(V, M)\vDash_H\varphi_1\wedge\varphi_2$ 当且仅当　$(V, M)\vDash_H\varphi_1$ 并且 $(V, M)\vDash_H\varphi_2$

$(V, M)\vDash_H C_G\varphi$　　当且仅当　$(V', M')\vDash_H\varphi$，对每一相容的 H，(V', M')，且 $(V, M)\sim_G(V', M')$

命题蕴涵的特殊情况为：对任意的 $P\subseteq\mathrm{Ap}$，且 $p\in\mathrm{Ap}$，记：

$P\vDash p$　　　当且仅当　$p\in V$，对所有的 $V\in\mathcal{V}$ 且 $P\subseteq V$

$\vDash_H\varphi$ 表示 φ 为重言式，即对所有相容的 H 状态 (V, M)，$(V, M)\vDash_H\varphi$。对于命题 φ，可以等价为满足 φ 的所有的赋值。另外注意，所定义的赋值和更一般的公式可看作包括事件和正命题的重言式而不只是思想。例如，如果令赋值类 $\mathcal{V}=\{\varnothing, \{q\}, \{p, q\}\}$，那么 $\neg p\vee q$ 是重言式。对于类 $\mathcal{V}=\{\{p\}, \{p, q\}\}$，p 和 $p\vee q$ 都是重言式。

在最后的一条语义中，根据允许的相容的 H 状态，基础超图 H 假设为公共知识。假设超图 H 是不知道的，将等价于公共知识且超图 H 是完全的，即 $H=2^N\setminus\{\varnothing\}$。反映了这样的事件：如果不知道超图，那么每一个主体必然会认为每一集合 $A\subseteq N$ 可能为 H 中的超弧是可能的。为了表示对应的语义，用 $\vDash$ 表示 $\vDash_H$ 的简写，且 H 为完全的超图。

字 $w=i_1, \cdots, i_k$，记 K_w 表示 $K_{i1}, K_{i2}, \cdots, K_{ik}$ 的简写，将 $\sim_w$ 表示 $\sim_{i1}\cdot\cdots\cdot\sim_{ik}$ 的串。

注意 $(V, M) \sim_G (V', M')$，当且仅当存在 $w \in G^*$ 且 $(V, M) \sim_w (V', M')$。所以给定 C_G（G 为非单元集）的特定语义的等价方法如下：

$$(V, M) \vDash C_G\varphi \text{ 当且仅当对所有 } w \in G^*, (V, M) \vDash K_w\varphi \quad (*)$$

4.2.2　知识

下面研究知识，以此获得一个恰当的框架。

知识是从哪里获得的？在此所关心的是得自于交流的知识。在该语境中，确定的足道的（不是重言式）公式可以不通过交流而获得。

例 4.12　主体 $N=\{i, j, k\}$，$H=\{N\}$，$p \in Ap_i$，$V=\{p\}$ 且 $\mathcal{V}=\{\varnothing, V\}$，有：

$$(V, \varnothing) \vDash_H K_j \neg K_k p$$

直觉上，在 H 中的超弧，通过该超弧主体 k 可以从 i 那里学到主体 j 所学的知识。所以不存在 i “秘密地” 告诉 k 的知识。因此，$M_j=\varnothing$，j 也知道 $M_{ik}=\varnothing$。即，在所有的状态下，j 认为在 (V, M) 处是可能的，i 没有告诉 k 关于 p 的知识，因此，在所有这些状态 k 下并不知道 p（因此 p 不是重言式）。

事实上，在 N 中存在公共知识，所以不仅可重叠，而且公共知识也不需要交流。

$$(V, \varnothing) \vDash_H C_N \neg C_N p$$

最后，关于第三种情况可以从交流中获得但却不涉及知识：

$$(V, \{(i, \{i, j\}, p)\}) \vDash_H K_j \neg K_k \neg p$$

这些例子中含有否定公式。因此希望证明知识是通过交流获得的，且为前面所涉及的正公式。事实上，前面所建立的是只能从交流中获得的非重言式的关于知识的正公式。

***H* 的公共知识**　现在就检验与互动结构 H 中的公共知识相关的内容。考虑下面的例子。

例 4.13　在例 4. 12 中，有：

$$(V, \varnothing) \vDash_H K_j \neg K_k p$$

另一方面，有：

$$(V, \varnothing) \vDash K_j \neg K_k p$$

因此，$(V, \varnothing) \sim_j (V, \{(i, \{i, k\}, p)\})$。

所以存在关于 H 的知识的公式。但是，关于正公式就不必证明了。为此，首先证明下面的引理 4. 4，其直觉上指如果一个正公式在某种状态下是真的，那么在任意状态下保持真的，其中更多的事件是真的，或者有更多的交流发生。记$\models$为$\models_H$，且 H 为完全的超图，所以下面建立在一般状态下且$\models$可以得到（并非相容的 H）。

引理 4.4　对任意 $\varphi\in\mathcal{L}^+$ 和 H 相容的状态（V，M）和（V'，M'）且（V，M）$\subseteq$（V'，M'），如果（V，M）$\models_H\varphi$，那么（V'，M'）$\models_H\varphi$。

证　对 φ 进行结构归纳。当 $\varphi=C_G\psi$ 且 $\psi\in\mathcal{L}^+$ 时，是不完全的。证明 $G=\{i\}$ 的情况：在非单元集的情况下，可以通过归纳和（$*$）进行证明。

取 H 相容的状态（V''，M''）使得（V'，M'）$\sim_i$（V''，M''）。令：

$$(V''',\ M''') := (V_i\cup\bigcup_{j\neq i}V_j'',\ M_i)$$

注意 V'''的值由（v2）确定。Facts（M_i）$\subseteq$Facts（M）$\subseteq V$，因此（V，M）为状态。另外，$M_i\subseteq M_i'=M_i''\subseteq M''$，所以 Facts（$M_i$）$\subseteq$Facts（$M''$）$\subseteq V''$，因此（$V''$，$M''$）为一个状态。因此，

$$\text{Facts}\ (M''') = \text{Facts}\ (M_i) \subseteq V\cap V'' = \bigcup_{i\in N}(V_i\cap V_i'') \subseteq V'''$$

即对应于 V'''，在 M'''中的信息是真的，所以（V'''，M'''）为状态。另外，（V，M）$\sim_i$（V'''，M'''）。假设（V，M）$\models_H K_i\psi$。那么可得（V'''，M'''）$\models_H\psi$。另外，（V'''，M'''）$\subseteq$（V'''，M'''），因此 $V_i\subseteq V_i'=V_i''$，且 $M_i\subseteq M_i'=M_i''$，因为（V'，M'）$\sim_i$（V''，M''）。因此，根据归纳假设，可得（V''，M''）$\models_H\psi$。

现在证明 H 的公共知识，但却和正公式无关。

定理 4.5　对任意的 H 相容的状态（V，M）且 $\varphi\in\mathcal{L}^+$

$$(V,\ M)\models\varphi \quad 当且仅当 \quad (V,\ M)\models_H\varphi$$

证　根据结构归纳。当 $\varphi=C_G\psi$ 且 $\psi\in\mathcal{L}^+$ 是有意义的。

（=>）　根据归纳假设，（V，M）$\models C_G\psi$ 可推出（V，M）$\models_H C_G\psi$，因此每一 H 相容的状态是一个状态。

（<=）　反证法。（V，M）$\not\models C_G\psi$。所以存在状态（V'，M'）且（V，M）$\sim_G$（V'，M'）且（V'，M'）$\not\models\psi$。令：

$$M'|_H := \{(\cdot,\ A,\ \cdot)\in M' \mid A\in H\}$$

所以，$M'|_H$包括在 M'中所有 H 相容的信息。注意（V'，$M'|_H$）$\subseteq$（V'，M'），所以从（V'，M'）$\not\models\psi$ 可得（V'，$M'|_H$）$\not\models\psi$，利用引理 4.4（其中，对于一般的状态和$\models$也成立）。因此（V'，$M'|_H$）为 H 相容的，由归纳假设生成（V，$M'|_H$）$\not\models_H\psi$。另外，（V，M）$\sim_G$（V'，$M'|_H$），因此（V，M）为 H 相容的，且（V，M）$\sim_G$（V'，M'）。因此（V，M）$\not\models C_G\psi$。

下面就讨论正公式，主要讨论$\vDash$。

基于析取的知识分布　现在建立基于正公式的析取的分布 C_G，首先以单元集 G 开始（即 K_i）。如果析取为重言式，该结果也成立。

引理 4.5　对任意的 φ_1，$\varphi_2 \in \mathcal{L}^+$，状态（$V$，$M$），（$V$，$M$）$\vDash K_i$（$\varphi_1 \vee \varphi_2$）　当且仅当　（$V$，$M$）$\vDash K_i\varphi_1 \vee K_i\varphi_2$。

证　为了证明（=>），采用反证法。假设（V，M）$\nvDash K_i\varphi_1 \vee K_i\varphi_2$。那么（$V$，$M$）$\nvDash K_i\varphi_1$ 且（V，M）$\nvDash K_i\varphi_2$。即存在（V'，M'）和（V''，M''）使得：

$$(V, M) \sim_i (V', M') \text{ 且 } (V', M') \nvDash \varphi_1$$

同理：

$$(V, M) \sim_i (V'', M'') \text{ 且 } (V'', M'') \nvDash \varphi_2$$

令（V'''，M'''）：=（$V_i \cup \bigcup_{j \neq i}(V'_j \cap V''_j)$，$M_i$），因此，（$V$，$M$），（$V'$，$M'$）和（$V''$，$M''$）为状态。另外，$M_i = M'_i$ 且 $M_i = M''_i$。

所以：

$$\begin{aligned} \text{Facts}(M''') &\subseteq \text{Facts}(M) \cap \text{Facts}(M') \cap \text{Facts}(M'') \\ &\subseteq V \cap V' \cap V'' \\ &= \bigcup_{j \in N}(V_j \cap V'_j \cap V''_j) \\ &\subseteq V''' \end{aligned}$$

于是就证明了在 M''' 中的信息为真时，相对应于 V'''，因此 $M''' = M_i \subseteq M$，（V'''，M'''）为 H 相容的状态。

因此 $V_i = V'_i = V''_i$，且 $M_i = M'_i = M''_i$，有（V'''，M'''）$\subseteq$（V''，M''）。根据引理 4.4，得（V'''，M'''）$\nvDash \varphi_1$ 且（V'''，M'''）$\nvDash \varphi_2$，因此（V'''，M'''）$\nvDash \varphi_1 \vee \varphi_2$。另外，（$V$，$M$）$\sim_i$（$V'''$，$M'''$），所以（$V$，$M$）$\nvDash K_i$（$\varphi_1 \vee \varphi_2$）。

（<=）方向可以立即根据语义获得。

定理 4.6　对任意的 φ_1，$\varphi_2 \in \mathcal{L}^+$，状态（$V$，$M$）和 $G \subseteq N$，（V，M）$\vDash C_G$（$\varphi_1 \vee \varphi_2$）　当且仅当　（V，M）$\vDash C_G\varphi_1 \vee C_G\varphi_2$。

证　下面的证明直接得自引理 4.5 和（*）。

如果允许否定，该结论将不再成立。考虑 $\varphi = K_i$（$p \vee \neg p$）只有两个主体 i，$j \in N$，$p \in Ap_j$，$\mathcal{V}$=｛$\varnothing$，｛p｝｝，且（V，M）=（$\varnothing$，$\varnothing$）。有（V，M）$\vDash \varphi$，因此析取式为重言式，但对于 i 来说无法知道哪一个析取支是真的。

对于非重言式析取，该结果也不成立，可以参看下面的例子。

例 4.14　考虑 N=｛i，j，k｝，$p \in Ap_k$，且 V=｛$\varnothing$，｛p｝｝。且

$V=\{p\}$，$M=\{(k, \{i, k\}, p)\}$

且

$\varphi=K_i(K_j p \vee K_j \neg p)$

$(V, M) \vDash \varphi$，但 i 并不知道 (V, M) 中的析取。直觉上，通过私人学习 p 为真的，i 知道 j 也学习到它，或者 j 不知道是否 p 为真的，但 i 确实不知道这两个状态中的哪一个成立。

通过交流而获得知识 另外，任意事件 $p\in Ap$ 的交互知识（mutual knowledge）只能通过对应的信息获得，且这些都和公共知识是不可分离的。注意交互和公共知识之间的关系在重言式的事件上也成立。对于 $P\subseteq Ap$ 且 $p\in Ap$，对所有的值 V 且 $P\subseteq V$，根据 $P\vDash p$ 可以表示为 $p\in V$。

引理 4.6 对任意的 $w\in N^*$ 且 $|Set(w)|\geqslant 2$，$p\in Ap$，状态 (V, M) 为下面的等价式：

(i) $(V, M)\vDash K_w p$

(ii) $Facts(M_w)\vDash p$

(iii) $(V, M)\vDash C_G p$ 且 $G=Set(w)$

证

(i) => (ii)：假设 (ii) 不成立。即存在值 V' 使得 $Facts(M_w)\subseteq V'$ 且 $p\notin V'$。因此 (V', M_w) 为状态，且 $(V', M_w)\nvDash p$。

令 $i\in N$ 为 $p\in Ap_i$。那么 $V'':=V'_i\cup\bigcup_{j\neq i}V_j$ 为值。根据 (v2)，于是可得另外一种状态 (V'', M_w) 且 $(V'', M_w)\nvDash p$。

确定 $j\in Set(w)$ 且 $p\notin Ap_j$，不存在这样的 j，因此 $|Set(w)|\geqslant 2$。有 $(V, M)\sim_j (V'', M_w)$。因此 $j\in Set(w)$，且 $(V, M)\sim_k (V, M)$ 且 $(V'', M_w)\sim_k (V'', M_w)$，对所有的 $k\in N$，可得 $(V, M)\sim_w (V'', M_w)$，因此 $(V, M)\nvDash K_w p$。

(ii) => (iii)：假设 $G=Set(w)$，取 $m\in M_w$。考虑 (V', M') 使得 $(V, M)\sim_G (V', M')$。对从 G 中所选择的主体序列 $i_1, \cdots, i_k$，和某些状态 $(V^1, M^1), \cdots, (V^k, M^k)$，有：

$$(V, M)\sim_{i1}(V^1, M^1)\sim_{i2}\cdots\sim_{ik}(V^k, M^k)$$

其中 $(V', M')=(V^k, M^k)$。但 $i_1\in G$，所以 $m\in M_{i1}$，结果为 $m\in M^1_{i1}$。另外 $i_2\in G$，所以 $m\in M^1_{i2}$，结果有 $m\in M^2_{i2}$。持续利用这种方法，结果是 $m\in M^k_{ik}$，即 $m\in M'_{ik}$。

于是就证明了 $M_w\subseteq M'$。所以 $Facts(M_w)\subseteq V'$，因此 (V', M') 为状态。但根据假设，$Facts(M_w)\vDash p$，所以 $(V', M')\vDash p$。于是证明了

$(V, M) \vDash C_G p$。

(iii) => (i)：根据（$*$）证明。

本结论可以扩充到对于任意正公式的交互和公共知识之间的关系。

定理 4.7 对任意 $G \subseteq N$，$\varphi \in \mathcal{L}^+$，状态 (V, M)，$(V, M) \vDash C_G\varphi$，当且仅当$(V, M) \vDash K_w\varphi$，对某些 $w \in G*$ 且 Set（w）$=G$。

证 关于（=>）方向可以根据（$*$）证明。

对于（<=）方向，根据结构归纳。基础情况可以从引理 4.6 获得。

归纳步骤。对于析取可以根据定理 4.6，且对于合取可以直接根据语义的定义获得。对于 $\varphi = K_i\psi$，假设 $(V, M) \vDash K_w K_i \psi$ 生成，根据归纳假设，$(V, M) \vDash C_{G'}\psi$，对于 $G' =$ Set（w）$\cup \{i\} = G \cup \{i\}$，其中根据语义的定义蕴涵 $(V, M) \vDash C_G K_i \psi$。

注意该结论的证明，对于正公式，公共知识算子只是进行了简单的刻画，可以和（$*$）进行比较。

最后，在此所建立的公共知识只能够通过拥有某些信息的群获得这样的知识从而推知整个群获得这样的知识。即，除非某些公式 φ 是公共知识所固有的，对于所设定的语境（即重言式），φ 的公共知识不能进行更多的有穷次的交流来达到目的，例如点到点的信息。

定理 4.8 对任意 $G \subseteq N$ 且$|G| \geq 2$，非重言式 $\varphi \in \mathcal{L}^+$，且状态 (V, M)，如果 $(V, M) \vDash C_G\varphi$，那么存在（$\cdot$，A，$\cdot$）$\in M$ 且 $C \subseteq A$。

证 根据定理 4.6 和语义，将 $C_G\varphi$ 交易为仅由析取和合取组成等价的公式，形如 $C_G C_{G1}$，…，C_{Gl}p 且 G_1，…，$G_l \subseteq N$。因为 $(V, M) \vDash C_G\varphi$ 且 φ 为非重言式，至少存在一个这样的公式使得 $(V, M) \vDash C_G C_{G1} \cdots C_{Gl}$p，且 p 为非重言式。

现在确定一个这样的公式，取 w 使得 Set（w）$=G$。根据（$*$）可得 $(V, M) \vDash K_w C_{G1} \cdots C_{Gl}$p，所以根据语义有 $(V, M) \vDash K_w$p。根据引理 4.6 可推出 Facts $(M_w) \vDash$ p。因为 p 为非空重言式，可推出 M_w非空。证毕。

评论

A. 相关工作

研究了简单框架中不同的公共知识以及同步通信。

关于协同攻击问题在引言中得到了刻画，论证了同时发生的事件和公共知识之间的关系，在所提供的框架中，群所获得的公共知识公式并不是最初的公共知识，其需要分别和整个群中的同步通信有关。

在（Chandy，Misra，1986）① 中考虑了下面的信息流，其主要是在分布系统中，且具有同步通信。研究了如何处理其他状态的“学习”，并且建立下确界数字信息解决与确定的知识相关的问题。主要区别在于超图，在该语境中具有十分重要的作用，等价于在异步通信语境中的单纯的点到点的图：在交付期限上没有保证，没有时态推理，接收到一个异群信息的信息量和接收到独立的私人信息是相同的。通过传送独立的消息给每一个群中的成员与发送一个群信息之间是互模拟的。

在逻辑领域内，通信网络和认知相关的问题已经被许多专家认识到。在此只是简单地讨论了这些框架及其之间的关系。

建立在动态认知逻辑基础上的模型，可以用来刻画在通信情况下的某些初始的认知模型。处于子群中的通信，可能含有任意的认知公式。即一个消息可以表示为（A，B，φ），其中 A 和 B 是主体群，φ 是认知公式，从直觉上可知在 B 中的主体通常可以获得在 A 中的主体通常知道 φ。在此，假设交流的是真的知识，所以 $C_A\varphi$ 是前提，表示这样的消息。另外，通信假设为真的，且只能在超图中出现。但是，该超图显然可以在模型中得到刻画，且是不断变化的。在动态认知逻辑中，该方法可建立所有事件的显性的模型，包括对无法检测到的通信持怀疑态度的信息。

然而，在某种情况下，建立在历史基础上的模型和动态认知逻辑是等价的。所有可能的通信都可以通过从一开始就对它们持怀疑态度进行模型，并不是一种显性的形式，而是建立在基图上的静态的模型。

B. 可能扩充

下面列举一些具有一定研究价值的扩充框架。

通过对赋值类进行分析，只需要满足（V1）和（V2）即可。或者，可以用带有逻辑定理的主体确定原子公式中的独立性。这些理论可以看作公共知识，或者仅为其他主体的偏好知识。

可以刻画比简单原子事件更复杂的信息，例如命题公式，或者认知公式。另外，也可研究同步通信，或者类似于 E-mail 的盲拷贝特征的例子。

假设主体拥有基于超图的不同的知识，根据假设，对所有的 i，有

---

① K. Mani Chandy and Jayadev Misra. How processes learn. Distributed Computing. 1986，1(1)：40－52. Cited on pp. 3 and 47.

$H \subseteq H_i$，其中 H 为基本的超图，且 H_i 为偶然被 i 知道，且主体知道 H 可以改变信息。该信息可以包含不属于 H 的超图信息。

另外，我们也研究了装置，即每一个主体具有基于超图上的不可区分的关系，并允许对主体的基本超图的偏好知识进行模型。

4.3　互动结构中的策略

4.3.1　背景知识

A. 动机

博弈论是建立在涉及对参与人的知识和信念的应用基础之上的，通过在互动结构的框架中增加策略博弈而重新构造新的框架。假设参与人的初始信息只包括自己的偏好，且根据互动结构可以相互交流偏好。

首先，不允许参与人说谎；其次，不检验为什么参与人会这么做，或者主体将交流些什么；最后，只检测如果主体做了，将会出现什么样的情境。

有如下假设：

（1）参与人是理性的；

（2）主体最初知道自己的偏好；

（3）主体是互动结构中的一部分，主体的偏好可以在任意超弧内进行交流；

（4）交流的都是真实的信息且是同步的；

（5）参与人不具备关于主体的知识比从这些假设推出的知识更多，且都是公共知识。

这些假设必须在形式方面得到反映。

在这些博弈中，每一参与人都知道主体的效用，但却不知道其他参与人的效用。根据空的互动结构，在所设定的语境中这些私人知识为前贝叶斯博弈中的一部分，可用平凡模型刻画或者看作对应的初始情境。

B. 背景知识

根据策略博弈（简称博弈），对于主体 $N=\{1, \cdots, n\}$，其中 $n>1$，多元组 $(S_1, \cdots, S_n, \succ_1, \cdots, \succ_n)$，其中每一 $i \in N$。

（1）S_i 为非空集，对于主体 i 而言是有效的有穷策略集。用 S 表示策略组合集的缩写：$S=S_1\times\cdots\times S_n$。

(2) $>_i$为主体 i 的偏好关系，所以 $>_i\subseteq S\times S$。为了研究严格优势，将严格序看作偏好关系。

根据博弈论中的惯例，将主体 i 的策略表示为 s_i，也可带上标。可以将 i 在策略组合中的策略 $s\in S$ 表示为 s_i，可用 s_{-i}表示由其他元素组成的多元组：

$$s_{-i}=(s_i, \cdots, s_{i-1}, s_{i+1}, \cdots, s_n)$$

类似地，用 S_{-i}表示 $S_1\times\cdots\times S_{i-1}\times S_{i+1}\times\cdots\times S_n$，且 $s_i'\in S_i$，$s_{-i}\in S_{-i}$，用 (s_i', s_{-i}) 表示 $(s_1, \cdots, s_{i-1}, s_{i+1}, \cdots, s_n)$。最后，用 $s_i' >_{s_{-i}} s_i$表示 $(s_i', s_{-i}) >_i (s_i, s_{-i})$ 的择代记法。即，$s_i' >_{s_{-i}} s_i$，意思是，如果其他的参与人选择了 s_{-i}给出的策略，那么主体 i 严格地偏好选择基于 s_i上的 s_i'。

确定一初始策略博弈 $\mathcal{G}:=(S_1, \cdots, S_n, >_1, \cdots, >_n)$，如果每一$S_i'$为 S_i的非空子集，称 $(S_1', \cdots, S_n')$ 为 $\mathcal{G}$ 的限制。用 $\mathcal{G}$ 表示 $(S_1, \cdots, S_n)$ 的识别限制。

为了对初始博弈 $\mathcal{G}$ 的策略的重复剔除进行分析，可以将这样的程序看作基于 $\mathcal{G}$ 的限制集上的算子。该集合与分量方式集包含有共同构造的完全格。

对任意 $\mathcal{G}$ 的限制 $\mathcal{G}':=(S_1', \cdots, S_n')$，策略 s_i，$s_i'\in S_i$，称 s_i为通过 s_i'建立在 S_{-1}'上的严格优势。如果对所有的 $s_{-i}'\in S_{-i}'$，有 $s_i' >_{s_{-i}'} s_i$，那么可引入下面的简写（用 l 表示“局部的”，g 表示“全局的”）。

(1) $sd^l(s_i, \mathcal{G}')$ 成立，当且仅当主体 i 的策略 s_i不是通过任意来自 S_i'的策略上的非严格优势（即$\neg\exists s_i'\in S_i'\forall S_{-s}'\in S_{-i}' s_i' > s_{i'-i} s_i$）。

(2) $sd^g(s_i, \mathcal{G}')$ 成立，当且仅当主体 i 的策略 s_i并不是基于来自 S_i的任意策略 S_{-i}'的严格优势（即$\neg\exists s_i'\in S_i'\forall S_{-s}'\in S_{-i}' s_i' > s_{i'-i} s_i$）。

所以在 sd^g 中，根据（Chen et al, 2007）① 中引入的全局的严格优势，约定一个策略并不是根据最初的博弈中的策略所产生的严格优势。

称每一个形如 sd^l 或者 sd^g的关系为最佳意图。如果对所有的限制 $\mathcal{G}''$和 $\mathcal{G}'$以及策略 s_i，那么主体 i 所使用的最佳意图 φ 是非单调的，$\mathcal{G}''\subseteq\mathcal{G}'$且 $\varphi(s_i, \mathcal{G}'')$ 可推出 $\varphi(s_i, \mathcal{G}')$。

---

① Yi-Chun Chen, Ngo Van Long, and Xiao Luo. Iterated strict dominance in general games. Games and Economic Behavior. 2007, 61 (2): 299-315. cited on p. 54.

在《基于强弱优势的固定点》① 中的 sd^g 为单调的，而 sd^l 是非单调的。

给定基于有穷格（D，$\subseteq$）上的算子 $\top$，用 $\top^k$（$k \geqslant 0$）表示 $\top$ 的 k 次折叠的重复，其中 $\top^0 = D$（所以迭代开始于最"顶部"），取 $\top^\infty := \bigcap_{k>0} \top^k$。如果对所有的 D'，$D'' \subseteq D$，有 $D' \subseteq D''$ 可推出 $\top(D') \subseteq \top(D')$，称 $\top$ 为单调的。

最后，互动结构 H 为基于 N 上的超图，即 $A \subseteq N$ 的非空子集所组成的集合，称为超弧。

4.3.2　重复剔除策略

下面定义严格优势策略的重复剔除程序。

对于主体 N，确定策略博弈 $\mathcal{G} = (S_1, \cdots, S_n \succ_1, \cdots, \succ_n)$，互动结构 $H \subseteq 2^N \setminus \{\varnothing\}$，最佳意图 φ。根据结构 H，在经过交流之后，主体所获悉的信息，即为当在 H 中的每一个超弧中的成员的偏好都经过交流之后，在任意特殊的中间交流状态中所获悉的信息。

所有的迭代算子都开始于（S_1，…，S_n）。

A. 完全交流

假设每一超弧 $A \in H$，所有成员都可以共享与他们的偏好相关的全部信息。

对每一主体群 $G \in N$，令 S_G 表示来自 G 的主体的限制策略集 $\mathcal{G}$ 的限制。即：

$$S_G := \{(S_1', \cdots, S_n'\} \mid \text{对 } i \notin G,\ S_i' \subseteq S_i \text{ 且对 } i \notin G,\ S_i' = S_i)$$

现在引入建立在每一集合 S_G 上剔除算子 $\top_G$，定义如下：

$$\text{对每一 } \mathcal{G}' = (S_1', \cdots, S_n') \in S_G,\quad \top_G(\mathcal{G}') := (S_1'', \cdots, S_n'')$$

其中，对所有 $i \in N$，

$$S_i'' := \begin{cases} \{s_i \in S_i' \mid \varphi(s_i, G')\}, \text{如果 } i \in G \\ S_i', \text{否则} \end{cases}$$

称 $\top_G^\infty$ 为建立在 G 上的重复剔除的结果。定义 $\mathcal{G}$ 的限制 $\mathcal{G}(H)$ 如下：

---

① Adam Brandenburger, Amanda Friedenberg, and H. Jerome Keisler. Fixed points for strong and weak dominance, 2006. Working paper. Cited on p. 55.

$$\mathcal{G}(H) := (\mathcal{G}(H)_1, \cdots, \mathcal{G}(H)_n)$$

其中，对所有的 $i \in N$，$\mathcal{G}(H)_i := \top_{\{i\}}(\bigcap_{A: i \in A \in H} \top_A^{\infty})_i$。

即，第 i 个 $\mathcal{G}(H)$ 的组成部分为第 i 个应用了 $\top_{\{i\}}$ 到 $\top_A^{\infty}$ 的交集，对所有的 $A \in H$ 包含 i。称 $\mathcal{G}(H)$ 为对应于 H 的重复剔除的结果（非-φ-优势策略）。$\mathcal{G}(H)$ 隐性地取决于 φ。

已知主体 i 和超弧 $A \in H$ 使得 $i \in A$，$\top_A^{\infty}$ 为从（S_1，…，S_n）开始，建立在 A 上的重复剔除结果，来自于 A 外的主体的策略对进程并没有什么影响。对每一超弧，i 为其中的成员，该剔除进程可以得到实施。据此，考虑限制 $\bigcap_{A: i \in A \in H} \top_A^{\infty}$，其中所有这样的“群变形”的重复剔除就可以实现。但是，在该限制中主体 i 的策略可以为非-φ-优势的，被剔除之后利用了 $\top_{\{i\}}$ 算子。下面就对该进程例示。

例 4.15 局部严格优势 sd^l。如下为三个主体的博弈 G，其中主体 1 和主体 2 的效用，以及主体 1 和主体 3 的效用分别依靠彼此的行为确定，但主体 2 和主体 3 的效用是独立的。

		P1. 2，3			
		L，*l*	*L*，*r*	*R*，*l*	*R*，*r*
P1. 1	*U*	1，1，1	0，1，0	0，0，1	0，0，0
	D	0，1，1	1，1，0	1，0，1	1，0，0

即，例如，如果主体 1 选择了策略 U，主体 2 选择了策略 L，主体 3 选择了策略 r，那么主体 1 的效用为 0，主体 2 的效用为 1，主体 3 的效用为 0。现在假设互动结构能够反映这些效用是独立的，即，超图 $H = \{\{1, 2\}, \{1, 3\}\}$。可以获得 $T_{\{1,2\}}^{\infty} = (\{U, D\}, \{L, R\}, \{l, r\})$ 且 $T_{\{1,3\}}^{\infty} = (\{U, D\}, \{L, R\}, \{l\})$。该限制主要通过（$\{U, D\}$，$\{L\}$，$\{l\}$）来定义，且根据这两个独立的互动，通过运用 $\top_{\{i\}}$ 剔除策略 D，在最后一步主体 1 可以将该结果进行合并。整个进程为 $\mathcal{G}(H) = (\{U\}, \{L\}, \{l\})$。

在该例子中，该结果对应于给定的互动结构，并且符合基于全特殊的博弈矩阵的 IESDS 的惯例。但这并不是一般的情况，该例子的结果可以用以说明算子是如何发生作用的。后面的例 4.16 证明了在不同的语境中互动结构如何影响结果。

注意，当 H 为包括所有的主体的所有的简单超弧 N 组成，那么对每一主体 i，$\bigcap_{A: i \in A \in H} \top_A^{\infty}$ 归纳为 $\top_N^{\infty}$，且在每一运算 $\top_{\{i\}}$ 的作用下是封闭

的，则 $\mathcal{G}(H)=\top_N^\infty$，即 $\mathcal{G}(H)$ 在特殊情况下和非-φ-优势策略重复剔除是符合的。

一般情况下，该习惯结果包括下面的结果，对应于任意一超图 H。该结果在定理 4.9 中建立，例 4.16 证明了这样的一种情况，其中所包含的内容是恰当的。

定理 4.9　对于 $\varphi\in\{sd^l, sd^g\}$ 且对所有的超图 H，有 $\top_N^\infty\subseteq\mathcal{G}(H)$。

证　首先，考虑 $\varphi=sd^g$，且 $G\subseteq G'\subseteq N$。根据定义可以推出对所有的限制 $\mathcal{G}'$，有 $\top_{G'}(\mathcal{G}')\subseteq\top_G(\mathcal{G}')$。因此 φ 是单调的，所以对所有的 $C\subseteq N$，有运算 $\top_C$。因此，根据直接归纳对所有的 $G\subseteq N$，有 $\top_N^\infty\subseteq\top_G^\infty$，对所有的主体 i，

$$\top_N^\infty\subseteq\bigcap_{A:i\in A\in H}\top_A^\infty \tag{4.1}$$

对所有的 $i\in N$，$\top_N^\infty=\top_{\{i\}}(\top_N^\infty)\subseteq\top_{\{i\}}(\bigcap_{A:i\in A\in H}\top_N^\infty)$，其中，根据 $\top_{\{i\}}$ 的单调性知该结论成立，$\top_N^\infty\subseteq\mathcal{G}(H)$。

同理，对 $\varphi=sd^l$。需要区分对 $\varphi=sd^l$ 和 $\varphi=sd^g$ 时的算子 $\top_C$。将前一种情况记为 $\top_{C,l}$，后一种情况记为 $\top_{C,g}$。使用后者的原因在于它们是单调的且和前者的运算紧密相关。即，在（Krzysztof R. Apt.，2007）① 中，$\top_{N,l}^\infty=\top_{N,g}^\infty$。在随后的证明中用任意 $C\subseteq N$ 替换 N。现在确定一个任意的 $i\in N$，那么

$$\bigcap_{A:i\in A\in H}\top_{A,g}^\infty=\bigcap_{A:i\in A\in H}\top_{A_i l}^\infty$$

根据（4.1），对于 $\varphi=sd^g$，$\top_{N,g}^\infty\subseteq\bigcap_{A:i\in A\in H}\top_{N,g}^\infty$，所以：

$$\top_{N,l}^\infty=\top_{N,g}^\infty\subseteq\bigcap_{A:i\in A\in H}\top_{A_i l}^\infty \tag{4.2}$$

另外，有 $\top_{N,l}^\infty=\top_{N,g}^\infty$，且 $\top_{N,g}^\infty=\top_{\{i\},g}(\top_{N,g}^\infty)$，所以，$\top_{N,l}^\infty=\top_{\{i\},g}(\top_{N,l}^\infty)$。根据（4.2）和 $\top_{\{i\},g}$ 的单调性，

$$\top_{N,l}^\infty=\top_{\{i\},g}(\top_{N,l}^\infty)\subseteq\top_{\{i\},g}(\bigcap_{A:i\in A\in H}\top_{A,l}^\infty)$$

另外，对所有的 $i\in N$，对所有的限制 $\mathcal{G}'$，根据定义有，

$$\top_{\{i\},g}(\mathcal{G}')\subseteq\top_{\{i\},l}(\mathcal{G}')$$

所以根据最后的包含，

$$\top_{N,l}^\infty\subseteq\top_{\{i\},l}(\bigcap_{A:i\in A\in H}\top_{A_l}^\infty)$$

① Krzysztof R. Apt. Relative strength of strategy elimination procedures. Economics Bulletin. 2007，3（21）：1－9. Cited on p. 57.

最后，$\top^{\infty}_{N,l} \subseteq \mathcal{G}(H)$，证毕。

即使在每一对主体可以共享超弧的情况下，该结论的证明不是可逆的。下面给出的例 4.16 也表明这样的图结构没有超图结构承载的信息量大。

例 4.16 考虑下面三个主体的策略博弈。主体 1 和主体 2 的支付在此只依靠彼此的选择，并且主体 3 的支付只依靠主体 2 和主体 3 的选择。

		P1.2	
		L	R
P1.1	U	0，1	0，0
	D	1，0	1，1

主体 1 和主体 2 的支付

		P1.2	
		L	R
P1.3	A	0	1
	B	1	0

主体 3 的支付

如果假设超图 H 是由简单的超弧 $\{1, 2, 3\}$ 组成的，那么对应于 H 的非-φ-优势策略重复剔除，等价于（$\{D\}$，$\{R\}$，$\{A\}$）。事实上，主体 1 可以剔除他的严格控制策略 U，那么主体 2 可以剔除 L，随后主体 3 可以剔除 B。

如果超图由所有的主体对组成，$H=\{\{1, 2\}, \{2, 3\}, \{1, 3\}\}$，那么根据事件主体 2 剔除了 L，但他的信息仅对主体 1 和主体 2 有效。

为了对所定义的概念做进一步的形式处理，建立下面的直觉的单调情况，如果对每一 $A \in H$，存在 $A' \in H'$ 使得 $A \subseteq A'$，称 H' 是对 H 的扩充。

命题 4.1 如果 H' 扩充了 H，且 $\top$ 是单调的，那么 $\mathcal{G}(H') \subseteq \mathcal{G}(H)$。

证 证明下面的更强的命题：如果 H' 为 H 的扩充，且对每一 $G \in \{\{i\} \mid i \in N\} \cup H \cup H'$，$\top_G$ 为单调的，那么 $\mathcal{G}(H') \subseteq \mathcal{G}(H)$。

首先要注意，对所有的限制 $\mathcal{G}'$：

$$G \subseteq G' \text{ 可推出 } \top_{G'}(\mathcal{G}') \subseteq \top_G(G') \tag{4.3}$$

为此，假设 $G \subseteq G'$。那么对所有的 $i \in N$，或者 $i \in G$，其中有一种情况为 $i \in G'$，所以 $\top_G(\mathcal{G}')_i = \top_{G'}(\mathcal{G}')_i$；或者 $i \notin G$，其中一种情况为 $\top_G(\mathcal{G}')_i = \mathcal{G}'_i \supseteq T_{G'}(\mathcal{G}')_i$。

在每一种情况下，$\top_{G'}(\mathcal{G}')_i \subseteq \top_G(\mathcal{G}')_i$。

根据 4.3 和 $\top_G$ 和 $\top_{G'}$ 的单调性，可推出：

$$G \subseteq G' \text{ 可推出 } \top^{\infty}_{G'} \subseteq \top^{\infty}_{G} \tag{4.4}$$

现在证明如果 H' 为 H 的扩充，那么 $\bigcap_{A'; i \in A' \in H'} \top^{\infty}_{A'} \subseteq \bigcap_{A; i \in A \in H}$

$\top_A^\infty$。确定 $i\in N$，取 $s_i\notin(\bigcap_{A:i\in A\in H}\top_A^\infty)_i$，那么存在 $A\in H$ 使得 $i\in A$ 且 $s_i\notin(\top_A^\infty)_i$。因此 H' 为 H 的扩充，存在 $A'\in H'$ 使得 $A\subseteq A'$，根据 4.4，所以 $s_i\notin(\top_{A'}^\infty)_i\supseteq\bigcap_{A':i\in A'\in H'}\top_{A'}^\infty$。

故每一 $\top_{\{i\}}$ 为单调的，

$$\mathcal{G}(H')_i=\top_{\{i\}}(\bigcap_{A':i\in A'\in H'}\top_{A'}^\infty)_i\subseteq\top_{\{i\}}(\bigcap_{A:i\in A\in H}\top_A^\infty)_i$$
$$=\mathcal{G}(H)_i$$

B. 中间状态

前面的状态对应于每一超弧内的状态，其所有的成员都分享他们偏好的所有信息。所定义的反射涉及博弈 $\mathcal{G}$、超图 H 和结果 $\mathcal{G}(H)$，假设进程为前面所刻画的，如果在 H 中可以交流所有的信息，则最初只知道他自己的偏好的策略可以得到剔除。现在先对交流进行定义，随后考虑只有一个确定的偏好得到了交流后的中间状态。

任意主体 i 和任意 $A\in H$ 且 $i\in A$ 之间进行偏好信息的交流。由 i 提供的信息由序对 s_i，$s_i'\in S_i$ 且 $s_{-i}\in S_{-i}$ 和偏好陈述 $s_i'\succ_{s_{-i}}s_i$ 组成，将这样的信息表示为 $(i, A, s_i'\succ_{s_{-i}}s_i)$，要求 $i\in A$ 且对应于已知为真的博弈 $\mathcal{G}$，即事实上在 $\mathcal{G}$ 中的 $s_i'\succ_{s_{-i}}s_i$。因此，和交流一致的解释可以在前面进行刻画，“在 A 中的主体通常发现 $s_i'\succ_{s_{-i}}s_i$”。现在的中间状态可以通过信息集 M 给出，其中 M 已经得到交流。

现在将所定义的优势解释为中间状态。一个中间优势 $\varphi_{G,M}$（根据优势 φ 推出）使用了通过 M 在中间状态中分享群 G 中的信息。即，利用单元集 $G=\{i\}$ 只应用了 i 的偏好，且较大的 G 只包含传递给 G 的信息中所使用的偏好。例如，$sd_{G,M}{}^g(s_i, \mathcal{G}')$ 成立，当且仅当：

$$\neg\exists s_i'\in S_i\,\forall s_{-i}\in S_{-i}{}'\succ_{s_{-i}}s_i，\text{如果 } G=\{i\}$$
$$\neg\exists s_i'\in S_i\,\forall s_{-i}\in S_{-i}{}'M\uparrow_G\models s_i'\succ_{s_{-i}}s_i，\text{否则}$$

其中根据 $M\uparrow_G\models s_i'\succ_{s_{-i}}s_i$ 表示 $s_i'\succ_{s_{-i}}s_i$ 通过包含在 M 中且为 G 所接受的信息推出。特别地，$M\uparrow_G\models s_i'\succ_{s_{-i}}s_i$ 当且仅当存在 $(\cdot, G^k, s_i^k\succ_{s_{-i}}s_i^{k+1})\in M$，对于 $k\in\{1, \cdots, l-1\}$ 使得 $G^k\subseteq G$，$s_i^1=s_i'$ 且 $s_i{}^l=s_i$。

$\top_G$ 的一般的算子定义如下：

$$\top_{G,M}(\mathcal{G}'):=(S_1'', \cdots, S_n'')$$

其中 $\mathcal{G}'=(S_1', \cdots, S_n')$，且对所有的 $i\in N$

$$S_i'':=\{s_i\in S_i'\mid\varnothing_{G,M}(s_i, \mathcal{G}')\}$$

如前，如果 $i\notin G$，S_i' 保持不变，则 $\varphi_{G,M}(s_i, \mathcal{G}')$ 总成立。事实上，

因为该种情况总是假的，必须有某些信息（i，G，·）$\in M$，可推出 i$\in G$。

类似地，现在定义对应于 H 的重复剔除结果（非-φ-优势策略），M 为限制 $\mathcal{G}$（H，M），其中，对于 i$\in N$

$$\mathcal{G}(H, M)_i := \top_{\{i\},M}\left(\bigcap_{A:i\in A\in\overline{H}} \top^{\infty}_{A,M}\right)_i$$

在此，$\overline{H}$ 表示 H 在交下是封闭的。即，$H\subseteq\overline{H}$，并且如果 A，$A'\in\overline{H}$，那么也有 $A\cap A'\in\overline{H}$。确定的信息可以通过发送给不同的超弧的信息推出。例如，用（j，A，$s_j''\succ_{s_{-j}} s_j'$），（j，A'，$s_j'\succ_{s_{-j}} s_j$）$\in M$，组合信息 $s_j''\succ_{s_{-j}} s_j$ 相对于 $A\cap A'$ 是有效的。注意该公式可以用来表示优势。

在该情况下，主体可以与所有的人进行交流。例如：

$$M_H^{\text{all}} := \{(i, A, s_i'\succ_{s_{-i}} s_i) \mid i\in N, A\in H, s_i, s_i'\in S_i \text{ 且 } s_i'\succ_{s_{-i}} s_{i\,\text{in}}\,\mathcal{G}\}$$

中间结果和前面的定义的结果一致：

$$\mathcal{G}(H, M_H^{\text{all}}) = \mathcal{G}(H)$$

当所有的可能交流都发生时，$\mathcal{G}$（H）可刻画剔除进程。特别地，所有的可推出的信息都可以在 M_H^{all} 中进行交流。

另外，$\mathcal{G}$（H，M）的定义也相对比较简单。如果，局部剔除进程可以在 $\overline{H}$ 的每一个超弧中实现，利用已经交流的信息（不再涵盖所有的成员的偏好，但只需要根据中间状态 M），那么，在最后一步，每一主体都将他的思考和其作为成员的所有的超弧进行组合并且剔除他所知道的不是优势的任意策略。

例 4.17 根据例 4.15 中的博弈 $\mathcal{G}$ 和初始状态 $M=\varnothing$。

对所有的 $A\in\overline{H}$，有 $T^{\infty}_{A,M}=G$，即不通过交流就不能剔除策略。然而，主体 2 和主体 3 可以私下剔除他们彼此的策略，因为他们都知道自己的偏好。这一事实以及剔除的作用却无法通过其他的主体进行重复，这一点可以通过各个主体在最后一步的行为进行刻画。最后一步为

$$\top_{\{1\},M}\left(\bigcap_{A:1\in A\in\overline{H}} \top^{\infty}_{A,M}\right) = (\{U, D\}, \{L, R\}, \{l, r\})$$

$$\top_{\{2\},M}\left(\bigcap_{A:2\in A\in\overline{H}} \top^{\infty}_{A,M}\right) = (\{U, D\}, \{L\}, \{l, r\})$$

$$\top_{\{3\},M}\left(\bigcap_{A:3\in A\in\overline{H}} \top^{\infty}_{A,M}\right) = (\{U, D\}, \{L, R\}, \{l\})$$

故全部的结果为：

$$\mathcal{G}(H, M) = (\{U, D\}, \{L\}, \{l\})$$

现在考虑中间状态：

$$M'=\{(2,\{1,2\},L\succ_{s_{-2}}R)\mid s_{-2}\in S_{-2}\}$$

存在主体 2 和主体 1 共同分享的信息，对于主体 1 和主体 3 的任意的共同策略，在策略 L 和策略 R 之间主体 2 更喜欢策略 L，主体 1 只改变了一个结果：

$$\top_{\{1\},M'}(\bigcap_{A:1\in A\in \overline{H}}\top^{\infty}_{A,M'})=(\{U,D\},\{L\},\{l,r\})$$

而其他的结果以及余下同样的全部结果，如果在超弧中通过交流，增加主体 3 与主体 1 分享的所有的信息，如果中间状态为

$$M''=M'\cup\{(3,\{1,3\},l\succ_{s_{-3}}r)\mid s_{-3}\in S_{-3}\}$$

那么主体 1 可以组合他所接受的所有的信息，并且获得

$$\top_{\{1\},M''}(\bigcap_{A:1\in A\in \overline{H}}\top^{\infty}_{A,M''})=(\{U\},\{L\},\{l\})$$

全部的结果 $\mathcal{G}(H,M'')$ 与 $\mathcal{G}(H,M^{all}_{H})$ 是一致的，其中所有的信息都得到了交流。

定义 $\mathcal{G}(H,M)$ 中的中间优势和 $\overline{H}$（而不是 H）中使用推理的重要性可通过下面的例子展示。

例 4.18　考虑四个主体的博弈，主要关注其中两个主体之间的偏好。另外两个主体只需构造不同的超弧。主体 1 和主体 2 的策略和收益如下：

P1.1 \ P1.2	*L*	*R*
A	3，0	1，1
B	2，0	1，1
C	1，1	0，0
D	0，0	5，1

在主体 3 和主体 4 之间假设存在一个“虚假”的策略，分别为 X、Y。超图

$$H=\{\{1,2,3\},\{1,2,4\}\}$$

中间状态

$$M=\{(1,\{1,2,3\},A\succ_{LXY}B),(1,\{1,2,3\},B\succ_{LXY}C),(1,\{1,2,3\},A\succ_{RXY}C)\}$$

主体 1 独立于余下的主体的行为，即严格地偏好 A 而不是 C，在这些信息中不是显性地，但可以由这些信息推出，故 $A\succ_{LXY}B$ 且 $B\succ_{LXY}C$ 推出 $A\succ_{LXY}C$。然而，该信息组合只对 $\{1,2,3\}\cap\{1,2,4\}$ 有效。

主体 2 可借助事件 C 的支配，并且剔除他自己的策略 L。如果将状态看作主体 2 已经交流了他的相关的偏好，$M'=M\cup\{(2,\{1,2,3\},R\succ_{\alpha XY}L)\mid\alpha\in\{A,B,D\}\}$，依次地，主体 1 可以剔除 A 和 B，但是只能建立在相对于 $\{1,2,3\}\cap\{1,2,4\}$ 的初始组合的信息才是有效的。在初始超图中不存在单个的超弧且要求所有的信息都是有效的，这就需要对基于超弧的交集上的重复剔除做出解释。

4.3.3 认知基础

在形式层面上，$\mathcal{G}(H,M)$ 正确地刻画了主体利用自己所“知道的”信息如何剔除的策略。

下面具体的安排如下：首先，简洁地引入一个认知模型以刻画主体的知识；其次，给出一般的严格优势的认知形式系统 $\mathcal{G}(H,M)$，并进行认知分析。

为了简单化，下面重点讨论全局严格优势策略 sd^g。

A. 认知语言和状态

假设博弈 $\mathcal{G}$，并用主体 i 的策略 S_i 和超图 H 表示解释结构。命题认知语言和原子命题集 Ap，可分割为不相交的子集 Ap_i，对每一主体 i，

$$Ap_i=\{s_i'\succ_{s-i}s_i\mid s_i,\ s_i'\in S_i,\ s_{-i}\in S_{-i}\}$$

集合 Ap 刻画了策略序对间所有可能的偏好。包括通常的联结词 $\vee$ 和 $\wedge$（不包括并非符号$\neg$），公共知识算子 C_G 表示任意主体群 $G\subseteq N$。用 K_i 表示 $C_{\{i\}}$。用 $\mathcal{L}^+$ 表示 Ap 中的原子命题，且为由两个联结词和知识算子组成的公式集。

赋值 V 为 Ap 的子集，由假设为真的原子命题组成，对于赋值 V 使得对每一 i 和每 $s_{-i}\in S_{-i}$，限制 $V\cap\{\cdot\succ\cdot\}$ 表示严格的偏序。例如 $\{s\succ_a t\}$ 为赋值（给定具有恰当策略集的博弈），而 $\{s\succ_a t,\ t\succ_a u\}$ 和 $\{s\succ_a t,\ t\succ_a s\}$ 并不真。

从主体 i 到 $A\in H$，形式 $(i,A,s_i'\succ_{s_{-i}}s_i)$ 中的 $i\in A$，s_i，$s_i'\in S_i$，$s_{-i}\in S_{-i}$，真值由具体的赋值确定。如果 $p\in V$，对应于赋值 V，信息 $(\cdot,\ \cdot,\ p)$ 为真。

状态或者可能世界为序对 (V,M)，其中 V 为赋值，M 为真值集，即对应于 V 的信息。

$C_G\varphi$ 表示 φ 为 G 中的公共知识，即在 G 中的每一个主体知道 φ，每一个主体知道每一个主体知道 φ，等等。特别地，$K_i\varphi$ 表示主体 i 知道 φ。

假设主体 i 在一开始就知道 Ap_i 中的真事件。

B. 正结论

以已知的认知公式描述全局重复剔除严格控制策略。

下面规定，对于 $i \in N$，且 $s_i \in S_i$，

$$\mathrm{dom}^1 (s_i) := K_i \bigvee_{s_i' \in S_i} \bigwedge_{s_{-i} \in S_{-i}} s_i' \succ_{s_{-i}} s_i$$

$$\mathrm{dom}^{l+1} (s_i) := K_i \bigvee_{s_i' \in S_i} \bigwedge_{s_{-i} \in S_{-i}} (s_i' \succ_{s_{-i}} s_i \vee \bigvee_{j \in N \setminus \{i\}} \mathrm{dom}^l (s_j))$$

即，在基本情况下，主体 i 知道 s_i 是严格优势的，如果 i 知道存在择代策略 s_i'，那么相对其他主体而言，相交的策略是严格偏好的。而且，重叠 $l+1$ 次，i 知道 s_i 是严格优势，如果 i 知道存在择代策略 s_i' 使得对所有的相交的策略，其他主体的 s_{-i}，s_i' 为严格偏好或者某些在 s_{-i} 中的策略已经被 j 知道在重复 l 次后是严格优势的。

在公式 $\mathrm{dom}^l(s_i)$ 和 $l \in \{1, \cdots, l\}$ 中 $l = \sum_{i \in N} |S_i|$。根据公式的语义，在该值域内存在某些 l，使得对所有的 $l' \geq l$，$\mathrm{dom}^{l'}$ 等价于 dom^l。为此，可将其看作重复的结果，用 dom^∞ 表示 dom^l。

命题 4.2　如果 H' 为 H 的扩充，那么，对任意 $i \in N$，$s_i \in S_i$，

$$(V, M_H^{all}) \vDash \mathrm{dom}^\infty (s_i) \rightarrow (V, M_{H'}^{all} \vDash \mathrm{dom}^\infty (s_i)$$

其中 M^{all} 的定义类似于前面所给出的定义。

证　根据引理 4.4 和事件 $\mathrm{dom}^\infty (s_i) \in \mathcal{L}^+$ 可证。

定理 4.10　对任意策略博弈 $\mathcal{G}$、超图 H、信息集 M（对应于 $\mathcal{G}$ 是真的）和 $i \in N$，

$$\mathcal{G}(H, M)_i = \{s_i \in S_i \mid (V, M) \nvDash \mathrm{dom}^\infty (s_i)\}$$

其中 V 为由 $\mathcal{G}$ 所推出的值。

为了证明该结果，需要预备步骤。

引理 4.7　对任意 $l \geq 1$，$i \in N$，$s_i \in S_i$ 和状态 (V, M)，

$(V, M) \vDash \mathrm{dom}^{l+1}(s_i)$，当且仅当，

$$(V, M) \vDash \bigvee_{s'_i \in S_i} \bigwedge_{s_{-i} \in S_{-i}} ((K_i s_i' \succ_{s_{-i}} s_i) \vee \bigvee_{A :: \in A \in \overline{H}} \bigvee_{j \in A \setminus \{i\}} C_A \mathrm{dom}^l (s_j))$$

证　有 $(V, M) \vDash \mathrm{dom}^{l+1}(s_i)$ 当且仅当根据定义

$$(V, M) \vDash K_i \bigvee_{s'_i \in S_i} \bigwedge_{s_{-i} \in S_{-i}} (s_i' \succ_{s_{-i}} s_i \vee \bigvee_{j \in N \setminus \{i\}} \mathrm{dom}^l (s_j))$$

当且仅当根据引理 4.5，

$$(V, M) \vDash \bigvee_{s'_i \in S_i} \bigwedge_{s_{-i} \in S_{-i}} (K_i s_i' \succ_{s_{-i}} s_i \vee \bigvee_{j \in N \setminus \{i\}} K_i \mathrm{dom}^l (s_j))$$

当且仅当 $(V,M)\vDash \bigvee_{s'_i\in S_i}\bigwedge_{s_{-i}\in S_{-i}}(K_i s'_i \succ_{s_{-i}} s_i \vee \bigvee_{A:\,i\in A\in \overline{H}}\bigvee_{j\in A\setminus\{i\}} C_A dom^l(s_j))$

根据引理 4. 6 和引理 4. 7，最后一步成立，因此 $dom^l(s_j)=K_j(\cdots)$。

引理 4.8 对任意 $l\geqslant 1$，$i\in A\in \overline{H}$，$s_i\in S_i$和状态 (V, M)，

$s_i\notin \top_{A,M}{}^l(S_1, \cdots, S_n)_i$ 当且仅当 $(V, M)\vDash C_A dom^l(s_i)$

证 通过施归纳于 l。基本情况可以直接根据定义推出。假设 l 成立，那么，当 $A\neq\{i\}$ 时有下面的等价式：

$s_i\notin \top_{A,M}{}^{l+1}(S_1, \cdots, S_n)_i$，当且仅当（根据定义）$s_i\notin \top_{A,M}{}^l(S_1, \cdots, S_n)_i$，或者，$\neg sd_{A,M}{}^g(s_i, \top_{A,M}{}^l(S_1, \cdots, S_n))$

当且仅当（根据 sd^g的单调性）

$\neg sd_{A,M}{}^g(s_i, \top_{A,M}{}^l(S_1, \cdots, S_n))$

当且仅当（根据定义）

$\exists s'_i\in S_i \forall s_{-i}\in \top_{A,M}{}^l(S_1, \cdots, S_n)_{-i} M\Uparrow_A\vDash s'_i\succ_{s_{-i}} s_i$

当且仅当 $\exists s'_i\in S_i\forall s_{-i}\in S_{-i} M\Uparrow_A\vDash s'_i\succ_{s_{-i}} s_i$或者 $s_{-i}\notin \top_{A,M}{}^l(S_1, \cdots, S_n)_{-i}$

当且仅当 $\exists s'_i\in S_i\forall s_{-i}\in S_{-i} M\Uparrow_A\vDash s'_i\succ_{s_{-i}} s_i$或者

$\exists j\in A\setminus\{i\}\ s_j\notin \top_{A,M}{}^l(S_1, \cdots, S_n)_j$

当且仅当(根据归纳假设)

$\exists s'_i\in S_i\forall s_{-i}\in S_{-i} M\Uparrow_A\vDash s'_i\succ_{s_{-i}} s_i$或者

$\exists j\in A\setminus\{i\}\ (V, M)\vDash C_A dom^l(s_j)$

当且仅当（根据引理 4. 6）

$\exists s'_i\in S_i\forall s_{-i}\in S_{-i}\ (V, M)\vDash C_A s'_i\succ_{s_{-i}} s_i$或者

$\exists j\in A\setminus\{i\}\ (V, M)\vDash C_A dom^l(s_j)$

当且仅当

$$(V, M)\vDash \bigvee_{s'_i\in S_i}\bigwedge_{s_{-i}\in S_{-i}}(C_A s'_i\succ_{s_{-i}} s_i \vee \bigvee_{j\in A\setminus\{i\}} C_A dom^l(s_j))$$

当且仅当（根据定理 4. 6）

$$(V, M)\vDash C_A \bigvee_{s'_i\in S_i}\bigwedge_{s_{-i}\in S_{-i}}(s'_i\succ_{s_{-i}} s_i \vee \bigvee_{j\in A\setminus\{i\}} dom^l(s_j))$$

当且仅当

$(V, M)\vDash C_A dom^{l+1}(s_i)$

下面证明主要的结果。

证明定理 4.10，有：

$s_i \notin \mathcal{G}(H, M)_i$

当且仅当 （根据定义）$s_i \notin \top_{\{i\},M}(\bigcap_{A:i\in A\in \overline{H}} \top^{\infty}_{A,M})_i$

当且仅当 $\neg sd_{\{i\},M}{}^{g}(s_i, \bigcap_{A:i\in A\in \overline{H}} \top^{\infty}_{A,M}(S_1, \cdots, S_n))$

当且仅当 $\exists\ s_i' \in S_i\ \forall\ S_{-i} \in \bigcap_{A:i\in A\in \overline{H}} \top^{\infty}_{A,M}(S_1, \cdots, S_n)_{-i} s_i' \succ_{s_{-i}} s_i$

当且仅当 $\exists\ s_i' \in S_i\ \forall\ s_{-i} \in S_{-i} s_i' \succ_{s_{-i}} s_i$ 或者

$s_{-i} \notin \bigcap_{A:i\in A\in \overline{H}} \top^{\infty}_{A,M}(S_1, \cdots, S_n)_{-i}$

当且仅当 $\exists\ s_i' \in S_i\ \forall\ s_{-i} \in S_{-i} s_i' \succ_{s_{-i}} s_i$ 或者

$\exists\ A: i\in A\in \overline{H} s_{-i} \notin \top^{\infty}_{A,M}(S_1, \cdots, S_n)_{-i}$

当且仅当 $\exists\ s_i' \in S_i\ \forall\ s_{-i} \in S_{-i} s_i' \succ_{s_{-i}} s_i$ 或者

$\exists\ A: i\in A\in \overline{H}\ \exists\ j\in A\setminus\{i\}: s_j \notin \top^{\infty}_{A,M}(S_1, \cdots, S_n)_j$

当且仅当（根据引理 8）$\exists\ s_i' \in S_i\ \forall\ s_{-i} \in S_{-i} s_i' \succ_{s_{-i}} s_i$ 或者

$$(V, M) \vDash \bigvee_{A::\in A\in \overline{H}} \bigvee_{j\in A\setminus\{i\}} C_A \mathrm{dom}^{\infty}(s_j)$$

当且仅当 （因为 $s_i' \succ_{s_{-i}} s_i \in Ap_i$）

$\exists\ s_i' \in S_i\ \forall\ s_{-i} \in S_{-i}\ (V, M) \vDash K_i s_i' \succ_{s_{-i}} s_i$ 或者

$$(V, M) \vDash \bigvee_{A::\in A\in \overline{H}} \bigvee_{j\in A\setminus\{i\}} C_A \mathrm{dom}^{\infty}(s_j)$$

当且仅当 $(V,M) \vDash \bigvee_{s'_i\in S_i} \bigwedge_{s_{-i}\in S_{-i}} ((K_i s_i' \succ_{s_{-i}} s_i) \vee \bigvee_{A::\in A\in \overline{H}} \bigvee_{j\in A\setminus\{i\}} C_A \mathrm{dom}^{l}(s_j))$

当且仅当（根据引理 4.7） $(V, M) \vDash \mathrm{dom}^{\infty}(s_i)$

4.3.4 分布实施

认知模型允许对主体的知识进行推理，但这样的模型取决于对外部世界的观察，建模者假设主体都是完美的推理者，然而，这些主体究竟可以知道什么，这归因于主体的背景知识，但却无法刻画主体是如何确切地获取知识的。

下面研究 ⊤算子和局部的认知模型，为了获得由主体执行的算法，可用经过剔除后主体 i 的策略表示主体 i 的知识。

所以，首先，要求部分主体 i 的重复剔除进程和基于主体 i 的策略的 ⊤算子是一致的；其次，要求剔除所有主体所能够剔除的全部策略。

根据显性知识程序方法，涉及封闭的认知信息和关于任意一主体 i 的知识模型中的算法。该模型处理的事件为主体观察到的事件，以及涉及主体 i 的知识的确定的认知公式类，包括 $\mathrm{dom}^{l}(s_i)$ 公式。另外，知

识模型对应于所给的公式类。通过设定限制条件，便可以对知识模型进行简单的计算，例如一般的认知逻辑定理的证明。知识模型是一个系统，有逻辑的推理结构——是演绎有效的推理——不是经典的一致定理的证明。

假设可以保持任意主体 i 的程序，且可以在任意时间内利用最初给定的博弈 $\mathcal{G}$ 的策略集（S_1，…，S_n），已知互动结构 H，通过 $\mathcal{G}$ 推出主体 i 的偏好 $\succ_i$，类似于主体已经发现的信息 M_i。用 C（M_i）表示主体 i 观察到的信息的传递闭包。即 $M_i \subseteq C$（M_i），且如果（j，A，$s_j'' \succ_{s_{-j}} s_j'$），（j，$A'$，$s_j' \succ_{s_{-j}} s_j$）$\in C$（$M_i$），那么也有（j，$A \cap A'$，$s_j'' \succ_{s_{-j}} s_j$）$\in C$（$M_i$）。

可通过 JCSP 实现。

算法 1：用 ⊤算法完成计算 $\mathcal{G}$（H，M）$_i$

```
//compute ⋂_{A:i∈A∈H̄} ⊤^∞_{A,M}
foreach   A with i∈A∈H̄ do
   (S_{1,A}′, …, S_{n,A}′): = (S_1, …, S_n);
   repeat
      changed: =false;
      (S_{1,A}″, …, S_{n,A}″): = (S_{1,A}′, …, S_{n,A}′);
      foreach j∈A and s_j∈S_{j,A}′ do
   if   ∃ s_j′∈S_{j,A}′ ∀ s_{−j}∈S_{−j,A}′(j,A,s_j′ ≻_{s_{−j}} s_j) ∈C(M_i) then
          S_{j,A}″: =S_{j,A}″\{s_j};
          changed: =true;
        end
     end
      (S_{1,A}′, …, S_{n,A}′): = (S_{1,A}″, …, S_{n,A}″);
     until not changed;
  end
(S_1′, …, S_n′): =⋂_{A:i∈A∈H̄} ⊤^∞_{A,M} (S_{1,A}′, …, S_n, A′);
//compute ⊤_{{i},M}
S_i″: =S_i′;
foreach   s_i∈S_i′   do
  if ∃ s_i′∈S_i′ ∀ s_{−i}∈S_{−i}′s_i′≻_{s_{−i}} s_i then
     S_i″: =S_i″\{s_i};
```

```
20        end
21    end
22 return S_i''
```

A. ⊤算子方法

算法1描述了 ⊤算子运算。该运算可以看作对 ⊤算子定义的实例，只在第7行有些变化，即用M_i替换了M，因为$i \in A$有（j，A，$s_j' \succ_{s_{-j}} s_j$）$\in M_i$当且仅当（j，A，$s_j' \succ_{s_{-j}} s_j$）$\in M$。直觉上，$\top^{\infty}_{A,M}$的值需要假设A中所有的成员都共享信息，对每一成员来说是局部有效的。

该程序并不是最有效的，例如，一个人为了能够看到（H）的超弧可能首先会看到M_i。

B. 知识建模的方法

在建模的方法中，主体的程序为认知公式，为了检测哪一个策略最有优势，需要对形如dom^l的认知公式进行赋值，而不需要精确检测某种交流为什么被执行，也无须详细地讨论所有的主体程序，只需要将其看作由交流语句组成的主环，而不考虑交流发生的时间，为了确定什么样的策略可以被剔除需要检测涉及的dom^l公式。只要主体程序遇到这样的认知公式，则可看作一个赋值函数。

下面重点研究赋值函数。由主体的知识模型提供，并保留了相关的信息（即观察信息），在此提供了一个知识模型函数，是关于公式类的赋值而不只是dom^l：对任意$\varphi \in \mathcal{L}^+$，在任意的中间状态$M$中，可以有效地计算出（$V$，$M$）$\models K_i\varphi$，其中$V$通过$G$推出。

注意，即使（V，M）指称所有的主体，知识模型只允许运用相对于主体i的有效的信息，即$\succ_i$和M_i。为此，将公式看作模型检测问题，一般情况下对有效的检测是封闭的：主体i必须检测公式是否存在问题，$K_i\varphi$在所有的带有信息的相容的模型下成立；或者，如果将此信息表示为ψ_1，…，ψ_l，检测是否$\models\neg(\psi_1 \wedge \cdots \wedge \psi_l) \vee K_i\varphi$成立。然而在模型检测和有效性的检测之间的关系依靠相容的公式，一般情况下，对有效性的检测是很棘手的。利用的限制则可转换成简单的模型检测，因此，对应于主体i的知识，所有相容的模型和主体i的信息是等价的，所以只需要检测其中的一种情况。

为了检测主体i是否知道公式$\varphi \in \mathcal{L}^+$，需要执行eval（i，$\varphi$）。对于世界$w = i_1$，…，$i_l \in N^*$，用$K_w$表示$K_{i1}$，…，$K_{il}$的简写，用Set（w）表示$\{i_1$，…，$i_l\}$。

该赋值可用递归的方法实现。需要对公式进行分析并且对组成部分进行赋值，利用收集 K 算子的方法直到使其成为一个原子公式，沿着收集 K 算子链进行赋值。该程序是可能实现的，原因在于事实上 K 在所有的联结词上是分布的。算法可解释如下：

行 3 反映了主体 i 知道它自己的偏好，且和下面模型语义是一致的。

算法 2：主体 i 的知识赋值函数 eval（w，φ）

Input：$w\in N^*$，$\varphi\in\mathcal{L}^+$

Output：true if $(V, M)\models K_w\varphi$；false otherwise

1 **switch** φ **do**
2 　**case** $p\in Ap$
3 　　if Set（w）$\subseteq\{i\}$ and $p\in Ap_i$ **then return** true iff $p\in \succ_i$；
4 　　**else if** $(\cdot, A, p)\in C(M_i)$ with some $A\supseteq Set(w)$ **then return** true;
5 　　**else return** false；
6 　**end**
7 　**case** $\varphi_1\wedge\varphi_2$ **return** eval（w，φ_1）and eval（w，φ_2）；
8 　**case** $\varphi_1\vee\varphi_2$ **return** eval（w，φ_1）or eval（w，φ_2）；
9 　**case** $K_j\varphi'$ with $j\in N$
10 　　　**if** $Set(w)\cup\{j\}=\{i\}$ or there is $A\in\overline{H}$ with $Set(w)\cup\{j\}\subseteq A$ **then**
11 　　　**return** eval（$w\circ i$，φ'）；
12 　　**else return** false；
13 　**end**
14 **end**

行 4 和行 5 反映了引理 4.6，且 M 可以通过第 5 行进行等价替换，因为 $i\in Set$（w）$\subseteq A$；直觉上，对应的信息被发送到 A 当且仅当主体 i 发现了该信息，因为主体 $i\in A$。

行 11 根据引理 4.5 可得。

行 12 对应于定理 4.8 且允许赋值有间隙，如果收集 K 算子组成集合不包括任意的 $A\in\overline{H}$。

特别地，由于 dom^l 公式的递归部分依靠超图，而不仅是主体集，这样可能会使指数区间增大（exponential blowup），使得赋值影响局部性的超图。

而严格优势策略重复剔除使用的支付矩阵（payoff matrix）是一个简

单的程序，在一般不完全信息语境下，可能出现任意的知识集，主体必须保持相对于每一个主体的个体模型，等等。算法的复杂度依靠超弧。利用简化的框架可以计算类似于图解博弈中的知识。

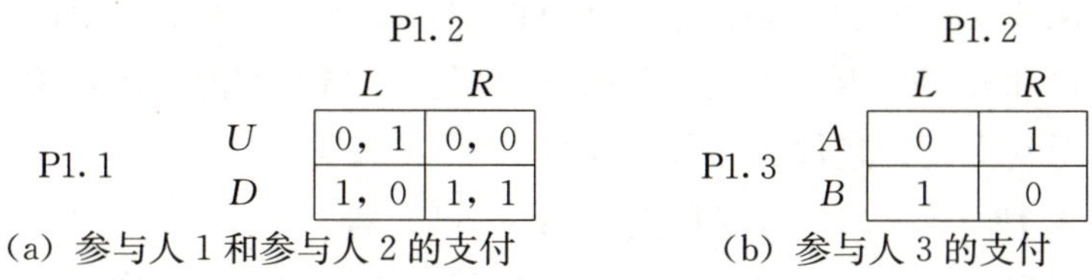

P1.1（行）/ P1.2（列）

	L	R
U	0，1	0，0
D	1，0	1，1

(a) 参与人 1 和参与人 2 的支付

P1.3（行）/ P1.2（列）

	L	R
A	0	1
B	1	0

(b) 参与人 3 的支付

1. 主体 1 可推出 U 为优势，主体 1 的图为

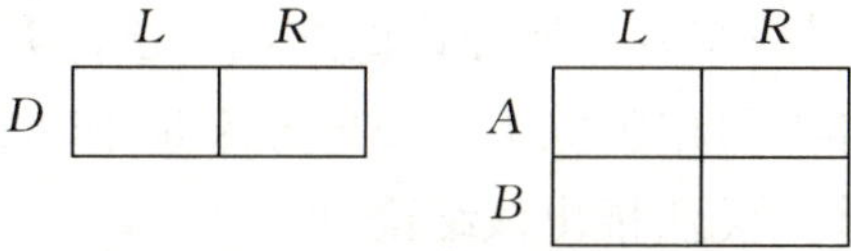

2. 主体 2 基于 {1，2} 的交流 $L \succ_{U} R$
3. 主体 2 基于 {2，3} 的交流 $L \succ_{U} R$
4. 主体 2 基于 {1，2} 的交流 $R \succ_{D} L$
5. 主体 2 基于 {2，3} 的交流 $R \succ_{D} L$
6. 主体 1 基于 {1，2} 的交流 $D \succ U$
7. 主体 1 推出主体 2 知道主体 1 知道 U 是优势。
8. 主体 1 推出主体 2 知道 L 为优势。主体 1 的图变为：

9. 主体 2 推出主体 1 知道 U 是优势。主体 2 的图为：

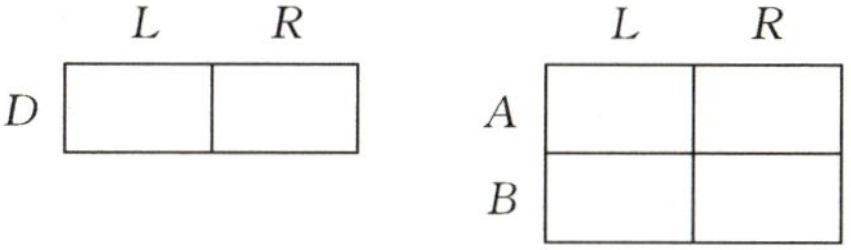

10. 主体 2 推出 L 是优势。主体 2 的图为：

11. 主体 3 基于 {2，3} 的交流 $B >_{L} A$

12. 主体 3 基于 {2，3} 的交流 $A >_{R} B$

13. 交流是完全的。

在例 4.16 中博弈程序的运行协议中，$L >_{U} R$ 表示两个消息：包含 $L >_{UA} R$ 和 $L >_{UB} R$。采用矩阵表列出了主体当前的博弈图，但可数的支付并未得到交流，且仅为相关的偏好。

例 4.19 例 4.16 为带有假设 $H=\{\{1, 2\}, \{2, 3\}, \{1, 3\}\}$ 的博弈。该博弈也可以得到刻画，主要通过程序协议实现，其中主体可对其偏好进行交流，并且对应于当前的知识，采取的是消除策略的方式。

通过 H 使主体最终得到了所允许的交流，该博弈类似于例 4.16。当主体 2 可以推出主体 3 可以消除 B，如果主体 3 知道主体 3 消除了 L，根据交流信息可得主体 3 无法推出该结论。

在第 8 条，实际上主体 2 利用第 10 条计算出结果之前，主体 1 计算出了主体 2 的知识。

互动结构中的策略博弈，假定主体最初仅知道自己的偏好，且可在互动结构中交流自己的偏好。在任意给定的交流状态下，建立在框架上的算子可以实现从认知模型中重复剔除严格控制策略。

4.4 计算机博弈中的认知推理

4.4.1 背景知识

高阶知识，即关于（其他人的）知识的知识，在社会互动中非常重要，特别对逻辑和博弈论中的良认知具有重要的作用。计算机博弈中与高阶知识相关的社会互动的模拟，需要用到人工知识和非主体描述（NPCs）。社会互动常用于处理计算机角色扮演博弈（RPGs）、互动小说（IF）和生活模拟博弈（例如 The Sims™）等情况。

可将高阶期望看作信念，事实上这两者之间是相互作用的。例如，在 A 和 B 之间的互动过程中 A 相信 B 希望 A 相信是这样的。相信-期望-互动（BDI）体系结构并不适合处理这种互动模式。因为从逻辑的观点看，信念和知识比期望更好理解。

人是一种社会动物：大多数人都可以从其他人的互动中推出许多有用的

东西。根据心理学家所谓的心灵理论，即表达能力和为了强调心理状态并围绕此而形成的态度，对于人们来说互动有利于自闭症的治疗。

大多数的多主体博弈实际上依赖于对高阶信念或者知识的处理。Cluedo、Diplomacy、Poker 游戏中都涉及知识博弈，并运用不同的方法对知识进行了刻画，是关于其他主体的信念的推理，特别是关于主体可能具有自己的信息的推理，或者关于其他主体的信念的推理。如果这些博弈是以人为对手的，最好的方法就是建立关于主体对手的模型，刻画主体关于对手的信念。

为了对高阶知识进行推理，van Ditmarsch 给出了认知技术的形式方法，涉及现实世界的知识博弈、怀疑等，例如 Cluedo。但是，这样支持虚拟博弈世界的计算机模拟的形式方法并不多见，计算机博弈中也不重视对这些方法的使用。因此可以采取严格线性推理，研究表示 NPCs 的高阶推理方法，这样有利于增强博弈的表达力：模拟人类互动。

互动依赖于高阶知识变化。如果我知道你知道，我不能告诉你它的任意信息——除非我希望你知道我知道。转换成计算机博弈的语境就是如果小方知道小东知道敌人攻击了小东的基地，那么小方却不能告诉小东敌人将攻击小东的基地，除非小东希望知道小方知道（并且将要支持小东）。该例描述了重要的社会互动中的高阶推理。

网络计算机和博弈游戏机中提出了大量的多主体博弈。但这也无法阻止人们在博弈中对人工智能的研究，因为在一个存在推理的深层面的虚拟世界中，会存在所有的“无聊”的角色，例如寻找赠与人、商人、亲信和暴徒。当需要某些简单的高阶知识推理时，这些都是设想的角色。

现在，需要更直觉地通过保持与主体的相信和知道相关的虚拟世界，并能够提供与信念和知识相结合的程序。一个程序者可以利用这些高层次的概念刻画 NPCs 程序行为，或者其他相关的虚拟世界。

4.4.2　带有知识的程序

下面简要介绍建立在认知逻辑基础上的方法：显性知识程序，以知识模型为基础，并给出了形式语义。

在模拟人类主体时，必须考虑人类的认知能力。典范的知识模型包含认知公式的刻画，并可以对其进行赋值。

下面将处理分布式系统，其中知识模型对应于每一进程的实例，对应于知识的形式系统，需要定义优先进程演算的 CSP，并利用建立在克里普克语义上的框架刻画认知逻辑的形式系统。

A. 博弈

商业计算机游戏的发展水平很难预测，因为计算机游戏公司不会公布人工智能实现的具体细节。关于计算机游戏中涉及的人工智能 AI 的信息主要来源于私人网站的网页。这些信息主要通过对打游戏、访谈、网站的建设者的知识、基于游戏人工智能的程序者的经验的观察和分析获得。

可见认知推理并不是现存的计算机游戏中的人工智能 AI 的研究重点，并且很少涉及高阶推理。下面引入对游戏 AI 的测试条件：

> [测试者] 给一个 [非游戏者] 一个耙子，让他去“扫树叶”；给另一个 [非游戏者] 提供一个扫帚让其“扫路”，而且很顺利就可以完成。随后他们交换了任务，给使用耙子的人一个扫帚，给使用扫帚的人一个耙子。最后，他们必须杀死另外一个人之后才能顺利地完成任务。

显然，游戏中的人物彼此并不知道他们各自的偏好，或者说他们不能利用相关的知识。无法知道最终的结果，也很难确定如何确切地建立知识模型，正如在开始所提及的，将信念和期望相合并的整个架构涉及了形式系统；Radiant AI 引擎确实需要具备某种明确的行为规则，才最有可能通过对认知语句的刻画实现这一目标。

对认知推理的应用最明确的研究来自著名的 Emily Short 中关于 IF 的研究。

> **抽象知识** NPCs 为研究人工智能的系统之一，具备聪明地沿着地图漫步和完成一些复杂的任务，同时具备对被告知的语句的理解能力：能够保留他们所记录的知识，并利用这些知识改变计划和目标，且可以根据已经学到的知识进行逻辑推理。

我们要弄清楚这是否就是高阶知识，或者是否是“抽象的知识”，仅意味着可以通过一般的方法实现，并且能够通过类似于知识建模的方法实现。根据 Eve 的观点，可通过纯事件的 IF 完成，并不包括对高阶知识推理的能力。

B. 研究

另外，在考虑知识时，可能会涉及知识的定义域，或者在博弈世界中关于事件的知识。更一般的运用主体程序进行研究的方法就是NPCs采用了认知推理的技术，运用封闭的高阶模型试图去检测主体的一般态度，并且判断其所对应的人工智能博弈。但这并不是显性的高阶认知模型。

Cutumisu等人的系统为NPC的学术方法，提供了商业RPG（角色扮演）用于刻画引起行为改变的图形界面，然而却没有考虑利用知识语句控制行为。

而da Silva、Vasconcelos等人采用基于规则的方式，运用信念逻辑刻画NPC行为，但却没有考虑到认知。这两种方式都提供了恰当的系统来刻画守信的社会主体。

4.4.3 应用

下面举例说明在计算机游戏中如何运用这些方法。

如果这些方法运用于受智能计算机控制的对手的计算机游戏中，知识博弈可用来表示显性知识程序：如何对知识模型进行扩充，以使其能够构造完美的认知模型理论。

在之前所涉及的RPGs和生活模拟博弈试图模拟现实的社会互动。如果人们希望将现实世界所需要的行为规则引入虚拟世界，那么任意现实的社会互动情境都可看作涉及知识的潜在的应用。

例如，在现实生活中下面的行为可以看作一种情境：小方可能会向小东撒谎：

> 如果小方知道小东不知道真相，那么小方可能真的会说谎。
>
> 如果小方知道小东确实知道真相，那么小方通常不愿意说谎。
>
> 如果小方不知道小东是否知道真相，那么小方的决定可能依靠其他的情境。

A. 抓小偷

下面举一个实际的计算机游戏——小偷：黑暗计划（The Dark Project™）——中的例子说明。该游戏涉及“社会互动”：玩家是一个小偷，最好的策略在绝大多数情况下都无法对下一步行动做出预测，也无法回避对抗。

游戏4.1　　关于“小偷：黑暗计划”中的防卫的编码

If B（g，t _ present）：

```
If B (g, not B (t, g_present)):
    g.ambush (t)
elif B (g, not B (t, B (g, t_present))):
    g.attack_or_alarm_inconspicuously ()
else:
  if not alarm_active:
    g.alarm_quickly ()
else:
    g.attack (t)
```

B（x，y）表示“x 相信 y”，g 表示防卫，t 表示小偷。

然而，在 RPGs 和对生活的模拟游戏中，存在很多应用高阶推理的实例，通常的社会互动的情境，确实与谁知道（或者相信）谁存在和存在什么有关，无论是玩家和警察，对 NPCs 而言都是一种挑战。小偷觉察到可能会失败，警察相信小偷在场。在商业游戏中，需要对警察的控制程序进行简化，警察的信念实际上视为相信小偷在场或者可能在场，或者就在附近，或者不在附近。

由此可推测出，在通常情况下对小偷进行赋值时，警察可能会增加某些动作，不仅依赖警察自己相信世界上的事件，而且依赖他相信小偷相信，包括他相信小偷相信他相信，等等。

假设 NPC 中只有警察和小偷。根据如下的行为规则：如果警察相信该小偷在现场，但是该警察也相信该小偷不相信警察在现场，那么该警察试图伏击该小偷。在其他条件下，该警察可能采取不易察觉的行动，或者出其不意地发动攻击，或者，如果其他方法都失败了，就直接对小偷发动攻击。在游戏 4.1 中列出来的编码详细说明了这几种情况，这些都依赖高阶信念。这样的信念怎样才能发生变化：例如，通过推理或者听到了噪声，看到从后面来的其他的人，或者互相面对面。当需要将这些行为记录下来时，程序编写者并不担心这些情况，无论在虚拟世界中出现哪一个事件，知识建模者都可以通过保留和更新知识状态实现。

一旦构造了恰当的认知公式，在虚拟世界中可能发生什么样的事件，人们可以通过设计，并用知识模型实现这一目标。

B. 刺客的信条中增加信任

“刺客的信条”是由 Ubisoft 等人提供的另一种表达高阶知识或者信

念的实例。Altair（主体所扮演的角色）的人生目标就是为了拯救平民百姓。为此，Altair 杀死了勾引市民的警察。复仇的警察结成了同盟，并告诉 Altair 他们知道谋杀者出现了。因为 Altair 在现场，警察必然假设 Altair 是凶手。

对于高阶推理，假设警察分开人群进入旁观者之中，并通过对目标的观察产生了怀疑。该警察听到了声音和每一个旁观者的肢体语言（技术上的配音插图和动画状态）推出该旁观者就是小偷。当该警察发现了旁观者是凶手时，该警察假设该旁观者可能推出该嫌犯相信警察是针对他的。

游戏 4.2 给出高阶分析的编码。

游戏 4.2　　**关于“刺客信条”的编码**

```
If B (g, murder _ happened):
    Suspects= {x|B (g, is _ armed (x))}
    Bystanders= {x} B (g, not is _ armed (x)) }
    for b in bystanders:
        if B (g, murder _ happened):
        for s in suspects:
            if B (g, B (b, is _ killer (s))):
              if B (g, B (s, B (g, is _ killer (s )))):
              g. shout ( is _ killer (s))
              g. attack (s)
            else :
                g. whisper ( is _ killer (s))
                g. ambush (s)
            break
```

B（x，y）表示“x 相信 y”，g 表示警察。

4.4.4　小偷事件研究

在此主要是对前面所讨论内容的进一步深化，通过刻画一个事件的知识模型的实现，运用于游戏 4.1 中的编码。

A. 知识模型

刻画知识模型的方法很多，和信念相关的方法主要有：通过分析原因或者听到噪音，看到了从其后面来的另外一个人，或者相互照面。

假设该场景是以小偷和警察的出现为背景，没有发生其他任何事情，且玩家并没有进入或者离开。所不同的是，警察并没有离开该情境，如果玩家做到了，该场景就结束了。在计算机游戏的设计中，这是不太自然的：游戏世界经常需要模拟每一个场面，以及场面的开始和结束，无论玩家是否进入或者离开。

在此，考虑下面的事件：

b_t，b_g：小偷以及警察，看到了从其后面来的其他的人。

n_t，n_g：小偷以及与其对应的警察，发出了某些噪音。假设该噪音在该场景中是“相关”的事件，例如，如果小偷在现场，那么只有 n_t 出现。

f：小偷和警察打了个照面。

这些事件直接地影响了如下的认知状态：

b_t：小偷相信警察在场；警察并没有假设该事件发生，所以该事件并不影响警察的信念。

n_t：警察相信小偷在场；小偷相信如果警察在场，那么警察相信小偷在场。

f：小偷和警察都相信他们都在场。

b_g 和 n_g 的作用是类似的，所有这些作用都是通常的信念。假设事件并没有被遗忘。注意所有的逻辑后承都是在 n_g 和 n_t 已经出现之后推出的，警察和小偷通常相信他们都在场。

为了形式地模型该情境，可利用基于语义历史的模态逻辑模型，只需引入两个命题 p_t 和 p_g，可以读作小偷和其对应的警察都在场。赋值为函数，指派给每一个这样的命题一个真值或者假值，且表示由真的命题所组成的集合 V。

事件集 $E=\{b_t, b_g, n_t, n_g, f\}$。历史 H 为事件序列。对于历史 H，Ag（H）表示事件集，与 H 中的事件有关。即 Ag（H）$\subseteq\{t, g\}$，其中 t 和 g 都为 $\{b_t, b_g, f\}$ 中的任意的对象，只有 t（对应地 g）涉及 n_t（对应地 n_g）。记 H-e 表示任意 $e\in E$，表示通过移除 H 中所有出现的 e 而获得的历史。空历史表示为 e。

序对（V，H）为状态（或者可能世界）当且仅当 Ag（H）$\subseteq V$，所刻画的内部情境可以通过状态（$\{p_t, p_g\}$，e）表示。

现在定义基于历史的模型中的可及关系 $\dashrightarrow$ 和 $\dashrightarrow_g$ 之间的状态。直观上，（V，H）$\dashrightarrow_t$（V'，H'）表示在状态（V，H）上，t 表示可能状态（V'，H'）。根据上面的描述，定义下面的关系：

$$(V,H)\dashrightarrow_t(V',H')\text{当且仅当}\begin{cases}t\notin V'\text{ 且 }H'-n_g=\varepsilon,\text{如果 }t\notin V\\ t\in V'\text{ 且 }H'=H-b_g,\text{如果 }t\in V\end{cases}$$

注意，在这两种情况中的第一种情况，n_g 是唯一的事件，可以在 H' 中出现，所以该条件归结为 H' 可能为 n_g 的序列。第二种情况刻画了直觉上的

t，且不假设他将会被从后面看到的可能情况。关系 $\dashrightarrow$ 可做近似的定义。

考虑包含下面公式的信念语言：

$$\varphi::=p_t\mid p_g\mid\neg\varphi\mid\varphi\wedge\varphi\mid\varphi\vee\varphi\mid B_t\varphi\mid B_g\varphi$$

该语义为标准关系的模态语义。注意在此并未强调基于信念语言上的其他限制，为了能够给所有有效的公式进行赋值，假设该情境类似于简单的知识模型。

如果将所有的信念等价状态进行合并，即，所有的状态都能使同样的公式为真，模型可以描述为图 4.15。

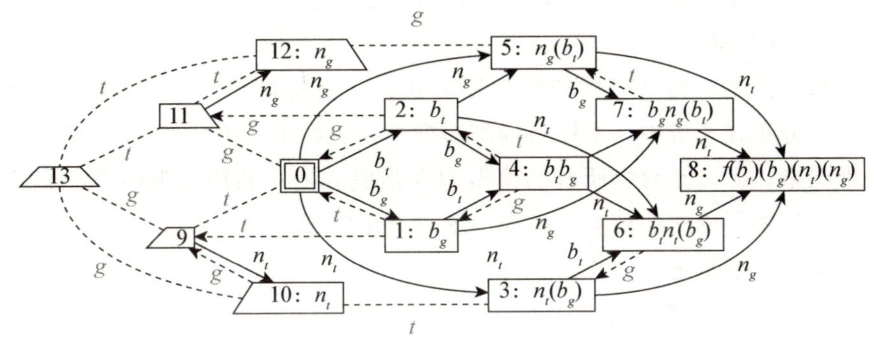

图 4.15　信念模型

数目编码表示状态，可以用相等的概率进行表达，事件已经（随意地）发生。盒子状态为 $V=\{p_t, p_g\}$，左边缺角表示 $p_g\notin V$。状态 0 表示内部情境。实线箭头和黑色边表示事件交易，虚线箭头和边（后者对应于双向箭头），用灰色的标号表示可及关系。为了表示的更清楚而省略了：自反传递表示在每一个状态下每一个可选择的事件；f-传递关系表示从每一个盒子状态到状态 8；在状态 2 和 6 上的 g 表示自返可及关系，在状态 1 和 7 上表示 t。

从基于历史的语义角度上看，该种表达是静态的，基于世界的发展和事件的出现并没有在时间点上发生变化（增加或者缩小）。这可以在任意的程序语言中得到直接表达，知识模型只需要保持当下的状态。

最后，需要注意玩家可以不相信，在简单的情况下不需要更复杂的刻画信念的技术手段，因为没有表示玩家注意他们的错误的相信。

B. 影响游戏设置的期望

在经典博弈中，关于小偷的公共策略就是对着墙射箭，以便制造噪音，然后向警察发动攻击（行为规则为“如果我听到噪音，我将过去并在四周看看”)。无视这样的噪音是不可能的，事实上警察将更可能会推出应该按响警报而不是到灌木丛中去寻找。然而，这更类似于故意设置方案给游戏者一个简单的方法瞒骗警察，而基于信念的方法提供了一个更加灵活的解决方法。

取代严格的相关事件解决行动，在行动中所采用的信念主要基于抽象层面上的。该行动的定义依赖于信念，这些信念可以通过单独的模型刻画。

评论

总之，在 NPCs 语言中通过增加（高阶）知识算子到模型中以刻画各种游戏。上面已经给出了这样的例证，该系统方法可以模拟互动，同时高阶知识并不是计算机博弈领域所讨论的或者实现的唯一方法。

C. 显性知识程序

知识模型工具是显性知识程序方法，并且提供了一个真的分布式语境。在分布式语境中，主体将局部地推出是否给出一个公式就可以从观察中推出来，即，是否在所有的模型中都是成立的，和局部观察是相容的，且这也反映了现实的情境；博弈引擎具有现实情境的模型有效性且只需要检测是否满足给定的公式。

D. 择代和存在

所使用的刻画是直接的数据结构，且是静态的和可计算的，所以在关于保持模型的运行时间不存在损失。

同时也可选择建立在动态认知逻辑上的择代系统。取代表达所有的可能方法的模型，其中世界可能会变化，人们以模型将初始表达视为最初的情境。事件可以表达为所谓的更新模型，以现存的模型表示事件的发生，然后转换为最终的情境。

游戏者相信模态的互动公理，Lomuscio、Ryan 证明了（2WD）在超立方体上的两个游戏者间是有效的。即模型是基于解释系统的状态空间上的笛卡尔积：

$$\Diamond_1\Box_2 p\rightarrow\Box_2\Diamond_1 p \qquad (2WD)$$

该公式可读作：“如果主体 1 认为是可能的，主体 2 知道 p，那么主体 2 知道主体 1 认为 p 是可能的。”在不同的语境中，van Ditmarsch、Labuschagne 认为互动公理刻画了心灵的不同理论，包括“孤独症”和“精神错乱”。存在的问题是互动公理是否能够刻画主体以娱乐为目的的互动行为。

另外一点值得注意的是在此并没有对知识和真信念进行区分。许多哲学讨论都涉及这两个概念之间的区别，形式上一般二者是不同的。信念应该说是可修正的。未来可能的研究方向应该是利用模型和语言对信念和知识进行解释。某些行为应该可以生成知识，而某些行为只能生成信念。这对应于 van Benthem 等人对“硬性的”和“柔性的”信息的区分。例如，如果你看到某事，那么你可能会说你知道他，但如果某人确定不完全确定告诉你某事，那么你可能只是相信它。

最后，可能会期望除掉手动设计行为规则，且令主体行为纯粹建立在他们的信念和某些抽象的定义上。

E. 认知

经验的设计通常并不特指知识，所以最好的结果可能是对知识运算重叠的揭示。显然可能定义的知识公式类属于社会互动中的知识。

在现实生活中，会有类似下面的公式：

$K_a \neg K_b p$

$K_a K_b p$

$\neg(K_a K_b p \vee K_a \neg K_b p)$

但是对所有的带有知识重叠深度为 2 的公式是不必要的。另外，人们的推理能力可能并不是复杂的单调的方法。例如，对于一个特殊的概念像公共知识，其在理论上涉及无穷的深度，假设人们能够对其进行处理，然而，对于“中间的”深度为 10 000 来说并不一定成立。

如何定义与此相关的公式类呢?

根据 Verbrugge、Mol 等人的经验，建议运用一阶心灵理论（关于其他人的信念的信念），但并非所有可能的推理种类在该语境中都是有用的。

如前，在计算机博弈中，合并认知推理的目的可能并不是必要的。博弈物理引擎也涉及最初发展的关于模拟物理肢体到关于虚拟工具的框架的算法。故希望认知引擎是由最初所发展的算法组成，为模拟其他主体的信念的信念，可能会涉及心灵理论。

4.5　结盟：一般的方法

4.5.1　背景知识

A. 方法

结盟为合作博弈理论中研究的主题之一，可以从以下几方面分析，即研究静态情境下的联盟博弈，并给出联盟结构（即对游戏者的分割）。

如何构造联盟形式？最简单的做法就是采用合并和分割的方法。可能会存在一些问题，即假设任意的合并和分割序列是唯一的。

结盟会产生一些抽象的方法，涉及对游戏者群的分割、简单的合并和分离规则及其之间局部的比较关系。这些规则将转换为根据所需要的分割条件对游戏者群进行分割。根据识别条件，每一个迭代都将生成一个唯一的分割，称之为稳定分割。

该方法可通过一般的可比较关系产生，只需借助简单的性质，即自返性、传递性和单调性，并不要求特殊的联盟博弈模型。

在联盟 TU-博弈中，该可比较关系主要通过多种序进行归纳，建立在实数序列上，例如字典序或者 Nash 序，即满足该性质需要借助于可比较关系和联盟 TU-博弈。下面我们将阐述如何运用定价博弈以及交易经济博弈。

结盟只是间接地通过抽象的归约系统理论产生的，目的是保证迭代规则的唯一性。有穷策略博弈的多策略剔除进程的一致的序独立性，称为 Newman 引理。

B. 相关工作

修正合并规则的外延存在性，需要借助有约束力的协议。在该语境下，需要分析联盟结构的稳定性。

稳定的联盟结构问题经常关注定价博弈，在该博弈中有四种稳定的形式：核、Nash、个体和合约性的个体稳定性。

下面所采用的方法为受限联盟 TU-博弈，其中有效序的可比较关系是可归约的。

4.5.2 可比较和交易集

令 $N=\{1, \cdots, n\}$ 为一个由固定的游戏者组成的集合，称之为超级联盟。N 的非空子集称为联盟。一个集合（在超级联盟 N 中）是任意的簇 $C:=\{C_1, \cdots, C_l\}$ 的互不相交的联盟，且 l 称为值域。如果加上 $\bigcup_{j=1}^{l} C_j = N$，集合 C 称 N 的分割。$C=\{C_1, \cdots, C_k\}$，令 $\bigcup C := \bigcup_{i=1}^{k} C_i$。

可比较集。下面只对由同一个集合的分割而形成的集合 A 和集合 B 进行比较，使得 $\bigcup A = \bigcup B$。直觉上，设可比较关系为 $\succeq$，$A \succeq B$ 意思是用 K 分割 A 的方法比用 K 分割 B 的方法更好，其中 $K=\bigcup A=\bigcup B$。

为了保持一致性，假设关系 $\succeq$ 为非自返的，即对于非集合 A，$A \succeq$

A 成立。传递性，即对所有的集合 A，B，C，且 $\bigcup A=\bigcup B=\bigcup C$，$A \succeq B$ 且 $B \succeq C$，可推出 $A \succeq C$。$\succeq$ 在下面两种情况下是单调的：对所有的集合 A，B，C，D 和 $\bigcup A=\bigcup B$，$\bigcup C=\bigcup D$，且 $\bigcup A \cap \bigcup C=\varnothing$，

$$A \succeq B \text{ 且 } C \succeq D \text{，可推出 } A\cup C \succeq B\cup D \qquad \text{(m1)}$$

对所有的集合 A，B，C 且 $\bigcup A=\bigcup B$，且 $\bigcup A \cap \bigcup C=\varnothing$，

$$A \succeq B \text{ 可推出 } A\cup C \succeq B\cup C \qquad \text{(m2)}$$

单调性具有重要的作用。

定义 4.11　根据可比较关系，建立在集合上的非自返和传递关系满足条件 m1 和 m2。

可比较关系 $\succeq$ 只用于对相同的游戏者集的分割的比较，所以对应于 $\succeq$，不同游戏者集的分割是不可比较的，即比较关系不是线性的。这样就需要定义更严格的线性形式。如果对所有的集合 A，B 和 $\bigcup A=\bigcup B$，或者 $A \succeq B$ 或者 $B \succeq A$，则称比较关系 $\succeq$ 是半线性的。

注意下面两条规则，允许超级联盟的转换分割。

合并：$\{T_1,\cdots,T_k\}\cup P \to \{\bigcup_{j=1}^{k} T_j\}\cup P$，其中 $\{\bigcup_{j=1}^{k} T_j\} \succeq \{T_1,\cdots,T_k\}$

分离：$\{\bigcup_{j=1}^{k} T_j\}\cup P \to \{T_1,\cdots,T_k\}\cup P$，其中 $\{T_1,\cdots,T_k\} \succeq \{\bigcup_{j=1}^{k} T_j\}$

注意运用比较关系 $\succeq$ 的两条规则是“局部的”，通过对联盟的研究，分别起因于合并和分离。存在一个条件，可确保这两条规则的序列能够得到相同的结果。所以，一旦这些条件成立，就会存在一个特殊的偏好分割，使得任意初始分割可以转换成为分割。在任意的序中主要运用合并和分离规则。

首先，这两条规则的迭代终止是有保证的。

注释 4.1　假设 $\succeq$ 为可比较关系。那么每一个合并和分离规则的迭代都将终止。

证　根据 m2，对所有的 $i \geqslant 1$，这两条规则中的每一条迭代都有一个分割序列 P_1，P_2，…，且 $P_{i+1} \succeq P_i$。但不同分割的数目是有穷的。所以根据 $\succeq$ 的传递性和反自返性，这样的序列是有穷的。

条件分析确保这样的迭代的唯一的结论。

4.5.3　TU-博弈

为了澄清单调条件需要引入建立在集合上的可比较关系，表示为联盟 TU-博弈。联盟 TU-博弈是有序对（N，v），其中 $N := \{1, \cdots, n\}$，且赋值函数 v 是从 N 的幂集到非负实数集的函数，使得 v（$\varnothing$）$=0$。

对于联盟 TU-博弈（N，v），建立在集合上的比较关系，从所对应的建立在实数上的多重集上的比较关系，通过约定，对所有的集合 A 和 B，

$$A \succeq B，当且仅当，v(A) \succeq v(B) \tag{4.5}$$

其中，对于集合 $A := \{A_1, \cdots, A_m\}$，令 $v(A) := \{v(A_1), \cdots, v(A_m)\}$，表示在点括号内的多重集。

所以首先需要引入建立在非负实数的多重集上的合适的关系。对所有的多重集实数 a，b，c，d，对应于单调性定义的关系 > 定义为：

$$a \succeq b \text{ 且 } c \succeq d \text{ 可推出 } a \dot{\bigcup} c \succeq b \dot{\bigcup} d$$

且

$$a \succeq b \text{ 可推出 } a \dot{\bigcup} c \succeq b \dot{\bigcup} c$$

其中 $\dot{\bigcup}$ 表示多重集的并。

已知两个实数序列（$a_1, \cdots, a_m$）和（$b_1, \cdots, b_n$），（扩充的）字典序为，

$$(a_1, \cdots, a_m) >lex (b_1, \cdots, b_n)$$

当且仅当

$$\exists\, i \leqslant \min(m, n)\,(a_i > b_i \wedge \forall\, j < i a_j = b_j)$$

或者

$$\forall\, i \leqslant \min(m, n)\ a_i = b_i \wedge m > n$$

在该序中可对长度不同的序列进行比较。例如（1，1，1，0）>lex（1，1，0）且（1，1，0）>lex（1，1），根据线性序可直接得出。

假设 $a = \{a_1, \cdots, a_m\}$ 且 $b = \{b_1, \cdots, b_n\}$，且 a^* 是 a 中元素序列，且为递减序，定义

效用序：

$$a \succ_{ut} b \text{ 当且仅当} \sum_{i=1}^{m} a_i > \sum_{j=1}^{n} b_j$$

Nash 序：

$$a \succ_{Nash} b \text{ 当且仅当} \prod_{i=1}^{m} a_i > \prod_{j=1}^{n} b_j$$

字典序：

$$a \succ_{lex} \text{当且仅当 } a^* >_{lex} b^*$$

这些都是长度相同的序关系。反直觉的 Nash 序可表示为当所有的 a_i 是等价的，$\sum_{i=1}^{m} a_i$ 是固定的，积 $\prod_{i=1}^{m} a_i$ 是最大的。所以在该含义下，

Nash 序更类似于等价分布。

上面的关系是反自返的和传递的。

注释 4.2　在 m1 和 m2 条件下，上面三种关系都是单调的。

证　所谓的唯一关系不能直接表示为$\succ_{lex}$。只证明 m1 表示$\succ_{lex}$，其余的证明类似。

令任意的非负实数多重集 a，b，c，d 为已知。令 e 表示任意序列或者非负实数多重集。

Len（e）：=在 e 中的元素的数目

μ：　=（$a \dot{\bigcup} b \dot{\bigcup} c \dot{\bigcup} d$）* 且所有的复数都被剔除

v（x，e）：=在 e 中的 x 出现的数目

$$\beta:\quad =1+\max_{k=1}^{len(\mu)}\{v(\mu_k, a \dot{\bigcup} b \dot{\bigcup} c \dot{\bigcup} d)\}$$

$$\#(e):\quad =\sum_{k=1}^{len(\mu)} v(\mu_k, e)\cdot\beta^{-k}$$

所以 μ 为 $a \dot{\bigcup} b \dot{\bigcup} c \dot{\bigcup} d$ 中的所有互不相同实数序列，在递减序中排列。函数＃（·）为从多重集 e 到实数 y 的单射，利用这样的方法，用浮点表示 y，并且以 β 为基础，第 k 个数字之后的点等于第 k 个最大的在 e 中的数字 μ_k 出现的数字。基础 β 以这样的方式选择即使 e 是某些已知的多重集的并，在 e 中出现的 x 的数字 v（x，e）不会超过 β^{-1}。因此，下面的蕴涵序列成立：

$$\begin{aligned} a^* >_{lex} b^* \text{ 且 } c^* >_{lex} d^* &\Rightarrow \#(a) > \#(b) > \#(c) > \#(d) \\ &\Rightarrow \#(a)+\#(c) > \#(b)+\#(d) \\ &\Rightarrow \#(a \dot{\bigcup} c) > \#(b \dot{\bigcup} d) \\ &\Rightarrow (a \dot{\bigcup} c)^* >_{lex} (b \dot{\bigcup} d)^* \end{aligned}$$

因此，根据 4.5，基于集合上的三种对应关系都是半线性的可比较关系。

基于建立在实数多重集上的反自返关系和传递关系不满足单调性条件 m1，可将$\succ_{av}$定义为：

$$a \succ_{av} b \text{ 当且仅当 } \left(\sum\nolimits_{i=1}^{m} a_i\right)/m > \left(\sum\nolimits_{j=1}^{n} b_j\right)/n$$

对

$$a:=\{3\},\ b:=\{2,2,2,2\},\ c:=\{1,1,1,1\},\ d:=\{0\}$$

有 $a \succ_{av} b$ 并且 $c \succ_{av} d$ 成立，但 $a \dot{\bigcup} c \succ_{av} b \dot{\bigcup} d$ 不成立。因为 {3，1，1，1，1} $\succ$av {2，2，2，2，0} 不成立。

另外，下面建立在实数多重集上的反自返关系和传递关系不满足单调条件 m2。

精英序（elitist order）：

$a \succ_{el} b$ 当且仅当 max（a）>max（b）

平均序（egalitarian order）：

$a \succ_{eg} b$ 当且仅当 min（a）>min（b）

故 {2} $\succ_{el}$ {1} 和 {2} $\succ_{eg}$ {1} 成立，但 {3，2} $\succ_{el}$ {3，2} 和 {1，0} $\succ_{eg}$ {1，0} 不成立。

4.5.4　个体值

在前面通过整个结盟值的比较定义了 TU-博弈中的比较关系，以便对个体游戏者的收益做比较。该思想最终目的是通过结盟确保将赋值分配给它的成员，游戏者的最终收益可由自己的偏好确定。

为了对这种方法进行形式处理，需要引入个体值函数 φ，已知 TU-博弈函数 v 和结盟 A，指派给每一个主体 i∈A 一个实数值 φ_i^v（A）。假设 φ 是有效的，即正好分配联盟值给它的成员：

$$\sum_{i \in A} \varnothing_i^v (A) = v(A)$$

对于联盟 C：＝{C_1，…，C_k}，令

$$\varnothing^v (C) := \{\varnothing_i^v (A) \mid A \in C, i \in A\}$$

已知两个联盟 C：＝{C_1，…，C_k}，C'：＝{C'_1，…，C'_l} 且 $\bigcup C := \bigcup C'$，对 φ^v（C）和 φ^v（C'）进行比较，其为 $|\bigcup C|$ 的多重集实数，每一个数字对应于一个主体。

$\succeq_v$ 为通过 v 所定义的比较关系，并用 v 和 φ 定义 $\succeq_\varphi$。

定义 4.12　假设联盟 TU-博弈（N，v）。

个体赋值函数 φ 是匿名的，如果对所有的 v，N 的排列 π，i∈N，且 $A \subseteq N$：

$$\varnothing_i^v (A) = \varnothing_{\pi(i)}^{v \diamond \pi^{-1}} (\pi(A))$$

如果对所有的 N 的排列 π 和 $A \subseteq N$，v 是匿名的，

$$v(A) = v(\pi(A))$$

对所有的 A，有（v ∘ π^{-1}）（π（A））＝v（A）。直觉上，如果不依赖

游戏者的名字，那么 φ 是匿名的。如果定义只依据论证联盟的基数，那么 v 是匿名的。

下面通过简单的观察就可以成立。

注释 4.3　对任意的 v 和 φ，如果 $\sqsupseteq_v$ 和 $\sqsupseteq_\varphi$ 为效用序，那么对所有的联盟 C 和 C'，有 $\varphi^v(C) \sqsupseteq_\varphi \varphi^v(C')$ 当且仅当 $v(C) \sqsupseteq_v v(C')$。

证

$$\sum_{A\in C} v(A) = \sum_{A\in C}\sum_{i\in A} \varnothing_i^v(A) = \sum_{A\in C, i\in A} \varnothing_i^v(A)$$

在 $\sqsupseteq_v$ 和 $\sqsupseteq_\varphi$ 之间关系不成立。

定理 4.11　已知 v 和 $\sqsupseteq_v$，在通常情况下无法定义一个匿名个体赋值函数 φ 和 $\sqsupseteq_\varphi$ 使得对所有的集合 C 和 C'，有 $\varphi^v(C) \sqsupseteq_\varphi \varphi^v(C')$ 当且仅当 $v(c) \sqsupseteq_v v(C')$。即使将 v 限制为匿名时也成立。

证　考虑下面的博弈，且 $N=\{1, 2\}$：

$v(\{1\}) := 1$　　$v(\{2\}) := 1$　　$v(\{1, 2\}) := 2$

取 $\sqsupseteq_v$ 为 Nash 序，其定义如前。这样就生成：

$V(\{\{1, 2\}\}) = \{2\} \sqsupseteq_v \{1, 1\} = v(\{\{1\}, \{2\}\})$

且并非 $V(\{\{1\}, \{2\}\}) \sqsupseteq_v v(\{\{1, 2\}\})$。

但是，该博弈的对称性以及 φ 的匿名迫使：

$$\varphi^v(\{1, 2\}) = \{1, 1\} = \varphi^v(\{\{1\}, \{2\}\})$$

所以有

$$\varphi^v(\{\{1, 2\}\}) \sqsupseteq_\varphi \varphi^v(\{\{1\}, \{2\}\}) \text{ 且 } \varphi^v(\{\{1\}, \{2\}\}) \sqsupseteq_\varphi \varphi^v(\{\{1, 2\}\})$$

或者

$$\varphi^v(\{\{1, 2\}\}) \sqsupseteq_\varphi \varphi^v(\{\{1\}, \{2\}\}) \text{ 且 } \varphi^v(\{\{1\}, \{2\}\}) \sqsupseteq_\varphi \varphi^v(\{\{1, 2\}\})$$

定理 4.12　已知 v，φ 和 $\sqsupseteq_\varphi$，通常不能定义 $\sqsupseteq_\varphi$ 使得对所有的集 C 和 C'，有 $v(C) \sqsupseteq_v v(C')$ 当且仅当 $\varphi^v(C) \sqsupseteq_\varphi \varphi^v(C')$。即使 v，$\varphi$ 是匿名的也成立，且 Nash 或者对应于 $\sqsupseteq_\varphi$ 的最小的词典序。

证　考虑 $N=\{1, \cdots, 4\}$ 且

$v(A) := 6$，对所有的 $A \subseteq N$

$\varphi_i^v(A) := v(A) / |A|$

有

$$\varphi^v(\{\{1\}, \{2, 3, 4\}\}) = \{6, 2, 2, 2\}$$

$$\varphi^{v}(\{\{1, 2\}, \{3, 4\}\}) = \{3, 3, 3, 3\}$$

其中通过对每一个涉及的$>_{\varphi}$进行区分，而

$$v(\{\{1\}, \{2, 3, 4\}\}) = v(\{\{1, 2\}, \{3, 4\}\}) = \{6, 6\}$$

该结果表明这两种比较关系的定义方法是不同的，但关于有效的序是一致的。

该序列可以通过下面的方法比较。

多序：

$(k_1, \cdots, k_n) \succ_m (l_1, \cdots, l_n)$ 当且仅当 $|\{i \mid k_i > l_i\}| > |\{l_i > k_i\}|$

帕雷托序：

$(k_1, \cdots, k_n) \succ_p (l_1, \cdots, l_n)$ 当且仅当 $\forall i \in \{1, \cdots, n\}$ $k_i \geqslant l_i$ 且 $\exists i \in \{1, \cdots, n\}$ $k_i > l_i$

关系$\succ_m$在 m1 和 m2 情况下是反自返的和单调的，但却不是传递的。事实上，$(2, 3, 0) \succ_m (1, 2, 2)$ 且 $(1, 2, 2) \succ_m (3, 1, 1)$，但是 $(2, 3, 0) \succ_m (3, 1, 1)$ 并不成立。通过对比，关系$\succ_p$在 m1 和 m2 的情况下是传递的、反自返的、单调的。

4.5.5 稳定划分

现在开始分析分割。

缺省函数 D 为给每一个分割指派超级联盟的某些分割的子集。直觉上，给定分割 P，簇 $D(P)$ 由所有的集合 $C:=\{C_1, \cdots, C_l\}$ 组成，其中玩家可以通过新的形式分离进行分割，玩家群$\bigcup_{j=1}{}^{l} C_j$根据 C 进行等分。缺省函数为 D_p，包含所有的超级联盟的所有分割公式，且 D_c包含在超级联盟中的所有集合公式。

下面，给定集合 C 和分割 $P:=\{P_1, \cdots, P_k\}$，定义：

$$C[P]:=\{P_1 \cap \bigcup C, \cdots, P_k \cap \bigcup C\} \setminus \{\varnothing\}$$

称 $C[P]$ 为 P 框架中的集合C。（通过除去空集的方法，确保$C[P]$为一个集合。）为了说明图 4.16 中的概念，可以将其描述为集合 C、分割 P 和在 P 中的框架 C（与 P 一起）。在此 C 是由四个联盟组成，而 P 中的框架 C 是由三个联盟组成。

直觉上，给定 N 的子集 S 和 S 的分割 $C:=\{C_1, \cdots, C_l\}$，集合 C 提供了 S 中的玩家"收益"，而 S 中的"收益"来自 C 中的 S 的分割。如果 N 的一个分割 P 是"有效的"，那么 S 中的玩家愿意接受根据$C[P]$

进行的 S 的分割而获得收益。即 C 在 P 的框架中。

为了得到 C [P] 的簇，注意：

（1）如果 C 是一个单元集，称 $C=\{\top\}$，那么 $\{\top\}[P]=\{P_1\cap\top, \cdots, P_k\cap\top\}\setminus\{\varnothing\}$，其中 $P=\{P_1, \cdots, P_k\}$。

（2）如果 C 是 N 的分割，那么 $C[P]=P$。

（3）如果 $C\subseteq P$，即，C 由 P 的某些联盟组成，那么 $C[P]=C$。

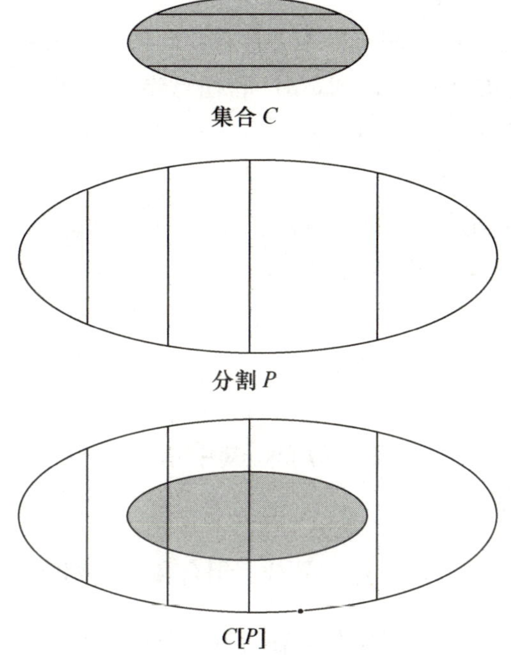

图 4.16　在分割 P 中的框架中的集合 C

在一般情况下，下面的观察成立。

事实 4.2　对于集合 C 和分割 P，$C[P]=C$ 当且仅当每一 C 中的元素为 P 中的不同元素组成的子集。

定义 4.13　假设缺省函数 D 和可比较关系 $\succeq$。如果对所有的 $C\in D(P)$，$C[P]\succeq C$，使得 $C[P]\neq C$，那么称分割 P 为 D 稳定的。

对于最后一条，即 $C[P]\neq C$，可解释为：直觉上，该条件表明玩家只关注他们被分割的方法。事实上，如果 $C[P]=C$，那么通过 P 和 C 的分割 $\cup C$ 是一致的，并且可看作对 $\cup C$ 中的玩家是同样可满足的。由于不考虑 $C[P]=C$ 的情况，因此可以根据在 C 中的玩家并不关心他们的联盟 $\cup C$ 之外的玩家的存在而修改共运算的限制实现。

下面的观察成立。如果对所有来自 P 中的 N 的不同的分割 P'，$P \succeq P'$成立，则称 N 的分割 P 为 $\succeq$ -最大可比较的。

定理 4.13 N 的分割为稳定的 D_p当且仅当是 $\succeq$ 最大的。如果 $\succeq$ 是半线性的可比较关系，那么 N 的稳定的 D_p的分割存在。

证 如果 C 是 N 的分割，那么 $C[P] \neq C$ 等价于语句 $P \neq C$。因此 $C[P]=P$。所以 N 的分割 P 是 D_p稳定的当且仅当对所有 N 的 $P' \neq P$ 的分割，$P \succeq P'$成立。

反之，D_c-稳定的分割可以不必存在，即使比较关系 $\succeq$ 是半线性的。

例 4.20 考虑 $N=\{1, 2, 3\}$ 和任意半线性比较关系 $\succeq$ 使得对所有的 a，$b \in \{1, 2, 3\}$ 且 $a \neq b$，$\{\{1, 2, 3\}\} \succeq \{\{1\}, \{2\}, \{3\}\}$ 且 $\{\{a\}, \{b\}\} \succeq \{\{a, b\}\}$。

那么 N 的分割是 D_c-稳定的。事实上，$P:=\{\{1\}, \{2\}, \{3\}\}$ 是非 D_c稳定的，因此对 $C:=\{\{1, 2, 3\}\}$，有 $C[P]=\{\{1\}, \{2\}, \{3\}\} \not\succeq \{\{1, 2, 3\}\}=C$。另外，任意其他的分割 P 包括某些联盟 $\{a, b\}$ 都不是 D_c-稳定的，因此对 $C:=\{\{a\}, \{b\}\}$，有：

$$C[P]=\{\{a, b\} \not\succeq \{\{a\}, \{b\}\}=C$$

严格地说，定义一个 TU-博弈，其中不存在 D_c-稳定的分割，而 $\succeq$ 是通过 4.5 定义的有效序$\succ_{ut}$。

4.5.6 稳定划分、组合和分割划分

引理 4.9 每一 D_c-稳定分割在合并和分离规则下是封闭的。

证 为了证明 D_c-稳定的分割 P 在合并规则下是封闭的，假设对某些 $\{T_1, \cdots, T_k\} \subseteq P$，有 $\{\bigcup_{j=1}^{k} T_j\} \succeq \{T_1, \cdots, T_k\}$。$D_c$-稳定的 P 且 $C:=\{\bigcup_{j=1}^{k} T_j\}$ 生成：

$$\{T_1, \cdots, T_k\}=\{\bigcup_{j=1}^{k} T_j\}[P] \succeq \{\bigcup_{j=1}^{k} T_j\}$$

其中根据 $\succeq$ 的传递性和非自返性是矛盾的。

采用类似的证明方法，在分离规则下是封闭的。

下面刻画 D_c-稳定分割。已知分割 $P:=\{P_1, \cdots, P_k\}$，对某些 $i \in \{1, \cdots, k\}$，有 $T \subseteq P_i$，则称联盟 T 为 P-相容的；否则，则称为 P-不相容的。

引理 4.10　N 的分割 $P=\{P_1, \cdots, P_k\}$ 是 D_c-稳定的，当且仅当满足下面的两个条件（图 4.17 表示该联盟）：

（1）对每一 $i\in\{1, \cdots, k\}$ 和每一互不相交的联盟序对 A 和 B 使得 $A\cup B\subseteq P_i$，

$$\{A\cup B\} \succeq \{A, B\} \tag{4.6}$$

（2）对每一 P-不相容的联盟 $\top\subseteq N$，

$$\{\top\}[P]\subseteq\{\top\} \tag{4.7}$$

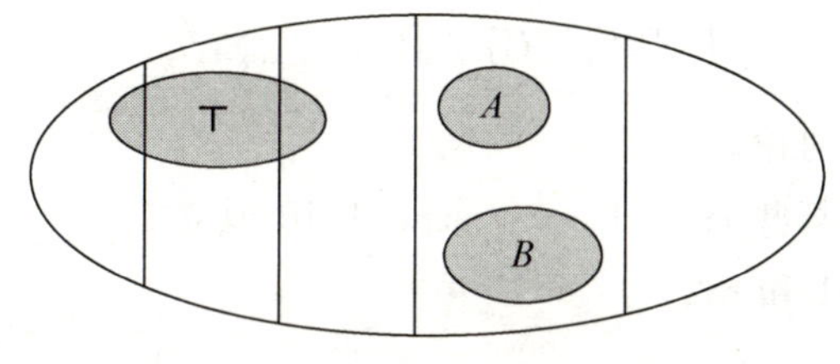

分割 P

图 4.17　基于引理 4.10 中的 *P*-相容的联盟 *A* 和 *B*、*P*-不相容的联盟 ⊤

证　（$=>$）对 $C=\{A, B\}$，有 $C[P]=\{A\cup B\}$，对 $C=\{\top\}$，有 $\{\top\}[P]\neq\{\top\}$，根据 ⊤的 P-不相容的，那么（1）和（2）直接可以根据 D_c稳定性的定义推出。

（$<=$）传递性、单调性 m2 和 4.6 可以通过归纳得出，对每一 $i\in\{1, \cdots, k\}$ 和每一集合 $C=\{C_1, \cdots, C_l\}$ 且 $l>1$，$\bigcup C\subseteq P_i$，

$$\{\bigcup C\}\succeq C \tag{4.8}$$

现在令 C 为 N 中的任意集合，使得 $C[P]\neq C$，证明 $C[P]\succeq C$。定义：

$$D^i := \{\top\in C \mid \top\subseteq P_i\}$$

$$E := C \setminus \bigcup_{i=1}^{k} D^i$$

$$E^i := \{P_i\cap\top \mid \top\in E\}\setminus\{\varnothing\}$$

D^i为包含在 P_i中的 C 的 P-相容的元素所组成的集合，E 为 C 中的 P-不相容的集合，E^i为 C 和 P_i中的 P-不相容的元素的非空交集。

假设 $\bigcup_{i=1}^{k} E^i\neq\varnothing$，那么 $E\neq\varnothing$，所以

$$\bigcup_{i=1}^{k} E^i = \bigcup_{i=1}^{k}(\{P_i\cap\top \mid \top\in E\}\setminus\{\varnothing\}) = \bigcup_{\top\in E}(\{\top\}[P])\succeq E \tag{4.9}$$

现在考虑下面的性质：

$$|D^i \cup E^i| > 1 \tag{4.10}$$

确定 i∈｛1，…，k｝，如果 4.10 成立，那么：

$$\{P_i \cap \cup C\} = \{\cup (D^i \cup E^i)\} \sqsubseteq D^i \cup E^i$$

否则：

$$\{P_i \cap \cup C\} = \{D^i \cup E^i\}$$

如前：

$$C[P] = \bigcup_{i=1}^{k} \{P_i \cap \cup C\} \setminus \{\varnothing\}$$

分两种情况讨论。

情况 1　对某些 i∈｛1，…，k｝，4.10 成立。

那么根据 m1 和 m2

$$C[P] \sqsubseteq \bigcup_{i=1}^{k} (D^i \cup E^i) = (C \setminus E) \cup \bigcup_{i=1}^{k} E^i$$

如果 $\bigcup_{i=1}^{k} E^i = \varnothing$，那么 $E=\varnothing$，可得 $C[P] \sqsubseteq C$。否则，根据 4.9、传递性和 m2

$$C[P] \sqsubseteq (C \setminus E) \cup E = C$$

情况 2　4.10 不成立，对任意 i∈｛1，…，k｝。

那么：

$$C[P] = \bigcup_{i=1}^{k} (D^i \cup E^i) = (C \setminus E) \cup \bigcup_{i=1}^{k} E^i$$

另外，因为 $C[P] \neq C$，根据事实 4.2，根据在 C 中的 P-不相容的元素存在。所以 $\bigcup_{i=1}^{k} E^i \neq \varnothing$。根据 4.9 和 m2 可得，如前：

$$C[P] \sqsubseteq (C \setminus E) \cup E = C$$

证毕

以上表示联盟 TU-博弈和效用序。现在借此证明下面的引理。

引理 4.11　假设 P 是 D_c-稳定的。令 P' 在合并和分离规则下是封闭的。那么 $P'=P$。

证　假设 $P=\{P_1, \cdots, P_k\}$，$P'=\{\top_1, \cdots, \top_m\}$。假设 $P \neq P'$。那么存在 $i_0 \in \{1, \cdots, k\}$ 使得对所有的 $j \in \{1, \cdots, m\}$，有 $P_{i0} \neq \top_j$。令 $\top_{j1}, \cdots, \top_{jl}$ 为建立在 P_{i0} 上的最小集合。根据引理 4.10 下面几种不同的情况：

情况 1　$P_{i0} = \bigcup_{h=1}^{l} \top_{jh}$。

那么 $\{T_{j1}, \cdots, T_{jl}\}$ 为 P_{i0} 的恰当分割。但 4.6（通过它生成的 4.8）生成 $P_{i0} \succ \{T_{j1}, \cdots, T_{jl}\}$，那么合并规则适用于 P'。

情况 2 $P_{i0} \subseteq \bigcup_{h=1}^{l} T_{jh}$。

对某些 j_h，有 $\varnothing \neq P_{i0} \cap T_{jh} \subseteq T_{jh}$，所以 T_{jh} 为 P-不相容的。根据 4.7，有 $\{T_{jh}\}[P] \succeq \{T_{jh}\}$，因此分离规则适用于 P'。

定理 4.14 假设 $\succeq$ 是比较关系，P 是 D_c-稳定的分割。那么

（1）P 是由合并和分离规则形成的迭代的结果。

（2）P 为唯一的 D_p-稳定的分割。

（3）P 是唯一的 D_c-稳定的分割。

证 （1）根据注释 4.1，合并和分离规则都终止于每一迭代，所以可以根据引理 4.11 推出。

（2）因为 P 是 D_c-稳定的，属于分割 D_p-稳定的。根据定理 4.13，对所有的分割 $P' \neq P$，$P \succeq P'$ 成立。所以唯一性可从 $\succeq$ 的传递性和反自返性推出。

（3）假设 P' 是 D_c-稳定的分割。根据引理 4.9，P' 在合并和分离规则下是封闭的，所以根据引理 4.11，$P' = P$。

该结论为建立在联盟 TU-博弈，且是有效序。也证明了存在联盟 TU-博弈，其中所有的合并和分离规则的迭代具有唯一的结果，而且不是 D_c-稳定的分割。

4.5.7 应用

该结论并不涉及任意的博弈。下面我们证明三种联合博弈类。每一种情况都定义了一个博弈类和自然的可比较关系来表示所有的联合和分割规则的叠置具有唯一的结果。

A. 联合 TU-博弈

根据有效序，给出联盟 TU-博弈 (N, v)，对两个联盟 $P := \{P_1, \cdots, P_k\}$，且 $Q = \{Q_1, \cdots, Q_l\}$ 使得 $\bigcup P = \bigcup Q$，有：

$$P \succeq Q \text{ 当且仅当 } \sum_{i=1}^{k} v(p_i) > \sum_{i=1}^{l} v(Q_i)$$

如果对每一互不相交的序对 A 和 B，称 (N, v) 为严格超-可加的。

$$v(a) + v(B) < v(A \cup B)$$

另外，已知 N 的分割 $P := \{P_1, \cdots, P_k\}$，联盟 TU-博弈 $(P_1,$

v_1），…，（P_k，v_k）及其构成（N，$\bigoplus_{i=1}^{k} v_i$）定义如下：

$$(\bigoplus_{i=1}^{k} v_i)(A) = \sum_{i=1}^{k} v_i(P_i \cap A)$$

现在对该定义进行修改并引入（P_1，v_1），…，（P_k，v_k），记作（N，$\overline{\bigoplus}_{i=1}^{k} v_i$），定义如下：

$$(\overline{\bigoplus}_{i=1}^{k} v_i)(A) := \begin{cases} (\bigoplus_{i=1}^{k} v_i)(A) & \text{如果对某些 i，} A \subseteq P_i \text{；} \\ (\bigoplus_{i=1}^{k} v_i)(A) - \varepsilon & \text{否则} \end{cases}$$

其中 $\varepsilon > 0$。

所以，对 P-不相容的联盟收益是严格比它们的并更小的 TU-博弈半联盟，而对其他的联盟收益是类似的。利用引理 4.10，在 TU-博弈的半-并（N，$\overline{\bigoplus}_{i=1}^{k} v_i$）TU-博弈严格超-可加，分割 P 是 D_c-稳定的。所以，根据引理 4.14，在该博弈中，P 是每一个合并和分离规则的迭代结果。

下面更一般地处理任意的单调比较关系，类似于前面所介绍的内容。

例 4.21 给定 N 的分割 P：$= \{P_1, \cdots, P_k\}$，且 $>$ 为在前面所定义的序，定义 TU-博弈 P 为每一个合并和分离规则的迭代。

令

$$f(x, y) := \begin{cases} x + y \text{，如果} \geqslant \text{为效用序} \\ x \cdot y \text{，如果} \geqslant \text{为 Nash 序} \\ \max\{x, y\} \text{，如果} \geqslant \text{为字典序} \end{cases}$$

并且定义

$$v(A) := \begin{cases} 1 \text{，如果} |A| = 1 \\ \max\{f(v(B), v(C))\} + 1 \text{，如果} |A| > 1 \text{ 且 } A \subseteq P_i \text{，对某些 } i \\ 0 \text{，否则} \end{cases}$$

那么

(1) 对任意两个互不相交的联盟 A，B 且 $A \cup B \subseteq P_i$，对某些 i，有：

$v(A \cup B) > f(v(A), v(B))$

根据 v 的结构，因此：

$v(A \cup B) > v(A) + v(B)$　　对效用序 $\succeq$

$v(A \cup B) > v(A) \cdot v(B)$　　对 Nash 序 $\succeq$

$v(A \cup B) > \max\{v(A), v(B)\}$　　对字典序 $\succeq$

因此，在所有情况下都有 $\{A \cup B\} \succeq \{A, B\}$。

(2) 对任意 P-不相容联盟 $\top \subseteq N$，有：

$v(A) > 0$，对所有 $A \in \{\top\}[P]$，且 $v(\top) = 0$

因此，$\{\top\}[P]\succeq\{\top\}$。

引理 4.10 可以推出 P 是实际的 D_c-稳定的，所以可推出定理 4.14。

例 4.22 已知 N 的分割 $P:=\{P_1, \cdots, P_k\}$，且 $\succeq$ 为在前面所定义的序之一，或者是根据所定义的 Pareto 序，定义一个 TU-博弈且 P 为每一个合并和分离规则的迭代的赋值函数。

令

$$f(x,y):=\begin{cases}|N|\cdot\max\{x,y\}+1,\text{如果} \geqslant \text{为字典序或者 Pareto 序}\\ x+y,\text{否则}\end{cases}$$

v 的定义如例 4.21，并且定义：

$\varphi_i^v(A):=v(A)/|A|$

那么

(1) 对任意两个互不相交的联盟 A，B，且 $A\cup B\subseteq P_i$，对某些 i，有：

$v(A\cup B)>f(v(A), v(B))$

另外，根据 v 的结构，因此：

对效用序或者 Nash 序 $\succeq$：

$v(A\cup B)>v(A)+v(B)$，φ_i^v 为平均分配值，在所有情况下都有 $\{A\cup B\}\succ\{A, B\}$

对字典序或者 Pareto 序 $\succeq$：

$v(A\cup B)>|A\cup B|\cdot\max\{v(A), v(B)\}$

于是 $\varphi_i^v(A\cup B)>\max\{v(A), v(B)\}$，对所有 i。

于是在所有情况下有 $\{A\cup B\}\succeq\{A, B\}$。

(2) 对任意 P-不相容联盟 $\top\subseteq N$，$\{\top\}[P]\succeq\{\top\}$ 如前。

另外，引理 4.10 可以推出 P 是 D_c-稳定的，且定理 4.14 也可以适用。

B. Hedonic 博弈

Hedonic 博弈（$N, \succeq_1, \cdots, \succeq_n$）是由主体集 $N=\{1, \cdots, N\}$，线性偏序 $\succ_1, \cdots, \succeq_n$，其中每一 $\succeq_i$ 由主体建立在 N 的子集上包含 i 的偏好组成。随后无须假设 $\succeq_i$ 关系是线性的。$\succeq_i$ 表示非自返关系。

已知 N 的分割 P，主体 i，用 $P(i)$ 表示 P 中的元素，其中包含 i，并且称在 P 中的 i 的朋友集。

下面就给出一个 Hedonic 博弈，其中 D_c-稳定的分割相对于存在一个性质的可比较关系 $\succeq$。

假设已知 N 的分割 $P:=\{P_1,\cdots,P_k\}$，每一个主体，在 P 中存在一个比较小的子集的更大的偏好集，在 P 中存在一个不是朋友的游戏者，且“不像”联盟。

通过这样的方式来形式地表示包括 i 的所有游戏者集合：

$S \succeq_i T$ 当且仅当 $T \subseteq S \subseteq P$（i）

并且可以将该序扩充为联盟的情况，包括游戏者 i，来自 P（i）之外的可能的游戏者，假设这样的联盟是在 $\succeq_i$ 中的最小的元素。

$S \succeq_i T$ 当且仅当 T 不包含于 $S \subseteq P$（i），或者 $S \subseteq P$（i），并且并非 $T \subseteq P$（i）。

随后定义，对由游戏者组成的同样的集合的任意两个分割 Q 和 Q'，

$Q \succeq Q'$ 当且仅当 对于 $i \in \{1,\cdots,n\}$，Q（i）$\succeq_i Q'$（i）且至少有一个 $\succeq_i$ 是严格的。

C. 交易经济博弈

交易经济博弈由以下组成：

带有 k 货物的市场。

对每一主体 i 为这些货物中的初始捐助，可以通过矢量 $\vec{\omega} \in R_+^k$ 表示。

对每一主体 i，一个传递和线性偏好关系 $\succeq_i$，利用该关系可以对一批货物进行比较，可以用矢量表示为 R_+^k。

交易经济博弈可以通过将其看作所有的一批货物的序列集进行定义。

$X:=\{\vec{x},\cdots,\vec{x}_n\} \mid \vec{x}_i \in R_+^k$，对于 $i \in N$

即，$X=(R_+^k)_n$，一个扩充的每一偏好关系 $\succ_i$，对所有的集合 X 中的束的集合 R_+^k，对于 $\vec{x},\vec{y} \in X$，

$$\vec{x} \succeq_i \vec{y} \quad \text{当且仅当} \quad \vec{x}_i \succeq_i \vec{y}_i \tag{4.11}$$

那么给每一联盟 S 指派下面的结果集：

$V(S):=\{\vec{x} \in X \mid \sum_{i\in S}\vec{x}_i=\sum_{i\in S}\vec{\omega}_i$ 且 $\vec{x}_j=\vec{\omega}_j$，对所有 $j \in N \setminus S\}$

所以 S（V）由所有的结果集组成，可以通过对 S 中的成员进行交易获得成功。

已知 $N=\{1,\cdots,n\}$ 的分割 $P:=\{P_1,\cdots,P_n\}$，下面定义一个特殊的交易经济博弈和 n 货物（对于每一主体的货物类型），其中 $i \in N$：

$\vec{\omega}_i:=P$（i）的矢量刻画

$\vec{x}_i \succeq_i \vec{y}_i$ 当且仅当 $x_{i,i} \geqslant y_{i,i}$ 且 $\vec{x}_i \succ_i \vec{x}_i$ 当且仅当 $x_{i,i} > y_{i,i}$

即每一主体的最初捐助正好由在 P 中的他的每一个朋友的类型的一个货物组成，如果主体得到自己类型的货物，那么他喜欢这一批货物。

现在，令 $A \succeq B$，　当且仅当

$$\forall A_l \in A \setminus B \, \exists \vec{x} \in V(A_l) \, \forall j \in A_l$$

$$[(\forall \vec{y} \in V(B(j)) \, \vec{x} \succ_j \vec{y}) \vee (\forall \vec{y} \in V(B(j)) \, \vec{x} \succeq_j \vec{y} \wedge |A_l| < |B(j)|)]$$

所以如果每一个 A 的联盟 A_l 不在 B 中，那么分割 A 更偏好于分割 B，可以获得一个结果，其中每一 A_l 中的主体都严格地喜欢他在 B 中所对应的任意结果。或者他更喜欢至少和他在 B 中所对应的结果，当联盟是严格地大于 A_l 时。直觉上主体的偏好包括最优权衡结果，是在主体偏好小的联盟中的情况下的联结。

很容易就可以检测到 $\succeq$ 是一个可比较关系。现在用分割 P 表示对应于 $\succeq$ 的 D_c-稳定的。首先，注意通过对最初捐助的定义，对所有的 $l \in \{1, \cdots, k\}$ 且联盟 $A \subseteq P_l$，存在一个结果 $\vec{z}_A \in V(A)$，其中给定正好有 $|A|$ 货物 j 的单位给每一主体 $j \in A$。有 $\vec{z}_A \succeq_i \vec{x}$，对所有的 $i \in A$ 且 $x \in V(A)$。根据引理 4.10，可以推出 P 是 D_c-稳定的，因此

(1) 对每一互不相交的联盟 A 和 B 组成的序对，使得 $A \cup B \subseteq P_l$，有 $\vec{z}_{A \cup B} \succ_i \vec{z}_A$，对每一 $i \in A$ 且 $\vec{z}_{A \cup B} \succ_i \vec{z}_B$，对每一 $i \in B$，因此 $|A \cup B| > |A|$，且 $|A \cup B| > |B|$，于是 $\{A \cup B\} \succeq \{A, B\}$。

(2) 对任意 P-不相容的 $T \subseteq N$，$A \in \{T\}[P]$，$i \in A$，且 $\vec{x} \in V(T)$，有 $\vec{z}_A \succ_i \vec{x}$（因此主体 i 可以在 T 中获得在 P 中他的朋友的类型的货物，A 中的情况与此相类似），并且 $|A| < |T|$，于是 $\{T\}[P] \succeq \{T\}$。

所以，在上面的博弈中，根据定理 4.14 分割 $\{P_1, \cdots, P_k\}$ 是合并和分离规则迭代的结果。

4.5.8　结论

在此提供了一个一般的处理联盟形式的方法，其中只有一种建立在联盟上的可能运算是联盟和分割。这些运算可以发生，当他们在一个不给提供货物的情况下相对于某些给定的建立在涉及游戏者子集的分割的关系上时。这样的可比较关系只需要满足一些性质，即非自返性、传递性和单调性，在此提供了一些这样的例子，通过在 TU-博弈的语境中的若干个序来刻画。

定义了性质的联盟，建立在第一个合并和分割迭代下生成了一个唯一的结果，这导致了一个稳定分割。除了一般的 TU-博弈，我们的方法和结果也适用于 Hedonic 博弈和交易经济博弈。

本方法也可以运用其他的交易方法，例如根据所给出的 TU-博弈和效用序的语境下的交易（将一个联盟的子集移到另一个联盟上），或者更一般的交易（swaps）（两个联盟的子集的交易）。

4.6 混合拍卖中的时间限制

4.6.1 背景知识

组合拍卖作为一种拍卖机制，要求投标者对一批货物进行投标，而不是对单项货物进行投标。尽管事实上解决了组合拍卖，即，合理的货物安置将会给投标者带来价格总值的最大化，而这恰好是一项非常难的优化问题，组合拍卖已经成为许多应用领域中非常有用的工具，也出现了很多不同的处理方法。

近年来，有人也提出了标准的组合拍卖的扩充模型，称为混合多单元组合拍卖（或者简称为混合拍卖）。在混合拍卖中，投标者可以进行交易，包括输入货物和输出货物，而不仅是简单的货物。关于这样的交易的投标意味着人们在接收到输入货物之后愿意运输这样的特殊的输出货物，价格则由投标确定。解决了混合拍卖就可以选择一个交易序列，通过投标以限制编码实现，金额的最大量可根据投标者（或者最小的支付）由拍卖商确定。混合拍卖扩充了其他类型的组合拍卖的种类：直接拍卖、逆向拍卖以及组合交易等。混合拍卖具有一定的应用价值，是一个构造的供应链。

通过投标者所指定的时间限制进行扩充，其中主体实现了交易提供给他们的标的。扩充类似于复杂的经济行为，投标者（服务供应商）本身可能会需要其他人的服务，具有主体自己的供应链，所以投标者可能具有基于时间交易的偏好以及基于与主体相关的序上的交易偏好。时间隐性地运用于初始的混合拍卖框架中，类似于所涉及的拍卖商，因为他必须建立一个交易序列，而不是投标者。在此主要是为了发现对该不平衡的一种修正。

下面给出四种类型的时间限制。

时间点：借助于线和带有时间点的交易，允许投标者将限制看作与主体相关的序。例如，一个投标点可能希望提供一个从 X 到 Y 的交易，仅当条件 X 在 Y 之前得到执行。

绝对时间点：是模型的扩充，允许推理中存在绝对的时间。例如，投标者将会指定将 X 只交易为在时间点上时才会得到执行，或者在其交易为 Y 之后需要在最多 3 个时间单位上得到执行。

间隔：交易可能需要借助于时间间隔，投标者可表示为一个限制，人们是否应该在之前进行交易，整个过程或者在另一个交易之后执行，或者两个交易需要在重叠的时间间隔中得到执行。

具有绝对区间的间隔：将间隔和绝对时间进行组合，也可以表达基于一个间隔区间上的限制。例如，投标者可能希望指定交易 X 要求在至少 5 个单位时间内完成。

这些限制类型可以进行自由混合，例如，表达在一个时间点之后发生的间隔。也可以证明如何对模型进行软限制，允许投标者对满足某个确定的限制而提供的某些回扣，如何模型拍卖商有时可能会限定货币的数量以从较短的利益链获取最大的利益。类似于多单元混合拍卖的变种，可能存在若干种类的有效的方法，但对于单个单元的限制也是根据具体的情况而确定的。

下面，首先定义关于表达基于带有联合时间限制的交易组合投标的投标语言，并给出获胜者确定问题的严格定义；其次为了解释这一问题提供了一种算法，证明了该问题如何可以编码为整数程序；最后通过借鉴其他的一些技术手段，对其进行了修改。这使得具有其他扩充和优化的整数时间限制的方法更方便。

4.6.2　投标语言

在此，定义并讨论了具有时间限制的混合拍卖的投标语言。

首先定义了具有时间点的交易，随后定义了赋值。该函数常用于模型投标者的偏好，通过将具有时间点的这样的交易集映射到一个数值。随后定义了该投标语言的语形和语义。投标语言是为了对投标者关于发送到拍卖商的赋值进行编码。这一思想主要采用的是简单的 *XOR*-语言，该种类似的方法来自标准的组合拍卖以及混合拍卖，为了表达可能的交易和联合价格的可能组合，利用时间限制强加到执行序上。

另外增加了某些糖衣语法到时间限制语言上，表面上似乎具有非常有限的表达力，但事实上却具有很强的表达力。这一成功的方法主要基于借助投际语言到时间限制的语言表达力。

A. 交易和时间点

令 $\boldsymbol{G}$ 为基于所考虑的货物上的所有种类的有穷集且交易为有序对：

$$(I, O) \in N^G \times N^G$$

主体提供了这样的一个交易为具有货物 I 的多重集，为可以交付货物 O 的多重集。

当主体提交了标的时，可以提供一个基于某个时间点上的限制，在该时间点上将提供一个可实现的交易。为此，将引入一个时间点标识 $\mathcal{T}$ 的有穷集（足够大）。时间点在此可简单地看作一个标识，而不看作不同的具有实现的值。主体进行谈判时主要基于具有时间点标识的交易集。

$$\mathcal{D} \subset \mathrm{N}^G \times \mathrm{N}^G \times \mathcal{T}$$

也可以将上面的公式写成下面形式的集合：

$$\{(I^1, \mathrm{O}^1, \mathcal{T}^1), \cdots, (I^1, \mathrm{O}^l, \mathcal{T}^l)\}$$

B. 赋值

因为投标者可能的偏好是基于时间点上的，其中主体完成了交易，所以首先需要定义交易的时间线Σ为有穷的交易序列，"时钟周期" c 表示时间的流逝不需要任意的交易分配给投标者。即：

$$\Sigma \in (N^G \times N^G \times \{c\})^*$$

其中 * 表示字。

赋值 v 为将时间线Σ映射到时间 p 上的函数。直觉上，v（Σ）＝p 表示主体具有赋值 v 是愿意支付 p 以完成交易的任务，根据时间线Σ(直觉上，p 是否定的，表示主体实际上为了完成交易而被迫支付的)。如果 v 关于Σ为无定义的，则记 v（Σ）＝⊥。即，主体将无法接受当前的交易。

如果对所有的Σ，都有 v（Σ）＝v（Σ－c)，其中Σ－c 表示Σ有所有的时钟周期 c，那么称赋值 v 采用了相关的时间。否则 v 就是绝对时间。

在相关时间情况下，赋值只依靠交易的相关序，而绝对时间赋值可能依靠绝对时间点，其中交易发生在给定的序列内。在后一种情况下，在序列中的每一步都可解释为一个时间单元（一秒、一天、一周等)。

事实上，对于序列的处理可看作假设在同一个时间点上没有两个交易可以同时提供。此外，从投标者的解释看，这可看作简单地将两个同时提供的交易组合在一起的结果。根据拍卖商的观点，又重新回到该问题上，这为一个有些严格的概念上的结果。另外，所有的交易都可假设具有同一个时间单元的区间；还将面对如何处理多个区间的交易问题。

C. 标的

现在定义投标语言。原子标的 $BID\ (D,\ p)$ 指定为带有时间点和价格的有穷交易的有穷集。直觉上，提供这样的标的表示投标者甘心完成价格为 p 的给定的交易。

限定在时间点上的交易应该在投标之前预先安排。但在谈论该问题之前，需要定义新的投标语言。将其限定为 *XOR*-语言，可认为是关于标准（单一单元）的组合拍卖的完全表达，对于多单元的混合拍卖，已经表明提供了许多其他的直觉上有用的语言结构，为了完全表达赋值类最大组合（否则）是可意识的。特别地，不难扩充该拍卖框架来表达，用于处理所谓的 *OR* -算子。

所以下面就考虑在 *XOR* 一般形式下的复杂的投标：

$$Bid = BID\ (D_1,\ p_1)\ XOR \cdots XOR\ BID\ (D_n,\ p_n)$$

具有直觉的解释即投标者愿意完成交易至少在 D_j 之一，并且借助于 p_j。另外所使用的时间点标识是一致的，也可表示为 D_j。

D. 时间限制

现在定义两个不同的时间限制语言。关于相关时间的原子限制是所有形如 $t < t'$ 的公式。对于绝对时间，允许下面的公式成立（其中 $t,\ t' \in \top,\ \xi,\ \xi' \in N$）：

$$t = \xi \qquad t < \xi \qquad t > \xi$$

$$t + \zeta < t' + \xi' \qquad t + \xi = t' + \xi'$$

允许时间限制形式的公式：

$$\varphi = r_1 \wedge \cdots \wedge r_v$$

具有原子限制 r_v。投标者提交了一个投标 Bid 以及时间限制公式 φ（该原子限制指称在 Bid 中的时间点标识），直觉上，该表达式使主体愿意实现 Bid，但需在条件 φ 满足之后。

该条件是刚性的：投标者只接受理论上的结果。在前所给出的一种方法用于表达柔性的时间限制（借助于成本），也证明了基于时间限制上的析取可以得到表达。

E. 语义

语形上，可以处理带有时间点和基于这些时间点上的限制公式的复合投标：

$$BID\ (D_1,\ p_1)\ XOR \cdots XOR\ BID\ (D_n,\ p_n)$$

$$r_1 \wedge \cdots \wedge r_v$$

为使直觉的意义可以得到显性的解释，现在指定一个公式的语义。下面，令Σ为时间线（允许时间周期），令 t，$t'\in \top$，ξ，$\xi'\in N$，令φ和φ'为时间限制公式。令 $t\in\Sigma$表示事件 t 涉及Σ中的交易，Σ（t）表示序列数（从1开始）与 t 相关的交易，如果 $t\in\Sigma$，可以包括在序列中的时间点标识。例如，如果$\Sigma=$（(I^1，O^1，t^1)；…），那么$t^1\in\Sigma$且Σ（t^1）$=1$。

可以归纳定义满足关系⊨如下：

$\Sigma\models t\circ\xi$	当且仅当 $t\notin\Sigma$或者$\Sigma(t)\circ\xi$，对于$\circ\in\{=, <, >\}$
$\Sigma\models t+\xi<t'+\xi'$	当且仅当 $t'\notin\Sigma$或者 $t\in\Sigma$且Σ（t）$+\xi<\Sigma$（t'）$+\xi'$
$\Sigma\models\varphi\wedge\varphi'$	当且仅当$\Sigma\models\varphi$且$\Sigma\models\varphi'$

时间限制可以通过省略$+\xi$和$+\xi'$进行替换，且 $t+\xi=t'+\xi'$可以为下面公式的缩写：

$$t+\xi<t'+(\xi'+1)\wedge t'+\xi'<t'+(\xi+1)$$

根据该语义，基于时间点标识上的时间限制完全包括在Σ内可以解释为期望，基于时间点标识上的限制不属于Σ。关于 $t<t'$的限制的语义选择有时在某种情况下是任意的，仅在时间点为Σ中发生的可比较的情况之一。正如关于语义的直觉辩护，t 可看作关于 t'的前提。在 $t+\xi=t'+\xi'$的情况下，这没有影响上面所提及的两种交易，或者对上面所提及的两种交易都有影响，必须指定一种界限。

采用更多的技术手段，这种对限制的解释的原因是将其转换为可以直接地翻译为整数限制。

如果Σ正好包含 D 中的交易，那么交易集 D 许可Σ（以及任意的时间周期），不同的假设涉及自由处置是不可区分的。形式上，自由处置意味着参与者乐于接受比主体要求的更多的货物。如果主体真正地拥有绝对没用的东西，主体可能会随意地进行处理。自由处置表示每天的货物；然而，这对于废弃的“货物”来说则是不恰当的。特别地，自由处置问题和涉及的投标者都没有关于影响获胜者确定性问题的讨论，也可能会影响到投标语言的语义定义。

现在通过原子投标 $Bid=$（D，p）以及时间限制公式 φ 定义赋值表达：

$$v_{Bid,\varphi}(\Sigma)=\begin{cases}p, \text{如果 } D \text{ 允许 } \Sigma \text{ 并且 } \Sigma\Vdash\varphi \\ \qquad\bot, \text{否则}\end{cases}$$

因此，根据复杂的投标 $Bid = XOR_{j=1}^{n}$ Bid_j 以及时间限制公式 φ 的赋值表达为（将⊥解释为一∞）：

$$v_{\text{Bid},\varphi}(\Sigma) = \max\{v_{\text{Bid}_{j},\varphi}(\Sigma) \mid j \in \{1, \cdots, n\}\}$$

即所有的原子投标 Bid_j 都适合（即其中 $v_{\text{Bid}_{j},\varphi}(\Sigma) \neq \perp$），拍卖者允许选择一个给定的最大收益。

时间限制语言可以做进一步的限制，仅允许出现原子限制的合取。然而，这样又转向了附加的表达力，且可以根据投标语言进行“模仿”。下面通过运用增加投标表达的核语言，讨论两种扩充的时间限制语言。

离散时间限制　如果一个投标者希望提供（I^1，O^1），（I^2，O^2），（I^3，O^3）以及价格 p，如果第三个在第二个或者第一个之后发生，可以写成：

$$BID(\{(I^1, O^1, \tau^1), (I^2, O^2, \tau^2), (I^3, O^3, \tau^3)\}, p)$$

$$\tau^1 < \tau^3 \vee \tau^2 < \tau^3$$

以及析取（∨）的逻辑性质，不能直接利用所定义的时间限制语言。然而，可以将其翻译为：

$$BID(\{(I^1, O^1, \vartheta^1), (I^2, O^2, \vartheta^2), (I^3, O^3, \vartheta^3)\}, p)$$

$$XOR\ BID(\{(I^1, O^1, \zeta^1), (I^2, O^2, \zeta^2), (I^3, O^3, \zeta^3)\}, p)$$

$$\vartheta^1 < \vartheta^3 \wedge \zeta^2 < \zeta^3$$

对于一般的公式，允许在 XOR 的范式以及在析取范式的时间限制公式中的投标表达：

$$\underset{j=1}{\overset{n}{\text{XOR}}} Bid_j \qquad \bigvee_{i=1}^{v} \varphi_i$$

其中 φ_l 是标准的（合取）时间限制公式。投标者可以得到恰当的表达。现在令 σ_l 表示 $l \in \{1, \cdots, v\}$ 为替换（用析取值），每一个将所有的发生在投标中的变元映射到新的变元。其最终可翻译为：

$$\underset{i=1}{\overset{v}{\text{XOR}}}\ \underset{j=1}{\overset{n}{\text{XOR}}}\ Bid_j\sigma_i \qquad \bigwedge_{i=l}^{v} \varphi_i\sigma_i$$

在初始信息中拍卖商有两种选择（哪一个时间约束将满足和选择哪一个标的析取），在翻译中主体失去了选择中间的时间约束。然而，作为回报，主体可以自由地选择外面的 XOR。正如上例所示，这归因于选择了最新的变元空间，其对应于选择了初始的析取。余下的交易时间的合取并不受影响，因为涉及变元不能在所选择的子标的中出现。拍卖商随后收益到根据内部的 XOR 选择的标的。

柔性时间限制 柔性时间限制是借助于成本的限制。直觉上，这样的限制不必满足，但如果是这样的限制，那么投标的价格将可以通过给定的成本进行修正（拍卖商可以采用通常的折扣方法）。

例如，如果一个投标者希望对基于（I^1，O^1）和（I^2，O^2）进行投标，其价格为 p，且可以进行打折，即，通过 δ 而提高主体的出价，如果主体在第二个之前第一次进行提价，那么主体可能会记为：

BID（{（I^1，O^1，τ^1），（I^2，O^2，τ^2）}，p）

（$\tau^1<\tau^2$，δ）

另外，该表达可以翻译为：

BID（{（I^1，O^1，v^1），（I^2，O^2，v^2）}，p）

$XOR\ BID$（{（I^1，O^1，ζ^1），（I^2，O^2，ζ^2）}，p+δ）

$\zeta^1<\zeta^2$

通常，可根据时间约束公式进行打折，而不是单一的约束；另外，可能性可指派若干个这样的打折选择的择代。只有其中一种选择是可用的（可能的组合可以表示为不同的选择）。为什么采用 XOR 表示择代，类似地用 XOR 表示投标语言？在 XOR 典范的形式中的投标表达和柔性时间限制公式：

$$\overset{n}{\underset{j=1}{\mathrm{XOR}}}\,(\mathcal{D}_j,\ p_j) \qquad\qquad \overset{v}{\underset{i=1}{XOR}}\,(\varphi_i,\ \delta_i)$$

其中，φ_l 为时间限制公式，$\delta_l\in\mathrm{R}$（可能为 0)。另外，令 σ 表示 $l\in\{1,\cdots,v\}$ 为替换，每一映射将所有出现在投标中的变元映射到新的投标，可翻译为：

$$\overset{v}{\underset{i=1}{\mathrm{XOR}}}\ \overset{n}{\underset{j=1}{\mathrm{XOR}}}\,(\mathcal{D}_j\sigma_i,\ p_j+\delta_i) \qquad\qquad \bigwedge_{i=l}^{v}\varphi_i\sigma_i$$

这两个翻译是完全类似的，其区别在于投标语言 XOR 的“外延的”行为为柔性限制，就某种意义而言至少多一次打折将会受到影响，而并不承担析取的限制，多个析取可能有一个良的结束后才能得到满足。另外交易可以进行合并。例如，一个柔性时间限制可能具有析取条件。

来自交易的崩溃结果可以直接地将析取的数量或者择代的打折看作线性的。

具体来说，XOR 投标和相对的时间限制可以表示所有有穷的赋值，采用相对的时间；XOR 投标和绝对的时间限制可以表示所有有穷的赋值，采用绝对的时间。为此，取一个 XOR 投标和一个原子投标 BID（$\mathcal{D}$，p)，对 v 的值域中的每一Σ，在 $\mathcal{D}$ 集中包括Σ和 p 集以及 v（Σ)，采用时间限制增加对应的Σ的序（在 $\mathcal{D}$ 中可能有若干个原子投标和同样的交易，但却有不同的时间点）。

下面讨论混合拍卖投标语言的表达力（没有时间限制）和自由处置。

4.6.3　获胜决定

现在研究获胜决定问题（*WDP*），这是拍卖商将会面对的问题，以决定哪一个交易可以判给投标者，所以为了使总的支付达到最大化（最小化），在投标语言中给定投标者的投标。这可以解释为计算拍卖商的最大收益的解决方案，或者投标者的集体的社会福利。注意 *WDP* 的代数，博弈论认为如何设计更多的复杂的价格规则将引导投标者进行诚实的投标，属于算法问题。

在投标者和拍卖商之间是对称的，并未假设拍卖商的自由处置（类似于投标者），即除了所要求的之外，主体并不希望结束任意的货物。然而，该构想允许自由处置。

在对 *WDP* 进行处理之后，给出一个整数程序来解决，并且可讨论进一步的一些问题。对于该方法的运用，除了表示一些什么是必然的并且因此最初的表达力是怎样的，采用模，而不需要用其他的扩充或者优化的组合。

A. *WDP* 和时间限制

输入 *WDP* 包括：

（1）对每一投标者 i，在 *XOR* 中标的的典范形式可表示为 Bid_i 和时间限制的合取；

（2）拍卖商希望结束的货物的多重集 $\mathcal{U}_{out}$。

令 Bid_{ij} 表示出现在 Bid_i 中的第 j 个原子标的 BID（$\mathcal{D}_{ij}$，p_{ij}），令 τ_{ijk} 为唯一的加标，表示 $\mathcal{D}_{ij}$ 中的第 k 个交易（对 $\mathcal{D}_{ij}$ 中的某些任意的但是固定的序），令 τ_{ijk} 为借助于交易 t_{ijk} 的时间点的标识。令（I_{ijk}，O_{ijk}）为对应于 t_{ijk} 的实际的交易标识。最后，令 $\mathcal{T}$ 为所有的 t_{ijk} 组成的集合。

分配序列Σ为 $\mathcal{T}$ 的子集的排列，可能分布于时钟周期 c。

记 $t_{ijk}\in\Sigma$ 表示在投标者 i 的第 j 个原子标的中的第 k 个已经被选择的交易，记Σ（t_{ijk}）表示如果 $t_{ijk}\in\Sigma$ 的 t_{ijk} 的序列数。

用Σ_i表示相对于投标者 i 的Σ的投射，即Σ和每一个 t_{ijk} 可用（I_{ijk}，O_{ijk}，τ_{ijk}）进行替换，且对 $i'\neq i$，所有的 $\tau_{i'jk}$ 可以用 c 进行替换。

用（I^m，O^m）表示在Σ中的第 m 个交易，于是可用两种方式指称可选择的交易：在可接受的 bids（t_{ijk}）中的位置以及在分布序列中的位置 m。

给定Σ，根据拍卖商在每一步之后（令 $g\in\mathcal{G}$ 为任意的货物，令 $\mathcal{M}^0=\mathcal{U}_{in}$）可归纳定义货物束：

$$\mathcal{M}^m(g)=\mathcal{M}^{m-1}(g)+O^m(g)-I^m(g) \tag{4.12}$$

在下面的条件之下

$$\mathcal{M}^{m-1}(g)\geqslant I^m(g) \tag{4.13}$$

对于拍卖商，给定有效的货物的多重集 $\mathcal{U}_{in}$，根据拍卖商所要求的货物的多重集 $\mathcal{U}_{out}$，与时间限制 φ_i所对应的标的集 Bid_i，分布序列Σ为有效的解决方案，如果：

（1）对每一投标者 i，某些 $\mathcal{D}_{ij}$允许Σ_i或者$\Sigma_i\in\{c\}^*$；

（2）对每一投标者 i，$\Sigma_i\vDash\varphi_i$；

（3）对每一交易（I^m，O^m）$\in\Sigma$和每一货物 $g\in\mathcal{G}$，等式 4.12 和 4.13 成立；

（4）对每一货物 $g\in\mathcal{G}$，$\mathcal{M}^{|\Sigma|}(g)=\mathcal{U}_{out}(g)$。

对于拍卖商的收益可借助于有效的解决方案Σ为可选择的原子标的的价格总和来确定：

$$\sum\{p_{ij}\mid\exists k: t_{ijk}\in\Sigma\}$$

给定最初的和必需的货物的多重集 $\mathcal{U}_{in}$和 $\mathcal{U}_{out}$以及与时间限制相对应的投标集，获胜者决定问题（*WDP*）在于发现一个有效的解决方案使拍卖商的利益最大化。

现在需要表示为了解决 *WDP* 采用整数程序（*IP*），为此，首先需要修正初始的公式，其次讨论处理时间限制的修正条件。

B. 初始整型程序

存在的主要问题在于决策，对每一提供交易者而言，是否能够选择解决序列，如果能够，在哪一个位置。这样，需要定义一个二元决策变元集 $x_{ijk}^m\in\{0,1\}$，每一个取值为 1 当且仅当交易 t_{ijk}在解决序列的第 m 个位置上是可选择的。

位置数 m 的定义域从 1 到基于解决序列长度的上确界 $\mathcal{M}$。对于时间，取 $\mathcal{M}=|\top|$，交易的总数，调整所有的序列可以采用一个交易结构（且不是时钟周期）。

另外，i 包括所有的投标者；j 的定义域为每一个投标者 i 从 1 到由 i 所提交的原子标的的数目；k 的定义域表示投标者 i 从 1 到在标的中的交易的数目的每一原子标的 j。

借助下面的二元决策变元：x^m 取值为 1 当且仅当任意交易在第 m 个位置上是可选择的；x_{ijk} 取值为 1 当且仅当交易 t_{ijk} 在所有交易上都是可选择的；x_{ij} 取值为 1 当且仅当在投标者 i 的第 j 个原子标的内的任意的交易是可选择的。

下面的限制集定义了一个有效的解决方案，而无须对所取的时间限制做出解释（即不管上面所定义的有效的解决方案（2））：

（1）根据一个原子标的，选择所有的或者未经交易的：

$x_{ij}=x_{ijk}$ （$\forall ij_k$）

（2）从每一个 XOR 范式 bid 中选择最多的原子标的：

$\sum_j x_{ij}\leqslant 1$ （$\forall i$）

（3）对一个位置至多可选择一个交易：

$x_{ijk}=\sum_m x_{ijk}^m$ （$\forall ij_k$）

（4）对每一位置，至多可以选择一个交易：

$x^m=\sum_{ijk} x_{ijk}^m$ （$\forall m$）

（5）在序列中应该没有间隙：

$x^m\geqslant x^{m+1}$ （$\forall m$）

得出这一限制是为了允许交易中的时钟周期。

（6）将每一 $\mathcal{M}^m$ （g）处理为整型决策变元，确保必然输入货物是有效的：

$$\mathcal{M}^m(g)=\mathcal{U}_{in}(g)+\sum_{l=1}^{m}\sum_{ijk}x_{ijk}^l\cdot(O_{ijk}(g)-I_{ijk}(g))$$

$$\mathcal{M}^n(g)\geqslant\sum_{ijk}x_{ijk}^m\cdot I_{ijk}(g)\qquad(\forall g\in G,\ \forall m)$$

（7）最后，拍卖商应该有捆绑 $\mathcal{U}_{out}$：

$\mathcal{M}^m(g)=\mathcal{U}_{out}(g)(\forall g\in G)$

解决 *WDP* 是为了解释下面的整型程序：

$\max\sum_{ij}x_{ij}\cdot p_{ij}$，服从限制（1）-（7）。

一个有效的解决方案可以通过取交易 t_{ijk} 为解决序列Σ的第 m 个元素，仅当 $x_{ijk}^m=1$。

C. 修正整型程序

为了实现对时间限制的处理，首先引入辅助二元决策变元集 $y_{ijk}^m\in\{0,1\}$，取值为 1 当且仅当交易 t_{ijk} 在第 m 个位置是可选择的或者处在解决序列的前期。可通过增加下面的限制实现：

(8) y_{ijk}^{m}为 1 当且仅当 $t_{ijk} \in \Sigma$且Σ (t_{ijk}) $\leqslant m$:

$y_{ijk}^{m} = y_{ijk}^{m-1} + x_{ijk}^{m}$ ($\forall ij_k m$)

且 $y_{ijk}{}^{0} = 0$。

对时间限制的两个变元的实现。

相对时间　每一个投标者 i 的时间限制公式为原子时间限制的合取和所有的投标者的时间。有下面的整型限制集。

(9a) 对每一 $\tau_{ijk} < \tau_{ij'k'}$，出现在$\wedge_i \varphi_i$:

$y_{ijk}^{m} \geqslant y_{ij'k'}{}^{m+1}$ ($\forall m$)

根据时间限制语义，如果 t_{ijk}和 $t_{ij'k'}$都不出现在解决序列中，该要求是空满足的，因为两边都是 0。如果 $t_{ij'k'}$确实出现，那么 $y_{ij'k'}^{m}$将在某些点 m 上为 1。此时，该条件就归结为 y_{ijk}^{m-1}也为 1，所以 t_{ijk}也必须发生。

解决 *WDP* 和相对时间限制是对前面的限制的优化，但需要服从 (1) - (8) 和 (9a) 的限制。

绝对时间　为了获得绝对时间，需要将可能解决序列点映射到绝对时间线。最简单的方法是将每一序列点解释为时间单位（小时、天、周等)，在此主要采用这种方法。

在给出形式之前，需要涉及一些概念。如果将序列中的步骤解释为绝对时间单位，可能会出现一些问题。

首先，采用这种方法可能需要接受将间断的时间看作等价期间中的散离的期间，不易防止可能提供的任意的交易所具有的确切的期间。

其次，无法说明拍卖商为什么将等待从一个交易到下一个交易协调之前结束，其可能需要通过不同的空的投标者，除非前者输出需要输入一个后者。

在某种程度上，这些问题可能通过纯概念的方法进行扩充表达，然而，将其作为未来的工作设计一个框架而采用更灵活的方法处理时间，对于并行的效用能够进行真正的优化（其有自己特殊的研究领域)。为此，当拍卖商传递或者接受到某些特殊交易的货物时，需要简化假设拍卖商正处于繁忙状态，而且不能处理几个投标者同时进行。

在开始进行形式处理时，需要采用限制 (5)。这并不是必需的，现在投标者可以参照任意的绝对时间点，初始上可能必须接受在序列中存在间隙。

同时还将会遇到一些技术问题：序列的长度可能不再通过$|\mathrm{T}|$进行划界。然而通过所有的发生在投标者的时间限制的总数来进行正确的划

界，可以提供一种不同的解决方案：拍卖商可以手动地指定 $\mathcal{M}$，解决方案序列的最大长度。

初看起来，这种处理方法不是一个一般性的方法；然而，拍卖商可能得益于某些基于他所解决的 *WDP* 的范围的某些控制，在关于货物的解决方案的过程中，拍卖商可能总是将关于 $\mathcal{M}$ 的不同的值进行迭代。经济学家认为，拍卖商希望能够控制他的供应链的长度，而不允许是任意的长度。事实上，拍卖商可能在基于他所提供的供应链的时间上有分级的偏好。我们随后将证明拍卖商是如何实现这一点的。

为了处理绝对时间限制，下面给出一个整型限制。

(9b) 对发生在 $\wedge_i \varphi_i$ 中的每一 $\tau_{ijk}+\xi<\tau_{ij'k'}+\xi'$：

$y_{ijk}^{m+\xi'} \geqslant y_{ij'k'}^{m+\xi+1}$　　　(∀m)

对发生在 $\wedge_i \varphi_i$ 中的每一 $\tau_{ijk}+\xi=\tau_{ij'k'}+\xi'$：

$y_{ijk}^{m+\xi'} \geqslant y_{ij'k'}^{m+\xi}$　　　(∀m)

(10) 对发生在 $\wedge_i \varphi_i$ 中的每一 $\tau_{ijk} \circ \xi$，且 $\circ \in \{=, <, >\}$：

$x_{ijk}^{m}=0$　　　(∀m 不复合 ξ)

$x_{ijk}^{m}=0$　　　(∀m∅ξ)

限制（9b）需要一些解释。第一，对于相对时间而言，包括一种特殊情况。根据语义解释，绝对时间变元为相对时间变元的扩充。第二，（9b）的第二部分可从第一部分获得，如果将其解释为简写。当 $\xi=0$ 时，直觉上，时间限制可看作 τ_{ijk} 必须出现在 $\tau_{ij'k'}$ 之前至少 $\xi+1$ 个时间步骤。无论什么时候选择 $\tau_{ij'k'}$，τ_{ijk} 必须已经在至少 $\xi+1$ 个时间步骤选择好了。根据整型程序，对所有的位置 m，$y_{ij'k'}^{m}$ 必须为 0，除非 $y^{m-\xi-1ijk}$ 已经为 1。对于（9b）中的公式只需要一小步就可以了。

用绝对时间限制解释 *WDP* 相当于前面所做的优化，但却受限于（1）-（4）、（6）-（8）、（9b）和（10）。

一个有效的解决方案可以通过将 τ_{ijk} 交易为解决序列 Σ 的第 m 个元素而获得当且仅当 $x_{ijk}^{m}=1$，采用时钟周期 c 看作第 m 个元素，当不存在 $x_{ijk}^{m}=1$ 时（即当 $x^{m}=0$）。

D. 拍卖商的赋值

给定拍卖商为指定的解决序列中的最大的长度 $\mathcal{M}$（表示框架的绝对时间变元），同时给出可能用于表达基于期间上的更详细的偏好。这样就需要简洁的可实现的方法，也使拍卖商能够表达基于最终捆绑上的分级偏好。

假设拍卖商可以根据给定的供应链而提供一个确定的值，依靠整个区间以及基于区间上的结果，最后就会拥有货物束。此时假设的时间为绝对时间；而相对时间，偏好主要基于更多的区间，但该结果可能很容易通过基于结果上的方法来模型偏好。

假设拍卖商的赋值为函数：

$$u: N\times N^{G}\rightarrow R\cup \{\perp\}$$

将区间/结果对映射到一个值或者⊥上，⊥表示区间/结果对是不可接受的。该值可作为 *WDP* 的组成部分。

在收到投标之后，拍卖商确定一个最大区间 $\mathcal{M}$，并且建立一个基于未使用的投标者的等式的附加投标：

$$\underset{\{(m,\mathcal{U})\mid u(m,\mathcal{U})\neq\perp\}}{\text{XOR}} \quad \text{BID}(\{\mathcal{U}, \{◎\}, \tau_{m,u})\}, u(m, \mathcal{U}))$$

其中⊙表示不出现在任意其他标的中的货物的特殊的记号，且时间限制为：

$$\bigwedge_{\{(m,\mathcal{U})\mid u(m,\mathcal{U})\neq\perp\}} \tau_{m,u}=m$$

在标的中的交易可看作终结交易：表示可能的时间点和解决序列可能结束的结果，对于拍卖商可以借助赋值。该思想采用的方法是，拍卖商的赋值可以用整型程序中不发生变化进行刻画。

对于拍卖商的赋值需要下面的条件：

(i) 终端交易应该只能用于序列中的各自具有倾向性的位置，可以通过给定的时间限制保证。

(ii) 可能会用到其中最多的一个，可以通过 *XOR*（严格地也可以从最后的最低点确定）保证。

(iii) 可能会用到其中最少的一个，这可以通过设定 $\mathcal{U}_{out}=\{\odot\}$ 保证。

(iv) 唯一的终端交易将用于实际地解决序列的结束组成。

对于最后的点，需要附加一个整型限制：

(11) 在终端交易之后不存在交易（−1 为拍卖商的“投标者等式”）：

$$x_{ijk}^{m+1}\leqslant 1-y_{-1j'k'}{}^{m}\ (\forall ijkj'k'm)$$

其余的条件也可能需要更直接的和更有效的编码为整型程序，在此所采用的投标语言为高阶的。

还可以有更多的扩充。比如拍卖商可能希望从供应链中通过某些中间时间点 ξ 提取某些货物 $\mathcal{U}$，而不必然是最后。为了能够对此进行表达，可能需要增加时间限制 $\tau<\xi+1$ 到（U，{◇}，τ）中表示投标，并且增加◇到 $\mathcal{U}_{out}$ 中。为了实现该交易，可能需要放弃限制（11），而将其看作非终端的。也可能使此为柔性条件，通过包括其他的交易，通过不进行输入而产生◇，附加恰当的价格到对应的标的上。

E. 计算的复杂度

基于 *WDP* 的决策问题表示混合拍卖和时间限制是 NP-完全的。NP-复杂度可以从 *WDP* 的标的组合拍卖中推出。NP-成员可以从给定的分配序列的有效性推出，显然可以通过多项式的时间证明。根据计算的复杂度，当将初始的混合拍卖模型相比较时，整合了时间限制之后并不会引起冲突。

这些研究工作都是从易于处理的角度出发的，在此并没有引入优先性，也没有进行优势处理，时间限制并没有增加其复杂度，仍然属于基础的框架。因此无须过多地改变所对应的整型程序公式的复杂性，但却保留了优势的空间：变元的数目具有类似于初始公式的相同的序：O（n^2），n 为发生在所提供的标的中的交易数目。

近来基于获胜者确定代数表示混合拍卖试图减少决策变元的数目，从而可以提高效率。主要采用自然模型的方法，这种方法有益于进行优势整合，并且为了处理时间限制需要利用扩充整合，在此主要采用时间限制的混合拍卖模型，并给出了一种可行性的方法。

4.6.4　间隔

如前，如果希望允许交易可以重叠或者在其他交易期间有重叠，且允许交易有不同的区间，那么可以在不对所提供的框架进行修正的情况下而进行表达，而需要允许交易在发生的区间内指定一个间隔，而且为单个的时间点标识。

间隔处理是一个纯语法的。为了表达发生在整个间隔中的交易，需要包括两个时间点标识：开始时间和结束时间。间隔可归约为用两个单个的时间点的交易和一个恰当的时间限制：

$$(I,\ O,\ [\tau,\ \tau']) \rightsquigarrow_{\tau<\tau'} (I,\ \varnothing,\ \tau),\ (\varnothing,\ O,\ \tau')$$

替换发生在单个的原子标的中，可以确保能够选择两个开始和结束的交易，或者两个都不选择，也就是说间隔交易需要保持完整。

通常的间隔关系可以定义为由宏产生的标准的时间限制：

$$[\tau_1, \tau_1'] \text{ BEFORE } [\tau_2, \tau_2'] \rightsquigarrow \tau_1' < \tau_2$$

$$[\tau_1, \tau_1'] \text{ OVERLAPS } [\tau_2, \tau_2'] \rightsquigarrow \tau_1 < \tau_2 \wedge \tau_1' < \tau_2'$$

$$[\tau_1, \tau_1'] \text{ DURING } [\tau_2, \tau_2'] \rightsquigarrow \tau_2 < \tau_1 \wedge \tau_1' < \tau_2$$

利用基于区间上的绝对时间，绝对限制也可以实现：

$$duration([\tau, \tau']) > \xi \rightsquigarrow \tau + \xi < \tau'$$

$$duration([\tau, \tau']) < \xi \rightsquigarrow \tau' < \tau + \xi$$

$$duration([\tau, \tau']) = \xi \rightsquigarrow \tau' = \tau + \xi$$

类似于区间（·）＞区间（·）则不能进行直接表达，但在指定标的的情况下很少用到。

4.6.5 相关工作

在此提供了一个关于混合多单元组合拍卖的扩充，在投标者中强加基于所提供的交易中的一个时间限制。

在最初的框架中，拍卖者可以自由地按照约定的方式进行交易，以期获得所希望的结果，然而，投标者往往不受程序的控制。在对这些进行重新的调整后，表达了一个朝向更现实的供应链的实际的模型公式的重要的步骤，而投标者本身为了完成某一个确定的交易，可能拥有供应链或者其他的限制处理方式。

从每一个基础的表示时间限制的核心语言开始，给出了多种不同的扩充，许多是纯语形的，有时核心语言起到了意想不到的表达力。

另外，扩充了整型程序以处理时间限制，此扩充是模型，可以轻松地用其他的扩充对其进行组合，并且对混合拍卖进行了优化。

时间限制可用于不同类型的组合拍卖。例如，有人扩充了一个存在代数表示在组合拍卖中获胜者的决定将能允许优先限制，当投标基于规定的行为计划（“秘诀”）的投标时。在基于组合的情况下允许在组合反向拍卖中有相对时间限制，变元方法对解决获胜者的决策问题时的有效性是可以检测的。

拍卖框架涉及时间且适用于分布式处理。时间限制不是分离的，但其他的时间空档为实际上的被拍卖的物品，类似于博弈论以及设计的机械装置。

为了检测是否是有效的以及用择代的方法来处理时间可以借助于我们所提供的框架，在拍卖中的目的、任务和时间都是“原子的”，公式和结果很难对混合拍卖中的交易进行转换。

可能的扩充

所涉及的机械装置，其底线借助于有穷赋值，Vickrey-Clarke-Groves（VCG）的兼容性机制涵盖了借助时间限制将标准的组合拍卖扩充为混合多元组合拍卖。同时也讨论了独立性问题，仍然允许有穷标的，关键在于是否能够或者如何将其扩充为无穷的赋值。

还有以处理语形扩充之间的恰当的相互作用问题，定义一个一致的一般语言，但并不确定是否存在更直接的方法实现，而不是通过将其翻译为核心语言。对于投标语言也同样成立，例如 *OR* 算子比通过将其翻译为 *XOR* 可能实现更高的效率。最后，经验的分析需要实现，包括检测和优化整型程序。

4.7　展　望

显性的知识程序：给定一个智能主体，理论上可以使用属于他们自己的知识，在程序语言中表示认知陈述。在系统方面，这种方法还可做进一步的探索。

在如前的所有事例中，都模拟了虚拟世界，特别是计算机博弈，构造了丰富的场景、形式系统和试验平台。在人工智能领域，这些都得到了应用。该语境主要是为了探索互动中的知识推理的应用。

动态认知逻辑（DEL）　动态认知逻辑为刻画认知情境和信息变化的推理的形式系统。动态认知逻辑的基本思想就是在认知逻辑中增加动态算子，且可以在模型层面进行表达，动态认知逻辑可用行动模型刻画行为（或者事件）。

一个行动模型为类似于主模型的结构，但却用结点表示可能的行为，也包括实际的行为，用边表示主体对应于这些可能行为的不确定性。例如，如果小东看到小方将黑桃A向小祥展示了，但小东没有看到这张牌是什么，小东可能会认为该扑克牌也可能为红桃皇后（或者其他任意的扑克牌）。

在行为发生之后，行为模型可采用积更新运算生成一个新的能够反映这一情境的模型。行为不仅能够反映认知情境，而且能够改变现实世界中的实际事件，但研究纯认知的行为已经可以表示例如知识博弈等多种情境。

模拟世界中采用的动态认知逻辑（DEL） 采用动态认知逻辑（DEL）（或者一般的逻辑系统）主要通过公理的方法，根据公理和规则可以推出任意有效的公式。最可能采用的方法就是采用推理方法组合成一个虚拟的世界，用来表示认知推理的公理。据此，该方案的主体可以对认知前提和他们的行为后果进行推理。

然而，我们重点关注的是基于模型的观点。随后，刻画了某些在现实实施的过程中出现的问题和可能性。

采用大量的动态认知逻辑（DEL）推理，特别是基于模型的方法非常适合引入认知推理表达计算机模型的世界：

(i) 模型是将所有的主体置身于模拟世界中，这些主体为现存的且由中心控制的拥有一定信息量的主体，包括当前的主体和其他的物理情况的主体。

(ii) 时间的应用主要基于模型的方法。允许为认知公式进行有效赋值而不是主要基于演绎的方法。

(iii) 动态认知逻辑（DEL）模型可以对发生的事件进行更新以反映当前事态的状态，但却无法保持过去状态的信息。另外，基于历史的框架也可以实现，但需要保持模型的可控性。

(iv) 所重点关注的模型不是公理，而是直觉，这样更易于实现适当的优化和对逻辑的限制。基于模型的实施也能够更直接地对大量的公式进行检验和调试。

(v) 动态认知逻辑（DEL）模型的数据结构以及关于更新的运算可在许多程序语言中得到直接的表达。

问题 基于模型的方法面临的最大问题是该模型的维护可能比较复杂。在动态认知逻辑（DEL）中，积运算增加了指数方式模型的范围。

对应地，动态认知逻辑（DEL）也很难实现。然而，无法阻止模型的快速增加，因为有大量的处理过程，目前尚无法掌握如何才能恰当地对现实的情境进行扩充，并最终使其能够保持在可控的范围之内。

对现实时间的模拟必须能够对当前世界的所有细节进行模型处理，使其表达力和进程都是最有效的，特别是传统的家庭计算机中的计算机博弈。

下面，需要讨论处理这些问题的一些想法。

表达力和赋值模型 除了确保主模型总是所有等价模型中最小的一个之外，该模型需要具有一定的表达力，并且具有足够大的表达力。这是模型检测的核心观点，因此为表示紧致性的表达技术和有效赋值的始点。

然而，动态认知逻辑（DEL）提供了一个更新运算的方法，这些可直接刻画与模型相关的表达力，无须经过中间步骤。通过增加一个条件到表达技术中，从而改变必要的条件。

基于事件的限制　如果希望避免无法控制的指数增长的模型刻画事件的发生，需要施加限制于事件的类以解释模拟。

在动态认知逻辑（DEL）中，还有一些需要注意的问题，例如什么样的事件是等价的，如何更新最终的行为，模型是否总能够保持稳定。类似于发现事件类，且适合表达实施。

基于认知公式的限制　认知公式类可通过知识模型进行赋值，最有影响的限制，例如基于知识的重叠和信念运算允许公式具有赋值的上确界，为了修正模型，信息从来不容质疑，也不需要进行模型。另外在不同的限制之间也存在相互作用。例如，类似于前面所给的，确定基于初始情境的限制以及事件，确保公式是等价的，因为不会出现模型识别。在这种情况下，存在事件和公式之间的限制是相对应的。

更新运算应该指定这些限制和运算且直接和修正的模型相关。即更一般的时态模型及其修正，避免产生不必要的信息。

在虚拟世界中，为了保持现实对虚拟世界的影响，或者在计算机博弈中具有共享性，为了找到恰当的认知语言，需要用到人们的认知。反之，关于实现效用的技术限制可以在逻辑层面进行检验。

总之，对将来的研究方向，需要做更多的应用领域的研究。

第 5 章　动态认知概率逻辑

20 世纪是现代归纳逻辑取得重大进展的一百年。此前，对休谟（Hume）问题的思考，以及概率论的发展和现代逻辑的兴起，为现代归纳逻辑的发展创造了必要的条件。现代归纳逻辑的初步形成是在 20 世纪 20 年代，以“凯恩斯革命”闻名于世的英国经济学家凯恩斯（J. M. Keynes），同时也是逻辑学家。他在 1921 年出版了《论概率》，率先把数学概率论与归纳逻辑相结合，建立了概率逻辑系统。随后，逻辑学家们纷纷提出自己的概率逻辑系统，莱欣巴哈主张用“相对频率的极限”来定义“概率”。卡尔纳普区分了概率 1 和概率 2。（概率 1 是逻辑概率，表示证据与假说之间的逻辑关系；概率 2 是统计概率，就是用相对频率来定义的概率。）勃克斯提出了归纳概率，认为归纳推理就是从前提到结论的概率推理，归纳逻辑就是判定归纳逻辑概率陈述句真值的规则系统。蓝姆赛等人提出了主观概率，建立了主观概率与频率概率之间的联系，使主观概率与决策论相结合，形成了贝叶斯统计决策论。冯·赖特建立了概率演算的公理系统，并以概率理论为工具讨论了机遇的推理和排除归纳法。辛迪卡则建立了更加完善的概率逻辑系统，讨论了归纳确证理论，并研究了全称假说的语义信息问题。20 世纪末期，国际上对归纳逻辑的研究，仍然保持着比较强劲的发展势头，尤其是对作为归纳逻辑基础的概率逻辑的研究，取得了不少的进展和突破。概率逻辑需要解决的重要问题就是对概率的解释，在概率的主观解释方面也取得了新的进展，并且出现了非科尔莫哥洛夫（Kolmogorov）概率理论。

哲学的概率理论比数学的概率理论要宽泛得多，对数学概率理论，学界基本上已经达成了共识，但对哲学概率理论几乎不存在共识，甚至存在许多争议。在哲学概率论中，往往把概率理论分为两类：一是客观概率理论，二是认知概率理论，其分类的依据主要是巴克斯（Bacchus）所提出的统计概率和命题概率。统计概率指具有某一性质的个体的比率，换句话说，统计概率就是指随机选择的个体具有一定的性质的概率。而命题概率指特定的个体具有确定的性质的概率，或者更一般地说，是指确定的命题是真的概率。巴克斯根据这两种观点分别构造了统计概率逻辑和内涵概率逻辑。这样就有必要对概率的认知基础进行研究，以及对概率和其他哲学逻辑分支的组合进行研究。可见，将动态认知逻辑和概率论进行组合是有价值的。

归纳逻辑的前沿性研究是指对作为归纳逻辑主体的概率逻辑的研究。概率逻辑的前沿问题表现在以下三个方面：其一，在逻辑哲学方面，或者说从概率逻辑的语义上看，归纳逻辑研究的重点集中在对概率的各种不同解释上。按照古典解释，概率与可能性有关，如此一来，概率就可以解释成一种模态；按照逻辑的解释，概率论可作为部分蕴涵的逻辑，实质上是演绎逻辑的推广；对像频率解释和性向解释等客观主义解释来说，概率论可以看作关于“机遇”（chance）的逻辑；按照主观贝叶斯主义的解释，概率是部分信念的逻辑。可见其发展趋向是概率解释的多元化，而在各种解释中，认识论解释适用于社会科学，而客观主义解释则适用于自然科学。在此过程中，主观概率得到了长足的发展，特别是主体交互概率解释的兴起和发展。其二，在逻辑方面，通过放宽和弱化主观主义概率原则，催生了许多非科尔莫哥洛夫概率的公理系统，从某种意义上说，它们是在帕斯卡概率的各种解释遇到各种困难的情况下提出来的，是对帕斯卡概率逻辑的进一步发展，是“异常”逻辑在归纳概率逻辑中的对等物。值得注意的是，“动态认知概率逻辑”以及概率判断的支持理论等，在主观主义概率理论发展的大背景下，开启了把概率逻辑与认知逻辑、动态逻辑、时间逻辑等相互组合起来进行研究的全新道路，成为概率逻辑系统的一支新秀。其三，在应用方面，随着主观贝叶斯主义的蓬勃兴起，归纳逻辑也广泛地应用于社会科学和自然科学中。一方面，经济学家、社会学家、政治学家把贝叶斯定理作为工具，用来对主体间行为、群体行为进行研究，极大地促进了决策论和博弈论的发展，使归纳与决策问题、归纳与博弈问题成为研究的热点，其表现就是归纳概率与博弈论相结合的“博弈逻辑”的兴起。另一方面，计算机科学家和人工智能研究者则把归纳逻辑，特别是贝叶斯定理作为工具来对包括专家系统、基于主体的系统等知识系统的信息进行推理，同时推动了贝叶斯网络、知识挖掘、知识处理、机器学习等方面的研究。总之，“概率化”是现代归纳逻辑发展的主要标志，而对概率的解释问题始终是归纳逻辑哲学的中心问题之一。通过对概率解释不断深入地研究，揭示了经典概率逻辑理论的局限性，因而进一步推动概率逻辑的发展，催生了新的概率逻辑系统，从而刺激概率逻辑的研究向前发展。而各种逻辑分支的组合就是典型的例子。

下面首先给出概率逻辑及其语义解释，随后构造认知概率逻辑、动态认知概率逻辑，并通过运用组合模态逻辑的方法对动态认知概率逻辑进行扩充。

5.1　概率逻辑及其语义解释

主要内容包括：(1) 概率的公理化系统。(2) 条件概率及语义解释，主要介绍了经典命题演算的概率逻辑及扩充，以及概率语义、可靠性和完全性；命题模态系统及概率语义以及可靠性和完全性的证明；经典谓词演算及概率语义；概率系统及语义。(3) 或然逻辑。(4) 有穷概率逻辑。(5) 无穷概率逻辑。

5.1.1　背景知识

概率论和逻辑有密切的关系，下面讨论概率和逻辑之间的联系，并重点讨论建立在概率论基础上的一些哲学问题。

亚当斯（Adams）将概率演算称为“纯概率逻辑”①。在该层含义上，概率的公理化系统预设了其为演绎逻辑。科尔莫哥洛夫的公理化系统②是正统的逻辑系统，类似于关于或然性推理的经典逻辑。但是，许多学者提出了竞争系统，类似于“非正常的”逻辑。概率逻辑是研究或然推理有效性的逻辑。③ 现代归纳逻辑是用数理逻辑和概率论等数学工具来对归纳推理进行数量化、形式化和公理化的研究。现代归纳逻辑严格地说不是一种一致公认的逻辑系统，而是由不同的、通常是互相冲突的归纳逻辑理论组成的。现代归纳逻辑主要关心的是如何建立形式语义（即归纳概率演算），并提出合理的求初始概率的方法，这种方法通常称为语义解释，以及用这

① Adams E. The Logic of Conditionals (D. Reidel, Dordrecht). 1975：34.

② Kolmogorov A N. Foundations of the Theory of Probability (second ed.). New York: Chelsea Publishing Company. Translation edited by Nathan Morrison with an added bibliography by A. T. Bharucha-Reid. 1956.

③ 李志才. 方法论全书 (1)：哲学逻辑学方法. 南京：南京大学出版社，2000：596－622.

些工具处理古典归纳法。另一方面，概率逻辑同时也是用数理逻辑和概率论、测度论等数学工具对或然性推理进行数量化、形式化以及公理化的研究。概率逻辑可分为有穷概率逻辑和无穷概率逻辑。前者是用经典数理逻辑和概率论研究的或然推理，后者则是借助一阶逻辑的无穷扩张、可容集合论和测度论以及模型论等来研究的或然推理。

发展到现在的概率逻辑大致完成了以下几个方面的工作：

其一，给出适合各种概率逻辑系统的恰当的语义，这些系统本身并没有刻画出或然推理的有效性。概率语义是把概率函数看作对真值函项的概括，从而需要提出新的合适的语义理论。

其二，建立定性的概率逻辑，简称为或然逻辑。或然逻辑是刻画定性或然推理的有效性的公理系统，解释这些系统也需要合适的概率模型类。

其三，建立定量的概率逻辑，可简称为概率逻辑。概率逻辑是刻画定量或然推理的有效性（即概率推理的有效性）的公理系统，也需要具有解释这些系统的合适的概率模型类。

概率逻辑根据公式的长度又分两大类：有穷概率逻辑和无穷概率逻辑。前者的公式是有穷长的，后者的公式则可以是无穷长的。

5.1.2　概率的公理化系统

苏联数学家科尔莫哥洛夫（A. N. Kolmogorov，1903—1987）于 1933 年在《概率论的基本概念》一书中用集合论观点和公理化的方法给出了概率定义，并将概率论建立在坚实的数学基础之上（陈家鼎，郑忠国，2007）①。

在科氏的公理系统中，用 Ω 表示任意的非空集合，称为基本事件空间（有时也称样本空间），即在条件 S 下所有可能的不同结果的全体（每个结果都是“基本事件”）。

定义 5.1　设 $\mathcal{F}$ 是由 Ω 的一些子集组成的集合（由集合组成的集合一般称为集合簇），$P=P$（· ·）为定义在 $\mathcal{F}$ 上的实值函数。若定义域 $\mathcal{F}$ 和函数 P 满足下列条件：

（1）$\Omega\in\mathcal{F}$；　（5.1）

（2）若 $A\in\mathcal{F}$，则 $A^C=\Omega-A\in\mathcal{F}$；　（5.2）

---

① 陈家鼎，郑忠国．概率与统计．北京：北京大学出版社，2007：24－28.

(3) 若 $A_n \in \mathcal{F}$ ($n \geqslant 1$)，则 $\bigcup_{n=1}^{\infty} A_n \in \mathcal{F}$； (5.3)

(4) P (A) $\geqslant 0$（任意 $A \in \mathcal{F}$）； (5.4)

(5) P (Ω) $=1$； (5.5)

(6) 若 $A_n \in \mathcal{F}$ ($n \geqslant 1$)，且两两互不相交，则有：

$$P\left(\bigcup_{n=1}^{\infty} A_n\right) = \sum_{n=1}^{\infty} P(A_n) \tag{5.6}$$

则称 P 是 $\mathcal{F}$ 上的概率测度（简称概率），P (A) 为 A 的概率（或称 A 发生的概率）。

具有 $\mathcal{F}$ 和 P 的 Ω 的概率空间，有时也称三元组（Ω，$\mathcal{F}$，P）是概率空间，Ω，$\mathcal{F}$，P 是研究随机现象的三个要素。若 $A \in \mathcal{F}$，则称 A 是随机事件，P (A) 是 A 的概率。$\mathcal{F}$ 是概率的定义域。该定义并未指明随机事件和概率的直观含义，只是把事件定义为集合，将概率定义为一些集合上具有性质 5.4-5.6 的函数。上述性质的直观含义是：必然事件就是概率为 1 的事件；若 A 有概率，则对立事件 A^C 也有概率；若一序列事件都有概率，则其"并"也有概率。

定义 5.2（测度）　设 $\mathcal{F}$ 是由 Ω 的一些子集所组成的集合，$\varnothing \in \mathcal{F}$（$\varnothing$ 是空集），则称定义在 $\mathcal{F}$ 上的函数 $\mu = \mu$（·）为测度，如果满足 $0 \leqslant \mu$ (A) $\leqslant \infty$（任意 $A \in \mathcal{F}$），那么 μ ($\varnothing$) $=0$；如果 $A_n \in \mathcal{F}$ ($n \geqslant 1$)，两两互不相交且 $\bigcup_{n=1}^{\infty} A_n \in \mathcal{F}$，那么 $\mu\left(\bigcup_{n=1}^{\infty} A_n\right) = \sum_{n=1}^{\infty} \mu(A_n)$。

定义 5.3　设 $\mathcal{F}$ 是由 Ω 的一些子集所组成的集合，如果具有性质 5.1- 5.3，那么称 $\mathcal{F}$ 是 Ω 的 σ 域（或称 σ 代数，或 σ 布尔域）。

任意指定非空集合 Ω 及 Ω 中的子集所组成的 σ 域 $\mathcal{F}$ 以及定义在 $\mathcal{F}$ 上的概率 P，所得三元组（Ω，$\mathcal{F}$，P）是研究概率的基础和出发点。要求 σ 域 $\mathcal{F}$ 关于集合的基本运算是"封闭"的。

定理 5.1　设 $\mathcal{F}$ 是由 Ω 的一些子集所组成的 σ 域，则有下列性质：

(1) 如果 $A_i \in \mathcal{F}$ ($i=1, 2, \cdots, n$)，那么 $\bigcup_{n=1}^{n} A_i \in \mathcal{F}$，且 $\bigcap_{n=1}^{n} A_i \in \mathcal{F}$；

(2) 如果 $A_i \in F$ ($i=1, 2, \cdots, n$)，那么 $\bigcap_{i=1}^{\infty} A_i \in \mathcal{F}$；

(3) 如果 $A \in F$，$B \in \mathcal{F}$，那么 $A-B \in \mathcal{F}$。

定理 5.2　概率 P 有如下性质：

(1) P ($\varnothing$) $=0$；

(2) 如果 $A \in \mathcal{F}$，那么 P (A^C) $=1-P$ (A)；

（3）如果 A_1，A_2，…，A_n都属于 $\mathcal{F}$ 且两两互不相交，那么：

$$P\left(\bigcup_{n=1}^{n} A_i\right) = \sum_{n=1}^{n} P(A_i) \tag{5.7}$$

（4）如果 $A \subset B$，$A \in \mathcal{F}$，$B \in \mathcal{F}$，那么 $P(A) \leqslant P(B)$，且

$$P(B-A) = P(B) - P(A) \tag{5.8}$$

（5）如果 $A_n \subset A_{n+1}$，$A_n \in \mathcal{F}$　（$n=1$，2，…），那么：

$$P\left(\bigcup_{n=1}^{\infty} A_i\right) = \lim_{n\to\infty} P(A_n) \tag{5.9}$$

（6）如果 $A_n \supset A_{n+1}$，$A_n \in \mathcal{F}$（$n=1$，2，…），那么：

$$P\left(\bigcap_{n=1}^{\infty} A_n\right) = \lim_{n\to\infty} P(A_n) \tag{5.10}$$

（7）如果 $A_n \in \mathcal{F}$　（$n=1$，2，…），那么：

$$P\left(\bigcup_{n=1}^{\infty} A_i\right) \leqslant \sum_{n=1}^{\infty} P(A_n) \tag{5.11}$$

注意，当 $A \subset \Omega$ 且 $A \notin \mathcal{F}$ 时，$P(A)$ 没有定义，此时 A 没有概率。如果把 $\mathcal{F}$ 定义为 Ω 的所有子集（也是 σ 域）都有概率是不太合适的，原因在于对任意的 Ω，如果 $\mathcal{F}$ 由 Ω 的所有子集组成，则 $\mathcal{F}$ 上符合某些要求的概率测度可能不存在。因而在一般情形下，$\mathcal{F}$ 是 Ω 的子集组成的 σ 域，而不一定由 Ω 的所有子集组成。当 Ω 为有穷集或可数无穷集（即 Ω 的全部元素可排成有穷或无穷序列）时，通常 $\mathcal{F}$ 为 Ω 的所有子集组成。

5.1.3　条件概率及语义解释

下面分别介绍经典命题演算、经典谓词演算和模态系统等与各自的概率语义的关系。

称 P 是语言 $\mathcal{L}_P$ 上的概率模型当且仅当 P 是从 $\mathcal{L}_P$ 的所有公式 A，B 到 $P(A, B) = \mathrm{r} \in [0, 1]$ 的函数，使得 P 满足语义条件 PR1 - PRn。

说明：（1）可以把 $P(A, B) = \mathrm{r}$ 理解为“在已知 B 的概率的前提下，或然推出 A 的概率是 r”，或者“在 B 为真的前提下，A 的概率为 r”，这是从语义方面对或然推理形式进行定量的描述。

（2）满足上述 PR1 - PRn 的 P 又称为概率演算，因为它们刻画了概率推理形式和概率公式 $P(A, B) = \mathrm{r}$ 之间的演算。注意：概率演算实际上可分为两类，一类是满足上述意义的逻辑概率演算；另一类称为数学概率演算，此类演算的特点是把概率指派建立在集合（个体域、可能世界集、布尔代数等）上，数学中的概率就属于该种演算。

公理化系统 S 相对于概率模型类 $\mathcal{P}$ 是可靠的系统，当且仅当满足下列条件：

对任意公式 B 和 $\mathcal{P}$ 中的模型 P，$\vdash_S A\rightarrow$ （P（A，B）$=1$）

称 S 相对于 $\mathcal{L}_P$ 是完全系统，当且仅当满足下列条件：

对任意公式 B 和 $\mathcal{P}$ 中的模型 P，（P（A，B）$=1$）$\rightarrow \widehat{A} \vdash_S A$

如果 S 相对于 $\mathcal{P}$ 既是可靠的又是完全的，那么也称 $\mathcal{P}$ 确定 S。

A. 经典命题演算及扩充、概率语义

令经典命题语言 $\mathcal{L}_P$ 由通常的真值命题联结词和可数多个命题变元构成，公式的形成规则如常，用 PC 表示由 $\mathcal{L}_P$ 所组成的下列经典命题演算。

（A1）$A\rightarrow (B\rightarrow A)$

（A2）$(A\rightarrow (B\rightarrow C))\rightarrow ((A\rightarrow B)\rightarrow (A\rightarrow C))$

（A3）$(\neg A\rightarrow B)\rightarrow ((\neg A\rightarrow \neg B)\rightarrow A)$

（R1）从 $\vdash A\rightarrow B$，$\vdash A$，可以推出 $\vdash B$

称 P 是 $\mathcal{L}_P$ 上的经典命题概率模型，当且仅当，P 是从 $\mathcal{L}_P$ 的所有表达式 A，B 到 P（A，B）$=r\in[0,1]$ 上的函数，使得 P 满足如下的语义条件 PR1－PR6。

（PR1）$0\leqslant P(A, B)\leqslant 1$

（PR2）$P(A, A)=1$

（PR3）如果对所有 D，有 $P(B, D)=P(C, D)$，那么对所有 A，$P(A, B)=P(A, C)$

（PR4）如果存在 C 使得 $P(C, B)\neq 1$，那么对所有 A，$P(\neg A, B)=1-P(A, B)$

（PR5）$P(A\wedge B, C)=P(A, B\wedge C)\cdot P(B, C)$

（PR6）$P(A\wedge B, C)=P(B\wedge A, C)$

可以证明 $\mathcal{L}_P$ 上的所有经典概率模型类由经典的命题逻辑 PC 确定。

称表达式 A 是概率有效的（p-有效的），当且仅当，对每一概率函数 P，对每一表达式 B，$P(A, B)=1$。

假设已知分离规则（MP）和某些标准的公理集，足以得到所有的经典逻辑的定理。用"$\vdash_C A$"表示"A 在经典命题逻辑中是可证的"。于是可以证明下面的定理。

定理 5.3 对每一表达式 A，如果 $\vdash_C A$，那么 A 是 p-有效的。

定理 5.4 对每一表达式 A，如果 A 是 p-有效的，那么 $\vdash_C A$。

假设通过下面的方法对经典逻辑进行扩充：(1) 在该语言中增加至多可数的 n 个语句算子，n=0，1，…，并假设该语言中包含所有的经典逻辑的定理的实例；(2) 增加至多可数条公理 AX_1，AX_2，…；(3) 增加至多可数个如下该种类型的推理规则：R_k：如果$\vdash B_1$，并且…并且$\vdash B_j$，那么$\vdash B_k$。

为了简化表达的语义理论，采用 PR1 - PR6 作为定理的缩写。

定理 5.5　对每一表达式 A，$P(A, \neg A)=1$，当且仅当，对每一表达式 B，$P(A, B)=1$，否则 $P(A, \neg A)=0$。

证　首先考虑：

(a) $P(A, \neg A)=1$，当且仅当，对每一表达式 B，$P(A, B)=1$。

不足道地，对每一表达式 B，如果 $P(A, B)=1$，那么 $P(A, \neg A)=1$。另一方面，假设

(1) $P(A, \neg A)=1$

令 B 为任意表达式。如果对任意的 C，$P(C, B)=1$，那么原命题 (a) 成立。

所以假设：

(2) 对某些表达式 C，$P(C, B)\neq 1$　　(反证法)

(3) $P(A\wedge(\neg B\wedge B), \neg A)=P(A, (\neg B\wedge B)\wedge\neg A)\cdot P(\neg B\wedge B, \neg A)$　　(PR5)

(4) $P(A\wedge(\neg B\wedge B), \neg A)=P((\neg B\wedge B)\wedge A, \neg A)$　　(PR6)

(5) $P((\neg B\wedge B)\wedge A, \neg A)=P(\neg B\wedge B, A\wedge\neg A)\cdot P(A, \neg A)$　　((4), PR5)

(6) $P((\neg B\wedge B)\wedge A, \neg A)=P(\neg B\wedge B, A\wedge\neg A)$　　((1))

(7) $P(A\wedge\neg A, A\wedge\neg A)=1$　　(PR2)

(8) $P(A\wedge\neg A, A\wedge\neg A)=P(A, \neg A\wedge(A\wedge\neg A))\cdot P(\neg A, A\wedge\neg A)$　　(PR5)

(9) $P(\neg A, A\wedge\neg A)=1$　　((7), (8), PR1)

(10) $P(A, A\wedge\neg A)=1$　　(PR6)

(11) 对每一表达式 C，$P(C, A\wedge\neg A)=1$　　((9), (10), PR4)

(12) $P(A\wedge(\neg B\wedge B), \neg A)=1$　　((4), (6), (11))

(13) $P(\neg B\wedge B, \neg A)=1$　　((3), (12), PR1)

(14) $P(\neg B, B \wedge \neg A)=1$ (PR1, PR5, (13))

(15) $P(\neg B, \neg A \wedge B)=1$ (PR3, PR6, (14))

(16) $P(\neg B \wedge \neg A, B)=P(\neg A, B)$（在（15）的两边同时乘以 $P(\neg A, B)$ (PR5)

(17) $P(\neg A \wedge \neg B, B)=P(\neg A, \neg B \wedge B) \cdot P(\neg B, B)$ (PR5)

(18) $P(\neg B, B)=1-P(B, B)$ (PR4, (2))

(19) $P(\neg B, B)=0$ ((18), PR2)

(20) $P(\neg A, B)=0$ ((16), (17), (19), PR6)

(21) $P(A, B)=1$ (PR4, (2), (20))

因此（a）成立。

下面考虑：

(b) $P(A, \neg A)=0$，当且仅当，$P(A, \neg A) \neq 1$。

不足道地，如果 $P(A, \neg A)=0$，那么 $P(A, \neg A) \neq 1$。

另一方向，假设：

(22) $P(A, \neg A) \neq 1$

(23) $P(\neg A, \neg A)=1-P(A, \neg A)$ (PR2, (22))

(24) $P(A, \neg A)=0$ (PR2, (23))

因此（b）成立。

根据定理 5.5，说明增加条件概率之后必须增加 PR1 - PR6。对每一新的公理 AX_i，必须增加下面的条件：

$PRAX_i$　$P(AX_i, \neg AX_i)=1$

并且，对每一新的推理规则 R_k，必须增加下面的条件：

PRR_k　$P(B_1 \wedge \cdots \wedge B_j, \neg(B_1 \wedge \cdots \wedge B_j))=P(B_1 \wedge \cdots \wedge B_j \wedge B_k, \neg(B_1 \wedge \cdots \wedge B_j \wedge B_k))$

(1) 可靠性

可靠性的证明可以利用通常的归纳证明。正如定理 5.3 所述，所有的真值函数的公理和推理规则都可以通过 PR1 - PR6 进行处理。定理 5.5、$PRAX_i$ 和 PRR_k 可以作为新的公理和规则。简言之，所有的公理都是 p-有效的，并且所有的推理规则也都是保持 p-有效的。有：

定理 5.6　对每一表达式 A，如果 $\vdash A$，那么 A 是 p-有效的。

(2) 完全性

称表达式 E 是一致的，当且仅当，并非 $\vdash \neg E$。称有穷集 $\{E_1, \cdots, E_n\}$ 是一致的，当且仅当，并非 $\vdash \neg(E_1 \wedge \cdots \wedge E_n)$。称无穷集是一致的，

当且仅当，它的每一有穷子集是一致的。称集合 S 是否定完全的，当且仅当，对每一 E，或者 $E\in S$ 或者$\neg E\in S$。用 U 表示否定完全的不包括不一致的集合。因为在此所采用的逻辑包括经典逻辑，可以假定该逻辑只涉及一致的、否定完全的集合（亦即极大一致集）。

令 X 是任意公式集，并且令 E 为任意的公式。“$X\Rightarrow E$”表示 $X\cup\{\neg E\}$ 是不一致的。注意根据紧致性定理的证明（事实上，根据无穷集的一致性的定义），如果 X 是非空的，那么 $X\Rightarrow E$，当且仅当，$\vdash CX'\to E$，其中 CX'是 X 的某些有穷子集 X'的元素的合取，并且“$\to$”表示实质蕴涵。用“$\Rightarrow$”表示在该种意义下语形上的可推出关系。X 的元素常看作前提，而不是扩张公理。假设分离规则既可作用于前提，也可作用于纯逻辑的定理，则如果 $X\Rightarrow E$ 成立，当且仅当，可以从 X 中的前提推演出 E；如果 X 是空集，那么 $X\Rightarrow E$ 成立，当且仅当，$\vdash E$。“$X\vdash E$”表示 E 可以从所定义的以 X 的任意元素为公理的逻辑中推导出来。$X\Rightarrow E$ 和 $X\vdash E$ 的区别可以从下面这个例子中清楚地看出。令 X 只包含元素 A。在标准的模态逻辑里，在只含有必然化规则的情况下（例如 K、T、B、S4 或者 S5）是真的，那么 $X\vdash\Box A$，但在 $X\Rightarrow\Box A$ 中却不是真的，其中“$\Box$”为必然算子。

关于“$\Rightarrow$”的完全性定理是强完全性定理。

定理 5.7　如果 X 语义上可以推出 A，那么 $X\Rightarrow A$。

为了证明该定理，可以采用逆推（假言易位）的方法。令 A 为任意的表达式并且令 X 为任意的表达式集，使得并非 $X\Rightarrow A$。即使得 $X\cup\{\neg A\}$ 是一致的。希望证明的是 X 并不能够语义地推出 A。

参考（van Fraassen，1981）①，要证明定理 5.7，需要下面的必要条件：

SME. 1　如果 X 语义衍推 A，那么，对每一恰当的概率函数 P 和每一表达式 C，如果对任意 $B\in X$，$P(B, C)=1$，那么 $P(A, C)=1$。

为了证明 X 不能语义衍推 A，需要有恰当的概率函数 P 和表达式 C，使得对任意 $B\in X$，$P(B, C)=1$，但 $P(A, C)\neq 1$。

令 A_1，A_2，……表示该语言中的任意的表达式都是可数的。需要构造表达 $S(A_1)$，$S(A_2)$，……的否定完全的集合序列。假设已经构造了

① van Fraassen B C. Probabilistic semantics objectified：Ⅰ. Postulates and logics. Journal of Philosophical Logic. 1981，10：371－394.

$S(A_i)$，令 A_j 是前面所定义的表达式，并且对任意的 i，使得 i<j。根据下面的（1）和（2）进行构造。

（1）A_j 是不一致的。令 $S(A_j)=U$。

（2）A_j 是一致的。

（A）对某些 i<j，$S(A_i)$ 是一致的，并且 $A_j \in S(A_i)$。

对于至少存在这样的 i，令 $S(A_j)=S(A_i)$。

（B）对任意的 i<j，如果 $S(A_i)$ 是一致的，那么 $A_j \notin S(A_i)$。

1）$A_j \in X$。令 $S(A_j)$ 为 $X \cup \{\neg A\}$ 的任意极大一致的扩充。

2）$A_j \notin X$。令 $S(A_j)$ 为包含 A_j 的任意极大一致集。

所要求的概率函数可以通过下面的定义给出：

如果 $B \in S(C)$，$P(B, C)=1$，否则，$P(B, C)=0$。

现在，假设该定义满足 PR1 - PR6、$PRAX_i$ 和 PRR_k。如果 X 是空集，那么 $\neg A$ 是一致的。$S(\neg A)$ 是一致的，所以 $A \notin S(\neg A)$。于是 $P(A, \neg A)=0$。另一方面，假设 X 是非空的。令 B^* 是 X 的元素，X 是可数的公式集。那么，根据构造程序，对任意的 $B \in X$，$B \in S(B^*)$，但 $A \notin S(B^*)$。根据定义，对任意的 $B \in X$，$P(B, B^*)=1$，而 $P(A, B^*)=0$。

为了完成完全性的证明，必须证明所构造的函数是恰当的条件概率函数，在此含义下必须满足给出的每一限制。验证每一限制都成立是很麻烦的，但是通过观察，可以简化证明过程。令 $\mathcal{L}$ 为该语言下的任意表达式的布尔格，在标准的表达中增加联结词"∧"和"¬"作为补充。定义 VA 为 $\mathcal{L}$ 上的只包含赋值 0 和 1 的良序类如下：

（1）如果 $S(A_i)=U$，那么对任意的 B，$v_i(B)=0$。

（2）如果 $S(A_i) \neq U$，那么，如果 $B \in S(A_i)$，那么 $v_i(B)=1$，否则，$v_i(B)=0$。

概率函数 P 可以定义如下：

对 v_i 在 VA 中的初始值，$P(B, C)=v_i(B \wedge C)/v_i(C)$，使得 $v_i(C) \neq 0$，或者对任意的 i，如果 $v_i(C)=0$，那么 $P(B, C)=1$。

根据（van Fraassen，1981）① 中的（4 - 2），立即可得出 P 满足条件 PR1 - PR2 和 PR4 - PR6。这样只需要考虑 PR3、$PRAX_i$ 和 PRR_k。

PR3 如果对所有 D，有 $P(B, D)=P(C, D)$，那么对所有

① van Fraassen B C. Probabilistic semantics objectified：Ⅰ. Postulates and logics. Journal of Philosophical Logic. 1981，10：371 - 394.

A，$P(A, B)=P(A, C)$。

令 B 和 C 为任意表达式，使得对每一表达式 D，$P(B, D)=P(C, D)$。那么对每一表达式 D，$B\in S(D)$，当且仅当，$C\in S(D)$。假设 B 是不一致的。因为 $C\in S(C)$，可得 $B\in S(C)$，因而 $S(C)$ 是不一致的。但是，如果 $S(C)$ 是不一致的，那么 C 也是不一致的。类似地，如果 C 是不一致的，那么 B 也是不一致的。如果两者都是不一致的，那么 $S(B)=S(C)=U$。根据概率函数的定义，对每一表达式 A，$P(A, B)=P(A, C)=1$。

另一方面，假设 B 和 C 都是一致的。令 A_k 是可数公式中的初始表达式，使得 $S(A_k)$ 是一致的，并且 $B\in S(A_k)$。那么 A_k 必须是可数的初始表达式，使得 $C\in S(A_k)$，因为，对任意的 D，$B\in S(D)$，当且仅当，$C\in S(D)$。$S(A_k)=S(B)=S(C)$。对每一表达式 A，$A\in S(B)$，当且仅当，$A\in S(C)$。即对每一表达式 A，$P(A, B)=P(A, C)$。

PRAX$_i$　$P(AX_i, \neg AX_i)=1$

因为 AX_i 是公理，有 $\vdash AX_i$。根据经典理论，$\vdash\neg\neg AX_i$，所以 $\neg AX_i$ 是不一致的，亦即 $S(\neg AX_i)=U$。所以 $AX_i\in S(\neg AX_i)$ 并且 PRAX$_i$ 是可满足的。

PRR$_k$　$P(B_1\wedge\cdots\wedge B_j, \neg(B_1\wedge\cdots\wedge B_j))=P(B_1\wedge\cdots\wedge B_j\wedge B_k, \neg(B_1\wedge\cdots\wedge B_j\wedge B_k))$。

为了便于书写，令 CB_{-j} 表示合取式 $B_1\wedge\cdots\wedge B_j$。类似地，用 CB_{-k} 表示 $CB_{-j}\wedge B_k$。首先假设 $P(CB_{-j}, \neg CB_{-j})=1$，则 $CB_{-j}\in S(\neg CB_{-j})$ 是不一致的。这样 $\neg CB_{-j}$ 是不一致的，根据经典逻辑理论，$\vdash B_1$，…，并且 $\vdash B_j$。但是规则 R_k 确保 $\vdash B_k$。根据经典逻辑理论 $\neg CB_{-k}$ 是不一致的，因而 $S(\neg CB_{-k})=U$。则 $P(CB_{-k}, \neg CB_{-k})=1$。另一方面，假设 $P(CB_{-j}, \neg CB_{-j})=0$，则 $CB_{-j}\notin S(\neg CB_{-j})$ 是一致的。根据经典逻辑理论，$\neg CB_{-k}$ 是一致的，$S(\neg CB_{-k})$ 也是一致的，则 $\neg CB_{-k}\notin S(\neg CB_{-k})$。所以 $P(CB_{-k}, \neg CB_{-k})=0$。

这就完成了定理 5.7 的证明。下面的定理 5.8 是弱完全性定理。

定理 5.8　如果 A 是 p-有效的，那么 $\vdash A$。

弱完全性是定理 5.7 的简化推理。另外，可以运用假言易位规则。令 A 为任意的表达式使得并非 $\vdash A$。为了得到恰当的概率函数 P，使得对某些 C，$P(A, C)\neq 1$。如果并非 $\vdash A$，那么并非 $ES\vdash A$，其中 ES 是空集。那么定理 5.7 可以确保概率函数存在。定理 5.8 是可证的。

定理 5.8 可以直接得到证明，而无须借助于 SME.1，根据定理 5.7 中的证明（2）-（B）-1）可得。定理 5.8 不依靠其刻画的衍推语义。

定理 5.9 是关于语形衍推的强完全性的定理，可以记作“$X \vdash A$”。

定理 5.9 如果 X 可以语义衍推 A，那么 $X \vdash A$。

该结果可以根据定理 5.8 并借助经典逻辑的扩充而得到。注意 SME.1 可推出下面的弱条件：

SME.2 如果 X 可以语义衍推 A，那么，对于每一恰当的概率函数 P，如果对任意的 $B \in X$，对任意的 C，P（B，C）$=1$，那么对任意的 C，P（A，C）$=1$。

现在，假设 $X \nvdash A$。为了证明 X 不能语义衍推 A，则需要找到恰当的概率函数使得对任意的 $B \in X$，对任意的 C，P（B，C）$=1$，但对某些 D，P（A，D）$\neq 1$。但是，因为 $X \nvdash A$，可知 A 不是该逻辑中的定理，通过增加所有的 X 的元素作为公理而获得。借助定理 5.8，该新逻辑确保存在一相对于新逻辑的恰当的概率函数 P，使得对某些 D，P（A，D）$\neq 1$。但是，该概率函数相对于初始的逻辑是恰当的，并且对任意的 $B \in X$，对任意的 C，P（B，C）$=1$。则定理 5.9 是可证的。

（3）评论

在此证明了对每一经典语句逻辑的扩充，存在可靠的和完全的概率语义理论。在（Fine，1974）①、（Thomason，1974）② 中都证明了如果将可能世界的语义限制在简单的二元可及关系上，那么就存在不具有完全的可能世界语义的模态逻辑。建立在条件概率基础之上的语义理论比标准的可能世界的语义理论具有更强的表达力。当然根据复杂的可能世界语义有可能获得类似的结果，无须只限制在简单的二元可及关系上，可以参看（Routley，1975）③。可见概率语义则相对简单些。

B. 命题模态系统与概率语义

从模态的角度研究概率具有一定的价值，原因至少有下列两点：

（1）或然本质上是模态概念。在一定意义上，说命题是或然的，就是说它是可能的。

---

① Fine K. An incomplete logic containing S4. Theoria. 1974，40：23-29.

② Thomason S K. An incompleteness theorem in modal logic. Theoria 40，1974：30-34.

③ Routley R. Universal semantics ？. Journal of Philosophical Logic. 1975，4：321-356.

（2）概率也可以视为涉及模态的概念，讨论命题的概率，就是讨论该命题为真的可能性有多大。

下面给出建立在条件概率基础之上的模态逻辑 K、T、B、S4 和 S5 的语义特征，在文献（Morgan，1982）① 中某些方面做得还不够理想，因为其实质上是对标准可能世界的结构进行了重新表述，用带标号（indexed）的条件概率函数取代建立在可能世界上的赋值；其语义也有不太满意的方面，那就是在所有的命题前面都加上了模态算子（必然 A，可能 A）的赋值只能是 0 或 1。他在另一篇文章中证明发现经典命题逻辑的恰当的扩充的概率语义总是可能的，并且可以通过在经典条件概率理论中增加恰当的限制来实现，这样可能世界结构就显得有些多余了。② 下面将给出不需要可能世界结构的语义理论，同时该理论比在前一理论中所使用的条件限制更加自然。另外，也证明除了在此建立的理论之外通常都允许在命题前面增加模态算子，然后给其指派闭区间［0，1］上的任意的实数值。

（1）语形

假设下面所讨论的系统是建立在包含至多可数个语句字母 P_1，P_2，……的语言上，该语言中初始符号¬表示否定，∧表示合取，□表示必然。公式采用通常的方法构造，也可以采用通常的定义表示实质蕴涵→、析取∨、等价↔、可能◇等，A，B，……表示原子公式。该逻辑可以根据下面的公理模式和推理规则定义：

A1	所有的真值函数的重言式	
A2	$\Box(A\rightarrow B)\rightarrow(\Box A\rightarrow\Box B)$	（K）
A3	$\Box A\rightarrow A$	（T）
A4	$\neg\Box\neg\Box A\rightarrow A$	（B）
A5	$\Box A\rightarrow\Box\Box A$	（S4）
A6	$\neg\Box A\rightarrow\Box\neg\Box A$	（S5）
R1	如果 $\vdash A\rightarrow B$，$\vdash A$，那么 $\vdash B$	（MP）
R2	如果 $\vdash A$，那么 $\vdash\Box A$	（Nec）

在此，设所有的系统都适用于规则 R1 和 R2，模态系统 K 由公理 A1

① Morgan C G. Probabilistic semantics for propositional modal logics. Forthcoming in Essays in Epistemology and Semantics, ed. by Leblanc H, Stern R, Gumb R D. New York. 1982.

② Morgan C G. There is a probabilistic semantics for every extension of classical sentence logic. Journal of Philosophical Logic 11, 1982: 431 - 442.

和公理 A2 构成，系统 ⊤通过在系统 K 上增加 A3 得到，系统 B 为在⊤上增加 A4，系统 S4 是在系统⊤上增加 A5，系统 S5 是在系统⊤上增加 A6 构成。

为以后推理方便起见，还需要一些定义和记法。“$K \vdash A$”的意思是在系统 K 中 A 是可证的。如果 X 为任意一公式集，记为“$X, K \vdash A$”，其意思是在通过增加所有的 X 的元素作为公理的系统到系统 K 后所形成的系统中 A 是可证的。有穷公式集 $\{E_1, \cdots, E_n\}$ 是 K 一致的，当且仅当，$K \nvdash \neg(E_1, \cdots, E_n)$。简单公式是 K 一致的，当且仅当，它的单元集是 K 一致的。无穷集是 K 一致的，当且仅当，它的每一有穷子集是 K 一致的（紧致定理）。也采用记法“$X, K \Rightarrow A$”，其意思是 $X \cup \{\neg A\}$ 不是 K 一致的。显然，如果 X，$K \Rightarrow A$，那么 $K \nvdash CX' \rightarrow A$，其中 CX' 是由 X 的某些有穷子集 X' 的元素的合取构成的。也采用类似的记法和术语表示系统 ⊤、B、S4 和 S5。如果特定的系统在某些语境中容易理解，或者如果所说的陈述是关于所有的系统的时候，则可以省去对这些记法和术语的说明。在这里，假定讨论的范围包括所有的模态系统的定理。

（2）语义

条件概率函数 P 是从公式组成的有序对到封闭实数区间［0，1］上的函数。“$P(A, B) = r$”读作“在已知 B 的概率的情况下，A 的概率是 r”。下面的标准限制通常可以刻画经典条件概率函数，但却和证明论或者通常的语义概念无关。

PR1 $0 \leqslant P(A, B) \leqslant 1$

PR2 $P(A, A) = 1$

PR3 如果对所有 D，有 $P(B, D) = P(C, D)$，那么对所有 A，$P(A, B) = P(A, C)$

PR4 如果存在 C 使得 $P(C, B) \neq 1$，那么对所有 A，$P(\neg A, B) = 1 - P(A, B)$

PR5 $P(A \wedge B, C) = P(A, B \wedge C) \cdot P(B, C)$

PR6 $P(A \wedge B, C) = P(B \wedge A, C)$

公式 A 是概率有效的（p-有效），当且仅当，对每一公式 B，对每一函数 P，$P(A, B) = 1$。对于经典的命题逻辑（A1＋R1），PR1－PR6 中的任何一个都是可靠的和完全的。参见前面相关的证明过程。

通过将如下的一些限制组合增加到经典的条件概率中，可以实现对该语义理论的扩充：

PR7 如果对所有的 C，有 $P(A, C) \leqslant P(B, C)$，那么对所有的 C，有：

$P(\Box A, C) \leqslant P(\Box B, C)$

PR8 $P(\Box(A \wedge B), C) = P(\Box A \wedge \Box B, C)$

PR9 至少存在公式 A，使得对每一 B，$P(\Box A, B) = 1$

PR10 $P(\Box A, B) \leqslant P(A, B)$

PR11 $P(\neg\Box\neg\Box A, B) \leqslant P(A, B)$

PR12 $P(\Box A, B) = P(\Box\Box A, B)$

PR13 $P(\neg\Box A, B) = P(\Box\neg\Box A, B)$

PR14 $P(\Box A, B) = P(\neg B, B) + (1 - P(\neg B, B)) \cdot P(A, \neg A)$

可以证明，根据上面所列的公理，通过增加一些恰当的限制，模态系统就可以得到恰当的刻画。下面列出每一系统所需要的限制。

K：PR1－PR9

T：PR1－PR10

B：PR1－PR10，PR11

S4：PR1－PR10，PR12

S5－1：PR1－PR10，PR13

S5－2：PR1－PR6，PR14

称条件概率函数是 K（T，B，S4，S5）函数，当且仅当，它满足恰当的限制。称公式 A 在 K 上是 p-有效的，当且仅当，对每一 K，条件概率函数 P，使得对每一公式 B，$P(A, B) = 1$。当涉及其他的系统时，同样采用类似的术语，如果所讨论的系统的语境很清晰，或者如果是针对所有的系统而言的，那么就可以从术语中省去对系统的说明。

在概率语义中，当存在多种非等价的方法时，可能需要定义语义衍推。对于强完全性的证明来说，没有必要进行一些特殊的定义。另外，需要利用一些必要条件，SME.1 的定义如前。

在证明可靠性和完全性结果之前，在概率论中需要给出关于模态限制的一些直觉的背景知识。

定理 5.10 对每一公式 C，$P(A, C) \leqslant P(B, C)$，当且仅当，对每一公式 C，$P(A \rightarrow B, C) = 1$。

定理 5.11 $P(\neg A, A) = 1$，当且仅当，对所有的 B，$P(B, A) = 1$，否则，$P(\neg A, A) = 0$。

定理 5.12 $P(A, \neg A)=1$，当且仅当，对每一 B，$P(A, B)=1$，否则，$P(A, \neg A)=0$。

(3) 可靠性

PR1－PR6 保证了所有的重言式都是 p-有效的并且 MP 规则是保有效的。为了证明增加概率的模态系统的可靠性，只需要确保给每一系统所增加的限制是有效的，即需要确保增加的适当的公理是有效的并且必然化规则是保有效的。下面就对增加了概率的模态系统的可靠性进行证明。

K：PR1－PR9。

证 首先证明公理 A2。亦即证明对所有的 C，对每一满足 PR1－PR9 的函数 P，$P(\text{A2}, C)=1$。

条件 PR1－PR6 保证下式成立：

$$\text{对所有 } D,\ P(A\to(B\to C), D)=P((A\wedge B)\to C, D)$$

只需要证明下式成立：

$$\text{对所有 } C,\ P((\Box(A\to B)\wedge\Box A)\to\Box B, C)=1$$

因为所有的重言式在所有证据上都取值为 1，于是有：

(1) 对所有 C，$P(((A\to B)\wedge A)\to B, C)=1$。

(2) 对所有 C，$P((A\to B)\wedge A, C)\leqslant P(B, C)$。（定理 5.10）

(3) 对所有 C，$P(\Box((A\to B)\wedge A), C)\leqslant P(\Box B, C)$。(PR7)

(4) 对所有 C，$P(\Box(A\to B)\wedge\Box A, C)\leqslant P(\Box B, C)$。((3) 的左边，PR8)

根据定理 5.3 可以得出所推演的结果。对所有的 C，$P(\text{A2}, C)=1$。

证明必然化规则：必须证明如果对所有的 B，$P(A, B)=1$，那么 $P(\Box A, B)=1$。

假设对所有 B，$P(A, B)=1$。

令 A^* 是公式，根据 PR9，这样的公式存在。根据 PR1，可得：

(5) 对所有 B，$P(A^*, B)\leqslant P(A, B)$。

(6) 对所有 B，$P(\Box A^*, B)\leqslant P(\Box A, B)$。((5)，PR7)

根据 PR1 和 PR9，可得推演结论：对所有 B，$P(\Box A, B)=1$。

必然化规则是保 p-有效的。

定理 5.10 可以确保系统 T、B、S4 和 S5 的附加公理是有效的，即当分别增加恰当的概率条件 PR10、PR11、PR12 和 PR13 时是有效的。

特别需要注意 PR14，因为 PR14 是 PR1 - PR6 的合取，假定刻画了系统 S5，必须证明必然化规则是保 p-有效的，并且当这些限制组合在一起时，对 A2、A3 和 A6 的每一公理也是 p-有效的。

首先考虑必然化规则。令 A 为任意表达式使得下式成立：

对所有的 B，$P(A, B)=1$，$P(A, \neg A)=1$

根据 PR14 确保：对所有的 B，$P(\Box A, B)=1$。

所以，必然化规则是保 p-有效的。

现在，考虑 A2。根据前面对 A2 的证明，只需证明：

对所有的 C，$P(\Box(A \rightarrow B) \wedge \Box A, C) \leqslant P(\Box B, C)$

如果 C 是非标准的表达式，不等式显然满足。假定 C 是标准表达式。已知 PR14，通过增加前束□算子的公式，其值如果是 0 或 1，则 PR5 - PR6 可以保证如果 $P(\Box A, C)$ 或者 $P(\Box(A\rightarrow B), C)$ 是 0，那么上面不等式的左边是 0。根据 PR1，不等式是满足的。现在只需要考虑 $P(\Box(A\rightarrow B), C)=1$ 和 $P(\Box A, C)=1$ 的情况。因为 C 是标准的形式，根据假设，PR14 和定理 5.5，可以保证下面两个式子成立：

对所有的 C，$P(A\rightarrow B, C)=1$

对所有的 C，$P(A, C)=1$

但另一方面 PR1 - PR6 确保：对所有的 C，$P(B, C)=1$。

特别地：$P(B, \neg B)=1$。

这样 PR14 确保：对所有的 C，$P(\Box B, C)=1$。

根据 PR1，上面的不等式是可满足的。

证明 A3。根据定理 5.3，只需要下面的不等式成立：

对所有的 B，$P(\Box A, B) \leqslant P(A, B)$

如果 B 是非标准的形式，则不等式显然满足。

假定 B 是标准形式。

如果 $P(\Box A,B)=0$，那么不等式显然满足。只需要考虑 $P(\Box A,B)=1$ 的情况。但是在这种情况下，PR14 和定理 5.5 确保对所有的 B，$P(A, B)=1$。根据 PR1，不等式满足。

最后，证明 A6。如前，只需要建立下面的不等式：

对所有的 B，$P(\neg\Box A, B) \leqslant P(\Box\neg\Box A, B)$

同前，只需要考虑 B 是标准的形式。PR4 保证加上前束□的否定公式和另一公式的值为 0 或 1。如果 $P(\neg\Box A, B)=0$，不等式是可满足的。只需假设 $P(\neg\Box A, B)=1$。因为 B 是标准形式，根据 PR4，

P（$\Box A$，B）$=0$。但根据 PR14，如果对某些标准形式的 B，P（$\Box A$，B）$=0$，那么对所有的标准形式 B，P（$\Box A$，B）$=0$。所以，根据 PR14，对所有的标准形式 B，P（$\neg\Box A$，B）$=1$，因而对所有的 B，特别地有：P（$\neg\Box A$，$\neg\neg\Box A$）$=1$。

根据 PR14，可以推出对所有的 B，P（$\Box\neg\Box A$，B）$=1$，所以等式满足。

总之，在所讨论的所有语义理论中，推理规则是保 p-有效的。还可以证明对每一系统增加适当的语义条件到其所对应的公理系统是 p-有效的。根据对推理的一般的归纳论证可以推出可靠性。这也可以通过下面的定理表达。

定理 5.13　如果 A 是定理 K、T、B 或者 S4，那么 A 分别在 K、T、B 或者 S4 的限制上是 p-有效的。如果 A 是定理 S5，那么 A 在 S5－1 和 S5－2 的限制上是 p-有效的。

（4）完全性

关于 K、T、B、S4、S5－1 和 S5－2 的完全性，在此省略其中的某些细节。首先所证明的完全性是关于"$\Rightarrow$"的强完全性。

定理 5.14　对于语义理论 K、T、B、S4、S5－1 和 S5－2，如果 X 在语义上可衍推 A，那么在对应的语形上 $X\Rightarrow A$。

令 A 为任一表达式，X 是任一公式集使得并非 $X\Rightarrow A$。利用 SME. 1 证明 X 并非可以语义衍推 A。为此，必须找到适当的概率函数 P，使得对某些 C，对所有在 X 中的 B，P（B，C）$=1$。但 P（A，C）$\neq 1$。

现在需要证明函数满足 K、T、B 、S4 或者 S5－1 所对应的限制。事实上，条件 PR1－PR6 满足在（Fine，1974）① 中所建立的限制。下面考虑其余的条件。

证明 PR7。假设对所有的 D，P（B，D）$\leqslant P$（C，D）。对所有的 D，$B\notin S$（D）或者 $C\in S$（D）。可以推出，对所有的 D，$B\rightarrow C\in S$（D）。有 $B\rightarrow C\in S$（$\neg(B\rightarrow C)$），可推出$\neg(B\rightarrow C)$ 是不一致的，因而 $B\rightarrow C$ 是系统的定理。根据必然化规则$\Box$（$B\rightarrow C$）是定理。那么根据分离规则和公理 A2，$\Box B\rightarrow\Box C$ 是定理。对所有的 D，（$\Box B\rightarrow\Box C$）$\in S$（D）。该集合在分离规则下是封闭的，可以推出，对每一 D，如果 $\Box B\in S$（D），那么$\Box C\in S$（D）。这样，对所有的表达式 D，P（$\Box B$，

① Fine K. An incomplete logic containing S4. Theoria 40，1974：23－29.

$D) \leqslant P$（$\Box C \rightarrow D$）。

现在证明 PR8。下面是 K 定理，其中符号↔表示等价。

$\Box(A \wedge B) \leftrightarrow \Box A \wedge \Box B$

对所有的 C，$\Box(A \wedge B) \in S(C)$，当且仅当，$(\Box A \wedge \Box B) \in S(C)$。所以，$P(\Box(A \wedge B), C) = P(\Box A \wedge \Box B, C)$。

证明 PR9。根据 A1 和必然化规则，□t 是定理，其中 t 为任意的重言式。对所有的 B，$\Box t \in S(B)$，并且对所有的 B，$P(\Box t, B) = 1$。

利用 R1 和 R2 以及公理 A1 - A3 建立一致的系统，概率函数就是 K 函数。对于其余的系统，只需要注意 PR10 - PR13 的每一条所对应的定理，这些定理可以分别从系统 T、B、S4 和 S5 推出。每一概率条件立即可以从 P 的定义给出，并且事实上对应的定理存在于序列中的每一构造集中。定理 5.14 可以由 K、T、B、S4 和 S5 - 1 证明。

对 S5 - 2，可以利用不同的程序构造否定完全集的序列。首先，取 $\neg A$ 为所有可数的表达式中的初始表达式。令 $S(A_1)$ 是任意 $X \cup \{\neg A\}$ 的极大一致集的扩充。然后挑选下面的公式集。

$\Box S = \{A_k \mid \Box A_k \in S(A_1)\}$

现在假设对所有的 $i<j$，$S(A_i)$ 已经得到定义。$S(A_j)$ 可以根据下面定义：

(1) $\neg A_j \in \Box S$，令 $S(A_j) = U$

(2) $\neg A_j \notin \Box S$

(A) 存在 $i<j$，$S(A_i)$ 是一致的，并且 $A_j \in S(A_i)$。如果至少存在这样的 i，则令 $S(A_j) = S(A_i)$。

(B) 对所有的 $i<j$，如果 $S(A_i)$ 是一致的，那么 $A_j \notin S(A_i)$，令 $S(A_j)$ 是 $\Box S \cup \{A_j\}$ 的极大一致的扩充。

如前，$P(B, C) = 1$，当且仅当，$B \in S(C)$，否则 $P(B, C) = 0$。对所有的 $B \in X$，$P(B, A_1) = 1$，但显然 $P(A, A_1) = 0$。只需要证明当系统为一致时的情况，类似于 S5，函数 P 满足条件 PR1 - PR6 和 PR14。

证明 PR14：$P(\Box B, C) = P(\neg C, C) + (1 - P(\neg C, C)) \cdot P(B, \neg B)$。

注意，对任意证据 C 使得 $S(C) = U$，条件显然是满足的，只需要考虑 $S(C) \neq U$ 时的证据 C。首先，假设 $P(\Box B, C) = 1$，亦即，假设 $\Box B \in S(C)$。可以推出构造程序中的 $\neg\Box\neg\Box B \in S(A_1)$。不过，根据 S5

的定理，$\Box\neg\neg B\in S$（A_1），有$\neg\neg B\in\Box S$，因为 S（$\neg B$）$=U$，所以 P（B，$\neg B$）$=1$。

另一方面，假设 P（$\Box B$，C）$=0$。即，假设$\Box B\notin S$（C）。根据构造程序，可以推出$\Box\Box B\notin S$（A_1），所以$\neg\Box\Box B\in S$（A_1）。根据 S5 的定理，$\Box\neg\neg B\notin S$（A_1）。所以 S（$\neg B$）是一致的，所以 $B\notin S$（$\neg B$），则 P（B，$\neg B$）$=0$。所以定理 5.14 关于 S5－2 是可证的。

在系统的弱完全性的证明过程中，可以令 X 是空集，从定理 5.14 直接推出。注意弱完全性结构的直接证明可以通过适当地修改前面的证明得到。弱完全性的证明不依靠 SME. 1。

定理 5.15 如果 A 在 K、$\top$、B、S4、S5－1 或者 S5－2 的情况下是 p-有效的，那么 A 是所对应的逻辑的定理。

另外定理 5.14 是语形衍推的强完全性，将其记为 $X\vdash A$。

定理 5.16 如果 X 在 K、$\top$、B、S4、S5－1 或者 S5－2 的情况下，可以语义衍推 A，那么相对于对应的语形系统，$X\vdash A$。

假设 X 可以语义衍推 A。那么根据定理 5.14，$X\Rightarrow A$。但是根据一致性的定义，$\vdash CX'\rightarrow A$，其中 CX' 是 X 的某些有穷子集 X' 的元素的合取，经典理论和分离规则可以确保 A 是可证的。即，$X\vdash A$，定理 5.16 是可证的。

（5）非平凡的

在构造概率论的时候，应该注意，概率可能是关于某些有穷数值的极限的限制的一些复杂集，或许不只是 0 和 1。这样的概率的完全性的证明是相同的，只是利用了赋值为区间［0，1］上的函数。现在证明非平凡情况的理论。

令 P' 为任意经典条件概率函数，定义在该语言上的非模态部分。即，假设 P' 满足 PR1－PR6，该语言中不含有$\Box$算子。定义 P' 的 AS 集如下：

$$AS(P') = \{A \mid P(A, \neg A) = 1\}$$

令 E 为某些非模态的公式。通过递归定义，G 为从全模态语言到非模态语言上的一一映射：

对所有语句字母 P，G（P）$=P$。

$$G(A\wedge B)=G(A)\wedge G(B)$$

$$G(\neg A)=\neg G(A)$$

如果 G（A）$\in AS$（P'），G（$\Box A$）$=G$（A），否则，G（$\Box A$）$=G$（A）$\wedge E$。

注意，如果 A 是非模态的，那么 $G(A)=A$。现在定义在模态语言上的概率函数如下：

$$P(A,B)=P'(G(A),G(B))$$

不难验证下面的结论，用 t 表示重言式，f 表示矛盾式。

（1）对任意的 E，P 满足 PR1－PR10 和 PR12。

（2）如果 E 是 t，那么 P 满足 PR1－PR13。

（3）如果 E 是 f，那么 P 满足 PR1－PR14。

给出这三条结论，可知在模态概率论中存在大量的有效式。特别地，此时并没有将赋值限制在有穷的范围内。所有的 K、T、B、S4 和 S5－1 的语义理论都满足函数：对某些 A 和 B，$0<P(\Box A,B)<1$。事实上，可以从上面的（1）推出。对于 K、T 和 S4，有 $0<P(\Box A,B)<P(A,B)<1$。可以利用这样的概率理论表达类似于客观概率的概念。

当然，正如上面所讨论的，S5－2 不允许模态前束表示任意除 0 或者 1 之外的其他值。事实上，S5－1 和 S5－2 也说明了这一点，选择什么样的特殊逻辑，在语义上存在很大的差别，此时若想在语义理论中做出选择，就需要考虑扩充的逻辑。

C. 经典谓词演算与概率语义

令一阶语言 $\mathcal{L}$ 的初始符号包括如下几类：

（1）可数多个 n 元关系符号：R_1，R_2，…

（2）可数多个个体常元符号：c_1，c_2，…

（3）可数多个个体变元符号：x_1，x_2，…

令 QC 是由 $\mathcal{L}$ 所描述的公理化系统，使得它通过在 PC 之上增加下列公理和规则而形成：

（A1）$A\rightarrow\forall xA$，其中 x 在 A 中不自由出现；

（A2）$\forall xA\rightarrow A(x/c)$，其中 c 是 $\mathcal{L}$ 中任意的个体常元；

（A3）$\forall x(A\rightarrow B)\rightarrow(\forall xA\rightarrow\forall xB)$；

（R1）$\vdash A$，可推出 $\vdash\forall xA(c/x)$，其中 A 是上述的公理，且 c 的含义同（A2）。

令 $\mathcal{L}^+$ 是通过在 $\mathcal{L}$ 中增加可数多个个体常元而得到的语言，并且假设 $\mathcal{L}^+$ 中的个体常元是以某种字母表的次序排列的，用 c_i^+（其中 $i=1$，2，…）表示该常元在字母表中所排列的位置在第 i 位。

称 P 是 $\mathcal{L}^+$ 上的经典谓词概率模型，当且仅当，P 是 $\mathcal{L}^+$ 上的经典命题概率模型并且还需要满足下列条件：

$$(C7)\ P^{+}(\forall xA, B) = \lim P^{+}\left(\lim_{j\to\infty} P^{+}\left(\bigwedge_{i=1}^{j} A(x/c_i^{+}), B\right)\right)$$

也称满足 PR1 - PR7 的 P 为经典的一阶概率演算。

可以证明 $\mathcal{L}^{+}$ 上所有的经典谓词概率模型的类确定 QC。证明过程参见李小五的《现代归纳逻辑与概率逻辑》①。

总之，以上对概率的公理化系统、条件概率逻辑及其语义解释进行了详细的介绍，为后面构造概率逻辑的扩充做了基础。

5.1.4 或然逻辑

赛格勃格建立了一种可比较的或然逻辑。其采用的方法是在模态命题语言中引入二元算子≥构成的语言 $\mathcal{L}$，使得 $\mathcal{L}$ 的公式中不再含嵌套≥，即如果 $A \geqslant B$ 是公式，那么 A 和 B 中都不再含≥。此外还采用了下列缩写定义：

$$A > B =_{\text{def}}: (A \geqslant B) \wedge \neg (B \geqslant A)$$

上述联结词的直观意义如下：

$A \geqslant B$ 表示：A 至少与 B 一样或然

$A > B$ 表示：A 比 B 更或然

另外还引入下列缩写：对 $m \geqslant 1$，令 A_1，…，A_m 和 B_1，…，B_m 为公式，可构造如下合取式：$d_1 A_1 \wedge \cdots \wedge d_m A_m \cdots \wedge e_m B_m$，其中 d_i 中恰有 n 个是空符号串，并且 e_i 中也恰有 n 个是空符号串($0 \leqslant n \leqslant m$)，其余的 d_i 和 e_i 都是否定号。定义 C_n 为由所有这样的合取的析取组成，此外，还需定义广义等值联结词 E 为：

$$(A_1, \cdots, A_m)\ E\ (B_1, \cdots, B_m) =_{\text{def}}: \Box (C_0 \vee \cdots \vee C_m)$$

克拉夫特（Kraft)、普拉特（Pratt）和赛格勃格证明了如下结论：

令 B 是有穷的布尔代数，使得其单位元为 1 并且零元为 0。令≥为 B 上的二元关系，则存在 B 上的可数可加的概率测度 P，使得对所有的 a，$b \in B$，$P(a) \geqslant P(b) \leftrightarrow a \geqslant b$，当且仅当，满足如下条件：

(1) $0 \geqslant 1$ 不成立；

(2) 对所有的 $a \in B$，有 $a \geqslant 0$；

(3) 对所有的 a，$b \in B$，有 $a \geqslant b$ 或 $b \geqslant a$；

(4) 对所有的正整数 m 且 a_1，…，a_m，b_1，…，$b_m \in B$，如果 B 的

① 李小五．现代归纳逻辑与概率逻辑．北京：科学出版社，1992.

每一原子属于 a_i 且属于 b_i 的恰好一样多，那么，如果对所有的 i，使得 $1 \leqslant i \leqslant m$，存在 $a_i \geqslant b_i$，那么对所有的 i，使得 $1 \leqslant i \leqslant m$，有 $b_i \geqslant a_i$。

称 M 是可比较的概率模型，当且仅当，M 为五元组 $<W, R, [\ ], B, P>$，使得：

（1）W 是非空的可能世界集；

（2）R 是 W 上的可及关系；

（3）$[\ ]$ 是从 $\mathcal{L}$ 的公式到 W 的幂集的一元真值函数，即对每一 A，有 $[A] \subseteq W$，使得：$[\neg A] = W - [A]$，$[A] \cap [B] = [A \wedge B]$；

（4）B 是函数，对每一 $w \in W$，$B(w)$ 是 $\{w_1 \in W \mid wRw_1\}$ 的所有子集构成的可数布尔代数，使得零元是 $\varnothing$，单位元是 $\{w_1 \in W \mid wRw_1\}$；

（5）P 是函数，对每一 $w \in W$，P_w 是 $B(w)$ 上的可数可加的概率测度。

原子公式、¬、∧及□的定义如常。此外规定：

$$[A \geqslant B] = \{w \in W \mid P_w(\{w_1 \in W \mid wRw_1 \text{ 并且 } w_1 \in [A]\}) \geqslant P_w(\{w_1 \in W \mid wRw_1 \text{ 并且 } w_1 \in [B]\})\}$$

令或然系统 PK[①] 是在模态系统 K 上通过增加下列公理模式获得的：

（A1）$\Box(A \leftrightarrow B) \wedge \Box(C \leftrightarrow D) \rightarrow (A \geqslant (C \rightarrow B) \geqslant D)$

（A2）$F \geqslant F$

（A3）$(A \geqslant A) \wedge (B \geqslant B) \rightarrow ((A \rightarrow B) \geqslant (A \rightarrow B))$

（A4）$(A \geqslant B) \rightarrow (A \geqslant A)$

（A5）$(A \geqslant B) \rightarrow (B \geqslant B)$

（A6）$(A \geqslant A) \wedge (B \geqslant B) \rightarrow (A \geqslant B) \vee (B \geqslant A)$

（A7）对所有的 $m \geqslant 1$，$(A_1, \cdots, A_m)\ E\ (B_1, \cdots, B_m) \rightarrow (\bigwedge_{i=1}^{m}(A_i \geqslant B_i) \rightarrow \bigwedge_{i=1}^{m}(B_i \geqslant A_i))$

（A8）$T > F$

（A9）$(A \geqslant A) \rightarrow (A \geqslant F)$

可以证明 $\mathcal{L}$ 上的所有可比较的概率模型类确定 ***PK***。该结果还可以扩充为或然系统 ***PL***，其中 ***L*** 是任意的在置换规则下成立的正规模态系统，用 P 表示上述公理 A1－A9。同时，可比较的概率模型中的可及关系也需要增加相应的性质。例如 ***PD*** 由所有持续的可比较的概率模型类

① P 表示 probability，K 表示 kripke。

所确定。

证明过程可参见赛格勃格（Segerberg，1971）①。

说明：或然系统 PK 和 PL 有如下逻辑性质：

（1）有穷模型性。只要在上述可比较的概率模型中放弃“B（w）是可数布尔代数”并且“P_w是可数可加的概率测度”这两个条件，代以“B（w）是有穷布尔代数”并且“P_w是有穷可加的概率测度”即可。

（2）可判定性。

（3）在公式中将≥不可嵌套的条件删去。令 $\mathcal{L}$ 的公式可以包含嵌套≥，令 PK^* 是包含重言式和 AX1－AX9 的所有特例，并且在置换、分离和必然化规则下是封闭的最小公式集，则所有（有穷）可比较的概率模型的类确定 PK^*，对 PL^* 也有类似的结论。

格登夫斯（Gardenfors，1975）② 也建立了一种可比较的或然逻辑。即在经典命题语言中通过引入二元算子≥构成语言 $\mathcal{L}$，并且给出如下定义：

$$A \sim B =_{def}: (A \geqslant B) \wedge (B \geqslant A)$$

上述联结词的直观意义为：$A \sim B$ 表示 A 和 B 一样或然。

同时，引入下列缩写：对 m≥0，令 A_0，…，A_m和 B_0，…，B_m是公式，可构造下列合取式：$d_0A_0 \wedge \cdots \wedge d_mA_m \wedge e_0B_0 \wedge \cdots \wedge e_mB_m$，其中 d_i中恰有 n 个是否定号，并且 e_i中也恰有 n 个是否定号（$0 \leqslant n \leqslant m+1$），其余的 d_i和 e_i都是空符号串。定义 C_n为所有这样的合取的析取组成，另外，定义广义等值联结词 E 如下：

$$(A_0, \cdots, A_m)\ E\ (B_0, \cdots, B_m) =_{def}: (C_0 \vee \cdots \vee C_{m+1}) \sim \top$$

上式的简化式 AEB 就是 $(A \wedge B) \vee (\neg A \wedge \neg B) \sim \top$，亦即 $(A \leftrightarrow B) \sim \top$。所以 E 的直观意义可理解为：$(A_0, \cdots, A_m)\ E\ (B_0, \cdots, B_m)$ 成立，当且仅当，无论指派给 A_i和 B_i的真值是什么，A_i中的真命题和 B_i中的真命题都一样多。

令或然系统 QP 在 PC 上通过增加如下公理和规则组成：

(A1) $((A \leftrightarrow B) \sim \top) \wedge ((C \leftrightarrow D) \sim \top) \rightarrow ((A \geqslant C) \leftrightarrow (B \geqslant D))$

① Segerberg K. Qualitative probability in a modal setting. In Proceedings of the Second Scandinavian Logic Symposium, by Fenstad (ed.). 1971: 341－352.

② Gardenfors P. Qualitative probability as an intensional logic. Journal of Philosophical Logic. 1975, 4: 171－185.

(A2) $A \geqslant F$

(A3) $(A \geqslant B) \vee (B \geqslant A)$

(A4) $\top > F$

(A5) 对所有 $m \geqslant 1$，$(A_0, \cdots, A_m) E (B_0, \cdots, B_m) \wedge \bigwedge_{i=1}^{m-1} (A_i \geqslant B_i) \rightarrow (A_m \geqslant B_m)$

(R1) $\vdash A$，可以推出$\vdash A \sim \top$

其中 A5 是很强的公理，根据它可得：$(A \geqslant B) \wedge (B \geqslant C) \rightarrow (A \geqslant C)$。

下面考虑 QP 的概率语义：称三元组$<W, P, [\ ]>$是可比较的概率模型，当且仅当，满足下列条件：

(1) W 是非空的可能世界集；

(2) P 是函数，对每一 $w \in W$，P_w是 W 的幂集上的任一概率测度；

(3) $[\ ]$ 是一元真值函数，使得 $[A \geqslant B] = \{w \in W \mid P_w([A]) \geqslant P_w[B]\}$。

说明：格登夫斯的系统同赛格勃格的系统相比是平行的，但前者的语义与后者的语义相比，不但省略了 W 上的可及关系，而且使模型变得更加简洁，同时经过这样的处理后并未削弱可比较的概率模型的“表达力”。

可证明 $\mathcal{L}$ 上所有的可比较的概率模型类确定 QP。

如果对可比较的概率模型通过增加如下条件：

(*) 对所有的 $w \in W$，$P_w(\{w\}) > 0$

则对应于该语义条件，有下列公理：

(A6) $(A \sim \top) \rightarrow A$

该公理的直观意义是：如果 A 像真那样或然，那么 A 就是真的。

可以证明 $\mathcal{L}$ 上所有满足（*）的可比较的概率模型类确定QP+AX6。

如果对可比较的概率模型通过增加如下条件：

(**) 对所有 w，$w_1 \in W$ 并且 $X \subseteq W$，$P_w(X) = P_{w1}(X)$

那么对应于该语义条件，有下列公理：

(A7) $((A \geqslant B) \leftrightarrow ((A \geqslant B) \sim \top)) \wedge (\neg(A \geqslant B) \leftrightarrow ((A \geqslant B) \sim F))$

可以证明 $\mathcal{L}$ 上所有满足（**）的可比较的概率模型类确定 QP+A7。

定义：

$\Box A =_{def}: (A \sim \top)$，$\Diamond =_{def}: (A > F)$

$\Box A$ 的直观意义为：“A 与真一样或然”或“A 是极大或然的”。$\Diamond A$

的直观意义是："A 比假或然"。根据上面的语义条件有：

$$[\Box A] = \{w \in W \mid w_1 \in [A] \text{ 并且 } P_w(\{w\}) > 0\}$$

$\Diamond A$ 也可做类似定义。称 $\mathcal{L}$ 的公式 A 是模态公式，当且仅当，A 可以对上述定义进行改写，使得 A 不再含$\geqslant$、$>$和$\sim$。

可证明由 QP、QP＋A6、QP＋A6＋A7 推出的模态公式，分别可以由模态系统 D、⊤和 S5 推出。故格登夫斯的可比较的或然系统是某些正规模态系统的真扩张。

5.1.5　有穷概率逻辑

下面介绍有穷概率逻辑：一阶概率逻辑。

一阶概率逻辑就是将经典一阶概率演算加以公理化的逻辑。

哈尔彭对该类概率逻辑进行了研究，讨论了三种适于一阶概率逻辑的语义。其一是把概率指派给一阶模型的个体域，这样就能较好地处理像"一随机选出的鸟会飞的概率大于 0.8"①这样的统计推理。其二是把概率指派给模态模型的可能世界，可以处理类似于"主体相信这只小鸟会飞的概率大于 0.8"这样描述信念度的公式。其三是将前两种语义结合起来。下面分别讨论基于上述三种不同语义的逻辑。

1. 三种不同的语义

已知由有穷多的关系和函数符号构成的集合 μ。②

1.1　把概率指派给个体域的语义

该语义所用的语言 $\mathcal{L}_1$（μ）由两类符号组成：第一类符号是由 μ 和可数个个体变元 x，y，…组成。该类符号形成的项称为个体项，指称已知模型的个体域中的元素。第二类符号是由关系符号$>$、$=$，函数符号＋、·，常元 0、1 以及可数多个域变元 v，u，…组成，其中$>$、$=$、＋和·可按通常意义理解，0 和 1 指称实数项 0 和 1，域变元指称实数变元。第二类符号形成的项称为域项；从 0，1 开始，形如 t（A，$\vec{x}$）的概率项指称［0，1］中的实数，使得这些实数在＋和·下是封闭的，其中 A 为任意公式，$\vec{x}$ 指某些互不相同的个体变元所组成的序列$<x_1$，…，$x_n>$。并且⊤（A，$\vec{x}$）的直观意义是指：随机选择的 $\vec{x}$ 满足 A 的概率值。

---

① Halpern J Y. An analysis of first-order logics of probability. Artificial Intelligence. 1990, 46: 311-350.

② 个体常元可以看作 0 元函数符号。

如果 $\mathcal{L}_1$（μ）还包含个体项之间的等词，那么将 $\mathcal{L}_1$（μ）记为 $\mathcal{L}_1$（μ）$^=$，并简称该语言为 1 型语言。

称 M 是解释 1 型语言的概率模型（简称 1 -概率模型），当且仅当，M 是三元组 $<\|M\|, H, P>$，并且满足下列条件：

（1）$<\|M\|, H>$ 是一阶模型，其中 $\|M\|$ 是个体域；

（2）P 是从 $\|M\|$ 到 [0，1] 的离散概率函数①，使得：$\Sigma\{P(a) \mid a\in\|M\|\}=1$；

（3）对任意的 $X\subseteq\|M\|$，$P(X)=\Sigma\{P(a) \mid a\in X\}$。

已知上述概率函数 P，定义笛卡尔积 $\|M\|^n$ 上的积函数 P^n 如下：

$$P^n(<a_1, \cdots, a_n>)=P(a_1)\cdots P(a_n)$$

称 f 是赋值函数，当且仅当，f 将个体变元映射到 $\|M\|$ 上，将域变元映射到实数上，定义项 t 相对于 M 和 f 的值 $t^M[f]$ 如下：如果 t 是个体项，那么如通常定义，如果 t 是概率项，那么可定义如下：

$$t(A, \vec{x})^M[f]=P^n(\{<a_1, \cdots, a_n>\mid M\vDash A[f_0]\})$$

其中 $f_0=f(x_1/a_1, \cdots, x_n/a_n, \cdots)$ 表示将 $x_1, \cdots, x_n$ 分别映射到 $a_1, \cdots, a_n$ 上，其余都是与 f 相同的赋值函数。

其他的可满足定义如通常，用 $\vDash_1 A$ 表示 A 相对于所有的 1 -概率模型有效。

1.2　把概率指派给可能世界的语义

对 1 -概率模型，有如下结果：

如果 A 是闭公式，那么对任意由互不相同的个体变元组成的 $\vec{x}$，$\vDash_1 (t(A, \vec{x})=0)\vee(t(A, \vec{x})=1)$。

故对涉及信念度的概率推理而言，1 -概率模型并不合适，需要引入可能世界的语义。

除用概率项 t（A）代替 t（$A, \vec{x}$），并将 t（A）解释为“A 的概率”外，2 型语言 $\mathcal{L}_2$（μ）与 1 型语言本质上是相同的。

如果 $\mathcal{L}_2$（μ）还包含个体项间的等词，则将其记为 $\mathcal{L}_2$（μ）$^=$。

称 M 是解释 2 型语言的概率模型（简称 2 -概率模型），当且仅当，M 是四元组 $<\|M\|, H, W, P>$，并且满足如下条件：

（1）$<\|M\|, H>$ 是一阶模型；

（2）W 是非空的可能世界集；

---

① 数学概率论意义下的概率函数。

(3) P 是从 W 到 [0, 1] 上的离散概率函数。

赋值函数定义如前。项 t 相对于 M，赋值函数 f 及 $w \in W$ 的值 $t^M[f]_w$ 定义如下：如果 t 是个体项，那么如通常定义，如果 t 是概率项，那么定义如下：

$$t(A)^M[f]_w = P(\{w_1 \in W \mid M, w_1 \models A[f]\})$$

其他的可满足定义如通常。用 $\models_2 A$ 表示 A 相对于所有的 2-概率模型有效。

1.3 将概率同时指派给个体域和可能世界的语义

令 3 型语言 $\mathcal{L}_3(\mu) = \mathcal{L}_1(\mu) \cup \mathcal{L}_2(\mu)$，即包含形如 $t(A, \vec{x})$ 及 $t(A)$ 两类概率项。

如果 $\mathcal{L}_3(\mu)$ 还包含个体项间的等词，则将其记为 $\mathcal{L}_3(\mu)^=$。

称 M 是解释 3 型语言的概率模型（简称 3-概率模型），当且仅当，M 是五元组 $<\|M\|, H, W, P_{\|M\|}, P_w>$，使得满足如下条件：

(1) $<\|M\|, H>$ 是一阶模型；

(2) W 是非空的可能世界集；

(3) $P_{\|M\|}$ 和 P_w 分别是 $\|M\|$ 及 W 上的离散概率函数。

说明：直观上，3-概率模型是将 1-概率模型和 2-概率模型组合起来的模型，其语义定义也采用类似的方法。例如概率项 t 相对于 M，赋值函数 f 及 $w \in W$ 的值 $t^M[f]_w$ 可定义如下：

$$t(A, \vec{x})^M[f]_w = P^n\|M\|(\{<a_1, \cdots, a_n> \mid M, w \models A(f(x_1/a_1, \cdots, x_n/a_n, \cdots))\})$$

$$t(A)^M[f]_w = P_w(\{w_1 \in W \mid M, w_1 \models A[f]\})$$

其他的可满足定义如通常。用 $\models_3 A$ 表示 A 相对于所有的 3-概率模型有效。

2. 可判定性和可公理化问题

阿巴迪（M. Abadi）和哈尔彭已证明，在此所讨论的范围内，在一般情况下不可能得到刻画概率推理的完全的演绎系统①，他们只证明了：

> 如果 μ 只含一元谓词，那么相对于 1-概率模型类，$\mathcal{L}_1(\mu)$ 的有效公式集是可判定的。

但是有下列结果：

---

① Abadi M, Halpern J Y. Decidability and expressiveness for first-order logics of probability. In Proceedings 30th IEEE Symposium on Foundations of Computer Science, 1989: 148-153.

(1) 相对于 1 -概率模型类，$\mathcal{L}_1(\mu)^=$ 的有效公式集不是递归可枚举的；如果 μ 包含 n 元谓词，使得 $n>1$，那么相对于 1 -概率模型类来说，$\mathcal{L}_1(\mu)$ 的有效公式集也不是递归可枚举的。

(2) 相对于 2 型语言，情况更差，即使当 μ 只包含一元谓词。相对于 2 -概率模型类，$\mathcal{L}_2(\mu)$ 的有效公式集也不是递归可枚举的。如果 μ 至少含一个常元符号，或者 μ 含一个一元谓词，那么相对于 2 -概率模型类来说，$\mathcal{L}_2(\mu)^=$ 的有效公式集也不是递归可枚举的。

原因在于不是递归可枚举的集合都是不可判定的，故在 (1) 和 (2) 的情况下相应的有效公式集也都是不可判定的。

下面讨论可公理化问题。如果一语言能表达一完全递归可公理化的系统，那么其有效公式集必然是递归可枚举的。在上述列举的几种情况下就不会有完全可公理化的系统。其原因是概率函数是建立在集合上的更高阶函数，所以说刻画关于概率的推理比刻画关于实数的推理或者刻画关于自然数的推理都要复杂很多。

哈尔彭 (Halpern，1990)① 证明了：在一些特定的场合下可以得到一些完全可公理化的系统。同时概率推理具有一定的作用，在实际过程中只需考虑有穷模型即可，有如下结果：

> 如果考虑基数至多为 N 的有穷模型，那么对所有的 μ，$\mathcal{L}_1(\mu)^=$（或 $\mathcal{L}_2(\mu)^=$，或 $\mathcal{L}_3(\mu)^=$）的有效性问题分别相对于 1（相对于 2，或 3）-概率模型类是可判定的。

如果以上语言不含等词，那么相应的结论仍然成立。

对应于上述三种类型的概率模型，哈尔彭分别构造了三种有穷的概率系统 AX1、AX2 和 AX3，其中 AX1 由三组公理和规则组成，其一是一阶谓词演算的公理和规则，如果该语言中还包含等词，那么该组公理还将包含等词公理。其二是有关实闭域的公理，塔斯基已证明实闭域理论是可判定的，且存在表达该理论的完全可公理化的系统。② 其三是关于个体域上分配概率的公理和规则如下：

(PD1) $\forall \vec{x} A \rightarrow t(A, \vec{x}) = 1$，其中 $\vec{x}$ 是 n 个互不相同的个体变元序列

① Halpern J Y. An analysis of first-order logics of probability. Artificial Intelligence. 1990, 46: 311 - 350.

② Tarski A. A Decision method for elementary algebra and geometry. University of California Press, 1951.

(PD2) t $(A, \vec{x}) \geqslant 0$

(PD3) t $(A \wedge B, \vec{x})$ +t $(A \wedge \neg B, \vec{x})$ =t $(A, \vec{x})$

(PD4) t $(A, \vec{x})$ =t $(A\ (x_i/y), \vec{x}(x_i/y))$，其中 y 是不在 $\vec{x}$ 和 A 中出现的个体变元

(PD5) t $(A \wedge B, \vec{x}, \vec{y})$ =t $(A, \vec{x})$ · t $(B, \vec{y})$，其中 A 中没有自由变元属于 $\vec{y}$，并且 B 中也没有自由变元属于 $\vec{x}$，并且 $\vec{x}$ 与 $\vec{y}$ 中的元素是互不相同的

(RPD1) 从⊢ $(A \leftrightarrow B)$，可以推出：⊢t $(A, \vec{x})$ =t $(B, \vec{x})$

说明：PD4 允许出现重名约束变元，PD5 使推理相对于随机变元是独立的。

由于上述的原因，无法使 AX1 相对于 $\mathcal{L}_1\ (\mu)^=$ 的概率模型类是完全的，即使 μ 有二元谓词，也无法使 AX1 相对于 $\mathcal{L}_i\ (\mu)$ 的概率模型类是完全的。但有如下结果：

如果 μ 只含一元谓词，那么 $\mathcal{L}_1\ (\mu)$ 表达的 AX1 相对于所有 1-概率模型的类是可靠的且完全的。

虽然对一元谓词的条件限制得非常苛刻，但上述结果还是可以刻画许多概率推理的，也可以刻画前面所述的飞鸟的例子。令 AX_1^N 是 AX1 通过加上下列公理①组成的：

FIN_N：$\exists x_1 \cdots x_N \forall y\ (y = x_1 \vee \cdots \vee y = x_N)$

于是，有下列结果：

$\mathcal{L}_1\ (\mu)^=$ 表述的 AX_1^N 相对于所有基数至多为 N 的 1-概率模型的类是可靠的且完全的。

当然，还可以将 FIN_N 修正为 FIN_N^0，使得后者可表达为："个体域的个数恰好为 N。"这时可得到相对基数恰好为 N 的概率模型类的可靠的且完全的公理化系统。

第二个系统 AX2 除了用下列公理和规则替换 AX1 中的 PD1－PD5 和 RPD1 外，其余的都与 AX1 相同：

(PW1) $A \rightarrow$ t (A) =1，除非它们在形如 t (B) 的 B 中出现，否则函数和关系符号在 A 中不出现

(PW2) t $(A) \geqslant 0$

(PW3) t $(A \wedge B)$ +t $(A \wedge \neg B)$ =t (A)

① 该公理指的是："个体域的个数至多是 N"。

（RPW1）从$\vdash A\leftrightarrow B$，可以推出$\vdash t(A)=t(B)$

令 AX_2^N是 AX_2通过加上公理 FIN_N组成，有如下结果：

由 $\mathcal{L}_2(\mu)^=$表述的 AX_2^N相对于所有基数至多为 N 的 2-概率模型的类是可靠的且完全的。

如果把 AX1 和 AX2 组合起来，就可以得到系统 AX3 和 AX_3^N，可以证明：

$\mathcal{L}_3(\mu)^=$表述的 AX_3^N相对于所有基数至多为 N 的 3-概率模型的类是可靠的且完全的。

上述结果的证明可参见哈尔彭（Halpern，1990）①。

5.1.6　无穷概率逻辑

本节主要参照了（李小五，1992）的第 9 章②、（李小五，1996）③、（李小五，1998）④ 等文献。

令 $\mathcal{L}$为只含关系符号及个体常元符号的语言，无穷概率语言是通过在无穷语言 $\mathcal{L}_{\omega 1\omega}$的基础上，并以集合论公理化系统 KPU 或 KP 为背景，同时引入概率量词而建立起来的。其中 KPU 与集合论系统 ZF（ZFC）的最大区别在于前者不含子集公理和幂集公理。称满足 KPU 或 KP 的集合论模型为可容集，用 m，m_1，…表示。

下面仍然用 $\vec{x}$ 表示 x_1，…，x_n，以此类推。

已知可容集 m，除了在前者中引入概率量词（$P\vec{x}\geqslant r$）代替经典量词$\forall x$ 和$\exists x$ 外，无穷概率语言 $\mathcal{L}_{mp}$等同于无穷可容语言 $\mathcal{L}_m=\mathcal{L}_{\omega 1\omega}\cap m$。无穷概率语言以可容集为背景需要满足如下封闭性：

如果Σ是 $\mathcal{L}_{mp}$的公式集且$\Sigma\in m$，那么无穷长的合取$\wedge\Sigma$和无穷长的析取$\vee\Sigma$都是 $\mathcal{L}_{mp}$的公式，并且如果 $r\in[0,1]\cap m$ 并且 A 是 $\mathcal{L}_{mp}$的公式，那么（$P\vec{x}\geqslant r$）A 是 $\mathcal{L}_{mp}$的公式。

概率量词（$P\vec{x}\geqslant r$）可退化为（$Px\geqslant r$），由此所构成的概率公式（$Px\geqslant r$）A（x）的直观意义是：{x，A（x）} 相对于个体域至少有概率

① Halpern J Y. An analysis of first-order logics of probability. Artificial Intelligence. 1990，46：311-350.

② 李小五．现代归纳逻辑与概率逻辑．北京：科学出版社，1992.

③ 李小五．无穷逻辑（上）．北京：社会科学文献出版社，1996.

④ 李小五．无穷逻辑（下）．北京：社会科学文献出版社，1998.

r，也可理解为公式 A 相对于个体域至少有可信度 r。

根据上述概率量词，还可引入如下定义：

$(P\vec{x}<r)\ A=_{def}: \neg(P\vec{x}\geqslant r)\ A$

$(P\vec{x}\leqslant r)\ A=_{def}: (P\vec{x}\geqslant 1-r)\ \neg A$

$(P\vec{x}>r)\ A=_{def}: \neg(P\vec{x}\geqslant 1-r)\ \neg A$

从直观上讲 $(P\vec{x}\geqslant 1)$ 类似于一阶逻辑中的 $\forall\vec{x}$，但是比后者要弱；$(P\vec{x}>0)$ 类似于一阶逻辑中的 $\exists\vec{x}$，但却比后者要强。可见，概率量词就是对全称量词和存在量词的概括。

称 M 是解释 $\mathcal{L}_{mp}$ 的无穷概率模型，当且仅当，M 是三元组 $<\|M\|, H, P>$，使得满足如下条件：

（1）$<\|M\|, H>$ 是一阶模型；

（2）P 是 $\|M\|$ 上的可数可加的概率测度，使得 $\|M\|$ 的每一单元集可测并且每一 n 元关系 R^M 是 $P^{(n)}$ 可测的。

有了无穷概率模型，可递归定义 $M\vDash A[\vec{a}]$ 如下：

（1）$M\vDash R(\vec{x})[\vec{a}]\leftrightarrow R(\vec{x})$ 是原子公式并且 $\vec{a}\in R^M$。

（2）$M\vDash\neg A[\vec{a}]\leftrightarrow M\nvDash A[\vec{a}]$。

（3）$M\vDash\wedge\Sigma[\vec{a}]\leftrightarrow$ 对每一 $A\in\Sigma$，$M\vDash A[\vec{a}]$，其中 $\Sigma\in m$ 是 $\mathcal{L}_{mp}$ 的可数公式集。

（4）$M\vDash(P\vec{x}_n\geqslant r)\ A(\vec{x}_n, \vec{x}_m)[\vec{a}_m]\leftrightarrow P^{(n)}(\{\vec{b}_n\in\|M\|^n\mid M\vDash A[\vec{a}_m, \vec{b}_n]\})\geqslant r$。

李小五在《现代归纳逻辑与概率逻辑》的第 9 章中介绍了几个具有代表性的无穷概率系统：弱无穷概率系统 S^1_{mp}、完备无穷概率系统 S^2_{mp} 及分级无穷概率系统 S^3_{mp}，其中 S^1_{mp} 是由如下（1）－（11）构成的公理系统，S^2_{mp} 是由如下（1）－（15）构成的公理系统，S^3_{mp} 是 S^2_{mp} 去掉公理（15）后得到的公理系统：

（1）PC 的重言式及其代入特例；

（2）$\wedge\Sigma\rightarrow A$，其中 $A\in\Sigma$ 并且 $|\Sigma|<\omega_1$；

（3）一阶逻辑的等词公理；

（4）$(P\vec{x}\geqslant r)\ A\rightarrow(P\vec{x}\geqslant s)\ A$，其中 $r\geqslant s$；

（5）$(P\vec{x}\geqslant r)\ A(\vec{x})\rightarrow(P\vec{x}\geqslant s)\ A(\vec{x})$；

（6）$(P\vec{x}\geqslant 0)\ A$；

（7）有穷可加性：

① $(P\vec{x}\leqslant r)\ A\wedge(P\vec{x}\leqslant s)\ B\rightarrow(P\vec{x}\leqslant r+s)\ (A\vee B)$；

② $(P\vec{x}\geqslant r)\ A\wedge(P\vec{x}\geqslant s)\ B\wedge(P\vec{x}\leqslant 0)\ (A\wedge B)\rightarrow(P\vec{x}\geqslant r+s)\ (A\vee B)$；

(8) 阿基米德性质（Archimedean-性质）：

$(P\vec{x}>r)\ A\leftrightarrow\bigvee\{P\vec{x}\geqslant r+1/n\}\ A\,|\,\{n<\omega\}$；

(9) 从$\vdash A\rightarrow B$，$\vdash A$，可推出$\vdash B$； （分离规则）

(10) 从$\vdash\{A\rightarrow B\,|\,B\in\Sigma\}$，可推出$\vdash A\rightarrow\wedge\Sigma$； （合取规则）

(11) 从$\vdash A\rightarrow B(\vec{x})$，可推出$\vdash A\rightarrow(P\vec{x}\geqslant 1)\ B(\vec{x})$，其中$\vec{x}$在$A$中不自由出现； （概括规则）

(12) $\wedge\{(P\vec{x}\geqslant r)\ \wedge\psi\,|\,\psi$是$\Sigma$的有穷子集$\}\rightarrow(P\vec{x}\geqslant r)\ \wedge\Sigma$；

（可数可加性）

(13) $(Px_1,\cdots,x_n\geqslant r)\ A\leftrightarrow(Px_{\pi(1)},\cdots,x_{\pi(n)}\geqslant r)\ A$，其中$\pi$是$\{1,\cdots,n\}$上的转换函数； （对称性）

(14) $(P\vec{x}_n\geqslant r)(P\vec{y}_m\geqslant s)\ A\rightarrow P(\vec{x}_n\vec{y}_m\geqslant r\cdot s)\ A$，其中$\vec{x}_n$，$\vec{y}_n$是互不相同的变元； （乘积独立性）

(15) 对每一$r<1$，$(P\vec{x}_n\geqslant 1)(P\vec{y}_n>0)(P\vec{z}_m\geqslant r)(A(\vec{x}_n,\vec{z}_m)\leftrightarrow A(\vec{y}_n,\vec{z}_m))$，其中$\vec{x}_n$、$\vec{y}_m$和$\vec{z}_m$中的变元互不相同。 （乘积可测性）

从这些公理可以看出无穷概率系统的表达力强于有穷（认知）概率系统。从这些公理和规则可以得到许多有关概率命题的重要性质。

称M为弱无穷概率模型，当且仅当，M为三元组：$<\|M\|,H,P_n>$ $(n<\omega)$。

其中每一P_n是$\|M\|^n$上的有穷可加的概率测度，使得每一单元集可测，并且对每一$A(\vec{x}_m,\vec{y}_n)$和$\vec{a}_m\in\mathcal{A}^m$，下列集合是$P_n$-可测的：

$\{\vec{b}_n\in\|M\|^n\,|\,M\vDash A[\vec{a}_m,\vec{b}_n]\}$

如果通过修改和补充一些语义条件，便可得到分级无穷概率模型。由此可证明上述3个概率系统相对于各自适用的无穷概率模型类是可靠的和完全的。

令M为无穷概率模型，称M是原子概率模型，当且仅当，$\|M\|$中每一单元集有非零测度。由此还有如下适于原子模型的完全性定理：可数句子集Σ有原子模型，当且仅当，如下集合相对S^2_{mp}一致：

$\Sigma\cup\{(Px\geqslant 1)(Py>0)\ x=y\}$

以上无穷概率系统还可化归为准有穷概率系统。令$\omega\notin m$，使得

$\mathcal{L}_{mp}$的每一公式是有穷长的公式。假设有理数集 Q 在 m 中有定义，使得 $Q\subseteq m$，则 $\mathcal{L}_{mp}$至少有可数多个量词：$\{P\vec{x}\geqslant r\}\mid\{r\in Q\cap[0,1]\}$。

此时，无穷公理（12）和推理规则（10）就退化为有穷逻辑的公理和规则，而另一无穷公理（8）则可代之以如下的无穷推理规则：

从$\vdash\{B\rightarrow(P\vec{x}_n\geqslant r)(P\vec{x}_m\geqslant s-1/n)A\mid n<\omega\}$，可推出$\vdash B\rightarrow(P\vec{x}_n\geqslant r)(P\vec{x}_m\geqslant s)A$

根据新增的推理规则，准有穷概率系统相对于弱无穷概率模型类及分级无穷概率模型类是可靠的且完全的。

上述概率系统不含全称量词和存在量词，但却可以在上述系统中引入全称量词∀，从而构造出多类量词的无穷概率系统 S_{mp}（P，∀），并且可以证明它相对于适合它的无穷概率模型类是可靠的且完全的。

总之，以上对各种概率逻辑及其语义解释进行了详细的介绍，为后面构造概率逻辑的扩充做基础。

5.2 认知概率逻辑

下面对认知概率逻辑系统的语言、语义、语形及其可靠性和完全性进行系统的介绍，同时给出增加公共知识后的概率语义。

5.2.1 背景知识

认知概率逻辑是概率逻辑与认知逻辑的组合，对它的研究开辟了归纳逻辑发展的新方向，下面主要讨论其形式系统及特征。

当把概率看作信念度时，可用一般的方法建立内涵概率逻辑，也可为不同的主体指派信念度，这样就会涉及多主体的概率逻辑。在费金、哈尔彭(Fagin，Halpern，1994)① 和哈尔彭、塔特尔（Halpern，Tuttle，1993)② 等文献中分别给出了很好的处理方法，其动机有两个：

其一，必须区分知识和确定性。确定性指如果存在某个主体 a 确定了

① Fagin R，Halpern J Y. Reasoning about knowledge and probability. Journal of the Association for Computing Machinery. 1994，41 (2)：340 - 367.

② Halpern J Y，Tuttle M. Knowledge，probability，and adversaries. Journal of the Association for Computing Machinery. 1993，40 (4)：917 - 962.

某事，那么主体a指派给该事件的概率就是1（记为 $cert_a$（φ））。

其二，可能会出现只注意到模型而忽视概率的现象，在处理从物概率时，很容易会出现这种情况。假设有两枚硬币，并且正面着地的概率是1/3。现在假设主体不能够区分这两枚硬币，并且把其中的一枚投掷出去，此时主体不知道是其中的哪一枚。据此硬币正面着地的概率是多少？如果正面着地的概率是从物概率，那么主体不能够说出正面着地的概率是1/2或是1/3就是很正常的事，这两个从物概率却只能产生一个统计概率。如果服从等概率分配原则，随机捡起其中的一枚硬币并且将它投出去所产生的正面着地的概率等于5/12。为了刻画从物概率，并表明主体事先并不知道它的概率，此时就需要增加认知算子并建立认知概率逻辑（PEL）。

在哲学、经济以及人工智能领域中，对知识推理的研究已成为非常活跃的主题之一。另外，理论计算机科学家对该领域也非常感兴趣，因为关于知识的推理是分析分布系统非常有用的工具。

在知识推理的应用领域里，对特定事件的概率进行推理，也同对主体的知识进行推理一样非常重要，于是在分布系统中就提出了对随机性和概率程序进行推理的要求。许多研究者很早就已经考虑到了知识和概率之间的关系。事实上，在经济领域中关于知识的推理可以追溯到奥曼（Aumann，1976）① 的一篇小论文，其中就已经为概率建立了模型。但是，他们并没有运用逻辑语言对概率进行推理。在此，就利用逻辑语言对传统的认知逻辑进行扩充，这样就可以对线性概率进行推理，相关的文章可以参考费金、哈尔彭、美吉多（Fagin，Halpern，Megiddo，1990）②。

在标准的可能世界的认知模型中，在世界或者状态w上，如果φ在所有的主体都认为是可能的世界（或者状态）w里，主体a知道事件φ，记作 $K_a\varphi$。现在希望该语言不仅可以对主体的知识进行推理，而且能够对某个特定事件的概率进行推理。为此，就需要对在（Fagin，Halpern，Megiddo，1990）③ 中所使用的语言进行扩充，其实质上就是对尼尔森（Nilsson，1986）④ 中的概率逻辑进行形式处理。包括 $P(\varphi)\geqslant 2P(\psi)$

---

① Aumann R J. Agreeing to disagree. Annals of Statistics. 1976，4（6）：1236-1239.

②③ Fagin R，Halpern J Y. Megiddo N. A logic for reasoning about probabilities. Information and Computation. 1990，87（1，2）：78-128.

④ Nilsson N J. Probabilistic logic. Artificial Intelligence. 1986，28：71-87.

以及 $P(\varphi) < 1/3$ 这样的公式，其中 φ 和 ψ 是命题公式。这些公式分别可以读作“事件 φ 发生的概率至少是事件 ψ 发生的概率的 2 倍”和“事件 φ 发生的概率小于 1/3”。所以如果希望能够对主体指派给事件的概率进行推理，就需要修改它们的语言使其包含形如 $P_a(\varphi) \geqslant 2P_a(\psi)$ 这样的公式。φ 和 ψ 是任意的公式（本身可能包含模态算子 P_j 和 K_j 叠加的形式），而不只是概率公式。这样就具有了对高阶概率进行推理的能力［可参看（Gaifman，1986）①，其中也增加了一些推理规则］，同时也具备了对主体知道某个特定事件的概率进行推理的能力。

在可能世界框架内，为了给该语言一种合适的语义，就需要假定，在每一状态上，每一主体在他认为可能的世界上具有概率。如果根据主体 a 在状态 w 上的概率指派，事件 φ 的概率至少是事件 ψ 的概率的 2 倍，那么形如 $P_a(\varphi) \geqslant 2P_a(\psi)$ 这样的公式在状态 w 上就是真的。由于技术或者哲学上的原因，将概率看作给任意的世界指派集合的方法更易于操作，而不采用在某个已知的状态上给主体认为可能的所有的世界指派集合的方法。

下面建立认知概率逻辑系统（PEL）。

5.2.2 语言

《知识和概率推理》（Fagin，Halpern，1994）② 中给出了 PEL 的语言 $\mathcal{L}_{PEL}$。

定义 5.4 $\mathcal{L}_{PEL}$是通过已知的可数的语句变元集 $\mathcal{P}$、有穷主体集 $\mathcal{A}$、认知算子 K_a和概率函数符号 P_a进行定义的。$\mathcal{L}_{PEL}$的合式公式通过下面的 BNF 规则给出：

$$\varphi ::= \bot \mid p \mid \neg\varphi \mid (\varphi_1 \wedge \varphi_2) \mid K_a\varphi \mid \sum_{i=1}^{n} q_i P_a(\varphi_i) \geqslant q$$

其中 $p \in \mathcal{P}$，$a \in \mathcal{A}$ 且 $q_1, \cdots, q_n$ 及 q 是有理数。$\sum_{i=1}^{n} q_i P_a(\varphi_i) \geqslant q$ 称为 $\mathcal{L}_{PEL}$的项，也可称为 $\mathcal{L}_{PEL}$的概率公式。令 Φ_{PEL}表示 $\mathcal{L}_{PEL}$中所有的合式公式集。令 $\mathcal{P}_{a,\mathcal{L}PEL}$表示所有的 $\mathcal{L}_{PEL}$的概率公式集，令 $\top_{\mathcal{L}PEL}$表示 $\mathcal{L}_{PEL}$中所

① Gaifman H. A theory of higher order probabilities. In Halpern J Y, editor, Theoretical Aspects of Reasoning about Knowledge: Proc. 1986 Conference, Morgan Kaufmann, San Francisco, Calif. 1986: 275 - 292.

② Fagin R, Halpern JY. Reasoning about knowledge and probability. Journal of the Association for Computing Machinery. 1994, 41 (2): 340 - 367.

有的项集。$\top$、$\vee$、$\rightarrow$和$\leftrightarrow$可按照标准的定义引入，同时也可采用通常所使用的缩写。

5.2.3　语义

《知识和概率推理》中定义的认知概率逻辑的多主体的克里普克（Kripke）模型如下：

定义 5.5　认知概率逻辑（PEL）的多主体的克里普克结构 M_{PEL} 是（n+3）元组（W，π，R_{a1}，…，R_{an}，p），其中 W 是一状态集（可以看作事件的状态集或可能世界集），对每一状态 w∈W，π（w）给 p∈$\mathcal{P}$ 中的每一初始命题指派真值（即对每一状态 w∈W，给每一初始的命题 p∈$\mathcal{P}$ 指派一真值 π（w）（p）∈｛真，假｝），R_{ai} 是建立在 $W\times W$ 上的等价关系（其中 i=1，…，n），R_{ai} 主要是为了刻画与任意主体 a_i 相关的可及关系：如果在状态 w 上，主体 a_i 认为 t 是可能世界，那么（w，t）∈R_{ai}。并且 p 为概率指派，即指派给每一主体 a∈$\mathcal{A}$ 和每一状态 w∈W 一个概率空间 $p_{(a,w)}$=（$W_{a,w}$，$\chi_{a,w}$，$\mu_{a,w}$），其中 $W_{a,w}\subseteq W$ 为样本空间，$\chi_{a,w}$ 为 $W_{a,w}$ 的子集组成的 σ 域，并且 $\mu_{a,w}$ 是定义在 $\chi_{a,w}$ 上的概率测度。当 a 指任意主体时，其下标 i（其中 i=1，…，n，下同）可以省略。可定义 R_a（w_1）和 $W_{a,w1}$（φ）如下：

$$R_a(w_1) := \{w_2 \mid (w_1, w_2) \in R_a\}$$

$$W_{a,w1}(\varphi) := \{w_2 \in W_{a,w1} \mid (M_{PEL}, w_2) \models \varphi\}$$

另外，M_{PEL} 满足下面的条件：

（CONS）　对所有的 a∈$\mathcal{A}$ 并且 w∈W，如果 $\mathcal{P}_{(a,w)}$=（$W_{a,w}$，$\chi_{a,w}$，$\mu_{a,w}$），那么 $W_{a,w}\subseteq R_a$（w）。

（OBJ）　对所有的 a_1，a_2∈$\mathcal{A}$，并且 w∈W，$\mathcal{P}_{(a1,w)}=\mathcal{P}_{(a2,w)}$。

（SDP）　对所有的 a∈$\mathcal{A}$，并且 w_1，w_2∈W，如果 $w_2R_aw_1$，那么 $\mathcal{P}_{(a,w1)}=\mathcal{P}_{(a,w2)}$。

（UNIF）　对所有的 a∈$\mathcal{A}$，w_1，w_2∈W，如果 $P_{(a,w1)}$=（$W_{a,w1}$，$\chi_{a,w1}$，$\mu_{a,w1}$），并且 $w_2\in W_{a,w1}$，那么 $\mathcal{P}_{(a,w2)}=\mathcal{P}_{(a,w1)}$。

（MEAS）对所有的 a∈$\mathcal{A}$，w∈W，对每一公式 φ，有 $\varphi\in\Phi_{\mathcal{L}PEL}$，$W_{a,w}(\varphi)\in\chi_{a,w}$。

（PMEAS）　指对所有的命题，都可以定义可测度集。

令 IM_{PEL} 表示所有的 PEL 的克里普克模型类。

（CONS）假定主体将正概率指派给他知道是假的事件的信念系统是

不一致的。(OBJ) 假定概率指派的客观性。(SDP) 假定概率空间的选择和主体认为可能的所有的世界是相同的。(UNIF) 假定可以将 R_a (w) 划分为子集使得在已知的子集中的每一世界里，概率空间都是相同的。(MEAS) 假定所有的合式公式都可定义一可测度集。(PMEAS) 指对所有的命题，都可定义可测度集。

《知识和概率推理》中给出了下面的真值定义。

定义 5.6　在 M_{PEL} 中，在 $w \in W$ 上，$\varphi \in \Phi_{\mathcal{L}PEL}$ 是真的，符号 $(M_{PEL}, w) \vDash \varphi$ 可归纳定义如下：

$(M_{PEL}, w) \vDash p$，当且仅当，$\pi(w)(p) = true$。

$(M_{PEL}, w) \vDash \varphi_1 \wedge \varphi_2$，当且仅当，$(M_{PEL}, w) \vDash \varphi_1$ 并且 $(M_{PEL}, w) \vDash \varphi_2$。

$(M_{PEL}, w) \vDash \neg\varphi$，当且仅当，$(M_{PEL}, w) \nvDash \varphi$。

$(M_{PEL}, w_1) \vDash K_a(\varphi)$，当且仅当，对所有的 $w_2 \in R_a(w_1)$，$(M_{PEL}, w_2) \vDash \varphi$。

$(M_{PEL}, w) \vDash \sum_{i=1}^{n} q_i P_a(\varphi_i) \geqslant q$，当且仅当，$\sum_{i=1}^{n} q_i P_{a,w}(W_{a,w}(\varphi_i)) \geqslant q$。

对所有的 $w \in W$，如果 $(M_{PEL}, w) \vDash \varphi$，记作 $M \vDash \varphi$，并且称 φ 在 M 中有效。如果 φ 在 IM_{PEL} 中所有的模型中是有效的，记作 $IM_{PEL} \vDash \varphi$ 并且称 φ 对应于 IM_{PEL} 是有效的。

定义 $\varphi \in \Phi_{\mathcal{L}PEL}$ 的语义值的概率如下：

定义 5.7

$$\mathcal{P}_{a,w1}(W_{a,w1}(\varphi)) =_{def}: \begin{cases} \sum_{w_2 \in W_{a,w_1}(\varphi)} P_{a,w_1}(\{w_2\}) & \text{如果} \vdash \varphi \text{不常假，} \\ 0 & \text{否则。} \end{cases}$$

5.2.4　语形

《知识和概率推理》中给出了 PEL 的公理系统如下：

定义 5.8　PEL 的公理

(1) 认知推理公理：

(K1) 经典命题逻辑的所有的重言式

(K2) $K_a(\varphi_1 \to \varphi_2) \to (K_a(\varphi_1) \to K_a(\varphi_2))$　(K)

(K3) $K_a(\varphi) \to \varphi$　(T)

(K4) $K_a(\varphi) \to K_a K_a(\varphi)$　(正内省)

(K5) $\neg K_a(\varphi) \to K_a \neg K_a(\varphi)$　(负内省)

（2）概率推理公理：

（W1）$P_a(\varphi)\geqslant 0$　（非负性）

（W2）$P_a(\top)=1$　（规范性）

（W3）$P_a(\varphi_1\wedge\varphi_2)+P_a(\varphi_1\wedge\neg\varphi_2)=P_a(\varphi_1)$　（可加性）

（W4）如果 $\varphi\leftrightarrow\psi$ 是命题重言式，$P_a(\varphi)=P_a(\psi)$　（分布性）

（W5）$P_a(\bot)=0$　（常假事件的概率为 0）

（W6）$P_a(\varphi_1\vee\cdots\vee\varphi_k)\geqslant\sum_{A\subseteq\{1,\cdots,k\},A\neq 0}(-1)^{|A|+1}P_a(\wedge_{a\in A}\varphi_a)$

（信念函数）

（W7）$K_a(\varphi)\to(P_a(\varphi)=1)$　（CONS 的对应）

（W8）$(\sum_{i=1}^{n}q_iP_a(\varphi_i)\geqslant q)\to(\sum_{i=1}^{n}q_{j_i}P_b(\varphi_{j_i})\geqslant q)$　（OBJ 的对应）

（W9）如果 φ 是 a-概率公式或者否定的 a-概率公式，$\varphi\to(P_a(\varphi)=1)$

（UNIF 的对应）

（W10）如果 φ 是 a-概率公式或者否定的 a-概率公式，$\varphi_1\to K_a(\varphi_1)$

（SDP 的对应）

（3）关于线性不等式推理的公理：

（A1）$(\sum_{i=1}^{n}q_iP_a(\varphi_i)\geqslant q)\leftrightarrow(\sum_{i=1}^{n}q_iP_a(\varphi_i)+0P_a(\varphi_{n+1})\geqslant q)$

（增加和删除 0 项）

（A2）如果 $j_1,\cdots,j_n$ 是 $1,\cdots,n$ 的置换，$(\sum_{i=1}^{n}q_iP_a(\varphi_i)\geqslant q)\to(\sum_{i=1}^{n}q_{j_i}P_a(\varphi_{j_i})\geqslant q)$　（置换）

（A3）$(\sum_{i=1}^{n}q_iP_a(\varphi_i)\geqslant q)\wedge(\sum_{i=1}^{n}q'_iP_a(\varphi_i)\geqslant q')\to\sum_{i=1}^{n}(q_i+q'_i)P_a(\varphi_i)\geqslant(q+q')$　（系数可加性）

（A4）如果 $q'>0$，$(\sum_{i=1}^{n}q_iP_a(\varphi_i)\geqslant q)\leftrightarrow(\sum_{i=1}^{n}q'q_iP_a(\varphi_i)\geqslant q'q)$

（非零系数可乘性）

（A5）如果 t 是项，$(t\geqslant q)\vee(t\leqslant q)$　（二分法）

（A6）如果 t 是项，并且 $q_1>q_2$，$(t\geqslant q_1)\to(t>q_2)$　（单调性）

（4）PEL 的推演规则：

（R1）从 $\vdash\varphi_1$，$\vdash\varphi_1\to\varphi_2$ 可以推出 $\vdash\varphi_2$　（分离规则）

（R2）从 $\vdash\varphi$ 可以推出 $\vdash K_a(\varphi)$　（概括规则）

（R3）从 $\vdash\varphi_1\leftrightarrow\varphi_2$ 可以推出 $\vdash\mathcal{P}_a(\varphi_1)=P_a(\varphi_2)$　（分布规则）

5.2.5 可靠性和完全性

《知识和概率推理》中给出了 PEL 的可靠性和完全性的证明如下：

引理 5.1 如果 M 满足 CONS、OBJ、UNIF 和 PMEAS 的结构，那么 M 满足 MEAS。

证 可以直接施归纳于公式 φ 的结构，对所有的公式 φ，$W_{a,w}$（φ）是可测度的。假设 CONS 和 OBJ 可推出对所有的主体 a 和 j，有 $W_{a,w} \subseteq K_j$（w）。可见，$W_{a,w}$（$K_j\varphi$）是 $W_{a,w}$ 或者是 ∅，在这两种情况下都是可测的。类似地，可以证明 OBJ 和 UNIF 可推出对任意概率公式 φ，有 $W_{a,w}$（φ）是 $W_{a,w}$（φ）或者是 ∅，同理也都是可测的。

令 AX_{MEAS} 由 K1－K5，A1－A6，W1－W5 以及 R1－R2 组成。令 AX 是在 AX_{MEAS} 中用 W6 替换 W3 组成。下面的定理证明该公理化系统是可靠的和完全的。

定理 5.17 相对于认知概率逻辑，AX 是可靠的和完全的公理化系统（相对于满足 MEAS 结构的逻辑，AX_{MEAS} 是可靠的和完全的公理系统）。

证 用通常的证明方法可以直接证明可靠性。下面重点证明完全性。

为了证明完全性，只需要证明如果公式 φ 是 AX_{MEAS} 中一致的公式，那么相对于满足 MEAS 的认知概率逻辑，在克里普克结构中公式 φ 是可满足的。令 Sub（φ）为由 φ 的所有的子公式组成的集合，并且令 Sub^+（φ）为由 φ 的非负子公式所组成的集合。

令 w 为有穷公式集，令 φ_w 为 w 中公式的合取。如果不出现 $AX_{MEAS} \vdash \neg\varphi_w$，那么称 w 是一致的，如果公式 ψ 在公理系统 AX_{MEAS} 中是可证的，记为 $AX_{MEAS} \vdash \psi$。对 φ 中的每一子公式 ψ（只包含 ψ 和¬ψ 之一），如果 Sub^+（φ）的子集是一致的，那么称集合 w 是 Sub^+（φ）的极大一致的子集。现在首先构造不含概率的认知的克里普克结构（W，π，R_1，…，R_n）如下：令 W 表示状态集，由 Sub^+（φ）的所有的极大一致的子集组成。如果 w 和 t 是状态，且 w 和 t 都包含形如 $K_a\psi$ 的公式，那么（w，t）$\in R_a$。定义 π，使得对于初始命题 p，有 π（w）（p）＝⊤，当且仅当，p 是集合 w 中的公式，即 p∈w。为了定义概率指派 $\mathcal{P}$，使得如果把认知概率的克里普克结构表示为 M＝（W，π，R_1，…，R_n，$\mathcal{P}$），那么对每一状态 w∈W，对每一公式 $\psi \in Sub^+$（φ），有（M，w）⊨ψ，当且仅当，ψ∈w。

于是对于互斥的 w∈W，公式 φ_w 是可证的；亦即，对于 w≠t，$AX_{MEAS} \vdash \varphi_w \rightarrow \neg\varphi_t$。事实上，该证明只需要利用命题逻辑的推理就够了，

即 K1 和 R1。另外再利用命题推理，可以证明对所有的 $\psi\in Sub^{+}$（φ），$AX_{MEAS}\vdash\psi\leftrightarrow\bigvee_{\{w\in W\mid\psi\in W\}}\varphi_w$。

通过观察，利用 W1－W5，可以证明，在 AX_{MEAS} 里，μ_a（ψ）$=\sum_{w\in W,\psi\in W}\mu_a$（$\varphi_w$）是可证的。据此，再利用 A1 和 A3，可以证明对某些恰当的系数 c_w，a－概率公式 $\psi\in Sub^{+}$（φ）是可证的等价于公式 $\sum_{w\in W}c_w\mu_a$（φ_w）$\geqslant b$。

确定一主体 a 和状态 $w\in W$。对 $w'\in W$，建立在对应于 a 和 w 且形如公式 χ_{aww} 的变元上，现在就可以刻画一线性不等式集（$\geqslant$）。可以将 $\chi_{aww'}$ 看作 $\mu_{a,w}$（w'），即，状态 w' 在主体 a 的概率分布下在状态 w 上的概率。对应于每一在 Sub^{+}（φ）里，a－概率公式 ψ 都有一不等式。

假设 ψ 等于 $\sum_{w'\in W}c_{w'}\mu_a$（$\varphi_{w'}$）$\geqslant b$，在 w 中只能有 ψ 和$\neg\psi$ 之一。如果 $\psi\in w$，那么对应的不等式为：

$$\sum_{w'\in W}c_{w'}x_{aww'}\geqslant b$$

如果$\neg\psi\in w$，那么对应的不等式为：

$$\sum_{w'\in W}c_{w'}x_{aww'}<b$$

最后，有下面的等式：

$$\sum_{w'\in W}c_{w'}x_{aww'}=1$$

因为 φ_w 是一致的，$w\in W$，该线性不等式（$\geqslant$）有一个解为 $x^{*}_{aww'}$。

对每一 a 和 w，可以分别处理相应的不等式集。现在定义 p，使得 $p_{a,w}=$（W，2^W，$\mu_{a,w}$），如果 $\mathcal{A}\subseteq W$，那么 $\mu_{a,w}$（A）$=\sum_{w'\in A}x^{*}_{aww'}$。因为 $\sum_{w'\in A}x^{*}_{aww'}=1$，所以 $\mu_{a,w}$ 是概率测度。

注意，在概率空间 $\mathcal{P}_{a,w}$ 中，每一集合都是可测度的，但该概率指派并非必然满足 CONS；例如在 $\mu_{a,w}$ 下，给和 R_a（w）不相交的集指派一正的测度时就不满足 CONS。

如上，现在需要证明的是，对每一公式 $\psi\in Sub^{+}$（φ）和每一在 w 中的状态，有（M，w）$\vDash\psi$，当且仅当，$\psi\in w$。证明过程可以施归纳于 ψ。如果 ψ 是初始命题，该结果可以从 π 的定义得出。如果 ψ 是负的或者是合取式时，可直接推出。当 ψ 是 a－概率公式时，也可从上面的论证中推出，因为对应于该恰当的不等式的 ψ 的概率测度是 $\mu_{a,w}$。最后，如果 ψ 是形如 $K_a\psi'$ 的公式，其证明过程可以利用模态逻辑推理。如果 $K_a\psi'\in w$，那么根据对 R_a 的构造，对所有的 $t\in R_a$（w），有 $K_a\psi'\in t$。因为 t 是 Sub^{+}（φ）的极大一致的子集，必然会有 ψ 或者$\neg\psi$ 之一属于 t。根据公理

K3，可推出 ψ'。根据归纳假设，于是有对所有的 $t\in R_a$（w），（M，t）$\vDash \psi'$，于是（M，w）$\vDash R_a\psi'$。

假设（M，w）$\vDash K_a\psi'$，希望证明 $K_a\psi'\in$ w。令 w^a 是 w 的子集，由所有的 w 中的形如 $K_a\psi''$ 或者 $\neg K_a\psi''$ 的公式组成，w^a 只包括公式 $K_a\psi$ 或者 $\neg K_a\psi'$。下面需要证明必然包括公式 $K_a\psi'$：

$$AX_{MEAS}\vdash \varphi_{w^a} \rightarrow \psi' \quad (1)$$

假设（1）不成立。那么，$\varphi_{w^a} \wedge \neg\psi'$ 是一致的。存在 Sub^+（φ）的极大一致的子集，称为 t。包括 $w^a \cup \{\neg\psi\}$。根据 R_a 的构造，有（w，t）$\in R_a$，根据归纳假设，（M，t）$\vDash\neg\psi'$，与假设（M，w）$\vDash K_a\psi'$ 相矛盾。所以（1）式成立。

根据 R2、（1），有：

$$AX_{MEAS}\vdash K_a（\varphi_{s^a} \rightarrow \psi'） \quad (2)$$

运用 A2 和命题推理，可以推出

$$AX_{MEAS}\vdash K_a\varphi_{s^a} \rightarrow K_a\psi' \quad (3)$$

φ_{s^a} 的每一合取都是形如 $K_a\psi''$ 或者 $\neg K_a\psi''$ 的公式。如果 σ 是 φ_{s^a} 的合取之一，利用公理 A4 或者 A5，可推出：

$$AX_{MEAS}\vdash \sigma\rightarrow K_a\sigma \quad (4)$$

（利用 K1、K2、R1 和 R2 可证）对任意公式 σ_1 和 σ_2，有：

$$AX_{MEAS}\vdash K_a（\sigma_1 \wedge \sigma_2）\leftrightarrow K_a\sigma_1 \wedge K_a\sigma_2$$

根据（4），可推出：

$$AX_{MEAS}\vdash \varphi_{s^a} \rightarrow K_a\varphi_{s^a} \quad (5)$$

根据（3）和（5）可得：

$$AX_{MEAS}\vdash \varphi_{s^a} \rightarrow K_a\psi'$$

因为 φ_w，所以 φ_{s^a} 是一致的，可推出 $\neg K_a\psi'$ 不是 φ_{s^a} 的合取式，$K_a\psi'\in$ w。

如果 φ 是一致的，那么必是 Sub^+（φ）的极大一致的子集。可以推出，如果 φ 是一致的，那么在结构 M 下是满足的。证毕。

注意，该过程证明了公理系统的模态性。为了处理 a-概率公式，只需要考虑概率和不等式的推理（两者都包括命题推理），而有关认知推理的公理并不重要。类似地，为了处理知识公式，也只需要考虑关于知识的公理即可。

当处理不可测度的情况时，需要重点处理好模态公式。现在利用前面关于结构 $\mathcal{P}$ 的论证证明不可测度，不能构造满足 φ 的克里普克的结构，

其状态集是 Sub^+（φ）的极大一致的子集所组成的集合 W。另外，还需要借助每一极大一致集。对每一极大一致集 w，存在状态 w_1，…，w_n（可以取 $n \leqslant |Sub(\varphi)|$）。定义建立在该集上的概率指派 $\mathcal{P}$，而不是概率空间 $\mathcal{P}_{a,w}$，并且所有的集合都是可测的，以此建立模型并替换 $\mathcal{P}$，构造关于知识和概率的克里普克结构 M，使得对每一状态 w_k 都对应一极大一致集 w 并且对每一公式 $\psi \in Sub^+(\varphi)$，有 $(M, w_k) \vDash \psi$ 当且仅当 $\psi \in w$。该证明等价于线性可测度的情况，区别在于如何处理 a-概率公式。另外，也可以通过构造线性不等式集 $\mu_{a,w}$ 使其得到满足。

下面所给出的定理是命题变元和公理变元之间的对应关系。

定理 5.18　令 $\mathcal{A}$ 是 {CONS，OBJ，UNIF，SDP} 的子集，并且令 A 为对应的 {W7，W8，W9，W10} 的子集。那么相对于满足 $\mathcal{A}$ 的认知概率逻辑的结构，$AX \cup A$ 是可靠的和完全的公理系统。（相对于满足 $MEAS \cup A$ 的认知概率逻辑的结构，$AX_{MEAS} \cup A$ 是可靠的和完全的公理系统。）

证　可靠性可以直接得出。所以重点证明完全性。可以通过对定理 5.17 的证明过程做相应的修改而对每一种情况给出相应的证明。

首先考虑 CONS 和公理 W7 之间的关系。假设 W7 是其公理。在这种情况下，可通过修改在定理 5.17 中的结构来证明。取 $\mathcal{P}_{a,w} = (W_{a,w}, \chi_{a,w}, \mu_{a,w})$ 使得 $W_{a,w} \subseteq R_a(w)$。在定理 5.17 的证明过程中，取 $\mathcal{P}_{a,w} = (W_{a,w}, 2^W, \mu_{a,w})$，所以所有的集合都是可测集，并且 $\mu_{a,w}$ 可以根据线性不等式（$\geqslant$）的解决方法进行定义。W7 成立时，可以证明如果 $w \in W$ 并且 $w' \notin R_a(w)$，那么 $\varphi_w \rightarrow (\mu_a(\varphi_w{}') = 0)$ 是可证的。为此，利用 K4 或者 K5，$\varphi_w \rightarrow K_a(\neg \varphi_{w'})$ 是可证的。借助于 W7，有 $\varphi_w \rightarrow (\mu_a(\varphi_{w'}) = 1)$ 是可证的。最后，利用 W2、W3 和 W4，$\varphi_w \rightarrow (\mu_a(\varphi_{w'}) = 0)$ 是可证的。就可以证明对 $w' \notin \top_a(w)$，通过增加 $\chi_{aww'} = 0$ 定义 $\mu_{a,w}$ 的线性不等式系统（$\geqslant$）。φ_w 是一致的可推出初始的线性系统是可满足的，可以很容易地扩张证明该论证系统必须满足 W7。另外，可以利用这种方法定义 $\mu_{a,w}$。对 $w' \notin R_a(w)$，$w_{aww'} = 0$，取 $W_{a,w} \subseteq R_a(w)$，所以 CONS 是可满足的。注意，如果 W7 只是附加公理，那么可以取 $W_{a,w}$ 为 $R_a(w)$；其他的公理也要求 $W_{a,w}$ 是 $R_a(w)$ 的子集。

现在考虑 OBJ 和公理 W8 之间的关系。假设 W8 是所包含的公理。显然在 a-概率公式中的下标可以省略。[即可以把 $w_a(\varphi)$ 简单地看作 $w(\varphi)$。] 这样，对定理 5.17 中的结构进行修改，取 $\mathcal{P}_{a,w} = \mathcal{P}_{j,w}$。这就确保关于认知概率的克里普克结构满足所构造的 OBJ。

接着，考虑 UNIF 和公理 W9 之间的关系。假设 W9 是所包含的公理。令 $\top_a$（w）为状态集，其中只包含与 w 相同的 a-概率公式和否定的 a-概率公式。正如和前面证明 W7 的情况那样，可以不失一般性地假设 $W_{a,w}$是 R_a（w）的子集，根据 W9，可以假设 $W_{a,w}$是 $\top_a$（w）的子集。另外，在此只考虑可测度的情况。假设 $w' \notin \top_a$（w）。那么 w 和 w′为不相同的 a-概率公式，称为 ψ。不失一般性，$\psi \in w$，$\psi \notin w'$。则 $\varphi_w \rightarrow \psi$ 并且 $\psi \rightarrow \neg\varphi_{w'}$ 都是可证的。根据 W9，$\psi \rightarrow (\mu_a(\psi)=1)$ 是可证的，利用概率公理和命题推理可推出 $\varphi_w \rightarrow (\mu_a(\varphi_{w'})=0)$ 是可证的，于是就可以证明对 $w' \notin \top_a$（w），通过增加 $\chi_{aww'}=0$ 定义 $\mu_{a,w}$的线性不等式系统（≥）。正如在证明 W7 和 CONS 之间的关系那样，取 $\top_a$（w）为 $W_{a,w}$的子集。现在注意，对每一 $t \in W_{a,w}$，必有 $\top_a(w) = \top_a(t)$。正如定理 5.17 所证明的那样，$\mu_{a,w}$的定义只依赖于在状态 t 上的 a-概率公式和否定的 a-概率公式，可以推出对所有的 $t \in \top_a$（w），取 $\mathcal{P}_{a,t}=\mathcal{P}_{a,w}$，则 UNIF 成立。如果只增加公理 W9，那么实际上可以取 $W_{a,w}=\top_a$（w）；但是，如果既有 W7 又增加 W9，那么根据组合推理，可以取 $W_{a,w}$为 $R_a(w) \cap \top_a(w)$。

最后，考虑 SDP 和公理 W10 之间的关系。假设 W10 是所包含的公理。可以对定理 5.17 做一些小的修改，所以如果 $t \in R_a$（w），那么 $t \in \top_a$（w）。这显然是不足道的。只改变了关系 R_a的定义，所以 $t \in R_a$（w）当且仅当 $t \in \top_a$（w）并且 w 和 t 包含所有的形如 $K_a\psi$ 这样的子公式。通过修改，可以不失一般性地假设，如果 $t \in R_a$（w），那么 $\mathcal{P}_{a,w}=\mathcal{P}_{a,t}$，因为 $\mu_{a,t}$的定义只依赖于状态 t 上的 a-概率公式和否定的 a-概率公式。现在，对于按照该方法构造的结构 M，仍然需要证明（在可测度的情况下）$(M, w) \vDash \psi$，当且仅当，$\psi \in W$。该证明和定理 5.17 所给出的证明相同。只有一种情况需要注意，即当证明如果 $(M, w) \vDash K_a\psi'$，那么 $K_a\psi' \in w$ 时，不是取 w^a为在状态 w 时的所有形如 $K_a\psi''$或者$\neg K_a\psi''$的公式所组成的子集，而是需要将其扩充为包括所有在状态 w 上的 a-概率公式或者否定的 a-概率公式的形式。通过做这样修改，证明的过程如前。对每一公式 $\sigma \in w^a$，有 $\sigma \rightarrow K_a\sigma$ 是可证的；对于形如 $K_a\psi''$这样的公式可以运用 K4 进行证明，对于形如$\neg K_a\psi''$这样的公式，可以利用 K5 进行证明，并且如果 σ 是 a-概率公式或者否定的 a-概率公式，则可以利用 W10 来证明。

令 $\mathcal{A}$ 是｛CONS，OBJ，UNIF，SDP｝的子集，并且令 A 是相对应

的 {W7，W8，W9，W10} 的子集。如果 A 是其中的公理，那么可以证明给定一致的公式 φ，通过修改最初的认知概率的克里普克结构满足 φ，从而获得的克里普克结构不但满足 φ，而且也满足在 $\mathcal{A}$ 中的条件。这就证明了它的完全性。

正如在模态逻辑中所遇到的情况那样，在完全性的证明中的某些思想可以获得一些小的模型性和判定程序。为此，需要一些定义。Sub（φ）是由 φ 的所有的子集所组成的集合。Sub（φ）的上确界的大小|Sub（φ）|是 φ 中的符号的个数，其中将有理数处理为简单的符号。同时也定义克里普克结构（W，π，R_a，…，R_n，$\mathcal{P}$）在状态 W 上的值应该是状态的个数。（注意克里普克结构的值是无穷的。）

定理 5.19　令 $\mathcal{A}$ 是 {MEAS，CONS，OBJ，UNIF，SDP} 的子集。公式 φ 满足 $\mathcal{A}$ 的克里普克结构是可满足的，当且仅当，在至多满足其值为|Sub（φ）|$2^{|\mathrm{Sub}(\varphi)|}$ 的 $\mathcal{A}$ 的克里普克结构上是可满足的（或者如果 MEAS∈$\mathcal{A}$，那么其值为 $2^{|\mathrm{Sub}(\varphi)|}$）。

证　只需证明在定理 5.18 中所构造的关于认知概率的克里普克结构的值并不比在该定理中所陈述的值大即可。如果 MEAS∈$\mathcal{A}$，那么状态集就是 Sub^+（φ）的子集组成的极大一致集。φ 的子公式及其否定不可能同时属于极大一致的子集，所以极大一致的子集的基数至多等于|Sub（φ）|。在定理 5.18 中所构造的关于认知概率的克里普克结构的状态数至多是 $2^{|\mathrm{Sub}(\varphi)|}$ 个。

如果 MEAS∉$\mathcal{A}$，正如在定理 5.17 中所提及的那样，那么就不能取满足 φ 的克里普克的结构的状态为 Sub^+（φ）的极大一致集。另外，必须构造这样的集合，正如在《关于概率推理的逻辑》（Fagin，Halpern，Megiddo，1990）① 中所证明的那样，需要使每个状态都至多有|Sub（φ）|个，所以最终的结构的值至多为|Sub（φ）|$2^{|\mathrm{Sub}(\varphi)|}$。

也可以证明该结论是最优的。此时，存在公式序列 φ_1，φ_2，…和常元 $c>0$ 使得（1）|Sub（φ_k）|$\leqslant c_k$，（2）φ_k是可满足的，（3）φ_k仅在值至少为 2^k的结构内是可满足的。事实上，该下确界的指数对即使只有一个主体的情况也成立。但是，如果假设 CONS 和 UNIF 或者 SDP 之一成立，那么可以得到单主体的多项式值的模型。

---

① Fagin R，Halpern J Y，Megiddo N. A logic for reasoning about probabilities. Information and Computation. 1990，87（1，2）：78－128.

定理 5.20　如果只有一个主体的认知概率逻辑中的公式 φ，并且 $\mathcal{A}$ 是 {MEAS，CONS，OBJ，UNIF，SDP} 的子集包括 CONS 或者 UNIF 或者 SDP，那么 φ 在满足 $\mathcal{A}$ 的结构中是可满足的，当且仅当，φ 在满足 $\mathcal{A}$ 的基数为 $|\mathrm{Sub}(\varphi)|$ 的多项式值的结构上是可满足的。

证　令 $M=(W, \pi, R_a, \mathcal{P})$ 是满足 $\mathcal{A}$ 的结构，其中 φ 是可满足的。对每一 $w\in W$，令 $\mathcal{P}_{a,w}=(W_{a,w}, \chi_{a,w}, \mu_{a,w})$。CONS$\in\mathcal{A}$，可知对每一 $w\in W$，$W_{1,w}\subseteq R_a(w)$。不失一般性地假设 R_a 是一简单的等价类，即，$R_a=W\times W$。假设 $(M, w)\vDash\varphi$。令 $M'=(W', \pi', R_a', \mathcal{P}')$，其中 W' 是包含 w 的 R_a 的等价类，并且对于 W' 来说，令 π'、R_a' 和 $\mathcal{P}'$ 分别是 π、R_a 和 $\mathcal{P}$ 的限制。可知 $(M', w)\vDash\varphi$，并且 K_a' 是构造的等价类。因为 CONS 和 SDP 可推出 UNIF，又因为 $\mathcal{A}$ 包含 CONS 或者 UNIF 或者 SDP，可推出 M 满足 UNIF。通过观察可推出不存在两个概率空间 $\mathcal{P}_{1,w}$ 是重复的样本空间；亦即，如果 $\mathcal{P}_{a,w}=(W_{a,w}, \chi_{a,w}, \mu_{a,w})$ 并且 $\mathcal{P}_{a,w}=(W_{a,t}, \chi_{a,t}, \mu_{a,t})$，如果 $\mathcal{P}_{a,w}\neq\mathcal{P}_{a,t}$，那么 $W_{a,w}\cap W_{a,t}=\varnothing$。如果 $P\in W_{a,w}\cap W_{a,t}$，那么根据 UNIF，有 $\mathcal{P}_{a,u}=\mathcal{P}_{a,w}$，并且 $\mathcal{P}_{a,u}=\mathcal{P}_{a,t}$，所以 $\mathcal{P}_{a,w}=\mathcal{P}_{a,t}$。

现在刻画一个小的概率空间 $\mathcal{P}_{a,w}'$，其样本空间的基数至多为 $|\mathrm{Sub}(\varphi)|$，用 $\mathcal{P}_{a,w}$ 进行替换。对每一状态 w，令 $\sum_s$ 为 $\sigma\in\mathrm{Sub}^+(\varphi)$ 的公式集使得 $(M, w)\vDash\sigma$，对每一状态 w，存在概率空间 $\mathcal{P}_{a,w}'=(W_{a,w}', \chi_{a,w}', \mu_{a,w}')$，其中：

(1) $W_{a,w}'\subseteq W_{a,w}$。

(2) $W_{a,w}'$ 的基数至多为 $|\mathrm{Sub}(\varphi)|^2$（在测度的情况下，$|W_{a,w}'|\leqslant \mathrm{Sub}(\varphi)|$）。

(3) 如果将 $w_a(\varphi)$ 解释为状态集 w 上的内部测度，对每一 $\psi\in\mathrm{Sub}^+(\varphi)$，其中 $\psi\in\sum_s$，那么 $\sum_s$ 中的 a-概率公式和否定的 a-概率公式是可满足的。并且

(4) 如果 MEAS 在 $\mathcal{A}$ 中，那么每一 $W_{a,w}'$ 的子集是可测度的（即，$\chi_{a,w}'$ 的元素）。

令 $w_b\in W$ 为状态，使得 $(M, w_b)\vDash\varphi$。对每一形如 $\neg K_a\psi$ 这样的公式 $\sigma\in\sum_s$，选择某些状态 t_σ 使得 $(M, t_\sigma)\vDash\neg\psi$（存在这样的状态 t_σ，因为 $(M, w_b)\vDash\neg K_a\psi$）。对每一状态 t_σ，令 $\top$ 由 w_b 组成。注意，$\top$ 的基数至多为 $1+|\mathrm{Sub}(\varphi)|$。定义 $M'=(W', \pi', R_a', \mathcal{P}')$，对每一 $w\in\top$，令 W' 为 $\mathcal{P}'_{a,w}$ 的样本空间的并，令 π' 为 π 到 W' 上的限制，令 $K_a'=W'\times W'$，并且令 $\mathcal{P}'(a, w)=\mathcal{P}'_{a,w}$，可以证明 $(M', w_b)\vDash\varphi$，M' 满足 $\mathcal{A}$，

并且 M' 是在 $|\text{Sub}(\varphi)|$ 中的多项式的值。

现在就可以考虑判定程序复杂度的有效性问题。最难判定的就是 φ 是否有效将由 φ 的长度的函数决定，记作 $|\varphi|$。在计算长度的过程中，也包括概率项的系数的长度。

定理 5.21　令 $\mathcal{A}$ 为 {MEAS，CONS，OBJ，UNIF，SDP} 的子集。如果 CONS∈$\mathcal{A}$，但 UNIF 或者 SDP 不在 $\mathcal{A}$ 内，那么对应于满足 $\mathcal{A}$ 的结构的有效性问题是关于指数时间完全的。（即，如果公式 φ 在所有满足 $\mathcal{A}$ 的结构上是有效的，那么存在确定的运算法则，在基数为 $|\varphi|$ 的时间指数内执行，并且每一指数时间问题都可归约为有效性问题。）如果 CONS $\notin$ $\mathcal{A}$，或者 UNIF 或者 SDP 在 $\mathcal{A}$ 内，那么对应于满足 $\mathcal{A}$ 的结构的有效性问题相对于多项式空间是完全的。

证　在知识逻辑和概率逻辑的有效性问题的复杂度的上确界和下确界上，需要用到组合的技术，分别参见（Halpern，Moses，1992）① 和（Fagin，Halpern，Megiddo，1990）② 中所讨论的情况，在此只是做简洁地介绍，具体的细节可以参考以上两篇文章。

多项式空间下确界是根据认知逻辑的多项式空间的下确界推出的。对于指数时间的下确界，令 $B_a\varphi$ 为 $P(\varphi)=1$ 的缩写。可以将 B_a 看作模态算子，类似于 K_a。如果 UNIF 或者 SDP 属于 $\mathcal{A}$，那么可以证明 B_a 满足模态系统 KD45，但如果没有这些假设，不包含 B_a。（特殊情况下只满足模态系统 K 公理。）如果 CONS 属于 $\mathcal{A}$，那么每一“可及的概率”也是可能的。更形式地，假设状态序列 w_0，w_1，…，w_k 使得 w_k 同 w_0 是可及的概率，即和主体 a 是相关的；即对 $0\leqslant j\leqslant k-1$，$w_{j+1}$ 属于 W_{a,w_j}，并且 $\mu_{a,w_j}(\{w_{j+1}\})>0$。那么 CONS 可推出 $(w_0, w_k)\in R_a$。不难证明 B_a 和 K_a 可看作类似于命题动态逻辑（PDL）中的算子 [a] 和 [a^*]。因为 PDL 中的有效性问题是指数时间完全的，如果 CONS 属于 $\mathcal{A}$，那么可以得到指数时间的下确界，但不是 UNIF 和 SDP。下确界即使在单主体的情况下也成立。

在多项式空间的上确界的情况下，可以通过提供如果公式 φ 在所有状态上是可满足的，那么在类树结构上是可满足的，且有多项式的分支并

---

①　Halpern J Y，Moses Y. A guide to completeness and complexity for modal logics of knowledge and belief . Artificial Intelligence. 1992，54：319－379.

②　Fagin R，Halpern J Y，Megiddo N. A logic for reasoning about probabilities. Information and Computation. 1990，87（1，2）：78－128.

且深度不大于 φ 中的 K_i 和 w_i 叠加的深度。

最后，指数时间上确界可以通过如果公式是可满足的，那么它在指数值模型上是可满足的证明，在确定的指数时间上进行构造；该技术类似于过去证明的具有公共知识的逻辑在确定的指数时间下是可判定的（Halpern，Moses，1992）①，或者 PDL 在确定指数时间下是可判定的（Pratt，1979）②。

另外，如果仅限于单主体的情况，并且其结构满足 CONS，但却不满足 UNIF 或者 SDP，就不合适。

定理 5.22　令 $\mathcal{A}$ 为 {MEAS，CONS，OBJ，UNIF，SDP} 的子集包括 CONS，或者 UNIF，或者 SDP。对单主体的情况，对应于满足 $\mathcal{A}$ 的结构的有效性问题是 co-NP-完全的。

证　现在证明可满足性问题是 NP-完全的（NP-complete）。可推出有效性问题是 co-NP-完全的（co-NP-complete）。由于该逻辑和命题逻辑相似，下确界可直接推出。对于上确界，根据定理 5.20，φ 在满足 $\mathcal{A}$ 的结构上是可满足的，当且仅当，φ 在多项式取值为 $|Sub(\varphi)|$ 且满足 $\mathcal{A}$ 的 M 结构上是可满足的。但是，为了刻画多项式值的结构，就必须刻画所有子集的概率。先验概率可能不只是多项式空间的。

不失一般性地假设 M 具有该性质，对每一 M 中的状态 w 和主体 a，概率空间 $\mathcal{P}$ 上指派给每一可测度的 $W_{a,w}$ 的子集的概率为有理数 a/b，使得 a 和 b 的长度为线性的 $|\varphi|$。如果 MEAS $\in \mathcal{A}$，假设每一 $W_{a,w}$ 的子集是可测的，可通过刻画每个点的概率的方法刻画概率空间 $\mathcal{P}_{a,w}$。如果 MEAS $\notin \mathcal{A}$，那么就不能假设 $W_{a,w}$ 的每一子集都是可测的。反之，用刻画基础集的概率的方法刻画概率空间 $\mathcal{P}_{a,w}$，亦即，非空的可测集不存在真非空的子集是可测集。因为每一可测集都是基础集的互不相交的并，这也可以完全用来刻画 $\mathcal{P}_{a,w}$。无论哪种情况，都可以得到对结构 M 的多项式值的刻画。这样，为了检测如果 φ 是可满足的，就需要假设存在多项式值满足它，NP 程序可以检测可满足性。

5.2.6　增加公共知识

在多数应用领域中，需要推出的不只是主体序列应该知道什么，而且

① Halpern J Y，Moses Y. A guide to completeness and complexity for modal logics of knowledge and belief. Artificial Intelligence. 1992，54：319－379.

② Pratt V R. Models of program logics. In Proc. 20th IEEE Symp. On Foundations of Computer Science，1979：115－122.

也包括在群中的每一主体应该知道什么，或者在群中的每一主体知道在群中的每一其他的主体知道什么。公共知识可以看作每一主体都知道的状态，每一主体知道每一主体知道，每一主体知道每一主体知道每一主体知道等等。

将该语言进行扩充是很容易的，只需要对公共知识进行推理。增加模态算子 E_G（其中 G 是 {1，…，n} 的子集）和 C_G，其中 $E_G\varphi$ 和 $C_G\varphi$ 分别读作“在群 G 中的每一主体知道 φ”和“φ 是群 G 中的公共知识”。

$(M, s)\models E_G$，当且仅当，对所有的 $a\in G$，$(M, s)\models K_a\varphi$。

$(M, s)\models C_G\varphi$，当且仅当，对所有的 $k\geq 1$，$(M, s)\models E_G{}^k\varphi$，其中 $E_G{}^1\varphi$ 是 $E_G\varphi$ 的缩写，$E_G{}^{k+1}\varphi$ 是 $E_GE_G{}^k\varphi$ 的缩写。

对于通过增加公共知识而获得的完全的公理系统是通过增加下面的公理和推理规则得到的公理系统。

C1　$E_G\varphi\leftrightarrow\bigwedge_{a\in G}K_a\varphi$

C2　$(C_G\varphi\wedge C_G(\varphi\rightarrow\psi))\rightarrow C_G\psi$

C3　$C_G\varphi\leftrightarrow E_G(\varphi\wedge C_G\psi)$

RC1　从$\vdash\varphi\rightarrow E_G\varphi$，可以推出$\vdash\varphi\rightarrow C_G\varphi$

公理 C3 称为固定点公理，$C_G\varphi$ 可以看作等式 $\chi\leftrightarrow E_G(\varphi\wedge\chi)$ 的固定点。事实上，很容易证明该等式的极大固定点，亦即，借助于所有的其他固定点。只有公共知识的固定点的刻画才是最本质的。[可以参看(Halpern，Moses，1990)① 中对固定点的刻画。] 推理规则 RC1 称为归纳规则。该推理根据事实$\vdash\varphi\rightarrow E_G\varphi$ 是有效的，可以很容易地根据对 k 进行归纳证明$\vdash\varphi\rightarrow E_G{}^k\varphi$ 对所有的 k 是有效的。可以推出$\vdash\varphi\rightarrow C_G\varphi$ 是有效的。事实上，用同样的证明过程可以证明对任意的结构 M，如果 $\varphi\rightarrow E_G\varphi$ 在 M 上是有效的，那么 $\varphi\rightarrow C_G\varphi$ 在 M 上也是有效的。[参看（Halpern，Moses，1990)② 中对该问题的进一步的讨论。]

对满足 MEAS 的结构的 AX_{MEAS} 加上知识、公共知识和概率的公理，可以得到关于知识的语言的完全的公理化系统。如果希望处理非测度的结构，必须运用公理系统 AX 而不是 AX_{MEAS}。

在（Halpern，Moses，1990)③ 中可以发现，公共知识在实际的分布

①②③　Halpern J Y，Moses Y. Knowledge and common knowledge in a distributed environment. Journal of the ACM. 1990，37（3）：549－587. A preliminary version appeared in Proc. 3rd ACM Symposium on Principles of Distributed Computing，1984.

系统中并不满足，但需要做一些弱的变化。最明显的变化就是需要考虑概率变元。定义 $K_a^b\varphi$ 表示 K_a（s_a（φ）⩾b）。通过增加形如 E_G^b 和 C_G^b 的模态算子扩充该系统，可定义如下：

$(M, s)\vDash E_G^b\varphi$，当且仅当，对所有的 $a\in G$，$(M, s)\vDash K_a^b\varphi$

与 $C_G\varphi$ 相类似，希望 $C_G^b\varphi$ 是等式 $\chi\leftrightarrow E_G^b(\varphi\wedge\chi)$ 的最大固定点，类似于 $C_G\varphi$ 的定义，即 $E_G^b\varphi\wedge(E_G^b)^2\varphi\wedge\cdots$ 例如，考虑表示知识和概率的结构 M 可定义如下。在 M 中存在四种状态 s_1、s_2、s_3、s_4。主体 1 不能够区分 s_1 和 s_2，并且也不能够区分 s_3 和 s_4，而主体 2 不能够区分 s_1 和 s_3，并且不能够区分 s_2 和 s_4。这样 R_1 是 {（s_1，s_2），（s_3，s_4）} 的自返对称的封闭系统（即 R_1 包括最小的关系（s_1，s_2）和（s_3，s_4），是自返的并且是对称的）。而 R_2 是 {（s_1，s_3}，（s_2，s_4）} 的自返对称的封闭系统。可取初始命题符号 p 在状态 s_2 和 s_3 上为真，并且在 s_1 和 s_4 上为假（所以 $\pi(s_1)(p)=$false）。克里普克结构 M 可以用下面的图表示：

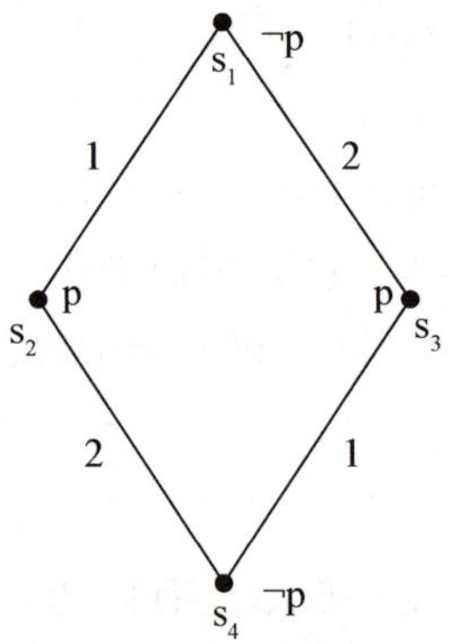

假设 M 是 SDP 结构（所以 $S_{a,s}=R_a(s)$）。取 $\mathcal{P}_{1,s1}=\mathcal{P}_{1,s2}$ 为概率空间，给 s_1 和 s_2 都指派概率为 1/2。类似地，$\mathcal{P}_{2,s1}=\mathcal{P}_{2,s3}$ 是概率空间，其中 s_1 和 s_3 的概率为 1/2。另一方面，取 $\mathcal{P}_{1,s3}=\mathcal{P}_{1,s4}$，$\mathcal{P}_{2,s2}=\mathcal{P}_{2,s4}$ 使得 s4 的概率为 1。取 $G=\{1, 2\}$，并且令 ψ 为无穷的 $E_G{}^{1/2}p\wedge E_G{}^{1/2}p\wedge\cdots$ 的合取，很容易验证 (a) $(M, s_1)\vDash\psi$，(b) $(M, s_2)\vDash\neg E_G{}^{1/2}$。因为 $(M, s_1)\nvDash p$，可以推出 s_1、s_2 或者 s_3 中都不满足 $p\wedge E_G{}^{1/2}p$。这样，$(M, s_1)\nvDash E_G{}^{1/2}(p\wedge E_G{}^{1/2}p)$，所以 $(M, s_1)\nvDash E_G{}^{1/2}(p\wedge\psi)$。特别地，这意味着 ψ 并不满足等式 $\chi\leftrightarrow E_G{}^{1/2}(p\wedge\chi)$ 的固定点。

假定 $(F_G^b)^0\varphi$ 为真，并且 $(F_G^b)^{K+1}=E_G^b(\varphi\wedge(F_G^b)^k\varphi)$。那么，取：

$(M, s)\vDash C_G^b\varphi$，当且仅当，对所有的 $k\geqslant 1$，$(M, s)\vDash(F_G^b)^k\varphi$

引理 5.2 $C_G^b\varphi$ 是等式 $\chi\leftrightarrow E_G^b(\varphi\wedge\chi)$ 的极大固定点的解。

证　首先证明 $C_G^b\varphi$ 是等式的固定点的解，$C_G^b\varphi \leftrightarrow E_G^b$（$\varphi \wedge C_G^b\varphi$）是有效的。可推出：如果 E_G^b（$\varphi \wedge C_G^b\varphi$）在（$M$，s）上成立，那么对每一 k，$E_G^b$（$\varphi \wedge$（$F_G^b$）$^k\varphi$）也成立。因为 $C_G^b\varphi \rightarrow$（F_G^b）$^k\varphi$ 是有效的。即，对每一在（M，s）上的 k，（F_G^b）$^{k+1}\varphi$ 成立，因而在（M，s）上 $C_G^b\varphi$ 成立。对其他的蕴涵条件，假设在（M，s）上 $C_G^b\varphi$ 成立，则（F_G^b）$^{k+1}\varphi$ 成立，即对每一 k 在（M，s）上 E_G^b（$\varphi \wedge$（F_G^b）$^k\varphi$）成立。对每一主体 a，令 $A_{a,k}$ 为 $S_{a,s}$ 上的状态集，其中 k＝1，2，…，$\varphi \wedge$（F_G^b）$^k\varphi$ 成立，因为（M，s）$\vDash$ E_G^b（$\varphi \wedge$（F_G^b）$^k\varphi$），可以推出对每一主体 a 和对所有的 k，（$P_{a,s}$）（$A_{a,k}$）$\geqslant$ b。存在 $B_{a,k} \subseteq A_{a,k}$，使得 $B_{a,k}$ 是可测的，并且（$P_{a,s}$）（$B_{a,k}$）$\geqslant$b。通过施归纳于 k，那么（F_G^b）$^{k+1}\varphi \rightarrow$（$F_G^b$）$^k\varphi$ 是有效的。

当 k＝0 时，根据（F_G^b）$^0\varphi$ 的定义成立。

归纳步骤，根据（F_G^b）$^{K+1}\varphi \rightarrow$（$F_G^b$）$^k\varphi$ 的有效性可推出 E_G^b（$\varphi \wedge$（F_G^b）$^{k+1}\varphi$）$\rightarrow E_G^b$（$\varphi \wedge$（F_G^b）$^k\varphi$）的有效性。最后的公式应为（F_G^b）$^{k+2}\varphi \rightarrow$（$F_G^b$）$^{k+1}\varphi$。于是有 $A_{a,1} \supseteq A_{a,2} \supseteq A_{a,3} \supseteq \cdots$ 不失一般性，可以假设 $B_{a,1} \supseteq B_{a,2} \supseteq B_{a,3} \supseteq \cdots$（通过对 $k' \geqslant k$，并用 $B_{a,k'}$ 替换 $B_{a,k}$ 完成。）集合 $B_{a,\infty} = \bigcap_{a=1}^{\infty} B_{a,k}$ 是可测集，至少 b 是可测的，根据构造，$\varphi \wedge C_G^b$（φ）在 $B_{a,\infty}$ 上成立。可推出 E_G^b（$\varphi \wedge C_G^b$（φ））在（M，s）上成立。

现在证明 $C_G^b\varphi$ 是极大固定点。假设 ψ 是结构 M 上的固定点，即 $M \vDash \psi \leftrightarrow E_G^b$（$\varphi \wedge \psi$）。希望证明 $M \vDash \psi \rightarrow C_G^b\varphi$。

首先，通过施归纳于 k，当 k＝0，$M \vDash \psi \rightarrow$（$F_G^b$）$^k\varphi$，则（$F_G^b$）$^0\varphi$ 为真。

归纳步骤，假设 $M \vDash \psi \rightarrow$（$F_G^b$）$^m\varphi$。可推出 $M \vDash E_G{}^b$（$\varphi \wedge \psi$）$\rightarrow E_G^b$（$\varphi \wedge$（F_G^b）$^m\varphi$）。由 $M \vDash \psi \leftrightarrow E_G^b$（$\varphi \wedge \psi$），必有 $M \vDash \psi \rightarrow E_G^b$（$\varphi \wedge$（$F_G^b$）$^m\varphi$）。（$F_G^b$）$^{m+1}\varphi$ 定义为 E_G^b（$\varphi \wedge$（F_G^b）$^m\varphi$），所以 $M \vDash \psi \rightarrow$（$F_G^b$）$^{m+1}\varphi$。

可推出，如果（M，s）$\vDash \psi$，那么对所有的 k，（M，s）$\vDash$($F_G{}^b$)$^k\varphi$，因而（M，s）$\vDash C_G{}^b\varphi$。这样，$M \vDash \psi \rightarrow C_G^b\varphi$。这就证明了 $C_G^b\varphi$ 是等式 $\chi \leftrightarrow E_G^b$（$\varphi \wedge \chi$）的极大固定点。

另外还有下面类似的公理：

CP1　　$E_G^b\varphi \leftrightarrow \bigwedge_{a \in G} K_a{}^b\varphi$

CP2　　$C_G^b\varphi \leftrightarrow E_G^b$（$\varphi \wedge C_G^b\varphi$）

RCP1　　从$\vdash \psi \rightarrow E_G^b$（$\varphi \wedge \psi$），可以推出$\vdash \psi \rightarrow C_G^b\varphi$

这些公理和推理规则相对于认知概率结构是可靠的。另外，可以证明强 RCP1 规则：对任意结构 M，如果 $\psi \to E_G^b(\psi \wedge \varphi)$ 在 M 上是有效的，那么 $\psi \to C_G^b\varphi$ 在 M 上是有效的。

以上是对认知概率逻辑所做的介绍，后面的逻辑也是围绕着认知和概率之间的关系来展开的。同时随后的系统也是在此基础上所做的扩充。

5.3 内涵概率和统计概率

下面将对内涵概率和统计概率的语言和模型进行详细的介绍，并探讨二者之间的关系、样本空间指派以及作为概率逻辑的对应理论，最后得出一些相关的结论。

5.3.1 背景知识

在哲学概率中，往往把概率理论分为两类：其一是客观概率理论，即把概率看作客观事件的一部分。其二是认知概率理论，即把概率看作信念度。巴克斯根据这两种观点分别构造了统计概率逻辑和内涵概率逻辑，但这两种逻辑是有区别的。

哲学上的不同概念可以通过逻辑形式的方法进行研究，而要通过非形式的方法区分在同一层次上的两个相关的概念却是很困难的。概率可以分为不同的种类，比如：客观概率、主观概率、认知概率、逻辑概率、统计概率、命题概率、私人主义概率、直接概率、间接概率、概率 1、概率 2 等等。巴克斯则喜欢使用命题概率，在他看来，命题概率指命题态度。库尔认为使用“内涵概率”比使用“命题概率”更合适，这样一方面避免了和其他的术语相混淆，另一方面更适合采用模态的方法进行处理（Kooi，2003）①。

在心智哲学中经常会涉及内涵性。许多心理态度如害怕、希望、怀疑、相信等都具有内涵性或者意向性的特征。如果某人希望天气是晴朗的，那么他的希望就是关于天气的。外延语境也称透明语境，是函项原则、等值置换规则、同一替换规则都适用的语境；而内涵语境又称晦暗语境，是上述规则都不适用的语境，像奎因所说的指称晦暗的语境就属于内

① Kooi B P. Knowledge，Chance，and Change. ILLC Dissertation Series，ILLC，Amsterdam. 2003.

涵语境，是非外延的。而在一阶逻辑中，谓词的含义经常定义为谓词所指称的客体的集合，则是外延的。按照外延原则，就会出现：如果两个谓词比如说“有一颗心”和“有一个肾”碰巧具有相同的外延，那么其含义就是相同的，由这样的谓词组成的句子必然等价于其中的谓词可以用其他的语句替换。内涵或者“概念内容”是有区别的，具有相同外延但却具有不同内涵的两个词项在特定的语境中是不能相互替换的。这样的语境就是内涵语境，有时这样的词项也常称为内涵词项。用词项指称客体就意味着要遵守莱布尼兹的规则（恒等不可区分原则），指的是如果两个词项指称相同的个体，其中的一个就可以用另外一个进行替换。但这是有问题的，比如说“9 必然地大于 7”，在这种情况下，“行星的数目是 9”，此时说“行星的数目大于 7”就不是必然的，“必然”是内涵概念。还有其他的内涵概念如信念、道义等，这说明完全使用外延化是不太成功的，这些都已经归入模态逻辑里面了。当把概率看作信念度时，将其视为外延的也是不行的，因为是处理信念的，称为内涵概率似乎更恰当。

内涵概率逻辑和统计概率逻辑之间是有联系的。在内涵概率逻辑中将概率指派给可能世界，概率算子也非常类似于模态算子。在统计概率逻辑中的概率是指派给客体的，概率算子更类似于量词。这两种逻辑之间的关系非常类似于模态逻辑和一阶逻辑之间的关系。模态逻辑和谓词逻辑之间可以通过标准的标号转换结构建立，更详尽的论证可以参看范·本特姆（van Benthem，1984）①、布莱克本等（Blackburn，de Rijke，Venema，2001）② 的著作。可以把模态逻辑中所使用的克里普克模型的可能世界集看作一阶模型的定义域。可能世界之间的可及关系也可以看作定义域中元素之间的关系，并且在可能世界中的命题变元的真值（是真的或假的）也可看作一元谓词。采用这种方法，模态逻辑语言就可以转化为一阶逻辑语言，模态逻辑的语句在确定的模型中是真的，当且仅当，在相同的模型中该语句是真的可以转换为该语句在一阶模型中是真的。所以该模型和数学

---

① van Benthem J. Correspondence theory. In Gabbay D, Guenther F. (eds.), Handbook of Philosophical Logic Volume II: extensions of classical logic, Volume 165 of Synthese Library Studies in epistemology, logic, methodology, and philosophy of science, Chapter 4. Dordrecht Boston Lancaster: D. Reidel Publishing Company. 1984: 167 - 247.

② Blackburn P, de Rijke M, Venema Y. Modal Logic. Volume 53 of Cambridge Tracts in Theoretical Computer Science. Cambridge: Cambridge University Press. 2001.

模型是一样的，但是这些语言在这些模型中的解释却是不一样的。内涵概率逻辑和统计概率逻辑也属于这种情况。实际上（Abadi，Halpern，1994）① 中已经实现了在一阶内涵概率逻辑和统计概率逻辑之间进行相互转换。在此，重点将内涵概率逻辑转换成统计概率逻辑，这使得统计概率逻辑可能会具有更好的计算性质。

5.3.2 语言和模型

下面首先从最简单的内涵概率逻辑（IPL）开始，然后介绍统计概率逻辑（SPL），并且该逻辑也能够在前面的逻辑中得到解释。

A. 内涵概率逻辑 IPL

下面构造内涵概率逻辑（IPL）系统。首先介绍最简单的内涵概率逻辑系统，是由（Halpern，1991）② 构造的，该系统建立在尼尔森（Nilsson，1986）③ 的基础之上。其核心思想是存在可能世界集，并且每一可能世界都有确定的概率。语句的概率等于在这些世界里语句是真的那些世界的概率的和，可以用该语言表达内涵概率。

定义 5.9（IPL 的语言） 令 $\mathcal{P}$ 为已知的可数命题变元集，IPL 的语言 $\mathcal{L}^{\mathcal{P}}$可以通过下面的规则定义［采用的是巴科斯-诺尔（Backus-Naur）的扩张形式］：

$$\varphi ::= \bot \mid p \mid \neg\varphi \mid (\varphi_1 \wedge \varphi_2) \mid q_1 P(\varphi_1) + \cdots + q_n P(\varphi_n) \geqslant q$$

其中 $p \in \mathcal{P}$ 并且 $q_1, \cdots, q_n, q \in \mathrm{Q}$（有理数和有理数的名称之间不加区分）。除此之外，也可以采用通常的缩写，还可采用下面的形式：

$$\sum_{i=1}^{n} q_i P(\varphi_i) \geqslant q \equiv q_1 P(\varphi_1) + \cdots + q_n P(\varphi_n) \geqslant q$$

也按照通常的方法使用$>$、$<$、$\leqslant$。

公式 $P(\varphi) \geqslant q$ 读作“φ 成立的概率大于或等于 q”。该语言可以在模型中得到解释，非常类似于模态语言中的克里普克模型。其主要的区别是概率语言没有可及关系，概率函数是给所有的可能世界指派概率。

定义 5.10（内涵概率模型）

$\mathcal{L}^{\mathcal{P}}$的内涵概率模型 M 是三元组（W，P，V），使得：

---

① Abadi M，Halpern J Y. Decidability and expressiveness for first-order logics of probability. Information and Computation. 1994，112 (1)：1-36.

② Halpern J Y. The relationship between knowledge，belief，and certainty. Annals of Mathematics and Artificial Intelligence. 1991，4：301-322.

③ Nilsson N J. Probabilistic logic. Artificial Intelligence. 1986，28：71-87.

(1) $W \neq \varnothing$ ：W 表示非空的可能世界集。

(2) P ：$W \rightarrow [0, 1]$。P 表示给每一世界指派一个概率值，使得 $\sum_{w \in W} p(w) = 1$

(3) V：$\mathcal{P} \rightarrow 2^W$，$V$ 表示给每一命题变元指派一个世界集。

点模型 (M, w) 是带有赋值的可能世界模型，通常也称为点，这样的点包括现实世界。如果 E 是 W 的子集，那么 $\boldsymbol{P}(\mathrm{E}) = \sum_{v \in E} P(v)$。

$\mathcal{L}^{\mathrm{p}}$的语义为在标准的命题逻辑的语义中增加概率语句的语义构成。概率函数是根据整个世界进行定义的，并非只限于世界集的基数，而是限定在概率函数使得世界集的概率是非零的最大可数集上。

定义 5.11（$\mathcal{L}^{\mathrm{p}}$语义）　已知$\mathcal{L}^{\mathrm{p}}$的命题概率模型 $M = (W, P, V)$ 和世界 $\mathrm{w} \in W$，

$(M, \mathrm{w}) \nvDash \bot$

$(M, \mathrm{w}) \vDash \mathrm{p}$　　当且仅当　$\mathrm{w} \in V(\mathrm{p})$

$(M, \mathrm{w}) \vDash \neg\varphi$　　当且仅当　$(M, \mathrm{w}) \nvDash \varphi$

$(M, \mathrm{w}) \vDash (\varphi \wedge \psi)$　　当且仅当　$(M, \mathrm{w}) \vDash \varphi$ 并且 $(M, \mathrm{w}) \vDash \psi$

$(M, \mathrm{w}) \vDash \sum_{i=1}^{n} q_i P(\varphi_i) \geqslant q$　　当且仅当　$\sum_{i=1}^{n} q_i P(\varphi_i) \geqslant q$

其中 $\boldsymbol{P}(\varphi_{\mathrm{i}})$ 是 $\boldsymbol{P}\{v \in \mathrm{W} \mid (\mathrm{M}, v) \vDash \varphi_i\}$ 的缩写。

B. 统计概率逻辑 SPL

统计概率逻辑 SPL 是一阶逻辑，把概率看作项，但这些项并不是论域中的元素，而是把它们表示为有理数或实数集中的元素。SPL 的语言中有两种项：个体项（object term）和域项（field term）。个体项表示论域中的元素，域项表示实数中的元素（在 R 中）。根据个体项或者域项的区分，可以将谓词和函数区别开来。（Halpern，1990）① 建立的 SPL 逻辑和（Baachus，1990）② 所建立的统计概率逻辑不同，在巴克斯的逻辑系统中，谓词和函数有严格的类型，谓词集和作为域项的函数集是固定的，并且在每一模型中都具有相同的解释。

定义 5.12（SPL 的语言）　已知由个体变元 x_1^o，x_2^o，…所组成的可数

① Halpern J Y. An analysis of first-order logics of probability. Artificial Intelligence. 1990，46：311－350.

② Baachus F. Representing and Reasoning with Probabilistic Knowledge，A Logical Approach to Probabilities. Cambridge，Massachusetts：The MIT Press. 1990.

集 X^o；由域变元 x_1^f，x_2^f，…所组成的可数集 X^f；对每一 n∈N，由 n-元个体函数（object-function）符号 f_1^n，f_2^n，…所组成的可数集 F^n；并且对每一 n∈N，由 n-元个体谓词（object-predicate）符号 R_1^n，R_2^n，…所组成的可数集 R^n。其中所有集合里的元素都是互不相交的。令 $X=X^o\cup X^f$，$F=\bigcup_{n\in N}F^n$，并且 $R=\bigcup_{n\in N}R^n$。SPL 的语言 $\mathcal{L}^P(X, F, R)$ 由个体项 τ^o、域项 τ^f 和公式 φ 通过下面的规则（Backus-Naur 的扩充形式）给出：

$$\tau^o ::= x^o \mid f^n(\tau_1^o, \cdots, \tau_n^o)$$

$$\tau^f ::= x^f \mid 0 \mid 1 \mid \tau_1^f + \tau_2^f \mid \tau_1^f \times \tau_2^f \mid \boldsymbol{P}x_1^o \cdots x_n^o(\varphi)$$

$$\varphi ::= \bot \mid R^n(\tau_1^o, \cdots, \tau_n^o) \mid \tau_1^f = \tau_2^f \mid \tau_1^f > \tau_2^f \mid \neg\varphi \mid (\varphi_1 \wedge \varphi_2) \mid \forall x^o\varphi \mid \forall x^f\varphi$$

其中 x^o 属于 X^o，x^f 属于 X^f，f 属于 F^n，R 属于 R^n。0-元函数符号称为个体常元，并且 0-元谓词符号称为命题变元。如果根据具体的语境就可以明确地确定含义，也可以省略各种不同的上标和下标。除了通常的缩写之外，作为项的自然数，例如 3 就可以缩写为（1+1+1）。例如公式 $\tau>q$，其中 q 是有理数（存在 k，n∈Z，使得 q=k/n）是 $n\times\tau>k$ 的缩写。

形如 $\boldsymbol{P}_x(\varphi)$ 的项可以读作："选择个体 x 的概率使得 $\varphi(x)$ 是真的"。算子 $\boldsymbol{P}_x$ 对 φ（x）中的变元 x 起约束作用。注意由于表达式是可数的，而实数却是不可数的，故并非所有的在 R 中的数都可以在 $\mathcal{L}^P(X, F, R)$ 中得到表达。

定义 5.13（统计概率模型）

$\mathcal{L}^P(X, F, R)$ 的统计概率模型是三元组 $M=(D, I, \mu)$，使得

（1）$D\neq\varnothing$，D 表示非空的个体变元集。

（2）I：表示解释函数，其中给每一 n-元个体函数符号指派 D 中的一个 n-元函数，并给每一 n-元谓词符号指派 D 中的一个 n-元关系。

（3）μ：$D\rightarrow[0, 1]$；给每一个体指派概率，使得

$$\sum_{d\in D}\mu(d)=1$$

带有指派的模型（M，g），其中 g 表示给每一个体变元指派论域中的元素并且给每一域变元指派 R 中的元素。也可以把概率的方法推广到由个体多元组所组成的集合上。如果 E 是 D^n 的子集，那么：

$$\mu(E)=\sum_{(d_1\cdots d_n)\in E}\mu(d_1)\times\cdots\times\mu(d_n)$$

该概率测度 μ 的意思是给可选择的个体指派概率，μ 是选择函数，选

择的多元组的概率适用乘法规则，这样就可以把选择处理为替换，**P** xy（φ）等价于 **P**yx（φ）。

SPL 语言是根据类似于项和公式的归纳的方法进行归纳定义的，语义也采用类似于项和公式的定义的方法进行定义。

定义 5.14（$\mathcal{L}^{\mathcal{P}}$（X，F，R）的语义）　令 $\mathcal{L}^{\mathcal{P}}$(X，F，R）的统计概率模型为 $M=(D, I, \mu)$，并且指派 g 表示给每一个体变元指派论域中的元素并且给每一域变元指派 R 中的元素。

$$[[\chi]]_{(M,g)}=g(x)$$
$$[[f(\tau_1, \cdots, \tau_n)]]_{(M,g)}=I(f)([[\tau_1]]_{(M,g)}, \cdots, [[\tau_n]]_{(M,g)})$$
$$[[0]]_{(M,g)}=0$$
$$[[1]]_{(M,g)}=1$$
$$[[\tau_1+\tau_2]]_{(M,g)}=[[\tau_1]]_{(M,g)}+[[\tau_2]]_{(M,g)}$$
$$[[\tau_1\times\tau_2]]_{(M,g)}=[[\tau_1]]_{(M,g)}\times[[\tau_2]]_{(M,g)}$$
$$[[P\chi_1^0\cdots\chi_n^0(\varphi)_{(M,g)}=\mu\{(d_1, \cdots, d_n) \mid (M, g[x_1\mapsto d_1, \cdots, x_n\mapsto d_n])\vDash\varphi\}$$

$(M, g)\nvDash\bot$

$(M,g)\vDash R(\tau_1,\cdots,\tau_n)$　当且仅当　$([[\tau_1]],\cdots,[[\tau_n]])\in I(R)$

$(M, g)\vDash\tau_1=\tau_2$　当且仅当　$[[\tau_1]]=[[\tau_2]]$

$(M, g)\vDash\tau_1>\tau_2$　当且仅当　$[[\tau_1]]>[[\tau_2]]$

$(M, g)\vDash\neg\varphi$　当且仅当　$(M, g)\nvDash\varphi$

$(M, g)\vDash(\varphi\wedge\psi)$　当且仅当　$(M, g)\vDash\varphi$ 并且 $(M, g)\vDash\psi$

$(M, g)\vDash\forall x\varphi$　当且仅当　对所有 $d\in D$，$(M, g[x\mapsto d])\vDash\varphi$

其中 $g[x\mapsto d]$ 是函数，给 x 指派 d，且和 g 不同，至多只能将其视为 x 的值。

5.3.3　IPL 和 SPL 之间的关系

可以把 IPL 的语言如实地翻译成 SPL 的语言。首先，如果把可能世界集看作个体域，$D=W$，并且如果把内涵概率逻辑的命题变元看作一元谓词，那么就可以将内涵概率逻辑模型视为统计概率的模型。对每一命题变元 $p\in\mathcal{P}$ 存在一元谓词 $R_p\in R^1$。建立在可能世界集上的概率函数可以看作建立在定义域 $\mu=\boldsymbol{P}$ 上的概率测度。如果初始的内涵概率逻辑语句在某个可能世界的模型上是真的，那么该语句的翻译在带有指派的统计概率模型中是真的，给现实世界指派变元对应于翻译的语句。这样，对应于翻译语句的变元也就具有了现实世界的作用。

定义 5.15（从 $\mathcal{L}_P^P$ 到 $\mathcal{L}^P$（X，F，R）的翻译）

翻译 t：（$X^o \times \mathcal{L}_P^P$）$\rightarrow \mathcal{L}^P(X, F, R)$ 可归纳定义如下：

（1）$t_x(\bot) = \bot$

（2）$t_x(p) = R_p(x)$

（3）$t_x(\neg\varphi) = \neg t_x(\varphi)$

（4）$t_x(\varphi \wedge \psi) = t_x(\varphi) \wedge t_x(\psi)$

（5）$t_x(q_1\boldsymbol{P}(\varphi_1) + \cdots + q_n\boldsymbol{P}(\varphi_n) \geqslant q) = (q_1 \times \boldsymbol{P}x(t_x(\varphi_1))) + \cdots + (q_n \times \boldsymbol{P}x(t_x(\varphi_n))) \geqslant q$

其中 t 的第一个自变量（如 x）常写作下标。

定理 5.23 令 $M=(W, \boldsymbol{P}, V)$ 是 $\mathcal{L}_P^P$ 的内涵概率模型，并且令 $M'=(D, I, \mu)$ 是 $\mathcal{L}^P(X, F, R)$ 的统计概率模型。假设 $D=W$，$\mu=\boldsymbol{P}$ 并且对每一 $p \in \mathcal{P}$ 存在一 $R_p \in R^1$ 使得 $I(R_p) = V(p)$。有：

对所有的 $\varphi \in \mathcal{L}_P^P$，　$(M, w) \vDash \varphi$　当且仅当 $(M', g[x \mapsto w]) \vDash t_x(\varphi)$。

证 通过施归纳于 φ，在矛盾式、命题变元、否定和合取的情况下可直接推出。假设 φ 是 $\sum_{i=1}^n q_1 P(\varphi_i) \geqslant q$ 的公式。

（1）$(M, w) \vDash \sum_{i=1}^n q_i P(\varphi_i) \geqslant q$

根据（1），内涵概率逻辑的语义：

（2）$\sum_{i=1}^n q_i \boldsymbol{P}(\{v \in W \mid (M, v) \vDash \varphi_i\}) \geqslant q$

根据（2），归纳假设：

（3）$\sum_{i=1}^n q_i \mu(\{v \in W \mid (M', g[x \rightarrow v]) \vDash t_x(\varphi_i)\}) \geqslant q$

根据（3），内涵概率逻辑的语义：

（4）$(M', g) \vDash \sum_{i=1}^n q_i P x(t_x(\varphi_i)) \geqslant q$

根据（4），t_x 的定义和 x 在 $Px(t_x(\varphi_i))$ 中不自由出现：

（5）$(M', g[x \mapsto w]) \vDash t_x(\sum_{i=1}^n q_i P(\varphi_i) \geqslant q)$

所以内涵概率逻辑可以看作统计概率的子类，并且内涵概率逻辑的语言可以看作 SPL 语言的子语言。

5.3.4 样本空间指派

认知概率模型的子类由样本空间指派和先验概率分布组成，该模型是根据（Halpern，Tuttle，1993）①中的多主体系统而引入的，多主体的系统是非概率系统。而概率分配则可以定义在这样的系统上，结合样本空间指派就可以确定主体指派给该系统的某个点的概率（在某个确定的时间上运行）。在认知概率模型中，样本空间指派是函数 S：$\mathcal{A}\times W\rightarrow 2^{W}$。已知在世界集上的先验概率分配 $\boldsymbol{P}^{\text{prior}}$，在每一世界上的每一主体的概率函数 $\boldsymbol{P}$ 的定义域是 S（a，w）。定义域上的元素的概率函数，可定义如下：

$$\boldsymbol{P}(\mathrm{a},\ \mathrm{w})(\mathrm{v})=\frac{P^{prior}(v)}{P^{prior}(S(a,w))}$$

采用这种方法，所需要的概率模型当且仅当对每一主体 a 和每一世界 w，$\boldsymbol{P}^{prior}(S(a,\ w))>0$。也可以把该模型看作统计概率模型。定义域 D 为世界集 W，对每一命题变元 p，存在一元谓词 R_{p} 使得 $I(R_{\mathrm{p}})=V(\mathrm{p})$。对每一主体 a，存在二元可及关系符号 R_{a} 使得 $I(R_{\mathrm{a}})=R(\mathrm{a})$。对每一主体 a 也存在二元关系符号 S_{a} 作为样本空间使得 $I(S_{\mathrm{a}})=\{(\mathrm{w},\mathrm{v})\mid \mathrm{v}\in S(\mathrm{a},\ \mathrm{w})\}$，且 $\mu=\boldsymbol{P}^{prior}$。

现在可给出下面翻译为 PEL 的语言，在此定义中需要使用条件概率。条件概率可以通过（Kolmogorov，1956）② 所定义的演算给出。

$$\text{如果 } P(Y)>0,\ \text{那么 } P(X|Y)=\frac{P(X\cap Y)}{P(Y)}$$

在 PEL 语言中，带有条件概率的语句通过下面定义给出。

定义 5.16（从 $\mathcal{L}_{\mathrm{PA}}^{\mathrm{P}}$ 翻译到 $\mathcal{L}^{\mathrm{P}}(X,\ F,\ R)$）

翻译 t：$(X^{\mathrm{o}}\times\mathcal{L}_{\mathrm{PA}}^{\mathrm{P}})\rightarrow\mathcal{L}^{\mathrm{P}}(X,\ F,\ R)$ 可定义如下：

(1) $\mathrm{t}_{\mathrm{x}}(\bot)=\bot$

(2) $\mathrm{t}_{\mathrm{x}}(\mathrm{p})=R_{\mathrm{p}}(\mathrm{x})$

(3) $\mathrm{t}_{\mathrm{x}}(\neg\varphi)=\neg\mathrm{t}_{\mathrm{x}}(\varphi)$

(4) $\mathrm{t}_{\mathrm{x}}(\varphi\wedge\psi)=\mathrm{t}_{\mathrm{x}}(\varphi)\wedge\mathrm{t}_{\mathrm{x}}(\psi)$

(5) $\mathrm{t}_{\mathrm{x}}(K_{\mathrm{a}}\varphi)=\forall\mathrm{y}(R_{\mathrm{a}}(\mathrm{x},\ \mathrm{y})\rightarrow\mathrm{t}_{\mathrm{y}}(\varphi))$

(6) $\mathrm{t}_{\mathrm{x}}(\mathrm{q}_1\boldsymbol{P}_{\mathrm{a}}(\varphi_1)+\cdots+\mathrm{q}_n\boldsymbol{P}_{\mathrm{a}}(\varphi_n)\geqslant\mathrm{q})=$

$\mathrm{q}_1\boldsymbol{P}_{\mathrm{y}}(\mathrm{t}_{\mathrm{y}}(\varphi_1)\mid S_{\mathrm{a}}(\mathrm{x},\mathrm{y}))+\cdots+\mathrm{q}_n\boldsymbol{P}_{\mathrm{y}}(\mathrm{t}_{\mathrm{y}}(\varphi_n)\mid S_{\mathrm{a}}(\mathrm{x},\mathrm{y}))\geqslant\mathrm{q}$

其中最后一个公式是不带条件概率的公式的缩写。

---

① Halpern J Y，Tuttle M. Knowledge，probability，and adversaries. Journal of the Association for Computing Machinery. 1993，40 (4)：917 - 962.

② Kolmogorov A N. Foundations of the Theory of Probability (second ed.). New York：Chelsea Publishing Company. Translation edited by Nathan Morrison with an added bibliography by A. T. Bharucha-Reid. 1956.

例如 $q_1 \boldsymbol{P}y\ (t_y\ (\varphi_1) \mid S_a\ (x,\ y)) + q_2 \boldsymbol{P}y\ (t_y\ (\varphi_n) \mid S_a\ (x,\ y)) \geqslant q$ 是下面的公式的缩写：

$(q_1 \times \boldsymbol{P}y\ (t_y\ (\varphi_1) \wedge S_a\ (x,\ y))) + (q_2 \times \boldsymbol{P}y\ (t_y\ (\varphi_2) \wedge S_a\ (x,\ y))) \geqslant q \times \boldsymbol{P}y\ (S_a\ (x,\ y))$，其中不含条件概率。

注意，和个体认知算子 $t_x\ (K_a \varphi)$ 之间的相似处为：$\forall y\ (R_a\ (x,\ y) \rightarrow t_y\ (\varphi))$。

对应的概率算子 $t_x\ (P_a\ (\varphi_1)) \geqslant q \equiv \boldsymbol{P}y\ (t_y\ (\varphi) \mid S_a\ (x,\ y)) \geqslant q$。

由此可见，概率算子类似于全称量词，而条件概率则类似于蕴涵。对偶算子 $t_x\ (\langle K \rangle_a \varphi)$，则有：$\exists y\ (R_a\ (x,\ y) \wedge t_y\ (\varphi))$。

对应的 $t_x\ (\neg(\boldsymbol{P}_a(\varphi_1) \geqslant q)) \equiv \boldsymbol{P}y\ (t_y\ (\varphi) \mid S_a\ (x,\ y)) < q$。

在该情况下，概率算子类似于存在量词，而条件概率则类似于合取。

与定义 5.15 相对应，相对于翻译语句的变元总是自由的。

定理 5.24 令 $\mathcal{L}_{PA}^{P}$ 的认知概率模型 $M=(W,\ R,\ V,\ P)$ 建立在样本空间指派 $\boldsymbol{S}$ 和先验概率分布 $\boldsymbol{P}^{prior}$ 的基础上，令 $\mathcal{L}^{P}(X,\ F,\ R)$ 的统计概率模型 $M=(D,\ I,\ \mu)$。假设 $D=W$；对每一命题变元 p 存在一元谓词 R_p 使得 $I\ (R_p)=v\ (p)$；对每一主体 a 存在二元关系符号 R_a 使得 $I\ (R_a)=R\ (a)$；对每一主体 a 存在二元关系符号 S_a 使得 $I\ (S_a)=\{(w,\ v) \mid v \in S\ (a,\ w)\}$，并且假设 $\mu = \boldsymbol{P}^{prior}$，那么：

$(M,\ w) \vDash \varphi$，当且仅当，对所有的 $\varphi \in \mathcal{L}_{PA}^{P}$，$(M,\ g\ [x \mapsto w]) \vDash t_x\ (\varphi)$。

证明过程类似于定理 5.23 的证明过程。

该结论仅对模型类成立，其中存在公共先验概率分布。

一般的统计概率逻辑（GSPL）

是否可以将每一认知概率（PEL）模型都看作统计概率（SPL）模型，答案是否定的。为了把 PEL 语言翻译为 SPL 语言，需要比 SPL 更一般的统计概率逻辑。在此提供了新的一般的统计概率逻辑（GSPL）。在认知概率模型中，将概率函数指派给每一主体和世界。该概率函数是指派给主体一些世界的概率，其中的世界指的是一些特殊的世界。如果希望对 SPL 也采用类似的方法处理，就需要把认知概率模型中的世界集看作统计模型中的定义域。但是假设选择了元素 d_2 之后的概率，首先就要选择元素 d_1，且不需要和首次选择的 d_2 的概率相同。选择函数可以确定定义域中所选择的元素的概率。例如选择中是否包含替换？如果不存在替换，那么该选择就不是独立于任一先前的选择。通常采用协议确定从定义域中选择元素的概率，可以令每一主体都带有这样的协议的方法。

定义 5.17（GSPL 的语言）　已知由个体变元 x_1^o，x_2^o，…组成的可数集 X^o；由域变元 x_1^f，x_2^f，…组成的可数集 X^f；对每一 n∈N，由n-元个体函数符号 f_1^n，f_2^n，…组成的可数集 F^n；对于每一 n∈N，由 n-元个体谓词符号 R_1^n，R_2^n，…组成的可数集 R^n；一有穷的主体集 $\mathcal{A}$。其中所有这些集合都是不相交的。令 $X=X^o\cup X^f$，$F=\bigcup_{n\in N}F^n$，以及$R=\bigcup_{n\in\mathbb{N}}R^n$。GSPL 的语言 $\mathcal{L}^P(X, F, R, \mathcal{A})$ 由个体项 τ^o、域项 τ^f组成，公式 φ 通过下面的规则以 Backus-Naur 的扩充形式给出：

$$\tau^o ::= x^o \mid f^n(\tau_1^o, \cdots, \tau_n^o)$$

$$\tau^f ::= x^f \mid 0 \mid 1 \mid \tau_1^f + \tau_2^f \mid \tau_1^f \times \tau_2^f \mid \boldsymbol{P}_{\mathbf{a}} x_1^o \cdots x_n^o(\varphi)$$

$$\varphi ::= \bot \mid R^n(\tau_1^o, \cdots, \tau_n^o) \mid \tau_1^f = \tau_2^f \mid \tau_1^f > \tau_2^f \mid \neg\varphi \mid (\varphi_1 \wedge \varphi_2) \mid \forall x^o\varphi \mid \forall x^f\varphi$$

其中 x^o属于 X^o，x^f属于 X^f，f 属于 F^n，R 属于R^n，a 属于 $\mathcal{A}$。

该语言和 SPL 语言的唯一区别就是在 5.14 中提出的 $\mathcal{L}^P(X, F, R)$，现在的概率算子则带有下标，这表明对主体执行了选择。所以公式 $\boldsymbol{P}_a x_1 \cdots x_n$（φ）可以看作通过主体 a 满足 φ 而随机地选择的序列 $x_1 \cdots x_n$的概率。此时，并不希望 $\boldsymbol{P}_a xy$（φ）等价于 $\boldsymbol{P}_a yx$（φ），因为先前的选择对将来的选择会产生影响。

定义 5.18（一般的统计概率模型）　$\mathcal{L}^P(X, F, R, \mathcal{A})$ 的统计概率模型是三元组 $M=(D, I, \mu)$，使得：

（1）$D\neq\varnothing$，表示个体变元集非空。

（2）I：表示解释函数，其中给每一 n-元个体函数符号指派 D 上的一 n-元函数。给每一 n-元谓词符号指派 D 上的一 n-元关系。

（3）μ：$(\mathcal{A}\times N)\rightarrow(D^n\rightarrow[0, 1])$；对每一主体 a 和每一 n∈$N$，给每一 D^n上的元素指派概率，使得对每一 n∈N 和每一（d_1，…，d_{n-1}）：

$$\sum_{d\in D}\mu(a, n)(d_1\cdots d_{n-1}, d)=1$$

随后经常会用到带有赋值（M，g）的模型，其中 g 给每一个体变元指派定义域中的元素，并且给每一域变元指派 R 中的元素。在这种情况下，对 μ 也采用同样的方法，如果 E 是 D^n的子集，那么

$$\mu_{(a,n)}(E)=\sum_{(d_1\cdots d_n)\in E}\mu(a,1)(d_1)\times\cdots\times\mu(a,n)(d_1,\cdots,d_n)$$

于是就实现了建立在 D^n上的概率函数。

定义 5.19（从 $\mathcal{L}^{P}_{PA}$ 翻译到 $\mathcal{L}^{P}$（X，F，R，$\mathcal{A}$））

翻译 t：$\mathcal{L}^{P}_{PA} \to \mathcal{L}^{P}(X, F, R)$ 定义如下：

(1) $t_x(\bot) = \bot$

(2) $t_x(p) = R_p(x)$

(3) $t_x(\neg\varphi) = \neg t_x(\varphi)$

(4) $t_x(\varphi \wedge \psi) = t_x(\varphi) \wedge t_x(\psi)$

(5) $t_x(K_a\varphi) = \forall y(R_a(x, y) \to t_y(\varphi))$

(6) $t_x(q_1\boldsymbol{P}(\varphi_1) + \cdots + q_n\boldsymbol{P}(\varphi_n) \geqslant q) = q_1\boldsymbol{P}_a yz(t_z(\varphi_1) \mid x=y) + \cdots + q_n\boldsymbol{P}_a yz(t_z(\varphi_n) \mid x=y) \geqslant q$

其中将第一个自变量 x 写为下标。

第（6）条为不带条件概率的公式的缩写，在最简单的情况下，即 n=1 时，可解释为：$t_x(P_a(\varphi) \geqslant q) = P_a yz(t_z(\varphi) \mid x=y) \geqslant q = P_a yz(t_z(\varphi) \wedge x=y) \geqslant q \times P_a y(x=y)$。

利用等式 x=y 使得 x 在翻译的过程中仍然是自由的。而 $K_a\varphi$ 和 $P_a(\varphi) \geqslant q$ 之间的类似的翻译如样本空间指派和先验概率分布表示所产生的模型可能会更难处理，因为样本空间指派事实上并没有得到表达，而只是将变元的次序隐藏起来。为了把认知概率模型构造成统计概率模型，还需要下面的条件：

(1) $D=W$

(2) 对每一 $p \in \mathcal{P}$，存在 $R_p \in R^1$，使得 $I(R_p) = V(p)$

(3) 对每一主体 $a \in \mathcal{A}$，存在 $R_a \in R^2$，使得 $I(R_a) = R(a)$

(4) 对所有的 $a \in \mathcal{A}$ 和所有的 $w \in W$，$\mu_{(a,1)}(w) \neq 0$

(5) 对所有的 $a \in \mathcal{A}$ 和所有的 $w, v \in W$，$\mu_{(a,2)}(w, v) = P(a, w, v)$

对 $\mu_{(a,1)}$ 的限制确保不存在分母是 0 的情况，这些要求将会影响下面所给出的定理。为了能够满足世界集 W，可以给出类似的定理。

定理 5.25 令 $\mathcal{L}^{P}_{PA}$ 的内涵认知概率模型 $M=(W, P, V)$，并且令 $\mathcal{L}^{P}(X, F, R, \mathcal{A})$ 的统计概率模型为 $M'=(D, I, \mu)$。假设上面所要求的条件是可满足的。那么：

$(M, w) \vDash \varphi$ 当且仅当，对所有的 $\varphi \in \mathcal{L}^{P}_{PA}$，$(M', g[x \mapsto w]) \vDash t_x(\varphi)$。

另外该证明类似于定理 5.23 的证明过程。

5.3.5 基于概率逻辑的对应理论

在模态逻辑和谓词逻辑中，在对应原理的研究中已经提出了标准的翻译：即模态逻辑和一阶逻辑之间相互表达的系统研究。在此，仅粗略地概括如何采用类似的方法利用这些理论研究概率逻辑。在（Abadi，Halpern，1994）① 中，对一阶内涵概率逻辑和统计概率逻辑的关系进行了研究，一阶内涵概率逻辑的语言也可以翻译成统计概率的语言。阿巴迪和哈尔彭证明了反方向也是可能的，这些翻译也可用于研究概率逻辑的表达力。

A. 对应

在认知概率逻辑中存在大量的公理都是凭直觉提出的。在《知识和概率推理》（Fagin，Halpern，1994）② 中讨论了大量的公理。公理 D（$K_a\varphi\rightarrow\langle K\rangle_a\varphi$）的概率是什么呢？人们可能会期望是 $\boldsymbol{P}_a(\varphi)\geqslant q\rightarrow\neg\boldsymbol{P}_a(\neg\varphi)\geqslant q$。但是，该公理在认知概率模型中并不成立。令 $\varphi=\top$ 并且 $q=0$，现在 $\top$ 的概率显然比 0 大，但是 $\bot$ 的概率却并不小于 0，所以必须重新考虑 D 公理。在认知逻辑情况下公理 D 所对应的可及关系是持续的。在认知概率逻辑的语境中持续性意味着概率函数的定义域是非空的，这种情况显然成立。故必须根据确定性考虑下面的公理：

$$\text{(PD)}\ \mathrm{cert}_a\varphi\rightarrow\neg\mathrm{cert}_a\neg\varphi$$

该公理的翻译是什么呢，如果希望在所有的世界中都成立，就需要增加全称量词。

$$\forall x\,(\boldsymbol{P}y\,(t_y(\varphi)\wedge S_a\,(x,\ y)))=\boldsymbol{P}y\,(S_a\,(x,\ y))\rightarrow\boldsymbol{P}y\,(\neg t_y(\varphi)\wedge S_a\,(x,\ y))\neq\boldsymbol{P}y\,(S_a\,(x,\ y))$$

该公式可看作存在建立在 φ 上的蕴涵的二阶量词。在该情况下，统计概率模型中的公式成立当且仅当 $\forall x\boldsymbol{P}y\,(S_a\,(x,\ y))>0$，即把样本空间指派给 a 一个比 0 大的概率。在概率语境下如何借助公理表达信念？认知算子不能简单地用概率算子进行替换。

同时该公理对应于正内省和负内省。在认知逻辑中这些公理分别对应于传递性关系和欧性关系。和 D 公理进行类比，此时公式 $\mathrm{cert}_a\varphi\rightarrow\mathrm{cert}_a\mathrm{cert}_a\varphi$ 和公式 $\neg\mathrm{cert}_a\varphi\rightarrow\mathrm{cert}_a\varphi\neg\mathrm{cert}_a\varphi$ 成立。这些公理所对应的性质，就是使样本空间赋值是传递关系和欧性关系，这些性质可以通过对相应的公理进行翻译而得出。但是在一般情况下，在认知概率逻辑中，这些公理并

① Abadi M，Halpern J Y. Decidability and expressiveness for first-order logics of probability. Information and Computation. 1994，112 (1)：1 - 36.

② Fagin R，Halpern J Y. Reasoning about knowledge and probability. Journal of the Association for Computing Machinery. 1994，41 (2)：340 - 367.

不能表达正内省和负内省。尽管可以确保在样本空间中，对所有的世界，把样本空间指派给世界是一样的，而把概率指派给这些世界却可能是多变的。内省就是指主体完全觉知到了自己的信念，根据下面的两条公理，可以使其得到更好的表达，因为它表达了该主体知道他们自己的信念度。

(P4) $\sum_{i=1}^{n} q_i \boldsymbol{P}_a(\varphi_i) \geqslant q \rightarrow \boldsymbol{P}_a(\sum_{i=1}^{n} q_i \boldsymbol{P}_a(\varphi_i) \geqslant q) = 1$

(P5) $\neg\sum_{i=1}^{n} q_i \boldsymbol{P}_a(\varphi_i) \geqslant q \rightarrow \boldsymbol{P}_a(\neg\sum_{i=1}^{n} q_i \boldsymbol{P}_a(\varphi_i) \geqslant q) = 1$

在《知识和概率推理》(Fagin，Halpern，1994)① 中将这两式称为 UNIF。UNIF 的含义是指对样本空间中的所有的世界，都指派一相同的概率。

在一般情况下，前面说明了主体的认知可及关系和把概率函数指派给主体之间并不存在关联。如果增加关系，可通过下面的公理实现：

CONS $K_a\varphi \rightarrow \boldsymbol{P}_a(\varphi) = 1$

该公理也是从《知识和概率推理》(Fagin，Halpern，1994)② 中引入的，其含义是知识可推出确定性。该公理在框架上是有效的，当且仅当，对所有的 $w \in W$，通过主体的认知可及关系：$dom\boldsymbol{P}(a, w) \subseteq \{v \mid wR(a)v\}$，概率函数的定义域就是与其有可及关系的世界集的子集 a。把该公理翻译成统计概率逻辑后更易看出。

$\forall x(y(R_a(x, y) \rightarrow t_y(\varphi)) \rightarrow \boldsymbol{P}y(t_y(\varphi) \mid S_a(x, y)) = 1)$

上式是全称二阶公式，$t_x(\varphi)$ 是建立在可及关系上的自由变元。选择 $R_a(x, y)$ 等价于：

$\forall x(\boldsymbol{P}y(R_a(x, y) \mid S_a(x, y)) = 1)$

也等价于：$\forall xy(S_a(x, y) \rightarrow R_a(x, y))$。

这些对应给出了概率概念、内涵和统计概率之间的关系。存在的问题是，当其假设为认知概率模型的子类时，是否能够表达主体存在公共的先验概率。在博弈论《同意和不同意》(Aumann，1976)③ 中则经常假设存在公共的先验概率。

B. 复杂度 (complexity)

内涵概率逻辑和统计概率逻辑之间主要的区别是前者通常是可判定的，然而后者却不是。在《概率推理的逻辑》(Fagin，Halpern，Megid-

①② Fagin R，Halpern J Y. Reasoning about knowledge and probability. Journal of the Association for Computing Machinery. 1994，41 (2)：340－367.

③ Aumann R J. Agreeing to disagree. Annals of Statistics. 1976，4 (6)：1236－1239.

do，1990)① 和《知识和概率推理》(Fagin，Halpern，1994)② 中提出了大量的关于内涵概率逻辑的可判定性问题的复杂度的问题。从这里可以看出内涵概率逻辑的复杂度非常类似于命题逻辑，认知概率逻辑的复杂度非常类似于模态逻辑，二者都是可判定的，但是对大多数判定性问题来说，用可计算性的方法并不适合于判定这些问题。

统计概率的复杂度非常类似于一阶逻辑。在阿巴迪和哈尔彭的《一阶概率逻辑的可判定性和表达力》(Abadi，Halpern，1994)③ 中将复杂度问题看作对统计概率逻辑和一阶内涵概率逻辑之间关系的研究。人们可能会将一阶内涵概率逻辑翻译成统计概率逻辑，但也可能采用其他的方法。这些逻辑的复杂度在 (Abadi，Halpern，1994)④ 中得到详细的研究。简言之，统计概率逻辑一般是不可判定的，甚至比一阶逻辑更难处理，前者的有效集是递归可数的，然而后者则并非如此。GSPL 的情况可能比一般的情况更复杂。当把模型类限制在有理数上时，情况也许会变得好一些，并且一元一阶逻辑、一元统计概率逻辑是可判定的。统计概率逻辑仍然可以具有很好的可计算性。尽管把模型数目限制在有理数的范围内，但是认知概率逻辑的翻译却包含着二元谓词符号和等词，而认知概率逻辑所提出的互模拟的概念也能发挥重要的作用。

总之，在本节中对内涵概率和统计概率之间的关系进行了研究。在内涵概率逻辑中，把概率指派给可能世界，在统计概率逻辑中把概率指派给个体。当把世界看作个体时，就可以将内涵概率逻辑的语言翻译为统计概率逻辑的语言，采用这样的方法使真值得到保持，这样就可以对这些逻辑的表达力和复杂度进行研究。

5.4 动态认知概率逻辑

下面介绍库尔的动态认知概率逻辑，将系统地阐述其语言和语义，并且增加公共知识，并对其证明系统进行扩充，给出对应理论以及相应的可

① Fagin R，Halpern J Y，Megiddo N. A logic for reasoning about probabilities. Information and Computation. 1990，87 (1，2)：78－128.

② Fagin R，Halpern J Y. Reasoning about knowledge and probability. Journal of the Association for Computing Machinery. 1994，41 (2)：340－367.

③④ Abadi M.，Halpern J Y. Decidability and expressiveness for first-order logics of probability. Information and Computation. 1994，112 (1)：1－36.

靠性和完全性的证明。同时也给出概率逻辑的推理、概率动态逻辑的互模拟。最后得出一些结论，并提出需要进一步研究的问题。

5.4.1 背景知识

认知逻辑是模态逻辑，常用于对信息以及高阶信息进行推理。动态认知逻辑是认知逻辑的扩充，可以对信息和信息变化进行推理。在概率论中贝叶斯更新可以看作关于信息变化的模型，但却忽略了高阶信息变化，无法对高阶信息的概率变化进行形式推理。

在此，简要地介绍库尔将认知概率逻辑（PEL）和动态认知逻辑（DEL）组合而构造的一种新的逻辑，即动态认知概率逻辑，用以对概率变化和高阶信息进行推理。

认知和概率相组合的形式系统，将概率逻辑看作内涵（非动态的）认知逻辑，认知语言则理解为概率语言的一部分，并通过信念和确定性的关系实现二者的组合。标准的概率逻辑可看作对 KD45 系统的扩充。确定性和条件确定性如下：$\boldsymbol{P}(\varphi)=1$ 为 cert（φ）的缩写，$(\boldsymbol{P}(\varphi,\psi))=1$ 为 cert（φ，ψ）的缩写。用下面的语句表示条件确定性：

$$\boldsymbol{P}(\psi)>0\rightarrow(\text{cert}(\varphi,\psi)\leftrightarrow\text{cert}(\psi\rightarrow\varphi))$$

该蕴涵的后承非常类似于动态认知逻辑的知识更新公理（也称为拉姆齐概括公理）：

$$[\psi]K\varphi\leftrightarrow K(\psi\rightarrow[\psi]\varphi)$$

这两者唯一的不同之处是，在概率逻辑中分离规则记为 $\psi\rightarrow\varphi$，在动态认知逻辑中分离规则记为 $\psi\rightarrow[\psi]\varphi$。主要区别则表现在对信息变化的处理上：在动态认知逻辑中可知 ψ 能够改变 φ 的真值，但在概率逻辑中就没有这种假定。假设主体获得了某些信息但并不能改变现有的信息（即改变命题变元的真值），如果主体知道 ψ，φ 为主体所拥有的信息状态，那么 φ 的真值可能会因为知道信息 ψ 而发生改变。在此所构造的动态认知概率逻辑用以刻画语句的真值随着信息的变化而改变，在此省去对公开宣告逻辑的研究，并假定所有的主体所获得的信息是相同的，将此作为主体所接受的公共知识。这种简化的动态认知逻辑在《信息变化的推理》（Gerbrandy，Groeneveld，1997）① 中有详细的介绍，并称其为动态认知

① Gerbrandy J，Groeneveld W. Reasoning about information change. Journal of Logic，Language，and Information . 1997，6：147－196.

逻辑（DEL）。通过和动态认知逻辑相组合，使概率理论更适合处理信息的变化。下面构造动态认知概率逻辑系统（PDEL）。

5.4.2　语言和语义

把动态认知逻辑扩充为带有更新算子的认知概率逻辑语言，就可以获得新动态认知概率逻辑的语言，用以对概率和信息变化进行推理。在认知概率逻辑的基础上增加动态算子，即所谓的更新算子。

定义 5.20（动态认知概率逻辑语言）　$\mathcal{L}_{PDEL}$通过可数的命题变元集$\mathcal{P}$、有穷的主体集$\mathcal{A}$、认知算子K_a、概率函数符号$\boldsymbol{P}_a$定义，并且用[]表示更新算子。$\mathcal{L}_{PDEL}$的合式公式通过下面的规则给出。

$$\varphi::=\bot|p|\neg\varphi|(\varphi_1\wedge\varphi_2)|K_a\varphi|q_1\boldsymbol{P}_a(\varphi_1)+\cdots+q_n\boldsymbol{P}_a(\varphi_n)\geqslant q|[\varphi_1]\varphi_2$$

其中$p\in\mathcal{P}$，$a\in\mathcal{A}$，$\mathcal{B}\subseteq\mathcal{A}$，并且$q_1$，…，$q_n$和$q$为有理数，$[\varphi_1]\varphi_2$可以解释为“当每一主体同时共同地获知$\varphi_1$是某种情况之后，$\varphi_2$是该种情况”。令$\Phi_{LPDEL}$表示所有的$\mathcal{L}_{PDEL}$的合式公式集。令$\boldsymbol{P}_{a,LPDEL}$表示所有的$\mathcal{L}_{PDEL}$的概率公式集，并且令$\top_{LPDEL}$表示所有的$\mathcal{L}_{PDEL}$的项的集合。此外，可以使用通常的缩写。

另外还有如下的形式：

$$\sum_{i=1}^{n}q_iP_a(\varphi_i)\geqslant q\equiv q_1\boldsymbol{P}_a(\varphi_1)+\cdots+q_n\boldsymbol{P}_a(\varphi_n)\geqslant q$$

$$q_1\boldsymbol{P}_a(\varphi)\geqslant q_2\boldsymbol{P}_a(\psi)\equiv q_1\boldsymbol{P}_a(\varphi)-q_2\boldsymbol{P}_a(\psi)\geqslant 0$$

$$\sum_{i=1}^{n}q_iP_a(\varphi_i)\leqslant q\equiv\sum_{i=1}^{n}-q_iP_a(\varphi_i)\geqslant -q$$

$$\sum_{i=1}^{n}q_iP_a(\varphi_i)<q\equiv\neg(\sum_{i=1}^{n}q_iP_a(\varphi_i)\geqslant q)$$

$$\sum_{i=1}^{n}q_iP_a(\varphi_i)>q\equiv\neg(\sum_{i=1}^{n}q_iP_a(\varphi_i)\leqslant q)$$

$$\sum_{i=1}^{n}q_iP_a(\varphi_i)=q\equiv(\sum_{i=1}^{n}q_iP_a(\varphi_i)\geqslant q)\wedge(\sum_{i=1}^{n}q_iP_a(\varphi_i)\leqslant q)$$

在上式中公式$[\varphi]\psi$可以读作“当每一主体同时一般地知道φ在这种情况下为真的，ψ为真”。为了准确地给出该语言的解释，必须给出两种相似的定义，就是真值定义和更新模型定义。这两种定义是相互依存的，但却不是循环的。

定义 5.21（$\mathcal{L}_{PDEL}$的语义）　已知多主体的克里普克模型$M_{PDEL}:=(W,\pi,R_{a1},\cdots,R_{an},P)$并且$\varphi_1\in\Phi_{LPDEL}$，带有更新的多主体的动态认知概率逻辑的克里普克模型$M_{\varphi1,PDEL}$是$(N+3)$元组$(W_{\varphi1},\pi_{\varphi1},R_{ai,\varphi1},\cdots,R_{an,\varphi1},P_{\varphi1})$，其中：

$W_{\varphi 1}=W$

$\pi_{\varphi 1}=\pi$

$R_{a1,\varphi 1}:=\{(w_1, w_2)\in R_{a1} \mid (M_{PDEL,w2})\models\varphi_1\}$

⋮

⋮

$R_{an,\varphi 1}:=\{(w_1, w_2)\in R_{an} \mid (M_{PDEL,w2})\models\varphi_1\}$

$P_{\varphi 1}:=(W_{a,w1,\varphi 1}, F_{a,w1,\varphi 1}, P_{a,w1,\varphi 1})$，其中

$$W_{a,w1,\varphi 1}:=\begin{cases}\text{如果 } P_{a,w_1}(W_{a,w_1}(\varphi_1))=0, & W_{a,w_1};\\ \{w_2\in W_{a,w_1} \mid (M_{PDEL,w_2}\models\varphi_1\}, & \text{否则}\end{cases}$$

$F_{a,w1,\varphi 1}$是$W_{a,w1,\varphi 1}$的子集的σ-域

$P_{a,w1,\varphi 1}(W_{a,w1,\varphi 1}(\varphi_2))$:

$$=\begin{cases}\text{如果 } P_{a,w_1}(W_{a,w_1}(\varphi_2))=0, & P_{a,w_1}(W_{a,w_1}(\varphi_2));\\ \dfrac{P_{a,w_1}(W_{a,w_1}(\varphi_1\wedge\varphi_2))}{P_{a,w_1}(W_{a,w_1}(\varphi_1))}, & \text{否则}\end{cases}\qquad\text{（条件化）}$$

另外，M_{PDEL}和$M_{\varphi 1,PDEL}$满足：CONS、OBJ、SDP、UNIF 和 MEAS。令 IM_{PDEL}表示动态认知概率逻辑的所有的克里普克模型类。

在库尔（Kooi，2003）① 的基础上，给出下面的定义：

定义 5.22　在 M_{PDEL} 中，w∈W，$\varphi\in\Phi_{LPDEL}$是真的，符号（M_{PDEL}，w）$\models\varphi$ 可以归纳定义如下：

$(M_{PDEL}, w)\models p$　当且仅当　$\pi(w)(p)=1$

$(M_{PDEL}, w)\models\varphi_1\wedge\varphi_2$　当且仅当　$(M_{PDEL}, w)\models\varphi_1$ 并且 $(M_{PDEL}, w)\models\varphi_2$

$(M_{PDEL}, w)\models\neg\varphi$　当且仅当　$(M_{PDEL}, w)\not\models\varphi$

$(M_{PDEL}, w_1)\models K_a(\varphi)$　当且仅当　对所有的 $w_2\in R_a(w_1)$，$(M_{PDEL}, w_2)\models\varphi$

$(M_{PDEL}, w)\models\sum_{i=1}^{n}q_iP_a(\varphi_i)\geqslant q$　当且仅当　$\sum_{i=1}^{n}q_iP_{a,w}(W_{a,w}(\varphi_i))\geqslant q$

$(M_{PDEL}, w)\models[\varphi_1]\varphi_2$　当且仅当　$(M_{\varphi 1,PDEL}, w)\models\varphi_2$

对所有的 w∈W，如果（M_{PDEL}，w）$\models\varphi$，记作 $M_{PDEL}\models\varphi$，称 φ 在 M

① Kooi B P. Probabilistic dynamic epistemic logic. Logic Lang. Inform. Special issue on connecting the different faces of information. 2003，12（4）：381－408.

上是有效的。如果 φ 在所有的 IM_{PDEL} 模型类上是有效的，则将其记作 $IM_{PDEL}\vDash\varphi$，称 φ 关于 IM_{PDEL} 是有效的。

语形

除了前面所出现的认知公理（K1 - K5）、概率公理（W1 - W10）、关于线性不等式推理的公理（A1 - A6），以及 PEL 的推理规则 R1 - R3 外，动态认知概率逻辑的公理系统还包括下面的更新公理。该系统建立在库尔（Kooi，2003）的基础之上。

(A7) $\vdash[\varphi_1](\varphi_2\rightarrow\varphi_3)\rightarrow([\varphi_1]\varphi_2\rightarrow[\varphi_1]\varphi_3)$　（$[\varphi_1]$分布）

(A8) $\vdash\neg[\varphi_1]\varphi_2\leftrightarrow[\varphi_1]\neg\varphi_2$　（函数性）

(A9) $\vdash[\varphi]p\leftrightarrow(\varphi\rightarrow p)$　（原子保持性）

(A10) $\vdash[\varphi_1]K_a(\varphi_2)\leftrightarrow K_a(\varphi_1\rightarrow[\varphi_1]\varphi_2)$　（知识更新）

(A11) $\vdash P_a(\varphi)>0\rightarrow(([\varphi]\sum_{i=1}^{n}q_iP_a(\varphi_i)\geqslant q)\leftrightarrow(\sum_{i=1}^{n}q_iP_a(\varphi\wedge[\varphi]\varphi_i)\geqslant qP_a(\varphi)))$　（概率更新 1）

(A12) $\vdash P_a(\varphi)=0\rightarrow(([\varphi]\sum_{i=1}^{n}q_iP_a(\varphi_i)\geqslant q)\leftrightarrow(\sum_{i=1}^{n}q_iP_a[\varphi](\varphi_i)\geqslant q))$　（概率更新 2）

除了（R1）（R2）（R3）外，动态认知概率逻辑的公理系统有下面的推理规则，建立在库尔（Kooi，2003）① 的基础之上。

(R4) 根据$\vdash\varphi_2$，可以推出$\vdash[\varphi_1]\varphi_2$　（概括规则）

根据（R1）（R2）（R3）或者（R4），根据（K1 - K5）（W1 - W10）（A1 - A12）可以推出如果 $\varphi\in\varphi_{PDEL}$ 是可证的，记作$\vdash_{PDEL}\varphi$。

定义 5.23（更新的语义）　已知认知概率模型 $M=(W, R, V, \boldsymbol{P})$ 且可能世界 $w\in W$，更新模型 $M_\varphi=(W_\varphi, R_\varphi, V_\varphi, \boldsymbol{P}_\varphi)$ 定义如下：

$$W_\varphi=W$$

$$R_\varphi(a)=\{(u, v)\mid(u, v)\in R(a)\text{ 并且 }(M, v)\vDash\varphi\}$$

$$V_\varphi=V$$

$$\mathrm{dom}(P_\varphi(a, u))=\begin{cases}\text{如果 }P(a,u)(\varphi)=0, & dom(P(a,u));\\ \{v\in dom(P(a,u))\mid(M,v)\mid=\varphi\},\text{否则}\end{cases}$$

$$P_\varphi(a, u)(v)=\begin{cases}\text{如果 }P(a, u)(\varphi)=0, & P(a, u)(V);\\ \dfrac{P(a, u)(v)}{P(a, u)(\varphi)},\text{ 其中 }v\in dom(P_\varphi(a, u)),\text{ 否则}\end{cases}$$

---

① Kooi B P. Probabilistic dynamic epistemic logic. Logic Lang. Inform. Special issue on connecting the different faces of information. 2003，12 (4)：381 - 408.

对于点模型（M，w），其更新模型是（M_φ，w）（即 $w_\varphi = w$）。

引理 5.3 如果（M，w）为认知概率模型，那么（M_φ，w_φ）也为认知概率模型。

证 已知世界 u 和主体 a，如果 P（a，u）（φ）=0，那么 P_φ（a，u）= P（a，u），也是概率函数。如果 P（a，u）（φ）≠0，那么 P_φ（a，u）的定义域是由初始定义域中 φ 有效的世界集所组成的集合，证明①如下：

(1) $\sum_{v\in dom(P_\varphi(a,u))} P_\varphi(a,u)(v)$

根据（1），定义域的定义，可得：

(2) $\sum_{v\in dom(P(a,u))且(M,v)\vdash\varphi} P_\varphi(a,u)(v)$

根据（2），概率的定义，可得：

(3) $\sum_{v\in dom(P(a,u))且(M,v)\models\varphi} \frac{\mathrm{P}\vdash(a,u)(v)}{\mathrm{P}\vdash(a,u)(\varphi)}$

根据（3），代数方法，有：

(4) $\frac{\sum_{v\in dom(P(a,u))且(M,v)\models\varphi} P(a,u)(v)}{\mathrm{P}(a,u)(\varphi)}$

根据（4），P（a，u）（φ）的定义，有

(5) $\frac{\mathrm{P}(a,u)(\varphi)}{\mathrm{P}(a,u)(\varphi)}$

根据 P（a，u）（φ）≠0，可得（5）的值为 1 。

此外，对所有的 $v \in dom(\boldsymbol{P}_\varphi(a, u))$ 及 $\boldsymbol{P}(a, u)(v) \leqslant \boldsymbol{P}(a, u)(\varphi)$，$\boldsymbol{P}(a, u)(v) \in [0,1]$，则 $P_\varphi(a, u)(v) \in [0, 1]$。

由此可见，该更新类似于贝叶斯更新。$\boldsymbol{P}_a(\varphi|\psi) = q$，当且仅当，$[\psi]\ P_a(\varphi) = q$ 。

在该语言中增加条件概率可能会造成符号的重复使用，所以条件概率可定义如下：

$$\boldsymbol{P}_a(\varphi|\psi) = \frac{P_a(\varphi \wedge \psi)}{P_a(\psi)}$$

如果 φ 的真值在主体 a 知道 ψ 后并没有改变，那么等式有效，但该等式并不是普遍有效的。例如当更新不成功时就不是有效的。带有 φ 的成功更新使得主体 a 相信 φ。例如，当你知道信息“天正在下雨，而你并不知道”②。那么你将不会相信你不知道天正在下雨。针对该话题讨论的例

① Kooi B P. Probabilistic Dynamic Epistemic Logic. 2003：104.

② 有人主张不成功更新的发生主要是由于没有恰当地与时间量度结合，如果真是如此的话，那么命题就不能改变其真值。而在动态逻辑中，能够改变命题真值的观点更有价值。

子很多，如泥孩子疑难就是如此。类似的例子还有：假定主体 a 投掷了一枚均匀的硬币，主体 b 不知道结果，主体 a 知道该结果。然后主体 a 告诉主体 b 硬币正面朝上的概率不为 0，而是反面朝上。在更新之后，主体 b 认为正面朝上的概率为 0。该过程可以表述如下：

$$(\boldsymbol{P}_{a}(\text{heads}) > 0 \wedge \text{tails})\ \boldsymbol{P}_{a}(\boldsymbol{P}_{a}(\text{heads}) > 0 \wedge \text{tails}) = 0$$

因而，

$$\boldsymbol{P}_{a}(\boldsymbol{P}_{a}(\text{heads}) > 0 \wedge \text{tails}\ \boldsymbol{P}_{a}(\text{heads}) > 0 \wedge \text{tails}) = 1$$

这是由于在概率论和动态认知逻辑中处理信息变化的角度不同。尽管在公开宣告后，宣告时的公共知识 φ 是真的，但是在宣告后不再需要公共知识 φ，因为 φ 本身有可能包括了这一信息。

动态认知逻辑面临的问题是如何对可能导致不成功更新的那些语句进行语法刻画，这一问题在动态认知概率逻辑中同样存在。(van Benthem，2002)① 中对能够进行成功更新的语句的语形刻画则处理得更恰当一些。

虽然在某种程度上要求该逻辑能够对新的信息进行模型化处理，同时也可以对高阶信息进行刻画，但是该语言仍不能精确地对如何更新进行刻画。当构建博弈模型时，参与人就可采用某种策略进行公开宣告，主体也许不会把他们知道的一切都透露出来，或者其行为取决于更复杂的协定。对于这样的更新，必须假定由某些程序所产生的“φ 宣告”或“¬φ 宣告”而导致“宣告 φ”成立。例如，反复投掷一枚骰子，主体 a 能看到结果而主体 b 却不能，但是主体 b 却可以通过询问主体 a 是奇数、是偶数还是三的倍数的方式猜测出结果。如果主体 b 认为结果是偶数，那么结果是 6 的概率是多少？这时结论就取决于主体 b 的策略或协议，该种模式的更新在动态认知概率逻辑中也不能得到处理。

5.4.3　概率推理

在概率论中，通常用构建某个情境模型的方法对推理进行证明，然后在该模型中对相关的命题进行分析。在逻辑中，通常将其翻译成形式语言，然后再证明其有效性，随后在形式证明系统中证明结论可以从前提推演出来。有两种方法，一种是在特定情况下建构模型，另一种是通过构造

① van Benthem J. “One is a lonely number”: on the logic of communication. the Logic Colloquium 2002.

动态认知概率逻辑形式证明系统。

虽然前面介绍了认知概率模型，但对于在特定情况下如何构建模型仍不甚清楚。（Halpern，Tuttle，1993）① 中也曾给出这样的方法，其中的概率模型符合 S5 系统。在此就给出与他们不同但却相似的方法，即纯概率模型。这种类型的模型能否用动态认知概率逻辑的语言刻画呢？在博弈论（参见 Aumann，1976）② 中，则强调必须存在公共前提。

假设某一主体知道硬币正面朝上的概率是 1/3 或者 1/2，但并不能确切地知道究竟是哪一个，这时就不容易构建模型。

下面将介绍如何构造认知概率模型，将非概率信息（即命题的和认知的信息）模型和概率信息模型进行组合，从而构造新的认知概率逻辑。

定义 5.24（纯概率模型）

已知非空集 $\boldsymbol{E}$ 和有穷主体集 $\mathcal{A}$，纯认知概率模型 $\boldsymbol{M}$ 是三元组（W，R，P），使得：

（1）$W\neq\varnothing$；

（2）R：$\mathcal{A}\rightarrow 2^{W\times W}$；

（3）$\boldsymbol{P}$：$W\rightarrow$ $\{\boldsymbol{P}\mid\boldsymbol{P}$ 是定义域为 $\boldsymbol{E}$ 的概率函数$\}$。

这样，概率函数为从 W 到 $\boldsymbol{E}$ 上的映射，即给 W 中的每一世界指派一个概率值，称为纯概率模型，因为不包含命题变元，用概率函数充当，同时将可及关系解释为认知关系。

已知认知模型 $M_{认}$ 和纯概率模型 $M_{纯}$，可得认知概率模型 $\mathcal{M}$。这两个模型必须具有相同的主体，认知模型中的可能世界集 W 为 P 中的所有的概率区间的定义域（即 $E=W$）。并将纯概率模型中的世界定义为建立在认知模型的世界集上的先验概率分布。主体指派给世界集上的概率是建立在主体的知识上的条件化的先验概率。

定义 5.25（乘积）　已知认知模型 $M_{认}$ 和纯概率模型 $M_{纯}$，使得 $M_{认}=$（W，R，V）并且 $M_{纯}=$（W，R，P）。

$M_{认}\otimes M_{纯}=\mathcal{M}=$（$\mathcal{W}$，$\mathcal{R}$，$\mathcal{V}$，$\mathcal{P}$），当且仅当，

$\mathcal{W}\qquad=W\times W$

$\mathcal{R}(\mathrm{a})\qquad=\{((w,\mathrm{w}),(v,\mathrm{v}))\mid wR(\mathrm{a})\mathcal{V}\wedge \mathrm{w}R(\mathrm{a})\mathrm{v}\}$

① Halpern J Y，Tuttle M. Knowledge，probability，and adversaries. Journal of the Association for Computing Machinery. 1993，40（4）：917－962.

② Aumann R J. Agreeing to disagree. Annals of Statistics. 1976，4（6）：1236－1239.

$$\mathcal{V}(p) = V(p) \times W$$

$$\mathrm{dom}(\mathcal{P}(a, (w, w))) = \{v \mid wR(a)v\} \times \{w\}$$

$$(\mathcal{P}(a, (w, w))(v, w)) = \frac{P(w)(v)}{\sum_{(u,w) \in dom(p(a,(w,w)))} P(w)(u)}$$

概率函数的定义域为给主体指派一序对（w，w），也包括序对（v，w），使得在认知模型中和主体相关的从 w 到 v 具有可及关系的世界的概率所组成的集合。所以，定义域与认知模型中的主体具有可及关系的世界集的概率的副本（copy）。已知在该主体的概率函数的定义域内的概率，主体给世界指派的概率为该主体的条件概率（此时不考虑有序对中的第二个元素）。

5.4.4　增加公共知识后的证明系统

A. 增加公共知识后的语言、语义和完全性

现在需要定义和公共知识相关的系统（S5RC）以及和公共知识相关的有效性，具体细节参见（van Ditmarsch，van der Hoek，Kooi，2007）①。该语言可定义如下：

定义 5.26　已知主体集 $\mathcal{A}$ 和原子命题集 $\mathcal{P}$。该语义下的所有公式可以通过下面的 BNF 的格式给出：

$$\varphi ::= p \mid \neg\varphi \mid (\varphi_1 \wedge \varphi_2) \mid K_a\varphi \mid C_B(\varphi_1, \varphi_2) \mid q_1\boldsymbol{P}_a(\varphi_1) + \cdots + q_n\boldsymbol{P}_a(\varphi_n) \geqslant q \mid [\varphi_1]\varphi_2$$

其中 $p \in \mathcal{P}$，$a \in \mathcal{A}$ 且 $B \subseteq \mathcal{A}$。其余的同定义 5.20。

用 $C_B(\varphi, \psi)$ 表示每一 B-φ-路径是 ψ-路径，也可以表达不带公开宣告算子的 B-φ-路径。该算子的语义可定义如下：

定义 5.27（语义）　已知认知模型 $M=(W, \sim, V)$。关于原子、否定、合取和个体算子及概率的定义如前。另外还包括：

$$(M, w) \vDash C_B(\varphi, \psi)，当且仅当，(M, t) \vDash \psi，对所有 t，使得 (w, t) \in (\bigcup_{a \in B} \sim_a \cap (W \times \|\varphi\|_M))^+$$

其中 $(\bigcup_{a \in B} \sim_a \cap (W \times \|\varphi\|_M))^+$ 是 $(\bigcup_{a \in B} \sim_a \cap (W \times \|\varphi\|_M))$ 中的传递闭包。令该语义下所有的有效语言为 S5RC。

① van Ditmarsch H P，van der Hoek W，Kooi B P. Dynamic epistemic logic. synthese library studies in epistemology，logic，methodology，and philosophy of science. volume 337. press by springer. 2007.

在此所定义的传递闭包比自返传递闭包更好，因为不希望 C_B（φ，ψ）推出 ψ，且仅得到 E_B（φ→ψ），该算子类似于通常的公共知识算子。事实上，可将通常的公共知识表示为相对公共知识。公式 $\varphi \wedge C_B$（⊤，φ）表示每一 B-⊤-路径为 φ-路径。则每一 B-路径都是 B-⊤-路径，每一 B-路径为 φ-路径，也称 φ 为通常的公共知识。该证明系统是带有相对公共知识的认知逻辑，类似于带有公共知识的系统。

B. 证明系统、可靠性和完全性

动态认知概率逻辑的证明系统是建立在（Gerbrandy，1999）① 的动态认知逻辑和证明系统，以及（Fagin，Halpern，1994）② 的认知概率逻辑的证明系统基础之上的，这两个系统为由概率更新 1 和概率更新 2 组合而形成的动态认知概率逻辑的证明系统。

下面所给的证明系统是由（Kooi，2003）③ 及（van Ditmarsch，van der Hoek，Kooi，2007）④ 给出的。动态认知概率逻辑的证明系统如下：

定义 5.28（证明系统） 已知可数的命题变元集 $\mathcal{P}$ 和有穷主体集 $\mathcal{A}$，则动态认知概率逻辑证明系统除包括认知概率逻辑的基本认知公理（基本的 S5 系统的 K1 - K5）及推理规则 R1 - R3 外，还包括下列公理和推演规则：

认知逻辑

（K6）$\vdash [M, w]\, p \leftrightarrow (pre(w) \rightarrow p)$ 原子保持公理

（K7）$\vdash [M, w]\, \neg\varphi \leftrightarrow (pre(w) \rightarrow \neg[M, w]\, \varphi)$ 行动和否定公理

（K8）$\vdash [M, w]\, (\varphi \wedge \psi) \leftrightarrow ([M, w]\, \varphi \wedge [M, w]\, \psi)$

行动合取公理

（K9）$\vdash [M, w]\, K_a\varphi \leftrightarrow (pre(w) \rightarrow \bigwedge_{w \sim_a t} K_a\, [M, t]\, \varphi)$

行动知识公理

① Gerbrandy J. Bisimulations on Planet Kripke. PhD thesis，ILLC，Universiteit van Amsterdam：ILLC Dissertation Series. 1999.

② Fagin R，Halpern J Y. Reasoning about knowledge and probability. Journal of the Association for Computing Machinery. 1994，41（2）：340 - 367.

③ Kooi B P. Knowledge，chance，and change. ILLC Dissertation Series，ILLC，Amsterdam. 2003.

④ van Ditmarsch H P，van der Hoek W，Kooi B P. Dynamic epistemic logic. synthese library studies in epistemology，logic，methodology，and philosophy of science. volume 337. press by springer. 2007.

(K10) $\vdash [M, w][M', w']\varphi \leftrightarrow [(M, w);(M', w')]\varphi$

行动复合公理

(K11) $\vdash [\alpha \cup \alpha']\varphi \leftrightarrow ([\alpha]\varphi \wedge [\alpha']\varphi)$　　不确定选择公理

(K12) $\vdash C_B(\varphi \rightarrow \psi) \rightarrow (C_B\varphi \rightarrow C_B\psi)$　　C_B对→的分布公理

(K13) $\vdash C_B\varphi \rightarrow (\varphi \wedge E_B C_B\varphi)$　　混合公理

(K14) $\vdash C_B(\varphi \rightarrow E_B\varphi) \rightarrow (\varphi \rightarrow C_B\varphi)$　　归纳公理

(K15) $\vdash C_B(\varphi, \psi \rightarrow \chi) \rightarrow (C_B(\varphi, \psi) \rightarrow C_B(\varphi, \chi))$

C_B（·，·）对→的分布公理

(K16) $\vdash C_B(\varphi, \psi) \leftrightarrow E_B(\varphi \rightarrow (\psi \wedge C_B(\varphi, \psi)))$

有关公共知识的混合公理

(K17) $\vdash C_B(\varphi, \psi \rightarrow E_B(\varphi \rightarrow \psi)) \rightarrow (E_B(\varphi \rightarrow \psi) \rightarrow C_B(\varphi, \psi))$

有关公共知识的归纳公理

推理规则

(R4) 根据$\vdash \varphi$，可以推出$\vdash C_B\varphi$　　C_B的必然化规则

(R5) 根据$\vdash \varphi$，可以推出$[M, w]\varphi$　　(M, w)的必然化规则

(R6) 令(M, w)是行动模型并且令公式集χ_t表示每一t使得$w \sim_B t$，根据$\chi_t \rightarrow [M, t]\varphi$和$(\chi_t \wedge pre(t)) \rightarrow K_a\chi_u$，对于每一$t \in W$，$a \in B$和$t \sim_a u$，可以推出$\chi_w \rightarrow [M, w]C_B\varphi$　　行动和公共知识规则

(R7) 根据$\vdash \varphi$，可以推出$\vdash C_B(\psi, \varphi)$　C_B（·，·）的必然化规则

更新逻辑

(U1) $\vdash [\varphi](\psi \rightarrow \chi) \rightarrow ([\varphi]\psi \rightarrow [\varphi]\chi)$　　（$[\varphi]$分布公理）

(U2) $\vdash \neg[\varphi]\psi \leftrightarrow [\varphi]\neg\chi$　　（函数性公理）

(U3) $\vdash [\varphi]p \leftrightarrow (\varphi \rightarrow p)$　　（原子不变性）

(U4) $\vdash [\varphi]K_a\psi \leftrightarrow K_a(\varphi \rightarrow [\varphi]\psi)$　　（知识更新公理）

(U5) $\vdash \boldsymbol{P}_a(\varphi) > 0 \rightarrow (([\varphi]\sum_{i=1}^{n} q_i P_a(\varphi_i) \geqslant q) \leftrightarrow (\sum_{i=1}^{n} q_i P_a(\varphi \wedge [\varphi]\varphi_i) \geqslant q P_a(\varphi)))$　　（概率更新 1）

(U6) $\vdash \boldsymbol{P}_a(\varphi) = 0 \rightarrow (([\varphi]\sum_{i=1}^{n} q_i P_a(\varphi_i) \geqslant q) \leftrightarrow (\sum_{i=1}^{n} q_i P_a([\varphi]\varphi_i) \geqslant q))$

（概率更新 2）

(U7) 根据$\vdash \psi$，可得$\vdash [\varphi]\psi$　　（$[\varphi]$必然化规则）

线性不等式

(A1) $\vdash \sum_{i=1}^{n} q_i P_a(\varphi_i) \geqslant q \leftrightarrow (\sum_{i=1}^{n} q_i P_a(\varphi_i) + 0P_a(\varphi_{k+1}) \geqslant q)$

（0 项）

(A2) $\vdash \sum_{i=1}^{n} q_i P_a(\varphi_i) \geqslant q \rightarrow \sum_{i=1}^{n} q_{j_i} P_a(\varphi_{j_i}) \geqslant q$　　$j_1 \cdots j_k$排列方式

为 1…k （排列公理）

(A3) $\vdash \sum_{i=1}^{n} q_i P_a(\varphi_i) \geqslant q \wedge \sum_{i=1}^{n} q_i' P_a(\varphi_i) \geqslant q' \rightarrow \sum_{i=1}^{n}(q_i+q_i') P_a(\varphi_i) \geqslant (q+q')$ （加法公理）

(A4) $\vdash \sum_{i=1}^{n} q_i P_a(\varphi_i) \geqslant q \leftrightarrow \sum_{i=1}^{n} dq_i P_a(\varphi_i) \geqslant dq$ 且 $d>0$ （乘法公理）

(A5) $\vdash (t \geqslant q) \vee (t \leqslant q)$ （二分法公理）

(A6) $\vdash (t \geqslant q) \rightarrow (t > q')$ 且 $q > q'$ （单调性）

概率逻辑

(W1) $\vdash \boldsymbol{P}_a(\varphi) \geqslant 0$ （非否定公理）

(W2) $\vdash \boldsymbol{P}_a(\top) = 1$ （概率真值公理）

(W3) $\vdash \boldsymbol{P}_a(\varphi \wedge \psi) + \boldsymbol{P}_a(\varphi \wedge \neg\psi) = \boldsymbol{P}_a(\varphi)$ （加法公理）

(R4) 根据$\vdash \varphi \leftrightarrow \psi$，可得$\vdash \boldsymbol{P}_a(\varphi) = P_a(\psi)$ （等值规则）

以上证明系统包含命题逻辑、认知逻辑，另外还包括线性不等式以及认知概率逻辑的公理和规则。其中动态认知逻辑的可靠性和完全性的证明由（Gerbrandy，Groeneveld，1997）① 给出，而认知概率逻辑的可靠性和完全性的证明则是由（Fagin，Halpern，1994）② 给出。概率更新 1 公理阐释的是条件概率和更新概率概念之间的内在联系，这种关系可以用 van Benthem 提出的如下等式表示：

$$\vdash [\psi](\boldsymbol{P}_a(\varphi) = q)\text{，当且仅当，}\vdash \boldsymbol{P}_a([\psi]\varphi \mid \psi) = q$$

注意，上式并不是正规的模态逻辑，主要由于存在不成功的更新，使得有时不能够进行全称替换。例如：$\vdash [p] K_a p$ 为定理，但其替换实例 $\vdash [\neg K_a p \wedge p] K_a(\neg K_a p \wedge p)$ 则不是定理。另外动态认知逻辑中还有一些原则虽然是有效的，但却不是可推演的（具体细节参看 van Benthem，2002）③。

定理 5.26（可靠性定理） 如果$\vdash \varphi$，那么$\vDash \varphi$。

证 动态认知逻辑和认知概率逻辑的公理的可靠性不需要证明，因为

① Gerbrandy J，Groeneveld W. Reasoning about information change. Journal of Logic，Language，and Information. 1997，6：147－196.

② Fagin R，Halpern J Y. Reasoning about knowledge and probability. Journal of the Association for Computing Machinery. 1994，41 (2)：340－367.

③ van Benthem J. "One is a lonely number"：on the logic of communication. the Logic Colloquium 2002.

它们已经由（Gerbrandy，1999）①、（Gerbrandy，Groeneveld，1997）②、（Fagin，Halpern，1994）③分别给出了证明，在此不需重证。只需证明该系统里的每条公理都是有效式并且推演规则保持有效的就可以了。库尔（Kooi，2003）④给出了概率更新 1 的可靠性证明如下：

对于概率更新 1，假定 $(M, w) \vDash \boldsymbol{P}_a(\varphi) > 0$：

(1) $\{v \mid (M, v) \vDash [\varphi]\ \psi \wedge \varphi$ 且 $v \in \mathrm{dom}\ (\boldsymbol{P}(a, w))\}$

根据（1）以及定义 5.20，可得：

(2) $\{v \mid (M_\varphi, v_\varphi) \vDash \psi$ 且 $v_\varphi \in \mathrm{dom}\ (\boldsymbol{P}_\varphi(a, w_\varphi))\}$

假定 $(M, w) \vDash P_a(\varphi) > 0$　则下列等式有效：

根据假设，

(3) $(M, w) \vDash [\varphi]\ \sum_{i=1}^{n} q_i P_a(\varphi_i) \geqslant q$

根据（3）以及真值定义，有：

(4) $(M_\varphi, w_\varphi) \vDash \sum_{i=1}^{n} q_i P_a(\varphi_i) \geqslant q$

再根据（4）以及真值定义，可得：

(5) $\sum_{i=1}^{k} q_i P_\varphi(a, w_\varphi)(\varphi_i) \geqslant q$

根据（5）以及真值定义，可得：

(6) $\sum_{i=1}^{k} q_i P_\varphi\ (a, w_\varphi)\ (\{v_\varphi \mid (M_\varphi, v_\varphi) \vDash \varphi_i$ 且 $v_\varphi \in \mathrm{dom}\ (\boldsymbol{P}_\varphi(w_\varphi))\}) \geqslant q$

根据（6）以及定义 5.20，可得：

(7) $\sum_{i=1}^{k} q_i P_\varphi\ (a, w_\varphi)\ (\{v \mid (M, v) \vDash [\varphi]\ \psi \wedge \varphi$ 且 $v \in \mathrm{dom}\ (\boldsymbol{P}(a, w))\}) \geqslant q$

根据（7），$\boldsymbol{P}_\varphi$定义和 $(M, w) \vDash P_a(\varphi) > 0$，可得：

(8) $\sum_{i=1}^{k} q_i \dfrac{P\ (a, w)\ ([\varphi]\ \varphi_i \wedge \varphi)}{P\ (a, w)\ (\varphi)} \geqslant q$

根据（8）以及代数方法，有：

(9) $\sum_{i=1}^{k} q_i P(a, w)\ ([\varphi]\varphi_i \wedge \varphi) \geqslant qP\ (a, w)\ (\varphi)$

① Gerbrandy J. Bisimulations on Planet Kripke. PhD thesis，ILLC，Universiteit van Amsterdam：ILLC Dissertation Series. 1999.

② Gerbrandy J，Groeneveld W. Reasoning about information change. Journal of Logic，Language，and Information . 1997，6：147－196.

③ Fagin R，Halpern J Y. Reasoning about knowledge and probability. Journal of the Association for Computing Machinery. 1994，41（2）：340－367.

④ Kooi B P. Knowledge，chance，and change. ILLC Dissertation Series，ILLC，Amsterdam. 2003.

根据（9）以及真值定义，可得：

(10) $(M, w) \vDash \sum_{i=1}^{n} q_i P_a$（$[\varphi]\varphi_i \wedge \varphi$）$\geq q P_a$（$\varphi$）

如果 φ 的概率为 0，那么更新后的概率函数的定义域将不会发生任何改变，所以概率更新 2 的可靠性的证明可以由更新的定义直接推出。

为了证明完全性，首先将动态认知概率逻辑语句翻译为认知概率逻辑语句。已知认知概率逻辑是完全的，则只需要证明动态认知概率逻辑的语句和其翻译是可证等价的即可。

定义 5.29（从 $\mathcal{L}_{PDEL}$ 到 $\mathcal{L}_{PEL}$ 的翻译）

翻译 t：$\mathcal{L}_{PDEL} \rightarrow \mathcal{L}_{PEL}$ 可定义如下：

(1) $t(p) = p$

(2) $t(\neg\varphi) = \neg t(\varphi)$

(3) $t(\varphi \wedge \psi) = t(\varphi) \wedge t(\psi)$

(4) $t(K_a\varphi) = K_a t(\varphi)$

(5) $t(\sum_{i=1}^{n} q_i P_a(\varphi_i) \geq q) = (\sum_{i=1}^{n} q_i P_a(\varphi_i) \geq q)$

(6) $t([\varphi]p) = (\varphi \rightarrow p)$

(7) $t([\varphi]\neg\psi) = t(\varphi \rightarrow \neg[\varphi]\psi)$

(8) $t([\varphi](\psi \wedge \chi)) = t([\varphi]\psi) \wedge t([\varphi]\chi)$

(9) $t([\varphi]K_a\psi) = t(\varphi \rightarrow K_a[\varphi]\psi)$

(10) $t([M, w]p) = t(pre(w) \rightarrow p)$

(11) $t([M, w]\neg\varphi) = t(pre(w) \rightarrow \neg[M, w]\varphi)$

(12) $t([M, w](\varphi \wedge \psi)) = t([M, w]\varphi \wedge [M, w]\psi)$

(13) $t([M, w]K_a\varphi) = t(pre(w) \rightarrow K_a[M, w]\varphi)$

(14) $t([M, w][M', w']\varphi) = t([M, w; M', w']\chi)$

(15) $t([\alpha \cup \alpha']\varphi) = t([\alpha]\varphi) \wedge t([\alpha']\varphi)$

(16) $t([\varphi]C_a(\psi, \chi)) = t(\varphi \rightarrow C_a(\varphi \wedge [\varphi]\psi, [\varphi]\chi))$

(17) $t([\varphi][\psi]\chi) = t([\varphi \wedge [\varphi]\psi]\chi)$

(18) $(t([\varphi]\sum_{i=1}^{n} q_i P_a(\varphi_i) \geq q) = (\boldsymbol{P}_a(t(\varphi)) > 0 \wedge (\sum_{i=1}^{n} q_i P_a(t(\varphi_i) \wedge t([\varphi]\varphi_i)) \geq q P_a t(\varphi)))) \vee (\boldsymbol{P}_a(t(\varphi)) = 0 \wedge \sum_{i=1}^{n} q_i P_a(t([\varphi]\varphi_i)) \geq q)$

注意，尽管更新算子具有无穷的特征（其对整个模型都会产生影响），当对某一语句进行赋值时，只需要给出有穷的内涵深度即可（即叠置的模态算子的数量），而翻译的证明则可以通过下面的复杂度的方法完成。

定义 5.30（复杂度）

语句的复杂度可定义如下：

(1) $c(p)=1$

(2) $c(\neg\varphi)=1+c(\varphi)$

(3) $c(\varphi\wedge\psi)=1+\max(c(\varphi), c(\psi))$

(4) $c(K_a\varphi)=1+c(\varphi)$

(5) $c(\sum_{i=1}^{n}q_iP_a(\varphi_i)\geqslant q)=1+\max_{1\leqslant i\leqslant k}c(\varphi_i)$

(6) $c([\varphi]\psi)=(4+c(\varphi))\cdot c(\psi)$

(7) $c(C_B\varphi)=1+c(\varphi)$

(8) $c(M, w)=\max\{c(\mathrm{pre}(t)) \mid t\in M\}$

(9) $c(\alpha\cup\alpha')=1+\max(c(\alpha), c(\alpha'))$

(10) $c(C_B(\varphi, \psi))=1+\max(c(\varphi), c(\psi))$

引理 5.4　对所有的 φ、ψ、α 和 χ：

(1) 如果 $\varphi\in Sub(\psi)$，那么 $c(\psi)\geqslant c(\varphi)$

(2) $c([\varphi]p)>c(\varphi\rightarrow p)$

(3) $c([\varphi]\neg\psi)>c(\varphi\rightarrow\neg[\varphi]\psi)$

(4) $c([\varphi](\psi\wedge\chi))>c([\varphi]\psi\wedge[\varphi]\chi)$

(5) $c([\varphi]K_a\psi)>c(\varphi\rightarrow K_a[\varphi]\psi)$

(6) $c([\varphi][\psi]\chi)>c([\varphi\wedge[\varphi]\psi]\chi)$

(7) $c([\varphi]C_B\psi)>c([\varphi]\psi)$

(8) $c([M, w]p)>c(\mathrm{pre}(w)\rightarrow p)$

(9) $c([M, w]\neg\varphi)>c(\mathrm{pre}(w)\rightarrow\neg[M, w]\varphi)$

(10) $c([M, w](\varphi\wedge\psi))>c([M, w]\varphi\wedge[M, w]\psi)$

(11) 对所有的 $t\in M$，$c([M, w]K_a\varphi)>c(\mathrm{pre}(w)\rightarrow K_a[M, t]\varphi)$

(12) 对所有的 $t\in M$，$c([M, w]C_B\varphi)>c([M, t]\varphi)$

(13) $c([M, w][M', w']\varphi)>c([M, w; M', w']\varphi)$

(14) $c([\alpha\cup\alpha']\varphi)>c([\alpha]\varphi\wedge[\alpha']\varphi)$

(15) $c([\varphi]C_B(\psi, \chi))>c(\varphi\rightarrow C_B(\varphi\wedge[\varphi]\psi, [\varphi]\chi))$

证　(1) 通过施归纳于 ψ。

基础情况　如果 ψ 是命题变元，其复杂度为 1，则为其自身的子公式。

归纳假设 如果 $\varphi \in Sub(\psi)$ 且 $c(\chi) \geqslant c(\varphi)$，如果 $\varphi \in Sub(\chi)$，那么 $c(\psi) \geqslant c(\varphi)$。

归纳步骤 可以分情况进行证明。

否定 假设 φ 为形如 $\neg\psi$ 的子公式。那么 φ 是 $\neg\psi$ 或者 ψ 的子公式。对于前一种情况，每一公式的复杂度都大于或等于其本身的复杂度。对于后一种情况，$\neg\psi$ 的复杂度等于 $1+c(\psi)$。如果 φ 是 ψ 的子公式，从归纳假设推出 $c(\psi) \geqslant c(\varphi)$。

合取 假设 φ 是 $\psi\wedge\chi$ 的子公式。那么 φ 是 $\psi\wedge\chi$ 或者是 ψ 或 χ 的子公式。前者的每一公式的复杂度大于或等于其本身的复杂度。后者中的 $\psi\wedge\chi$ 的复杂度等于 $1+\max(c(\varphi), c(\psi))$。根据数学知识和归纳假设 $c(\psi\wedge\chi) \geqslant c(\varphi)$。

单个认知算子 类似于否定的证明。

公共知识 类似于否定的证明。

公开宣告 假设 φ 为形如 $[\psi]\chi$ 的子公式。那么 φ 是 $[\psi]\chi$ 或 ψ 或 χ 的子公式。在前一种情况下，每一公式的复杂度大于或者等于它本身的复杂度。在后一种情况下，$[\psi]\chi$ 的复杂度等于 $(4+c(\psi)) \cdot c(\chi)$。利用数学方法和归纳假设 $c([\psi]\chi) \geqslant c(\varphi)$。

(2) $c([\varphi]p) = (4+c(\varphi)) \cdot 1$

$= 4+c(\varphi)$

并且

$$
\begin{aligned}
c(\varphi \rightarrow p) &= c(\neg(\varphi\wedge\neg p)) \\
&= 1+c(\varphi\wedge\neg p) \\
&= 2+\max(c(\varphi), 2) \\
&= 2+c(\varphi) \text{ 或者 } 3
\end{aligned}
$$

由以上可知，两者都小于 $4+c(\varphi)$。

(3) $c([\varphi]\neg\psi) = (4+c(\varphi)) \cdot (1+c(\psi))$

$= 4+c(\varphi)+4 \cdot c(\psi)+c(\varphi) \cdot c(\psi)$

并且

$$
\begin{aligned}
c(\varphi \rightarrow \neg[\varphi]\psi) &= c(\neg(\varphi\wedge\neg\neg[\varphi]\psi)) \\
&= 1+c(\varphi\wedge\neg\neg[\varphi]\psi) \\
&= 2+\max(c(\varphi), 2+((4+c(\varphi)) \cdot c(\psi))) \\
&= 2+\max(c(\varphi), 2+4 \cdot c(\psi)+c(\varphi) \cdot c(\psi))
\end{aligned}
$$

所以后者等于 $2+c(\varphi)$ 或者 $4+4 \cdot c(\psi)+c(\varphi) \cdot c(\psi)$

由以上可知，两者都小于 $4+c(\varphi)+4\cdot c(\psi)+c(\varphi)\cdot c(\psi)$。

(4) 不失一般性地假设，$c(\psi)\geqslant c(\chi)$。那么

$$\begin{aligned} c([\varphi](\psi\wedge\chi)) &= (4+c(\varphi))\cdot(1+\max(c(\psi),c(\chi)))\\ &=4+c(\varphi)+4\cdot\max(c(\psi),c(\chi))\\ &\quad+c(\varphi)\cdot\max(c(\psi),c(\chi))\\ &=4+c(\varphi)+4\cdot c(\psi)+c(\varphi)\cdot c(\psi)\end{aligned}$$

并且

$$\begin{aligned} c([\varphi]\psi\wedge[\varphi]\chi) &=1+\max((4+c(\varphi))\cdot c(\psi),\\ &\qquad(4+c(\varphi))\cdot c(\chi))\\ &=1+((4+c(\varphi))\cdot c(\psi))\\ &=1+4\cdot c(\psi)+c(\varphi)\cdot c(\psi)\end{aligned}$$

从以上可知，后者小于前者。

(5) 类似于否定的情况。

(6) $$\begin{aligned} c([\varphi][\psi]\chi) &= (4+c(\varphi))\cdot(4+c(\psi))\cdot c(\chi)\\ &= (16+4\cdot c(\varphi)+4\cdot c(\psi)\\ &\quad+c(\varphi)\cdot c(\psi))\cdot c(\chi)\end{aligned}$$

并且

$$\begin{aligned} c([\varphi\wedge[\varphi]\psi]\chi) &= (4+(1+\max(c(\varphi),\\ &\qquad(4+c(\varphi))\cdot c(\psi))))\cdot c(\chi)\\ &= (5+((4+c(\varphi))\cdot c(\psi)))\cdot c(\chi)\\ &= (5+4\cdot c(\psi)+c(\varphi)\cdot c(\psi))\cdot c(\chi)\end{aligned}$$

后者小于前者。

(7) 假设 $c([\varphi]C_B\psi)>c([\varphi]\psi)$。

因为 $c([\varphi]C_B\psi)=(4+c(\varphi))\cdot c(C_B\psi)=(4+c(\varphi))\cdot c(1+c(\psi))$，而 $c([\varphi]\psi)=(4+c(\varphi))\cdot c(\psi)$，所以 $c([\varphi]C_B\psi)>c([\varphi]\psi)$。

(8) 假设 $c([M,w]p)>c(pre(w)\rightarrow p)$。

因为 $c([M,w]p=\max\{c(pre(t))\mid t\in M\}$，根据定义 5.29、定义 5.30 及闭包的定义，如果 $[M,w]p\in cl(\varphi)$，那么 $(pre(w)\rightarrow p)\in cl(\varphi)$ 可得：$c([M,w]p)>c(pre(w)\rightarrow p)$。

(9) 假设 $c([M,w]\neg\varphi)>c(pre(w)\rightarrow\neg[M,w]\varphi)$。$c([M,w]\neg\varphi)=c([M,w])\cdot c(\neg\varphi)=\max\{c(pre(t))\mid t\in M\}\cdot(1+c(\varphi))=\max\{c(pre(t))\mid t\in M\}+\max\{c(pre(t))\mid t\in M\}\cdot c(\varphi)$

$c(pre(w) \rightarrow \neg[M, w]\varphi) = c(\neg(pre(w)) \wedge \neg\neg[M, w]\varphi) = 1 + \max(c(\neg pre(w)), c[M, w]\varphi)$

$= 1 + 1 + (c(pre(w))$ 或 $1 + (c[M, w]\varphi))$

根据基本的数学知识，可知（9）成立。

同理，对于（10）-（13）的证明同上（略）。

（14）假设 $c([\alpha \cup \alpha']\varphi) > c([\alpha]\varphi \wedge [\alpha']\varphi)$。

$$
\begin{aligned}
c([\alpha \cup \alpha']\varphi) &= (4 + c(\alpha \cup \alpha')) \cdot c(\varphi) \\
&= 4c(\varphi) + (1 + \max(c(\alpha), c(\alpha')) \cdot c(\varphi)) \\
&= 5c(\varphi) + \max(c(\alpha), c(\alpha') \cdot c(\varphi))
\end{aligned}
$$

$$
\begin{aligned}
c([\alpha]\varphi \wedge [\alpha']\varphi) &= 1 + \max(c([\alpha]\varphi), c([\alpha']\varphi)) \\
&= 1 + \max(c([\alpha]\varphi)) \text{ 或者 } 1 + c([\alpha']\varphi) \\
&= 1 + (4 + c(\alpha)) \cdot c(\varphi) \\
&\quad \text{或者 } 1 + (4 + c(\alpha'))) \cdot c(\varphi) \\
&= 1 + 4c(\varphi) + c(\alpha) \cdot c(\varphi) \\
&\quad \text{或者 } 1 + 4c(\varphi) + c(\alpha') \cdot c(\varphi)
\end{aligned}
$$

可见，后者小于前者。

（15）假设 $c(\psi) \geqslant c(\chi)$（$c(\chi) \geqslant c(\psi)$ 和该情况相似）。那么

$$
\begin{aligned}
c([\varphi]C_B(\psi, \chi)) &= (4 + c(\varphi)) \cdot (1 + \max(c(\psi), c(\chi))) \\
&= 4 + c(\varphi) + 4 \cdot \max(c(\psi), c(\chi)) \\
&\quad + c(\varphi) \cdot \max(c(\psi), c(\chi)) \\
&= 4 + c(\varphi) + 4 \cdot c(\psi) + c(\varphi) \cdot c(\psi)
\end{aligned}
$$

并且

$$
\begin{aligned}
c(\varphi \rightarrow C_B(\varphi \wedge [\varphi]\psi, [\varphi]\chi)) &= c((\varphi \wedge C_B(\varphi \wedge [\varphi]\psi, [\varphi]\chi))) \\
&= 1 + 1 + \max(c(\varphi), 1 + 1 + \max(1 \\
&\quad + \max(c(\varphi), (4 + c(\varphi)) \cdot \\
&\quad c(\psi)), (4 + c(\varphi)) \cdot c(\chi))) \\
&= 4 + ((4 + c(\varphi)) \cdot c(\psi)) \\
&= 4 + 4c(\psi) + c(\varphi)c(\psi)
\end{aligned}
$$

后者小于前者。

利用这些性质，可以证明每一公式是可证的，等价于它的翻译是可证的。

引理 5.5 对任意动态认知概率逻辑的语句 φ，语句 $t(\varphi)$ 的翻译使得认知概率逻辑中的语句和动态认知概率逻辑中的语句是可证等价的。

证　施归纳于 φ 的复杂度［参见（Barteld，Kooi，2003）① 及（van Ditmarsch，van der Hoek，Kooi，2007）②］。

基本情况　不足道。

归纳假设　对于动态认知概率逻辑中的每一语句 φ，使得 c（φ）≤n，语句 t（φ）的翻译是认知概率逻辑中的语句，并且 φ 和 t（φ）在动态认知概率逻辑中是可证等价的。

归纳步骤　假设 c（φ）＝n＋1，φ 在否定、合取、认知、概率语句时可直接推出。

（1）假设 φ 是形如［ψ］p 的语句，则 t（［ψ］p）＝p。t（［ψ］p）为认知概率逻辑中的语句，根据原子不变性公理可推出这些公式是等价的。

（2）假设 φ 是形如［ψ］¬χ 的语句，则 t（［ψ］¬χ）＝¬t（［ψ］χ），根据归纳假设，t（［ψ］χ）为认知概率逻辑中的语句，则 t（［ψ］¬χ）为认知概率逻辑中的语句；再根据归纳假设，t（［ψ］χ）等价于［ψ］χ，根据函数性公理，¬［ψ］χ 等价于［ψ］¬χ，则¬t（［ψ］χ）等价于¬［ψ］χ。

（3）假设 φ 是形如［ψ］（χ∧ξ）的语句，则 t（［ψ］（χ∧ξ））＝t（［ψ］（χ）∧t（［ψ］ξ）），根据归纳假设，t（［ψ］（χ）和 t（［ψ］ξ）为认知概率逻辑中的语句，则 t（［ψ］（χ∧ξ））也是认知概率逻辑中的语句。再根据归纳假设，t（［ψ］χ）和 t（［ψ］ξ）分别等价于［ψ］χ 和［ψ］ξ，根据模态推理，就可证明［ψ］（χ∧ξ）等价于［ψ］χ∧［ψ］ξ。

（4）假设 φ 是形如［ψ］K_aχ 的语句，则 t（［ψ］K_aχ）＝K_a（t（ψ）→ t（［ψ］χ））。根据归纳假设，t（ψ）和 t（［ψ］χ）为认知概率逻辑中的语句，则 t（［ψ］K_aχ）也是认知概率逻辑中的语句。再根据归纳假设，t（ψ）和 t（［ψ］χ）分别等价于 ψ 和［ψ］χ，根据知识更新公理，可得［ψ］K_aχ 等价于 K_a（ψ→［ψ］χ）。

（5）假设 φ 是形如［ψ］（$\sum_{i=1}^{n} q_i P_a(\varphi_i) \geqslant q$）的语句，则：

$$t([\psi](\textstyle\sum_{i=1}^{n} q_i P_a(\varphi_i) \geqslant q))$$

---

① Kooi B P. Probabilistic dynamic epistemic logic. Logic Lang. Inform. Special issue on connecting the different faces of information. 2003，12（4）：381－408.

② van Ditmarsch H P，van der Hoek W，Kooi B P. Dynamic epistemic logic. synthese library studies in epistemology，logic，methodology，and philosophy of science. volume 337. press by springer . 2007.

$= (\boldsymbol{P}_a(t(\psi)) > 0 \wedge (\sum_{i=1}^{n} q_i P_a(t(\psi) \wedge t([\psi]\varphi_i)) \geqslant qP_a(t(\psi)))) \vee (\boldsymbol{P}_a(t(\psi)) = 0 \wedge (\sum_{i=1}^{n} q_i P_a(t([\psi]\varphi_i)) \geqslant q))$

根据归纳假设可知，t（ψ）和 t（[ψ] φ_i）都是认知概率逻辑中的语句，则 t（[ψ]（$\sum_{i=1}^{n} q_i P_a(\varphi_i) \geqslant q$））也是认知概率逻辑中的语句。根据归纳假设，t（ψ）和每一 t（[ψ] φ_i）分别等价于 ψ 和 [ψ] φ_i，根据概率更新公理，可推出 $\boldsymbol{P}_a(\varphi) > 0 \vee \boldsymbol{P}_a(\varphi) = 0$。

（6）假设 φ 是形如 [φ] [ψ] χ 的语句，则 t（[φ] [ψ] χ）=t（[φ] t（[ψ] χ））。施归纳于 t（[ψ] χ），可得到比 [ψ] χ 的复杂度低的公式，同样，施归纳于 t（[φ] t（[ψ] χ））即可得证。

下面证明在增加公共知识的情况下的等价形式［具体细节参见（van Ditmarsch，van der Hoek，Kooi，2007）①］。

引理 5.6 令 Φ 是某些公式的闭包。令 $M^c = (W^c, \sim^c, V^c)$ 是关于 Φ 的典范模型。令 Γ 是在 Φ 中的极大一致集。如果 $C_B(\varphi, \psi) \in \Phi$，那么 $C_B(\varphi, \psi) \in \Gamma$，当且仅当，每一从 $\Delta \in W^c$ 出发的 B-φ-路径使得存在主体 $a \in B$ 并且 $\Gamma \sim_a^c \Delta$ 是 ψ-路径。

证 从左到右。假设 $C_B(\varphi, \psi) \in \Gamma$。如果不存在从 Δ 开始的 B-φ-路径，那么就可以实现从 Γ 开始的 B-可达的路径。否则，则施归纳于 B-φ-路径的长度。证明如果 $C_B(\varphi, \psi) \in \Gamma$，那么每一从 Γ 开始的 B-可达的状态的 B-φ-路径都是 ψ-路径和 $C_B(\varphi, \psi)$-路径。

基础情况 假设 B-φ-路径的长度为 0，即 $\Delta = \Delta_0 = \Delta_n$。已知存在从 Δ 开始的 B-φ-路径，只能是 $\varphi \in \Delta$。$\vdash C_B(\varphi, \psi) \to E_B(\varphi \to (\psi \wedge C_B(\varphi, \psi)))$（根据混合公理），且 $\vdash E_B(\varphi \to (\psi \wedge C_B(\varphi, \psi))) \to (\varphi \to (\psi \wedge C_B(\varphi, \psi)))$ 且 Δ 在 Φ 中是演绎封闭的。于是可得 $\psi \in \Delta$ 且 $C_B(\varphi, \psi) \in \Delta$。

归纳假设 如果 $C_B(\varphi, \psi) \in \Gamma$，那么每一从 Γ 开始的 B-可达的状态的 B-φ-路径的长度为 n 的路径是 ψ-路径和 $C_B(\varphi, \psi)$-路径。

归纳步骤 取从 Δ 开始的长度为 n+1 的 B-φ-路径。根据归纳假设 $C_B(\varphi, \psi) \in \Delta_n$。令 a 是 B 中的主体，使得 $\Gamma_n \sim_a^c \Gamma_{n+1}$，$\vdash C_B(\varphi, \psi) \to E_B(\varphi \to (\psi \wedge C_B(\varphi, \psi)))$ 并且 $\vdash E_B(\varphi \to (\psi \wedge C_B(\varphi, \psi))) \to K_a(\varphi \to (\psi \wedge C_B(\varphi, \psi)))$，只可能是 $\varphi \to (\psi \wedge C_B(\varphi, \psi)) \in \Delta_{n+1}$，根据 $\sim_a^c$ 的定

① van Ditmarsch H P，van der Hoek W，Kooi B P. Dynamic epistemic logic. synthese library studies in epistemology，logic，methodology，and philosophy of science. volume 337. press by springer. 2007.

义。Δ_{n+1}是 B-φ-路径的一部分。只可能是 $\varphi\in\Delta_{n+1}$。根据和基础情况相类似的推理，$\psi\in\Gamma_{n+1}$并且 C_B（φ，ψ）$\in\Gamma_{n+1}$。

从右到左。假设每一从 B-可达的状态从 Γ 开始的 B-φ-路径都是 ψ-路径。令 $W_{B,\varphi,\psi}$是所有的极大一致集 Δ 的集合，使得每一从 Δ 开始的 B-φ-路径都是 ψ-路径。现在考虑公式 $\chi=\Delta\in W_{B,\varphi,\psi\,\Delta}$。证明下面的公式：

$$\vdash\Gamma\rightarrow E_B\chi \tag{1}$$

$$\vdash\chi\rightarrow(\varphi\rightarrow\psi) \tag{2}$$

$$\vdash\chi\rightarrow E_B\ (\varphi\rightarrow\chi) \tag{3}$$

从这些公式可以推出 C_B（φ，ψ）$\in\Gamma$。从（3）根据必然化规则可以推出$\vdash C_B$（φ，$\chi\rightarrow E_B$（$\varphi\rightarrow\chi$））。根据归纳公理，其蕴涵着$\vdash E_B$（$\varphi\rightarrow\chi$）$\rightarrow C_B$（φ，χ）。根据（3）又蕴涵着$\vdash\chi\rightarrow C_B$（$\varphi$，$\chi$）。根据（2）和必然化规则以及 C_B（φ，·）的分布规则可推出$\vdash\chi\rightarrow C_B$（$\varphi$，$\varphi\rightarrow\psi$）。根据归纳公理，可得$\vdash C$（$\varphi$，$\varphi$），则$\vdash\chi\rightarrow C_B$（$\varphi$，$\psi$）。根据必然化规则、（1）和分布规则，可得$\vdash\Gamma\rightarrow E_BC_B$（$\varphi$，$\psi$）。根据真值公理$\vdash\Gamma\rightarrow C_B$（$\varphi$，$\psi$），则 C_B（φ，ψ）$\in\Gamma$。

（1）利用反证法，假设 $\overline{\Gamma}\wedge\neg E_B\chi$ 是一致的，即 $\overline{\Gamma}\wedge\bigvee_{a\in B}\neg K_a\chi$ 是一致的。存在主体 $a\in B$ 使得 $\overline{\Gamma}\wedge\neg K_a\chi$ 是一致的。则 $\overline{\Gamma}\wedge\langle K\rangle_a\neg\chi$ 是一致的。另外可以证明$\vdash\bigvee\{\Delta\mid\Delta\in W^c\}$。令 χ 是$\vdash$（$W^c\setminus W_{B,\varphi,\psi}$）。显然 $\neg\chi\leftrightarrow\overline{\chi}$。则 $\overline{\Gamma}\wedge\langle K\rangle_a\overline{\chi}$ 是一致的。则 $\overline{\chi}$ 是互不相交的，必然存在 $\Delta\in$（$W^c\setminus W_{B,\varphi,\psi}$）使得 $\overline{\Gamma}\wedge\langle K\rangle_a\overline{\Delta}$ 是一致的。据此可得 $\Gamma\sim_a^c\Delta$。这和假设每一从 B-可达的状态与从 Γ 开始的 B-φ-路径都是 ψ-路径相矛盾。则 $\Delta\notin W_{B,\varphi,\psi}$。

（2）如果 $\Delta\in W_{B,\varphi,\psi}$，则$\vdash\overline{\Delta}\rightarrow(\varphi\rightarrow\psi)$。$\varphi\rightarrow\psi$ 可以从每一互不相交的 χ 中推出，$\vdash\chi\rightarrow(\varphi\rightarrow\psi)$。

（3）利用反证法，假设 $\chi\wedge\neg E_B$（$\varphi\rightarrow\chi$）是一致的。χ 是不相交的，必然存在不相交的 $\overline{\Delta}$ 使得 $\overline{\Delta}\wedge\neg E_B$（$\varphi\rightarrow\chi$）是一致的。同理可以推出必然存在主体 $a\in B$ 使得 $\overline{\Delta}\wedge\langle K\rangle_a$（$\varphi\wedge\neg\chi$）是一致的。$\vdash\bigvee\{\overline{\Delta}\mid\Delta\in W^c\}$，只可能有 $\overline{\Delta}\wedge\langle K\rangle_a$（$\varphi\wedge\bigvee_{\Theta\notin WB,\varphi,\psi}\underline{\Theta}$）是一致的。根据模态推理，$\overline{\Delta}\wedge\bigvee_{\Theta\notin WB,\varphi,\psi}\langle K\rangle_a$（$\varphi\wedge\overline{\Theta}$）是一致的。必然地 $\Theta\notin W_{B,\varphi,\psi}$是在 Φ 中的极大一致集，使得 $\overline{\Delta}\wedge\langle K\rangle_a$（$\varphi\wedge\overline{\Theta}$）是一致的。但是因为 $\Delta\sim_a^c\Theta$ 并且 $\varphi\in\Theta$，则 $\Theta\notin W_{B,\varphi,\psi}$，必然存在从 Θ 开始且不是 ψ-路径的 B-φ-路

径。这样就存在从 Δ 开始且不是 ψ-路径的 B-φ-路径。这和 $\Delta \in W_{B,\varphi,\psi}$ 相矛盾。因为 Δ 是 χ 中的不相交的元素。则 $\vdash \chi \rightarrow E_B$（$\varphi \rightarrow \chi$）。

这就是所要证明的真值引理的扩充引理。

引理 5.7（真值） 令 Φ 是某些公式的闭包。令 $M^c =$（W^c，$\sim^c$，V^c）是关于 Φ 的典范模型。对所有的 $\Gamma \in W^c$ 和所有的 $\varphi \in \Phi$：

$\varphi \in \Gamma$，当且仅当，$(M^c, \Gamma) \vDash \varphi$

证 假设 $\varphi \in \Phi$。通过施归纳于 φ 的结构。对于命题变元、否定、合取和个体认知算子的情况和引理 5.6 的证明过程类似。重点证明相关公共知识算子的情况。

假设 C_B（φ，ψ）$\in \Gamma$。从引理 5.6 可以推出如果该种情况成立，当且仅当每一从 Γ 开始的 B-φ-路径都是 ψ-路径。根据归纳假设如果该情况成立，当且仅当每一 B-路径，其中 φ 沿着该路径为真，沿着该路径的 ψ 也为真。根据等价语义 $(M^c, \Gamma) \vDash C_B$（φ，ψ）。

下面的完全性证明就可以按照通常的方法给出了。

定理 5.27（完全性） 如果 $\vDash_{PDEL} \varphi$，那么 $\vdash_{PDEL} \varphi$。

证 假设 $\vDash_{PDEL} \varphi$。根据引理 5.4 和可靠性定理，可得 $\vDash_{PDEL} t$（φ），则 $\vDash_{PEL} t$（φ）。再根据认知概率逻辑的完全性，可得 $\vdash_{PEL} t$（φ）。根据引理 5.4，可得 $\vdash_{PDEL} \varphi$。

推论 5.1 动态认知概率逻辑的语言可以通过认知概率逻辑的语言表达。

推论 5.2 动态认知概率逻辑的有效性是可判定的。

证 参阅（Fagin，Halpern，1994）[①]中的相关证明，在前面给出了详细的证明过程。

涉及复杂度问题，认知概率逻辑的有效性相对于多项式空间是完全的，但是根据定义 5.29，其翻译是关于更新后概率算子的深度的指数空间完全的，例如 $[\varphi]$（$\boldsymbol{P}_a(\boldsymbol{P}_a(\cdots))$）这样的公式。当然也可推出多项式空间是复杂度的下确界，指数空间是复杂度的上确界。

由于认知概率逻辑不是紧致性的，所以该完全性不是强完全性的。

引理 5.8（非完全性） 认知概率逻辑不是紧致性的。

证 考虑语句集：$\Gamma = \{\boldsymbol{P}_a(p) > 0\} \cup \{\boldsymbol{P}_a(p) \leqslant 2^{-i} \mid i \in N\}$

---

① Fagin R, Halpern J Y. Reasoning about knowledge and probability. Journal of the Association for Computing Machinery. 1994, 41 (2): 340 - 367.

每一有穷的 Γ 子集都有模型，但是整个 Γ 集却没有模型。

该引理是建立在凯斯勒（Keisler，1985）① 的基础上的，其中得出了类似的结论，主要是基于概率逻辑中的统计概率而言的。在凯斯勒（Keisler，1985）② 中主要讨论的是无穷概率逻辑，其中紧致性定理可以通过其他的方法获得。

5.4.5　概率动态逻辑的互模拟

互模拟在模态逻辑中非常有用。在一般的情况下，如果两个结构是互模拟的，那么它们的行动就是不可区分的。在认知概率模型中，行动的不可区分性意味着满足相同的语句。在模态逻辑中就是如果两个点模型是互模拟的，那么它们满足相同的语句（Blackburn，de Rijke，Venema，2001）③。在此，将要证明该结论对动态认知概率逻辑也是成立的。

定义 5.31（互模拟）

采用下面的缩写：

Forth（E，E'）：$=\forall x\in E\ \exists y\in E'$（$xRy$）

Back（E，E'）：$=\forall y\in E'\exists x\in E$（$xRy$）

已知两个认知概率模型 M 和 M'。关系 $R\subseteq W\times W'$ 是互模拟，当且仅当，对所有的 $w\in W$，并且 $w'\in W'$，如果 wRw'，那么对所有的 $n\in\mathcal{A}$，下面成立：

atoms　$w\in V$（p）　当且仅当　对每一 $p\in\mathcal{P}$，$w'\in V'$（p）

forth　forth（$\{v\mid wR(a)\ v\}$，$\{v'\mid w'R'(a)\ v'\}$）

back　back（$\{v\mid wR(a)\ v\}$，$\{v'\mid w'R'(a)\ v'\}$）

Pforth　对每一 $E\subseteq$dom（$\boldsymbol{P}$(a，w))，存在 $E'\subseteq$dom（$\boldsymbol{P}'$(a，w'))使得

$$\boldsymbol{P}(a, w)(E)\leqslant\boldsymbol{P}'(a, w')(E')\ \text{并且 back}(E, E')$$

pback　对每一 $E'\subseteq$dom（$\boldsymbol{P}'$(a，w'))，存在 $E\subseteq$dom（$\boldsymbol{P}$(a，w))使得

$$\boldsymbol{P}(a, w')(E')\leqslant\boldsymbol{P}'(a, w)(E)\ \text{并且 forth}(E, E')$$

①② Keisler H J. Probability quantifiers. In Barwise J，Feferman S.（eds.）. Model theoretic logics. perspectives in mathematical logic. New York，Berlin，Heidelberg，Tokyo：Springer Verlag. 1985：509－556.

③ Blackburn P，de Rijke M，Venema Y. Modal logic. volume 53 of cambridge tracts in theoretical computer science. Cambridge：Cambridge University Press. 2001.

如果在模型 M 和 M' 之间存在和 w 及 w′ 相关联的互模拟，则将其记为：$(M, w) \underline{\leftrightarrow} (M', w')$。

原子（atoms）、**向前（forth）**和**向后（back）**是互模拟的一般的条件。在此增加了 **pforth** 和 **pback** 以适应概率语句，可以分别称为**概率向前**、**概率向后**。如果对概率理论比较熟，可以很容易地把这些定义扩充到更一般的认知概率模型上，在（Fagin，Halpern，1994）[①] 中已经给出很多这样的情况，并且带有概率空间。其中可以采用内部测度代替在 **pforth** 和 **pback** 中的概率函数。对模型来说，下面的定理也成立。

定理 5.28 对所有的模型 (M, w) 和 (M', w') 并且对所有的语句 φ，如果 $(M, w) \underline{\leftrightarrow} (M', w')$，那么 $(M, w) \vDash \varphi$，当且仅当，$(M', w') \vDash \varphi$。

证 通过施归纳于 φ。假设 $(M, w) \underline{\leftrightarrow} (M', w')$。**基础情况**和对于**合取**、**否定**、**单个认知算子** K_a 可以直接得出。根据引理 5.4，可得自由更新的情况。

假设 uRu' 并且 $(M, u) \vDash \sum_{i=1}^{n} q_i P_a(\varphi_i) \geqslant q$，令

$$E_i = \{v \in \mathrm{dom}(\boldsymbol{P}(a, u)) \mid (M, v) \vDash \varphi_i\}$$

并且

$$E_i' = \{v' \in \mathrm{dom}(\boldsymbol{P}'(a, u')) \mid (M', v') \vDash \varphi_i\}$$

只需证明 $\boldsymbol{P}(a, u)(E_i) \leqslant \boldsymbol{P}'(a, u')(E_i')$ 即可。根据 uRu' 和 **pforth** 可以推出存在 $S' \subseteq \mathrm{dom}(\boldsymbol{P}'(a, w'))$ 使得：

$$\boldsymbol{P}(a, w)(E_i) \leqslant \boldsymbol{P}'(a, w')(S') \text{ 并且 } \mathbf{back}(E_i, S')$$

根据归纳假设，对每一个 $v' \in S'$，back (E_i, S') 可推出 $(M', v') \vDash \varphi_i$，$S' \subseteq E_i'$，因而 $\boldsymbol{P}'(a, u')(S') \leqslant \boldsymbol{P}'(a, u')(E_i')$。可得：

$$\boldsymbol{P}(a, u)(E_i) \leqslant \boldsymbol{P}'(a, w')(S') \leqslant \boldsymbol{P}'(a, u')(E_i')$$

对于从右向左的情况是类似的。可以给出条件结论：

$$\boldsymbol{P}(a, u)(E_i) = \boldsymbol{P}'(a, u')(E_i')$$

对所有的模型 (M, w) 和 (M', w')，如果 $(M, w) \underline{\leftrightarrow} (M', w')$，那么对所有的语句 φ：$(M, w) \vDash \varphi$，当且仅当，$(M', w') \vDash \varphi$。

定理 5.28 的另一方向也成立，当模型是有穷的或无穷的语言时，允许使用任意的语句集的合取。

---

① Fagin R, Halpern J Y. Reasoning about knowledge and probability. Journal of the Association for Computing Machinery. 1994, 41 (2): 340-367.

在此所表达的互模拟也适用于概率空间，可以将其看作认知概率克里普克模型的特殊情况，对概率论也有一定的影响。为了弄清两个相同的模型是否是等价的，就有必要用到数学的相关知识。

对于概率推理还有更丰富的语言，可以区别为互模拟模型，例如统计概率逻辑（SPL）的语言。依靠该语言，可以对概率进行推理。人们可能会考虑是否存在专为信息而构造的模型，这是没有必要的。可能存在的问题是根据所有的互模拟世界都是等价的，是否可以定义最小模型？在模态逻辑中人们可以定义最小模型，使其对应于任意的克里普克模型。对于模态逻辑是传统的做法，也适用于认知概率模型。

定义 5.32（最小模型）　已知认知概率模型 $M=(W, R, V, P)$，和 M 有关的最小模型为 $M'=(W', R', V', P')$，其中：

（1）$W'=\{E\subseteq W \mid$ 对所有的 w，$v\in E$，$(M, w)\underline{\leftrightarrow}(M, v)\}$

（2）$R'(a)=\{(E, E')\in(W'\times W') \mid$ 存在 $w\in E$ 并且 $v\in E'$ 使得 $wR(a)v\}$

（3）$V'(p)=\{E \mid$ 存在 $w\in E$ 使得 $w\in V(p)\}$

（4）$dom(\boldsymbol{P}'(a, E))=\{E'\in W' \mid$ 存在 $w\in E$ 并且 $v\in E'$ 使得 $v\in dom(\boldsymbol{P}(a, w))\}$

（5）$\boldsymbol{P}'(a, E)(E')=\sup\{q\in R \mid$ 存在 $w\in E$ 使得 $q=\boldsymbol{P}(a, w)(E'\cap dom(\boldsymbol{P}(a, w)))\}$

其中第（5）条中 $E'\in dom(\boldsymbol{P}'(a, E'))$。

引理 5.9　最小模型是认知概率模型。

证　令 M' 是最小模型。只需证明 $\boldsymbol{P}'$ 是概率函数即可。必须证明：

$$\forall a\in\mathcal{A}\,\forall E\in W' \sum_{E'\in dom(P'(a,E))W'} P'(a, E)(E')=1$$

任取一主体 $a\in\mathcal{A}$，任取一世界 $E\in W'$，并且任取 $E'\in dom(\boldsymbol{P}'_{(a,E)})$。

概率 $\boldsymbol{P}'_{(a,E)}(E')$ 定义为：

$$\mathrm{Sup}\{q\in R \mid \text{存在 } w\in E \text{ 使得 } q=\boldsymbol{P}(a, w)(E'\cap dom(\boldsymbol{P}_{(a,w)}))\}$$

假设在 E 中存在两个世界 w 和 v，并假设 $\boldsymbol{P}_{(a,w)}(E'\cap dom(\boldsymbol{P}_{(a,w)}))\neq\{\boldsymbol{P}_{(a,v)}(E'\cap dom(\boldsymbol{P}_{(a,v)}))\}$。不失一般性地概括可知前者大于后者。因为 w 和 v 都在 E 中，它们是互模拟的。令 R 是互模拟关系，构造 $(M, w)\leftrightarrow(M, v)$。根据 **pforth** 可以推出存在集合 $F'\subseteq dom(\boldsymbol{P}_{(a,v)})$ 使得：

$$\boldsymbol{P}_{(a,w)}(E'\cap dom(\boldsymbol{P}_{(a,w)}))(a, w)\leqslant\boldsymbol{P}_{(a,v)}(F')$$

并且 **back**$(E''\cap dom(\boldsymbol{P}(a, v)), F')$。根据 **back**$(E'\cap dom(\boldsymbol{P}(a, w)),$

F'）可以推出 $F'\subseteq E'\cap\mathrm{dom}$（$\boldsymbol{P}$(a，v)）和 E'中的世界具有互模拟的世界也都在 E'中，但不会出现 $\boldsymbol{P}$(a，w)（$E'\cap\mathrm{dom}$（$\boldsymbol{P}$(a，w)））$>\boldsymbol{P}$(a，v)（$E'\cap\mathrm{dom}$（$\boldsymbol{P}$(a，v)））的情况，则｛q∈R｜存在 w∈E 使得 q=$\boldsymbol{P}$(a，w)（$E'\cap\mathrm{dom}$（$\boldsymbol{P}$(a，w)））｝是单元集。有：

$$\sum_{E'\in dom(P'(a,E))W'}P'(a,E)(E')=1$$

引理 5.10 每一模型 M 和其相关的最小模型 M'是互模拟。

证 令 $M=(W,R,V,P)$ 并且 $M'=(W',R',V',P')$。现在需要证明的是建立在 $W\times W'$上的∈关系是互模拟的。对于**原子**、**向前**、**向后**可以直接得出。

对于 **pforth** 的情况。假设 w∈E，其中 $E\in W'$，$S\subseteq\mathrm{dom}$（$\boldsymbol{P}$(a，w)。存在定义域为 $\boldsymbol{P}'$(a，E) 的子集 $\boldsymbol{S}$ 使得指派给它的概率大于等于指派给 $\boldsymbol{S}$ 的概率并且 **back**（S，$\boldsymbol{S}$）。令 $\boldsymbol{S}=\{E'\in W'$｜存在 $v\in S$ 使得 $v\in E'\}$。

根据 dom（$\boldsymbol{P}'$(a，E)）的定义可以推出 $\boldsymbol{S}\subseteq\mathrm{dom}$（$\boldsymbol{P}'_{(a,E)}$），有 **back**（$S$，$\boldsymbol{S}$）。根据 $\boldsymbol{P}'_{(a,E)}$的定义可以推出对每一 $E'\in\boldsymbol{S}$，$\boldsymbol{P}_{(a,w)}$（$E'\cap$ dom（$\boldsymbol{P}_{(a,w)}$））$\leqslant\boldsymbol{P}'_{(a,E)}$（$E'$）。则 $\boldsymbol{P}_{(a,w)}(S)\leqslant\boldsymbol{P}''_{(a,E)}$（$\boldsymbol{S}$）。

对于 **pback** 的情况。假设 w∈E，其中 $E\in W'$，$\boldsymbol{S}\subseteq\mathrm{dom}$（$\boldsymbol{P}'$(a，$E$)）。现在必须证明存在 $\boldsymbol{P}$(a，w) 的定义域的子集 S_w，使得指派给 S_w的概率大于或等于指派给 $\boldsymbol{S}$ 的概率且 **forth**（S，$\boldsymbol{S}$）。令 S_w=｛v｜存在 $E'\in\boldsymbol{S}$，使得 v∈E'并且 v∈dom（$\boldsymbol{P}$(a，w)）｝。

显然在该情况下 $S_w\subseteq\mathrm{dom}$（$\boldsymbol{P}$(a，w)）并且 **forth**（S_w，$\boldsymbol{S}$）。假设，和其相反方向的 $\boldsymbol{P}'$(a，E)（$\boldsymbol{S}$）$>\boldsymbol{P}$(a，w)（S_w）成立。存在 u∈E 使得集合：

$$S_u=\{v\mid \text{存在 } E'\in\boldsymbol{S} \text{ 使得 } v\in E' \text{ 并且 } v\in\mathrm{dom}(\boldsymbol{P}(a,u))\}$$

在该情况下 $\boldsymbol{P}$(a，u)（S_u）$>\boldsymbol{P}$(a，w)（S_w）。但是因为 w 和 u 都在 E 中，已知 $E\in W'$，必须是互模拟的。令 R 是互模拟关系，构造（M，w）$\underline{\leftrightarrow}$（$M$，u）。根据 **pback** 可以推出对于 S_u，存在集合 $S\subseteq\mathrm{dom}$（$\boldsymbol{P}$(a，w)）使得 $\boldsymbol{P}$(a，u)（S_u）$\leqslant\boldsymbol{P}_{(a,w)}(S)$ 并且 **forth**（S，S_u）。对于每一在 S 中的世界 v 存在 S_u中的 v′和其是互模拟的。v 和 v′为 $E'\in\boldsymbol{S}$ 中的世界。$S\subset\mathrm{dom}$（$\boldsymbol{P}$(a，w)），则 $S\subseteq S_w$。这将会导致矛盾，可推出 $\boldsymbol{P}$(a，w)（S）$\leqslant$ $\boldsymbol{P}$(a，w)（S_w）。假设 $\boldsymbol{P}$(a，w)（S_w）$<\boldsymbol{P}$(a，u)（S_u），且可推出 $\boldsymbol{P}$(a，u)（S_u）$\leqslant\boldsymbol{P}$(a，w)（S）。

$M\underline{\leftrightarrow}M'$。

上面引入了概率转换系统，并且提出了概率互模拟。这是由（Larsen，Skon，1991）① 提出的，他们介绍了离散系统的互模拟，且（de Vink，Rutten，1999）② 也概括了 Larsen 和 Skou 的方法并构造概率转换系统。在这些概率互模拟概念和所提供的互模拟概念之间存在一些细微的区别，问题是这些概念是否一致，或者人们是否可构造其他的更一般的互模拟，这些都需要做进一步的研究。但是迄今为止，两个认知概率模型之间的互模拟蕴涵它们有相同的概率动态认知理论却是新的，其结论就是最小模型。

在此，提出了动态认知概率逻辑，其常常被用于对概率、信息、信息变化进行推理。在没有涉及概率的逻辑中可用于对信息变化进行模型化处理，而在概率论中则可用于对高阶信息的变化进行模型化处理。除提出了语义之外，还提供了构造模型、可靠性和完全证明系统的一些方法。另外，在该逻辑中也定义了互模拟，可以用在博弈论中，例如可以解决蒙提霍尔疑难。

5.5 组合模态逻辑及动态认知概率逻辑的扩充

5.5.1 组合模态逻辑

A. 引言

已知模态逻辑类 $\mathcal{L}$ 和组合方法 C，具有某种性质的“逻辑元素”$\mathcal{L}\in\mathcal{L}$ 可以转换为它们的“组合”$C(\mathcal{L})$。

大部分组合方法都满足下面三条原则：

（C1）都是有穷的，即 C 只定义在有穷的模态逻辑类 $\mathcal{L}$ 上。

（C2）由 L 而得的多模态逻辑的组合 $C(\mathcal{L})$ 本身是多模态逻辑。

（C3）组合逻辑 $C(\mathcal{L})$ 是每一逻辑 $L\in\mathcal{L}$ 的分支的扩充。

对每一组合方法，主要讨论的是下面两种性质间的可能的转换。

公理化/完全性

根据组合逻辑的方法建立在语形的基础上或建立在语义的基础上而定

① Larsen K，Skou A. Bisimulation through probabilistic testing. Information and Computation. 1991，94（1）：1-28.

② de Vink E，Rutten J. Bisimulation for probabilistic transition systems：a coalgebraic approach. Theoretical Computer Science. 1999，221：271-293.

义逻辑，可将其分为两种不同的方法。前者存在的问题是，组合后的递归的（有穷的）各公理分支是否仍然保持原来递归的（有穷的）特征；后者存在的问题是，各分支的克里普克完全性转换成它们的组合后，整个组合是否也是完全的。

可判定性/有效性的复杂度/可满足性问题

有效性的可判定性问题转化为原来各分支是可判定的，而它们的组合是否仍是可判定的，如果是，其复杂度发生了哪些变化。同样，对有穷模型性也存在同样的问题。

对于其他几条性质（像不同的解释、各种后承关系等）的转换结果可以参阅相关的参考文献。在此，不考虑演绎的组合演算（例如组合表），也不研究不满足（C1）-（C3）的组合方法。

记法和术语 可能世界（或克里普克）语义。克里普克模型为序对 $M=(F, V)$，建立在关系结构 $F=(W, R_1, \cdots, R_n)$ 上，其中 $n>0$，且 n 为自然数，W 是非空的集合，R_i 是建立在 W 之上的二元关系。该结构称为 n-框架（或简称为框架）。如果 $U\subseteq W$，并且 $S_i=R_i\cap(U\times U)$，其中 $i=1, \cdots, n$，则称 $G=(U, S_1, \cdots, S_n)$ 是 n-框架 F 的子框架（符号表示为 $G\subseteq F$）。在 n-框架 F 中从点 x 到点 y 的长度为 K 的路径为点序列 $(x_0, \cdots, x_k)$，使得对每一 $i<k$ 和某些 j，$1\leqslant j\leqslant n$，$x_0=x$，$x_k=y$，并且 $x_iR_jx_{i+1}$。如果存在 $x\in W$ 使得对每一 $y\in W$，$y\neq x$ 都存在从 x 到 y 的路径，则称 n-框架 F 是有根的（rooted）。该 x 称为 F 的根（root）。如果 k 是 F 中最长的路径，则称 F 的深度（depth）为 k。如果这样的最长的路径不存在，则称 F 具有无穷深度。如果 n-框架 F 是有穷深度，并且 $R=\bigcup_{i=1}^{n}R_i$ 是建立在对每一 $x\in W$，集合 $\{y\in W \mid yRx\}$ 上的弱联结的，则称 n-框架 F 是类树的（tree-like）。如果类树的框架是良基的（well-founded）（即不存在点的无穷降 R-链 $\cdots Rx_2Rx_1Rx_0$），那么称 F 是树。在树 F 上的点 x 的深度 $d^F(x)$ 可定义为从根到 x 的唯一的路径的长度。如果不存在 $n<\omega$ 的点 x 的深度 n，那么称 x 是无穷深的。把树 F 上的点 x 的共深度（co-depth）理解为有根 x 的 F 的子树（subtree）的深度。

已知自然数 n，n-模态语言 $\mathcal{ML}_n$ 是由命题变元 p、q、s……布尔联结词¬、∧、∨，→、↔、⊤、⊥，一元模态算子 $\Box_1, \cdots, \Box_n$ 和 $\Diamond_1, \cdots, \Diamond_n$ 组成。$\mathcal{ML}_n$ 的公式是按照通常的归纳定义获得的。已知一 $\mathcal{ML}_n$ 的公式 φ，令 subφ 表示由 φ 的所有的子公式组成的公式集。令 md（φ）表示 φ

的模态深度。同时也采用下面的一些缩写，对任意的公式 φ，令

$\Box^0\varphi=\varphi$，并且，对 $n<\omega$，$\Box^{n+1}\varphi=\Box\Box^n\varphi$，$\Box^{\leqslant n}\varphi=\bigwedge_{k\leqslant n}\Box^k\varphi$

真值关系 $(M, w)\models\varphi$ 是语形和语义之间的桥梁，可以通过 φ 的结构归纳定义。如果对所有的 $x\in W$，$M, w\models\varphi$，则称 φ 在 M 上是真的（记为 $M\models\varphi$）。如果在 F 的基础上，对每一模型 M，都有 $M\models\varphi$，则称 φ 在框架 F 上是有效的（记为 $F\models\varphi$）。已知公式集 Σ，设 $\mathrm{Fr}\Sigma=\{F\mid$ 对所有的 $\varphi\in\Sigma$，$F\models\varphi\}$。

如果对所有的 $\varphi\in\Sigma$，$M\models\varphi$，那么称 M 是 Σ 的模型。类似地，如果 $F\in\mathrm{Fr}\Sigma$，则称 φ 是 Σ 的框架。

根据 n-模态逻辑（简称为模态逻辑）就意味着 $\mathcal{ML}_n$ 的公式集 $\mathcal{L}$ 包含经典命题逻辑的所有的有效的公式，另外，还包括公式：

(K) $\Box_i(p\rightarrow q)\rightarrow(\Box_i p\rightarrow\Box_i q)$（其中 $i=1, \cdots, n$）

并且在替换、分离规则和必然化规则下是封闭的。

下面就讨论一下模态逻辑定义的最基本的方法，即语形的方法（通过公理）和语义的方法（通过框架类）。首先，已知 $\mathcal{ML}_n$ 的公式集 Σ 和 n-模态逻辑 $\mathcal{L}$，如果 $\mathcal{L}$ 是包含 Σ 的最小的 n-模态逻辑，则称 $\mathcal{L}$ 是根据 Σ 进行公理化的。如果 Σ 是所有的 $\mathcal{ML}_n$ 公式的递归的（或有穷的）子集，那么则称 $\mathcal{L}$ 是递归（或有穷）可公理化的。其次，已知 n 框架类 C，集合

$\mathrm{Log}C=\{\varphi\mid$ 对所有的 $F\in C$，$F\models\varphi\}$

是模态逻辑。如果对某些 n 框架类 C，$\mathcal{L}=\mathrm{Log}C$，那么称 n-模态逻辑 $\mathcal{L}$ 为克里普克完全的。此时也称 $\mathcal{L}$ 可以通过 C 刻画。众所周知，存在不完全的模态逻辑，类似地，也存在克里普克完全的逻辑不是递归可公理化的。

n-模态逻辑 $\mathcal{L}$ 的有效性问题就是判定已知的 $\mathcal{ML}_n$ 公式是否属于 $\mathcal{L}$ 的问题。如果该问题是可判定的（或递归可数的），那么称逻辑 $\mathcal{L}$ 是可判定的（或递归可数的）。关系问题是 $\mathcal{L}$ 的可满足问题：已知 φ，判定 φ 是否是 L 可满足的，即，是否存在关于 $\mathcal{L}$ 的模型 M 和在 M 中的世界 w，使得 $M, w\models\varphi$ 成立。很容易看出这两者的关系：

$\varphi\in\mathcal{L}$，当且仅当，$\neg\varphi$ 不是 $\mathcal{L}$ 可满足的。已知递归可数的逻辑 $\mathcal{L}$，如果可以将不在 $\mathcal{L}$ 中的公式列举出来，可以得到关于 $\mathcal{L}$ 的判定代数。显然，可以这样做，如果：

关于 $\mathcal{L}$ 的有穷框架类是递归可数的（等于同构），并且

$\mathcal{L}$具有有穷模型性，即：$\mathcal{L}=\mathrm{Log}\ \{F\in \mathrm{Fr}\ \mathcal{L} | \mathrm{F}$ 是有穷的$\}$。

在此，对 p-态射和不相交的并、生成子框架、分解、Sahlqvist 公式和典范模型等基本的概念并没有进行详细的阐述，可以参看相关的参考文献。

B. 模态逻辑的融合（Fusion）

在前面的限制（C1）-（C3）内，融合公式（也看作不独立的交）是组合模态逻辑中最简单也是最自然的方法。

定义 5.33 令 L_1和 L_2是语言 $\mathcal{ML}_n$和 $\mathcal{ML}_m$中的模态逻辑公式，采用这种方法，存在不相交的模态算子集（分别称为$\Box_1$，…，$\Box_n$和$\Box_{n+1}$，…，$\Box_{n+m}$），那么 L_1和 L_2的融合：$L_1\otimes L_2$是包含 L_1和 L_2的最小的（n+m）模态逻辑 $\mathcal{L}$。

可见，如果 L_i中的每一条公理都是公理集 Σ_i中的公理，那么 $L_1\otimes L_2$中的每一条公理都是公理集 $\Sigma_1\cup\Sigma_2$中的公理。不存在同时包含这两种语言 L_1和 L_2的模态算子的公理是 $L_1\otimes L_2$中的公理。换言之，各分支逻辑的模态算子的融合是“独立的”且“不相互作用”。

融合逻辑的公式显然是建立在模态逻辑上的二元运算，对任意自然数 $n\geqslant 2$，可以直接定义融合：

$$L_1\otimes L_2\otimes\cdots\otimes L_n$$

这样的 n-模态逻辑。

多模态逻辑像 K_n或者 $S5_n$都是其所对应的一元模态的组合。

$$K_n=K\otimes\cdots\otimes K \qquad \text{（共有 n 个 }K\text{）}$$

$$S5_n=S5\otimes\cdots\otimes S5 \qquad \text{（共有 n 个 S5）}$$

融合的公式作为组合方法确实满足规则（C3），下面结论的证明可参看相关的参考文献。

定理 5.29 一致的模态逻辑的融合是保守的分支的扩充。

C. 转换结果

下面利用（Kracht，Wolter，1991）和（Fine，Schurz，1996）中的结果，分支逻辑的克里普克完全性可以转换为它们的融合的完全性。

定理 5.30 如果模态逻辑 L_1和 L_2分别可以通过框架类 C_1和 C_2刻画，并且如果 C_1和 C_2在不相交的并（disjoint unions）和同构拷贝（isomorphic copies）的公式下是封闭的，那么 L_1和 L_2的组合 $L_1\otimes L_2$可以通过下面的框架类刻画：

$$C_1 \otimes C_2 = \{(W, R_1, \cdots, R_n, S_1, \cdots, S_m) \mid (W, R_1, \cdots, R_n) \in C_1,\ (W,\ S_1,\ \cdots,\ S_n) \in C_2\}$$

显然，如果 C_1 和 C_2 分别确定逻辑 L_1 和 L_2，那么 $C_1 \otimes C_2$ 中的所有框架都是融合 $L_1 \otimes L_2$ 的框架。下面简述一下逆命题的证明。即，$C_1 \otimes C_2$ 实际上刻画了 $L_1 \otimes L_2$。为了简化记法，假定 L_1 和 L_2 分别是一元模态算子 $\Box_1$ 和 $\Box_2$，融合 $\mathcal{L} = L_1 \otimes L_2$ 是 $\mathcal{ML}_2$ 语言中的二元模态逻辑。

对形如 $\Box_i \psi$（i=1，2）的每一 $\mathcal{ML}_2$ 公式，借助于新的变元 q_φ，称其为 φ 的替代（surrogate）。对于不包含替代变元的 $\mathcal{ML}_2$ 公式 φ，记为 φ^1。通过替换公式 $\Box_2 \psi$ 的所有的子公式而获的公式，其不包含在其他的 $\Box_2$ 的范围内，用其替代变元 $q\Box_2\psi$。所以 φ^1 是只包含 $\Box_1$ 的一元模态公式。令：

$$\Theta^1(\varphi) = \{p \mid p \text{ 是 } \varphi \text{ 中的变元}\} \cup \{\chi \in \mathrm{sub}\Box_2\psi \mid \Box_2\psi \in \mathrm{sub}\varphi\}$$

公式 φ^2 和集合 $\Theta^2(\varphi)$ 采用对称定义。

现在假设建立在框架和模型的基础上的 $\mathcal{L}$ 中的公式 φ 是可满足的，在 $C_1 \otimes C_2$ 中需要构造框架满足 φ。只知道如何建立关于一元模态 L 的框架，该框架可以采用在 $\Box_1$ 和 $\Box_2$ 之间交替分步进行构造。

注意，首先因为 L_1 是通过 C_1 刻画的，在 C_1 中存在建立在框架基础上的模型 M 并且在点 r 上满足 φ^1。现在的目的是确保公式 $\Box_2\psi$ 和它们的替代 $q\Box_2\psi$ 具有同样的真值。为此，利用在 M 中的每一点 x，可以借用于下面的公式：

$$\varphi_x = \bigwedge\{\psi \in \Theta^1(\varphi) \mid (M, x) \vDash \psi^1\} \wedge \{\neg\psi \mid \psi \in \Theta^1(\varphi), (M, x) \nvDash \psi^1\}$$

在 C_2 中构造建立在框架上的模型 M_x 并且在世界 y 上满足 ${\varphi_x}^2$，并且根据 x 和 y 相等可以将 M_x 和 M 联系在一起。之后再转向 $\Box_1$ 并且以同样的方式确保公式 $\Box_1\psi$ 在每一 M_x 上的所有的点上都和 $q\Box_1\psi$ 具有相同的真值，等等。在这种构造中，利用事件 C_1 和 C_2 在同构拷贝和不相交的并下是封闭的。其中 M_x 是互不相交的，并且最终的模型是每一步构造的模型的并。注意该构造是纤维语义（fibring semantics）的特殊情况，称为叠置的楔形（iterated dovetailing）。

为此，必须确保对于 L_2 来说 φ_x^2 在框架上是真正的可满足的。其可以利用所选择的某些模型进行限制。首先，在上面的构造中，足以处理从 r 开始在最多 md（φ）步内可及点 x；在 r 上其他的点对 φ 的真值没有任何的影响。令 X 为所有这些点的集合。现在，关于 φ 充分的和必然的条件将在关于 L 的框架上是可满足的（因而对于 ${\varphi_x}^2$ 将会在 L_2 的框架上是可满足的）可以利用下面一般的类型 φ_x 的公式的刻画进行形式。

假设 Γ 是在子公式下封闭的有穷公式集。通过下面的公式定义 Γ 的一致的集合 C（Γ）：

$$C(\Gamma) = \{\psi_\Delta \mid \Delta \subseteq \Gamma\}$$

其中，对于 $\Delta \subseteq \Gamma$，

$$\psi_\Delta = \wedge\{\chi \mid \chi \in \Delta\} \wedge \wedge\{\neg\chi \mid \chi \in \Gamma - \Delta\}$$

特别地，对所有的 $x \in X$，有 $\varphi_x \in C(\Theta^1(\varphi))$。已知公式 φ，定义：

$$\Sigma_1(\varphi) = \{\psi \in C(\Theta^1(\varphi)) \mid \neg\psi \notin L\},\ \Sigma_2(\varphi) = \{\psi \in C(\Theta^2(\varphi)) \mid \neg\psi \notin L\}$$

在 Σ_i（φ）中的公式可以看作 Θ^1（φ）中的相关公式的可能的模型中的点的“状态描述”。特别地，对所有的 $x \in X$，φ_x 在关于 L 的框架上是可满足的，当且仅当，$\varphi_x \in \Sigma_1$（φ）。换言之，在点 r 上的模型 M 满足 $\varphi^1 \wedge \Box_1^{\leqslant md(\varphi)}$（$\vee \Sigma_1$（$\varphi$）^{1}）。当然，模型 M_x 的子序列必须在所有的 $x \in X$ 的点上满足 $\varphi_x{}^2 \wedge \Box_2^{\leqslant md(\varphi)}$（$\vee \Sigma_2$（$\varphi_x$）^{2}），等等。

当只限于有穷框架上时，只要求在有穷不相交的并下是封闭的就足够了，可以得到如下的结论：

定理 5.31 如果 L_1 和 L_2 都是模态逻辑，且都具有有穷模型性，那么其组合 $L_1 \otimes L_2$ 也具有有穷模型性。

该定理的证明可以参考相关的参考文献，分支的可判定性也可以转化为它们的融合。

定理 5.32 如果 L_1 和 L_2 都是可判定的模态逻辑，那么 $L_1 \otimes L_2$ 也是可判定的。

在融合情况下的其他的模态逻辑的性质（如 Hallden 完全性、全后承关系的可判定性、一致的插入性质）的更多的证明可以参看（Kracht，Wolter，1991）。

D. 融合的复杂度

不像上面所考虑的性质，复杂度的上确界并不总是可以转换为融合的下确界的公式。融合的时间复杂度的判定程序是非确定的（non-deterministic），并且指数的复杂度高于各分支的最大时间复杂度。但是，增加复杂度后是不是有效的通常并不清楚。特别地，并不知道在融合的公式下多项式空间和指数空间之间是否可以相互转换。

下面的 Co-NP-完全性的转换特征是由相关的参考文献提供的。为了对它的定理进行形式，需要下面的概念。如果 $W' \subseteq W$，并且 $R' \subseteq R$，称框架

(W', R') 是框架 (W, R) 的骨架子框架（skeleton subframe）。用 ∘ 表示自返的点，并且用 • 表示非自返的点。

定理 5.33　假设一元模态逻辑 L_1 和 L_2 分别通过框架类 C_1 和 C_2 刻画，且它在同构拷贝和不相交的并下是封闭的。那么对于 $L_1 \otimes L_2$ 的复杂度存在如下三种情况：

（1）$L_1 \otimes L_2$ 是共 NP 完全的（co-NP-complete）。

（2）C_i 是由单框架的不相交的并组成的。此时，$L_1 \otimes L_2$ 是多项式，且可归约为 Log（C_j）。

（3）无论下面六种情况的哪一种情况成立，$L_1 \otimes L_2$ 是多项式空间-硬的：

Ⅰ. •←•→• 和 •→• 分别是在 C_i 和 C_j 中的某些框架的骨架子框架。

Ⅱ. ∘→•→• 和 •→• 分别是在 C_i 和 C_j 中的某些框架的骨架子框架。

Ⅲ. •→∘→• 和 •→• 分别是在 C_i 和 C_j 中的某些框架的骨架子框架。

Ⅳ. •→•→• 和 ∘→• 分别是在 C_i 和 C_j 中的某些框架的骨架子框架。

Ⅴ. •→•→• 和 ∘→• 是在 C_i 中的框架的骨架子框架，并且 •↔• 是 C_j 中的框架的骨架子框架。

Ⅵ. •→•→• 和 ∘→• 是在 C_i 中的框架的骨架子框架，并且 •→∘ 是在 C_j 中的框架的骨架子框架。

该结论的封闭检测证明几乎所有的有意义的融合都是多项式空间-硬的。事实上，对于若干标准的融合，可以通过对相关的文献证明进行修改，从而获得下面建立在上确界上匹配的结论。

定理 5.34　令 $n>1$ 并且对所有的 $1 \leqslant i \leqslant n$，$L_i \in$ {K，$\top$，K4，S4，KD45，S5}，那么 $L_1 \otimes \cdots \otimes L_n$ 是多项式空间完全的。

注意，其中 K、$\top$、K4 和 S4 本身都是多项式完全的，KD45 和 S5 是 Co-NP 完全的。

E. 模态逻辑的积

多种结构的积的笛卡尔公式，如向量和拓扑逻辑空间、代数等就是用标准的数学方法刻画世界的多维特征的。在模态逻辑中，构造的克里普克积框架可以用以表达时间、空间、知识、行动等模态算子之间的相互作用。基于建立在模态逻辑之上的组合的方法的积结构在相关的文献中有阐述，并且从那时起一直到现在也应用于计算机科学和人工智能领域之中。

定义 5.34　两个 n 框架的积的框架 $F_1 = (W_1, R_1^{\ 1}, \cdots, R_1^{\ n})$ 和

$F_2=$（W_2，$R_2{}^1$，…，$R_2{}^n$）是（n+m）框架：

$$F_1\times F_2=(W_1\times W_2,\ R_h{}^1,\ \cdots,\ R_h{}^n,\ \cdots,\ R_v{}^1,\ \cdots,\ R_v{}^m)$$

其中 $W_1\times W_2=\{(u,\ v)\ u\in W_1,\ v\in W_2\}$，对所有的 u_1，$u_2\in W_1$ 且 v_1，$v_2\in W_2$，

$(u_1,\ v_1)\ R_h{}^i\ (u_2,\ v_2)$，当且仅当，$u_1R_1{}^iu_2$ 并且 $v_1=v_2$（$1\leqslant i\leqslant n$）

$(u_1,\ v_1)\ R_v{}^j\ (u_2,\ v_2)$，当且仅当，$u_1=u_2$ 并且 $v_1R_1{}^jv_2$（$1\leqslant i\leqslant n$）

上面的框架称为积框架。借助于几何知识以及下标 h 和 v，可将 $R_h{}^i$ 看作 $F_1\times F_2$ 中的“水平的”可及关系，将 $R_v{}^j$ 看作“垂直的”可及关系。

命题 5.1 对所有的框架 F，g，h，h_i，$i\in I$，下面各项成立：

（Ⅰ）如果 F 是 h 的 p-态射，那么 $F\times g$ 是 $h\times g$ 的 p-态射。

（Ⅱ）如果 F 是 h 的生成子框架，那么 $F\times g$ 是 $h\times g$ 的生成子框架。

（Ⅲ）如果 F 是 h_i，$i\in I$ 的不相交的并，那么 $F\times g$ 是 h_i，$i\in I$ 的同构到不相交的并。

克里普克框架的积可以用定义建立在模态逻辑上的自然组合的方法。

定义 5.35 令 L_1 和 L_2 是在语言 $\mathcal{ML}_n$ 和 $\mathcal{ML}_m$ 中采用这样的方法的两个克里普克完全的模态逻辑的公式，它们有模态算子的互不相交的集（分别称为 $\Box_1$，…，$\Box_n$ 和 $\Box_{n+1}$，…，$\Box_{n+m}$），那么 L_1 和 L_2 的积是模态逻辑：

$$L_1\times L_2=Log\ \{F_1\times FrL_i,\ i=1,\ 2\}$$

定义 5.36 已知自然数 $n>1$，框架 $F_1=(W_1,\ R_1)$，$F_2=(W_2,\ R_2)$，…，$F_n=(W_n,\ R_n)$ 是 n 框架：

$$F_1\times\cdots\times F_n=(W_1\times\cdots\times W_n,\ \overline{R_1},\ \cdots,\ \overline{R_n})$$

其中，对每一 $i=1$，…，n，$\overline{R_i}$ 是建立在 $W_1\times\cdots\times W_n$ 上的二元关系，使得

$(u_1,\ \cdots,\ u_n)\ \overline{R_i}\ (v_1,\ \cdots,\ v_n)$，当且仅当，对 $k\neq i$，$u_iR_iv_i$ 并且 $u_k=v_k$

那么给出了克里普克完全的模态逻辑 L_i 在具有 $\Box_i$（$i=1$，…，n）算子的语言中的公式，L_1，…，L_n 的积是 n-模态逻辑：

$$L_1\times\cdots\times L_n=Log\ \{F_1\times\cdots\times F_n\mid F_i\in FrL_i,\ i=1,\ \cdots,\ n\}$$

一般的转换结果

命题 5.2 对所有的克里普克完全的模态逻辑 L_1，…，L_n，

$$L_1\times\cdots\times L_n\subseteq Log\ \{F_1\times\cdots\times F_n\mid F_i\text{是 }L_i\text{ 的根框架},\ i=1,\ \cdots,\ n\}$$

命题 5.3 $S5^n$ 是由所有的立方的全的积框架类确定的。

基于满足规则（C3）的组合方法的积的公式，可以由下面的命题证明。

命题 5.4　对所有的克里普克完全的模态逻辑 L_1，…，L_n，$L_1 \otimes \cdots \otimes L_n \subseteq L_1 \times \cdots \times L_n$。

命题 5.5　令 L_1，…，L_n，L_{n+1} 是一致的克里普克完全的一元模态逻辑，那么逻辑 $L_1 \times \cdots \times L_n \times L_{n+1}$ 是 $L_1 \times \cdots \times L_n$ 的保守扩张，即对每一 $\mathcal{ML}_n$ 公式 φ，$\varphi \in L_1 \times \cdots \times L_n$，当且仅当，$\varphi \in L_1 \times \cdots \times L_n \times L_{n+1}$。

定理 5.35　令 L_i 是克里普克完全的一元模态逻辑，使得对每一 $i=1$，…，n，FrL_i 在含有等词和二元谓词符号 R_i 的语言中是一阶可定义的，那么 $L_1 \times \cdots \times L_n$ 可以由其对应的积框架类确定。

在多数情况下，分支的递归可数一定可以转换为其积。

定理 5.36　令 L_i 是克里普克完全的一元模态逻辑，使得对每一 $i=1$，…，n，FrL_i 根据在含有等词和二元谓词符号 R_i 的语言中的一阶语句的递归集合是可定义的，则积逻辑 $L_1 \times \cdots \times L_n$ 是递归可数的。

5.5.2　动态认知概率逻辑的扩充

库尔的动态认知概率逻辑用动态认知概率逻辑表达公开宣告推理，可以通过在类似于库尔的动态认知概率逻辑中增加先验时间算子进行扩充，也可以通过增加行动模型和更新积的方法进行扩充。

认知概率逻辑可以表达量化和量化信念之间的相互作用。该逻辑可以形式地表达“方明相信 φ 的概率至少为 1/2”或者“董宇认为 ψ 的概率将为 1/4”这样的陈述。在涉及处理信念和概率如何随时间而变化的情况时，将概率、信念和时间进行组合。库尔则是将概率逻辑和公开宣告逻辑相组合，但动态逻辑在表达涉及过去和将来的时间特征时，其表达力就会受到一定的限制。赛克（Sack，2008）① 则在非概率语境中通过在动态逻辑中增加时间算子，刻画既包括执行系统中的随机时间，也包括根据动态逻辑所提供的处理从一个时间状态转化到下一个时间状态的技术手段。其目的是把概率、时间逻辑和动态认知逻辑相组合。

A. 带有先验时间算子的公开宣告概率逻辑

公开宣告逻辑的基础模型是认知模型，而公开宣告概率逻辑的基础模

① Sack J. Temporal languages for epistemic programs. Journal of Logic, Language and Information. 2008, 17 (2): 183 - 216.

型是认知概率模型，主要通过在认知模型中增加概率空间而构成。

定义 5.37（认知概率模型）　令 Φ 为命题字母集（或者原子命题集），I 为主体集。认知概率模型为四元组 $M=(X, \{\xrightarrow{i}\}_{i\in I}, \|\cdot\|, \{\mathcal{P}_{i,x}\})$，其中：

X 表示“状态集”或者“可能世界集”。

$\xrightarrow{i}\subseteq X\times X$ 表示认知关系，对每一主体 i∈I，如果 i 认为从 x 到 y 具有可及关系，那么 $x\xrightarrow{i}y$。

$\|\cdot\|$ 表示函数，给每一命题字母 p 指派 p 在其中为真的状态集。

$\mathcal{P}_{i,x}$ 表示概率空间，对每一主体 i 和状态 x，即 $\mathcal{P}_{i,x}=(S_{i,x}, \mathcal{A}_{i,x}, \mu_{i,x})$，其中：

$S_{i,x}\subseteq X$ 表示集合，称为样本空间；

$\mathcal{A}_{i,x}$是 $S_{i,x}$上的 σ-代数（或者称为 σ-域）（由 $S_{i,x}$的子集所组成的集合，并且它在补和可数的并下是封闭的），该集合在 σ-代数里是“可测度集”；

$\mu_{i,x}$：$\mathcal{A}_{i,x}\rightarrow[0, 1]$ 是在 $S_{i,x}$上的概率测度（即 $\mu_{i,x}(S_{i,x})=1$），并且对每一在 $\mathcal{A}$ 中的两两互不相交的可数集 A_1，A_2，…，有

$$\mu(\bigcup_{k=1}^{\infty}A_k)=\sum_{k=1}^{\infty}\mu(A_k)$$

随后假定集合 X 是有穷的，集合 $\mathcal{A}_{i,x}$是 $S_{i,x}$的幂集 $\mathbf{P}(S_{i,x})$，这样就不需要对 σ-代数 $\mathcal{A}_{i,x}$做详细的说明。因为在样本空间中的每一结果都是主体认为可能的一种状态，所以 $S_{i,x}\subseteq\{z\mid x\xrightarrow{i}z\}$。在定义 5.37 中，由于技术上的原因，并未进行这样的限制。有时需要假设在逆方向上也成立，这样就使得 i 的样本空间 $S_{i,x}$等价于 i 认为可能的状态集 $\{z\mid x\xrightarrow{i}z\}$。公开宣告逻辑涉及主体在获得新的信息后如何修正自己的信念，知道他（她）的信息可以通过所有的其他主体而获得，新的信息和主体的信念是一致的，并且 PAL（公开宣告逻辑）也提供了一种程序更新，在给出新信息的条件下，由旧的认知模型产生新的认知模型。

定义 5.38（更新）　已知认知概率模型 $M=(X, \{\xrightarrow{i}\}, \|\cdot\|, \{\mathcal{P}_{i,x}\})$，$X$ 的子集 Y。已知 Y 为真的情况下，M 的更新记为 $M\otimes Y$，并且更新后的模型为 $(X', \{\xrightarrow{i}\}', \|\cdot\|', \{\mathcal{P}'_{i,x}\})$，其中：

$$X'=X\cap Y$$

$x \xrightarrow{i}{}' y$ 当且仅当 x，y∈Y 并且 $x \xrightarrow{i} y$

$\| p \|' = \| p \| \cap Y$

如果 $\mu_{i,x}$（Y）$=0$，那么令 $\boldsymbol{P}'_{i,x}$是定义在单元集 x 上的唯一的概率空间。否则，令 $\mathcal{P}'_{i,x}$可根据如下形式定义：$S'_{i,x}=S_{i,x}\cap Y$，对于每一子集 $Z\subseteq Y$，$\mu'_{i,x}(Z)=\mu_{i,x}(Z)/\mu_{i,x}(Y)$。

定义 5.39（历史）　历史 H 为模型序列（M_0，M_1，…，M_n），其中对每一 k，$M_k=(X_k, \{\xrightarrow{i}{}_k\}, \|\cdot\|_k, \{\mathcal{P}_{ki,x}\})$，且 $M_{k+1}=M_k\otimes X_{k+1}$。

已知历史 $H=(M_0, M_1, \cdots, M_n)$，令 $\hat{P}(H)=(M_0, M_1, \cdots, M_{n-1})$ 是在前的历史，$\hat{M}(H)=M_n$表示在序列中的过去的（最近的）模型，并且令 $\hat{X}(H)=X_n$，对所有的 x∈H，记为 $x\in\hat{X}(H)$。

(1) 语言

令 Φ 为命题字母集，I 为主体集。对每一主体，通过递归的方法定义带有语句和项的多类型的语言 $\mathcal{L}$。语句（也称为公式）可以通过如下的形式给出：

$$\varphi ::= True \mid p \mid \neg\varphi \mid (\varphi_1\wedge\varphi_2) \mid K_i\varphi \mid [\varphi_1]\varphi_2 \mid t_i\geqslant q \mid \overline{Y}\varphi$$

其中 t 为项，p∈Φ 并且 i∈I。

对于主体 i，项可以通过下面的形式给出：

$$t_i ::= qP_i(\varphi) \mid t_i+\mu_i$$

其中 q∈Q 为有理数，对主体 i，t_i和 μ_i为项，φ 为公式。

语义　可以通过函数 $\|\cdot\|$ 定义，即从公式到函数 f 的映射，即把每一历史 H 映射到 $\hat{X}(H)$ 的子集上的函数 f 定义。在 H 中，$\hat{X}(H)$ 的子集指最近的模型的匹配集，则有

$\|True\|$ 为把每一 H 映射到整个集合 $\hat{X}(H)$ 上的函数

$\|\neg\varphi\|(H)=\hat{X}(H)-\|\varphi\|(H)$

$\|\varphi_1\wedge\varphi_2\|=\|\varphi_1\|(H)\cap\|\varphi_2\|(H)$

$x\in\|K_i\varphi\|(H)$，当且仅当，对每一 y，$y\in\|K_i\varphi\|(H)$ 且 $x\xrightarrow{i}y$，其中 $\xrightarrow{i}$ 为 i 在 $\hat{M}(H)$ 中的认知关系（在 H 中的最近的模型）

$x\in\|[\varphi_1]\varphi_2\|(H)$，当且仅当，$x\notin\|\varphi_1\|(H)$ 或者 $x\in\|\varphi_2\|(H\otimes\|\varphi_1\|(H))$

$x\in\|q_1P_i(\varphi_1)+\cdots+q_nP_i(\varphi_n)\geqslant q\|(H)$，当且仅当，$q_i\mu_{i,x}(\|\varphi_1\|(H))+\cdots+q_n\mu_{i,x}(\|\varphi_n\|(H))\geqslant q$

$x \in \| \overline{Y}\varphi \| (H)$，当且仅当，$H=(M)$ 只有一个模型或者 $x \in \| \varphi \| (\hat{P}(H))$

有时也采用缩写：$\langle K \rangle_A \varphi \equiv \neg K_A \neg \varphi$，$\langle \psi \rangle \varphi \equiv \neg [\psi] \neg \varphi$，$\hat{Y}\varphi \equiv \neg \overline{Y} \neg \varphi$。在该语言中，可对不等式和等式进行缩写，如：

$t \leqslant q \equiv -t \geqslant -q$

$t < q \equiv \neg (t \geqslant q)$

$t = q \equiv t \leqslant q \wedge t \geqslant q$

$t \geqslant s \equiv t - s \geqslant 0$

$t = s \equiv t - s \geqslant 0 \wedge s - t \geqslant 0$

(2) 证明系统

由命题逻辑的公理，再加上下面的一些公理组成：

K_i-正规性（normality）

$K_i (\varphi \to \psi) \to (K_i \varphi \to K_i \psi)$

$[\varphi]$-正规性

$[\varphi] (\psi_1 \to \psi_2) \to ([\varphi] \psi_1 \to [\varphi] \psi_2)$

$\overline{Y}$-正规性

$\overline{Y} (\varphi \to \psi) \to (\overline{Y}\varphi \to \overline{Y}\psi)$

更新偏函数：$[\varphi] \neg \psi \leftrightarrow (\varphi \to \neg [\varphi] \psi)$

$\overline{Y}$-偏函数：$\hat{Y}\psi \leftrightarrow (\hat{Y}True \to \overline{Y}\psi)$

将来原子的可保持性：$(\varphi \to p) \leftrightarrow [\varphi] p$

过去原子的可保持性：$\overline{Y}p \leftrightarrow (\hat{Y}True \to p)$

昨天更新：$[\varphi] \overline{Y}\psi \leftrightarrow (\varphi \to K_i [\varphi] \psi)$

昨天概率 0：$\hat{Y} (\sum_{k=1}^{n} q_k P_i (\varphi_k) = 0) \to (\sum_{k=1}^{n} q_k P_i (\hat{Y}\varphi_k) = 0)$

昨天概率 1：

$$\hat{Y} (\sum_{k=1}^{n} q_k P_i (\varphi_k) = \sum_{k=1}^{n} q_k P_i (True))$$
$$\to (\varphi \to \sum_{k=1}^{n} q_k P_i (\hat{Y}\varphi_k) = \sum_{k=1}^{n} q_k P_i (True))$$

昨天认知混合：$\overline{Y} K_i \varphi \to K_i \overline{Y} \varphi$

认知更新：$[\varphi] K_i \psi \leftrightarrow (\varphi \to K_i \psi)$

概率更新：$\boldsymbol{P}_i(\varphi) > 0 \to ([\varphi] \sum_{k=1}^{n} q_k P_i (\varphi_k) \geqslant q \leftrightarrow (\varphi \to \sum_{k=1}^{n} q_k P_i (\varphi \wedge [\varphi] \varphi_k) \geqslant q P_i (\varphi)))$

概率 0 更新：$\boldsymbol{P}_i(\varphi) = 0 \to ([\varphi] \sum_{k=1}^{n} q_k P_i (\varphi_k) \geqslant q \leftrightarrow (\varphi \to \sum_{k=1}^{n} q_k P_i (True) \geqslant q))$

非初始时间：$\hat{Y}\text{True} \rightarrow K_i\hat{Y}\text{True} \wedge \boldsymbol{P}_i(\overline{Y}\text{True}) = 1$

初始时间：$\overline{Y}\perp \rightarrow K_i\overline{Y}\perp \wedge \boldsymbol{P}_i(\overline{Y}\perp) = 1$

0 项：$\sum_{k=1}^{n} q_k P_i(\varphi_k) \geqslant q \leftrightarrow (\sum_{k=1}^{n} q_k P_i(\varphi_k)) + 0 \cdot \boldsymbol{P}_i(\varphi_{k+1}) \geqslant q$

置换：$\sum_{k=1}^{n} q_k P_i(\varphi_k) \geqslant q \rightarrow \sum_{k=1}^{n} q_{j_k} P_i(\varphi_{j_k}) \geqslant q$，其中 j_1，j_2，…，j_n是 1，2，…，n 的置换

加：$\sum_{k=1}^{n} q_k P_i(\varphi_k) \geqslant q \wedge \sum_{k=1}^{n} q'_k P_i(\varphi_k) \geqslant q' \rightarrow \sum_{k=1}^{n} (q_k + q'_k) P_i(\varphi_k) \geqslant (q+q')$

乘：$\sum_{k=1}^{n} q_k P_i(\varphi_k) \geqslant q \leftrightarrow (\sum_{k=1}^{n} d q_k P_i(\varphi_k) \geqslant dq)$，其中 $d>0$

二分法：$(y \geqslant q) \vee (y \leqslant q)$

单调性：$(y \geqslant q) \rightarrow (y > q')$，其中 $q > q'$

非负性：$\boldsymbol{P}_i(\varphi) \geqslant 0$

真值概率：$\boldsymbol{P}_i(\text{True}) = 1$

可加性：$\boldsymbol{P}_i(\varphi \wedge \psi) + \boldsymbol{P}_i(\varphi \wedge \neg\psi) = \boldsymbol{P}_i(\varphi)$

命题逻辑的推理规则加上下面的一些推理规则：

K_i-必然化规则：$\vdash \varphi$，可以推出$\vdash K_i\varphi$

$[\varphi]$-必然化规则：$\vdash \varphi$，可以推出$\vdash [\varphi]\varphi$

$\overline{Y}$-必然化规则：$\vdash \varphi$，可以推出$\vdash \overline{Y}\varphi$

等值规则：$\vdash \varphi \leftrightarrow \psi$，可以推出$\vdash \boldsymbol{P}_i(\varphi) = \boldsymbol{P}_i(\psi)$

(3) 完全性

利用择代模型集和择代语义，可定义非标准模型，亦即基于带有二元关系 Y 的认知概率模型。xYz 可以读作："x 为晚于 z 的时期"。为了在该新的非标准模型中做出某些限制，必须给出下面的一些定义：

定义 5.40（非标准历史）　令 $M = (X, \{\xrightarrow{i}\}_{i\in I}, \|\cdot\|, \{\mathcal{P}_{i,x}\}, Y)$ 为非标准模型。

定义 $A_0 = \{x \mid$ 不存在 z 使得 $xYz\}$，且对每一 $n>0$，$A_n = \{z \mid$ 存在 z 使得 $xY^n z$ 并且不存在 z 使得 $xY^{n+1}z\}$。

对每一集合 A 和二元关系 R，定义：

$R(A) = \{z \mid$ 存在 $x \in A$ 使得 $xRz\}$

如果下面的条件成立：

(1) Y 的偏函数：如果 xYz 并且 xYz'，那么 $z = z'$。

(2) 有界时段：存在 N，使得对所有 x，不存在 z 使得 $xY^N z$。

(3) 认知同步：如果 $x \xrightarrow{i} z$，那么对每一 n，存在 x'使得 $xY^n x'$当且

仅当存在 z′使得 $zY^n z'$。

（4）概率同步：如果 x，z，w∈X 并且 x，z∈$S_{i,w}$，那么对每一 n，存在 x′使得 $xY^n x'$当且仅当存在 z′使得 $zY^n z'$。

（5）更新积关系条件 a：如果 $x \xrightarrow{i} z$ 并且 zYz'，那么存在 x′使得 xYx'，$x' \xrightarrow{i} z'$。

（6）更新积关系条件 b：如果 xYx'，$x' \xrightarrow{i} z'$并且 zYz'，那么$x \xrightarrow{i} z$。

（7）更新积样本空间条件 a：对每一 n≥1，i∈I，x∈A_n并且 z，使得 xYz，如果 $\mu_{i,z}$（Y（A_n））＞0，那么 Y（$S_{i,x}$）＝Y（A_n）∩$S_{i,x}$。

（8）更新积样本空间条件 b：对每一 n≥1，i∈I，x∈A_n并且 z，使得 xYz，如果 $\mu_{i,z}$（Y（A_n））＝0，那么 $S_{i,x}$＝｛x｝。

（9）更新积概率条件 a：对每一 n≥1，i∈I，x∈A_n并且 z，使得 xYz，如果 $\mu_{i,z}$（Y（A_n））＞0，那么对每一 $A \subseteq S_{i,x}$，

$$\mu_{i,x}(A) = \frac{\mu_{i,z}(Y(A))}{\mu_{i,z}(Y(A_n))}$$

（10）更新概率条件 b：对每一 n≥1，i∈I，x∈A_n并且 z，使得 xYz，如果 $\mu_{i,z}$（Y（A_n））＝0，那么 $\mu_{i,x}$（｛x｝）＝1。

（11）更新积赋值条件：如果 xYz，那么 x∈‖p‖，当且仅当 z∈‖p‖。

那么 M 是非标准历史。

不包含公开宣告算子［φ］的公式的语义可进行定义。由这些公式所组成的语言称为范式。算子 $\overline{Y}$ 可以看作关于关系 Y 的必然算子。而其他算子的语义保持不变。

为了证明每一可证的公式都等价于它的范式，（Baltag，Moss，Solecki，1999）① 中所采用的方法是基于项的改写系统，项的改写系统可以通过如下代数语义给出。

定义 5.41（标号） 定义△为满足如下条件的标号，且为多类型的带有类语句项 s，对每一主体 i∈I，以及其他加权项 t_i，标号内的符号包括：

（1）每一 p∈φ 且 True 是类型 s 中的常元符号；

（2）¬、K_A、$K_B{}^*$、$\overline{Y}$ 是类型 s→s 的函数符号；

---

① Baltag A，Moss L S，Solecki S. The logic of public announcements，common knowledge，and private suspicions. Technical Report SEN－R9922，CWI，Amsterdam. 1999.

(3) $\wedge$、$\rightarrow$和 [] 是类型 $s \times s \rightarrow s$ 的二元函数符号；

(4) $\boldsymbol{P}_i$是类型 $Q \times s \rightarrow t_i$的函数；

(5) $+_i$是类型 $t_i \times t_i \rightarrow t_i$的函数；

(6) $\geqslant_i$是类型 $t_i \times Q \rightarrow s$ 的函数；

(7) $triv_i$是类型 $t_i \rightarrow t_i$的函数；

(8) bay_i是类型 $s \times t_i \rightarrow t_i$的函数。

在一般情况下用 [s] s 表示 [] (s, s)，$+_i$和$\geqslant_i$可采用中束记法。函数 bay 和 triv 是对 [x] ($y \geqslant_i$) q 的简化，该函数将在随后进行定义。bay 表示贝叶斯更新关系，triv 表示概率是平凡的（即取概率值为 True）。

令 $\mathcal{L}^+$是通过标号而定义的代数语言，$\mathcal{L}^+(X)$ 是在 $\mathcal{L}$ 语言中增加带有变元集 X 而进行的扩充。语形上，变元的出现必须和类型相一致，即，$x +_i x$ 蕴涵 x 是对 i 的加权项，不允许出现 $x \geqslant_i x$，因为第一次出现的 x 必须是加权的项，第二次出现的是语句项。

项的改写系统为改写的规则集，记为 $\varphi \Rightarrow \psi$，其中 φ，$\psi \in \mathcal{L}^+(X)$。对公式 χ 执行改写规则，等价于在 χ 中的 φ 的代入实例，用 ψ 的代入实例对 φ 进行代换。采用下面的改写系统。

定义 5.42（改写系统 R）　可采用如下的改写系统：

(r1) $x \rightarrow y \Rightarrow \neg(x \wedge \neg y)$

(r2) $[x]\ True \Rightarrow True$

(r3) $[x]\ p \Rightarrow x \rightarrow p$

(r4) $[x]\ \neg y \Rightarrow x \rightarrow \neg [x]\ y$

(r5) $[x]\ (y \wedge z) \Rightarrow [x]\ y \wedge [x]\ z$

(r6) $[x]\ K_A y \Rightarrow x \rightarrow K_A\ [x]\ y$

(r7) $[x] \overline{Y} z \Rightarrow x \rightarrow z$

(r8) $triv\ (\mathbf{P}_i(q, x)) \Rightarrow \mathbf{P}_i(q, True)$

(r9) $triv\ (t_1 + t_2) \Rightarrow triv\ (t_1) + triv\ (t_2)$

(r10) $bay\ (x, P_i\ (q, z)) \Rightarrow P_i\ (q, x) \wedge [x]\ z$

(r11) $bay\ (x, t_1 + t_2) \Rightarrow bay\ (x, t_1) + bay\ (x, t_2)$

(r12) $[x]\ (t \geqslant_i q) \Rightarrow (P_i\ (-1, x) \geqslant 0 \wedge (x \rightarrow (triv\ (t) \geqslant q))) \vee (\neg(P_i\ (-1, x) \geqslant 0) \wedge (x \rightarrow (bay\ (x, t) +_i (-q, x) \geqslant 0)))$

这些规则对应于双条件公理模式或可证的双条件，是改写的公式和最初的公式可证等价的重要原因。初始语言 $\mathcal{L}$ 和代数语言 $\mathcal{L}^+$之间存在翻译。在 $\mathcal{L}^+$ 中实现改写，并且可证的等价公式是由在 $\mathcal{L}$ 中的对应公式确定的。

为了获得和项对应的范式，可以有穷多次运用规则。没有规则可以作用于项当且仅当项对应于范式。下面的符号解释有助于证明改写系统是可废止的。

定义 5.43（标号解释） 令符号 $[[\cdot]]$ 表示解释，对于语句，标号都有匹配 $N_{\geqslant 3}$，对于行动，也存在匹配 $N_{\geqslant 3}$。函数符号解释为从数字函数到数字上的函数。

$[[T]]=3$ $[[p]]=3$ $[[\neg]](a)=a+1$

$[[\wedge]](a, b)=a+b$ $[[\rightarrow]](a, b)=a+b+3$

$[[K_a]](a)=a+2$ $[[+_i]](a, b)=a+b$ $[[bay]](a, b)=a^b$

$[[triv]](b)=3^b$ $[[Y_k]](a)=a+1$ $[[[]]](56a, b)=a^{b+4}$

$[[P_i]](q, a)=a+5$ $[[\geqslant_i]](a, q)=a$

可以递归地把这些解释扩充到所有的项和语句上。

在一个带有严格最小解释的项上，每一项的应用程序都可以生成改写规则，在终止之前，项的解释是多次利用规则的上确界。

对该系统的完全性进行证明，可以从 $\mathcal{L}$ 中的公式的一致性开始，将其翻译成 $\mathcal{L}^+$，然后再运用改写规则直到可以获得不能再应用规则的项为止。翻译的结果使得这些项可转化为 $\mathcal{L}$ 中的范式，和最初的公式是可证等价的。对每一非标准的历史 H 和在非标准的历史中的状态 x，存在现实的历史 H，在该历史中与每一范式的真值一致的状态 x，最后为非标准语义构建过滤。许多模型转换都类似于把过滤转化为历史。在典范模型中关于点满足一致的公式的分解（或部分分解）的转换是有用的。通过分解的方法而生成离散概率并不总是直接的或可能的。把更新认知概率模型看作不可测度集（不在 σ-域中的集合）。

B. 涉及行动的模型

在（Baltag，Moss，2004）① 中举有这样的例子：有两个主体 i 和 k。主体 k 收到位置：0 或者 1。主体 i 觉察（aware）到主体 k 知道这个位置是什么，但是 i 不知道这个位置是什么。然后主体 k 投掷了一枚均匀的硬币，并且观察到这个结果。另外，主体 i 觉察到主体 k 知道投掷的硬币的结果，但主体 i 却不知道该结果是什么。设硬币正面向上为 1，反面向上

---

① Baltag A，Moss L S. Logics for epistemic programs. Synthese，139（2，Knowledge，Rationality & Action）. 2004：165－224.

为 0，如果硬币和收到的位置保持一致，主体 k 执行行动 s，如果它们不一致，主体 k 执行行动 d。

Fagin 和 Halpern 通过执行系统做了这样的实验。在该例中，如果把位置的结果和硬币投掷的结果结合起来，就会存在四种可能的结果，行动 d 或者 s 可以从最初的两个结果中判定。对于每一次执行，有如下结果：(1，H)，(1，T)，(0，H)，(0，T)，下面就讨论这四种状态。当主体 k 执行行动 s 或者 d 之前，主体 i 都将考虑到所有的这四种可能。但是主体 i 在每一种状态的概率空间是什么呢？在（Fagin，Halpern，1998）① 中对三种可能性进行了讨论并且描述如下。实心的大方块指的是主体 i 将会把它边界里面的每一状态都视为样本空间，而点线指的是对主体 i 来说，把每一样本空间中的每一元素都看作 σ-域中最小的非空集。注意：主体 i 从一个状态到另外一个状态的概率空间不必总是不同的。

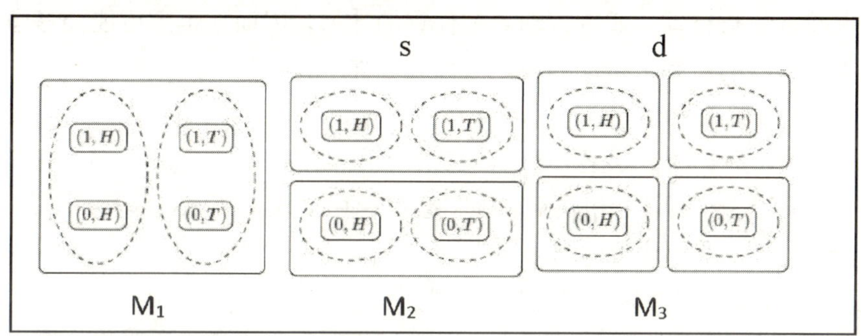

左边的图 M_1 所描述的情况中的样本空间包括所有可能的四种状态，使得样本空间和所考虑的可能状态集是相同的。注意集合｛(1，H)，(1，T)｝不是可测度的（即，不在 σ-域内）。不像均匀的硬币那样，确实不知道如何给这些位置指派概率。但是即使不用知道位置 1 和 0 的概率，也可以确定 s（通过｛(1，H)，(0，T)｝表达）的概率为 1/2，并且对于状态 d 来说，情况也是类似的。第二个图 M_2 提供的模型，其中主体 i 可以给 s 指派概率，但是仍然不能够给位置 1 或者 0 指派概率。主体 i 认为可能的状态集仍然包括所有的四种状态，但是现在的样本空间却和前面有所不同。主体 i 不能确定位置变成了 0 或者是 1，但是却可以确定 s 的概率在每一种情况下都是 1/2，最终的概率应该是 1/2。在第三个图 M_3 中，主体

① Fagin R，Halpern J Y. Corrigendum：reasoning about knowledge and probability. Journal of the Association for Computing Machinery. 1998，45：214.

i 相信任意情况下的概率为 1 或 0，但却不能够确切地知道究竟是哪一个值。

这三个图可以看作三个不同时段的例子。第一个图 M_1 对应于位置已经给出之前的这段时间。第二个图 M_2 对应于位置给出之后和硬币投掷之前的这段时间。第三个图 M_3 对应于硬币投掷之后的这段时间。如果把概率看作客观概率的话，那么从一个时段转到下一个时段可能会包含更多的信息。事实上，这三个图只是恰当地表达了 k 在三个不同时段的概率。但是运用这些客观概率的结果是主体 i 关于概率变化的确证度是基于主体 k 知道某些信息的基础之上的。从第一个图 M_1 到第二个图 M_2，主体 i 对事件 s 和 d 的概率变得更加确定，但在这两步中，主体 i 的概率空间却变得更加不确定。从主观上来说，在各个时段之间可能更希望主体 i 能够获得更多的信息，这样有助于改变确证度。假设主体 i 最初没有觉知到任何关于 k 将要执行行动 s 或者行动 d 的任意的计划，因而他也不可能会考虑到这两个事件的概率。行动的序列可以表示如下：

（1）k 接受到位置。

（2）k 把它的计划通知给 i，如果硬币和位置是匹配的，那么主体 k 将执行行动 s，如果不相匹配，他将会执行行动 d。

（3）k 观察到硬币的结果。

（4）k 和 i 打赌说结果是硬币正面向上。

第一个图 M_1 对应于在所有这些行动发生之前主体 i 的概率。第二个图 M_2 对应于第二个行动发生之后，但却在第三个行动发生之前主体 i 的概率。第三个图 M_3 对应于所有的四个行动都发生之后主体 i 的概率。也许只需要两个行动，此时 k 把将要执行 s 或者 d 的计划通知给 i，这就促使 i 重新对 s 和 d 进行概率指派。四种行动结束之后主体 k 和主体 i 打赌，此时可能会更有说服力。现在主体 i 可能并不会过高地认为 k 和他打赌，并且知道他将会失败，然而主体 i 可能也不能够把握住这个量，可能也不会给它指派概率。

根据认知概率逻辑，在建立模型时首先就会遇到困难，关于位置 1，位置 0，行动 s，或者行动 d，如果存在任意的公式，那么状态集使得该公式为真就会成为不可测度的。在（Fagin，Halpern，1998）① 中提出一

① Fagin R，Halpern J Y. Corrigendum：reasoning about knowledge and probability. Journal of the Association for Computing Machinery. 1998，45：214.

种解决办法，主要是运用了内部测度函数。如果（S，A，μ）是概率空间，那么 μ 的内部测度 μ^* 可以定义为：

对于每一 True $\subseteq S$，μ^*（True）$=\sup\{\mu(A) \mid A\in\mathcal{A}, A\subseteq \text{True}\}$。

也可以选择外部测度，定义为：

对每一 True $\subseteq S$，μ^*（True）$=\inf\{\mu(A) \mid A\in\mathcal{A}, \text{True}\subseteq A\}$。

内部和外部测度是根据下面的关系确定的，μ^*（True）$=1-\mu^*(\overline{True})$，其中 $\overline{True}$ 是在 S 中的 True 的补。在该语言中无论是内部测度还是外部测度都可以作为初始符号，并且其他的符号也可以根据相应符号进行定义。或者采用内部测度或者采用外部测度定义公式的语义例如 $P_i(\varphi)\geqslant 1/2$，即使当状态集使得 φ 真是不可测度的时也是如此。但是因为内部测度和外部测度并不需要对它们自身进行测度，概率公理将会失效。在（Fagin，Halpern，1994）① 中给出的一种建议就是明确地要求 σ-域要足够大，以确保所有的集合都和每一公式相对应。但是对于不可测度的情况可以采用一种更宽松的公理集。

在认知概率模型和行动模型之间定义更新积，下面首先考虑一般的情况，其中状态集迫使真的公式不需定义测度。特别地，由更新所产生的公式和测度集（σ-域中的元素）并不是一一对应的，于是可定义“外部（或者内部）的动态认知概率逻辑”。为此，规定该模型是有穷的。

定义 5.44（行动模型）　行动模型 $M=(\Sigma, \{\xrightarrow{i}\}, \{\boldsymbol{P}_{i,\sigma}\}, \text{pre})$ 是带有赋值函数 $\|\cdot\|$ 的认知概率模型，根据函数 pre 进行置换，其中把每一 $\sigma\in\Sigma$ 函数指派给每一认知概率模型的模型集的匹配集的子集。每一元素 $\sigma\in\Sigma$ 称为行动类型。

定义认知概率模型，以及在两个时段的行动模型之间的更新积。首先定义初始认知概率模型和行动标号之间的更新积，然后根据 pre 函数定义相关的结果。第一个积称为无穷制积，第二个积称为关系化。

定义 5.45（无穷制积）　在认知概率模型 M 和行动模型 Σ 之间的无穷制积是 $M\otimes_U\Sigma$，由如下几条组成：

(1) $X_{\otimes}=X\times\Sigma$

(2) $(x, \sigma)\xrightarrow{i}(z, \tau)$，当且仅当，$x\xrightarrow{i}z$ 并且 $\sigma\xrightarrow{i}t$

---

① Fagin R，Halpern J Y. Reasoning about knowledge and probability. Journal of the Association for Computing Machinery. 1994，41（2）：340－367.

(3) $\| p \|_{\otimes} = \| p \| \times \Sigma$

(4) 定义 $\mathcal{P}_{i,(x,\sigma)}$ 如下：

(a) 样本空间为笛卡尔积 $S_{i,(x,\sigma)} = S_{i,x} \times S_{i,\sigma}$

(b) σ-域 $\mathcal{A}_{i,(x,\sigma)}$ 为最小的包括下式的 σ-域：

$\{A \times B | A \in \mathcal{A}_{i,x}, B \in \mathcal{A}_{i,\sigma}\}$

(c) 概率测度可定义为：

$\mu_{i,(x,\sigma)}(\mathcal{A}) = \sum_{k=1}^{n} \mu_{i,x}(B_k)\, \mu_{i,\sigma}(C_k)$，其中 $B_k \in \mathcal{A}_{i,x}$，$C_k \in \mathcal{A}_{i,\sigma}$，$A = \bigcup_{i=1}^{n} B_k \times C_k$

该积是认知概率模型。关于积测度（有穷空间）的通常定义就是给出一种新的概率测度。积测度不需要是有穷空间，因而无穷制积可定义为任意的认知概率模型和无穷值域内的行动模型之间的更新积。

但是新的认知概率模型的关系要求对原来的认知概率模型做出某些限制，要求认知概率模型的匹配集应该是有穷的。

定义 5.46（关系）　认知概率模型 M 到 $Y \subseteq X$ 的关系可根据 $M \otimes_R Y$ 给出，且由如下几条组成：

(1) $X_Y = Y$

(2) $x \xrightarrow{i}_Y z$ 当且仅当 $x \xrightarrow{i} z$ 并且 $x, z \in Y$

(3) $\| p \| Y = \| p \| \cap Y$

(4) 对 $x \in Y$，如果 $\mu_{i,x}^{*}(Y) = 0$，那么定义 $\mathcal{P}_{i,x}$ 是建立在单元集 x 上的平凡的概率空间。否则：

(a) $S_{Yi,x} = S_{i,x} \cap Y$

(b) $\mathcal{A}_{Yi,x}$ 是 σ-域，通过 $\{A \cap Y | A \in \mathcal{A}_{i,x}\}$ 生成

(c) 概率测度可以通过下式定义：

$$\mu_{Y_{i,x}}(A) = \frac{\mu_{i,x}^{*}(B)}{\mu_{i,x}^{*}(Y)}$$

选择更新时使用的是外部测度而没有使用内部测度，这可以根据情况随意选择。但是，外部测度可能不小于 0。当空间（S，A，μ）的 σ-域中的 A 是有穷时，μ 的外部测度可以借助于集合 $\mathrm{True} \subseteq S$ 而变成：

$\mu^{*}(\mathrm{True}) = \bigcap \{\mu(A) | A \in \mathcal{A}, \mathrm{True} \subseteq A\} = \mu(\bigcap \{A | A \in \mathcal{A}, \mathrm{True} \subseteq A\})$

定义 5.47（更新积）　令 $\Sigma = (\Sigma, \{\xrightarrow{i}\}_{i \in I}, \{\mathcal{P}_{i,x}\}, \mathrm{pre})$ 是行动模型，并且 $M = (X, \{\xrightarrow{i}\}, \|\cdot\|, \{\mathcal{P}_{i,x}\})$。令 $Y = \{(x, \sigma) |$

$x\in$ pre（σ）（M)}。在 M 和 Σ 之间的更新积可以记作 $M\otimes\Sigma$，定义为 $(M\otimes_U\Sigma)\otimes_R Y$。

下面可以重新考察前面的例子，对于主体 k 来说，位置对应着行动，利用这样的方法，主体 i 获知主体 k 知道某些信息是一种半私人宣告。类似地，主体 k 获知了投掷硬币的结果，利用这种方式获知了某些信息，主体 i 知道主体 k 获知了某些信息也是半私人宣告。关于半私人宣告以及与行动标号有关的部分可以通过下图刻画：

i,j　σ　i　τ　i,j

R_1

从两个行动类型可知，主体 i 的概率空间仅是概率空间，其中样本空间是单一的行动类型。该行动标号对两种期间的行动模型都适用。对于第一个时段，σ 的前提是 1，而 τ 的前提是 0。对于第二种行动标号，σ 的前提应该是 H（正面向上），而 τ 的前提是 $\top$（正面向下）。

但是行动模型的概率空间应该是什么呢？假设一行动模型可以刻画主体 k 所指定的位置的半私人宣告，也可以刻画主体 k 计划执行行动 s 或者 d 的宣告。那么在行动模型中主体 i 和主体 k 的概率空间都应该是 i 和 k 的概率空间。

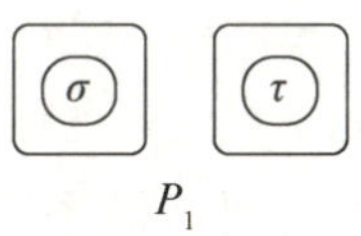

P_1

从每一行动类型看，概率空间是唯一的空间，即带有元素的样本空间，不需要虚线的椭圆，主体 i 和主体 k 具有相同的概率空间，且这些概率应该是客观概率。

但是如果把从 M_1 到 M_2 之间的转换分解为两步（给出中间模型），同样把从 M_2 到 M_3 之间的转换也分成两步，将会出现什么样的情况呢？将行动中的 k 所获知的位置仍然看作半私人宣告，相关的结构也是相同的。其唯一不同的就是主体 i 的概率空间，将其转变为下面的结构：

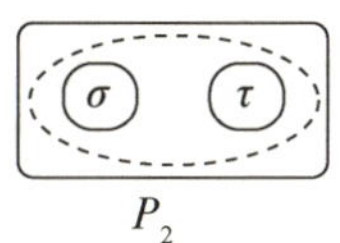

P_2

行动中主体 i 获知主体 k 准备执行行动 s 或者行动 d，该行动中包括了投掷动作，并且主体 i 的概率空间也在两个行动之中。可以利用概率结

构 P_1实现这一目的，也可以利用 P_1表示主体 k 的概率结构。因为主体 k 的概率空间也是离散的，在更新模型中主体 k 运用 P_1也不会影响 k 的概率结构。可用下图表示：

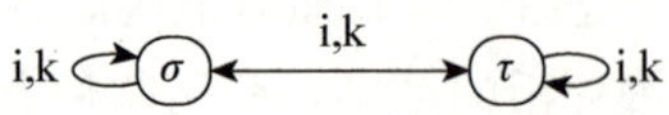

i,k ↻ σ ←——i,k——→ τ ↺ i,k

R_2

因为 σ 的前提是位置 1 并且 τ 的前提是位置 0，在更新之前，正如在图的右边那样，更新模型应该有相同的关系结构。

从 M_2到 M_3的行动模型可以使用同样的关系和概率结构，但是前提不同。令 σ 的前提是 H 而不是 1，令 τ 的前提是⊤而不是 0。

每一公式都对应于测度集。对于主体 k 的概率空间，行动标号可以通过图 P_2给出，即，只存在两个测度集：全集和空集。假设认知概率模型 M 有两种状态：x 和 y，主体 k 的概率样本空间是 $\{x, y\}$，所有的子集也是可测度的。那么在积测度中，可测度集是：

{∅，{(x，σ)，(y，σ)}，{(x，τ)，(y，τ)}，{(x，σ)，(y，σ)，(x，τ)，(y，τ)}}

假设存在公式 φ 其中只有 x 是真的，并且存在另外的公式只有 y 是真的。那么这些公式对应于可测度的集合。用函数 pre 表示这两个公式，根据定义 pre（σ）(M）＝x 并且 pre（τ）(M）＝y。那么当采用全更新积的时候，将会涉及集合 Y＝｛(x，σ)，(y，τ)｝是不可测度的。通常情况下，如果行动标号只有离散的概率空间（概率空间中的 σ-域是样本空间的幂集），那么对于每一 σ∈Σ，集合 pre（σ）(M）的测度确保在定义 5.10 中的集合 Y 是可测度的。

第 6 章　认知悖论及其哲学分析

本章主要研究了逻辑在知识推理中的作用、知识悖论、全知和演绎封闭、蒙提霍尔疑难的认知分析等哲学问题，最后得出一些结论。

6.1　逻辑在知识推理中的作用

知识是智能行为的核心，以显性形式体现的获取知识、知识加工以及利用知识进行交流的能力，是人和其他动物的区别。任何对智能行为的研究，无论是理论上的或者是经验上的，都有一个共同的出发点，即知识科学，主要研究知识的基本形式以及如何获取和处理知识。而逻辑是处理知识科学的重要的工具。

知识在日常生活中发挥着非常重要的作用。事实上，每个人的行为都基于自己的知识。关于知识问题的思考已经由来已久，古希腊的哲学家就曾经问道："我们究竟能够知道什么?""说一个人知道什么的意思是什么?"这属于认识论的范畴，主要研究知识的不同定义、知识的基本形式、外在主义和内在主义观点之间的争论，同时还面临着怀疑论者的挑战。柏拉图将知识定义为"正当性得到证明的真信念"。辛迪卡则认为知识是"在可能性的逻辑空间中为真"，辛迪卡的主要目的在于用形式的方法研究知识的本质属性。德雷特斯克则将知识定义为"由可靠的相互关联所支持的信念"等。但关于知识尚无一致的认识。知识的稳定性不只是作为孤立的单个主体或单个命题，而应该更多地包括认知态度、认知主体和在丰富的认知行动的指令框架中进行解释，知识的稳定性在于它能够在复杂的认知环境中成功地得到运作。逻辑可以看作通往知识的一座桥梁，同时也凸显了逻辑的重要作用。知识科学包括自然科学和社会科学，如物理、化学、计算机科学等，下面就针对这些具体的知识科学谈论逻辑在知识研究中的重要作用。

19 世纪的逻辑学家们所研究的归纳推理部分地涉及经验科学，可将其视为知识科学。弗雷格（Gottlob Frege）在 1893 年的《概念文字》中发展了谓词逻辑；罗素（Russell）和怀特海（Whitehead）在 1910 年至 1913 年出版了三卷本的《数学原理》，以逻辑的方法重建了纯数学的基础。而哥德尔（Kurt Gödel）证明了任意一个包括自然数在内的逻辑系统都是必然地不完全的（即，允许真值形式的逻辑系统在系统内是不可证明的），这严重地打击了逻辑学家们的积极性。尽管如此，仍然不能阻止逻辑学家们前进的步伐：逻辑学家丘奇（Alonzo Church）发展了更有表达力的逻辑系统（例如组合逻辑和高阶逻辑）；塔斯基构造了最重要的现代逻辑，即独立的语义理论；希尔伯特证明了协调性，主要是受数学的影响；拉姆齐描述了理论的作用，特别是经验理论，主要是从语义学角度进行的研究；普谢温茨基对科学理论的形式语义学方面的研究做出了巨大的贡献；而斯尼德运用形式机制对经典量子力学进行了分析。在 20 世纪末，逻辑发展成为数学的特殊分支，即逻辑的数学转向。但是，早期的逻辑论题和一般科学方法论是紧密结合在一起的，包括穆勒、皮尔士、塔斯基、卡尔纳普、辛迪卡等。同时，逻辑和科学哲学之间也存在着密切的关系，当今逻辑也关注信息的一般结构和推理的多主体行为等论题。

6.1.1　逻辑

语义和语形之间的关系是逻辑、语言和计算机科学研究的核心。逻辑主要是对推理的研究，故逻辑学家既要研究推理行为，也要研究推理结果；既研究推理的规范，也研究对规范的刻画；既研究推理的归纳论证，也研究推理的演绎论证。逻辑学既与哲学、数学以及语言学关系密切，也与心理学、法学相互促进。逻辑对于科学理论的研究主要表现在以下几个方面：

（1）句法，埃因霍温的自动数学理论可应用于数学的实际计算机形式中。

（2）结构，在量子力学的逻辑研究中，运用到了希尔伯特空间“隐藏的变元”的结果。阿什比在讨论有穷机器时就用到了句法理论，得出“相互同态的力是同构的”结果。

（3）语义学，在几何学、语言学和机械“决定论”领域中都具有重要的作用。

（4）语用学，辛迪卡的“博弈论语义学”就具有广泛的用途。

在数学和计算机程序中发挥着重要作用的语义关系是一种逻辑等价关系，在语形运算中试图随意删除或者增加语义是不可能的。例如，逻辑定理的等价描述（例如，“不存在最大的质数”和“存在无穷多的质数”）实质上都可以看作同一个定理，此时更看重的是推演或者逻辑蕴涵。两个表达式是逻辑等价的，当且仅当每一个表达式都可以推出另一个表达式。语形转换是弱蕴涵表达式，称为可靠的转换，但逻辑学家们更关注语形转换的完备集，运用这种形式可以生成所有可能的蕴涵表达式。

可靠性和完全性是评价数理逻辑优劣的标准，转换或者推理规则，也是计算机科学中的许多领域研究的重点。同时数学公理、语法或者特殊程序，在抽象层面上是完全的。在数学中的推理形式只能是可靠的推理或者演绎。

6.1.2　非演绎推理形式

在经验科学中，绝大多数推理都不是演绎的。通过观察而得到的推理理论通常不可能是可靠的，而严格地说结论可能是或然的。所以放弃可靠性或许会使推理变得更有用，但这样就无法保证结论是必然真的。

事实上，非演绎推理是普遍存在的，在大多数情况下，非演绎推理时常是正确的。可见，不可靠推理具有一定的作用，推理中具有不正确的推理和（例如，在观察到 10 只白天鹅之后得出所有的天鹅都是黑色的）不可靠但可能是正确的推理（例如，经过同样的观察推出所有天鹅都是白色的）。在不可靠推理中存在不同的形式：对于缺少前提的推理，可利用假设分析的方法，通过观察概括出结论；对特殊对象的观察行为做出解释。概率是对不可靠推理的可靠性进行预测以确定其观察所依赖的基础的重要方法。

可以对哪些不可靠推理进行有意义的区分？如何根据演绎对每一个不可靠推理进行区分？对于任意的演绎推理，都可以区分出必要条件和充分条件吗？归纳可靠性和演绎可靠性有哪些区别？这些问题是大多数逻辑学家所关心的中心论题。

在逻辑发展过程中，推理的主要形式究竟是哪一个？其主要特征是什么？通俗地说，推理处理的是形式论证，即从前提推出结论。根据前提和可接受的结论之间的关系，可以得到不同的推理形式。例如，如果增加新的知识之后，结论仍然是有效的，那么该论证就是演绎的。如果只允许演绎论证，那么该推理形式就是演绎的，演绎推理是不可废止的（non-defeasible)。逻辑的形式有许多特殊的推理形式，例如，模态逻辑、时态逻辑、相干逻辑和直觉主义逻辑，其中每一种形式都是一个确定的演绎推理。这些演绎逻辑并不能必然地确定哪一个论证是演绎有效的，哪一个论证不是演绎有效的。

另一方面，非演绎推理形式是可废止的：尽管作为结论根据的前提不能被驳倒，但结论却可能被新增的知识所驳倒。例如，论证“鸟通常会飞；X 是鸟；因此 X 会飞”是非演绎的，因为 X 可能是一只企鹅。论证“在一生中每天太阳都升起；我确实不知道太阳在最后的某一天没有升起；因此，太阳将在未来的每一天都升起”不是演绎的，因为如果太阳明天没有升起，结论就是无效的，但前提却是真的。关于 X 的论证称为似然推理（plausible reasoning)：关于一般情况和异常情况的推理。似然推理包含演绎推理：如果知道 X 是一只普通的鸟，该论证将是演绎有效的。这种似然推理称为“超演绎的”（supra-deductive)，或者称为准演绎的（quasi-deductive)。另外一个准演绎推理就是反事实推理，或“假设分析”（what-if)，即以虚假前提为开始。例如，论证“如果你在早晨不叫醒我，我将确信会错过晨练”是一个反事实论证，因为前提和结论在预期的解释中都是假的。如果确定的环境条件已经发生了变化，这样的论证有助于说明将会发生什么样的变化。

另外还有称为“非演绎的”（a-deductive）推理形式。上面的“太阳升起”的例子属于归纳推理，非演绎的推理形式就是将特殊的观察（也称为证据）概括为一般的规则或者假说（hypotheses)，要求前提和可接受的结论之间具有形式定义的推理关系，这一点和演绎中的衍推相类似。

非演绎推理形式还包括溯因推理（abduction)，该概念是由皮尔士（C. S. Peirce）提出来的，表示把某些证据作为解释性的前提（即前提可从证据推演出来)。例如，“所有从袋子中取出来的豆都是白色的；这些豆是白色的；因此，这些豆是从该袋中取出来的”是一个溯因推理。近年来，溯因推理在逻辑程序研究领域比较流行，表示已经知道一般的解释之后，但并不能确定其前提是否是真的。溯因推理可看作前提缺失的假设分析。溯因推理和归纳推理可以相互补充：在特殊的情况下，如果已知前提和结论都成立，利用归纳推理可以推出一般的规则；而已知一般的规则和特殊结论，以及它的某些前提，溯因推理可推出特殊的前提。另外，在溯因推理和似然推理之间也存在很强的关系：溯因推理可以回答“如果希望推出鸟会飞，就需要假设鸟 X 是一只普通的鸟”。

以上对推理的分类形式可用图 6.1 表示。

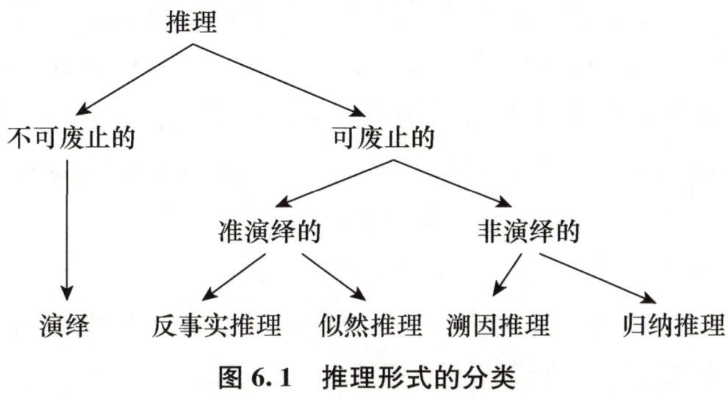

图 6.1　推理形式的分类

6.1.3　似然推理

非单调推理也称“似然推理”。单调性指随着前提集的增加（或减少），结论集也随着相应地增加（或减少）。换言之，单调性就是指如果在已知前提中增加一个新前提，那么结论仍然是有效的，该性质也称为不可废止性。任意非演绎推理形式都是可废止的，故任意非演绎推理形式都是非单调的。非演绎推理形式中的非单调性在使用时需要进行某种限制，例如缺省推理（default reasoning）。

似然推理是“根据已知信息所进行的推理”，比演绎推理更优越，比演绎推理更自由或者更可信。相应地，根据似然推理主体可接受的论证集[也称为推理关系（consequence relation），可定义为 $\mathcal{L}\times\mathcal{L}$ 的子集，其中 $\mathcal{L}$ 为语言] 可以分成演绎部分和似然部分。演绎部分对应的论证不包括某些特殊规则。

似然推理中的非单调推理类似于：从鸟可以推出会飞，但从鸟和企鹅就不能推出会飞。克劳斯等人（Kraus et al）提出，通过允许例外的规则，除了单调性规则外，演绎推理还有其他性质。一般地，命题演绎推理可以通过下面的规则刻画：

自返性：对所有的 α，$\alpha\vdash\alpha$

单调性：如果 $\alpha\vdash\beta$ 且 $\gamma\vdash\alpha$，那么 $\gamma\vdash\beta$

右弱性：如果 $\alpha\vdash\beta$ 且 $\beta\vDash\gamma$，那么 $\alpha\vdash\gamma$

切割：如果 $\alpha\vdash\beta$ 且 $\alpha\wedge\beta\vdash\gamma$，那么 $\alpha\vdash\gamma$

左或者：如果 $\alpha\vdash\gamma$ 且 $\beta\vdash\gamma$，那么 $\alpha\vee\beta\vdash\gamma$

在这些规则中，对应于有背景知识的隐性主体，$\alpha\vdash\beta$ 表示推理者存

疑地接受从 α 到 β 的推理。另一方面，$\vDash$表示经典演绎推理（关于同样的背景知识）。可以对这些规则进行组合：例如，根据自返性和右弱性，每当 $\alpha\vDash\gamma$ 可推出 $\alpha\vdash\gamma$，即后承关系$\vdash$是超经典的（supra-classical）。

克劳斯等人证明上面五条规则刻画了演绎推理。存在等价规则集：例如，切割可以用下面的右并且进行替换，左或者可用右蕴涵替换。

右并且：如果 $\alpha\vdash\beta$ 且 $\alpha\vdash\gamma$，那么 $\alpha\vdash\beta\wedge\gamma$

右蕴涵：如果 $\alpha\wedge\beta\vdash\gamma$，那么 $\alpha\vdash\beta\rightarrow\gamma$

另外，通过对某些规则的弱化，单调性可用下面的两条规则替换：

左逻辑等价：如果 $\alpha\vdash\beta$ 且$\vDash\alpha\leftrightarrow\gamma$，那么 $\gamma\vdash\beta$

谨慎单调性：如果 $\alpha\vdash\beta$ 且 $\alpha\vdash\gamma$，那么 $\alpha\wedge\beta\vdash\gamma$

这两条规则显然都是通过单调性——谨慎单调性推出的，特别地，利用似然推理，使前提得到了增强，这种似然推理可称为偏好（preferential）推理，因为可以通过假设状态间的偏好序模型语义，其中的状态为模型集，且规定 $\alpha\vdash\beta$ 当且仅当每一个最大偏好状态满足 α 同时也满足 β（一个状态满足一个公式当且仅当它的所有模型满足该公式）。通过减弱偏序状态之间的偏好关系条件使得偏好推理变得更弱；这使得左或者规则无效，但其他的规则不变，该种推理称为累积（cumulative）推理。切割和谨慎单调性可推出：如果 $\alpha\vdash\beta$，那么 $\alpha\vdash\gamma$，当且仅当，$\alpha\wedge\beta\vdash\gamma$，即似然推理可以在前提中得到累积。

据前可推出演绎推理者是有偏好的（对应于空偏好关系），偏好推理者是可累加的。通过对推理形式 X 和 Y 进行对比，如果可以构造，对每一 X 推理者，满足规则 Y 的论证的唯一最大子集，这样就可以将偏好推理归约（reduction）为演绎推理。反之，单调性（如果 $\gamma\vDash\alpha$ 且 $\gamma\nvdash\beta$，那么 $\alpha\nvdash\beta$）论证不是演绎判断。

许多逻辑学家经过论证，得出逻辑是必然单调地，非单调性逻辑显然是矛盾的。但是，基于数学推理性质的单调性和逻辑的单调性之间是有区别的。克劳斯等人利用演绎的元逻辑的推理关系对多种形式的非演绎推理进行了形式。例如谨慎单调性规则事实上是合理性假设（rationality postulates），需要被任意理性推理的主体类所满足。这一点至关重要，他们构造的方法也可以作为分析其他形式推理的方法。

6.1.4 归纳和溯因推理

归纳是将特殊证据概括为一般规则的过程。简单的归纳形式就是从样本到总体的推理：

观察到 Fs 中有百分之 Y 是 Gs；

因此，（近似地）所有的 Fs 的百分之 Y 是 Gs。

该论证模式和下面的推理非常类似：

所有的观察 Fs 是 Gs；

因此，所有 Fs 是 Gs。

该归纳规则不需要利用实质蕴涵：

样本中所有对象都满足 P（y）；

因此，总体中所有对象都满足 P（y）。

这些归纳生成的公式存在关键性的问题：通常地，在一般规则中所使用的谓词 P 并没有在观察中显性地给出。

下面谈谈假设概括（hypothesis generation）。

在科学哲学中，经常忽略假设概括。例如，在《猜想与反驳》（Conjectures and Refutations）一文中详细地描述了这样一种情况：希望验证猜想，但却无法回答在猜想开始的第一步是如何提出的。另外，如果希望主动地进行科学发现或者学习（在人工智能的子领域中称为对机器学习的对象的研究），必须利用假设概括这条规则。假设概括并不是完全非理性的，且该问题转化为：理性假设对什么样的归纳进行限制才能假设概括呢？

事实上，美国哲学家皮尔士已经考虑到该问题。

其推理的形式如下：

观察到了奇怪事情 C，

但是如果 A 是真的，C 将当然是真的，

因此，根据似然推理有：A 是真的。

这样，对 A 并不能进行溯因推理“如果 A 是真的，C 理所当然是真的”。

皮尔士认为该假设概括的过程是溯因推理，并将溯因推理定义为“解释假设的形式过程”，即“溯因推理纯属于构造某些可能的事实”。

现在的“溯因推理”具有多层含义，在哲学上，已经习惯上将溯因推理看作“关于最佳解释的推理”。在人工智能领域中，溯因推理通常被视为从结果到原因的推理，或者从证据到解释的推理，但并没有做出概括。另一方面，归纳的目的是在个体进行观察之后再做出概括。而在归纳论证模式中，同样并未用原因解释结果。

皮尔士认为溯因假设概括的逻辑形式可以简化为“从 C，$A \vDash C$，溯

因 A”，或者引入符号$\vdash$表示溯因推理，“如果 $A\vDash C$，那么 $C\vdash A$”。利用克劳斯等人的后承关系方法对理性假说进行形式来表示假设概括。首先给一般的规则：

确证：如果$\alpha\vdash\beta$且$\alpha\wedge\beta\vDash\gamma$，那么$\alpha\wedge\beta\vdash\beta$；

证伪：如果$\alpha\vdash\beta$且$\alpha\wedge\beta|=\gamma$，那么$\alpha\wedge\neg\gamma\nvdash\beta$。

确证和证伪指如果β是可能的前提，已知观察α和γ是建立在β（和α）上的预测，那么β无法通过观察γ为真的规则得到确证，但可以通过观察γ是假的得到证伪。

6.1.5 证实的归纳

前面的公理集主要关注的是归纳以及基于解释推理的溯因，还有就是推理假说，可以通过观察加以证实。该观点由亨普尔（Carl G. Hempel）最先提出，并给出推理的公理集（或者称为充分条件）和证实的实质定义。

下面是亨普尔给出的充分条件，主要是对元语言进行了形式的处理：

衍推：如果$\alpha\vDash\beta$，那么$\alpha\vdash\beta$

右弱化：如果$\alpha\vdash\beta$且$\beta\vDash\gamma$，那么$\alpha\vdash\gamma$

右并且：如果$\alpha\vdash\beta$且$\alpha\vdash\gamma$，那么$\alpha\vdash\beta\wedge\gamma$

一致性：如果$\alpha\vdash\beta$且$\alpha\nvdash\neg\alpha$，那么$\alpha\nvdash\neg\beta$

左逻辑等价：如果$\alpha\vdash\beta$且$\vDash\alpha\leftrightarrow\gamma$，那么$\gamma\vdash\beta$

这些公理是合理的，如果证据太弱无法将不相容的公理排除——换言之，需要把观察看作完全性公理。

亨普尔对充分条件进行形式处理的主要原因是为了验证确证的实质定义，但并不能保证它们在任何含义下都是完全的。下面的理性公理集表示确证归纳相对于恰当的语义设计是完全的。

证实的自返性：如果$\beta\vdash\beta$且$\beta\nvdash\neg\alpha$，那么$\alpha\vdash\alpha$

预测右弱化：如果$\alpha\vdash\beta$且$\alpha\wedge\beta\vDash\gamma$，那么$\alpha\vdash\gamma$

右并且：如果$\alpha\vdash\beta$且$\alpha\vdash\gamma$，那么$\alpha\vdash\beta\wedge\gamma$

右一致性：如果$\alpha\vdash\beta$，那么$\alpha\nvdash\neg\beta$

左逻辑等价：如果$\alpha\vdash\beta$且$\vDash\alpha\leftrightarrow\beta$，那么$\gamma\vdash\beta$

强证实：如果$\alpha\vdash\beta$且$\alpha\vdash\gamma$，那么$\alpha\wedge\gamma\vdash\beta$

左或者：如果$\alpha\vdash\gamma$且$\beta\vdash\gamma$，那么$\alpha\vee\beta\vdash\gamma$

如前，不允许矛盾观察（和亨普尔的不同）——一个弱衍推形式可以从预测右弱化推出，且将弱自返性变为独立规则，同时增加两个新的规则。强证实指的是任意 γ 都可被 α 所确证。右并且，其基础假定是观察完全足以使所有的“在同向上的点”得到确证。左或者可以看作在解释推理中所讨论的对左弱化的一个变形。而左弱化指在确证情况下无效。左或者是通过单独观察确证前提而对析取进行弱化推出。

和公理相对应的语义是可证完全的，该语义是由克劳斯等人通过对似然推理的偏好语义的变形得到的。事实上，关于确证归纳公理和在 6.1.3 中所考虑的公理具有紧密的联系。例如，强证实和谨慎单调性完全等价。

不足之处在于，如果将右弱化和右增加进行组合将会导致该系统的坍塌，即任意的观察都可以证实任意的假设。解释假设却可以进行任意增加，但并不必进行弱化；证实假设可以任意地弱化，但仅在确定条件下得到增强。为了证实假设概括的公式，使假设都得到解释，并且能通过观察得到证实，这样解释和证实归纳之间的区分就涉及证实悖论。

6.2　知识悖论

本节主要引自“可知悖论和知识动态”（Hoshi，2008a），主要建立在“‘宣告之后的知识’的可知性”（P. Balbinai，A. Baltag，H. van Ditmarsch，A. Herzig，T . de Lima. ，2008）的基础之上。

费奇（Fitch）论证指出如果存在未知的真理，那么存在不可知的真理。造成该问题的原因在于近期出现了反现实主义语义的实证主义解释。称一个陈述是有意义的在于存在关于它们的证实程序，这些解释表明每一个真理都是可知的。如果一个真的陈述具有可证实的程序，那么该程序需要提供一种方法，通过这种方法，可以知道该陈述是真的。但是，根据费奇的论证，反直觉主义认为每一个真理都是可知的。该问题就是费奇悖论。尽管有很多处理费奇悖论的方法，但其中的每种解释似乎都在某些方面存在一定的缺陷。

实证主义解释无须依靠形式的方法处理可知性问题。从哲学的视角无法解决可知性问题，而实证主义问题的反现实主义的语义解释可能更合理。因此，为了避免和前面的解释相矛盾，需要放弃实证主义的立场。实证主义者引入了两个涉及实证主义的程序：成功的执行性和自我可保持性。首先，如果存在验证程序，认知主体可以通过执行基于其上的与形式相关的行动程序。但是，即使一个给定的陈述是真的，通过认知主体存在批判的约束而可能会阻止成功地执行该程序，这样由给定陈述的真值也无法推出程序能够成功地执行，也无法成功地提供一种方法，利用这种方法可以证明陈述是真的。

即使给定的真陈述的验证程序是成功地可执行的，仍然不能保证陈述的可知性。如果有验证程序，无论什么时候可成功地执行，则称该陈述是自我可保持的，有时不改变陈述的真值也可以成功地执行。如果一个陈述不是自我可保持的，可能会因为陈述的验证程序在成功地执行之后成为假的，因而可能无法知道该陈述。因此，给定的陈述是真的，无法推出陈述是可知的，因为陈述的验证程序可能无法成功地执行或者可能不是自我可保持的。

关于费奇悖论问题的讨论，即，每一个真的陈述是可知的可推出该陈述是假的，例如“没有认知存在”。如果是真的，那么可能会无法被知道，原因在于在该情境下缺乏认知存在，但为了避免不一致性，实证主义要求认知存在是必然的。该疑难可看作唯心主义问题。成功地执行和自我可保持之间是有区别的，在此可以探索费奇论证和唯心主义问题产生的不同根源：费奇悖论归因于非自我保持陈述的存在；唯心主义问题的提出，是因为当陈述为真时，论证中的陈述验证程序不能成功地得到执行。

另外，还需要关注如何对系统框架中关键性的概念进行形式处理。特别地，例如 TAPAL 系统，解释陈述 φ 的验证程序能够成功地可执行，目的是为了消除 φ 是假的认知程序，该方法将成功地可执行看作公开宣告。给定该解释，成功地可执行主要借助协议进行刻画，由于涉及认知程序，故需要关注成功地执行验证程序发生的可能性。自我保持则涉及认知动态问题，主要依靠成功地执行验证程序之后的信息状态。TAPAL 语言适合表达这样的动态主体的信息状态。

通过哲学解释的方式可成功地实现这两个目标。PAL 解释可以避免涉及违反先前的解释而导致违反可知性悖论。在形式解释方面，可以刻画将新的可知性问题的形式问题转化为在 TAPAL 中的可证性：如果可以成功地得到执行和自我保持，那么一个陈述就是可知的。TAPAL 框架所提供的良精细化的逻辑分析涉及可知性问题的择代形式系统。事实上某些形式系统中可能存在更强的新的可知性问题，当形式系统得到支持时就会形成更多的理论从而支持实证主义的解释。

6.2.1　可知性悖论和先验解释方案

下面对费奇悖论及其变种、唯心主义问题进行评论，随后研究费奇悖论的解释问题，主要有逻辑的可修正性、语义再生成、语形约束以及动态认知逻辑等方法。

A. 悖论

费奇给出了一个论证，为了证明如果存在未知的真理，那么存在不可知的真理。该论证可以形式地刻画为：令$\Diamond\varphi$读作“φ是可能的”，$K\varphi$读作“知道φ”（某人在某时）。假设不知道φ，那么$\varphi\wedge\neg K\varphi$必为真。但是，假设$K(\varphi\wedge\neg K\varphi)$，根据这两条规则，$K(\varphi\wedge\psi)\vdash K\varphi\wedge K\psi$和$K\varphi\vdash\varphi$，可以推出$K\varphi\wedge\neg K\varphi$，矛盾。根据必然性规则（如果$\vdash\varphi$，那么$\vdash\Box\varphi$，其中$\Box$为$\Diamond$的对偶算子，即$\neg\Diamond\neg$，读作“是必然的”），由$\vdash\neg K(\varphi\wedge\neg K\varphi)$，可推出，$\vdash\Box\neg K(\varphi\wedge\neg K\varphi)$，根据对偶性（$\Box\neg\varphi\leftrightarrow\neg\Diamond\varphi$）可推出：

$$\vdash\neg\Diamond K(\varphi\wedge\neg K\varphi) \tag{6.1}$$

对所有的φ，如果φ是未知的真理，那么事实上知道φ是一个未知的真理是一个未知的真理等。

该论证引起了哲学上广泛的讨论，而借此可推演出反直觉主义的观点，认为可以知道每一个真理，根据实证主义的可知性问题每一真理是可知的。该论证可用下面的方法进行刻画。首先，可知性问题可表达为如下的模式：

$$\varphi\rightarrow\Diamond K\varphi \tag{6.2}$$

根据例示$\psi\wedge\neg K\psi$，可得：

$$(\psi\wedge\neg K\psi)\rightarrow\Diamond K(\psi\wedge\neg K\psi) \tag{6.3}$$

其次，费奇论证导致对后承的否定，即上面的 6.1，因此，有$\neg(\psi\wedge\neg K\psi)$。可推出$\psi\rightarrow K\psi$（经典逻辑）。这是反直觉的，因为可理解为可以知道每一真理。该问题已经受到了广泛的关注，并称为费奇悖论。实证主义是如何处理费奇悖论的呢?

关于费奇悖论的另一个问题就是唯心主义问题。如果可知性问题是一般的规则问题，陈述的意义由存在的验证程序组成，不仅涉及事实真而且也涉及可能真。如果该规则为语义规则，那么无论什么样的陈述都将转变为在给定的可能情境下是真的，其验证程序将提供一种方法证实其为真理。假设如此则陈述将不是认知存在的。如果该陈述在某些反事实情况下是真的，根据可知性将必须是可知的。但是，根据假设将不存在认知存在，所以是有问题的，任意的事情如何能够可能被知道。这样，如果该陈述可能是真的，该陈述将成为可知性的反例。这样将保持一致性，实证主义必须保持陈述的必然假，因此，某些认知存在必然存在。实证主义者如何回避认知存在的必然存在的承诺呢？下面提供几种方法。

B. 逻辑的可修正性

逻辑的可修正方法试图通过修正基础逻辑阻止费奇悖论中的论证所运用的逻辑推理。在上面的论证中所用到的一些推理都属于对逻辑的修正。例如：

认知逻辑（epistemic logic）：$K\varphi \vdash \varphi$（事实性）和 $K(\varphi \wedge \psi) \vdash K\varphi \wedge K\psi$（分布规则）

直觉主义逻辑（intuitionistic logic）：经典步骤，根据$\neg(\psi \wedge \neg K\psi)$推出 $\psi \rightarrow K\psi$

次协调逻辑（paraconsistent logic）：递归可得，$\vdash \neg K(\varphi \wedge \neg K\varphi)$

以上几种方法都受到人们的批评。第一，为了避免费奇悖论，认知逻辑取消了事实性和分布规则这两条规则。第二，直觉主义逻辑指出，由直觉主义逻辑可推出反直觉主义的认知论证。尽管某些基于直觉主义的解释并不受欢迎，但对这些直觉主义的重新解释是否为非临时的？故不能认为所有的可知性问题都具有合适的解释。第三，次协调逻辑，如何完全以实证主义为基础是有争议的。接受这些解决方案可能会阻碍费奇悖论，但如何寻找一个实证主义的解释以回避悖论，从这些方案来看，并不是令人满意的。

C. 语义再生成

另外一种方法就是对可知性问题的语义直觉进行重新生成，对可知性规则进行重新构造：

$$\text{ENT}\ \forall s\,(\text{In}(\varphi, s) \rightarrow \exists s'\,(K(\text{In}(\varphi, s)), s'))$$

其中该条件可读作“对所有的情境 s，如果 φ 在 s 上是真的，那么存在情境 s' 使得在 s' 上可以知道 φ，并且 φ 在 s 上是真的”。令 φ 为上面模式中的 $p \wedge \neg Kp$。那么对于相互区别的情境 s' 和 s 将不存在关于 $\text{In}(K(\text{In}(p \wedge \neg Kp, s)), s')$ 的悖论。这样，该模式就回避了费奇悖论。

存在的问题是沿着这一线索的更详细的语义解释是否可以用哲学的可满足性的方法进行扩展。首先，是否总是能够指定一个足够的度对情境 s' 和情境 s 进行区分。其次，是否能够提出更复杂的情境的构造。

D. 语形约束

可知性悖论（及其变形）主要是根据确定的形式提出的陈述。据此，有人主张通过语形的约束公式以确定需要应用哪些可知性问题。坦南特（Tennant）提供了一种基于该方法的解释。如果 $Kp \nvdash \bot$，则称陈述 p 为笛卡尔坐标。即 Kp 不是可证的不一致的。可知性规则采用下面的约束形式以回避费奇悖论：

$$\mathrm{TKT}\varphi \rightarrow \Diamond K\varphi$$，其中 φ 为笛卡尔坐标

正如在费奇论证中，证明 $K(p \wedge \neg Kp)$ 是矛盾的，因此 $p \wedge \neg Kp$ 不是笛卡尔坐标。达米特（Dummett）也提供了另一种约束可知性规则的语形。

这种解释不允许出现下面的情况。首先，提出的语形约束是临时的。为了采取和费奇悖论相对的实用主义的方法，该约束必须具有某些实证主义的基础。其次，尽管可能会很好地回避可知性悖论，但并没有排除反例的可能性。事实上，威廉姆森（Williamson）指出 TKT 中存在某些问题。尽管坦南特回答了威廉姆森的假定的反例，除非该语形约束在某些规则方面是基础的，否则可能还会有反例存在。

E. 动态认知逻辑

费奇悖论属于动态认知逻辑框架所分析的内容。范·本特姆解释说在费奇悖论中公式的类型无法满足动态语境中的可知性问题，其中主体的认知状态的变化基于他们所获得的新信息。借助公开宣告逻辑（PAL），即认知逻辑加上算子$\langle\varphi\rangle$的扩充，其中$\langle\varphi\rangle\psi$读作“宣告 φ 可能发生之后 ψ 是真的”，分析了不同可知性规则之间的区别。另外，巴尔比安尼（Balbiani）等人对动态认知逻辑的方法进行了更深入的研究，并且从形式上研究了什么样的公式可以满足可知性模式的问题。

下面的方法为动态认知逻辑中常用的传统方法。首先，该研究提供的是一种传统的方法，但并非只关注费奇悖论的哲学方面，即悖论的提出是基于和实证主义的反现实主义语义相矛盾的问题。当前的论证增加了另外一个更加严肃的，且与此相关的动态认知问题的哲学应用方面的问题。其次，动态认知逻辑同样可以处理唯心主义问题，而且并非以传统的方法进行分析。TAPAL 框架可以刻画与该问题相关的问题。

6.2.2　没有可知性问题的实证主义

前面的解释是有问题的或者至少是有争议的。这样，为了提出一个择

代系统，必须能够回答反对者所提出的质疑。为此，首先需要下面的解释：

保留与知识算子相关的规则以及经典的命题逻辑，不借助语义框架就无法得到完全的系统，从而排除反例的可能性，可知性问题的公式可以用逻辑的框架证明。

根据实证主义的观点，证明了实证主义的语义问题以及解释可知性问题的形式系统是失败的。实证主义在形式方面不以 KT 的可知性承诺为根据是有用的，KT 可根据实证主义的假设推出：

(1) 每一个有意义的陈述都有一个可验证的程序。

(2) 如果一个真的陈述有一个可验证的程序，那么该陈述是可知的。

(3) 因此，每一个真的陈述都是可知的。

为了否定第二个前提就必须保留第一个前提，并作为实证主义的反现实主义的语义陈述。

为此，需要引入两个涉及陈述及验证程序的概念：成功地执行和自我保持。一方面，根据实证主义的语义的反现实性，每一个有意义的陈述都有一个可验证的典范的方法。例如，陈述“外面正在下雨”是真的，有一个可验证的典范方法，例如，直接观察等。这样的验证方法称为验证程序。

假设这些概念和世界的真实状况相关。首先，如果我们需要走到外面，并且直接进行观察，那么事实将会告诉我们外面是否在下雨。一般地，可能会假设，给定一个陈述，其验证程序将会以某种方式，或者其他能够验证这一结果的方法，提供某些显著的标志。特别地，我们可能会假设它们提供了关于这些结果的某些标志，至少当该陈述为真的时候，然而当不是真的时候则不必这样。其次，如果外面在下雨，通过直接观察，事实将会告诉我们外面正在下雨；如果没有下雨，将不会有下雨的现象。验证程序必须至少包含这种方式，根据世界存在的方式。基于这些考虑，假设这些标志能够通过验证程序实现，通过世界本来的样子确定验证程序。当这一验证语境得到实现时，需要关注由谁独立地实现这一验证程序，是否事实上可以通过某些认知主体实现等问题。为了刻画该假设验证程序和世界之间的“判定”关系，如果对应的陈述是真的，称该程序得到了成功执行。可以将假设概括如下：当所对应的陈述是真的，验证程序将根据世界的本源提供一个唯一的判断标准，并使验证程序成功地实现验证。

另一方面，涉及认知主体如何使验证程序得以实现。认知主体可能根据某种方式完成验证程序这一行为。如“外面天正在下雨”这一验证程序是通过直接的观察，我只要走到室外，并且观察外面的情境就行了。为了刻画这样的行为，通过认知主体完成下面的程序，则称主体执行了一个验证程序。类似地，如果某个主体可以成功地执行验证程序，称该验证程序可成功地执行。可能有人会认为这只是对成功地执行的精确定义，因为在定义中采用了“能”这一种说法。在此只提供了处理不具有执行力的极端的情况，即，唯心主义问题。下面将给出更具有创新的特殊的验证程序。

在引入这些概念之后，即使一个陈述是真的（这样的验证程序可以得到成功执行），该程序也可能不能得到成功执行。事实上，在唯心主义问题所提供的关于该观点的极端情况下，陈述的独特性“不存在认知属性”。假设面对唯心主义问题时，陈述“不存在认知属性”是有意义的。在现实世界里，该陈述的验证程序并不是成功地可执行的，因为该陈述被假设为假的。另外，在所有的可能情况下，该陈述则是真的，任意的可验证程序可以成功地执行是逻辑上不可能的，因为在该情境下不存在认知属性。通常，陈述的真并不能够推出验证程序可成功地执行，更不用说它的真值的可知性了。

接着，注意这些引入的概念，迄今为止所刻画的验证程序（以及相关的条件）都和主体的动态的认知状态无关。当考虑到这些事实时，其他的不可知性就可以得到阐明。当认知主体执行验证程序时，可能会通过完成相关的行动获得新的信息。有时，验证程序的执行可能会改变主体的认知状态，并且促使其在此意义上改变对应陈述的真值。通过对其程序的执行，如果某些真的陈述变成假的，那么由于它是假的，该陈述不可能被简单地知道。例如形如“$p\wedge\neg Kp$”这样的陈述。假设该陈述是真的，在成功地执行了对应的验证程序之后就可以改变它们的真值。为了刻画该陈述，称一个陈述是自我保持的（self-retaining），无论程序是否成功地得到执行，如果成功地执行了，就无须改变陈述的真值。因此，即使一个真的陈述并不是自我可保持的，即使它的验证程序得到了成功执行，也不可能知道。

这样，真的陈述不是可知的原因有两点。首先，验证程序不可能得到成功执行。可能存在某些严重的缺陷，在执行的过程中而终止了对该程序的验证。其次，即使成功地执行可以得到保证，该陈述也可能并不是可知的，因为该陈述可能不是自我保持的。因此，假设在上面的论证中的失败就属于可知性问题，称验证程序不需要对可知性做出承诺。

汉德（Hand）的实证主义解释

在对该框架进行形式处理之前，需要注意实证主义的解释。汉德认为，实证主义从来都没有对可知性做出承诺，因此费奇悖论正如唯心论问题一样并没有提出涉及实证主义本身的挑战。因此，验证程序和执行验证程序是有区别的。验证程序的存在无法保证可以实现量化认知，可逐渐地知道所对应的陈述是真的。费奇悖论以及唯心主义问题揭示了存在验证程序的可执行性这样的陈述是根据每一个陈述的真值而被终止的。这样的陈述是不可知的，因为违背了可执行性，但对于实证主义者来说这并不是一个问题，因为并没有宣称每一个真理都是可知的，取而代之的是每一个真理都是可认知的，在这层含义下，每一个真的陈述都有一个可验证的程序。

另一方面，汉德的实证主义解释和我们的确证解释之间具有相似性，且不只是精神层面上的实证主义的方法。汉德的方法类似于我们对程序成功地执行和自我保持的区分。另外，我们所提出的解释具有更大的优势。第一，我们的解释有利于在严格的公式模式中提出相关的概念，并且可以在具体的形式中而不只是为每一个真理都是可认知的提供一个显性的验证可知性问题。第二，更重要地，我们的框架刻画了唯心主义问题的根源和费奇悖论之间的本质区别。在此，前一问题的来源和陈述有关，即从未得到成功执行。当陈述的真和验证程序得到成功执行之间不一致时，就会产生这些问题。费奇悖论来自陈述的存在并不是自我保持的。于是就变成了当没有考虑主体认知状态的动态性质时就会出现这样的问题。汉德的解释建立在可运行的基础上，并没有提供区分终止这些问题根源的方法。

6.2.3 TAPAL：实证主义者的解释

下面研究前面所提出的哲学框架的形式处理问题。为此，需要用到 TAPAL 系统。下面就用实证主义方法解释该系统，并重新描述有关哲学解释的一些核心概念。

A. 解释 TAPAL

TAPAL 为利用算子◇和◇* 对 TPAL 进行的扩充。下面，只采用算子◇。另外，只考虑单主体的情况，用 K 算子表示认知算子。下面就给出 TAPAL 算子的实证主义的解释。先给出对这些算子的解释：

(1) Kφ：“知道 φ（某人在某个时间）。”

（2）$\langle !\theta \rangle \varphi$："$\theta$ 的验证程序可以成功地执行之后，φ 为真。"称"成功地执行了 $!\theta$ 之后，φ 为真"。

（3）$\Diamond\varphi$："某些陈述的验证程序可以成功地执行之后，φ 为真。"称"某些陈述成功地执行之后，φ 是真的"。

（4）$[!\theta]\ \varphi$："在 θ 的验证程序成功地执行之后，φ 为真。"称"成功地执行了 $!\theta$ 之后，φ 是真的"。

（5）$\Box\varphi$："对每一次验证成功地执行之后，陈述 φ 是真的。"称"每次成功地执行之后，φ 是真的"。

另外，也假设命题字母指称关于世界的原子命题，其真值是由主体的独立的认知状态决定的，主要是为了分析和认知相关的概念，例如知识、验证程序等。

给出这些解读，可以在哲学框架中考虑下面概念的表达。首先，对每一公式 φ，φ 可读作"φ 是真的"。在哲学框架中，等价于"θ 的验证程序可以成功地验证真值"。其次，"$\langle !\theta \rangle \top$"可以读作"$\theta$ 的验证程序在 $\top$ 为真的之后可以成功地得到执行"。因为 $\top$ 总是真的，可以将该公式解释为"θ 的验证程序可以成功地得到执行"。另外，给定的公式 φ 是自我保持的可以通过推出"φ 成功地得到执行可推出 φ 成功地执行之后 φ 为真的"。先行词可以形式化为 $\langle !\theta \rangle \top$，类似于 $\langle !\varphi \rangle \varphi$。$\varphi$ 是自我保持的可以推出"$\langle !\varphi \rangle \top \vdash \langle !\varphi \rangle \varphi$"。最后，将"$\varphi$ 是可知的"解释为"正如所学习的对象，可以逐渐地知道 φ"。当学习某些真的陈述时，通过采用某种方法的验证以确定是否为真。即，可以成功地执行验证程序以便学习它。这样，给定"$\Diamond K\varphi$"可以读作"某些成功地执行可以在 φ 被知道之后获得"，将"$\Diamond K\varphi$"解释为"φ 是可知的"。

B. 预期的语义

下面将用实证主义的方法解释 TAPAL 的语义。TAPAL 模型为 PAL 生成的认知时间逻辑（ETL）模型。PAL 生成的认知时间逻辑（ETL）模型，根据基于 PAL-协议上的认知模型构造，PAL-协议的主体基于公开宣告的可允许的序列上的信息状态的时间变化，可以给出下面的 TAPAL 模型解释：

第一，认知模型可以表达主体的知识状态，并对主体的知识进行推理。TAPAL 模型可以刻画基于时间上的主体的动态知识状态。第二，可以将陈述 φ 的验证程序成功地执行解释为剔除 φ 可能是假的认知进程。

该方法根据公开宣告!φ而对φ的成功地执行进行形式处理。第三，根据PAL-协议刻画验证程序的执行。执行涉及相关的认知程序可能发生的协议信息。这样，可将PAL-协议解释为给定的状态下可执行的验证程序序列。第四，如果φ的验证程序根据给定的协议是可执行的，并且φ是真的，那么φ便可以成功地得到执行。在给定的PAL生成的认知时间逻辑模型中的每一个结点表示成功地执行了一个序列之后的状态。

为了对这些解释进行形式处理，可以利用实证主义的解释，由PAL生成的认知时间逻辑模型结构。两个状态w和v组成的模型，相对于给定的主体是不可区分的。假设p、q、r在w上是真的，而p、r在v上是真的，q在v上是假的。给定该模型，将协议指派给每一个状态，所以在w上的协议为{!p!q,!r}，在v上的协议为{!p!q}。由PAL生成的认知时间逻辑模型可以从基于协议上的认知模型获得，并可通过图6.2进行刻画。利用实证主义解释的模型结构可以例示如下：首先，p是真的并且在w上是可执行的，可以生成结点w!p，其为结点到从w点开始的!p箭头。类似地，可以在v上构造v!p。其次，w和v为不可区分的，p在两个世界中都可以得到成功执行，也是不可区分的。这样，将w!p和v!p通过不可区分的关系进行联结。这两个状态表达了在!p成功地执行之后的认知状态。再次，!p为在w!p和v!p上可以成功地执行，因为w和v具有同样的序列!p!q。此时!q只能在w!p上得到成功执行。这样，只能生成w!p!q而不能生成v!p!q。基于此，w!p!q在成功地执行了序列!p!q之后构造了新的认知状态，并结束于序列!p!q。最后，执行!r运算，可以生成w!r,!r成功地得到了执行，但并没有生成结点v!r，因为!r在v上未能得到成功执行，尽管它是真的。

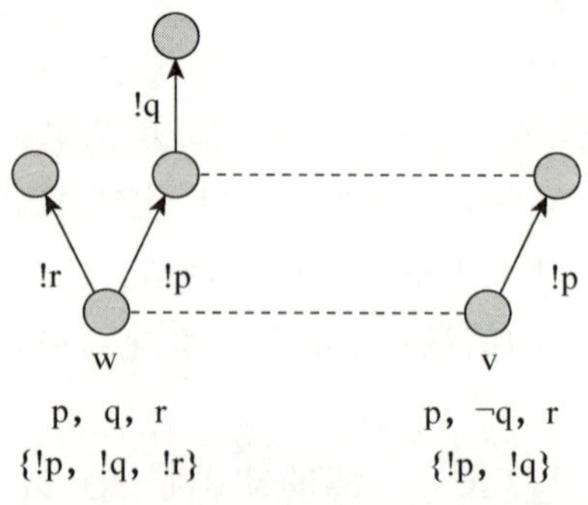

图6.2 TAPAL和实证主义的解释

PAL生成的认知时间逻辑模型为形如（H, ～, V）的三元组，其中

H 为树形集合，～为基于结点上的在 H 上的不可区分关系，V 为 H 上的树的每一结点上的命题值。在 TAPAL 中的公式的语义如定义 3.12，在此，只给出算子 K、$\langle\varphi\rangle$ 和 $\Diamond$ 的定义。令 $\mathcal{H}=(H, \sim, V)$，h 为 H 中的结点：

$\mathcal{H}$，$h\vDash K\varphi$，当且仅当，对在 H 中的所有的 h'，如果 $h\sim h'$，那么 $\mathcal{H}$，$h'\vDash\varphi$

$\mathcal{H}$，$h\vDash\langle!\theta\rangle\varphi$，当且仅当，$h!\theta\in H$ 且 $\mathcal{H}$，$h!\theta\vDash\varphi$

$\mathcal{H}$，$h\vDash\Diamond\varphi$，当且仅当，存在某些 ψ，使得 $h!\theta\in H$ 并且 $\mathcal{H}$，$h!\theta\vDash\varphi$

给定该模型的解释，可以看出成功地执行算子 $\langle!\theta\rangle$ 是如何定义的：在历史 h 上，$\langle!\theta\rangle\varphi$ 是真的，当 ψ 在 $h!\theta$ 上为真时，即，在 h 上成功地执行了 θ 后为真，类似于 $\Diamond$。

C. 演绎系统

下面将给出 TAPAL 的公理系统，证明它是基于实证主义解释的。重点关注的是有关的公理系统部分。考虑下面 TAPAL 的公理以及推理规则：

公理

R1　$\langle!\theta\rangle p\leftrightarrow\langle!\theta\rangle\top\wedge p$，其中 p 为命题

R2　$\langle!\theta\rangle\neg\varphi\leftrightarrow\langle!\theta\rangle\top\wedge\neg\langle!\theta\rangle\varphi$

R3　$\langle!\theta\rangle K\varphi\leftrightarrow\langle!\theta\rangle\top\wedge K(\langle!\theta\rangle\top\rightarrow\langle!\theta\rangle\varphi)$

A1　$\langle!\theta\rangle\top\rightarrow\theta$

A2　$\langle!\theta\rangle\varphi\rightarrow\Diamond\varphi$

R1 反映的假设涉及命题字母，指称其真值独立于主体的状态世界的原子命题。根据假设，原子命题的真值可基于任意的验证程序。这样，还可表述为：如果 p 是真的，那么将在任意的程序执行之后是真的。R2 可以根据否定的意义简单地推出，给定相关的算子的解读：θ 可以成功地执行之后，φ 是假的，当且仅当 θ 可以得到成功执行，且在 θ 成功地执行之后，也不能使 φ 变成真的。R3 在动态认知逻辑中可解释为：如果主体在成功地执行了 φ 之后，开始知道 ψ，那么（1）φ 可以得到成功执行，并且（2）主体知道（成功地执行之前），假使 φ 被成功地执行，那么 ψ 在执行之后是真的；反之亦然。接受这一总的规则，将假设两个涉及主体和成功执行之间关系的规则：完美回忆和非奇迹。A1 刻画了该思想，验证程序

成功地执行，蕴涵验证程序生成了一个连续值，即，对应的陈述是真的。注意，该蕴涵不仅是一种方法，因为陈述的真值并不蕴涵在验证框架中可以成功地执行。A2 刻画了对◇的解读：如果 φ 在成功地执行了 $!\theta$ 之后的情况，那么 φ 是某些成功执行之后的情况。

6.2.4　知识的逻辑分析

实证主义的 TAPAL 解释，现在给出关于实证主义的可知性的逻辑分析。首先，将给出基于在解释系统中的可能性事实的实证主义的可知性的新的形式，并且研究如何回避费奇悖论以及唯心主义问题。其次，将对新的可知性问题及其择代公式进行比较。

A. 新的可知性论题

下面的陈述是由 TAPAL 引起的：对每一公式 φ，如果 φ 是自我可保持的，并且 φ 的验证程序可以得到成功执行，那么 φ 是可知的，其形式如下：

NKT　如果 $\vdash [!\varphi]\,\varphi$，那么 $\vdash \langle !\varphi\rangle \top \rightarrow \Diamond K\varphi$

首先，$\vdash [!\varphi]\,\varphi$ 等价于 $\langle !\varphi\rangle \top \vdash \langle \varphi\rangle \varphi$，因此，陈述 φ 是自我可保持的。根据该等式，可以直接看出 NKT 公式对该论题进行了形式处理。下面证明 NKT。

证　假设 $\vdash [!\varphi]\,\varphi$。该式等价于 $\vdash \langle !\varphi\rangle \top \rightarrow \langle !\varphi\rangle \varphi$。根据认知逻辑，$\vdash K(\langle !\varphi\rangle \top \rightarrow \langle !\varphi\rangle \varphi)$。假设 $\langle !\varphi\rangle \top$。那么有 $\langle !\varphi\rangle \top \wedge K(\langle !\varphi\rangle \top \rightarrow \langle !\varphi\rangle \varphi)$。根据 R3，有 $\langle !\varphi\rangle K\varphi$。根据 A2，有 $\Diamond K\varphi$，于是，$\vdash \langle !\varphi\rangle \top \rightarrow \Diamond K\varphi$。

该结果强调了对成功地执行和自我保持之间的讨论。前面无法解决可知性论题“每一个真理都是可知的”，通过指出真的陈述的验证程序可能并不是可成功地执行的，或者陈述可能并不是自我保持的。当前的结果证明了成功地执行和自我保持对可知性是充分的。

因为该刻画的哲学框架保持了与最初的可知性论题相对应的可知性论题，接受上面的公式 NKT，将会导致新的实证主义的可知性论题。因为，在演绎系统中是一个可证的事实，人们可能还没有发现反例，在人们接受实证主义框架时，或者更严格地，该理论承诺所涉及的概念都要求接受 TAPAL 规则。

B. 费奇悖论和唯心主义问题

NKT 模块的费奇悖论，原因在于 $[!\varphi]$ 在 TAPAL 中是不可推演的，其中 $\varphi := p\wedge\neg Kp$。通过修改前提 φ 可以满足 NKT，可以通过给定的模型满足它的否定 $\neg[!\varphi]\varphi$ 得到证明，等价于 $\langle!\varphi\rangle\neg\varphi$。该模型如下：

令 M 为由两个不可区分的状态 w、v 组成，其中 p 在 w 上是真的，但在 v 上为假。指派 $\{!\varphi\}$ 给两个状态 w 和 v。那么根据对应的 PAL 生成的认知时间逻辑模型 $\mathcal{H} := \mathrm{Forest}(M, p)$ 可以用图 6.3 例示。在该模型中，因为 $M, w\models p$，有 $\mathcal{H}, w!\varphi\models p$。根据 $w!\varphi$，不存在不可区分的结点，$\mathcal{H}, w!\varphi\models Kp$。可推出 $\mathcal{H}, w!\varphi\models\neg(p\wedge\neg Kp)$。根据 $\langle!\varphi\rangle$ 的语义定义，可得 $\mathcal{H}, w\not\models\langle!\varphi\rangle\neg\varphi$。

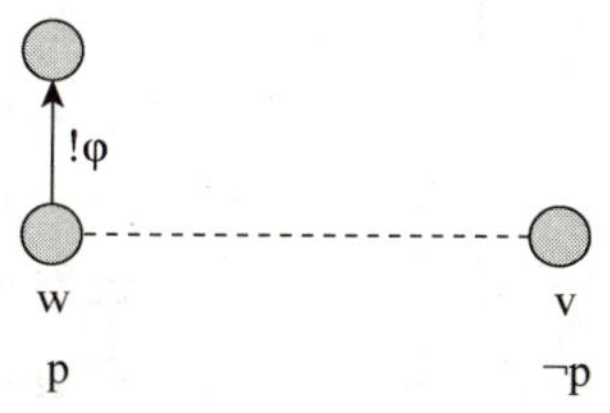

图 6.3 和 $\vdash[!\varphi]\varphi$ 相对的反例

另外，唯心主义问题并不是根据 NKT 提出的。为此，令 p 为“不存在认知存在”。给定 p 的意义，至少有：

$$p\rightarrow\neg\Diamond\top$$

对此，如果不存在认知存在，那么将不可得到成功执行。现在假设 p 得到了成功执行，所以 $\langle!p\rangle\top$。那么由 A1 可推出 p。根据上面的蕴涵式，立即可得 $\neg\Diamond\top$。另一方面，根据 A2，可得 $\langle!p\rangle\top\rightarrow\Diamond\top$。根据假设，可从 $\Diamond\top$ 推出。因此，假设导致矛盾 $\langle!p\rangle\top\vdash\bot$。因此，p 满足 NKT 可通过修改 $\langle!p\rangle\top$ 推出。这样并未对 p 的可知性做出承诺。

另外，需要注意的是形式 $\neg\Diamond\top$ 为 TAPAL 中的公式。给定认知模型 M，设状态 w，并且指派一个空集给 w。那么，$\neg\Diamond\top$ 在 w 上必为真（因为该公式指不存在成功地执行）。这就证明了在 TAPAL 中的承诺无法推出“不存在认知存在”的可能性是真的。

C. 和择代系统的比较

接受 NKT 为实证主义的新的认知规则，为了阐明其含义，可将 NKT 和其他的可知陈述进行比较，特别地，考虑两个择代规则 LKT 和 WKT。首先给出以下规则：

NKT　对所有的 φ，如果 $\vdash[!\varphi]\varphi$，那么 $\vdash\langle!\varphi\rangle\top\rightarrow\Diamond K\varphi$

LKT　对所有的 φ，$\vdash\langle!\varphi\rangle\varphi\rightarrow\Diamond K\varphi$

WKT　对所有的 φ，如果 $\langle !\varphi\rangle\varphi\vdash\bot$，那么 $\vdash\langle !\varphi\rangle\top\rightarrow\Diamond K\varphi$

利用 TAPAL 的意向性解释，可以用不同方法表达。第一，NKT 指“对每一陈述，是自我可保持的，那么是可知的，且验证程序事实上可以成功地执行”。第二，LKT 指“对每一陈述，如果验证程序可以成功地执行，且为在不改变自己的真值的情况下获得，那么是可知的”。第三，WKT 说的是“对每一陈述，如果假设在验证程序不矛盾的情况下可以成功地执行之后，没有改变陈述的真值，那么该陈述基于条件事实可以成功地执行是可知的”。但是，似乎究竟有多大的区别是不清楚的，如果是任意的，可以根据这些英语的翻译获得显性的知识。

另外，正如所看到的这些规则，可发现另外的一些类似的性质。首先，所有的公式在 TAPAL 中都是一致的，即可保证 TAPAL 中的规则之一，也可保持该系统的一致性。NKT 的一致性可以根据事实 NKT 属于 TAPAL 立即得到证明，LKT 和 WKT 是一致的是通过构造满足它们的模型给定的。满足这些规则存在非不足道的模型，但是，可以简单地取空协议指派给每一个给定的认知模型状态满足这些规则。对这样的模型将空满足这些保证条件。

尽管存在这些类似性，LKT、WKT 和 NKT 还是有区别的。令认知模型包含状态 w、v、u，且都是不可区分的。另外，令 p、q 在 w 上真，$\neg$p、q 在 v 上为真，且 $\neg$p、$\neg$q 在 u 上为真。指派给所有的 w、v、u 一个协议 $\{!\psi\}$ 且 $\psi:=p\vee\neg Kq$。由 PAL 生成的认知时间逻辑模型 $\mathcal{H}$ 可以用图 6.3 例示。在该模型中，有 $\mathcal{H}$，$w\vDash\langle !\psi\rangle\psi$，但 $\mathcal{H}$，$v\vDash\langle !\psi\rangle\neg\psi$。于是有 $\mathcal{H}$，$w\vDash\langle !\psi\rangle\neg K\psi$。给定 $!\psi$ 为可执行的，$\mathcal{H}$，$w\vDash\langle !\psi\rangle\top\wedge\neg\Diamond K\psi$。这样可以生成一个 LKT 的反例。另外，因为 $\mathcal{H}$，$w\vDash\langle !\psi\rangle\psi$，有 $\langle !\psi\rangle\psi\nvdash\bot$。这样，该模型也违反 WKT。

上面的论证证明 LKT 和 WKT 可以推出 NKT，但反之不然。对于论证证明模型类满足 LKT 并且 WKT 是满足 NKT 的模型类的子类，即，所有的 PAL 生成的认知时间逻辑的模型类。因此，可以认为 LKT 和 WKT 要求比 NKT 更强的理论承诺。NKT 在 TAPAL 中存在可证的事实，并包括 TAPAL 框架的一般语义之外的模型。除非有某些哲学原因，迫使对该模型的某些特殊的结构进行严格的限制，否则将可以通过接受 NKT 而允许某些理论承诺被看作可能会涉及认知规则，而不采用更多的逻辑的可能性表示实证主义语义的反唯心主义的个体解释。这就是已经接受 NKT 为实证主义的可知性的原因。

6.2.5　争鸣

针对已经提出的关于费奇悖论的解释，现在将讨论某些针对我们的解释的可能的争议。

A. 公理 R3：完美回忆和非奇迹

异议。首先，在 TAPAL 演绎系统中，公理 R3 是如何实现的：

$$<!\varphi>K\psi \leftrightarrow <!\varphi>\top \wedge K\ (<!\varphi>\top \rightarrow <!\varphi>\psi)$$

能在所提供的实证主义框架中得到验证吗？即使接受所提供的框架，实证主义者也不会接受该演绎系统。

接受公理 R3 假设的性质：完美回忆和非奇迹。在我们的语境下，这些性质涉及主体和成功地执行。完美回忆的主要思想是主体并未忘记过后的认知状态。非奇迹的主要思想在于每一个确定的陈述的成功地执行都会对主体的认知状态产生同样的影响，即一个陈述的成功地执行并不能奇迹地产生其他主体对同一陈述所无法产生的成功地执行的信息。

这两条性质中的任何一条都可以为双条件的每一方向辩护。完美回忆验证了从右到左的方向。给定一个主体知道等价于在右边宣告了什么，该主体并没有忘记知识片段，可以很容易地看出主体可能会在成功地执行了 φ 之后知道 ψ。非奇迹验证了从左到右的方向。给定成功地执行了 φ 总可以获得同样的认知影响，我们不能解释事实主体在成功地执行了 φ 之后将会知道 ψ，除非我们接受在等式的右边主体具有宣告的知识片段。

正如我们所看到的，这些主体是理想化的并且验证程序可以成功地执行。该问题涉及可知性论题，正如文学中所讨论的论题：认知能力存在吗？我们所遗忘的或者偶然的认知对特殊的认知事实可能会产生一定的影响。原则上，可以保证能够知道某个确定的真的陈述吗？因此，需要将这些性质作为假设，公理 R3 在实证主义的框架中是可接受的。

B. 在某层含义下是可知的

有些人认为某些公式，如 $\neg K$q，在某些层面上似乎是可知的，但不能根据我们对公式的解释为可知的，因为它们不是自我保持的。然而，这似乎是反直觉的，因为可以很容易地考虑某些模型，如 $\Diamond K\neg K$q 是真的。

我们也比较赞同此类观点。可知性问题公式并未得到解释，认为 $\neg K$q 是可知的。在这种情况下，p 和 q 的性质在某些公式中是完全指定的，我们的解释并没有说明该公式是否为可知的。在我们的语义语境下，

p 和 q 的意义将为“指定的”，所以说，当相关的认知模型类确定以后，才可以讨论公式的可知性。

另一方面，可知性论题的公式仅依靠相关概念的结构性质。因此，可知性论题的结构公式并未推出在该问题中的某种公式的可知性并不奇怪。这样，NKT 只是说明了结构的局限性涉及可知性以及可能并不确定某些并不适合命题的意义的指称的公式的可知性。

C. 知识中的逻辑全知

有些人认为，假设主体是逻辑全知的，这涉及认知逻辑的外延问题。然而，该假设不是有问题的吗？

我们也赞同上述看法，TAPAL，正如认知逻辑的外延问题，假设了逻辑的全知。该问题涉及可知性问题是否存在任意的关于认知能力的事实，原则上，防止通过知道某个确定真的陈述。鉴于此，假设所有的逻辑后承都可以根据某些有穷的认知能力的外延是可知的并没有什么问题，以给定关于演绎系统的执行程序。这样，尽管认知逻辑可能并没有给出最好的在所有语境下关于知识的最终的表达方法，但可能是至少足以表达分析可知性论题的一种手段。

D. 为什么必须要有语义

有些人认为，假设我们抛开以上的问题，认知模型并不能表达可知的正确的概念。为什么我们必须接受所有的理论都必须有这些认知模型？

我们并不认为这些认知模型可以正确地表达每一个知识的方方面面。相反，所引入的语义装置只是一个探索性的装置，目的是刻画该问题的某些概念的有关方面。如果在认知模型中的建模并不是合适的，那么可以放弃内涵语义，并且接受公理系统，根据所涉及的算子的内涵解读的有效性，以及之前关于相关概念的直觉特征的理论，仍然可以实现该专题在某些方面的目标，而不依靠某些特殊的语义理论。

E. 结论

在此，提出了一个实证主义的框架回避费奇悖论以及唯心主义问题。给出了一个真的陈述，根据验证程序以及自我保持性区分该陈述的真值。在框架中的区分允许采用实证主义的方法坚持每一个陈述都有满足它的验证程序而不必承诺可知性论题，每一个真理都是可知的。借助于 TAPAL 系统，可以澄清相关的概念，并做出显性的预设，常用于对它们进行区分。另外，在 TAPAL 中的形式允许对实证主义的涉及在 TAPAL 系统中的定理的可知性的承诺：对每一陈述，如果它是持续的，那么它是可知的，可以证明它可以得到成功执行。另外，也对可知性论题的择代形式系统进行了比较。

动态认知逻辑方面，我们的框架以两个关键的维度联结起来。第一，使验证程序独立于认知行动以表示能真实地执行它们。这样就允许推出验证程序产生了连续值以及它们能够成功地执行之间的联系。正如我们所断定的，唯心主义问题的提出，当验证程序得以成功执行时，并非是根据验证程序产生了连续值区分的。第二，根据验证程序的执行行动，抽象出了可能的动态变化以确定主体的认知状态，可以引入自我可保持的陈述。费奇悖论的提出和这两个概念的模糊无关。

近来在动态认知逻辑中的发展已经澄清了这二者之间的关系。在动态认知逻辑中，主体的静态的认知状态可以通过认知模型表达，并且它们之间是相互独立的，相关的信息事件可以通过事件模型进行表达。主体的动态的认知状态可以通过给定的事件模型引入。鉴于此，我们的系统的主要价值在于引入了动态认知逻辑的框架，可以用于表达第一种区分。在我们的框架中，验证程序的可执行性可以通过协议表达，在协议中的信息可以根据给定的认知模型中的真值独立地确定。该附加结构提供了另外一种维度，可以描述认知情景以及因此可以解开在可知性悖论间的困惑。因此，协议信息强调了动态认知事件的重要性。

6.3 全知和演绎封闭

本节主要基于论文《可知悖论和知识动态》（Hoshi，2008）中所给出的“逻辑全知和演绎推理”。

下面就探讨逻辑全知的相关问题。认知逻辑的有效性规则，如果 $[i]\varphi$ 和 φ 逻辑地蕴涵 ψ，那么 $[i]\psi$。认知算子 $[i]$ 可解释为“i 知道……”，整个规则指主体无论如何都可以逻辑地蕴涵他们所知道的，或者简单地指知识在逻辑蕴涵下是封闭的。然而，该规则至少在日常意义下并不适合描述知识。类似于主体我知道皮亚诺算法的公理系统，那么我就可能知道皮亚诺算法的每一个定理一样。该规则似乎只能通过高度理想化的主体才能够满足，即逻辑全知的主体，但是类似我们具有有穷认知资源的主体并不能恰当地表示为理想的主体。该问题被看作逻辑全知问题。

对该问题比较流行的观点主要基于对显性知识和隐性知识的区分上。

显性知识经常可以用于刻画主体共同地（concurrently）知道，而隐性知识表示可以从显性地知道推出的一切信息。在流行的观点中，认知逻辑可以通过算子［i］描述隐性知识，而在解释一致性的时候，该规则并不是没有问题的。在认知逻辑中需要做的就是刻画显性知识，而根据全知问题这是比较容易的。基于这一点，出现了认知逻辑的多种择代系统。

另一方面，罗伯特·斯托内克（Robert Stalnaker）认为无法给出一个用于表达显性知识的合理的形式系统。他认为根据我们知道的隐性知识而推出的公共知识的不可区分性是有效性。如果我们有能力通过任何方式的行为而付出行动，那么所获得的知识就应该是有效的。因此，为了刻画有效性，我们需要考虑与行为和动机有关的知识。逻辑全知问题的形成事实上是认知逻辑排除了这些因素。为此，基于认知逻辑方法将知识看作对它的作用，并不能合理地刻画与我们隐性地知道相对的共同地知道。另外，显性知识、隐性知识、公共知识这三个概念具有非常紧密的联系，我们可能不能简单地将它们处理为只是对知识进行恰当的形式扩充。

在此，我们认为这种观点有些悲观，并且给出了显性知识的形式处理方法。我们比较赞同罗伯特·斯托内克的观点，行为和动机具有与知识相关的重要的关联性。另外，对知识的形式相关的因素的解释可能非常困难。然而，对显性知识的刻画可以用更好的方式进行表达，使得其不只依靠行为和动机。这样的刻画类似于：“主体显性地知道 φ，当且仅当主体通过观察 φ 无法获得其他的新的信息。”借助这一刻画，我们将能够通过对系统 TPAL 的恰当的解释表示显性知识。

另外，显性知识并未预设逻辑全知，采用认知逻辑框架中的演绎推理对其进行重新表达，对于理想化的主体来说，并不是逻辑全知的，显性知识在逻辑蕴涵下也不是封闭的，为此，这样的主体可以通过演绎推理进行扩展。这样，就可以提出用于刻画基于显性知识的逻辑推理。这种刻画是逻辑地推出的，且为根据显性知识并通过观察而推出的。这种刻画可用于根据演绎推理推出 φ，主体获得了他能够观察 φ 的信息。

利用简单的认知逻辑的形式框架将显性知识和演绎推理结合起来，就可以提供一个与认知封闭规则不同的可靠性。在认知逻辑中，如上的形式规则可能是有问题的，因为它预设了逻辑全知的主体，但对于演绎推理将是有意义的。在认识论中，规则经常可以看作对于规则的讨论，以确保总是可能通过演绎对我们的知识进行扩展。根据形式的刻画，可以在一个系统中将这两方面结合在一起。

正如上面所提及的，不同种类的系统都可用于限制逻辑全知方面的问题。另外，演绎推理的重新表达也是一个不断引起注意的专题。我们的方法基于对现存的动态认知理论的研究。

首先引入了罗伯特·斯托内克关于逻辑全知问题的研究，为了回避罗伯特·斯托内克所提出的问题，采用新的方法对显性知识进行刻画。对显性知识进行刻画的方法很多，在此主要针对演绎推理进行刻画。通过运用显性知识和演绎推理，讨论了认知逻辑和基于认知封闭规则的认识论有关的理论。

6.3.1　斯托内克关于逻辑全知问题的讨论

在认知逻辑中有下面的规则：

$\mathcal{LO}$　如果 [i] φ 和 φ 逻辑地蕴涵 ψ，那么 [i] ψ

根据认知逻辑的两个基本规则，K 公理和必然化规则，该公式是有效的：

K　　[i] $\varphi \wedge$ [i] ($\varphi \rightarrow \psi$) → [i] ψ

Nec　如果 $\vdash \varphi$，那么 $\vdash$ [i] φ

假设 [i] φ。如果 φ 逻辑地蕴涵 ψ，即 $\vdash \varphi \rightarrow \psi$，那么根据必然化规则：$\vdash$ [i] ($\varphi \rightarrow \psi$)。根据 K 公理，[i] ψ。该规则中的模态算子 [i] 在克里普克模型中是有效的。因此，$\mathcal{LO}$ 在任意的基于模态算子的标准解释的认知逻辑中是有效的。为此，只需要刻画显性知识而无须确证 $\mathcal{LO}$ 是否成立，并可通过修正认知模型的标准语义框架，引入新的具有非标准解释的模态即可。

然而，罗伯特·斯托内克认为无法在认知逻辑中对显性知识进行刻画。下面，将给出该论证的重新构造。

根据罗伯特·斯托内克的观点，当借助类似于理想化的主体时，基于直觉主义基础，推理 $\mathcal{LO}$ 是有问题的，甚至在我们的知识中，当某些信息是隐性的时，为了对行为做出决策，可能无法拥有有效的信息。假设我的朋友提供给我一张写有数字 1571 的卡片。该数字事实上是一个质数。在此，很有可能，根据通常含义下的知识，我并不知道该数字是否是质数，即使我有关于质数的知识——例如质数的概念，有效的程序可用于确定给定的数字是质数等——蕴涵 1571 是质数。事实上，为了做出肯定的回答，我可能并不能合理地下决心建立一个隐性的信息。同时，有可能会问该数字是否为质数。我必须在我的知识中发现能够确定给定的数字是否为质数的演算过程是隐性的，但并不能使我的行为依靠这种隐性的信息。该建议指出通常有效的知识必须和主体所做的行为同时进行刻画。罗伯特·斯托内克指出：

> 问题是我们需要理解基于能力和行为上的知识和信念——状态，为了对主体事实上所知道的以及相信的进行区分，在通常含义下，主体知道的以及相信的仅为隐性的知识。可以做的只是通过将这种方法用于确定哪些知识和信念可以作为知识和信念，但从表面上看，当将知识或者信念说成是某些人的知识或者信念时，事实上就已经说明了主体计划将要处理的信息是什么。
>
> 假设在上面的情况下，我的朋友只有两张卡片，其中一张上面写的是1571（质数），另外一张数字为1591（不是质数）。因此，我可以确定这两张卡片中有一张是质数。现在，假设我有能力通过某种行为确定卡片是否是1571，我也有能力通过某种行为发现卡片是否是1591。例如我有很好的视力可看到卡片是什么，并且可以认出该数字。在这种情况下，我们可以说，我有能力通过我的某种行为确定1571是否是质数。如果该数字是1571，它就自动地是一个质数；如果提供的数字是1591，它就自动地不是质数。然而，可能会出现我不知道1571是否为质数的情况，因此，上面的方法并不能完全刻画知识的有效性。

利用上面的知识，罗伯特·斯托内克关于逻辑全知问题的观点可以描述如下：知识的有效性必须和行为、动机同时进行刻画。

然而，这似乎只是罗伯特·斯托内克的部分观点。他似乎并不支持这种观点。他建议需要刻画与此相关的概念，如相互关联的有效的知识、行为和动机等，并认为无法形式地刻画主体所具有的基于行为和动机的有效的知识。下面是他的观点：

> 这样，当我们热衷于刻画有效的知识时，需要知道主体的行为和动机。然而，为了知道行为和动机，必须转向知道主体具有什么样的有效知识。

罗伯特·斯托内克关于行为和动机的重要性的论述具有一定的道理，

可用于刻画知识。他认为可以刻画基于行为和动机上的有效的知识。

6.3.2 显性知识和演绎推理

当主体进行观察时，通过增加动态信息而刻画的显性知识，使得关于世界的信息可以得到更新。例如，我可能没有关于现在外面是否下雨的正确的信息，但我可以通过走到室外并且观察外面的天气而逐步地知道天气状况。或者当有人把该数字提供给我，而没有告诉我 1571 是否是质数时，我可以知道一个程序能够确定给定的数字是否是质数。通过仔细的计算之后，我将知道该数字是否是质数。这样，在更宽泛的含义下，观察会带给我们关于新的信息状态的信息状态。

依靠信息状态，一个给定的观察可以以不同的方式影响到我们的信息状态。如果我不知道天是否要下雨，观察当前的外面的天气，利用新的信息将会更新我的信息状态。如果我已经知道是否要下雨，那么观察当前外面的天气未必能够给我们提供任何新的信息。类似地，如果我当前并不知道 1571 是否是质数，尽管该数字是质数的信息在有关算术的知识中是隐性的，经过仔细地计算将会给出一个新的信息。然而，一旦我当前知道该数字是否是质数，重复计算则并不能给我一个新的信息。

基于这些考虑，我们可以将标准的直觉的显性知识描述如下：一个主体 i 显性地知道 φ 当且仅当在观察到信息 φ 之后，i 无法获得新的信息。如果我们当前知道一个确定的事实，那么观察该事实将不能给我们提供新的信息。如果我们当前不知道某个事实，那么观察该事实将给我们提供一个新的信息。正如我们在上面的例子所说的，刻画显性知识的方法主要根据放弃 $\mathcal{LO}$ 规则，以避免逻辑全知问题。

我们可能需要进一步说明该思想与行为和动机相关。如果我现在知道 1571 是否是质数，那么我们将会通过观察 1571 是一个质数而获得一个新的信息。在具有同样的信息之前以及观察到 1571 以后，通过回答“是”而使该问题得到解答，该数字在通过观察之后可以确定是否是质数。另一方面，如果信息 1571 是一个质数仅在我的数学知识中是隐性的，我不能肯定地回答该问题，或者至少不能使我的回答与该数字是否是质数相关。然而，一旦我发现该数字是质数，我将会获得新的信息。这可以通过我现在能够肯定地回答该问题得到解释，并且做出这样的行为依靠该数字是否是质数。

对行为和动机的刻画主要是为了更好地刻画显性知识。事实上，刻画本身并不涉及该概念。正如上面所提及的，我们赞同罗伯特·斯托内克借助对行为和动机的刻画，从而达到更好地对有效知识的刻画，这就是为什么必须借助于行为和动机的原因。这样，如果希望刻画知识理论将必须借助对行为和动机的刻画。

一旦我们刻画了知识，就不能容忍逻辑全知问题，此时需要对主体的演绎推理进行刻画。第一，事实上我可以推出 1571 是一个质数，并通过与数学有关的显性知识给出解释。为了给出这一演绎推理的过程，必须借助我的数学知识。当我事实上做出演绎推理时，关于数学的部分知识是我的显性知识。第二，根据推出的结论，发现我的演绎推理的结论。通过仔细计算可以揭示和数字 1571 相关的数学事实，并且将能够揭示关于该数字是否为质数的信息。通过给出演绎推理的进程我从而发现 1571 是否是一个质数。

基于这些考虑，我们建议可以通过下面的方法刻画演绎推理。当主体给出演绎推理时，(1) 主体必须清楚地知道推理的前提，并且 (2) 通过演绎推理，主体发现该结论的真实信息。

这样，我们将演绎推理刻画为发现显性知识的推理。

6.3.3 显性知识形式

A. TPAL 的重新解释

TPAL 是通过增加认知算子 [i] 和公开宣告算子 $\langle !\theta \rangle$（以及它的对偶算子 $[!\theta]$）而对命题逻辑所做的扩充。下面只考虑单主体的情况，并且用 K_i 表示认知算子，并采用 TPAL 对算子给出解释：

(1) $K_i\varphi$：“主体隐性地知道 φ”；

(2) $\langle !\theta \rangle\varphi$：“主体可能发现 θ 之后，φ 是真的”；

(3) $[!\theta]\ \varphi$：“主体发现 θ 之后，φ 是真的”。

另外，令命题字母表示关于世界的原子命题，其真值是由主体的认知状态独立地决定的。为了分析和认知有关的概念，例如信息、显性知识、观察等，我们也采用类似的假设。

也有关于算子 K_i 的意向性解读。第一，和标准模态算子相似，关于算子 K_i 的有效性规则，例如：$K_i\varphi \wedge \varphi \rightarrow \psi$。第二，将 $K_i\varphi$ 解释为“主体具有信息 φ”或者“主体承诺存在信息 φ”。这种解释和我们的解释是等价的。

TPAL 模型为认知时间逻辑树结构，根据认知模型中基于指派给世界的协议上的公开宣告序列，表示基于信息更新上初始的认知模型的时间值。在此，只研究如何对 TPAL 中的模型给出恰当的解释。

首先，认知模型表示主体的信息状态，可以通过点值域、不可区分关系以及赋值函数刻画。在认知模型中的点值域表示主体的认知可能性，通过确定原子命题的真值，用函数值刻画每一个主体的认知可能性。不可区分关系表示主体在给定世界中所考虑的认知可能性。

其次，公开宣告!φ可以通过择代的认知可能性以更新主体的信息状态进行刻画，且在认知模型中的认知可能性中的 φ 是真的。利用这种方法，可以刻画观察的信息事件。当观察到 φ 时，主体剔除了非 φ 存在的可能性。在抽象层面上，利用可能世界，“观察”可以具有更宽泛的含义，不仅能够刻画物理现象，如发现天在下雨，而且能够在更宽泛的范围内刻画其他的现象，例如通过反映发现事物等。

协议是将公开宣告的序列集指派给已知的认知点模型。通常，用给定的认知逻辑中的点刻画公开宣告中发生的信息。根据公开宣告的解释，用在某个点上的协议表示可能观察到的信息。如果!p 是某一点上的协议，那么可以发现 p，并且 p 在该点上是真的。类似地，如果!p 不是协议中的点，那么 p 不能被发现，即使 p 在该点上是真的。

最后，基于当前的解释，在 TPAL 中的模型表达了基于发现序列的主体的信息状态的时间赋值。在 TPAL 中的模型 $\mathcal{H}$ 是形如（H，～，V）的三元组。H 为历史集，形如 $w!\varphi_1\cdots!\varphi_n$ 的序列，其中 $w!\varphi_1\cdots!\varphi_n$ 表示在发现了 $!\varphi_1\cdots!\varphi_n$ 的序列之后在 w 上的状态。～表示主体的时间状态下的不可区分关系，V 确定了在每一状态下的原子命题的真值。在 TPAL 中的公式的真值可以采用模型 $\mathcal{H}$=（H，～，V）和在 H 中的历史 h 确定。下面给出有关算子的定义：

Forest$(M,\mathrm{p})\vDash K_i\varphi$ 当且仅当　$\forall h':h\sim h'\Rightarrow$ Forest$(M,\mathrm{p}),h'\vDash\varphi$

Forest$(M,\mathrm{p})\vDash<!\theta>\varphi$ 当且仅当　$h!\theta\in H$ 且 Forest(M,p)，$h!\theta\in H$ 且 Forest（M，p），$h!\theta\vDash\varphi$

TPAL 的解释，引入显性知识的新算子 K，在 TPAL 框架中，可以通过下面的方式定义：

定义 6.1（显性知识）　令 $H\in F$（PAL）以及 h，在 $\mathcal{H}$ 中的历史，那么

Forest（M，p），$h\vDash K\varphi$，当且仅当　$\forall h'$：$h\sim h'$ 可推出 Forest（M，p），$h'\vDash<!\varphi>\top$

$K\varphi$ 读作：“主体显性地知道 φ”，$<!\varphi>\top$ 可读作“φ 是可观察的”，

当主体在所有不可区分的世界中可觉察到真的信息 φ 时，则主体可显性地知道 φ，且 φ 为显性知识。

公式 K^e 具有两层含义。第一，通过定义可知该算子可以通过 *TPAL* 语言表达。下面的等价式也可以从定义 3.31 推出，其真值可通过 *TPAL* 定义：

$$K^e\varphi \leftrightarrow K_i \langle !\varphi \rangle \top$$

因此，可以通过增加 K^e 得到 TPAL 的扩充方法，主要是通过增加该等式到 TPAL 公理系统中，并利用 TPAL 的完全性和可判定性的结果对 TPAL 的扩充方法进行证明。第二，公式 $K^e\varphi \rightarrow K_i\varphi$（显性知识蕴涵隐性知识）在 TPAL 的语义下是有效的，因为 $\langle !\varphi \rangle \top \rightarrow \varphi$（可觉察的真的信息 φ 可推出 φ 的真值）。隐性知识可以从任意的显性知识推出。显性知识可以推出显性知识。

B. 显性知识的动态刻画

如何对显性知识进行直觉上的形式刻画呢？参看图 6.4 中的三个模型。这三个模型是根据认知模型构造的，有两个不可区分世界 w、v。在左边的模型中，p 和 q 仅在 w 和 v 上是真的，且在两个世界上都允许协议!p。

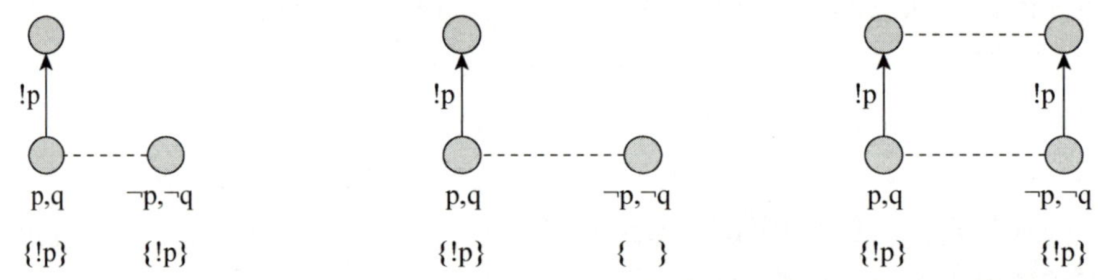

图 6.4　显性知识的动态刻画

因为 w 和 v 是不可区分的，即使在隐性情况下，主体也不知道 p 是真的。然而，通过观察 p 之后，在缺少 v!p 的情况下，世界 v 被“剔除”。这是因为 p 在 v 上是假的，因此 v!p 不成立，即使有协议 v!p。在此含义下，该模型刻画了主体通过观察 p 而获得了新的信息。

该情况和中间的模型有所区别。p 在 w 和 v 上都是真的，但 q 只在 w 上是真的。协议只在 w 上允许!p。在该模型中，在 w 上，主体隐性地知道 p 是这种情况。然而，该模型最重要的情况为主体隐性地知道 p 是真的，且可以通过观察 p 而获得新的信息。事实上，在 w 上，主体并不能隐性地知道 q 是真的，但通过观察 p 之后，即在 w!p 上，他确定隐性地知道 q 是这种情况。在该模型中，即使 p 是真的情况下，!p也不允许出现在协议中的 v 上，即，在 v 上，p 是真的，但事实上 p 是真的是不可觉察的。这样，可以将该示例概括为：给定公式 φ，即使当主体隐性地知道 φ，仍然可以获得信息，因此，他可能会剔除基于观察的信息基础上的某些可能性。

和右边的模型相对照。该模型和中间的模型具有同样的命题值：p 在两个世界上都是真的，q 只在 w 上是真的。然而，在该模型中，协议允许在世界 w 和 v 上都允许!p。这样，在 w 上，主体隐性地知道 p 是真的。尽管如此，即使在发现了 p 之后，主体仍然不能区分 w 和 v（更严格地说应该是 w!p 和 v!p），因为在该模型中，p 在 v 上也是可以觉察的。通常，对每一个 φ，如果 φ 在所有不可区分的世界上是可觉察的，那么主体就无法获得在该层含义下的新的信息，而没有世界得到剔除。

这可以解释为我们所定义的直觉上的显性知识。如果主体显性地知道 φ，那么他无法通过发现 φ 而获得新的信息（在图 6.4 中的左边的模型）。如果一个主体不能显性地知道 φ，那么他将获得新的信息（在图 6.4 中的右边的模型和中间的模型）。根据动态的刻画，我们的模型在显性知识的形式方面只能够进行语形的操作。

C. 认知信息和协议信息

上面的解释主要借助于主体所拥有的特定的信息。为此，我们指出了在 TPAL 中有两种可表达的信息。在模型中的信息可以通过点集合（或者结点）、不可区分关系以及赋值函数进行表达。正如我们上面所提及的那样，在 TPAL 中的模型是以认知模型开始的，并且刻画了基于信息更新的时间赋值模型。每一个发现都建立在具有对应的不可区分关系和赋值函数的新的点集合上。这样，在 TPAL 模型中的每一树型结构都可以考虑为认知模型以及用它表达主体所拥有的信息。主体的信息可以通过“水平的虚线”进行表达，如上面所讨论的模型中的每一个树型结构，称这样的信息为认知信息。另外一种信息是主体所具有的信息，且可以在世界（或者结点）中被发现的信息。协议表达的是可以觉察的信息，以及主体所具有的关于他们所具有的增加了认知信息的信息。主体的这方面的信息可以通过在上面所讨论的每一个世界中的“垂直”的箭头表示。称这种信息为协议信息。

给出了这种区分之后，现在就可以清晰地刻画显性知识。主体显性地知道 φ 当且仅当无法通过觉察到 φ 而发现新的信息。当我们解释“知道”

上面所说的信息时，信息的含义是借助主体所拥有的协议信息。当不可区分的认知可能性集得到归约时，主体将知道认知信息。当不可区分的认知可能性相同时，主体无法获得新的认知信息。因此，现在需要重申基于如下区分的显性知识的刻画：主体 i 显性地知道 φ 当且仅当 i 在觉察到 φ 之后无法获得新的信息。

下面的例子也说明了在框架中这种区别的重要性。考虑下面的两种模式：

(Pos) $K_i\psi \wedge K^e\varphi \rightarrow [!\varphi]\ K_i\psi$

(Neg) $\neg K_i\psi \wedge K^e\varphi \rightarrow [!\varphi]\ \neg K_i\psi$

这两种模式都表达了，如果一个主体显性地知道 φ，信息为主体已经拥有的认知或者协议，在觉察到 φ 之后主体的信息将保持不变。这些模式在 TPAL 中是无效的，其反例可以通过图 6.5 给出。在 w 上，Pos 的示例，φ：＝p、ψ：＝p 是假的。(根据 p 在 w!p 或者 v!p 上是不可觉察的，前提是真的，因为 p 在 w 和 v 上是可觉察的，但后件是假的，因此 Kp 在 w!p 上不是真的。) 类似地，Neg 的示例，φ：＝p、ψ：＝q 在 w 上是假的。这些反例是可能的，因为该协议信息可能仍然基于觉察到 φ 之后会发生改变，即使主体的认知信息能够得到表达。通常，主体可能获得新的显性知识，通过获得新的协议信息，或者即使遗忘了主体的显性知识，根据遗忘协议信息，即使主体的认知信息仍然能够得到保持。

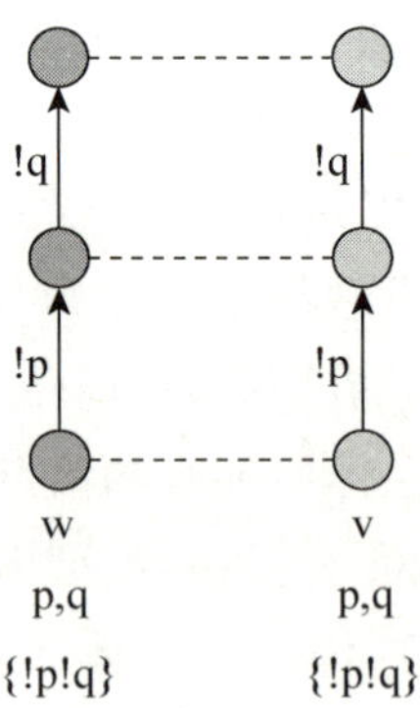

图 6.5　反例

为了确保上面的模式的有效性，需要确保该协议信息在做出觉察事件上保持一致。下面的模式表达了这样的条件：

(MT) $\langle !\varphi \rangle \top \rightarrow \langle !\psi \rangle \langle !\varphi \rangle \top$

(AMT) $\langle !\psi \rangle \langle !\varphi \rangle \top \rightarrow \langle !\varphi \rangle \top$

事实上，可以证明如下：

命题 6.1　令 $\mathcal{H}$ 为 TPAL 模型，如果 MT 在 $\mathcal{H}$ 上是有效的，那么 Pos 在 $\mathcal{H}$ 上是有效的。另外，如果 AMT 在 $\mathcal{H}$ 上是有效的，那么 Neg 在 $\mathcal{H}$ 上的每一 h 上是真的。

MT 可以确保如果在 $\mathcal{H}$ 中的每一个结点上是真的，根据可觉察的信息 $\mathcal{H}$ 是单调的，即如果 φ 是可觉察的，那么 φ 应该在任意的信息得到觉察之后又是可觉察的。AMT 保持，如果在 $\mathcal{H}$ 中的每一个结点上是真的，根据可觉察的信息，$\mathcal{H}$ 是反单调的，即，如果任意的信息是可觉察的，φ 是可觉察的，那么在信息被觉察之前 φ 是可觉察的。

D. 避免逻辑全知问题

显性知识的形式定义是根据 TPAL 形式中包含了公开宣告算子，并且依靠协议的真值进行的扩充，是根据 TPAL 形式的一种特殊的语形系统，正如上面所注意的，即使公式 φ 在某个世界上是真的，$\langle !\varphi \rangle \top$（$!\varphi$ 是可觉察的）不是真的，除非 $!\varphi$ 可以通过指派给世界的协议而迫使其为可觉察的。另外，即使真的信息 φ 是可觉察的，它的逻辑后承也不可能是封闭的，因此协议通常不必为逻辑封闭的（即使 φ 是一个协议，且 φ 可以逻辑地蕴涵 ψ，ψ 可能不是协议）或者根据任意的指定的条件是封闭的。

技术上，允许 K^e-算子用于解释逻辑全知问题。逻辑全知问题的提出主要因为标准模型算子证实了 K -公理和必然性规则。在我们的框架中，该规则可以证实与隐性知识算子 K_i 相关。然而，该规则与显性知识算子 K^e 相关是无效的。可以直接利用下面的命题加以证明。

命题 6.2　K^e 的必然性规则。如果 $\vdash \varphi$，那么 $\vdash K^e\varphi$ 在 TPAL 中不是可靠的。

命题 6.3　对应于 K^e 的 K 公理。$K^e\varphi \wedge K^e(\varphi \rightarrow \psi) \rightarrow K^e\psi$，在 TPAL 中是无效的。

第一个命题反映了这样的事实，即使 φ 是真的，信息 φ 可能不是可觉察的。第二个命题可以根据协议在蕴涵下不是封闭的推出，正如上面所论述的。对于该规则，可以生成一个反例。

然而，在某些情况下，需要要求显性知识不具有封闭性，无论不可靠性是多么不可接受。例如，可能会认为，如果主体显性地知道合取，那么主体也显性地知道每一个合取支。TPAL 足以刻画显性知识的封闭性（更严格地，协议封闭，因此显性知识是封闭的）。下面的模式的有效性等价于上面的封闭性质：

$$<!(\varphi\wedge\psi)>\top\rightarrow<!\varphi>\top\wedge<!\psi>\top$$

该模型可以确保通过给定的 TPAL 模型得到刻画，如果通过!（φ∧ψ）能够生成一个结点，那么这两个箭头分别通过!φ 和!ψ 进行加标后将产生新的结点。

完全可以依靠所刻画的情境表达更多封闭条件下的性质。下面所列的是封闭条件和对应认知规则的有序对。在每一个有序对中有效性的模式等价于其他的有效性。

RF　$<\varphi>\top!\rightarrow<!K^e\varphi>\top$

　　$K^e\varphi\rightarrow K^eK^e\varphi$

EI　$<!K_i\varphi>\top\rightarrow<!\varphi>\top$

　　$K^eK_i\varphi\rightarrow K^e\varphi$

LI　$<!\varphi>\top\wedge<!(\varphi\rightarrow\psi)>\top\rightarrow<!\psi>\top$

　　$K^e\varphi\wedge K^e(\varphi\rightarrow\psi)\rightarrow K^e\psi$

VF　如果$\vdash\varphi$，那么$\vdash<!\varphi>\top$

　　如果$\vdash\varphi$，那么$\vdash K^e\varphi$

规则 LI 和 VF 可以直接得到证明且是不可独立的（在该层含义下，存在只有这两个中的一个是有效的模型）。另外，它们共同蕴涵了 EI。根据这三个规则 RF 是独立的。

6.3.4　演绎推理形式

定义完显性知识之后，现在讨论主体做出一个演绎推理的模型。首先，为了表达这样的情境，需要对语言进行扩充，增加算子 $<\Gamma\vdash\varphi>$，其中 Γ 逻辑地蕴涵 φ。$<\Gamma\vdash\varphi>\psi$，读作“主体可以演绎地从 Γ 推出 φ 之后，ψ 成立”。$<\Gamma\vdash\varphi>$的对偶可表示为 $[\Gamma\vdash\varphi]$，且 $[\Gamma\vdash\varphi]\psi$ 可以读作“从 Γ 演绎地推出 φ 之后，ψ 成立”，或者“主体从 Γ 逻辑演绎地推出 φ 之后，ψ 成立”。

可以给出基于觉察的新算子的真值定义。即，当主体从 Γ 逻辑地推出 φ 时，（1）主体必须显性地知道 Γ 中的所有公式，且（2）根据演绎推出，主体觉察到的结果是这种情况。

对应的真值定义如下：令 $\mathcal{H}$ 为 TPAL 模型（$\mathcal{H}\in F(PAL)$）且 h 为 $\mathcal{H}$ 中的历史：

$\mathcal{H}$，h$\vDash$$<\Gamma\vdash\varphi>\psi$ 当且仅当(1) $\mathcal{H}$，h$\vDash K^e\chi$，对所有的 $\chi\in\Gamma$

(2) $\mathcal{H}$，h!$\varphi\vDash\psi$

给定所考虑的做出演绎推理，通过现实的主体且具有有穷的资源，可以假设 Γ 是有穷的。据此，可以在 TPAL 中定义演绎推理算子。（K^e在 TPAL 中是可定义的，正如上面所论述的。）

$$<\Gamma\vdash\varphi>\psi\leftrightarrow\bigwedge_{\chi\in\Gamma}K^e\chi\wedge<!\varphi>\psi$$

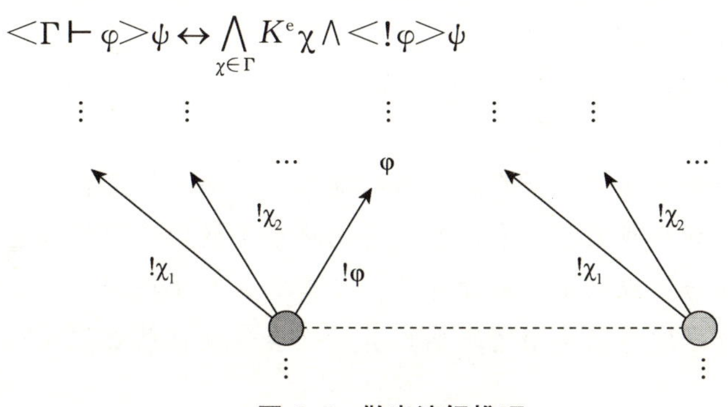

图 6.6　做出演绎推理

演绎推理算子的语义可以在图 6.6 中得到直观的显示。在该图中，有两个不可区分的结点，黑色和灰色，且在该结点上，公式 χ_1，χ_2，…是可觉察的。因此，对每一 i，$K^e\chi_i$。另外，在黑色结点上，φ 是可觉察的，φ 被觉察到之后，ψ 是真的。在该模型中的黑色结点上，有$<\chi_1$，χ_2，…$\vDash$ $\varphi>\psi$ 是真的。

该例说明演绎推理算子表达了剔除某个演绎推理的世界的进程，其中结果不是可觉察的。在该例中，χ_1，…，χ_n以及 φ 在黑色和灰色结点上都是真的。另外，主体发现了结论 φ 是这种情况，进而获得了更多的认知信息（但并不是协议信息）。通过剔除 φ 是不可观察的灰色结点的方法，定义对应于下面的直觉主义：根据演绎推理，主体获得的结论是可观察的信息。在认知模型中的点在主体做出了演绎推理之后只会剩下不可剔除的是那些结论为主体做出演绎推理之前可观察的信息。

6.3.5　逻辑全知和认知封闭

所谓的认知封闭规则就是陈述知识在逻辑蕴涵下是封闭的。正如上面所讨论的，在认知逻辑中，该规则中如果知道 φ，并且 φ 可以逻辑地蕴涵 ψ，那么 ψ 是可知的。这就引出了逻辑全知问题。我们已经研究了如何对知识进行模型化处理，称其为显性知识，即无法证实该规则。这样的知识形式使其有意地在认知逻辑中去追求演绎推理的重新表达，也引入了新的

算子<$\Gamma\vdash\varphi$>以表达主体根据 Γ 推出 φ 的演绎推理的情境。

下面的演绎推理可以通过在认知理论中增加另外的认知封闭规则。在认识论中，认知封闭规则表达通过逻辑推理进行扩充的知识。威廉姆森提出了下面的规则模式，并称其为直觉封闭：

> 知道 p_1，…，p_n，完全地蕴涵 q，因此在通常情况下逐步地相信 q，并开始知道 q。

随后他认为：

> 我们在任意情况下都应该可以非常不情愿地用直觉封闭表示它是直觉的。如果我们拒绝它，在这样的环境下我们可通过推理获得知识吗？这些防卫规则试图解救作为一个好的认知手段的直觉演绎，而这些受到攻击的规则是很清晰的，为什么会违反这些直觉呢？

在封闭规则方面和认知逻辑中的认知封闭是相对应的。正如上面所讨论的，该认知封闭规则可以看作假设逻辑的全知主体关于他的演绎推理并不是有意义的。罗伯特·斯托内克讨论了逻辑全知问题，他认为：

> 任意的主体试图进行推理的情境是通过假设演绎全知的扭曲，因此推理（至少是演绎推理）是积极的，演绎的全知主体没有使用的……事实上，任意的信息种类的进程或者估计是非常难理解的，正如演绎的全知主体的行为一样。

这样，人们可能会认为：对哲学中关于认识论的解释来说，封闭规则有时可以确保演绎的认知值不受影响；在认知逻辑的解释中，有时可能会取消演绎的认知值。

该推理提出可能用如下的方法进行刻画。第一，逻辑全知问题在认知逻辑的标准框架中具有特殊的性质。因此在认知逻辑中但不是在整个认识论中的任务是为了解释该问题。在通常的认识论中的封闭规则形式，如果主体知道 φ，并且 φ 逻辑地蕴涵 ψ，必须简单地通过类似于现实的主体放弃对知识的描述。第二，认知逻辑的标准框架无法表达演绎推理。在此情况下，无须增加认知逻辑关于知识的形式表达的相关封闭规则。

A. 认知封闭规则形式

可以通过增加认识论中的认知封闭规则而理解演绎推理的表达方式。

将认知封闭规则形式表述为可以在认识论中进行讨论的规则：

$$\bigwedge_{\chi\in\Gamma} K^e\chi \rightarrow [\Gamma\vdash\varphi]\, K^e\varphi$$

其可以读作“如果主体显性地知道 Γ 中的 χ，那么，做出演绎推理 $\Gamma\vdash\varphi$，主体可以显性地知道 φ”。

不管初始公式是否可信，在 TPAL 中的 EC 是一个无效的公式。在图 6.7 中给出了它的反例。（w 和 v 之间的虚线表示二者之间通常的不可区分关系。虚线在结点对之间可以省略为 $w!\chi_i$ 和 $v!\chi_i$，即使它们是不可区分的。）令 $\Gamma:=\{\chi_1, \cdots, \chi_n\}$。在模型中的结点 w 上，$\wedge_{i=1}^{n} K^e\chi_i$ 在 w 上是真的，因此，根据 $!\chi_i$-箭头所表示的，对所有的 i，$\langle\chi_i\rangle\top$ 在 w 上是真的。然而，$[\Gamma\vdash\varphi]\, K^e\varphi$ 是假的。$K^e\varphi$ 在 $w!\varphi$ 上是假的为已知，那么 $\langle!\varphi\rangle\top$ 在 $w!\varphi$ 上是假的（由于缺少 $!\varphi$-箭头可推出 $w!\varphi$）。

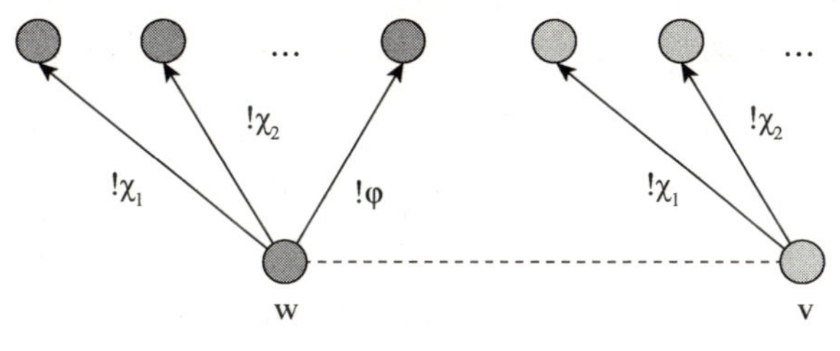

图 6.7　EC 的反例

EC 的无效推理可以根据基于做出觉察的事件的协议信息的变化得到解释。（参考 Pos 和 Neg 规则。）在协议信息中的变化可以改变所依靠的情境。在此，通过认识论中的例子给出了该模型的可能的解释。这主要是由劳诺（Lawlo）给出的。该例子可描述如下：

> 在同类疗法中，爱德华接受一个信徒所提出的在同类疗法中受到信任的疗法。他拥有很强的信念，他已经看了他的疾病可以通过同类疗法得到治愈。爱德华知道他所服的感冒药具有每 100^{200} 分之一的浓度。近年来，他学会了最新的化学过程，所以他知道，如果一种物质得到这样的稀释，不太可能保持物质的分子。据此，在他的信念中，根据推演得出感冒药将不可能会发生作用。在同类疗法中给出这样一个具有很强的说服力的先例，人们可能会反对他知道该感冒药将不会发生作用的信念，除非他能够通过提问的程序质问同类疗法药品的疗效。然而，根据认知封闭原则，爱德华必须知道该药品并没有

发挥作用。

在我们的模型中，令 Γ 为化学中与事实相关的命题状态集，φ 为不产生作用的药品的命题。最初，爱德华显性地知道 Γ 中的命题，但不知道 φ。做出推理 Γ⊢φ 之后，他仍然不能够判定先前的信念 φ。这样，在该含义下，他无法剔除非 φ 存在的可能性，他不能觉察到 φ。因此，不能显性地知道 φ。在其他文献中还提出了类似的反例，涉及通过演绎所提出的信念和先验所拥有的信念之间的冲突。正如在爱德华的例子中所列示的那样。

为了阻止类似于 EC 的反例的出现，可以增加模式 MT 到 TPAL 公理中：

$$<!\varphi>\top\rightarrow<!\psi><!\varphi>\top$$

该模式确保如果公式 φ 可以被觉察到，那么将会在任意的信息被觉察到之后是可察觉的。在爱德华示例中，可以将此解读为："如果某个信息是可以被主体觉察到的，那么将不存在阻止他在观察到任意的信息之后而觉察到它的可能性。"这样可能会阻止反例的出现，因为信息可能会保持可觉察的状态。事实上，这可以直接证明下面的命题。

命题 6.4 MT 的有效性可以推出 EC 的有效性。

B. 独立

在认知逻辑中的逻辑全知问题，以及在哲学中用于处理知识在逻辑蕴涵下是封闭的规则方面，都有关于认知封闭规则的讨论。事实上可以证明由于规则而造成了逻辑全知问题，并且认知封闭规则是逻辑独立的。

首先回顾下面的规则以及对应的事实：

MT $<!\varphi>\top\rightarrow<!\psi><!\varphi>\top$

MT 的有效性可推出 EC 的有效性。

LI $<!\varphi>\top\wedge<!(\varphi\rightarrow\psi)>\top\rightarrow<!\psi>\top$

LI 等价于 $K^e\varphi\wedge K^e(\varphi\rightarrow\psi)\rightarrow K^e\psi$。

VF 如果 $\vdash\varphi$，那么 $\vdash<!\varphi>\top$

VF 等价于规则：如果 $\vdash\varphi$，那么 $\vdash K^e\varphi$。

给定上面的事实，下面的简单规则证明在造成逻辑全知问题的规则和 EC 规则之间是独立的。

命题 6.5（一致性） MT、LI 和 VF 是一致的。即存在一个模型，其中所有的模式示例在每一个结点上都是真的。

命题 6.6（独立性）　根据 LI 和 VF，MT 是独立的。即前一对并不蕴涵后一对，并且后者也不蕴涵前者。

这些事实可以在图 6.8 的模型中得到证明。首先，考虑左边的模型，在 w，φ 以及所有的逻辑后承 τ_1，τ_2，τ_3，…，是可观察的（没有其他情况）。在 w!φ，ψ 以及所有的逻辑后承上，τ_1'，τ_2'，…是可觉察的（不存在其他的情况）。另外，在每一其他的所有结点上，并且只有一个公式在 TPAL 中是可证的，且是可觉察的。现在，假设 φ、ψ 和某些可证的公式是等值的。那么，在该模型的每一结点上，MT、LI 和 VF 都是真的，因为所有的可证公式在每一个结点上都是可觉察的，并且每一结点都具有同样的可觉察公式。另外，假设 φ 和 ψ 是相互区别的命题字母，称为 p 和 q。LI 和 VF 在每一结点上仍然是真的，但 MT 在 w 上是假的。在右边的模型中，p 在每一结点上都是可觉察的。这确保 MT 在每一结点上都是真的。然而，不存在满足 LI 或者 VF 的结点，因为在逻辑后承下没有结点是封闭的。因此，MT 不能推出逻辑全知问题，并且逻辑全知并不能推出 MT。

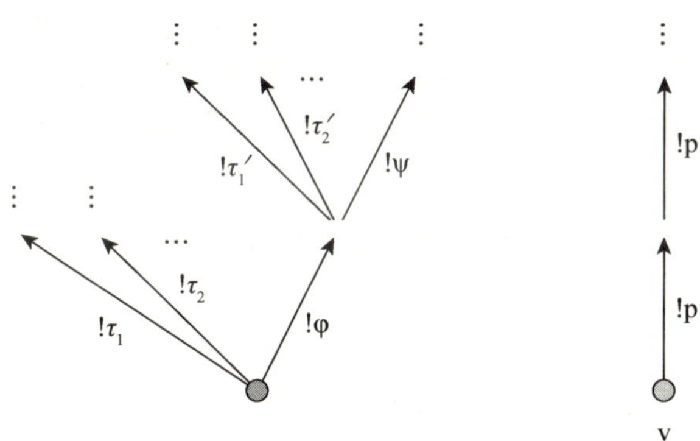

图 6.8　MT 的独立以及根据 LI 和 VF 的 AMT

根据这两个命题，讨论逻辑全知问题的独立性和 EC 的有效性。第一，存在一个模型，其中 MT、LI 和 VF 是有效的。在该模型中，存在逻辑全知问题，并且 EC 是有效的。第二，存在一个模型，其中 LI 和 VF 是有效的，而 MT 在某些结点上是假的。在这样的模型中，存在逻辑全知问题且 EC 是假的。第三，存在一个模型，其中 MT 是有效的，而 LI 和 VF 在一个结点上是假的。通常情况下，MT、LI 和 VF 在 TPAL 中并不是有效的。因此，称存在或者缺少逻辑全知无法确定 EC 问题，并且 EC 的真和假并不能由逻辑全知问题确定。

在此，人们可能会反对 EC 公式，并且认为该公式无法刻画认识论中所讨论的认知封闭规则。特别地，我们所考虑的认知封闭规则的公式，可由下面体现：

知道 p_1，…，p_n，完全蕴涵 q，因此开始相信 q 在通常情况下可以逐渐地知道 q。

并不清楚 EC 所刻画的部分，因此开始相信 q，也包括具有类似的条件的其他的公式。事实上，该问题是本质的，因为它回避了主体无法相信他之前所坚持的信念的反例，并且人们相信该结论则可能获得基于某些非可靠的方法，且不依赖演绎的结果，也与所知道的前提无关。

事实上，EC 不能完全刻画相关领域中的认知封闭规则的标准公式。我们的框架也无法刻画与知识相对照的信念，更不用说希望借此方法达到相信的目的。

然而，为了强调逻辑全知问题和辩论在认识论中的认知封闭规则有别于知识在逻辑蕴涵下是封闭的规则，主要通过提供一个简单的动态认知逻辑框架，用于刻画显性知识和演绎推理。定义了显性知识，主要通过在所有的不可区分的世界中的可觉察性，并且证明了该规则提供了逻辑全知问题（必然性规则和 *K* 公理）相对于定义来说是错误的。另外，定义了认知封闭规则，主要基于不同的动态规则，如果一个主体显性地知道前提，那么在经过观察到结论是这种情况之后，他将会显性地知道结论。这种方法，可以证明这两个问题在这种情况下是独立的，其中任何一个有效性都不能推出另外一个的有效性。

结语 我们对 TPAL 框架中的显性知识和演绎推理进行了形式化的处理，通过在所有的不可区分的世界中的信息的可觉察性定义显性知识。概念的语形刻画回避了逻辑全知问题，且动态的刻画允许对这些规则进行形式化的处理，当一个主体显性地知道 φ，那么主体在觉察到 φ 之后将不能获得新的信息。定义了基于觉察的动态概念基础上的逻辑推理，这样就可以表达基于动态规则的认知封闭规则。证明了该动态规则和造成逻辑全知问题的规则是独立的。

A. 和其他系统的比较

在认知逻辑中发展许多不同的系统，目的是表达显性知识和演绎推理。在这些语义模型中，系统中大部分为语形的。在此含义下，协议也是语形的实体，我们的系统类似于框架。下面就将我们所构造的系统和其他系统进行比较。

在显性知识中，类似的系统的基本思想是在给定的认知模型中将一个公式集指派给每一个状态。这些集合称为必然性集合，表达的信息是主体的内部信息。生成的模型可以通过四元组进行刻画 $M=(W, \sim, V, I)$，其中 $(W, \sim, V)$ 为认知模型，I 为函数，给 W 中的每一个点指派一个公式集。利用这种语境，显性知识称为 $E\varphi$，可以通过下面的情境进行定义：

$$M, w \vDash E\varphi，当且仅当，\varphi \in I(w)，并且 \forall v: w \sim v \rightarrow M, v \vDash \varphi$$

因为协议也是一个公式集，即在一个给定的认知模型中指派给每一个点一个公式集，这些手段非常类似于我们的系统。

尽管如此，仍然有所区别。第一，在这些模型中，必然性集合不同，显性地知道得自于隐性地知道，且不属于对显性知识的进一步的刻画。与此相反，在我们的模型中，指派公式需要接受动态的解释。每一个对应于剔除的公式是假的世界的算子。我们的系统所刻画的模型允许增加一个显性知识，即，如果一个主体显性地知道 φ，那么他并不能通过可及 φ 而获得更多的信息。

第二，这些系统，特别地像 van Benthem 以及 Velazquez-Quesada，认为存在显性地方法更新的可及集。他们所考虑的算子是通过增加新的公式到最初所指派的可及集中。另一方面，当前我们并没有考虑某些算子。在我们的框架中，存在模型这种算子的两种方式。一种方式是为了处理时态，可通过给定的协议解释可及的信息。在给定的点 h 上是可及的，以及在给定了 h 的信息 φ，可及的可以通过指派一个协议而进行确定。附加公式 Φ 在 φ 上是可及的信息可以在给定的模型中通过设定在 $h!\varphi$ 上的可及的信息的方式表达，所以通过在 Φ 中的公式扩充了在 h 上的可及的信息。另一种方式是通过更新算子给协议而刻画算子。根据运算，在给定的协议中增加一个特殊的公式，采用合适的方式给出了所期望的演算。

在逻辑推理中，类似的系统也表达了逻辑推理，正如根据给定的点的转换，称为 w，另外一个为 v。该可及集在 v 上可以得到扩充，在 w 上对应于逻辑推理。相反，van Benthem 和 Velazquez-Quesada 刻画了逻辑推理，主要有更新可及关系的方法。当一个主体进行逻辑推理时，在可及集中增加了公式表达力。

正如 Duc 和 Jago 的系统，逻辑推理对应于根据从一个结点向另一个结点的时间的转换。根据信息中的可及关系该结论是这种情况，沿着一个箭头移动到另一个结点，其中存在另一个可及的信息集。正如 van Benthem 和 Jago 的系统，这些时态的转换对应于更新的认知状态。根据可及的信息，可以剔除与现实世界相矛盾的信息。

B. 对多主体的 TDEL 的扩充

在发展我们的系统时，只限制为单主体的情况。该系统是否可以扩充为多主体的情况呢？一方面可以通过对认知模型进行扩充，指派给多主体一个不可区分的关系。这样的认知模型类似于形如（W，$\sim_i$，V），其中每一个$\sim_i$都对应于主体 i 的不可区分关系。然而，这种方法并不能给出一个满意的结果。原因是在上面的模型中，研究了基于做出观察的事件的公开宣告运算。如果保持多主体的情况，当单主体观察到它的时候，每一个其他的主体必须做出同样的观察。公开宣告运算剔除了与根据模型而得到的信息相矛盾的世界，并且这样的世界需要根据每一个主体的不可区分关系得到剔除。

因此，需要借助于允许主体根据其他的主体独立地观察真的信息运算。另外，可以构造认知时间逻辑树模型，该方法类似于 TPAL，相对于这样的运算类，以及基于这些模型的逻辑将更易于处理。在动态认知逻辑（DEL）发展的基础上，一个严格的多主体的系统也应该能够建立。

6.4　蒙提霍尔疑难的认知分析

认知逻辑是关于知识推理的逻辑，动态认知逻辑是认知逻辑的扩充，是关于知识变化的推理。库尔将概率和动态认知逻辑进行了组合，因为该逻辑是建立在条件基础之上的，称它为条件基础上的动态认知概率逻辑。蒙提霍尔疑难是一个开放性的问题，它是语言学家、哲学家、心理学家和逻辑学家共同关注的最著名的问题之一，该疑难和囚徒的困境具有相同的结构，也是动态认知概率逻辑所关注的话题。库尔利用动态认知概率逻辑对该疑难进行了分析，认为参赛者应该改变选择，但是，众所周知该回答是违反直觉的。刘易斯在（Lewis，1986）① 中提出了概率变化函数的方法，此方法在（Gardenfors，1988）② 中有详细的介绍。运用普通像基上的动态认知概率逻辑为工具对蒙提霍尔疑难进行分析，认为可以不必改变

---

① Lewis D. Probabilities of conditionals and conditional Probabilities. Philosophical Review. 1976，85：297－315. rep. in Lewis，D. Philosophical Papers II. Oxford UP，Oxford，1986：133－152.

② Gardenfors P. Knowledge in flux：modeling the dynamics of epistemic states. The MIT Press，Cambridge，Mass. 1988.

选择，并且该结论更加符合直觉一些。此外，普通像基上的动态认知概率逻辑还提供了比较恰当的解答蒙提霍尔疑难的修正逻辑，比动态认知概率逻辑所给出的结论更加符合直觉。

以下就对蒙提霍尔疑难加以简要的介绍，并讨论学界对这种疑难的分析，然后结合以上的研讨，对蒙提霍尔疑难加以深度分析。

6.4.1　蒙提霍尔疑难

蒙提霍尔疑难曾经是引起激烈争论的难题。蒙提霍尔疑难的名字来自美国的游戏秀的主持人蒙提霍尔。通过读者回答问题的方式，人们开启了关于这一问题的讨论。

> 假设在一场游戏秀上，参赛者将要在给定的三个门中做出选择。其中一扇门后面是一辆汽车，另外两扇门后面是山羊。假设参赛者挑选了其中的一扇门，号码是 1，并且此时主持人（蒙提霍尔）知道每扇门后面放的是什么，打开另外一扇门，号码是 3，此门后面是山羊。他对参赛者说："你希望挑选 2 号门吗？"如果参赛者改变选择，那么这样做对他有利吗？

当这一疑难刊登在玛丽莲·莎凡主持的 *Show* 杂志的专栏上时，曾经引起了全世界的关注（Vos Savant，1996）①。莎凡在（Selvin，1975）②中提出并讨论了这样的问题。在她看来，如果此时参赛者改变选择是有利的。如果参赛者改变了选择，可能会失去 1/3 的机会，但却可能赢得 2/3 胜算的机会。

该结论是由莎凡得出的，在吉尼斯世界纪录中她是最高的 IQ（智商）保持者。她坚持认为，如果参赛者改变了选择，将会获得一只山羊的可能性是 1/3，但获得小汽车的可能性将会是 2/3。她的辩护如下，假设参赛者最初挑选了一扇门的后面是汽车，那么将不必改变选择，该种情况发生的概率是 1/3。另一方面，假设参赛者最初挑选的门后面是一只山羊，该情况发生的概率是 2/3。蒙提霍尔不可能打开后面有小汽车的那扇门并且他也不能打开你所挑选的那扇门，他必须打开有山羊的那扇门。所以，如

① Vos Savant M. The power of logical thinking. St. Martin's Press，New York. 1996.

② Selvin S. A problem in probability. The American Statistician. 1975，29 (1)：67.

果参赛者选择了一扇有山羊的门，蒙提霍尔只有一种选择。当他打开那扇门之后，余下的参赛者没有选择打开的那扇门后面必然是汽车。如果参赛者最初选择的是后面有山羊的那扇门，改变选择后将会确保可以获得一辆汽车，参赛者挑选该门的概率是 2/3，改变选择，参赛者可能失败的概率是 1/3，而获胜的概率将会是 2/3。

许多人并不同意这种解决方案，他们坚持认为当参赛者改变选择时获胜的机会并没有增加，持这种观点的人很多是概率领域中的专家。另外有三个博士写信说莎凡的结论是错的。数学家 Paul Erdos 也不相信改变选择对参赛者是有利的。荷兰的 Rob van den Berg 在报纸（NRC-Handelsblad，1995.5.18）上报道了这些讨论，引起了很大的反响。人们认为该疑难会不停地争论下去，此时杂志收到了许多封邮件，而且报社也收到了80 多封信。在这些印刷出来的信中，H. von Saher 写的信最特别。

> 可以用类似的例子证明她的结论是不正确的。对玛丽莲·莎凡进行测试，假设舞台的背后有一面墙，墙后有 100 扇门。她站在第一扇门的前面，此时她获得奖金的机会有 1%，选择其他的门获得奖金的机会是 99%。然后该测试的主持人出现了，打开了从 2 至 99 之间的所有的门，所以总共有 98 扇门。在这些门的背后没有一扇门有奖金。那么奖金必定在门 1 或者门 100 之后。根据玛丽莲·莎凡的观点，整个 99%的希望都转到了第 100 扇门上。这证明了得出这样的结论是很荒唐的。在此需要面对的情况只有两种选择，并且对每一余下的门来说机会应该是均等的。(NRC-Handelsblad，1995. 6.1)

尽管莎凡回避了某些重要的信息，即测试的主持人只打开了他知道其后面没有奖金的门。他显然为莎凡的结论提供了很好的支持论证，而不是对立的论证。假设参赛者打开了除了第 53 号门以外的所有的门，显然在该种情况下参赛者应该在三个门中改变他最初的选择，这些论证似乎是很难理解的。在许多写给玛丽莲·莎凡的信中都对她进行了嘲讽。

也有一封信认为他们事实上已经玩了这场游戏或者已经利用计算机程序模拟了这场游戏并确认了莎凡的论断。在互联网上通过搜索蒙提霍尔疑难可以发现几个比较好的蒙提霍尔疑难的模型。Theo Kuipers 在信中写到，他和妻子玩过这场游戏，不仅使他的妻子信服，而且也使他们发现了一种精致的解决方法，参看（Wouters，1991）[①]。然而有些人报道说他们的发现仍然不能够证实莎凡的结论，有些人甚至利用计算机程序发现了错误。经验数据可以对是否改变选择给出正确的回答，但是单个的经验数据并不能对该问题给出具有说服力的直觉的分析。

许多人在直觉上容易产生错觉，蒙提霍尔疑难是难题，但是对许多难题和悖论，人们可能会有这样错误的直觉。人们可能认为，例如自然数的个数比质数的个数要多，但事实上这是错误的。最好的方法就是去证明这样的反直觉的结论事实上是正确的，可以运用一些形式方法例如逻辑分析进行处理。下面就利用前面介绍的动态认知概率逻辑对该疑难进行分析。

A. 语义分析

用前面的章节中所介绍的动态认知概率逻辑建立特殊情况下的模型，该逻辑可以分析蒙提霍尔疑难。令命题变元 $\mathcal{P}$ 是由下面三个集合的并组成的：$A=\{A_1, A_2, A_3\}$（其中 A_i 表示的是汽车在第 i 个门后），$C=\{C_1, C_2, C_3\}$（其中 C_i 表示的是参赛者最初所选择的第 i 个门），并且 $O=\{O_1, O_2, O_3\}$（其中 O_i 表示的是由蒙提霍尔打开的第 i 个门）。

有如下十二种可能的结果：对汽车来说有三种可能的位置，对每一种位置来说参赛者可以选择三个门，对于每一种选择蒙提霍尔可以打开一扇门或者打开两扇门。如果正好选择了有汽车的门，其他的两个门都可以打开。如果选择了另一扇门，余下的没有存放汽车的门必须打开。参赛者最初不能够区分每一种可能的结果，并且蒙提霍尔知道汽车所在的门。对于该情境下的认知模型可以通过图 6.9 给出。

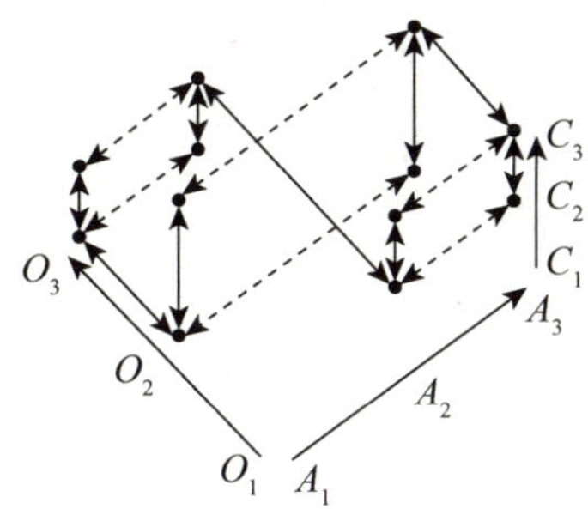

图 6.9　初始情况下蒙提霍尔疑难的认知模型

实箭头表示参赛者和蒙提霍尔都不能分辨。虚箭头表示只有参赛者不能分辨。省略了传递和自返箭头。

---

① Wouters P. Filosofische puzzle. Parados. 1991（29）：28－43.

怎样才能在这些世界上建立恰当的先验概率分配呢？通常采用的方法是给其指派相同的概率分布——有十二种可能世界，且给所有的世界都指派概率 1/12，但这样做也是不恰当的。假设汽车在 1 号门后，在这种情况下，蒙提霍尔指派给后面有汽车的那些门的概率函数的定义域只能是 1 号门。其中存在四个世界并且每一世界都应该给其指派概率 1/4。当参赛者最初选择的门号为 1 时，蒙提霍尔将会给其指派概率 1/2，但蒙提霍尔给其指派概率为 1/3 似乎更恰当。参赛者所考虑的采用相同的概率分布的方法应该也是不恰当的。假设此时参赛者选择了 1 号门，用此选择进行更新之后，只存在剩下的四个世界并分别给其指派概率为 1/4。但是这将意味着尽管参赛者最初给有汽车的那扇 1 号门指派的概率为 1/3，在其选择了 1 号门之后其概率将会是 1/2，在此之后其概率似乎仍然是 1/3。所以等概率分布应该也是不恰当的。

所以这就似乎要求蒙提霍尔应该给每一参赛者所做的选择都指派概率值 1/3，在选择一扇门之前和之后的参赛者都应该给所有后面可能有汽车的门指派概率 1/3。对于这些限制可以通过许多方式实现，这些要求确实将概率指派给参赛者所选择的门所组成的世界，而不是后面有汽车的门所组成的世界：其概率必定是 1/9。余下的就看蒙提霍尔如何行动了，如果参赛者选择了后面有汽车的门，此时蒙提霍尔将会打开余下的两个门之一。假设此时他的选择是建立在这两个门之上的等概率分布，这看起来是合理的。在图 6.10 中给出了这种模型。

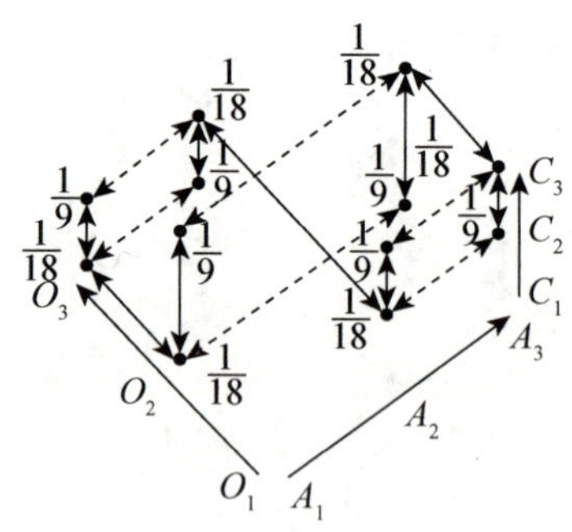

图 6.10　初始情况下蒙提霍尔疑难的概率认知模型

在此，概率指的是世界的先验概率。

现在可以利用动态认知概率逻辑的语义看两个参赛者的信息和蒙提霍尔的信息在整个测试的过程中发生了什么样的变化。参赛者选择了一扇门，假设其门号是 1，且蒙提霍尔打开了后面是山羊的门，假设其门号是

3。假设事实上汽车是在第 2 号门后面。所以现在希望知道是否语句［C_1］［O_2］（P_c（A_1）$=1/3 \wedge P_c$（A_2）$=2/3$）在其后面有汽车的那扇门的号码是 2 时是真的，选择了 1 号门，打开了 3 号门，必须计算更新后的结果。这一点可以在图 6.11 中得到展示，事实上在概率模型中的结论是汽车在 1 号门后的概率是 1/3，根据参赛者的选择，汽车在 2 号门后的概率是 2/3。他应该改变选择。

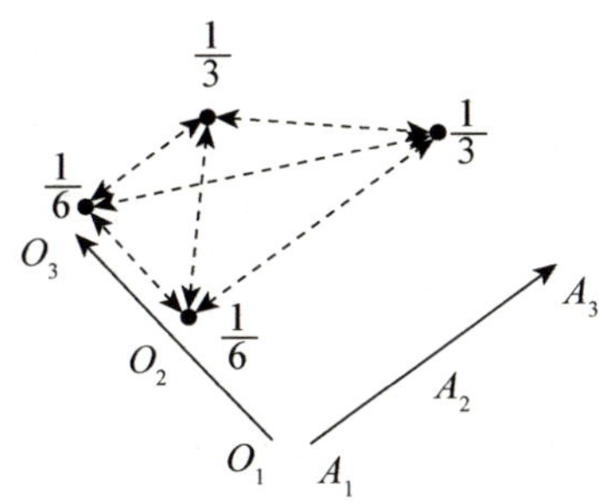

a.参赛者选择了1号门之后对应的认知概率模型

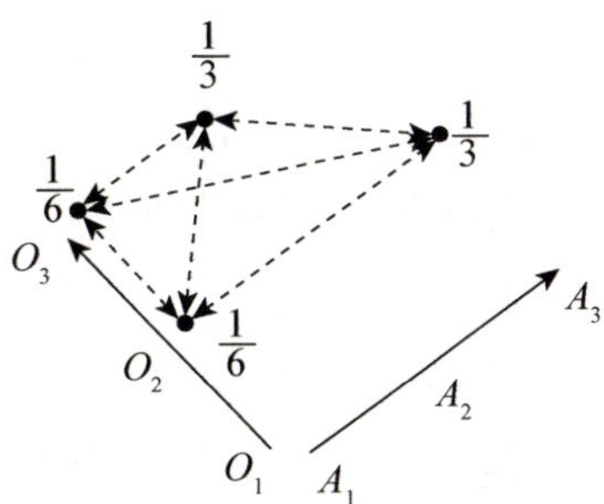

b.蒙提霍尔打开了3号门之后对应的认知概率模型

图 6.11　不同选择下的概率认知模型

B. 语形分析

在语形方法中，其思想是在认知概率逻辑的语言中试图去表达推理，并且证明它是有效的。推理的前提就是门后只有一辆汽车，参赛者只能选择一扇门，且蒙提霍尔也只能打开一扇门。利用前面章节中所采用的命题变元集：

$$\text{onecar} = \bigoplus A$$

$$\text{onechoice} = \bigoplus C$$

$$\text{oneopen} = \bigoplus O$$

其中 $\oplus$ 意思是互斥的析取。假设参赛者给后面有汽车的那扇特殊的门指派概率值为 1/3，以及必须满足莎凡的结论，此外参赛者并不知道其选择的门后面是否有汽车。参赛者在他做出选择之后仍给其指派概率值为 1/3。参赛者的选择和汽车所在的位置是相互独立的。

$$\text{equal} = \bigwedge_{i \in \{1,2,3\}} P_c(A_i) = 1/3$$

$$\text{independent}AC = \bigwedge_{j \in \{1,2,3\}} [C_j]\ \text{equal}$$

这是表达独立的一种比较好的方式。该假设包含了所发现的对蒙提霍尔疑难做得最多的一种分析方法。蒙提霍尔疑难的最关键的分析是在蒙提霍尔打开了一扇门之后。他打开的正好是参赛者没有选择的那扇门并且是门后没有汽车的那扇门。

$$\text{conditions}=\bigwedge_{i,j=(1,2,3)}[C_i](O_j\leftrightarrow(\neg A_j\wedge\neg C_j\wedge\bigwedge_{k\in\{1,2,3\},k\neq j}\neg O_k))$$

把上述公式的缩写 onecar、onechoice、oneopen、equal、independentAC 以及 conditions 进行合取。

此时参赛者是否应该改变选择?

$$\text{switch}=[C_1][O_3]P_c(A_1)\leqslant P_c(A_2)$$

如果该句子是真的，那么参赛者获胜的机会不会因为改变选择而降低。这就排除了最初的不能推出这样的结论。需要做的就是参赛者关于游戏的信息：P_c（最初）$=1$，及两个假设 $P_c(C_1)>0$ 且 $[C_1]P_c(O_a)>0$。这就可推出应该改变选择。

independentAC 假设蕴涵着 $[C_1]P_c(A_1)=1/3$，因而，

$$[C_1]P_c(O_3\wedge A_1)\leqslant 1/3$$

根据 conditions、onechoice、oneopen 可得 $[C_1]P_c(A_2\rightarrow O_3)=1$。根据概率推理可得：$[C_1]P_c(O_3\wedge A_2)=P_c(A_2)$，且 $[C_1]P_c(A_2)=1/3$（根据 independentAC)，可推出 $[C_1]P_c(O_3\wedge A_2)=1/3$，于是可得：

$$[C_1]P_c(O_3\wedge A_1)\leqslant P_c(O_3\wedge A_2)$$

根据原子保持性可得：

$$[C_1]P_c(O_3\wedge[O_3]A_1)\leqslant P_c(O_3\wedge[O_3]A_2)$$

据概率更新 1 公理可推出（运用重写和（）-项公理)：

$$P_c(O_3)>0\rightarrow(([O_3]P_c(A_1)\leqslant P_c(A_2))\leftrightarrow(P_c(O_3\wedge[O_3]A_1)\leqslant P_c(O_3\wedge[O_3]A_2)))$$

通过运用 $[C_1]$ 的必然化规则、分布和假设 $[C_1]P_c(O_3)>0$ 以及命题推理可得：

$$[C_1][O_3]P_c(A_1)\leqslant P_c(A_2)$$

如果希望能推出参赛者通过改变选择而获胜的概率等于 2/3，那么就需要假设利用蒙提霍尔的某些策略。从而就需要假设如果蒙提霍尔能够在打开的两扇门中做出选择（如果参赛者所选择的门正好是汽车所在的门)，于是，他打开一扇门的概率就同他打开另外一扇门的概率相同。这可归结为：

$$\text{equalopen}=\bigwedge_{\{i,j,k\}=\{1,2,3\},i\neq j,i\neq k}[C_i]P_c(O_j)=P_c(O_k)$$

据此可推出：

$$\text{Savant}=[C_1][O_3]P_c(A_1)=(1/3)\wedge P_c(A_2)=(2/3)$$

为了推出这一等式，首先必须运用 conditions 和 onecar，可得：

$$[C_1]\ P_c\ (O_3)\ =P_c\ (O_3 \wedge A_1)\ +P_c\ (O_3 \wedge A_2)$$

此外，利用同前相类似的推理，可得 $[C_1]\ P_c\ (O_3 \wedge A_1)\ =P_c\ (A_1)$。

运用 independentAC，可得：

$$[C_1]\ P_c\ (O_3)\ =P_c\ (O_3 \wedge A_1)\ +1/3$$

此外从 oneopen、equalopen、conditions 可得 $P_c\ (O_3)\ =1/2$，则 $P_c\ (O_3 \wedge A_1)\ =1/6$。运用概率更新 1 公理，就需要用到右边的公式。根据已知，可以推出：

$$[C_1]\ P_c\ (O_3 \wedge A_1)\ =\ (1/3)\ \times P_c\ (O_3)$$

利用原子可保持性，可得：

$$[C_1]\ P_c\ (O_3 \wedge [O_3]\ A_1)\ =\ (1/3)\ \times P_c\ (O_3)$$

如前，运用概率更新 1，可得：

$$[C_1]\ [O_3]\ P_c\ (A_1) =1/3$$

根据已知条件，于是有：

$$[C_1]\ [O_3]\ P_c\ (A_1)\ +P_c\ (A_2)\ =1$$

可以推出莎凡的结论，应该改变选择。

总之，还有其他的方法可以对蒙提霍尔疑难进行分析，例如贝叶斯方法，也可以考虑决策论或者博弈论。在此并不认为这些方法可以成功地分析蒙提霍尔疑难，而采用逻辑的方法解决问题应该是比较好的。

为什么蒙提霍尔疑难的解答似乎是反直觉的？存在的问题是：为了增加参赛者赢得汽车的机会，参赛者是否应该选择另一扇门，而通常的解释与是否改变选择似乎是无关的。蒙提霍尔通过打开数字为 3 的那扇门的信息可以简单地看作用语句 $\neg A_3$ 进行的更新。如果用该语句进行更新，那么小汽车在余下的门后的概率将会等价于 1/2，但这并不只是蒙提霍尔所提供的信息，同时他也提供了小汽车不在 3 号门后面的信息。问题是对蒙提霍尔疑难进行分析的形式的方法是否就足以表达这些条件。换言之，人们应该能够将它们描述出来。正如在前面章节中所看到的那样，动态认知逻辑就是这样的系统。因为逻辑处理的是推理是否是有效的这样的问题，逻辑是能够分析例如蒙提霍尔疑难之类疑难的最好方法。

6.4.2　对蒙提霍尔疑难的进一步分析

蒙提霍尔疑难是动态认知概率逻辑中讨论的热门话题。库尔根据动态认知概率逻辑给出了蒙提霍尔疑难的解决方法。

A. 根据动态认知概率逻辑对蒙提霍尔疑难的语义分析

假设 $M_{PDEL}:=(W, \pi, R_1, R_{MH}, P)$ 为已知。令 W 是 $\{w_1, w_2, w_3, w_4\}$，其中世界 w_1 表示的是 1 号门后面有一辆车并且 MH（蒙提霍尔）打开了 2 号门；世界 w_2 表示的是 2 号门后面是一辆车并且 MH 打开了 1 号门；世界 w_3 表示的是 2 号门后面是一辆车并且 MH 打开了 3 号门；世界 w_4 表示的是 3 号门后面是一辆车并且 MH 打开了 2 号门。

因为对所有的 w_1，$w_2 \in W$，$w_1 \in R_1(w_2)$，据（SDP）有：

$$P(I, w_1)=P(I, w_2)=P(I, w_3)=P(I, w_4)$$

那么，对所有的 $w \in W$，

$$P_{I,w}(\{w_1\})=P_{I,w}(\{w_2\})=1/6,\ P_{I,w}(\{w_3\})=P_{I,w}(\{w_4\})=1/3$$

令 φ_3、ψ_1 和 ψ_2 分别表示下面的句子：

φ_3：＝MH 打开了 3 号门

ψ_1：＝1 号门后面有一辆汽车

ψ_2：＝2 号门后面有一辆汽车

因为

$$P_{I,w}(W_{I,w}(\psi_1))=P_{I,w}(\{w_1\})+P_{I,w}(\{w_2\})+P_{I,w}(\{w_2\})=1/6+1/6=1/3$$

于是，对所有的 $w \in W$，对所有的 $w' \in R_I(w)$，

$$(M_{PDEL}, w') \vDash P_I(\psi_1)=1/3$$

所以

$$M_{PDEL} \vDash K_I(P_I(\psi_1)=1/3)$$

此外，因为，对所有的 $w \in W$，

$$P_{I,w,\varphi3}(W_{I,w,\varphi3}(\psi_1))=P_{I,w}(W_{I,w}(\varphi_3 \wedge \psi_1))/P_{I,w}(W_{I,w}(\varphi_3))=P_{I,w}(\{w_2\})/[P_{I,w}(\{w_2\})+P_{I,w}(\{w_3\})]=(1/6)/(1/6+1/3)=1/3$$

$$P_{I,w,\varphi3}(W_{I,w,\varphi3}(\psi_2))=P_{I,w}(W_{I,w}(\varphi_3 \wedge \psi_2))/P_{I,w}(W_{I,w}(\varphi_3))=P_{I,w}(\{w_3\})/[P_{I,w}(\{w_2\})+P_{I,w}(\{w_3\})]=(1/3)/(1/6+1/3)=2/3$$

于是，对所有的 $w \in W$，对所有的 $w' \in R_{I,\varphi3}(w)$，

$(M_{\varphi3,PDEL}, w') \vDash P_I(\psi_1=1/3$，对所有的 $w' \in R_{I,\varphi3}(w)$，$M_{\varphi3,PDEL}, w') \vDash P_I(\psi_2)=2/3$

有下面的结果：

$$M_{PDEL} \vDash [\varphi_3]\ K_I(P_I(\psi_1)=1/3)$$

$$M_{PDEL} \vDash [\varphi_3]\ K_I(P_I(\psi_2)=2/3)$$

应该改变选择。Ichikawa 解释说，有许多参赛者支持这样的答案，

即应该或者必须改变他们的选择。但是，还有不支持这一答案的其他方法吗？有，那就是普通像基上的动态认知概率逻辑不支持这一答案。下面就对它进行介绍。

B. 根据普通像基上的动态认知概率逻辑对蒙提霍尔疑难的修正

假设已知 M_{GIPDEL}：＝（W，$\preceq$，π，R_I，R_{MH}，$\widetilde{P}$）。那么 $\preceq$ 表示 w_2是在 φ_3 为真的世界里最类似于 w_1 的状态，w_2 和 w_3 是在 φ_3 为真的那些世界中最类似于 w_4 的状态。

因为，对所有的 w∈W，

$P_{I,w,\varphi3}$（$W_{I,w,\varphi3}$（ψ_1））＝$P^{\odot}_{I,W,\varphi3}$（$W_{I,w\varphi3}$（ψ_1））＝1/6＋1/6＋1/2 • 1/3＝1/2

$P_{I,w,\varphi3}$（$W_{I,w,\varphi3}$（ψ_2））＝$P^{\odot}_{I,W,\varphi3}$（$W_{I,w\varphi3}$（ψ_2））＝1/3＋1/2 • 1/3＝1/2

于是，对所有的 w∈W，

对所有的 $w'\in R_{I,\varphi3}$（w），（$M_{\varphi3,GIPDEL,w'}$）⊨ P_I（ψ_1）＝1/2

对所有的 $w'\in R_{I,\varphi3}$（w），（$M_{\varphi3,GIPDEL,w'}$）⊨ P_I（ψ_2）＝1/2

所以，有下面的结果：

$M_{GIPDEL}\vDash[\varphi_3]K_I(P_I(\psi_1)=1/2)$　$M_{GIPDEL}\vDash[\varphi_3]K_I(P_I(\psi_2)=1/2)$

确实不能够改变自己的选择。这样，普通像基就可以表达支持这种答案的信念变化。

6.4.3　蒙提霍尔疑难语义分析的修正

A. 蒙提霍尔疑难的修正

Ichikawa 提出了囚徒困境的一种修订版。在他看来，也可以把蒙提霍尔疑难的修订版陈述如下：

> 假设参赛者参加一场游戏秀，让参赛者在三个门前做出选择。其中一扇门后面是汽车，其他的两个门后面是山羊。不知何故，参赛者知道在第 1 个号门后面是汽车的概率是 1/4，在第 2 号门后面是汽车的概率是 1/4，并且在第 3 号门后面是汽车的概率是 1/2。参赛者只是暂时选择了一扇门。假设是 1 号门。并且主持人蒙提霍尔知道每号门后面究竟是什么，打开了另外一扇门，假设是 2 号门，其后面是一只山羊。那么，参赛者认为 1 号门后面是汽车

的概率是多少？

B. 根据动态认知概率逻辑进行的语义分析

假设已知 M_{PDEL}：＝（W，π，R_I，R_{MH}，P）。那么对所有的 w∈W，

$P_{I,w}(\{w_1\})=P_{I,w}(\{w_2\})=1/8$，$P_{I,w}(\{w_3\})=1/4$，$P_{I,w}(\{w_4\})=1/2$

令 φ_2 表示语句 MH 打开了 2 号门。

因为，对所有的 w∈W，

$P_{I,w,\varphi 2}(\psi_1)=P_{I,w}(W_{I,w(\varphi 2\wedge\psi 1)})/P_{I,w}(W_{I,w(\varphi 2)})=P_{I,w}(\{w_1\})/(P_{I,w}(\{w_1\})+P_{I,w}(\{w_4\}))=(1/8)/(1/8+1/2)=1/5$

于是有，对所有的 w∈W，

$(M_{\varphi 2,PDEL,w}{}')\vDash P_I(\psi_1)=1/5$，对所有的 w′∈$R_{I,\varphi 2}$（w）。

所以有下面的结果：

$M_{PDEL}\vDash[\varphi_2]K_I(P_I(\psi_1)=1/5)$

可见，在这里，1 号门后面有车的概率会降低；然而，Ichikawa 解释说没有原因让人相信在 1 号门后面有车的概率会降低①，于是出现了另一种语义分析。

C. 根据普通像基上的动态认知概率逻辑进行的语义分析

假设已知 M_{GIPDEL}：＝（W，$\sqsupseteq$，π，R_I，R_{MH}，$\widetilde{P}$）。那么 $\sqsupseteq$ 表示 w_1 在 φ_2 为真的那些世界里最类似于 w_2，则 w_1 和 w_4 在 φ_2 为真的那些世界中最类似于 w_3。

因为，对所有的 w∈W，

$P_{I,w,\varphi 2}(W_{I,w,\varphi 2}(\psi_1))=P^{\odot}_{I,W,\varphi 2}(W_{I,w\varphi 2}(\psi_1))=1/8+1/8+1/2\cdot 1/4=3/8$

还有，对所有的 w∈W，

对所有的 w′∈$R_{I,\varphi 2}$（w），$(M_{\varphi 2,GIPDEL,w}{}')\vDash P_I(\psi_1)=3/8$

所以，有下面的结果：

$M_{GIPDEL}\vDash[\varphi_2]K_I(P_I(\psi_1)=3/8)$

在例 2 中，普通像基上的动态认知概率逻辑也可给出令人满意的答案。

D. 结论

库尔说：蒙提霍尔疑难的确是一个疑难，因为它是反直觉的。最好的

① Ichikawa S. Studies in understanding probability.（in Japanese.）Kyoritsu，Tokyo. 1998：30.

方法就是去证明反直觉的结果是正确的，那就需要利用某些形式的方法。动态认知概率逻辑就提供了一种这样的方法（Kooi，2003）①。

在此作者并不赞同他的说法。蒙提霍尔疑难并没有说明直觉推理有时和数学规律是不一致的。但它却证明了存在概率变化并不能够用动态认知概率逻辑进行表达。在此，建议采用普通像基上的动态认知概率逻辑，并且证明这些概率变化可以在普通像基上的动态认知概率逻辑中得到表达。该疑难的修订版支持这种观点。

6.4.4　蒙提霍尔疑难的认知分析

A. 引言

蒙提霍尔疑难就是“认知错觉”中比较著名的例子，显示了在处理不确定性问题的时候所要面对的阻力和不完全性。人们通常从以下四个认知方面探讨该问题：（1）自然频率；（2）心理模型；（3）观点转变；（4）信息较少，效果反而更好。而从归纳逻辑的角度来看，主要涉及如何进行归纳评价或概率赋值的问题。故此，对该疑难的研究有助于探讨归纳逻辑的认知基础问题。

B. 选择的认知方法分析

尽管在蒙提霍尔疑难上，人们遇到了许多的困难，但仍然有人凭直觉找出了一些相对恰当的解决方案。这自然就会导致两个问题：这些解决难题的人使用了什么样的推理方法呢？如果了解这种推理机制，如何才能用合适的方法表达和说明认知难题，例如如何消除那种改变决定的阻力呢？

下面，就从四个方面讨论该问题。

（1）自然频率

若要找出解决蒙提霍尔疑难的恰当方案，就需要进行推理，该推理应该依据频率而不是依据概率进行。在（Gigerenzer，Hoffrage，1995）②中所做的实验表明用自然频率描述概率信息，以帮助参赛者解决推理问题比用概率推理解决同一问题显得更为恰当些。其中一种方式是用概率描述相关的信息，另一种方式则是用频率描述相同的信息。如果将单独事件的概率转变成自然频率，就可以改进概率推理。也可以事先向不同组的参赛

---

① Kooi B P. Probabilistic dynamic epistemic logic. Logic Lang. Inform. Special issue on connecting the different faces of information. 2003，12（4）：381－408.

② Gigerenzer G，Hoffrage U. How to improve Bayesian reasoning without instruction：frequency formats. Psychological Review. 1995，102：684－704.

者分别介绍用概率处理蒙提霍尔疑难的方法及用频率处理蒙提霍尔疑难的方法。在实验过程中，知道概率表达方法的参赛者中仅有 12%的人能够给出正确的回答，而知道频率表达方法的参赛者中有 29%的人给出了正确的回答。概率运算的方法比频率运算的方法更加烦琐。所以他们认为用频率进行推理的方法优于用概率进行推理的方法。

(2) 心理模型

在该游戏秀中，必须计算和比较所有可能的安排情况（假设如果汽车确实在 2 号门后，那么改变最初的选择就可能会赢）。这种基于心理模拟的方法在（Johnson-Laird，1983）① 中是用动态逻辑推理的方法处理的。根据他的研究结果，关于逻辑问题的推理是通过心理模型构造的。（Johnson-Laird，1999）② 则把上述理论扩展到概率推理，其中包括关于蒙提霍尔疑难的推理，并且指出了人们可以利用直觉主义的方法描述蒙提霍尔疑难的 6 个心理模型。Johnson-Laird 等人认为，尽管人们是否确实会使用这些心理模型去解决蒙提霍尔疑难还没有进行经验上的研究，但这 6 个心理模型的确是解释蒙提霍尔疑难的一种比较好的方法。

(3) 观点转变

从蒙提霍尔疑难中可以看出在改变选择和贝叶斯定理结构之间的理论联系：假定参赛者最初选择的是 1 号门，之后蒙提霍尔打开了 3 号门，根据贝叶斯定理，汽车在 2 号门后的概率可用下式表达：

$$p(C_2 \mid M_3) = \frac{p(M_3 \mid C_2) \cdot p(C_2)}{p(M_3 \mid C_1) \cdot p(C_1) + p(M_3 \mid C_2) + p(M_3 \mid C_3) \cdot p(C_3)}$$

其中，$C_i = i$ 号门后有汽车，$i = 1$，2，3；$M_3 =$蒙提霍尔打开 3 号门。

看起来，改变选择和贝叶斯定理结构之间有一定的联系：当根据已知事件 B 计算任一事件 A 的条件概率即 P（A，B）时，贝叶斯定理要求必须考虑逆条件概率 P（B，A）和 P（B，$\overline{A}$）。对于蒙提霍尔疑难，这就意味着要断定 P（C_3，M_3），就必须把三个条件概率 P（M_3，C_3）、P（M_3，C_2）以及 P（M_3，C_1）引入到贝叶斯定理之中。评估这三个概率的认知方法不依赖于参赛者的行为，而在于蒙提霍尔在三种安排中的行为。所以，贝叶斯定理解决问题的方案无论是基于贝叶斯定理的形式的一

① Johnson-Laird P N. Mental models：towards a cognitive science of language，inference and consciousness. Cambridge：Cambridge University Press. Cambridge，MA：Harvard University Press. 1983.

② Johnson-Laird P N. Deductive reasoning. Annual Review of Psychology. 1999：109.

方还是基于直觉的一方，关键是主持人的行为而不是参赛者的行为。

(4) 信息较少，效果反而更好

在认知过程中，使用信息者和信息提供者都面临的问题是：应当使用和提供的最理想的信息量是多少？(Goldstein，Gigerenzer，1999)① 的实验报告表明，有时知道得越少反而越好。他们在《启发式再认知》中举出了有关这方面的例子，有利于发掘人们做出推论的认知潜力。当要求主体根据一些标准判断两个对象哪一个有更高的价值时，启发式认知得出了这样的结论：如果两个对象中有一主体认识而另一主体不认识某一对象，则可推出不认识该对象的主体所得的结论反而具有更高的参考价值。例如德国人比美国人能更好地判断出两个美国城市中哪个城市的人口更多，原因是什么呢？德国参赛者中许多人没听说过那个城市的名字，因而使用了启发式认知方法。事实上只有在缺乏某些知识的情况下，启发式认知方法才能够有效地被使用。该项研究表明，在不确定的情况下，知识的缺乏实际上更有利于得出恰当的推论。

C. 小结

在认知悖论的研究方面，关于蒙提霍尔疑难的讨论仍在继续，但是蒙提霍尔疑难的提出却给了很大的启示。首先，蒙提霍尔疑难实际上是关于决策和博弈的认知问题。在拥有信息相对较多的博弈和推理过程中，用频率进行推理要优于用概率进行推理。而在重复博弈的场合，采用符合直观的、自然的频率进行推理比采用概率进行推理更为恰当一些。其次，作为认知错觉或心理隧道的最具有表现力的例子，蒙提霍尔疑难提示人们，必须重视归纳逻辑的认知方面的研究。从归纳逻辑的视角研究蒙提霍尔疑难的认知过程，并分析造成蒙提霍尔疑难的原因，以及探讨问题解决的推理过程等，都有助于深化对归纳逻辑的研究。蒙提霍尔疑难的认知过程分析给出的启发是，不仅要利用现代逻辑的方法，特别是模态逻辑的方法拓展归纳逻辑的研究，而且要借鉴认知科学的研究成果，以便深入探讨归纳逻辑的认知问题，以推动归纳逻辑研究向新的深度和广度方面拓展。倘若脱离这一宽广的背景研究该问题，就不能真正地有助于解决这样的疑难。更为重要的是，不管怎样回答该问题，都必须清醒地认识到，应用归纳逻辑

---

① Goldstein D G，Gigerenzer G. The recognition heuristic：how ignorance makes us smart. In Gigerenzer G，Todd，P. M. & the ABC Group. Simple heuristics that make us smart. New York：Oxford University Press. 1999：37－58.

中的贝叶斯推理时，不仅需要关注其逻辑形式方面，同时也要关注其认知或心理的因素。在以上所涉及的动态认知概率逻辑系统中，都对这些认知悖论问题进行了形式方面和认知心理方面的分析。

总之，逻辑学、信息科学、博弈论和计算机科学相结合，产生了大量的研究成果，在这些领域，都有一定的应用价值。同时，对其中存在的问题进行哲学上的思考，也是一个比较新的研究领域，这些都有待于做更深入的研究。

6.5 结 论

动态认知概率逻辑可以用来对概率、信息、信息变化进行推理。在不涉及概率的逻辑中可以对信息变化进行推理，而在概率论中则可以对高阶信息的变化进行推理。本章给出了其语义，并提出构造模型以及可靠的和完全的证明系统的一些方法；另外，本章也定义了可以用在博弈论中的互模拟，并可以用该逻辑对蒙提霍尔疑难进行分析。

动态认知概率逻辑也可以借助信息变化理论的相关知识有效地处理概率更新。概率论和动态认知概率逻辑中的更新非常类似，在概率论中新的信息通常用可能世界集表达，把现实世界看作该集合中的元素。而在动态认知概率逻辑中，新的信息则通过语句集表达。每一语句都对应于可能世界集，但是这在概率论中无法得到解释。不过，在动态认知概率逻辑中，也存在一些问题，例如该逻辑中对接收同样的信息两次和接收一次的处理方法是相同的，并且和接收信息的顺序也没有关系，这些问题都需要进行更加深入的研究。

现在还需要讨论更深层次的问题，公开认知语句并不是人们获得新信息仅有的方法。在信息论中有的变化并不能用动态认知概率逻辑来进行模型。于是希望可以模型博弈行动，现在在这方面的研究已经取得了一些进展，如第 4 章中所研究的内容。将公共知识加入到了动态认知概率逻辑之中，这种处理方式在博弈论中更加适合。在（Baltag，Moss，Solecki，1999）① 中为带有公共知识的动态认知逻辑提供了一个完全的证明系统。

---

① Baltag A，Moss L S，Solecki S. The logic of public announcements，common knowledge，and private suspicions. Technical Report SEN-R9922，CWI，Amsterdam. 1999.

在该领域中，利用（Baltag，2002）① 所提出的方法发展新的逻辑则将认知行动看作认知行动模型，可以带有认知模型的积生成执行行动后的结果，所有这些模型都可以看作由概率模型组成［可参看（van Benthem，2002）②］。即使如此，若在行动中不能够把不同的可能世界集区分开来时，也会出现问题，为此就必须模型策略和协议，如第 3 章所研究的内容。

在概率论中，还有其他涉及新信息的更复杂的方法，例如 Jeffrey 的条件化规则，参看（Jeffrey，1983）③，Dempster 的复合规则，参看（Dempster，1967）④ 和交叉熵（cross entropy），参看（Kullback，Leibler，1951）⑤。所有这些思想都是用不满足以条件概率为模型的方法来表达混合新信息的。

在该领域中可能面临的挑战是什么呢？其中有两个方面比较关键。其一，信息一元论或是多元论。处理信息的方法很多，于是研究这些方法之间的关系就显得非常必要。实际上，有很多科学分支都致力于某个独立领域的研究，并且都非常注重对其方法的研究。在许多科学领域中都会出现这种情况，某个领域比较广阔，人们必须专攻该领域的某些方面，同时也必须获知其他专业领域的知识。举例来说，在汽车工厂里存在几个非常专业的任务。某人把窗户安在车内并不需要知道引擎是如何有效地发挥作用，某人把引擎安装进车内也不需要知道窗户是如何工作的。但是他们也确实有关于车的一般的认识，即引擎所具有的特殊的功能和窗户所具有的功能是没有关系的，反之亦然。在信息研究中，引擎师也确实不可能知道所有的不同的理论：它们之间似乎存在某种相互关系，但是并不清楚某个领域是如何和另一个领域发生关系的，这需要我们去建立。

其二，概率的哲学问题。关于该问题存在一定的争议，概率逻辑可以看作数学概率和哲学概率之间的桥梁，不同的哲学可得不同的逻辑，但是这些逻辑之间的相互关系是值得研究的。

---

① Baltag A. A logic for suspicious players: epistemic action and belief-updates in games. Bulletin of Economic Research. 2002，54 (1)：1－45.

② van Benthem J. “One is a lonely number”: on the logic of communication. the Logic Colloquium 2002.

③ Jeffrey R C. The logic of decision. Chicago London：University of Chicago Press. 1983.

④ Dempster A P. Upper and lower probabilities induced by a multivalued mapping. Annals of mathematical statistics. 1967，38：325－329.

⑤ Kullback S，Leibler R A. On information and sufficiency. Annals of mathematical statistics. 1951，22：79－86.

同时，由于概率存在不同的解释，通常人们在解释概率时容易产生误解，所谓的“概率的解释”最好称为“概率的不同概念的分析”，而解释概率的任务就是为了实现对概率的不同的概念的分析。“概率”并不仅仅指单个的形式系统，而是指一类这样的形式系统。虽然概率解释的目的只是得出概率的一般用法以及给出涉及哲学上的主要的概率解释概念，但由于其间涉及很多哲学问题，故并没有对概率的基础性问题做过多的研究，也没有对概率解释的恰当的标准进行研究，如对概率需要满足可容许性、确定性、适用性等进行研究。本书在此就不再对概率的解释做过多的阐述了。

关于悖论方面的研究，也只是对蒙提霍尔疑难进行了语义的、语形的以及认知方面的分析，由于悖论种类繁多，与此有关的就有认知悖论、动态认知悖论、概率悖论等，这些悖论有很多都可以用动态认知逻辑系统来进行分析，如睡美人悖论、两个信封悖论、囚徒的困境等等。

对于组合模态逻辑来说，除了熔合的方法以及更新积的方法之外，还有很多其他的方法，如纤维的方法等，由于和我们所用到的方法无关，在此也没有做过多的讨论。

由于受到篇幅的限制，并没有对认知逻辑、动态逻辑、动态认知逻辑、时间逻辑、时间动态认知逻辑等基础的理论分别进行详细的阐释，如果需要，可以参看本文中所列的相关部分的参考文献。

同时，关于组合方法是否能够持续不断地构造越来越大的逻辑系统的问题，以及构造动态认知概率逻辑系统的必要性问题，刘奋荣曾经在2008年4月，在她的博客中记载下了刘新文向范·本特姆的提问，以及范·本特姆所做的回答。刘新文曾经问道：现在大家似乎对逻辑的组合很感兴趣。例如，我们可以在认知逻辑中加入动态算子得到动态认知逻辑，加入时间，得到时态的动态认知逻辑，然后再加入策略等。这一过程似乎永无止境。我有时想，这样做的目的到底是什么？当我们做这样的事情的时候，应当考虑什么问题呢？

范·本特姆的回答如下：

> 能否持续不断地构造越来越大的逻辑系统呢？首先需要提醒的是，对形式模型做“有控制地扩张”是科学事业的核心，所以这样做本身没有什么错。当然应当也要有“侧重的”创造性的活动，找到简单的新模型来解释迄今为止未探索的现实的某些方面。事实上，关于理性主体的个别方面（例如行为、信念和偏好等）的模型早已存在很

长一段时间了。这就是通常所谓的"分析"方法的一种体现。但在很大程度上却忽略了另外一个新问题：这些要素能否成功地在系统中运作呢？或者说所有的这些事情在人的头脑中能否同时进行呢？

在 20 世纪 90 年代出现了激动人心的新趋势，即考察当逻辑系统组合在一起的时候会是什么样的，大家都对模态逻辑系统的各种组合进行了"实验"。可以把这看作实际的需要，但是我本人却把它看作关于"认知体系"的基本问题：不同的逻辑子系统在交换信息的过程中如何能够共同发挥作用呢？随着时间的流逝，大家将会清楚地看到，该问题是很棘手的。原因在于整个系统的复杂性是由组成部件的复杂性所决定的，而且也受组合方式的制约。例如，J. Halpern 和 M. Vardi 发现了如下的结果：如果把单独的可判定的认知逻辑和时态逻辑组合在一起，假设主体具有完美的记忆力，那么组合的认知时态逻辑将会变得不再是可判定的了。存在的问题是，为了描述更有意义的现象，就需要更复杂的系统，主体需要执行很多不同的任务。恰当的方法论就是首先要在简单的逻辑系统中来对这些任务进行分析。之后，需要弄清楚如果把这些系统组合在一起，它们是如何运作的，对此还远没有较为一般的认识。我（范·本特姆）本人也曾经与 E. Pacuit 和 J. Gerbrandy 写论文讨论过将动态认知逻辑和时态逻辑组合在一起的相关问题，我们脑中的确在思考这样的一些一般性问题。大家并不提倡"盲目的"组合，但大家也的确意识到了其中涉及的复杂性的极限问题。我认为不能不加限制地构造大的怪物，但是却希望看到这是激动人心的挑战！什么样的原则可以促使组合的逻辑变得更加简单呢？如何能够避免著名的"科学悖论"，即创造的理论比现实还要复杂呢？我们的目标应当是解释现实，设法简化现实。①

以上是范·本特姆对该问题的回答，这也是我们对可能产生的争鸣做出的回答，也作为本书的最后结语。同时利用组合模态逻辑的方法以及现代逻辑的方法，对动态认知时间概率逻辑进行研究，是有价值的。因为该逻辑系统在博弈论和决策论中是一种非常重要的研究工具。未来的研究工作则是该逻辑系统在具体科学领域中的应用。

---

① 刘奋荣的博客．逻辑之门：作者和译者的对话．约翰·范·本特姆．Blog：http://hi.baidu.com/liufenrong，2008-04-11，星期五．

参考文献

[1] 董英东．偏好语境下的序逻辑．辽宁工程技术大学学报（自然科学版），2012.03：425-428.

[2] 董英东．动态逻辑的强完全性和不协调性．毕节学院学报，2012.08：6-12.

[3] 董英东．组合模态逻辑．毕节学院学报，2013.08：1-07.

[4] 董英东．模态逻辑中的转换结构的局限性．辽宁工程技术大学学报，2014（2）：284-288.

[5] 董英东．多主体自认知逻辑系统．西南大学学报，2009（5）：71-75.

[6] 董英东．认知逻辑存在的问题及发展趋向．毕节学院学报，2009（3）：43-47.

[7] 董英东．模态逻辑发展历史概述．燕山大学学报，2010.02：133-138.

[8] 董英东．逻辑及其在知识研究中的作用．唐山学院学报，2014（5）：9-12.

[9] 郭美云．带有群体知识的动态认知逻辑．优秀博士论文库，北京大学．2006.

[10] 李小五．动态认知逻辑专题研究．广州：中山大学出版社，2010.3.

[11] 刘奋荣．动态偏好逻辑研究．北京：科学出版社，2010.10.

[12] 张学立，董英东．哲学逻辑引论．北京：科学出版社，2013.6.

[13] 任晓明，陈晓平．决策、博弈与认知——归纳逻辑的理论与应用．北京：北京师范大学出版社，2014.4.

[14] Alchourron C E，Gardenfors P，Makinson D. On the logic of theory change：partial meet functions for contraction and revision. Jour-

nal of Symbolic Logic. 1985，50：510－530.

［15］ Andreas Witzel. Knowledge and games：theory and implementation. Ph. D. thesis，Institute for Logic，Language and Computation（ILLC），Universiteit van Amsterdam（UvA），Amsterdam，The Netherlands. ILLC Dissertation Series DS－2009－05.

［16］ Antony C，Hoare R. Communicating sequential processes. Prentice-Hall，Inc，1985：15－35.

［17］ Antony C，Hoare R. Communicating sequential processes. Communications of the ACM，21（8）：666－677，1978：15，16，18，and 35.

［18］ Ariel Rubinstein. The electronic mail game：strategic behavior under almost common knowledge. The American Economic Review，79（3）：385－391，1989：3－13.

［19］ Aumann R. Agreeing to disagree. Annals of Statistics，4（6）：1236－1239，1976.

［20］ Balbiani P，Baltag A，van Ditmarsch H，Herzig A，Hoshi T and de Lima. knowable as known after an announcement. Review of Symbolic Logic，2008.

［21］ Baltag A and Smets S. Dynamic belief revision over multiagent plausibility models. In G. Bonanno W，van der Hoek，and M. Wooldridge，editors. Logic and the Foundations of Game and Decision Theory：Proceedings of LOFT' 06，Texts in Logic and Games. Amsterdam University Press，2006：11－24.

［22］ Blackburn P，de Rijke M，Venema Y. Modal logic. volume 53 of cambridge tracts in theoretical computer science. Cambridge：Cambridge University Press，2001.

［23］ Blackburn P，de Rijke M and Venema Y. Modal logic，Cambridge UK：Cambridge University Press，2000.

［24］ Bonanno G. Memory and perfect recall in extensive games. Games and Economic Behaviour，47：237－256，2004.

［25］ Bouge L. On the existence of symmetric algorithms to find leaders in networks of communicating sequential processes. Acta Informatica，25（2）：179－201，1988：15，16，21，22，28，29，30，and 35.

[26] Carnap R. The Continuum of inductive methods. University of Chicago Press, Chicago, 1952: 10.

[27] Catuscia Palamidessi. Comparing the expressive power of the synchronous and asynchronous pi-calculi. Mathematical Structures in Computer Science, 13 (05): 685-719, 2003: 15.

[28] Ciardelli I. Inquisitive semantics and intermediate logics. Master Thesis, ILLC University of Amsterdam, 2009.

[29] Ciardelli I and Roelofsen F. Inquisitive logic. Journal of Philosophical Logic, 40 (1), 55-94, 2011.

[30] Cover T, Thomas J. Elements of information theory. Wiley Series in Telecommun ications. John Wiley & Sons Inc, 1991.

[31] Cutumisu M, Curtis Onuczko, Matthew McNaughton, Thomas Roy, Jonathan Schaeffer, Allan Schumacher, Jeff Siegel, Duane Szafron, Kevin Waugh, Mike Carbonaro, Harvey Duff, and Stephanie Gillis. Script ease: a generative/adaptive programming paradigm for game scripting. Science of Computer Programming, 67 (1): 32-58, 2007: 83.

[32] Fagin R, Halpern J Y, Moses Y, Vardi M. Reasoning about knowledge. Cambridge, Massachusetts: MIT Press, 1995.

[33] Fagin R, Halpern J Y. Reasoning about knowledge and probability. Journal of the Association for Computing Machinery. 1994, 41 (2): 340-367.

[34] Faith Fich and Eric Ruppert. Hundreds of impossibility results for distributed computing. Distributed Computing, 16 (2): 121-163, 2003: 15-16.

[35] Floor Anna Gineke Sietsma. Logics of communication and knowledge. Ph. D. thesis, Institute for Logic, Language and Computation (ILLC), Universiteit van Amsterdam (UvA), Amsterdam, The Netherlands . ILLC Dissertation Series DS-2012-11.

[36] French T and van Ditmarsch H. Undecidability for arbitrary announcement logic. AIML, 2008.

[37] Gardenfors P, Rott H. Belief revision. In Gabbay D M, Hogger C J, Robinson J A. (Eds.), Handbook of Logic in Artificial Intelligence and Logic Programming, Volume 4, Epistemic and temporal reason-

ing. Oxford: Clarendon Press, 1995: 35－132.

[38] Gerard Le Lann. Distributed systems, towards a formal approach. Information Processing, 77: 155－160, 1977: 22.

[39] Giacomo Bonanno. Belief revision in a temporal framework. In G. Bonanno W, van der Hoek, and Wooldridge M. editors. Logic and the Foundations of Game and Decision Theory: Proceedings of LOFT'06, Texts in Logic and Games. Amsterdam University Press, 2006: 43－50.

[40] Girard J－Y, Lafont Y L, Taylor P. Proofs and types, CUP, Cambridge, 1989.

[41] Gmytrasiewicz Piotr J and Prashant Doshi. A framework for sequential planning in Multi-Agent settings. Journal of Artificial Intelligence Research, 24: 49－79, 2005. Cited on p. 84.

[42] Gregory R Andrews. Concurrent Programming: Principles and Practice. Addison Wesley, 1991: 14.

[43] Groenendijk J and Roelofsen F. Inquisitive semantics and pragmatics. Presented at the Workshop on Language, Communication, and Rational Agency at Stanford, available via www. illc. uva. nl/inquisitive-semantics, 2009.

[44] Groenendijk J and Roelofsen F. An inquisitive witness semantics. Manuscript, ILLC University of Amsterdam, 2011.

[45] Grzegorczyk A. A philosophically plausible formal interpretation of intuitionistic logic. Indagationes Mathematicae, 1964 (26): 596－601.

[46] Halpern J Y, Tuttle M. Knowledge, probability, and adversaries. Journal of the Association for Computing Machinery, 1993, 40 (4): 917－962.

[47] Halpern J Y. Reasoning about Uncertainty. Cambridge, Massachusetts London, England. The MIT Press, 2003.

[48] Harel D, Kozen D, Tiuryn J. *Dynamic logic*. Foundations of Computing. Cambridge, Massachusetts: MIT Press, 2000.

[49] Henkin L. Completeness in the theory of types. The Journal of Symbolic Logic, 15 (2): 81－91, 1950. http://projecteuclid. org/euclid. jsl/1183730860. page 7.

[50] Hintikka J. Knowledge and belief, an introduction to the logic of the two notions. Ithaca & London: Cornell University Press, 1962.

[51] Hoshi T. Epistemic dynamics and protocol information. Ph. D. thesis, Institute for Logic, Language and Computation (ILLC), Universiteit van Amsterdam (UvA), Amsterdam, The Netherlands . ILLC Dissertation Series DS-2009-08.

[52] Hoshi T. The knowability paradox and dynamics of knowledge. Philosophy Department, Stanford University, 2008a.

[53] Hoshi T. Logical omniscience and epistemic closure. Philosophy Department, Stanford University, 2008b.

[54] Hoshi T. Public announcement logic with protocol constraints. In L. Kurzen and F. R. Velazquez-Quesada, editors. Logics for Dynamics of Information and Preferences, pages 181-214. ILLC, 2009.

[55] INMOS Ltd. occam 2 Reference Manual. Prentice-Hall, 1988: 15.

[56] Jonathan Weinstein and Muhamet Yildiz. Impact of higher-order uncertainty. Games and Economic Behavior, 60 (1): 200-212, 2007: 35.

[57] Joseph Y. Halpern and Yoram Moses. Knowledge and common knowledge in a distributed environment. Journal of the ACM, 37 (3): 549-587, 1990: 13, 14, 35.

[58] Kolmogorov A N. Foundations of the Theory of Probability (second ed.). New York: Chelsea Publishing Company. Translation edited by Nathan Morrison with an added bibliography by A. T. Bharucha-Reid. 1956.

[59] Kooi B P. Knowledge, Chance, and Change. ILLC Dissertation Series, ILLC, Amsterdam. 2003.

[60] Kozen D, Parikh R. An elementary proof of the completeness of PDL. Theoretical Computer Science. 1981, 14: 113-118.

[61] Kripke S A. Semantical analysis of intuitionistic logic I. in J. Crossley & M. Dumett (eds.). Formal Systems and Recursive Functions, North-Holland, Amsterdam, 1965, 92-129.

[62] Krzysztof R Apt, Andreas Witzel, and Jonathan A Zvesper. Common knowledge in interaction structures. In Proceedings of the 12th Conference on Theoretical Aspects of Rationality and Knowledge (TARK XII),

2009：10，37，38，40，48，and 75.

［63］ Lewis D. General semantics. Synthese，22：18－67，1970：10，11，12.

［64］ Lewis D. Convention：A Philosophical Study. Harvard University Press，1969：13.

［65］ Li M，Vitanyi P M B. An introduction to Kolmogorov complexity and its applications（second ed.）. Graduate texts in computer science. New York etc.：Springer. 1993.

［66］ Magnusson M and Patrick Doherty. Logical agents for language and action. In Proceedings of the Fourth Artificial Intelligence and Interactive Digital Entertainment Conference（AIIDE－08），Stanford，2008：83－138.

［67］ Mani Chandy K and Jayadev Misra. How processes learn. Distributed Computing，1（1）：40－52，1986：3－47.

［68］ Meyer J J，van der Hoek W. Epistemic Logic for AI and Computer Science. Cambridge：Cambridge University Press，1995.

［69］ Minica S A. Dynamic-Epistemic Logic of Questions and Inquiry. Ph. D. thesis，Institute for Logic，Language and Computation（ILLC），Universiteit van Amsterdam（UvA），Amsterdam，The Netherlands. ILLC Dissertation Series DS－2011－08.

［70］ Montague R. Universal grammar. Theoria，36：373－398，1970. Cited on page 11.

［71］ Moore R C. Propositional attitudes and russellian propositions. In R. Bartsch，J. van Benthem，and P. van Embde Boas，editors. Semantics and Contextual Expressions，pages 147－174. Foris，Dordrecht，The Netherlands，1989：10.

［72］ Palamidessi C. Comparing the expressive power of the synchronous and asynchronous pi-calculi. Mathematical Structures in Computer Science，13（05）：685－719，2003：15.

［73］ Parikh Rohit and Ramaswamy Ramanujam. Distributed processes and the logic of knowledge，volume 193 of Lecture Notes in Computer Science，pages 256－268. Springer，Berlin，1985：3，14，and 88.

［74］ Peter Welch，Neil Brown，James Moores，Kevin Chalmers，and

Bernhard Sputh. Integrating and extending JCSP. In Alistair A. McEwan, Steve Schneider, Wilson Ifill, and Peter Welch, editors. Communicating Process Architectures. IOS Press, 2007：15.

[75] Plaza J. Logics of public announcements. In Proceedings of the 4th International Symposium on Methodologies for Intelligent Systems: Poster Session Program, 1989：201－216.

[76] Pratt V R. Semantical considerations on Floyd-Hoare logic. In Proceedings of the 17th IEEE Symposium on the Foundations of Computer Science, 1976：109－121.

[77] Renardel de Lavalette G R, Kooi B P, Verbrugge R. Strong completeness for propositional dynamic logic. In Balbiani P, Suzuki N Y, Wolter F. （Eds.），AIML 2002－Advances in Modal Logic（conference proceedings）. Institut de Recherche en Informatique de Toulouse IRIT. 2002：377－393.

[78] Robert J Aumann. Agreeing to disagree. The Annals of Statistics, 4（6）：1236－1239, 1976：4，13.

[79] Roelofsen F. Algebraic foundations for inquisitive semantics. In H. van Ditmarsch and J. Lang, editors. Proceedings of the Third International Conference on Logic, Rationality, and Interaction, pages 233－243. Springer Verlag. 2011.

[80] Rubinstein A. The electronic mail game: Strategic behavior under almost common knowledge. The American Economic Review, 79（3）：385－391, 1989：3－13.

[81] Russell B. The Principles of Mathematics. W. W. Norton and Company, Inc., New York, 1903：10.

[82] Sack J. Temporal languages for epistemic programs. Journal of Logic, Language and Information, 17（2）：183－216, April 2008.

[83] Sack J. extending probabilistic dynamic epistemic logic. Synthese, 169（4, Knowledge, Rationality & Action）. 2009：241－257.

[84] Schelling T C. The Strategy of Conflict. Harvard University Press, 1960：13.

[85] Scott D. Advice in modal logic. In K. Lambert, editor. Philosophical Problems in Logic, pages 143－173. Reidel, Dordrecht, The

Netherlands, 1970: 11.

[86] Segerberg K. A completeness theorem in the modal logic of programs. Notices of the American Mathematical Society, 1977, 24 (6): A-552.

[87] Shannon C E. A mathematical theory of communication. Bell Systems Technical Journal. 1948 (27): 379-423, 623-656.

[88] Stalnaker R. Assertion, in P. Cole (ed.) Syntax and Semantics 9, New York: Academic Press, 1978: 315-332.

[89] Stephen Morris. Coordination, communication, and common knowledge: A retrospective on the electronic-mail game. Oxford Review of Economic Policy, 18 (4): 433-445, 2002: 13.

[90] Suzuki S. Prolegomena to General-imaging-based probabilistic dynamic epistemic logic. T. Washio et al (Eds.): JSAI 2006, LNAI 4384, Springer Verlag Berlin Heidelberg, 2007: 118-132.

[91] Thomas C. Schelling. The Strategy of Conflict. Harvard University Press, 1960: 13.

[92] Troelstra A S, van Dalen D. Constructivism in Mathematics, Vol. I, North-Holland, Amsterdam, 1988.

[93] van Benthem J, Gerbrandy J, Kooi B P. Dynamic update with probabilities. Studia Logica, 2009, 93: 67-96.

[94] van Benthem J and Martinez M. The stories of logic and information. In P. Adriaans and J. van Benthem, editors. Philosophy of Information, Handbook of the Philosophy of Science, pages 217-280. North-Holland, Amsterdam. 2008: 3, 10, 12, and 186.

[95] van Benthem J. Logical Dynamics of Information and Interaction. Amsterdam & Stanford, Cambridge University Press, 2010. http://staff. science. uva. nl/~johan/.

[96] van Benthem J. Logic games, from tools to models of interaction. In A. Gupta, R. Parikh & J. van Benthem, eds. Logic at the Crossroads, Allied Publishers, Mumbai, 2007: 283-317.

[97] Van Benthem J. Exploring logical dynamics. Stanford: CSLI Publications, 1996.

[98] Van Benthem J. Logical dynamics of information and interaction. Cambridge: Cambridge University Press, 2011.

[99] Van Benthem J. and Minica S. Toward a dynamic logic of questions. Journal of Philosophical Logic，2011.

[100] van Benthem J. One is lonely number：On the logic of communication. Technical Report PP－2002－27，University of Amsterdam，2002.

[101] van Benthem J and Dègremont C. Building bridges between dynamic and temporal doxastic logics. Technical Report PP－2008－17，Institution for Logic，Language & Computation，2008.

[102] van Benthem J. Dynamic logic for belief revision. Journal of Applied Non-Classical Logics，17（2）：129－155，2007.

[103] van Benthem J，Gerbrandy J，Hoshi T and Pacuit E. Merging frameworks for interaction. Journal of Philosophical Logic，2008.

[104] van Benthem J and Liu F. Diversity of logical agents in games. *Philosophia Scientiae*，8（2）：163－178，2004.

[105] van Benthem J，van Eijck J and Kooi B J. Logic of communication and change. Information and Computation，204（11）：1620－1662，2006.

[106] van Ditmarsch H，van der Hoek W，Kooi B P. Dynamic epistemic logic. synthese library studies in epistemology，logic，methodology，and philosophy of science. volume 337. press by springer. 2007.

[107] Velazquez Quesada F R. Small steps in dynamics of information. Ph. D. thesis，Institute for Logic，Language and Computation（ILLC），Universiteit van Amsterdam（UvA），Amsterdam，The Netherlands. ILLC Dissertation Series DS－2011－02.

[108] Veltman F. Defaults in update semantics. Journal of Philosophical Logic，1996（25）：221－261.

[109] Virginie Fiutek. Playing with knowledge and belief. Ph. D. thesis，Institute for Logic，Language and Computation（ILLC），Universiteit van Amsterdam（UvA），Amsterdam，The Netherlands. ILLC Dissertation Series DS－2013－02.

[110] Welch Peter，Neil Brown，James Moores，Kevin Chalmers，and Bernhard Sputh. Integrating and extending JCSP. In Alistair A. McEwan，Steve Schneider，Wilson Ifill，and Peter Welch，editors，

Communicating Process Architectures. IOS Press, 2007: 15.

[111] Yi-Chun Chen, Ngo Van Long, and Xiao Luo. Iterated strict dominance in general games. Games and Economic Behavior, 61 (2): 299-315, 2007: 54.

[112] Yin J, Michael S Miller, Thomas R Ioerger, John Yen, and Richard A Volz. A knowledge-based approach for designing intelligent team training systems. In Agents, pages 427-434, 2000. Cited on p. 83.

图书在版编目（CIP）数据

基于动态信息的逻辑研究/董英东著. —北京：中国人民大学出版社，2017.9
国家社科基金后期资助项目
ISBN 978-7-300-24902-5

Ⅰ.①基… Ⅱ.①董… Ⅲ.①信息-逻辑-研究 Ⅳ.①G2

中国版本图书馆 CIP 数据核字（2017）第 211272 号

国家社科基金后期资助项目
基于动态信息的逻辑研究
董英东　著
Jiyu Dongtai Xinxi de Luoji Yanjiu

出版发行	中国人民大学出版社		
社　　址	北京中关村大街 31 号	**邮政编码**	100080
电　　话	010－62511242（总编室）		010－62511770（质管部）
	010－82501766（邮购部）		010－62514148（门市部）
	010－62515195（发行公司）		010－62515275（盗版举报）
网　　址	http://www.crup.com.cn		
	http://www.ttrnet.com（人大教研网）		
经　　销	新华书店		
印　　刷	北京玺诚印务有限公司		
规　　格	165 mm×238 mm　16 开本	**版　　次**	2017 年 9 月第 1 版
印　　张	26.5 插页 2	**印　　次**	2017 年 9 月第 1 次印刷
字　　数	440 000	**定　　价**	79.80 元